Hrsg.: Heinrich Greving

Kompendium der Heilpädagogik
Band 1
A–H

1. Auflage

Bestellnummer 04874

Haben Sie Anregungen oder Kritikpunkte zu diesem Buch?
Dann senden Sie eine E-Mail an 04874@bv-1.de
Autoren und Verlag freuen sich auf Ihre Rückmeldung.

www.bildungsverlag1.de

Bildungsverlag EINS
Sieglarer Straße 2, 53842 Troisdorf

ISBN 978-3-427-04874-9

© Copyright 2007: Bildungsverlag EINS GmbH, Troisdorf
Das Werk und seine Teile sind urheberrechtlich geschützt. Jede Nutzung in anderen als den gesetzlich zugelassenen Fällen bedarf der vorherigen schriftlichen Einwilligung des Verlages.
Hinweis zu § 52 a UrhG: Weder das Werk noch seine Teile dürfen ohne eine solche Einwilligung eingescannt und in ein Netzwerk eingestellt werden. Dies gilt auch für Intranets von Schulen und sonstigen Bildungseinrichtungen.

Inhaltsverzeichnis

Vorwort 6

Alter Maximilian Buchka 7
Alte Menschen mit Behinderung Maximilian Buchka 21
Anthroposophische Heilpädagogik und Sozialtherapie Rüdiger Grimm 33
Arbeit/arbeiten Werner Heer 41
Assistenz Erik Weber 56
Ästhetische Erziehung Georg Theunissen 66
Autismus Peter Rödler 73
Basale Kommunikation Winfried Mall 83
Basale Stimulation Andreas Fröhlich 88
Behinderung Dieter Gröschke 97
Beratung Heinrich Greving 110
Berufsverband der Heilpädagogen e.V. Wolfgang van Gulijk 117
Blinden- und Sehbehindertenpädagogik Franz-Karl Krug 126
Case-Management Ernst Wüllenweber 134
Daseinsgestaltung Emil E. Kobi 139
Deinstitutionalisierung Wolfgang Jantzen 149
Disability Studies Anne Waldschmidt 161
Elternarbeit Barbara Jeltsch-Schudel 169
Emotionen Thomas Hülshoff 178
Empirische Behindertenpädagogik Franz B. Wember 186
Empowerment Georg Theunissen 197
Entwicklung Dieter Gröschke 202
Ethik Markus Dederich 211
Eugenik Michael Wunder 219
Europäische Heilpädagogik Alois Bürli 228
Euthanasie Michael Wunder 241
Fachbereichstag Heilpädagogik Norbert Störmer 250
Freizeit Reinhard Markowetz 258

Frühförderung Armin Sohns 272
Gender/Geschlecht Ulrike Schildmann 278
Geschichte der Heilpädagogik Norbert Störmer 287
Gesprächsführung Johannes Huisken 297
Handlungstheorie Dieter Gröschke 308
**Heilpädagogische Beziehungsgestaltung – Trainingskonzept für die
   Aus- und Weiterbildung** Peter Flosdorf 317
Heilpädagogische Diagnostik Dieter Lotz 327
Heilpädagogische Erziehungshilfe und Entwicklungsförderung
   Wolfgang Köhn 337
Heilpädagogik, geisteswissenschaftliche Emil E. Kobi 347
Heilpädagogische Kunsttherapie Karl-Heinz Menzen 355
Heilpädagogische Übungsbehandlung Barbara Schroer 369
Hilfebegriff Ernst Wüllenweber 380
Hospitalisierung/Enthospitalisierung Georg Theunissen 384
Hörbehinderung Fritz-Helmut Wisch 391
Humanistische Psychologie Petr Ondracek 401
Literaturverzeichnis 412
Autorenverzeichnis 454

Band 2
Vorwort 6

Identität Barbara Jeltsch-Schudel 7
Kindertagesstätte Elke Biene-Deißler 17
Kommunikation Peter Rödler 27
Kompetenz Martin Stahlmann 35
Krise/Krisenintervention Ernst Wüllenweber 47
Konstruktivismus Winfried Palmowski 55
Konzept Dieter Gröschke 67
Körperbehinderung Ingeborg Hedderich 76
Kritisch-materialistische Behindertenpädagogik Wolfgang Jantzen ... 86
Lebenswelt Emil E. Kobi 96

Lernbehinderung Birgit Werner	107
Medien Christian Mürner	116
Neurophysiologische Grundlagen der Heilpädagogik Thomas Hülshoff	124
Normalisierungsprinzip Walter Thimm	132
People First Stefan Göthling (mit Unterstützung von Susanne Göter und Henrik Nolte)	140
Person Emil E. Kobi	148
Personzentriertheit Petr Ondracek	155
Persönliches Budget Gudrun Wansing	165
Profession/Professionalisierung/Professionalität Ernst Wüllenweber	176
Psychiatrie – Kinder- und Jugendpsychiatrie und Psychotherapie Gerhard Neuhäuser	182
Psychomotorik Josef Möllers	190
Rhythmik Werner Rittmann	200
Schule/Schulpädagogik Franz B. Wember	212
Schwerste Behinderung Andreas Fröhlich	222
Sozialgesetzbuch Peter Trenk-Hinterberger	229
Spielen Elke Biene-Deißler	237
Sprache Peter Rödler	249
Ständige Konferenz der Ausbildungsstätten für Heilpädagogik in der Bundesrepublik Deutschland Barbara Ullrich	257
Sterbebegleitung Birgitt-Maria Schlottbohm	267
Stigmatisierung Norbert Störmer	275
Syndrome/Syndromanalyse Wolfgang Jantzen	285
Therapeutik Dieter Gröschke	296
Trisomie 21 Barbara Jeltsch-Schudel	304
Verhaltensstörungen/Verhaltensauffälligkeiten Ernst Wüllenweber	313
Wahrnehmung Dieter Gröschke	324
Wohnen Iris Beck	334
Zeichen Christian Mürner	346
Literaturverzeichnis	354
Autorenverzeichnis	399

Vorwort

Dieses Kompendium ist eine grundlegende Einführung in die wichtigsten Begriffe und Themen der Heilpädagogik, so wie sich diese aktuell als Handlungswissenschaft versteht und darstellt. Die Auswahl der Begriffe erfolgte somit nach den Prinzipien der Aktualität und Vollständigkeit sowie nach der Relevanz für die heilpädagogische Profession und Professionalisierung. Die Auswahl der beteiligten Autoren folgte dem Gedanken der systematischen Stringenz. Das bedeutet, die Autorin bzw. der Autor beschreibt einen Begriff, den er begründet (oder mitbegründet) bzw. zu dem er intensiv geforscht und publiziert hat. Der Leser hält somit ein Lexikon in Händen, in welchem die meisten Begriffe von den Autoren beschrieben werden, welche sie auch in der Wissenschaft der Heilpädagogik geprägt haben. Bestimmt wird die Leserin oder der Leser den einen oder anderen Begriff vermissen. Dieses ist vor allem dem Umfang des vorliegenden Werkes geschuldet. Sollten Hinweise oder Wünsche auf eine Erweiterung (oder auf andere Modifikationen und Verbesserungen) bestehen, so bitte ich die Leser, mir diese unter der unten wiedergegebenen Internetadresse mitzuteilen. Hierfür schon einmal einen herzlichen Dank.

Die Gliederung der einzelnen Begriffe ist in allen Fällen dieselbe. So kann sich der Leser im Vergleich der einzelnen Aufsätze und Inhalte besser zurechtfinden: Nach einer Darlegung der Etymologie, also der Wortgeschichte und Wortbedeutung, wird die eigentliche Geschichte des jeweiligen Stichwortes in der Beziehung zur Heilpädagogik dargelegt. Im Anschluss hieran werden die aktuelle Relevanz und die theoretischen Ansätze der jeweiligen Thematik ausgeführt (in einigen Beiträgen findet der Leser zudem noch einige Ausführungen zu möglichen Problem- bzw. Erfahrungsfeldern wieder). Zum Abschluss wird ein Ausblick auf die mögliche Weiterentwicklung des Begriffes skizziert. Jeder Beitrag schließt ab mit einem kommentierten Literaturverzeichnis, in dem die wichtigsten Publikationen zu diesem Thema erläutert werden (ein komplettes Literaturverzeichnis findet sich am Ende des Bandes).

Dieses Kompendium ist in zwei Bände aufgeteilt. In diesem ersten Band werden die Buchstaben A bis H behandelt.

Zur besseren Lesbarkeit wurden männliche und weibliche Bezeichnungen abwechselnd verwendet.

Hinweise zu diesem Buch schicken Sie bitte an 04874@bv-1.de

Heinrich Greving

Alter Maximilian Buchka

Etymologie

Im heutigen Sprachgebrauch unterscheiden wir zwischen den Begriffen „alt", „Alter" und „Altern".

Zum Begriff „alt":

Das Wort „alt" gebraucht man schon in der alt- und mittelhochdeutschen Sprache, dort auch in der Schreibform „ald" oder „alth". Alt ist verwandt mit dem lateinischen Wort „alere" bzw. „altus". In der Sprachgeschichte gab und gibt es verschiedene Bedeutungen. So z. B. im Gegensatzpaar von „alt" zu „jung" bzw. „neu". Von „alt" als einem Ordnungsbegriff sprach man dann, wenn Menschen, Tiere und Pflanzen nicht mehr jung oder im vorgerückten Lebensalter (bejahrt) waren, wenn sie Merkmale des Alters bzw. Alterserscheinungen aufwiesen. Gegenstände waren alt, wenn sie über einen längeren Zeitraum in Gebrauch waren *oder wenn ein Verhältnis schon lange Zeit besteht, etwas auch einer früheren Epoche entstammt. Mit alt wurde auch etwas Vertrautes aus einer früheren Zeit bezeichnet* (vgl. Duden, 1993, S. 151).

In der gegenwärtigen Umgangssprache bezeichnen wir mit „alt", negativ angewendet, Objekte, Subjekte und Ideen, die nicht mehr aktuell und zeitgemäß sind, wie Alteisen oder Altpapier. Menschen, die nicht mehr im Erwerbsleben oder an verantwortlicher Stelle stehen, wie Altbundeskanzler oder Altbischof nennen wir „alt". Ideen, die heute nicht mehr wirksam sind wie Altkommunismus, Altkapitalismus, Altkatholizismus etc. Positiv werden in der gegenwärtigen Umgangssprache mit dem Begriff „alt" Objekte, Subjekte und Ideen ausgezeichnet, die nach wie vor Ehrfurcht und Anerkennung behalten haben, auch wenn sie aus der Vergangenheit stammen. Beispiele sind „alte Meisterwerke", „alteingesessene Adelsfamilie" oder „alte (klassische) Philosophie".

Zum Begriff „Alter"

Mit „Alter", mittelhochdeutsch „alter", althochdeutsch „altar", wird bei Menschen das Faktum beschrieben, dass jemand eine höhere Anzahl von Lebensjahren (Bejahrtheit) aufweist oder sich in einer der letzteren Lebensabschnittsphasen befindet. Bei Objekten wird mit „Alter" die lange Zeit ihres Bestehens bzw. Vorhandenseins bezeichnet. Das „Alter" von Menschen, Tieren, Pflanzen und Objekten wird unterschiedlich eingeteilt, Strukturierungen werden unter anderem vorgenommen hinsichtlich des Wachstums- bzw. Veränderungszustandes von Lebewesen bzw. Objekten.

Der Gebrauch des Begriffes „Alter" bei Menschen ist davon abhängig, aus welcher Lebens- oder Wissenschaftsperspektive man das Altersphänomen betrachtet. Dabei unterscheidet man folgende Perspektiven:
- Kalendarisches oder chronologisches Alter bedeutet, wie viel Zeit von der Geburt bis zum gegenwärtigen Lebenszeitpunkt eines Menschen vergangen ist. Die einzelnen Lebensstadien vom höheren Erwachsenenalter an werden

unterschiedlich definiert. Eine größere Übereinstimmung findet folgende Zeiteinteilung:

Altersbezeichnung/-phasen	Lebensjahr
Spätes Erwachsenenalter (junge Alte)	55–60
Ältere Menschen	61–75
Alte (greise, betagte) Menschen	76–85
Hochbetagte (greise) Menschen	ab 86

Altersbezeichnungen

– Rechtliches oder administratives Alter gibt an, ab welchem Lebensalter die Verwaltungen, das Renten-/Pensionswesen bzw. Gesundheitswesen bestimmte Leistungen gewährt oder ab wann Sozialpolitik und Statistik diese Altersgruppe in ihre Überlegungen miteinbezieht. In der Diskussion ist derzeit das Problem der Verjüngung des Eintritts in das Rentenalter.

– Biologisches Alter bezieht sich auf die körperlichen, seelischen und geistigen Lebenskräfte und Prozesse, die in den jeweiligen Lebensjahrstadien normalerweise anzutreffen sind. Ältere Menschen können signifikante Erkrankungen des Kreislaufs, des Stütz- und Bewegungsapparates, der Atmungsorgane, des Magen-Darm-Systems, der Nieren und Leber, der Harn- und Gallenwege zeigen. Letztlich ist auch altersbedingte Diabetes eine häufige Erkrankungsursache. Mit dem fortschreitenden Alter gehen einher die Abnahme des Sinnesvermögens und der Hautkräfte.

– Funktionales und psychologisches Alter unterscheiden sich häufig. Auf der funktionalen Seite wird das Alter, unabhängig von dem konkreten Lebensalter, davon bestimmt, wie das subjektive Altersgefühl des Menschen und die persönliche Interpretation seiner aktuellen Lebensphase ist, im Sinne des Sprichwortes: „Jeder ist so alt, wie er sich fühlt!" Aus dieser Tatsache ergibt sich unter anderem die große Bandbreite der Altersphänomene und Alterserscheinungen („Altersbilder"). Aus psychologischer Sicht kann man im Alter, unabhängig vom funktionalen „Altersgefühl", folgende Veränderungen beobachten:

Im Alter nehmen zu	Im Alter unverändert	Im Alter nehmen ab
Erfahrungswissen	kristallisierte Intelligenz	flüssige Intelligenz
Urteilvermögen	Langzeitgedächtnis	Kurzzeitgedächtnis
genaues Denken	Aufmerksamkeit	Kurzspeicherkapazität
Verantwortungsbewusstsein	Konzentration	Verarbeitungsgeschwindigkeit
Zuverlässigkeit	Lernfähigkeit	Risikobereitschaft
Kooperationsbereitschaft	Allgemeinwissen	Adaptionsfähigkeit
sprachliche Gewandtheit	handwerkliches Können	Umstellungsfähigkeit

Zu- und abnehmende Fähigkeiten im Alter (Thiele, Soziale Arbeit, 2001, S. 26)

– Soziales und kulturelles Alter gibt an, ab wann der Mensch in der Gesellschaft welche Rollen bzw. gemeinwesenspezifische Verantwortungsaufgaben übernimmt und wodurch diese Rollen und Verantwortungen in die jeweiligen kulturellen Kontexte gestellt sind bzw. erwartet werden. Diese sozialen und kulturellen Kontexte wandeln sich ständig, so dass auch die Rollen und Verantworten einer Veränderung unterliegen und damit auch die jeweilige „Alterskultur".

Zusammenfassend kann man heute feststellen, dass das Alter zunehmend bestimmt wird von folgenden Faktoren:

- Ausweitung der Lebensphase „Alter" durch eine Verlängerung der Lebenszeit,
- Vorverlegung der Altersphase durch frühe Pensionierungen/Verrentungen,
- Entberuflichung des Alters durch Trennung von Wohnen und Arbeiten,
- Feminisierung des Alters durch die größere Anzahl älterer Frauen,
- Vereinzelung des älteren Menschen durch Wegbrechen/Auflösung sozialer Netze,
- Zunahme des durchschnittlichen Bildungsniveaus im Gegensatz zu früher,
- Zunahme der (hoch-)betagten Menschen durch den medizinischen Fortschritt,
- Ambivalenz von einerseits ausreichender materieller Versorgung zur andererseits mehr und mehr zu beobachteten Altersarmut (Witwenschicksal),
- Ambivalenz von einerseits mehr Möglichkeiten der Selbstverwirklichung im Alter zu andererseits beklagtem Sinnverlust seitens der alten Menschen.

Zum Begriff „Altern"

Das „Altern" ist etymologisch betrachtet mit dem althochdeutschen Begriff des „altilon" bzw. mittelhochdeutsch mit „eltelen" und dem heute weniger gebräuchlichen „älteln" verwandt (vgl. Grimm, 1984, S. 267). Der Brockhaus (1996, S. 440) definiert „Altern" als „Prozess, der in Abhängigkeit zu charakteristischen Zustandsveränderungen führt. Altern ist ein universaler, multifaktoriell bedingter irreversibler Vorgang, dem Belebtes und Unbelebtes unterliegen.

Das menschliches Altern ist nach Thiele (Soziale Arbeit, 2001, S. 33) „ein langfristiger, lebensgeschichtlicher Prozess, der von der Veränderung der Funktionen des Individuums in der sozialen Umwelt ausgeht und von der Reaktion der Gesellschaft auf diese Veränderungen bestimmt wird. Es ist ein dynamischer Vorgang, der Reifung und Verfall gleichermaßen beinhaltet. Altern ist Veränderung und Wandlung des Menschen mit sehr differenzierten Auswirkungen (biologischen, ökologischen, biografischen, finanziellen u. a.)". Daraus folgert, dass Altern „nicht primär als eine Funktion der Lebensjahre, sondern viel eher als Funktion der individuellen Biographie und des Trainings von Fähigkeiten und Fertigkeiten"(Röhr-Sendlmeier, zit. nach Schneider, 1993, S. 39) ist und bei jedem Menschen individuell unterschiedlich abläuft. So kann man von einem frühen oder ein späten Altern sprechen.

Spätes Altern	Frühes Altern
hohes formales Bildungsniveau	niedriges formales Bildungsniveau
Berufszufriedenheit	Berufsunzufriedenheit
qualifizierte Arbeitsanforderungen	unqualifizierte Arbeitsanforderungen
Arbeit – Umgang mit Menschen	Arbeit – kein Umgang mit Menschen
hohes Einkommen	niedriges Einkommen

Spätes Altern	Frühes Altern
lange Lebensdauer der Eltern	kurze Lebensdauer der Eltern
widerstandsfähig gegen Krankheiten	nicht widerstandsfähig gegen Krankheiten
wenig krankheitsanfällig	stark krankheitsanfällig
geht aus Krisen gestärkt hervor	zerbricht an Krisen
glücklichste Zeit nach dem 30. Lj.	glücklichste Zeit vor dem 30. Lj.
leistungsmäßig beste Zeit bis zum 50./60. Lj.	leistungsmäßig beste Zeit bis zum 30./40. Lj.
regelmäßiger Schlaf	unregelmäßiger Schlaf
optimistische Lebenseinstellung	Selbstvorwürfe, depressive Einstellung
allgemeine Aktivität	allgemeine Passivität
Bereitschaft zur Geselligkeit	Tendenz zu Ein- oder Zweisamkeit
weiter Interessenhorizont	enger Interessenhorizont
Leben rückblickend positiv	Leben rückblickend negativ

Unterschiede im Altern (Thiele, Soziale Arbeit, 2001, S. 24f.)

Aus der Tabelle wird ersichtlich, dass die Unterschiede im Alter vom Bildungsstand und von der Berufstätigkeit abhängig sind und bedingt werden durch biologische und psychologische Faktoren und letztlich durch auch die individuellen Freizeitinteressen und die Lebenseinstellung des älteren Menschen. Wurde früher das Altern mehr aus negativer Sicht betrachtet und erlebt, so spricht man seit den letzten zwei Jahrzehnten, angeregt durch die Arbeiten von Robert J. Havighurst (1968), vom einem „erfolgreichen Altern". Zwar ist dieses nach wie vor auch abhängig von persönlichen, biografisch erworbenen Umstellungs- und Anpassungsfähigkeiten, kann aber vom älteren Menschen angestrebt werden, wenn er in einer von der Gesellschaft zur Verfügung gestellten altersfreundlichen, stimulierenden und unterstützenden Umwelt leben kann, um einen erfolgreichen und „gesunden" Alterslebensstil führen zu können.

Geschichte

Die Geschichte zum Alter hat zum einen eine demographische, zum anderen eine gesellschaftliche Perspektive.

Die geschichtlich-demographische Perspektive des Alters

Wenn man das Alter unter der vorgenannten Perspektive betrachtet, wird immer wieder auf die demographische Entwicklung der Altersstruktur unserer Gesellschaft hingewiesen. So war 1900 jeder zwölfte Einwohner hierzulande 60 Jahre und älter, 1990 war es schon jeder fünfte und für 2040 wird prognostiziert, dass es jeder dritte Einwohner sein wird. Aber auch die Zahl der betagten Einwohner wächst, wenn man für diese Personengruppe einmal das Durchschnittsalter von 80 Lebensjahren ansetzt. 1871 gab es nur 0,4 % betagte Einwohner in der Gesamtbevölkerung. 1950 war dieser Anteil bereits auf 1 % angewachsen und 1995 waren es bereits 4 %. In der Prognose erwartet man im Jahr 2040 einen Bevölkerungsanteil der 80-jährigen Menschen von 8,4 %, davon werden 11 % Frauen und 6,4 % Männer sein. Interessant ist auch der Anstieg der Menschen, die das 100. Lebensjahr erreichen. Zu Beginn des 20. Jahrhunderts lebten im ehemaligen deutschen Reichsgebiet zehn Hundertjährige, 1930 waren es bereits 20 Hundertjährige und im Jahre 2001 wurden knapp 3.500 Hundertjährige gezählt.

Der Bevölkerungsanteil der älteren Menschen verteilte sich im Jahre 2000 wie folgt:

Alter	insgesamt	Männer	Frauen
60–65 Jahre	5.718.165	2.801.342	2.916.823
65–70 Jahre	4.156.942	1.961.226	2.195.716
70–75 Jahre	3.603.180	1.551.108	2.052.072
75–80 Jahre	2.847.234	955.446	1.891.788
80–85 Jahre	1.473.962	432.423	1.041.539
85–90 Jahre	1.086.993	269.821	817.172
Gesamtbevölkerung	82.259.540	40.156.536	42.103.004

Bevölkerungsanteil der älteren Menschen im Jahr 2000 (Kleiber, Kleine Datensammlung Altenhilfe, 2003, S. 46)

Der Anteil älterer Migranten verteilte sich im Jahre 1999 auf folgende Altersgruppen:

Alter	insgesamt	Männer	Frauen
65–70 Jahre	147.564	90.936	56.628
70–75 Jahre	78.092	42.011	36.081
> 75 Jahre	88.495	40.292	48.203
insgesamt	7.343.591	4.011.890	3.331.701

Ältere Migranten (Kleiber, Kleine Datensammlung Altenhilfe, 2003, S. 50)

Die Ursache für die fortschreitende Alterung der Gesellschaft ist zum einen im Absinken der Geburtenrate sowie im Anstieg der Lebenserwartung zu suchen. So sank die Geburtenziffer vom Jahre 1871/80 von 4,70 Geburten auf 2,50 in der BDR und 2,41 Geburten in der DDR im Jahre 1965. 1996 wurden im alten Bundesgebiet nur noch 1,39, in den neuen Ländern gar nur 0,93 Geburten pro Jahr gezählt. Die Lebenserwartung lag 1871 bei 36 Jahren. In der zweiten Hälfte der 90er-Jahre konnten neugeborene Mädchen mit einer durchschnittlichen Lebenserwartung von 80 Jahren, neugeborene Jungen mit einer von 74 Jahren rechnen. Die Rentenversicherungsträger gehen bei ihren Prognosen sogar davon aus, dass für das Jahr 2030 mit einem Anstieg der Lebenserwartung von ca. zwei Jahren im Gegensatz zu heute gerechnet werden muss. Ursachen für die erhöhte Lebenserwartung sind neben dem allgemeinen medizinischen Fortschritt auch die niedrigere Kindersterblichkeit sowie die veränderten Ernährungsgewohnheiten der Menschen. Wenn man die Alterung der Gesellschaft am Maßstab der Erwerbstätigkeit bzw. an der Teilnahme am Arbeits- und Wirtschaftsleben misst, so ist als eine Ursache der frühe Ausstieg aus dem Erwerbsleben zu nennen. Im Jahre 1975 arbeiteten von der Altersgruppe der 60- bis 65-Jährigen noch 58,3 % der Männer und 16,4 % der Frauen. Im Jahr 1998 waren es nur noch 29,6 % der Männer und 12,0 % der Frauen, die im Erwerbsleben standen. Früher war es oft so, dass die Menschen, die aus dem Erwerbsleben ausschieden, nur noch eine geringe Lebenserwartung hatten. Heute rechnet man damit, dass die meisten Älteren, die um das 60. Lebensjahr aus dem Beruf aussteigen, noch rund ein Viertel ihrer Lebenszeit vor sich haben. Männer können noch mit durchschnittlich 18 weiteren Lebensjahren, Frauen sogar mit weiteren 22 Jahren rechnen.

Alter

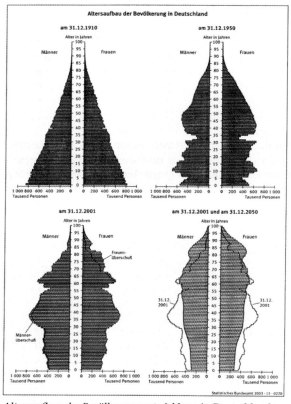

Altersaufbau der Bevölkerungsentwicklung in Deutschland (Statistisches Bundesamt, 2003)

Zusammenfassend kann festgehalten werden, dass die Alterung der Gesellschaft in allen Personengruppen voranschreitet, sowohl bei Menschen mit und ohne Behinderung, mit und ohne Migrationshintergrund. Proportional zum Anwachsen der Bevölkerung die 55 Jahre und älter ist, schrumpft aus den vorgenannten Gründen (z. B. Geburtenrückgang) diejenige Gruppe, die unterhalb dieser Jahresmarke liegt. Zur Visualisierung dienen dazu die unterschiedlichen Alterspyramiden, die das beschriebene Alterungsproblem sichtbar werden lassen.

Deutlich wird dabei, dass man im Grunde nicht mehr von einer Alterspyramide ausgehen kann. Altersforscher sprechen deshalb von der Entwicklung der ursprünglichen Pyramidenform zur zukünftigen Urnenform, die für das Jahr 2040 erwartet wird. Man darf aber beim Phänomen der Alterung nicht nur die Veränderung der Bevölkerungsverteilung hinsichtlich der verschiedenen Generationen alleine betrachten, sondern muss auch bedenken, dass sich auch eine Strukturveränderung des Alterns eingestellt hat, auf die Ludger Veelken (vgl. 2003, S. 23ff.) aufmerksam gemacht hat. Wegen der zunehmenden Zahl älterer Menschen kommen heute gesellschaftliche Gruppierungen, wie Parteien, Kirchen, Gewerkschaften, Bildungsinstitutionen etc., mittel- und langfristig nicht daran vorbei, mit dieser Teilnehmergruppe zu rechnen. Auch das Verhältnis der Generationen zu Arbeit und Freizeit hat sich verändert. Im Gegensatz zu früher haben wir es heute mit einer sehr langen Zeit des „Ruhestandes" zu tun, welche die Menschen nach dem Ausscheiden aus dem Erwerbsleben qualitativ und quantitativ füllen wollen. Durch die vorangegangene bessere Schulausbildung und lebenslange Fort- und Weiterbildung sind die heute älter werdenden Menschen auch kulturell interessierter als früher. Sie haben dabei sich und ihre Lebensphase als eine eigene „Alterskulturphase" entdeckt, so wie es schon seit Jahrzehnten eine eigene „Jugendkulturphase" gibt. Das hat auch die Konsumindustrie registriert und der Markt boomt hier entsprechend. Als „junge Alte" definieren diese Menschen neue soziale Rollen für sich in Familie, Kultur und Gesellschaft.

Die geschichtlich-gesellschaftliche Perspektive des Alters

In früheren Zeiten wurde das Alter biologisch bestimmt, d. h., es wurde als eine Lebensphase angesehen, in der ein stufenweiser Abbauprozess der körperlichen und geistigen Kräfte erfolgte, der bis zum völligen Verfall und in einem frühen Tod (Stichwort: geringere Lebenserwartung) endete. Das Alter führt zu einem immer stärkeren Rückzug aus dem eigenen Familienhaushalt und dem öffentlichen Gemeinwesen und wurde nur als Schlussphase des Lebens erlebt. Heute wird das Alter sozial bestimmt. Es ist eine dritte Lebensphase, die der Zeitphase der Familien, Kindergarten- und Schulerziehung sowie der aktiven Gestaltung des Familien- und Berufslebens folgt. Sie beginnt mit dem Ausscheiden aus dem Berufsleben. Weil von dieser Lebensphase immer mehr Menschen betroffen sind, wird sie zu einer mehr und mehr kollektiven gesellschaftlichen Erfahrung. Für diese neue Lebensphase beginnt der ältere Mensch andere soziale Rollen als die bisherigen einzunehmen. Das Alter ist aufgrund der Renten- und Versorgungsgesetze kein existenzielles Überlebensrisiko mehr, ohne hier die Altersarmut außer Betracht zu lassen. Vielmehr ist es für viele ältere Menschen auch eine Zeit des Genießens und der frei gestalteten Freizeit geworden, im Sinne einer Befreiung von Berufs- und Familienpflichten, in der sie neue Konsum- und Kulturansprüche stellen und einlösen wollen. Darauf hat sich mittlerweile eine ganze Industriebranche eingestellt, mit differenzierten Produkt- und Dienstleistungsangeboten, die für jede Biografie, Gemeinschaftsform, Finanzkraft und für jeden Kulturwunsch das Passende im Programm hat.

Sozial betrachtet zeigt sich heute ein Bild des Alters als eine längere Zeit, die der ältere Mensch nach seinem Ausscheiden aus dem Beruf zur Verfügung hat, in der er noch zahlreiche Lebensjahre in einem guten gesundheitlichen Zustand erleben kann. Diese Phase wird von ihm immer weniger als „Ruhestand" betrachtet, sondern als eine Zeit, in der er neue Aktivitäten verwirklichen kann, z. B. Reisen unternehmen, Bildungsangebote wahrnehmen, um ein bislang zeitlich nicht mögliches Studium nachzuholen, bis hin zur Ausübung ehrenamtlichen Engagements in sozialen Kontexten. Diese neuen Aktivitäten sind wiederum mit neuen sozialen Rollen verbunden, die es zu erlernen oder zu übernehmen gilt. Ludger Veelken (vgl.: Reifen und Altern, 2003) spricht deshalb gerne von dieser Zeit als der „tertiären Sozialisation". Ihr folgt dann noch die Phase der „quartiären Sozialisation", in der der hochbetagte und pflegebedürftige Mensch die Rolle des zu Pflegenden und zu Begleitenden einzunehmen hat.

Aktuelle Relevanz und theoretische Ansätze

Das Alter bzw. Altern wird aus sozialgeragogischer, gerontologischer, alterspsychologischer und altersoziologischer Sicht unterschiedlich erklärt. Nachfolgend werden die wichtigsten Erklärungsansätze in gebotener Kürze skizziert. Zur weiteren Vertiefung der theoretischen Erklärungsansätze werden die Arbeiten von Ursula Lehr (Psychologie des Alterns, 1996), Gertrud M. Backes und Wolfgang Clemens (Lebensphase Alter, 1998), Karl Lenz, Martin Rudolph und Ursel Sickendick (Alternde Gesellschaft, 1999) sowie Maximilian Buchka (Ältere Menschen, 2003) empfohlen.

Defizittheorie

Die Defizittheorie geht davon aus, dass parallel zum Abbau körperlicher Leistungsfähigkeit durch das Altern auch die Lernfähigkeit beeinträchtigt ist, ja sogar zum Teil verloren gehen kann.

Neuere Intelligenzforschungen haben jedoch gezeigt, dass nur das Gedächtnis und das abstrakt-logische Denken, die Merkfähigkeit, geistige Wendigkeit und die Umstellungsfähigkeit altersabhängig sind, während jedoch der Wissensumfang, die praktische Urteilsfähigkeit, die sprachlichen Fähigkeiten und die Differenzierungsfähigkeit altersunabhängig sind. Die Defizittheorie hatte in der Vergangenheit die negative Folge, dass älteren Menschen keine Bildungsmöglichkeiten mehr zugetraut wurden und ihnen statt Bildungshilfen nur Pflegeunterstützung angeboten wurde.

Disengagementtheorie

Die Disengagementtheorie geht auf Cumming/Henry (1961) zurück und besagt, dass eine wichtige Voraussetzung für ein erfolgreiches Altern der soziale Rückzug (Disengagement) des älteren Menschen aus seiner Umwelt, seinen Rollen und Aktivitäten ist. Durch den Rückzug werde der ältere Mensch von Belastungen befreit und sei nicht mehr dem Anforderungsstress durch gesellschaftliche Normen ausgesetzt. So könne er sich mehr auf sich selbst konzentrieren und seine nächste Lebensphase, die Vorbereitung auf seinen Tod, gestaltend in Angriff nehmen. Die Widersprüchlichkeit der Disengagementtheorie wird von den heutigen Alltagsinteressen älterer Menschen aufgedeckt. Auch die Ruheständler und Berufsaussteiger wollen oft weiterhin aktiv bleiben, zumal die Gesellschaft diese Aktivität einfordert, etwa durch die Werbung für das „bürgerschaftliche Engagement", z. B. als soziales Ehrenamt oder als ehrenamtlich tätige Spitzenkräfte für Technik und Wirtschaft in den Entwicklungsländern der Erde.

Aktivitätstheorie

Sie ist eine Antwort auf die vorgenannte Disengagementtheorie und geht davon aus, dass auch der ältere Mensch nur glücklich und zufrieden sei, wenn er aktiv sein und etwas leisten kann und von anderen Menschen gebraucht wird. Die Verluste an Aktivitäten und Beziehungen, die durch das Alter/Altern eintreten, z. B. durch das Ausscheiden aus der Berufstätigkeit, werden durch neue Aufgaben ersetzt. Die Aktivitätstheorie nimmt weiter an, dass durch Aktivität, vor allem solche in sozialen Rollen, das Selbstbild positiv gestärkt werde und dies zur Zufriedenheit im Alter führe. Die Leitidee dieser Theorie ist das „aktive Alter" (Baltes/Baltes 1989).

Kompensationstheorie

Nach dieser Theorie, auch „compensatory engagements" (Lehr) genannt, will der ältere Mensch frühere Mängel, die er im Jugend- und Erwachsenenalter leidvoll erlebt hat, jetzt durch eine Nachholtätigkeit kompensieren und ausgleichen (vgl. Grond, Sozialmedizin, 1984, S. 238), zumal er jetzt durch den Fortfall der täglichen Berufstätigkeit mehr Lebenszeit zur Verfügung hat. Auf diese Theorie setzen sehr viele Bildungsangebote für ältere Menschen an den Volkshochschulen, Bildungsakademien und Universitäten. Dem älteren Mensch soll Gelegenheit gegeben werden, jetzt das nachzuholen, was aus biografischen Gründen (Familiengründung, Kindererziehung, Berufskarriere) bislang nicht erlebt, erfahren oder gelernt werden konnte.

Kontinuitätstheorie

Die Kontinuitätstheorie besagt, dass Altern am besten bewältigt werden kann, wenn die innere und äußere Struktur des bisherigen Lebens erhalten bleibt, denn durch Strukturveränderungen können Krisen heraufbeschworen werden. Sie sind vermeidbar, wenn der ältere Mensch nur wenige Veränderungen erlebt, d. h., wenn nur eine geringe Neu- oder Umorientierung für die neue Lebensphase erforderlich ist. Kontinuität im Lebensalltag heißt für den älteren Menschen, dass er seine bisher gewohnten und für ihn erfolgreichen Verhaltensstrategien anwenden kann sowie sein Leben in gewohnter Umgebung verbringen und vertraute und ihm haltgebende Alltagsverrichtungen durchführen darf. Zudem heißt Kontinuität für den älteren Menschen, dass er weiterhin seine bisherigen sozialen Beziehungen zu ihm vertrauten Personen pflegen und ihm emotional wichtige Ereignisse (Feste, Feiern) erleben und gestalten kann. Die Kontinuitätstheorie berücksichtigt zudem das unterschiedliche Anspruchsniveau einzelner älterer Menschen mit ihren mehr oder minder großen Aktivitätswünschen (vgl. Backes/Clemens, Lebensphase Alter, 1998, S. 124).

Strukturtheorie

Die Strukturtheorie geht davon aus, dass der Mensch sich in unterschiedlichen altersdifferenzierten Lebensrollen/-phasen aufhält. Riley/Riley (1992) bezeichnen sie als Bildung (als Schüler bzw. Auszubildender jüngerer Mensch), Arbeit (als erwachsener Arbeitnehmer) und Freizeit (als älterer Mensch, der nicht mehr im Berufsleben steht und Muße hat). Die einzelnen Rollen sind dabei in der Lebensrealität nicht starr, sondern durchdringen sich gegenseitig und stehen allen Menschen in allen Lebensphasen zur Verfügung. Trotz dieser Lebensrealität ist es zu beobachten, dass die Gesellschaft nach wie vor die benannten Rollen den Menschen in den verschiedenen Lebensphasen zuschreibt. Wenn diese Rollenzuschreibung, und damit diese Strukturtheorie, überwunden werden könnte, würde diese Rollenvielfalt auch die soziale Meinung über das Altern des Menschen verändern: „Und diese Veränderungen werden wiederum Rückwirkungen auf die Beziehungen zwischen den Generationen und auf das ‚soziale Klima' haben." (Wieland, 1993, S. 25).

Produktivitätstheorie

Nach der Produktivitätstheorie verfügen auch ältere Menschen nach wie vor über Potenziale, die sie befähigen, neue Problemlösungen zu finden, kreativ etwas Neues zu schaffen, einen neuen Lebensweg einzuschlagen und sich sozial zu engagieren. Dies gilt zum Teil in gesellschaftlichen Feldern, in denen sie bisher noch nicht tätig waren, im Sinne der Leitidee eines „produktiven Lebens im Alter" (Baltes/Montada, 1996). Als „produktiv" wird ein „werteerzeugendes und erhaltendes, individuelles und sozial nützliches Verhalten bezeichnet, das sich sowohl volkswirtschaftlich bzw. gesellschaftlich als auch psychologisch niederschlagen kann" (Theunissen, Altenbildung, 2002, S. 31). Produktiv sind demnach alle Aktivitäten, die der eigenen Selbsterhaltung dienen, und auch solche, die mit und für andere geleistet werden. Beide Produktivitätsformen stärken das Selbstwertgefühl des älteren Menschen, tragen zu seiner Zufriedenheit bei und bringen emotionale Anerkennung.

Wachstumstheorie

Diese Theorie geht davon aus, dass auch im Alter ein Wachstum an Reife und Weisheit erfolgt. Das Wachstum im Kontext der Reifung bezieht sich auf die Akzeptanz der eigenen Person und der Alterssituation sowie auf die Fähigkeit, auch im Alter noch positive Beziehungen zu neuen Menschen aufzunehmen. Dieses Wachstum richtet sich auf die besonders im Alter wichtige Autonomie, die sich darin ausdrücken kann, dass man das Gefühl hat, gestaltenden Einfluss auf seine Mit- und Sachwelt nehmen zu können. Das Wachstum im Kontext der Weisheit lässt den älteren Menschen nach dem Sinn seines Lebens fragen und ihn wertebezogen in der Mit- und Sachwelt handeln. Nach der Wachstumstheorie ist der Mensch befähigt, auch in seiner letzten Lebensphase bestimmte Wachstumsaufgaben zu lösen. Diese ergeben sich mit dem Ausscheiden aus seinem Berufsleben, der Einengung seines Wohnumfeldes (z. B. Umzug in eine Altenwohnung) und seiner sozialen Netzwerke (z. B. durch Ausfall oder Tod seiner nächsten Bezugspersonen), den Verlusterfahrungen seiner körperlichen, seelischen und geistigen Lebensvollzügen und sonstigen Veränderungen seiner Lebensumstände.

Empowermenttheorie

Die Empowermenttheorie geht bei älteren Menschen davon aus, dass auch sie die Komplikationen, Belastungen und Anforderungen ihres Lebensalltags aus eigenen Kraftpotenzialen bewältigen können und so ihr Leben gestalten können. Die Vertreter dieser Theorie sind davon überzeugt, dass jeder Mensch das Potenzial zu seiner Selbstaktualisierung in sich trägt, und das eigene Leben gestalten kann, wenn man nur diese Potenziale weckt, fördert und ihr Unterstützungskräfte zuführt (vgl. Theunissen, Altenbildung, 2002, S. 44).

Kompetenztheorie

Die Kompetenztheorie führt aus, dass das Kompetenzpotenzial des älteren Menschen sich aus dem Zusammenspiel zwischen seinen Ressourcen und den situativen Anforderungen konstruiert. Die Kompetenztheorie erweitert in diesem Sinne die Empowermenttheorie um den Gedanken, dass es nicht nur um die Ressourcen und Anpassungsleistungen des älteren Menschen geht, sondern es auch auf die sozial-kulturellen Ressourcen der Gesellschaft ankommt, die dem älteren Menschen Veränderungs- und Entwicklungsmöglichkeiten erst ermöglichen, indem er die von ihr bereitgestellten Rollen und Lebensräume, unter Berücksichtigung seiner Lebenssituation, einnimmt.

Problem- und Erfahrungsfelder

Die professionelle Hilfe für ältere Menschen war bisher eine Aufgabe der Pflege, d. h. der klassischen Altenpflege in den Altenheimen, und der medizinischen Intervention und Therapie, die in gerontologischen bzw. gerontopsychiatrischen Kliniken geleistet wird. Durch die Zunahme ambulanter Dienste und offener Bildungsangebote haben sich zwei weitere Aufgaben professioneller Hilfe etabliert, die Soziale Geragogik und die Soziale Altenarbeit.

Soziale Geragogik

Sie wird auch „Gerontagogik" (Bollnow, 1966) oder „Geragogik" (Mieskes, 1970) genannt, und ist eine Wissenschaftsdisziplin mit Theorie-Praxis-Anteilen von Bildungs- und Kultursoziologie, Sozialarbeit und Sozialpädagogik, Erwachsenen- und Altenbildung, mit den Bezugswissenschaften Psychologie, Medizin/Psychiatrie, Biologie, Soziologie und Sozialpolitik, insofern diese gerontologische Fragen enthalten (vgl. Veelken, 2003). Geragogik hat es nach Veelken (vgl. 2000, S. 88) zu tun mit der Forschung und Praxis der Bildung, des Lernens und der Fort- und Weiterbildung in der Lebensphase „Alter" im Hinblick auf Lebensbewältigung, Lebensgestaltung, Selbstverwirklichung, Empowerment, Entfaltung der Identität im tertiären Sozialisationsprozess, kritische

Analyse und Veränderung vorgegebener Sozialisationsagenturen und den mit ihnen verbundenen Rollenmustern in dieser Lebensphase. Soziale Geragogik verweist vom Begriff auf den pädagogischen Charakter der Hilfe für ältere Menschen. Sie versteht sich entweder als ein Teilgebiet der Pädagogik der Lebensalter oder ist als gerontologische Pädagogik eine Teildisziplin der Allgemeinen Pädagogik. In jüngster Zeit beginnt sich der Begriff der „Altenbildung/-pädagogik" in der Fachdiskussion durchzusetzen (Becker/Veelken/Wallraven, 2000; Klingenberger, 1996). Diese Entwicklung wird sich verstärken, nachdem jüngst Michael Winkler (2005) nachgewiesen hat, dass auch das Alter und der ältere Mensch zu einem genuin pädagogischen Problemfeld gehören, wenn sich die Pädagogik nicht nur auf den Kinder- und Jugendbereich eingrenzen lässt.

Schwerpunkte der Sozialen Geragogik sind unter anderem:
- Bildung für, mit und durch Menschen, die sich im Seniorenalter befinden,
- Fort- und Weiterbildung von Menschen, die in der Altenbildung tätig sind oder es werden wollen,
- Weiterbildung älterer Arbeitnehmer/Arbeitnehmerinnen,
- Präventionsbildung für die Aufgaben und Verantwortlichkeiten im Seniorenalter,
- Hochschulbildung mit und für Menschen im Seniorenalter (Seniorenstudium),
- biographische Bildung mit und für Menschen im Seniorenalter,
- (sozial-)politische Bildung mit und für Menschen im Seniorenalter,
- (inter-)kulturelle Bildung mit und für Menschen im Seniorenalter.

Ziele der Sozialen Geragogik (vgl. Klingenberger, 1996, S. 18) sind unter anderem:
- Vermeidung von Abbauerscheinungen im Alter (Hintergrund: Defizit-Disustheorie),
- Bewältigung von anstehenden Entwicklungsaufgaben (Hintergrund: Ansatz der Entwicklungsaufgaben),
- Ermöglichung von Lebenszufriedenheit (Hintergrund: Kontinuitätstheorie u. a.),
- Schaffung von Chancengleichheit für die ältere Generation (z. B. für Frauen: Hintergrund: gesellschaftskritische Ansätze),
- Vorbereitung auf Alter und Ruhestand.

Aufgaben- und Handlungsfelder der Sozialen Geragogik (vgl. Klingenberger, 1996, S. 40ff.) sind unter anderem:
- Unterrichten (als Lehre, z. B. Seniorenstudium, Altenkulturarbeit, Vorbereitung auf Alter- und Ruhestand),
- Informieren (als Beantwortung gestellter Fragen, z. B. Öffentlichkeitsarbeit),
- Beraten (als Rat geben, z. B. Alten-, (Sozial-)Politik-, Angehörigen- oder Institutionsberatung),
- Arrangieren (als etwas in die Wege leiten oder für geregelte Organisation sorgen, z. B. Altenplanung, Altenpolitik, Organisationsentwicklung in Alteneinrichtungen),
- Animieren (als Motivation für neue Ziele und Aufgaben, z. B. Altenselbsthilfe, Altennetzwerke, Migranten-Altenhilfe).

Soziale Altenarbeit

Zur vierten Aufgabe, neben Sozialer Geragogik (Gerontagogik, Geragogik, Altenbildung), Altenpflege und Altersmedizin (Geriatrie, Gerontologie) entwickelte sich in den letzten Jahren die Soziale Altenarbeit (Schweppe, 1996; 2005), auch oft vereinfachend (Soziale) Altenhilfe genannt (vgl. Klingenberger, Geragogik, 1992).

In der Sozialpädagogik geht es mehr um die Erziehung und Bildung zumal des jungen Menschen. Im Gegensatz dazu beschäftigt sich die Sozialarbeit mit der materiellen Unterstützung und der Thematisierung von sozialer Ungleichheit und Armut. Deshalb hat sie es leichter, auch einen Zugang zu den Krisen in der Lebensphase Alter zu finden, worauf Mennemann neuerdings noch einmal hingewiesen hat (vgl. 2005, S. 47). Auch die klassische Ausrichtung der Sozialarbeit auf Gemeinwesenorientierung und Netzwerksysteme erleichtert ihr im Altenbereich die „Förderung von selbstorientierten Lern-, Aktivitäts- und Selbsthilfegruppen, Bürgerinitiativen und Projekten zugehender Alten- und Stadtteilarbeit" (Löckenhoff, 2000, S. 62). Weiterhin kann der Arbeitsauftrag für die Soziale Altenarbeit als „Altenhilfe" direkt aus dem Paragraphen 75 des Bundessozialhilfegesetzes (BSHG) abgeleitet werden, einem für die Sozialarbeit auch sonst einschlägigen Gesetz.

Schwerpunkte der Sozialen Altenarbeit sind unter anderem:
- Beratung und Information über Lebenslagen und soziale Probleme im Alter (z. B. Armut, Gesundheit, Familie, Partnerschaft und Sexualität, Generationsbeziehung, soziale Netzwerke, Wohnen, Arbeit, Freizeit, Teilnahme am öffentlichen Leben im Alter, Migration, Religion),
- soziale Unterstützung im Alter (z. B. durch Sozial- und Altenpolitik, Gesundheits- und Versorgungsangebote, familiäre und professionelle Pflegehilfen, Hilfen für Demenzerkrankte),
- Interventionen und Hilfen bei Trauer- und Sterbeprozessen (z. B. Trauerbegleitung, Sterbebegleitung, Hospizarbeit, ärztliche Notdienste)
  (vgl. Backes/Clemens, 1998; Becker/Veelken/Wallraven, 2000; Klingenberger, 1992; 1996; Schweppe, 1996; Thiele, 2001).

Ziele der Sozialen Altenarbeit sind unter anderem:
- Wahrnehmung der menschlichen Würde und die Anerkennung der individuellen Persönlichkeit des alten Menschen sowie Beistand bei Erhalt und Erwerb von Selbstwertgefühl,
- Ermöglichung einer selbstständigen und eigenverantwortlichen Lebensgestaltung,
- Hilfe bei den sozialen Kontakten und der Absicherung derselben und der Bedürfnisbefriedigung älterer Menschen,
- Angebot von Information, Beratung und Hilfen,
- Angebot von Hilfen als Anregung zur und Begleitung von Selbsthilfeprozessen und
- Angebot präventiver und prophylaktischer Maßnahmen
  (vgl. Klingenberger, 1992, S. 17).

Aufgaben- und Handlungsfelder der Sozialen Altenarbeit sind unter anderem:
- ambulante Altenarbeit: Haus-Notruf-Dienst, Essen auf Rädern, mobile soziale Hilfsdienste, organisierte Nachbarschaftshilfe, sozialpflegerische Dienste, Besuchsdienste, Fahr- und Begleitdienste, zentrale Hilfsvermittlung;

- offene Altenarbeit: Altentagesstätten, Altenclubs, Altenbildungshäuser, stationärer Mittagstisch, Altenerholungsmaßnahmen, Seniorennetzwerke;
- teilstationäre Arbeit: Tagespflegeeinrichtungen, Kurzzeitpflegeeinrichtungen, Altenwohnungen mit Betreuungszentren;
- stationäre Altenarbeit: Alten-(Wohn-/Pflege-)Heime, Rehabilitationseinrichtungen
  (vgl. Klingenberger, 1992, S. 19).

Ausblick

Die Unterstützungsangebote für die Lebenssituation älterer Menschen in Form der Sozialen Geragogik (Altenbildung) oder Sozialen Altenarbeit (Altenhilfe) haben, je nach dem speziellen Auftrag der beiden, doch viele Gemeinsamkeiten, die gleichsam die Leitlinien und Grundprinzipien der Arbeitsansätze darstellen (vgl. Löckenhoff, 2000, S. 65–70; Bubolz-Lutz, 1984, S. 21–31; Theunissen, 2002, S. 66–74; Backes/Clemens, 1998, S. 285–289). Dies sind z. B.:

- Orientierung am ganzen Menschen, seiner Biografie, seiner Lebenssituation und Lebenswelt,
- Orientierung an seinen Ressourcen und Kompetenzen,
- Orientierung an Prinzipien des Empowerment und der Autonomie,
- Orientierung an Erkenntnissen von Ökonomie und Management,
- Orientierung an schöpferischen (produktiven) Potenzen im Menschen,
- Orientierung der Interkulturalität,
- Orientierung an der Lebensaufgabe Bildung als lebenslanger ganzheitlicher Prozess, die zur Hilfe im Leben werden kann,
- Orientierung an der Bildungsgrundlage eines selbstverantworteten und selbstbestimmten Lernens im Rahmen zwischenmenschlicher Beziehungen,
- Orientierung an der Aufgabe, Potenziale, Stärken, Fähigkeiten und Kompetenzen zu erhalten, zu erschließen und zu fördern,
- Orientierung an den Arbeitszielen: Aufklärung, Wissensvermittlung, soziale Integration, Sicherung sozialer Partizipation, Sinnfindung und Identitätssicherung.

Durch die demographische Altersentwicklung in unserer Gesellschaft wird zukünftig das Thema Alter und Altern kein Randproblem mehr sein, sondern zu einem Zentralgebiet werden für die (Sozial-)Politik, Medizin, Gesundheits- und Sozialvorsorge und die Bildungspolitik. Auch die Pädagogik, die sich heute als eine solche für alle Lebensalter versteht, wird betroffen sein. Deshalb baut sie die Soziale Geragogik als eine wichtige zukunftsorientierte pädagogische Teildisziplin aus. Selbst von der Religion und Theologie wird das Alter als Frage und Sorge entdeckt. So sind die Kirchen derzeit dabei, das Arbeitsgebiet der Altenpastoral als ein Zukunftsfeld für sich zu entdecken und auszubauen. Letztlich wird auch die Soziale Altenarbeit in der Sozialarbeitswissenschaft und der Praxis der sozialen Arbeit eine Vorzugstellung erlangen, weil die demographischen Phänomene „Alter" und Altern" uns alle vor neue Gesellschaftsprobleme stellen wird.

Kommentierte Literaturhinweise

Backes, Gertrud M./Clemens, Wolfgang: Lebensphase Alter. Eine Einführung in die sozialwissenschaftliche Alternsforschung. Weinheim/München, Juventa Verlag, 1998 (336 Seiten).
Die Autoren stellen das Alter in seiner multidimensional angelegten Grundstruktur aus sozialgerontologischer Perspektive dar. Sie behandeln die Altersphase im menschlichen Lebenslauf, die theoretischen Konzepte zur Analyse der Altersphase, die verschiedenen Lebenslagen und die sozialen Probleme älterer Menschen (z. B. Armut, Gesundheit, Familie, Partnerschaft, Netzwerke, Wohnen, Migration) und die sozialen Unterstützungen im Alter (z. B. Sozialpolitik, Versorgungs-, Gesundheits- und Beratungshilfen). Ein Standardwerk der Sozialgerontologie.

Becker, Susanne/Veelken, Ludger/Wallraven, Klaus-Peter (Hrsg.): Handbuch Altenbildung. Theorien und Konzepte für Gegenwart und Zukunft. Opladen, Lesker Budrich, 2000 (482 Seiten).
Die Herausgeber haben in diesem systematischen Nachschlagwerk über 50 Beiträge zur theoretischen und praktischen Altenbildung (Geragogik) gesammelt. Nach Begriffsexplikationen zu Alter, Altern, Altenbildung und den Nachbardisziplinen werden deutsche und internationale Aspekte der Altenbildung, Studieninhalte von Hochschulen, Akademien sowie Fort- und Weiterbildungsträger vorgestellt. Es folgen Übersichtsbeiträge zu den Feldern und Bereichen der Altenbildung und neuen Zielgruppen der Altenbildung. Die Themenbreite ist beachtlich (über 100 Seiten). Abschluss bilden Beiträge zur sozialen Konstruktion des Alters im Rahmen der Vergesellschaft der Lebenswelt sowie abgefragte „Visionen" der Mitbegründer der wissenschaftlichen Altenbildung (Rosenmayr, Pfaff, Pöggeler). Das Handbuch ist eine empfehlenswerte Analyse- und Reflexionsgrundlage für die geragogische Theoriebildung und Praxisgestaltung.

Lenz, Karl/Rudolph, Martin/Sickendick, Ursel (Hrsg.): Die alternde Gesellschaft. Problemfelder gesellschaftlichen Umgangs mit Altern und Alter. Weinheim/München, Juventa Verlag, 1999 (305 Seiten).
Die Herausgeber betrachten, ausgehend von demographischen Befunden, die alternde Gesellschaft aus sozialgerontologischer Sicht mit Beiträgen zum Alter-Lebenslagen und ihrer subjektiven Bewältigung, zu interdisziplinären Perspektiven von Psyche, Körper und Leben, Risikolagen und Gestaltungspotenzialen des Alters (z. B. Kriminalität, Ruhestand, Wohnen, soziale Altenarbeit). Die Publikation weist eindrucksvoll nach, dass Altern nicht nur ein physiologisches, sondern wesentlich ein gesellschaftlich-kulturelles Problem ist.

Niederfranke, Annette/Naegele, Gerhard/Frahm, Eckhart (Hrsg.): Funkkolleg Altern 1/2. Lebenslagen und Lebenswelten, Soziale Sicherung und Altenpolitik. Opladen/Wiesbaden, 1999 (insgesamt über 1000 Seiten).
Beide Bände „Funkkolleg Altern" sind die schon klassisch gewordene Literaturquelle für die politische Gestaltung der Lebenswelt älterer Menschen und des gesellschaftlichen Miteinanders mit ihnen. Die einschlägig akzeptierten Autoren/innen der 20 wissenschaftlichen Beiträge bieten Grundlagen an, die zur gesellschaftspolitischen Veränderungen vor dem Hintergrund des demographischen Wandels ermutigen. Eine sehr empfehlenswerte Veröffentlichung zur Theorie und Praxis der Altersfrage.

Alte Menschen mit Behinderung

Maximilian Buchka

Etymologie

Das „Alter" bzw. das Adjektiv „alt" ist ein traditionelles alt- und mittelhochdeutsches Wort. Es bezieht sich auf die Ausgangsbedeutung von „gewachsen" bzw. „erwachsen". „Die Bedeutungsentwicklung geht von ‚Heranwachsen, Altersstufen, Unmündigen' zu den Altersstufen des Menschen allgemein, und dann, in neuerer Zeit, zu ‚hohes Alter' (im Gegensatz zu ‚Jugend')" (Kluge, Etymologisches Wörterbuch, 1999, S. 31). In diesem Sinne geht es nachfolgend um die Personengruppe, die ein hohes Alter und im medizinischen Sinne eine Behinderung aufweist.

Ohne an dieser Stelle auf die jeweiligen Unterschiede einzugehen, die aus heil-, sonder- oder behindertenpädagogischer Fachperspektive vorgetragen werden, wird der Begriff „Behinderung" im allgemeinen Sprachgebrauch als Hemmnis oder Einschränkung verwendet, z. B. in Form von Produktionsbehinderung, Verkehrsbehinderung, Reisebehinderung etc. Im medizinischen Sinne ist eine Behinderung eine Funktionsanomalie (z. B. als Seh-, Hör-, Geh-, Sprachbehinderung) oder Einschränkung des Denkens, Lernens oder Verhaltens. Im juristischen Sinne wird Behinderung als eine Einschränkung spezifischer Rechte (z. B. bei Menschen mit geistiger Behinderung) bzw. als ein Recht verstanden auf Ausgleich eines Nachteils. In bildungspolitischer Sicht ist die Behinderung eines Kindes- oder Jugendlichen oft die Grundlage dafür, für sie eigene Schulen einzurichten. Sozialpolitisch bedeutet Behinderung nach wie vor „eine Benachteiligung in der konkurrierenden Auseinandersetzung mit Nichtbehinderten, und zwar sowohl im schulisch-beruflichen Bereich als auch in allgemeinen zwischenmenschlichen Beziehungen (Wohnen, Freizeit, Öffentlichkeit). In diese Benachteiligung ist die unmittelbare familiäre Umgebung üblicherweise mit einbezogen" (Wolf, 1992, S. 71).

Geschichte

Alte Menschen mit Behinderung gab es zwar zu allen Zeiten menschlicher Sozial- und Kulturgeschichte, sie wurden aber erst in jüngerer Zeit, ungefähr ab 1980, auch von der Heilpädagogik bzw. Rehabilitation als eine spezielle Adressatengruppe entdeckt. Beispielhaft sei hier die Geschichte der Menschen mit geistiger Behinderung erwähnt. Die späte Aufmerksamkeit für die Personengruppe lag unter anderem darin begründet, dass man z. B. den Menschen mit geistiger Behinderung in allen ebensaltersstufen eine gewisse Kindlichkeit zuschrieb, sie mit Kindern verglich, die ein Entwicklungsalter von sieben bis zwölf Jahren aufwiesen, und ihnen deshalb auch keine Entwicklungsmöglichkeiten zutraute. Man nahm an, dass sie, trotz des ansteigenden Lebensalters, auf frühen Entwicklungsstufen stehen bleiben würden. Hinzu kam noch, dass die Population der alten Menschen mit geistiger Behinderung damals nicht groß war. Das lag einerseits daran, dass sie noch nicht Teil hatten an den Erfolgen der medizinischen Behandlungsmöglichkeiten, andererseits waren durch die unselige Euthanasieaktion der Nationalsozialisten hunderttausende erwachsene und ältere Menschen mit geistiger Behinderung getötet worden, also gerade die Gruppe, die wir heute als alte Menschen unter uns hätten.

So kann es nicht wundern, dass in Deutschland erst ab 1980 Fachkongresse und Symposien zum Thema des Älterwerdens von Menschen mit Behinderung stattfanden. Diese versuchten Anschluss an die internationale Entwicklung zur Altersproblematik für diese Personengruppe zu finden. Beispielsweise diskutierte man 1974 bereits an der Universität Michigan und in einer Konferenz in Toronto folgende Informations- und Forschungsziele (vgl. Segal, zit. nach Havemann/Stöppler, 2004, S. 12f.):

- gegenwärtige Lebensumstände alter Menschen mit geistiger Behinderung;
- Analyse verfügbarer Hilfesysteme und ihrer Lücken;
- Aus- und Fortbildungsinhalte für Betreuer für diese Personengruppe;
- Einwirkung auf die Gesetzgebung hinsichtlich der Sicherung der Rechte alter Menschen mit geistiger Behinderung;
- Integration alter Menschen mit geistiger Behinderung in gemeindenahe Programme;
- Diskussion über zielgruppenspezifische Programme zusätzlich zu den Integrationsprogrammen;
- Unterschiede oder Gemeinsamkeiten in den Lebenserwartungen alter Menschen im stationären und ambulanten Wohnangebot;
- Unterschiede und Gemeinsamkeiten in den Altersverläufen von Menschen mit geistiger und psychischer Behinderung;
- Unterschiede und Gemeinsamkeiten im Alterungsprozess von behinderten und nicht behinderten Menschen.

In der Bundesrepublik Deutschland hat die Bundesvereinigung Lebenshilfe das Verdienst, dass sie seit Beginn der 1980er-Jahre durch internationale Workshops zum „Altwerden von Menschen mit geistiger Behinderung" (1983) auf dieses neue Feld der Heilpädagogik und Rehabilitation hingewiesen hat. Dabei ist besonders Prof. Dr. Theodor Hofmann, von der Heilpädagogischen Fakultät der Universität zu Köln, zu erwähnen, der in Verbindung mit der Bundesvereinigung Lebenshilfe 1981, 1984 und 1992 Fachkongresse zum Thema durchgeführt hat (vgl. Bundesvereinigung Lebenshilfe, 1983; 1988; 1993). Ergänzt wurden sie durch die ebenfalls von der Lebenshilfe getragene Fachtagung zum Thema „Alte Menschen mit geistiger Behinderung – die verlorene Generation (vgl. Lebenshilfe, Persönlichkeit und Hilfe im Alter, 2000). Nicht zu vergessen ist auch die 1997 in Düsseldorf durchgeführte Arbeitstagung der deutschen Vereinigung für die Rehabilitation Behinderter zum Thema „Alte Menschen mit Behinderungen" (vgl. Tagungsbericht von Jochheim/Lucke/Andre, 1988), sowie die 1990 in Freiburg/Breisgau durchgeführte Fachtagung der Katholischen Verbände für Einrichtungen der Lern- und Geistigbehinderten (vgl. Tagungsbericht von Rapp/Strubel, 1992). Die Entdeckung des Altersproblems bei Menschen mit Behinderung hat dazu geführt, dass derzeit fünf einschlägige Monographien zu wissenschaftlichen und praktischen Fragen zu Altersproblemen bei Menschen mit geistiger Behinderung vorliegen (Bleeksma, 1998; Buchka, 2003; Havemann/Stöppler, 2004; Skiba, 1996; Theunissen, 2002) sowie eine Veröffentlichung zum Thema „Körperbehinderte Menschen im Alter" (Hedderich/Loer, 2003) und eine andere zur Frage: „Alt und schwerhörig?" (Schramek, 2002).

Aktuelle Relevanz und theoretische Ansätze

Wie aus der geschichtlichen Betrachtung deutlich geworden ist, ist es seit den 80er-Jahren des vergangenen Jahrhunderts zu einer stärkeren Zuwendung von Wissenschaft und Praxis zur Altersfrage bei Menschen mit Behinderungen gekommen. Der erkenntnisgewinnende Zugang dazu ist jedoch sehr unterschiedlich. Ein Thema ist die Erforschung von Alterskrankheiten, z. B. bei Menschen mit geistiger Behinderung (hier wird die überraschende Erkenntnis von Gemeinsamkeiten von Menschen mit Alzheimerkrankung und solchen mit Down Syndrom diskutiert). Daneben werden individuelle Alterungsverläufe dieser Personengruppe problematisiert. Darin enthalten sind Forschungen nach Veränderungen der biologischen und funktionellen Gegebenheiten durch die Alterung. Weiterhin werden lernpsychologische Erkenntnisse zum Alterslernen dieser Personengruppe publiziert, die zeigen, dass auch sie im hohen Alter noch Neues erlernen können. Die Soziologen zeigen vermehrtes Interesse daran, herauszufinden, wie die demographische Entwicklung in dieser Personengruppe sich wahrscheinlich gestalten wird im Rahmen der allgemeinen Veränderung von Lebensweltstrukturen in unserer Gesellschaft.

Aus interdisziplinärer Sicht (Geragogik, Alterspsychologie, Alterssoziologie) werden auch oft die allgemeinen Alterstheorien auf die Personengruppe der Menschen mit Behinderung übertragen (vgl. Theunissen, Altenbildung, 2002; Buchka, 2003). Wir wollen an dieser Stelle die Relevanz dieser Theorien für diese Personengruppe aufzeigen, mit dem Hinweis darauf, dass die Theorie selbst hier nicht beschrieben wird (dazu werden die Leser verwiesen auf meinen Artikel „Alter" in diesem Buch bzw. auf meine Veröffentlichung: Buchka, Ältere Menschen mit geistiger Behinderung, 2003, S. 133–145):

- Defizittheorie: Diese heute überholte Theorie der „abnehmenden Lebenskräfte" hatte negative Auswirkungen für die Personengruppe der alten Menschen mit geistiger Behinderung (im Folgenden als aMgB abgekürzt). Ihnen wurden keine Entwicklungs- und Bildungschancen zugetraut, deshalb waren sie in der Vergangenheit mehr „Subjekte der Pflege und Betreuung".

- Disengagementtheorie: Auch diese „Rückzugstheorie" aus dem bisherigen aktiven Leben in ein „Ruhedasein" hat sich negativ für die aMgB ausgewirkt, da ihnen keine neuen Rollen und aktivierenden Tätigkeiten zugetraut wurden.

- Aktivitätstheorie: Diese Theorie des „Zutrauens von Aktivität und Leistung" hat sich demgegenüber positiv für die aMgB ausgewirkt, weil sie durch sie die Möglichkeit erhalten haben, sich neue Rollen und Betätigungsfelder im Alter zu suchen.

- Kompensationstheorie: Diese Theorie der „Nachholentwicklung" ist ebenfalls positiv für die Lebensgestaltung der aMgB. Oft äußern sie am Ende ihres Berufslebens den Wunsch, endlich einmal das tun zu können, wozu sie bisher keine „Zeit" hatten, insbesondere im Kultur- und Freizeitbereich, aber auch in der Aufsuchung von altersgemäßen Bildungsangeboten in Volkshochschule und Altenbildungszentren.

- Kontinuitätstheorie: Diese Theorie favorisiert die „Fortsetzung lebensweltlicher und persönlicher Rollen und Aktivitäten". Sie hat im positiven Sinne dazu geführt, dass aMgB an ihrem bisherigen Lebensort, z. B. einer Wohnstätte, auch ihren Lebensabend verbringen können und dort auch, falls es medizinisch möglich ist, sterben können.

- Strukturtheorie: Diese Theorie geht von einer „Differenzierung der Lebenswelten Bildung, Beruf und Freizeit" aus, die durch spezifische Aktivitäten und Rollen bestimmt sind. Sie ist positiv für den aMgB, da er in diesen Lebenswelten unterschiedliche Rollen einnehmen kann und nicht nur eine Rolle für alle drei Lebenswelten zugeschrieben bekommt, z. B. die des Betreuten oder des Pfleglings (Schützlings).

- Produktivitätstheorie: Diese Theorie, die nach Baltes/Montada (1966) auf ein „produktives Leben im Alter" abzielt, hat positive Wirkung für den aMgB gezeitigt, weil man ihm jetzt zutraut, dass auch er im Alter „produktive" und für ihn „sinnerfüllende Aktivitäten" erbringen kann, wie selbstständige und selbstbestimmte Lebensführung, sinnerfüllte Lebensgestaltung, soziale und solidarische Hilfen für Mitmenschen und Mitwirkung an der sozialen Gestaltung der Gesellschaft (vgl. Theunissen, Altenbildung, 2002, S. 32ff.).

- Wachstumstheorie: Diese Theorie geht davon aus, dass auch noch „Wachstums- und Entwicklungsaufgaben im höheren Lebensalter" von Menschen möglich sind. Der Mensch kann neue Herausforderungen, die das Alter mit sich bringt, lösen, um individuelles Lebensglück zu erlangen. Diese Theorie hat eine positive Perspektive für den aMgB, weil auch für ihn spezifische Wachstums- und Entwicklungsaufgaben wichtig und erforderlich sind, um altersbedingte Lebensprobleme bewältigen zu können. Darauf haben sich in der letzten Zeit viele Altenbildungskonzepte eingestellt und eine zunehmende Zahl von aMgB nutzen diese auch.

- Empowermenttheorie: Nach dieser Theorie hat jeder Mensch ein mehr oder minder großes „Kompetenzpotenzial zur Lösung von Lebensaufgaben" im Rahmen seiner Selbstaktualisierung und der Selbstgestaltung des eigenen Lebens. Besonders in letzter Zeit wurde die große positive Auswirkung dieser Theorie auf den aMgB erkannt. In ihrem Kontext hat sich die Biographiearbeit als eine probate Arbeitsmethode bewährt, weil durch sie nicht nur herausgefunden werden kann, welche Fähigkeiten und Kenntnisse der aMgB im Selbstbesitz hat, sondern dass auch durch eine systemisch-biographische Betrachtung seiner Mit- und Umwelt herausgefunden wird, welche Ressourcen diese Mikro-, Meso-, Makro- und Exosysteme dem aMgB bei seiner Selbstverwirklichung in sozialer Integration und Normalisierung bereitstellen können.

- Kompetenztheorie: Diese Theorie ist gleichsam eine Fortsetzung der Empowermenttheorie, weil durch sie ein „effektives Zusammenspiel zwischen den Ressourcen des Menschen mit den situativen Anforderungen aus der Mit- und Umwelt" sichergestellt wird, das auch für den aMgB gilt. Weiterhin geht sie davon aus, dass die Gesellschaft ihm zu seiner Identitätsentwicklung überhaupt Veränderungs- und Entwicklungsmöglichkeiten zutrauen muss und sie ihm diese auch einzuräumen hat. Die positive Auswirkung dieser Alterstheorie für den aMgB zeigt sich in jüngster Zeit z. B. darin, dass die Gesellschaft den Personengruppen der Menschen mit geistiger und psychischer Behinderung zutraut, im Rahmen der betreuten Wohnformen sein normales Alltagsleben auch in ihren Nachbarschaftsquartieren zu führen. Daher wird dies nun finanziell und administrativ ermöglicht.

Problem- und Erfahrungsfelder

Die Erfahrungsfelder der heil- und sonderpädagogischen bzw. rehabilitativen und sozialagogischen Praxis bei alten Menschen mit Behinderung können durch einen synoptischen Vergleich der einschlägigen Literatur und aus Kenntnis der realen Praxis aufgedeckt werden. Dazu kann das nachfolgende Schema dienen:

\multicolumn{4}{c}{Synopse über Problem- und Erfahrungsfelder in der Praxis der Altenarbeit bei Menschen mit Behinderung}			
Literaturquelle	Handlungskonzepte und Handlungsmethoden	Lebenswelten	Institutionen und Dienste
Bleeksma, M.: Mit geistiger Behinderung alt werden, 1998	· Betreuung bei Sicherheitsproblemen · Betreuung bei körperlichen Veränderungen · Betreuung bei sozialen und tageszeitlichen Veränderungen · Betreuung als Sterbe- u. Trauerbegleitung	· Lebenswelt: Wohnalltag	· Wohnstätte · Wohngruppe
Bundesvereinigung Lebenshilfe: Fachtagungen und Symposien zum Thema: Alt und geistig behindert, 1983; 1988; 1993; 2000	· Sterbe- und Trauerbegleitung · Medizinische Hilfen · Seelsorgliche Hilfen · Sozialpolitische Initiativen · Familienbegleitung bei einem behinderten Angehörigen · Förderung/Verbesserung der Kommunikation · Vorbereitungshilfen für den Ruhestand · Sterbe- und Trauerbegleitung · Wohnbegleitung · Freizeitbildung · Altenbildung	· Lebenswelt: Wohnalltag in Familie und Wohnstätte · Lebenswelt: Werkstatt · Lebenswelt: Freizeit	· Familie · Offene Wohnformen · Wohnfamilie · Vollzeiteinrichtung · Werkstatt · Altentagesstätte · Tagesbegleitender Dienst
Buchka, M.: Ältere Menschen mit geistiger Behinderung, 2003	Sozialagogische Bildung als: · bildende Begegnung mit Objekten und Subjekten der Mit- und Umwelt · geführte Kompetenzbildung Sozialagogische Begleitung als: · Lebensbegleitung in der Wohn-, Arbeits-, Freizeit- und Sozialwelt · Sterbe- und Trauerbegleitung Sozialagogische Therapie als: · Biographiearbeit · therapeutisch gestaltete Gemeinschafts- und Lebensform	· Lebenswelt: Gemeinschaftsleben im Wohnalltag · Lebenswelt: Arbeit · Lebenswelt: Freizeit · Lebenswelt: Bildung, Kultur und Religion	· Familienwohnen · Selbstverwaltetes Wohnen · Wohnfamilie · Kontakt-, Koordinierungs- und Beratungsstelle · Betreutes Wohnen · Teilstationäre Wohnstätte · Stationäres Wohnheim · Dorfgemeinschaft · Geriatrische Klinik · Werkstatt · Freizeiteinrichtungen · Tagesbegleitende Dienste · Altentagesstätte

Literaturquelle	Handlungskonzepte und Handlungsmethoden	Lebenswelten	Institutionen und Dienste
Hedderich, I./ Loer, H.: Körperbehinderte Menschen im Alter, 2003	· Wohnbegleitung · Sexualitäts- und Partnerschaftsberatung · Sterbe- und Trauerbegleitung · Biographiearbeit · Lebensweltliche Kontextarbeit	· Lebenswelt: Wohnalltag	· Altenwohnheim · Altenwohnstift · Altenheim · Pflegeheim · Betreutes Wohnen · Integriertes Wohnen · Service-Wohnen · Selbstverwaltete Wohngemeinschaft
Jochheim, K.-A./ Lucke, Ch./ Andre, G.: Alte Menschen mit Behinderungen – behinderte Menschen im Alter, 1988	· Sport- und Fitnessangebote · Ernährungsberatung · Suchtmittel-Prophylaxe · Gehirnjogging · Wahrnehmungsförderung · Kreativitätsförderung · Natur- und Landschaftspflege · Schreibwerkstatt · Sozial- und Bauplanung · Kulturelle Aktivierung · Wohntraining · Lebenspraktisches Training · Pflegehilfen	· Lebenswelt: Wohnalltag in Familie, Wohnstätte und Geriatrie	· Altenwohnstätte · Altenkrankenhaus (Geriatrie)
Havemann, M./ Stöppler, R.: Altern mit geistiger Behinderung, 2004	· Soziale Netzwerkarbeit · Erwachsenenbildung als Lehrgang „Selbstbestimmt Älterwerden" · Freizeitbildung · Begleitetes Wohnen · Vorbereitung auf den Ruhestand · Sterbe- und Trauerbegleitung · Mitarbeiter-Weiterbildung · Biographiearbeit	· Lebenswelt: Wohnalltag · Lebenswelt: Werkstatt · Lebenswelt: Freizeit	· Elternhaus u. Familie · Wohnheim (Altenheim) · Gruppengegliederte Wohnstätten · Gemeindenahes Wohnen · Betreutes Wohnen · Wohnfamilie · Werkstatt · Freizeiteinrichtungen
Theunissen, G.: Altenbildung und Behinderung, 2002	Erwachsenenbildung als: · Vorbereitungshilfen auf das Alter · Erhaltung, Erschließung u. Förderung von Kompetenzen · Kompensatorische u. rehabilitative Hilfen · Soziale Integration und Partizipation · Hilfen zur Sinnfindung u. Identitätssicherung · Unterstützung emanzipatorischer Prozesse · Aufklärung und Wissensvermittlung · Arbeit mit der Bezugswelt · Bildung als Lebensbegleitung · Soziale Netzwerkarbeit · Tagesstrukturierende Angebote · Freizeitbildung · Biographiearbeit · Biographiearbeit · Sterbe- und Trauerbegleitung · Lebensbegleitung behinderter Menschen mit Demenz · Soziales Lernen	· Lebenswelt: Bildung · Lebenswelt: Wohnalltag · Lebenswelt: Freizeit	· Wohnheim u. Wohnstätten · Freizeitclubs · Erwachsenen- u. Altenbildungseinrichtungen

Literaturquelle	Handlungskonzepte und Handlungsmethoden	Lebenswelten	Institutionen und Dienste
Rapp, N./Strubel, W.: Behinderte Menschen im Alter, 1992	· Begleitung und Förderung im Wohnheim · Betreuungsmodelle in der Werkstatt · Ernährungsberatung · Bewegungsförderung · Künstlerische Übungen · Freizeitbildung und Geselligkeitsübungen · Biographiearbeit · Arbeit an der eigenen Altersidentität · Sterbe- und Trauerbegleitung	· Lebenswelt: Wohnheim und Wohnstätte · Lebenswelt: Werkstatt · Lebenswelt: Freizeit	· Altenheim · Wohnstätte · Werkstatt · Freizeitclub · Ambulante Altenhilfe
Schramek, R.: Alt und schwerhörig? 2002	· Altenbildung · Aus- und Fortbildung	· Lebenswelt: Bildung	· Erwachsenen- und Altenbildungsstätte · Altentagesstätte
Skiba, A.: Fördern im Alter, 1996	· Psychosoziale Betreuung und Förderung · Körpererfahrung · Biographiearbeit · Gesundheits-, Ernährungs- und Versorgungsberatung · Zeitmanagement · Glaubens- und Sozialerfahrung · Naturkundliche Bildung · Sterbe- und Trauerbegleitung · Geragogik für Demenzkranke · Angehörigen- und Familienarbeit · Arbeit mit ehrenamtlichen Kräften	· Lebenswelt: Wohnalltag	· Tagespflegeeinrichtungen · Stationäre Altenhilfe · Einrichtungen der Psychiatrie · Betreute Wohnformen

Synopse über Problem- und Erfahrungsfelder in der Praxis der Altenarbeit bei Menschen mit Behinderung

Es fällt angenehm auf, dass die Lebenswelt des alten Menschen mit Behinderung nicht nur auf seine Wohnwelt (ob in der Familie, Wohnstätte, Altenheim, Geriatrie etc.) verkürzt wird, sondern ihm auch ein breiter Zugang zu den Lebenswelten Freizeit, Bildung (einschließlich Religion und Kultur) sowie zur Berufs- und Werkstattwelt eingeräumt wird und er sich dadurch nicht mehr von anderen alten Menschen unterscheidet, die nicht behindert sind. Durch die Öffnung weiterer Lebenswelten außerhalb seines Wohnalltags kommen auch viele Einrichtungen in den Blick, die mit diesen erweiterten Lebenswelten in Verbindung stehen und die längst über sein Wohnumfeld hinausreichen, z. B. solche, in denen er seine Bedürfnisse und Wünsche nach Bildung, Freizeit, Kultur, Religion etc. befriedigen kann.

Hinsichtlich der Handlungsansätze und Praxisaufgaben zeigt die Synopse, dass diese differenziert zu betrachten sind und unterschiedlich bewertet werden. In einer zusammenfassenden Beschreibung ergibt sich das nachfolgende Verteilungsspektrum:

Handlungsansätze und Praxisaufgaben bei alten Menschen mit Behinderung		
Häufig-keits-angabe	Handlungsansätze und Praxisaufgaben	Literaturquellen
90 %	Wohnen, z. B. als Begleitung und Betreuung im Wohnalltag, einschließlich Wohntraining und tagesstrukturierender Maßnahmen	Bleeksma; Buchka; Lebenshilfe; Jochheim u. a.; Havemann/Stöppler; Hedderich/Loer; Rapp/Strubel; Schramek; Skiba
80 %	Ganzheitliche Förderung, z. B. als Kommunikationsförderung, Gemeinschaftsförderung, Gehirnjogging, Wahrnehmungstraining, Verbesserung der sozialen Integration und Partizipation, psychosoziale Förderung, soziales Lernen, Pflegekompetenz	Bleeksma; Buchka; Lebenshilfe; Jochheim u. a.; Havemann/Stöppler; Rapp/Strubel; Theunissen; Skiba
70 %	Sterbe- und Trauerbegleitung	Bleeksma; Buchka; Lebenshilfe; Havemann/Stöppler; Hedderich/Loer; Rapp/Strubel; Theunissen
70 %	Beratung, z. B. über Ernährung, Suchtprophylaxe, medizinische Hilfen, seelsorgliche Hilfen, Sexualität und Partnerschaft, soziale Planung, Wahrnehmung emanzipatorischer Interessen, Aufbau einer Altersidentität und von Glaubens- und Sozialerfahrungen	Bleeksma; Lebenshilfe; Jochheim u. a.; Havemann/Stöppler; Rapp/Strubel; Skiba; Theunissen
70 %	Bildung, als Erwachsenen- und Altenbildung mit Blick auf Kompetenzbildung, bildende Auseinandersetzung mit der Mit- und Umwelt, Wissenserweiterung, Schreibwerkstatt	Buchka; Havemann/Stöppler; Jochheim u. a.; Lebenshilfe; Schramek, Skiba, Theunissen
60 %	Biographiearbeit	Buchka; Havemann/Stöppler; Hedderich/Loer; Rapp/Strubel; Skiba; Theunissen
60 %	Freizeit- und Kulturarbeit, z. B. als Freizeitbildung, Freizeitübungen, musisch-kreative Übungen	Havemann/Stöppler; Jochheim u. a.; Lebenshilfe; Rapp/Strubel; Skiba; Theunissen
50 %	Soziale Netzwerkarbeit, z. B. im Umfeld, als Angehörigen-, Familienarbeit, Arbeit mit ehrenamtlichen Kräften	Lebenshilfe; Havemann/Stöppler; Hedderich/Loer; Theunissen; Skiba
40 %	Vorbereitung auf den Ruhestand, z. B. vor dem Ausscheiden aus dem Berufsleben	Havemann/Stöppler; Lebenshilfe; Rapp/Strubel; Theunissen
30 %	Sport- und Bewegung, z. B. als Sport- und Bewegungsförderung, einschließlich Körpererfahrungen	Jochheim u. a.; Rapp/Strubel; Skiba

Handlungsansätze und Praxisaufgaben bei alten Menschen mit Behinderung

Die ermittelten Handlungsansätze und Praxisaufgaben (die Bemessungsgrundlage sind zehn Literaturtexte) bedürfen noch der nachfolgenden kurzen Kommentierung und Interpretation:

– Wohnen: Es fällt auf, dass professionelle und ehrenamtliche Arbeit bei alten Menschen mit Behinderung schwerpunktmäßig mit der Gestaltung und Bewältigung des Wohnalltags zu tun hat (= 90 %). Dazu gehören alle Aufgaben, die ein mehr oder minder selbstständiges Wohnen ermöglichen sollen.

– Ganzheitliche Förderung: Eng verbunden mit der Begleitung und Hilfe zum Wohnen wird die ganzheitliche Förderung genannt, welche die ganze Bandbreite der Heil-/Sonderpädagogik und Rehabilitation abdeckt (= 80 %). Neben den kognitiven Förderungsansätzen (z. B. Gehirnjogging) nehmen die sozialkommunikativen und gruppenpädagogischen Ansätze einen breiten Raum ein. Es werden aber auch körperorientierte Förderübungen, z. B. zur Verbesserung der Pflegeunterstützung, mit einbezogen. Die Frage bleibt offen, ob die von außen gesetzte Förderung, d. h. von den Begleitenden geplant, immer unter Beteiligung der zu Begleitenden abgestimmt ist.

– Sterbe- und Trauerbegleitung: Diese wird ebenfalls als wichtiger Handlungsansatz und als häufige Praxisaufgabe genannt (= 70 %). Die Sterbebegleitung wird zum Teil nicht nur für den Sterbenden selbst, sondern auch im Hinblick auf sein Umfeld konzipiert. Dagegen richtet sich die Trauerbegleitung bei alten Menschen mit Behinderung auch auf seine vielfältigen Verlusterlebnisse, die das Älterwerden natürlicherweise mit sich bringt. Bei seinem Umfeld richtet sich die Trauerbegleitung auf Angehörige, Freunde oder Mitbewohner/innen, wenn sie um den verstorbenen alten Menschen mit Behinderungen trauern und dabei begleitet werden wollen oder müssen.

– Beratung: Die Beratung bei alten Menschen mit Behinderung, seines Umfeldes und die seiner Einrichtung, in der er lebt, begründet sich einerseits auf einschlägige Handlungsansätze (vgl. Stichwort „Beratung" von Greving in diesem Buch), andererseits sind die Beratungsanlässe und Beratungsinhalte sehr vielfältig und oft sehr komplex. Die Beratung reicht von der Ernährungsberatung, über die der Suchtprophylaxe, der Sexual- und Partnerschaftsberatung bis hin zur Beratung über Glaubens- und Sozialfragen. Die Analyse zeigt jedoch, dass Beratung eine wichtige Praxisaufgabe in diesem Arbeitsfeld ist (= 70 %).

– Bildung: Die Bildungsaufgaben bei und im Umfeld alter Menschen mit Behinderung werden ebenfalls als sehr wichtig angesehen (= 70 %). Dazu gehören solche, die direkt dem alten Menschen mit Behinderung geleistet werden, und auch solche, die zur „Bildung" seines Umfeldes (Angehörige, Mitarbeiterschaft, ehrenamtliche Kräfte, Öffentlichkeit etc.) erforderlich sind, um für einen angemessenen Umgang mit dieser Personengruppe zu sensibilisieren.

– Biographiearbeit: Auch dieser Handlungsansatz wird als Praxisaufgabe klar erkannt (= 60 %). Dabei gehen drei Quellen (Buchka; Hedderich/Loer; Theunissen) sehr detailliert auf dieses didaktisch-methodische Handlungskonzept ein. Neben der sprachlich orientierten Biographiearbeit (z. B. durch narrative Interviews) werden mehr und mehr auch Erfahrungen mit der medialen Biographiearbeit (z. B. durch Malen, Rollenspiel, Fotoausstellung etc.) gesammelt. Biografiearbeit ist heute ohne Berücksichtigung des sozialen Kontextes nicht mehr denkbar.

– Freizeit- und Kulturarbeit: Die Bedeutung dieser Praxisaufgabe mit ihren verschiedenen Handlungsansätzen wird ebenfalls überwiegend anerkannt (= 60 %). Es ist im Vergleich zur Praxisaufgabe der ganzheitlichen Förderung jedoch erwähnenswert, dass die Freizeit- und Kulturarbeit deutlich weniger Zustimmung (= 30 %) findet als die vorgenannte. Landläufig wird jedoch davon ausgegangen, dass die Altersphase eine Lebensphase ist, die von mehr Freizeit- und Kulturtätigkeiten geprägt wird als die frühere Berufsphase. Vielleicht hängt die absinkende Zustimmung auch damit zusammen, dass es derzeit noch zu wenig offene Freizeitstätten für alte Menschen mit Behinderung gibt und im Stress des Wohnalltags zu wenig Zeit und Raum für Freizeit und Kultur bleibt. Hier ist ein deutlicher Nachholbedarf auszumachen.

- Soziale Netzwerkarbeit: Diese erhält leider nur die Hälfte der Nennungen (= 50 %). Die soziale Netzwerkarbeit ist aber erste Garantie dafür, dass eine angemessene Integration, Inklusion, Normalisation und Rehabilitation für ältere Menschen mit Behinderung gelingen kann. Durch sie kann ihnen ermöglicht werden, an den üblichen Bildungs-, Freizeit- und Sozialangeboten für alle älteren Menschen in der Gesellschaft teilzunehmen. Soziale Netzwerkarbeit ist auch die fachliche Verbreiterung der bisherigen Familien- und Angehörigenarbeit, insofern liegt hier eine noch nicht optimal gelöste Praxisaufgabe im Rahmen der sozialagogischen Gruppen- und Gemeinwesenarbeit vor.

- Vorbereitung auf den Ruhestand: Bei diesem Handlungsansatz wird durch die Auswertung der Fachliteratur deutlich, dass diese Praxisaufgabe noch zu wenig Berücksichtigung findet (= 40 %). Man sollte meinen, dass gerade hier eine wichtige präventive Bewältigungsmöglichkeit liegt, damit der Mensch mit Behinderung und sein Umfeld mit der Altersproblematik positiv umzugehen lernt. Besonders wichtig ist diese Praxisaufgabe auch für die Werkstatt für Menschen mit Behinderung (WfbM), die bislang leider zu wenig beachtet worden ist.

- Sport und Bewegung: Hier erstaunt die geringe Berücksichtigung dieser wichtigen Aufgabe (= 30 %). Im Bereich der allgemeinen Altenarbeit/-bildung wird diesem Bereich besonders große Beachtung geschenkt und hat vielerlei beeindruckende Handlungsansätze entstehen lassen (z. B. Sitztanzen, Altensport, Rollstuhl-/Sitz-Gymnastik, Wassergymnastik, Seniorenwandern etc.). Gerade alte Menschen mit Behinderung, die von ihrem Behinderungsbild oft auch motorisch beeinträchtigt sind, bedürfen einer lebenslang angebotenen Gymnastik, um ihre Mobilität nicht zu verlieren. Hier kann das Auswertungsergebnis nur anspornen, im Sport- und Bewegungsbereich deutlich mehr Aktivitäten für diese Personengruppe anzuregen.

Ausblick

Ingesamt sind wir in der professionellen Altenarbeit bei und mit Menschen mit Behinderung seit 1980 schon ein gutes Stück vorangekommen. Es sind jedoch, wie die Literaturauswertung gezeigt hat, noch einige ungelöste Aufgaben anzupacken. Dazu gehören Anstrengungen, die bisher vorliegenden didaktisch-methodische Handlungsansätze weiter abzusichern, sie umfänglicher einer Erprobung zu unterziehen, sie aber auch durch neuere oder weitere Handlungskonzepte zu ergänzen. Insbesondere gehören dazu die „soziale Netzwerkarbeit", die altenspezifische „Sport- und Bewegungsförderung", die psychosoziale Vorbereitung auf den „Ruhestand" im Wohn- und Berufsalltag, aber auch eine altengemäße Krisenintervention, die bei individuellen und sozialen Verlust- und Trauererlebnissen, bei biologisch-körperlich erlebten Abbauprozessen sowie bei Ängsten vor Krankheit und Tod anzuwenden ist. Auch die seelsorgliche Begleitung bei den vorgenannten Krisensituationen sollte nicht ausgeklammert werden, zumal viele alte Menschen mit Behinderung in den oft konfessionell geführten Einrichtungen eine entsprechende transzendental-orientierte Sozialisation aufweisen.

Neben den mehr praktischen Handlungsansätzen und Arbeitsaufgaben stehen wir erst am Anfang mit soziologischen, psychologischen und altersmedizinischen (geriatrischen) Forschungen zum Problem des Alterns bei Menschen mit Behinderung. Hier müssen weitere Grundlagenforschungen in den nächsten Jahren erfolgen. Letztlich sind die sozialpolitischen und sozialökonomischen Rahmenbedingungen nicht geklärt bzw. so defizitär, dass von einer Gleichstellung von alten Menschen mit denen ohne Behinderung noch lange nicht gesprochen werden kann. Hier sind Politik und Ökonomie aufgefordert, annähernd gleiche Rahmenbedingungen zu schaffen. Letztlich ist zu fordern, dass alle Ausbildungseinrichtungen (Universitäten, Fachhochschulen, Berufsakademien) die Problematik des alten Menschen mit Behinderung mit in ihre Studien- und Ausbildungsordnungen einbeziehen, um die Standards der Bildung, Begleitung, Therapie (Förderung) und Sozialarbeit für diese Personengruppe einerseits halten und andererseits weiter verbessern zu können.

Kommentierte Literaturhinweise

Bundesvereinigung Lebenshilfe (Hrsg.): Persönlichkeit und Hilfe im Alter. Zum Alterungsprozess bei Menschen mit geistiger Behinderung. 2. Aufl., Marburg, Lebenshilfe-Verlag, 2000 (232 Seiten):
Der Herausgeber stellt die Beiträge und Ergebnisse der Fachtagung aus dem Jahre 1998 vor, mit einem aktualisierten Beitrag zum Behindertenrecht. Neben Grundsatzfragen (Speck: In Würde alt werden; Wacker: Altern; Theunissen: Geistige Behinderung und Demenz; Dietrich: Rechtliche Grundlagen der Eingliederungshilfe; Schumacher: Soziale Sicherung) werden spezielle Informationen zu den Lebenswelten Wohnen, Arbeit, Freizeit sowie zum Problemfeld Sterben und Tod gegeben. Dadurch wird diese Schrift zu einem empfehlenswerten kleinen Nachschlagwerk zur Frage der Hilfen bei alten Menschen mit geistiger Behinderung.

Havemann, Meindert/Stöppler, Reinhilde: Altern mit geistiger Behinderung. Grundlagen und Perspektiven für Begleitung, Bildung und Rehabilitation. Stuttgart, Kohlhammer Verlag, 2004 (229 Seiten):
Die Autorinnen stellen ein kleines Kompendium über relevante gerontologisch-psychologische, sonderpädagogische sowie medizinische Forschungsergebnisse und Praxiserfahrungen mit und bei alten Menschen mit geistiger Behinderung vor. Ihre weiteren Themen sind: Grundbegriffe des Alterns, der Behinderung, der Lebenslaufperspektive; Forschungsergebnisse zum Altern, Veränderungen im Alter, Erlebnisse und Bedürfnisse dieser Personengruppe und ihre Nähe und Abgrenzung zur Alzheimer-Krankheit. Im letzten Teil des Buches gehen sie auf die Handlungsfelder: soziale Netzwerkarbeit, Erwachsenenbildung, Freizeit, Wohnen, Übergang in den Ruhestand, Sterben und Tod ein. Hinweise zu pädagogischen Handlungskompetenzen schließen das sehr empfehlenswerte Standardwerk ab.

Skiba, Alexander: Fördern im Alter. Integrative Geragogik auf heilpädagogischer Grundlage. Bad Heilbrunn, Klinkhard, 1996 (140 Seiten):
Der Autor versucht, die einschlägige Geragogik mit der Heilpädagogik zu verbinden, und stellt eine Geragogik auf heilpädagogischer Grundlage für alte Menschen mit geistiger Behinderung vor, die er humanitär, wissenschaftsdisziplinär und handlungstheoretisch legitimiert. Einen breiten Raum nehmen die geragogisch-heilpädagogischen Handlungsfelder ein, z. B.: Tagespflegeeinrichtungen, Einrichtungen der stationären Alten- und Behindertenhilfe, betreutes Wohnen, Angehörigen- und Ehrenamtlichenar-

beit. Schwerpunkt seiner vielen Praxisbeispiele und Handlungsmethoden ist die stationäre Altenhilfe. Abschließend geht er auch noch auf ethische Grenzfragen in der Geragogik ein. Das Buch kann insbesondere für die Praxis in diesem Bereich empfohlen werden.

Theunissen, Georg: Altenbildung und Behinderung. Impulse für die Arbeit mit Menschen, die als lern- und geistig behindert gelten. Bad Heilbrunn, Klinkhardt, 2002 (207 Seiten):
Der Autor legt hier ein Standardwerk für das Fachgebiet vor, wobei er frühere Arbeiten miteinbezieht. Grundsätzliche Fragen des Alters/Alterns bei Menschen mit geistiger Behinderung, ihre Bildung und die Einordnung in die einschlägigen Alterstheorien führen in das Thema ein, bevor die Aufgaben der Bildung im Alter umfänglich dargestellt werden, einschließlich der Grundzüge seines Bildungskonzeptes für diese Personengruppe. Ausgewählte Bildungsschwerpunkte des empfehlenswerten Buches sind: Biographiearbeit, Sterbe- und Trauerbegleitung, Lebensbegleitung bei Demenz, soziales Lernen und persönliche Zukunftsplanung.

Buchka, Maximilian: Ältere Menschen mit geistiger Behinderung. Bildung, Begleitung, Sozialtherapie. München/Basel, Reinhardt Verlag, 2003 (330 Seiten):
Der Autor stellt zu Beginn den Personenkreis der älteren Menschen mit geistiger Behinderung aus interdisziplinärer Sicht (Medizin, Psychologie, Soziologie, Sonderpädagogik und Rehabilitation) vor. Die von ihm vorgeschlagenen Handlungskonzepte Bildung (als Sach- und Mitweltbegegnung und Kompetenzbildung), Begleitung (als Alltags- und Sterbebegleitung) und Therapie (als biographische und gemeinschaftsbezogene Sozialtherapie) stellt er in das wissenschaftlich begründete neue Gesamtkonzept einer Sozialagogik. Mit dieser sehr empfehlenswerten Schrift will der Autor der Altenarbeit bei Menschen mit geistiger Behinderung eine theoretisch wie praktische neue Zukunftsperspektive geben.

Anthroposophische Heilpädagogik und Sozialtherapie Rüdiger Grimm

Etymologie

Der Begriff „anthroposophische Heilpädagogik und Sozialtherapie", manchmal auch „Heilpädagogik und Sozialtherapie auf anthroposophischer Grundlage" entstand im Zusammenhang mit einem Arbeitsfeld der anthroposophischen Geisteswissenschaft, die von Rudolf Steiner (1861–1925) zu Beginn des 20. Jahrhundert begründet wurde. Anthroposophie bedeutet wörtlich aus dem Griechischen: „Weisheit vom Menschen" und versteht sich als Anregung zur Entwicklung des Individuums und zur Neugestaltung von Lebens- und Kulturverhältnissen und nicht als System oder Lehre. Der Anthroposophie geht es um eine Erweiterung der Erkenntnisfähigkeit des Menschen in geistiger Hinsicht und um die Entwicklung individuell verantworteten Handelns. Heilpädagogik und Sozialtherapie bilden eines der Lebens- und Arbeitsfelder, auf den die Anthroposophie fruchtbar wurde.

Geschichte

Die ersten Einrichtungen für Menschen mit Behinderungen entstanden in den Jahren zwischen 1921 und 1924 aus drei Wurzeln: In der ersten Waldorfschule in Stuttgart wurde eine Spezialklasse für Kinder eingerichtet, die dem regulären Unterricht nicht folgen konnten. Zeitgleich wurden im Klinisch-Therapeutischen Institut in Arlesheim (Schweiz), einer Klinik für innere Medizin, eine Reihe von Kindern mit Behinderungen und psychiatrischen Problemen zur Behandlung aufgenommen. Schließlich nahm 1924 das Heil- und Erziehungsinstitut Lauenstein bei Jena seine Arbeit als reformpädagogisches Modell einer Lebensgemeinschaft auf. Die drei Einrichtungen entstanden in enger Zusammenarbeit mit Rudolf Steiner, der im Jahr 1924 mit seinem „Heilpädagogischen Kurs" der beginnenden praktischen Arbeit auch eine geisteswissenschaftliche Fundierung gab. In diesem Zusammenhang wurde auch der Begriff „seelenpflege-bedürftiges Kind" geprägt, der als Abgrenzung von negativen Zuschreibungen bedürfnisorientiert zu verstehen ist.

In der Folge entwickelten sich eine Reihe von Einrichtungen in Deutschland, der Schweiz, in England und Schweden. Mit dem Beginn des Nationalsozialismus in Deutschland wurde eine weitere Ausbreitung allerdings verhindert, die bestehenden Einrichtungen in ihrer Arbeit zunächst massiv behindert und später geschlossen. Lediglich eine Einrichtung konnte geöffnet bleiben. Diese wurde allerdings 1947 von den Behörden der DDR verboten.

Mitarbeiter jüdischer Herkunft, die aus Deutschland oder Österreich emigrieren mussten, begründeten neue Einrichtungen in anderen europäischen und außereuropäischen Ländern. Durch den Wiener Arzt Karl König und seine Mitarbeiter wurde in Schottland die Camphill-Bewegung begründet, die sich später international mit mehr als hundert Lebens- und Arbeitsgemeinschaften ausdehnte.

Nach dem Ende des 2. Weltkriegs setzte eine erneute Ausbreitungsbewegung ein, die bald auch in strukturelle Formen nationaler und internationaler Zusammenarbeit mündete und auch die ersten Ausbildungsstätten für anthroposophische Heilpädagogik sowie die ersten Publikationen über deren Methoden und Grundlagen hervorbrachte.

In den 1960er- und 1970er-Jahren setzte sich die Entwicklung fort, vor allem hinsichtlich des Aufbaus von Einrichtungen für Erwachsene. Die Einrichtungen der anthroposophischen Heilpädagogik wurden in diesen Jahren als Teil des sozialen Versorgungsnetzes in den meisten Ländern anerkannt und wirtschaftlich gefördert.

Anthroposophische Heilpädagogik errang Anerkennung und Bekanntheit aufgrund ihrer Erfolge im praktischen Feld. Wissenschaftlich gesehen entwickelte sie sich lange Zeit innerhalb ihrer eigenen Kreise. Die eigene Wissenschaftssprache der Anthroposophie und eine gewisse Abschottungstendenz erschwerte den Dialog nach außen und führte auch zu Skepsis und Ablehnung. Allerdings gab es immer auch Exponenten, die über eine hohe Öffentlichkeitswirkung verfügten. In den letzten Jahren verläuft ein fruchtbarer Dialog zwischen Fachwissenschaft und anthroposophischer Heilpädagogik in regelmäßigen Tagungen und Publikationen. Auch bieten viele universitäre und außeruniversitäre Ausbildungseinrichtungen Veranstaltungen zur anthroposophischen Heilpädagogik an.

Nach dem Fall des Eisernen Vorhangs entwickelten sich auch in den Ländern des früheren Ostblocks Einrichtungen. Da diese Entwicklung mit einem Generationenwechsel in den bisher bestehenden Einrichtungen zusammenfiel, setzte eine Phase der Neubesinnung ein, in der die Grundlagen und Methoden, wie auch die strukturelle Weiterentwicklung der Einrichtungen hinsichtlich ihrer Differenzierung neu überdacht werden mussten. Die Einrichtungen und Angebote sind in Bezug auf die Beteiligung und Selbstbestimmung der in Einrichtungen lebenden und arbeitenden Menschen mit Behinderungen, die stärkere Einbeziehung von Eltern und Angehörigen und die Zusammenarbeit in Einrichtungs- und Angehörigenverbänden in intensiver Entwicklung (vgl. Grimm, Phänomene des Wandels, 2004, S. 22–31).

Aktuelle Relevanz und theoretische Ansätze

Arbeitsfelder der anthroposophischen Heilpädagogik und Sozialtherapie

Das Spektrum der Angebote für Heilpädagogik und Sozialtherapie auf anthroposophischer Grundlage umfasst heute Einrichtungen für Kinder, Jugendliche und Erwachsene:

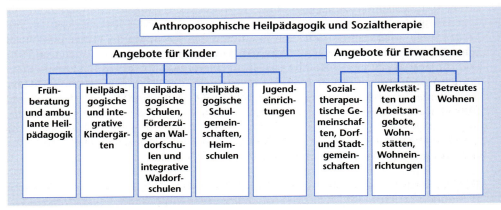

Angebote für Kinder, Jugendliche und Erwachsene

Mit Stand 2005 gibt es in 40 Ländern ca. 600 Einrichtungen der anthroposophischen Heilpädagogik und Sozialtherapie, 60 Ausbildungseinrichtungen, meist in Form von praxisorientierten Fachschulen, aber auch als universitäre Aus- und Weiterbildungsangebote, sowie 40 nationale und internationale Fach- und Angehörigenverbände (Konferenz für Heilpädagogik, 2005).

Behinderungsbegriff und ethische Grundlagen

Aus der anthroposophischen Sichtweise ergibt sich ein Verständnis von Behinderung auf folgenden Ebenen:

Ebene der sozialen Interaktion

Auf der Ebene der sozialen Interaktion ist der Begriff „Behinderung" lediglich ein Abgrenzungs- und Zuschreibungsphänomen, das den Blick auf den individuellen Menschen verstellt. Steiner drückte das drastisch aus:
„Wir haben ja im Grunde genommen gar kein weiteres Recht, über die Normalität oder Abnormalität des kindlichen Seelenlebens oder menschlichen Seelenlebens überhaupt zu reden, als indem wir hinschauen auf dasjenige, was durchschnittsmäßig ‚normal' ist. Es gibt kein anderes Kriterium als dasjenige, was allgemein üblich ist vor einer Gemeinschaft von Philistern ..." (Steiner, 1995, S. 12)

Ziel auf dieser Ebene ist es, soziale Bedingungen zu schaffen, die den einzelnen Menschen Teil eines gemeinschaftlichen und gesellschaftlichen Zusammenhangs werden lassen, der ihm die Möglichkeit gibt, ein gelingendes Leben zu führen:
„Wir müssen die Bedingungen schaffen, dass der behinderte Mensch seine ihm eigene angemessene Arbeits- und Lebenswelt schaffen kann und nicht fortgesetzt davon ausgehen, dass wir besser wissen, was er braucht." (Karl König, zit. nach Grimm, Sozialtherapeutische Gemeinschaft, 2004, S. 7f.)

Leiblich-seelische Ebene

In konstitutioneller Hinsicht geht es darum, die individuellen Entwicklungsbedingungen eines Menschen zu erkennen und ihm entsprechende Prozesse der Förderung und Entwicklung anzubieten. Hier ist in erster Linie das Verhältnis zwischen dem Leib und dem Seelisch-Geistigen eines Menschen in Betracht zu ziehen. Die anthroposophische Menschenkunde unterscheidet verschiedene Dimensionen der Erscheinung dieses Verhältnisses (Wesensglieder): Leib und Seelisch-Geistiges stehen in einem sich gegenseitig bedingenden Verhältnis. Der Leib unterliegt zwar den Bedingungen der Vererbungslinie, wird aber in seiner Entwicklung durch das Seelisch-Geistige beeinflusst und mitgestaltet. Besonders in der Kindheit ist seine Gestaltung noch offen und flexibel. Die Gestaltwandel der Kindheit werden beeinflusst durch die individuellen Vitalkräfte (Ätherleib), die sowohl den Leib selbst (physischer Leib) als auch die Grundlage für kognitive Prozesse bilden. In diesen Zusammenhang wirken seelische Faktoren (Astralleib) in Form von Wahrnehmung und Kognition, Emotionen und Bewegungsimpulsen gestaltend ein. Seelische Prozesse werden zunehmend geführt durch das menschliche Selbstbewusstsein (Ich), durch dessen Regulation Gedanken, Gefühle und Handlungen bewusst erlebt und gestaltet werden können.

Das Leib-Seele-Geist-Verhältnis ist bei jedem Menschen anders und durch individuelle Besonderheiten ausgeprägt. Zur Beurteilung von Wahrnehmungsproblemen bei einem Kind kann es z. B. sehr wesentlich sein, sein Körpererleben und die individuelle Beschaffenheit seiner Vitalprozesse einzubeziehen. Sie können auf die Vitalebene unmittelbar gerichtet sein (etwa zur Förderung rhythmischer Prozesse), aber letztlich mittelbar auf die Förderung seelischen Erlebens zielen. Von da aus lassen sich eine Fülle von Angeboten heilpädagogischer Unterstützung entwickeln. Besonderheiten und Ungleichgewichtigkeiten im Leib-Seele-Geist-Verhältnis, z. B. hinsichtlich der Bewegungssteuerung, sind niemals nur Defizite, sondern immer auch individuelle Persönlichkeitsmerkmale, die auch mit besonderen Möglichkeiten verbunden sein können. Phänomene individueller Ungleichgewichtigkeiten werden dann heilpädagogisch relevant, wenn ein Mensch gezielte, methodisch fundierte Unterstützung bei der Bewältigung von Entwicklungsschwierigkeiten benötigt.

Geistige Ebene

Jenseits ihrer Bedingungszusammenhänge von Genetik und Soziogenese bleibt die Frage der Individualität. Zwar ist der Mensch hinsichtlich seiner Leiblichkeit auch ein Angehöriger seiner Gattung, seelisch auch bedingt durch die Einflüsse seiner Umwelt, geistig gesehen jedoch ein eigenständiges Wesen – „eine Gattung für sich" (Steiner, 1973, S. 71) und Ausdruck einer bereits vorgeburtlich wirksamen, nicht auf ein einziges Erdenleben begrenzten Individualität, die sich mit ihrem Leib verbindet und seelisch an ihm zum Ausdruck kommt.

Jede menschliche Seinsform ist damit der Ausdruck eines individuellen Lebenswillens und einer autonomen biographischen Gestaltungskraft. Die Tatsache, dass jeder Mensch in einer bestimmten, individuellen leiblichen Situation lebt, und der Umstand, dass er auch in ihn bedingenden und bestimmenden sozialen Gegebenheiten existiert, gehört zu den Ausgangspunkten einer Entwicklung, die nicht zufällig, sondern als individueller Lebenssinn zu verstehen ist. Die Phänomene, die gewöhnlich als Behinderung bezeichnet werden, sind damit wie jede andere menschliche Seinsform eine absichtsvolle individuelle Geste der Lebens- und Schicksalsgestaltung des Menschen.

Heilpädagogische Handlungs- und Erkenntnisprozesse

Heilpädagogik ist eine interdisziplinäre Aufgabe, an der Angehörige verschiedener Professionen – Heil- und Sonderpädagogen, Ärztinnen und Therapeuten – beteiligt sind. Sie haben die Aufgabe, einen heilpädagogischen Organismus zu gestalten, von welchem Entwicklungsanregungen und -hilfen auf das Kind ausgehen.
Dieser Organismus gestaltet sich in unterschiedlichen, simultanen Prozessen:

- Die Bildung eines Entwicklungsmilieus, in dem als „Umgebungsgestaltung" Strukturen und Prozesse gestaltet werden, die das Kind zum Lernen herausfordern und Sicherheit und Orientierung geben. Allgemeines Kennzeichen dieses Entwicklungsmilieus ist die Gestaltung von physischen, zeitlichen, seelischen und geistigen Räumen und Strukturen. Spezielle Kennzeichen sind z. B. die Reduzierung von Sinnesreizen für Kinder mit Schwierigkeiten in der Wahrnehmungsverarbeitung oder die rhythmische Lebensstrukturierung für Kinder mit zeitlichen Orientierungsproblemen.

- Die Entwicklung heilpädagogischer Haltungen, die sich individuell auf das Kind beziehen und auf Empathie (vgl. Grimm, Erstaunen, 2002, S. 18–20) beruhen. Heilpädagogische Haltungen als Begegnungselement sind komplementär auf Eigenschaften und Verhaltensweisen eines Kindes bezogen und können sich z. B. entweder eher grenzbildend oder eher anregend auswirken, je nachdem, welche Art und Qualität einer (auch nonverbalen und nicht direktiven) erzieherischen Wirkung angestrebt wird.

- Angebote heilpädagogischer Handlungen, die auf konkrete Probleme eines Kindes bezogen sind. Dazu sagt Buchka: „Nicht die Handlung ist das Entscheidende, sondern was mit der Handlung korrigiert, unterstützt, kompensiert oder gefördert werden soll" (Buchka, 2003, S. 255). Heilpädagogische Handlungen betreffen im Einzelnen alle pädagogischen und therapeutischen Maßnahmen, die dem Kind angeboten werden (vgl. Grimm 1995, S. 87ff.).

Damit diese Ebenen prozessual valide bleiben, d. h., nicht routinisiert werden, haben diejenigen, die sie verantworten, die Aufgabe jeweils zu prüfen, ob und inwieweit sie den Bedürfnissen des einzelnen Kindes entsprechen. Müller-Wiedemann formulierte diesen subtilen Vorgang mit Blick auf das Kind: „Was will das Kind? Was erlaubt es mir? Was bringt es mir entgegen?" (Müller-Wiedemann, 1994, S. 121).

Die heilpädagogische Wirksamkeit gestaltet sich im Rahmen der folgenden Prozesse:

- Diagnostik als Erkenntnisprozess über die Fähigkeiten und Bedürfnisse des Kindes. Sie schließt unter anderem die Gesichtspunkte der oben beschriebenen konstitutionellen Ebene ein (Niemejer/Bars, 2004).
- „Hermeneutik" der Maßnahmen im Sinne einer Erfahrungskunde: Aus welchem Repertoire heilpädagogisch relevanter Angebote kann das Kollegium eines heilpädagogischen Organismus schöpfen und welches ist deren Wirkungsweise?
- Berücksichtigung des ökologischen Zusammenhangs, der zwischen Kind, Eltern und Angehörigen und heilpädagogischer Einrichtung besteht.
- Beobachtung, welche Wirkung die durchgeführten Maßnahmen auf die Entwicklung des Kindes im Sinn einer fortgesetzten Diagnostik haben.
- Dauernde Prüfung – um den Kreis der Wirksamkeit geschlossen zu halten – der Wirkungsmöglichkeiten der eingesetzten Mittel und Maßnahmen.

Die Beachtung dieser Ebenen obliegt dem Kollegium der Einrichtung, nicht zuletzt in engem Zusammenwirken mit Eltern und Angehörigen (vgl. Grimm, 1998, S. 2–11). Sie ist allerdings auch eine individuelle Aufgabe der heilpädagogischen Fachperson, die ja zumeist in eine enge Beziehung zu dem jeweiligen Kind eintritt. Heilpädagogische Arbeit kann – wie jede pädagogische Aufgabe – im Kern keine weisungsgebundene Tätigkeit sein. Daher hängt Entscheidendes davon ab, wie sich diese Beziehung gestaltet, d. h., inwieweit sie entwicklungsanregend auf das Kind wirkt und die Erziehenden sich in ihr selbst entwickeln. Eine intuitionsoffene Pädagogik braucht als Pendant die Kontrolle der Erziehungsperson (Selbstentwicklung) über sich selbst (vgl. Grimm, Der innere Dialog, 2004, S. 77–82).

Anthroposophische Heilpädagogik beruht in pädagogischer Hinsicht auf den Methoden der Waldorfpädagogik, die in heilpädagogischen und integrativen Kindergärten und Schulen zur Anwendung gelangen. Curricular geht es darum, durch altersgerechte Inhalte Welterfahrung zu vermitteln und diese – entwicklungsorientiert – mit leiblichen, sensorischen, kognitiven und sozialen Erfahrungen zu verbinden. Schule ist bildungsorientiert, d. h., sie orientiert sich primär an der Persönlichkeitsentwicklung des Kindes, die durch kognitive, künstlerische und handwerkliche Angebote angeregt wird.

Zu einem ganzheitlichen heilpädagogischen Ansatz gehört es, nicht nur die Mittel der Pädagogik, sondern auch der Medizin und verschiedener therapeutischer Ansätze in das heilpädagogische Geschehen einzubeziehen. Medizinisch ist dabei eine konstitutionstherapeutische Behandlung durch die anthroposophische Medizin von Bedeutung, welche schulmedizinisch notwendige Maßnahmen erweitert. Im therapeutischen Spektrum werden vor allem künstlerische Therapien wie Heileurythmie, Maltherapie und Musiktherapie, aber auch Physiotherapie, Hippotherapie u. a. einbezogen.

Sozialtherapeutische Arbeitsformen

Der Begriff „Sozialtherapie" wurde in den 70er-Jahren des letzten Jahrhunderts eingeführt, um die Arbeit mit Erwachsenen von der Heilpädagogik abzugrenzen. Heute wird er teilweise durch den Begriff „Sozialagogik" abgelöst.

Schon in den 1950er-Jahren wurden erste Dorfsiedlungen für seelenpflegedürftige Erwachsene als Gegenentwurf zum noch vorherrschenden Anstaltswesen aufgebaut. Das damals entwickelte Modell der „Wahlfamilie" als Lebenszentrum wurde in der Folge differenziert in unterschiedliche Lebensformen, die den individuellen Bedürfnissen ihrer Bewohnerinnen und Bewohnern Rechnung tragen sollen. Ziel der sozialtherapeutischen Arbeit ist es, eine Lebenskultur zu schaffen, die Menschen ganz unterschiedlicher Fähigkeiten und Behinderungen ein gelingendes Leben in sozialer Teilhabe ermöglicht.

Ausblick

Die eigene und spezifische Qualität der anthroposophischen Heilpädagogik wurde in den ersten Jahrzehnten ihres Bestehens vor allem in den Lebensgemeinschaften und Heimen entwickelt. Im Zuge der allgemeinen Entwicklungstendenzen hat sich das Arbeitsfeld immer mehr in Tagesschulen und Tageskindergärten verlagert. Um eine genuin heilpädagogische Kultur weiter zu entfalten, kommt es darauf an, dass die interdisziplinäre Zusammenarbeit von Pädagogen, Therapeuten und Ärzten erhalten bleibt und weiter entwickelt werden kann. Dies hängt nicht zuletzt davon ab, dass auch künftig die Ressourcen für einen solchen methodischen Ansatz zur Verfügung gestellt werden.

Im Bereich der Arbeit mit Erwachsenen (Sozialtherapie) hat ein starker Differenzierungsprozess eingesetzt, der sich am Prinzip der Individualisierung der Lebenslagen von Menschen mit Behinderung orientiert. Dies führt zu großen und notwendigen Veränderungen in den Einrichtungen, stellt jedoch deren Aufgabe und Berechtigung nicht prinzipiell in Frage. Einrichtungen werden in Zukunft nicht nur die Aufgabe haben, Orte für ein gelingendes Leben zu sein, sondern auch stärker als bisher als Agenten für die Durchlässigkeit und Offenheit zwischen Bewohnern und der Gesellschaft zu fungieren.

Anthroposophische Heilpädagogik und Sozialtherapie sind im Bewusstsein der Fachwissenschaft und der Öffentlichkeit vorwiegend als praktische Arbeitsfelder repräsentiert. Viele ihrer Grundlagen und Methoden sind noch wenig erforscht und beschrieben. Der wissenschaftlichen Arbeit am Paradigma „Anthroposophische Heilpädagogik" und dem Austausch mit der Fachwissenschaft ist in den nächsten Jahren weiter und verstärkt Rechnung zu tragen.

Obwohl sich anthroposophische Heilpädagogik und Sozialtherapie auch in nationalen Verbänden und Gremien organisiert hat, ist sie zunächst eine internationale Initiative, die sich über die Grenzen von mehr als 40 Ländern erstreckt. Angesichts der äußerst unterschiedlichen Lage der einzelnen Nationen – ihrer rechtlichen und wirtschaftlichen Gegebenheiten – gehört es zu ihren Hauptanliegen, gegenseitige Hilfe und Unterstützung zu leisten, um mitzuhelfen, die Bedingungen für ein lebenswertes Leben aller Menschen mit Behinderung zu schaffen.

Kommentierte Literaturverweise

Buchreihen

Heilpädagogik und Sozialtherapie aus anthroposophischer Menschenkunde im Verlag Freies Geisteslebens:
Die Buchreihe mit derzeit 15 Bänden behandelt vorwiegend Einzelfragen der anthroposophischen Heilpädagogik und Sozialtherapie, z. B. das zuletzt erschienene Kompendium der Musik in Pädagogik und Therapie von Gerhard Beilharz (Stuttgart, 2005).

Dornacher Reihe in der Edition SZH
In dieser Reihe sind bisher zehn Bände erschienen. Zum Teil dokumentieren sie die Tagungsreihe „Anthroposophische Heilpädagogik und Sonderpädagogik im Gespräch", zum anderen Teil erscheinen in ihr themenrelevante Dissertationen.

Monographien

Buchka, Maximilian: Grundlagen und Konzepte der Sozialtherapie. In: Ältere Menschen mit geistiger Behinderung (Hrsg. E. Fischer), München, Reinhardt Verlag, 2003.
In diesem Buch wird ein profunder Überblick über Entstehung, Arbeitsformen und Grundlagen der Sozialtherapie, also der Arbeit mit Erwachsenen mit Behinderung, gegeben. Der Begriff der Sozialtherapie wird kritisch reflektiert und neue Begriffsüberlegungen werden vorgenommen.

Christie, Nils: Jenseits von Einsamkeit und Entfremdung. Gemeinschaften für außergewöhnliche Menschen. Stuttgart, Freies Geisteslebens, 1999.
Ein originelles und sehr anschauliches Buch über das konkrete Leben in einer norwegischen Dorfsiedlung für Menschen mit Behinderung, geschrieben von einem der prominentesten Wissenschaftler Norwegens, Professor für Kriminologie in Oslo.

Heinrich, Alfred (Hrsg.): Wo ist mein Zuhause? Integration von Menschen mit geistiger Behinderung. Stuttgart, Freies Geisteslebens, 1997.
Ein Reader zu Fragen des Wohnens, Arbeitens und Lebens von Menschen mit Behinderungen mit Beiträgen aus unterschiedlichen Perspektiven, denen keine einspurige Ideologie, sondern eine plurale Sichtweise gemeinsam ist.

Kaschubowski, Götz: Heilpädagogisches Handeln auf der Grundlage der Erkenntnistheorie und Menschenkunde Rudolf Steiners. Hamburg, Dr. Kovac, 1998.
In diesem Buch wird fundierte Grundlagenarbeit über erkenntnistheoretische, ethische und praktische Fragen der anthroposophischen Heilpädagogik dargestellt.

Arnim, Georg von: Bewegung, Sprache, Denkkraft. Der geistige Impuls der Heilpädagogik Dornach, Verlag am Goetheanum, 2000.
Grundlegende Fragen der Heilpädagogik und Therapie von Kindern mit Behinderungen werden in Form einzelner Beiträge bearbeitet. Das Buch zeichnet sich durch Gründlichkeit und Tiefgang in der Bearbeitung der einzelnen Themen, aber auch durch komplexe Darstellung aus.

Denger, Johannes (Hrsg.): Individualität und Eingriff. Wann ist ein Mensch ein Mensch? Stuttgart, Freies Geistesleben, 2005.
Angesichts der tatsächlichen und vorstellbaren Eingriffe der Bioethik in das Leben behinderter Menschen untersuchen verschiedene Autoren die Frage, wie der Mensch als Individuum eigentlich verstanden werden kann.

Niemejer, Martin/Bars, Erik: Bildgestaltende Diagnostik der kindlichen Konstitution. Ein Messinstrument. Driebergen (Louis Bolk Instituut), 2004.
Eine Arbeit zur Erforschung der Grundlagen der anthroposophischen Heilpädagogik und gleichzeitig ein noch in Evaluation befindliches Messinstrument der heilpädagogischen Diagnostik.

Zeitschriften

Seelenpflege in Heilpädagogik und Sozialtherapie. Hrsg. von der Konferenz für Heilpädagogik und Sozialtherapie, Goetheanum Dornach. ISSN 1420-5564
Die Vierteljahresschrift bringt Beiträge zu den Grundlagen und zur Praxis der anthroposophischen Heilpädagogik und Sozialtherapie.

Websites

www.khsdornach.org
Die Website der Konferenz für Heilpädagogik und Sozialtherapie (Medizinische Sektion, Freie Hochschule am Goetheanum, Dornach (Schweiz)) bietet Informationen zu allen Bereichen der anthroposophischen Heilpädagogik und Sozialtherapie, nicht zuletzt auch die Möglichkeit, in der Online-Bibliographie zu recherchieren.

www.anthromedia.net
Diese Website bietet die Möglichkeit, sich über alle Themen und Arbeitsgebiete der Anthropsophie zu informieren.

Arbeit/arbeiten   Werner Heer

Etymologie

Menschliches Leben ist untrennbar mit Arbeit verbunden, sei dies bedingt durch lebenssichernde Notwendigkeit oder persönlichkeitsbezogene Aktivitäten.
Im Brockhaus Lexikon steht folgende Definition zum Begriff Arbeit:

1. Bewusstes Handeln zur Befriedigung von Bedürfnissen. Arbeit ist eine Grundlage der Gütererzeugung und der Bedarfsdeckung sowohl der Gesamtheit wie des Einzelnen; Arbeit ist neben Kapital und Boden einer der drei Produktionsfaktoren.

2. Im einfachsten Fall das Produkt der an einem Körper angreifenden Kraft und des unter deren Einfluss zurückgelegten Wegs; im Allgemeinen erhält man ein Integral.
   Einheiten: Joule (J), Newtonmeter (Nm), Kilowattstunde (kWh) (vgl. Brockhaus Lexikon, 1995).

Die Bedeutung des Begriffs Arbeit ist sicherlich sehr weit zu ziehen und nicht ausschließlich mit bezahlter Erwerbsarbeit gleichzusetzen. Aber wir sind eine Erwerbsgesellschaft und Lebenschancen werden über Erwerbsarbeit vergeben. Auch ehrenamtliches Engagement fällt sicherlich hierunter. Die Arbeit in den Familien, das Aufziehen und Erziehen von Kindern, Hausarbeit, soziale Tätigkeiten, künstlerisches und kulturelles Schaffen, Lehren und Lernen, (auch entspannende) Gartenarbeit und vieles andere sind unter diesen Begriff einzuordnen. Manche dieser Arbeiten, manche Mühen, werden oft ganz selbstverständlich in Anspruch genommen und dies oft ohne gebührende Anerkennung, insbesondere in den Bereichen Kindererziehung, häuslicher Pflege und Hausarbeit.

Unsere Vorstellungen von Arbeit und Arbeiten haben sicherlich geschichtliche und überlieferte Wurzeln. Versucht man die Wortherkunft zu klären, so stößt man auf den mittelhochdeutschen Begriff „arebeit" (vergl. Mosen/Scheibner, 2003, S. 13–17). Dieser Begriff wird mit Not und Mühsal gleichgesetzt.

Mit den Bedingungen heutiger Arbeit verbundene Begriffe:

Arbeitsablauf	Passgerechte und wirtschaftliche Aufeinanderfolge von Arbeitsschritten
Arbeitsautonomie	Möglichkeit, die Arbeit selbst zu gestalten
Arbeitsbelastung	Erschwernisse aufgrund physischer, psychischer oder Arbeitsumfeld-Bedingungen, die mit der Arbeitsverrichtung zu tun haben
Arbeitsentfremdung	Kann bei längerer Arbeitslosigkeit oder längerer Krankheit auftreten und erfordert ein Wiedereinleben und eine (Wieder-)Einarbeitung
Arbeitslosigkeit	Verlust des Arbeitsplatzes aufgrund persönlicher Bedingungen, betrieblicher Entwicklungen oder unternehmerischer Entscheidungen

Arbeitsorganisation	Planende Ein- und Aufteilung der für einen Arbeitsauftrag erforderlichen Realisierungsschritte und Zuordnung an die Ausführenden
Arbeitsplatzsicherheit	Gemeint ist die relativ große Sicherheit, den Arbeitsplatz nicht verlieren zu können
Arbeitsplatzstruktur	Ausstattung eines Arbeitsplatzes und dessen Vernetzung im Arbeitsprozess mit anderen Arbeitsplätzen
Arbeitsplatztausch	Job Rotation, insbesondere bei industriellen Serienfertigungen praktizierter Wechsel der Arbeitsverrichtungen, um so einer Monotonie vorzubeugen
Arbeitsschutz	Vorkehrungen zwecks Unfallverhütung, Brandschutz und Berufskrankheiten. Hierzu gibt es in den Unternehmungen/Einrichtungen so genannte Sicherheitsbeauftragte, Fachkräfte für Arbeitssicherheit und Sicherheitskoordinatoren
Arbeitssituation	Hierunter versteht man den Grad der Auslastung/Versorgung mit Arbeit und der Bedingungen dieser Arbeit für deren Erledigung/Ausführung
Arbeitsstudie/Arbeitsplatzstudie	Untersuchung(en) zur Findung der wirtschaftlich und arbeitsorganisatorisch optimalen Arbeitsschritte und Arbeitsschritt-Folgen mit der geringstmöglichen Belastung des arbeitenden Menschen
Arbeitszufriedenheit	Positives Gefühl, Arbeit zu haben, die einem angemessen fordert, bei der man sich einbringen kann, wo die Rahmenbedingungen stimmen (Arbeitskollegen, Leitungsverhalten, Arbeitsplatzausstattung, Bezahlung, soziale Leistungen, Arbeitszeit etc.)

Geschichte

Unter Arbeit verstand man schon immer die Schaffung der Lebensgrundlage. Das war in frühester Menschheitsgeschichte durch Sammeln und Jagen geprägt. Daraus entwickelten sich zusätzlich in Jahrtausenden sowohl Ackerbau, Viehzucht und handwerkliche Verrichtungen. Immer gehörten zu diesen existenziellen Tätigkeiten für die menschliche Selbsterhaltung auch Aufgaben der Selbstversorgung bzw. der menschlichen Mitversorgung, z. B. die Weiterverarbeitung von Nahrung, die Pflege des Feuers, das Herrichten von Lager- oder Wohnstätten, das Aufziehen von Kindern etc. Hilfeleistungen für schwache, kranke oder verletzte Mitglieder in der Gruppe oder Sippe waren, belegt durch 35.000 Jahre alte Funde in Südmähren (1949 gefunden), schon in der Steinzeit vorhanden.

Bei ihren Jäger- und Sammlertätigkeiten war für die frühen Menschen Arbeit noch kein Begriff. Dennoch ist menschliches Leben ganz stark – von seinen Anfängen bis heute – immer mit Arbeit verbunden gewesen, ja von ihr abhängig gewesen. Früher und heute steht Arbeit in engem Zusammenhang mit Erfolgen und Mühen, Erwartungen und Enttäuschungen, Ängsten, Bedrohungen und Freude, Zufriedenheit, Benachteiligung, Ungerechtigkeit und Förderung sowie Würdigung.

Die Art der von ihnen verrichteten Arbeit bestimmte in der Antike das Ansehen der Menschen. Die körperliche Arbeit (Praxis) war Arbeit der Abhängigen, der Sklaven. Das christliche Mönchtum des Mittelalters war geprägt von der Verpflichtung zu Gebet und Arbeit (Ora et Labora).

Die Manufakturen der Gründerzeiten und die Fabriken des Industriezeitalters haben arbeitende Menschen und ihre Familien vielfach in Elend und Proletariat gebracht, entsprechend dem mittelhochdeutschen Synonym für Not und Mühsal.

Eine andere Entwicklung machte sich für die in den Manufakturen und Industrien tätigen Menschen deutlich bemerkbar. Albert Schweitzer hat sie wie folgt beschrieben:
„Das Los der vielen ist, zur Erhaltung ihrer Existenz und zu ihrer Bestätigung in der Gesellschaft eine mehr oder weniger seelenlose Arbeit zum Beruf zu haben, in der sie nicht viel oder fast nichts von ihrem Menschtum verausgaben können." (Schweitzer, 1931, S. 9)

Diese Entwicklungen veranlassten abhängige Lohnarbeiter im 19. Jahrhundert zu einem Zusammenschluss, der Arbeiterbewegung. Man wollte die bestehenden wirtschaftlichen, sozialen und politischen Verhältnisse ändern. Die hierzu aufgegriffenen Theorien des Sozialismus, sowie auch die Lehren von Karl Marx wurden von den Arbeiterparteien für die politische Zielsetzung aufgegriffen. Die Gewerkschaften benutzten sie für ihre wirtschaftlichen Forderungen und die Genossenschaften für ihre Vorstellungen von wirtschaftlicher Selbsthilfe. Zu einem internationalen Zusammenschluss rief das Kommunistische Manifest 1848 auf. Nach dem 1. Weltkrieg haben sich in vielen Ländern sozialdemokratische, sozialistische bzw. kommunistische Parteien, teilweise mit Regierungsverantwortung, gebildet.

Aus unserer jüngsten Geschichte kennen wir die Begriffe „Arbeitsdienst" und „Arbeit macht frei". Dieser letztere Satz stand an den Eingangsportalen der Konzentrationslager, in denen Menschenwürde entsetzlich missachtet und Menschenleben grausam zu Tode gebracht wurden.

Aktuelle Relevanz und theoretische Ansätze

Die Bedeutung der Arbeit für den Menschen

Welche Bedeutung Arbeit für den Menschen hat, zeigt folgende Aussage:
„Die Arbeit ist eines der Kennzeichen, die den Menschen von den anderen Geschöpfen unterscheiden, deren mit der Erhaltung des Lebens verbundene Tätigkeit man nicht als Arbeit bezeichnen kann; nur der Mensch ist zur Arbeit befähigt, nur er verrichtet sie, wobei er gleichzeitig seine irdische Existenz mit ihr ausfüllt. Die Arbeit trägt somit ein besonderes Merkmal des Menschen und der Menschheit, das Merkmal der Person, die in einer Gemeinschaft von Personen wirkt; dieses Merkmal bestimmt ihre innere Qualität und macht in gewisser Hinsicht ihr Wesen aus." (Papst Johannes Paul II, Enzyklika Laborem Exercens, 1981, S. 3)

Arbeit durchdringt unser gesellschaftliches Leben, beeinflusst soziale Strukturen, Familien, Gesellschaften, nationale Wirtschaften und multinational das globale Weltwirtschaftssystem.

Die Bedeutung von Arbeit für den Menschen ist besonders spürbar für die Menschen, die von Arbeitslosigkeit betroffen sind und denen damit ein wichtiger menschlicher Bereich vorenthalten bleibt. Für diese trifft dann nicht mehr zu, dass sich der Mensch vom Brot ernährt, das er der Arbeit seiner Hände verdankt, wie es sinngemäß in Psalm 127 (128) 2 steht.

Arbeit ermöglicht nur selten eine so genannte Selbstverwirklichung. Sie ist zu einem knappen und kostbaren Gut geworden, welches i. d. R. fremdbestimmt und weisungsgebunden oder konventional ausgerichtet erfolgt. Dies betrifft auch die so genannten freien Berufe.

Die Enzyklika Laborem Exercens von Papst Johannes Paul II sagt hierzu unter anderem:
„Doch ist es auch eine Tatsache, dass sich die Technik in manchen Fällen aus einer Verbündeten fast in eine Gegnerin des Menschen verwandeln kann, wie etwa dann, wenn die Mechanisierung der Arbeit den Menschen verdrängt und ihn jeder persönlichen Befriedigung und des Ansporns zur Kreativität und Verantwortung beraubt, wenn sie viele Arbeitnehmer um ihre Beschäftigung bringt oder durch die Verherrlichung der Maschine den Menschen zu deren Sklaven macht." (Papst Johannes Paul II, Enzyklika Laborem Exercens, 1981, S. 12)

> **Ein Beispiel hierzu:** Ein Unternehmen im mittelständischen Bereich erhielt vor etwa zwei Jahren einen Innovationspreis für die Entwicklung eines Aggregates von der zuständigen Industrie- und Handelskammer. Die Entwicklung dieses Gerätes wurde als besonders innovativ gewertet. Die technische Errungenschaft dieses Gerätes ermöglichte die automatische Abwicklung von Verrichtungen, an denen bisher wöchentlich zwischen 70 bis 80 Studierende mit flexiblen Arbeitsmöglichkeiten und einem Hinzuverdienst versorgt waren. Das besonders innovative Gerät hatte ihnen seitdem diese Arbeit genommen.

Wenn die Bibelworte *„macht euch die Erde untertan"*, die seit dem Anfang an die Menschen gerichtet sind, von der gesamten modernen industriellen und nachindustriellen Zeit her verstanden werden, schließen sie zweifellos auch eine Beziehung zur Technik ein. Dies ist jene Welt der Mechanismen und Maschinen, die eine Frucht der Verstandesarbeit des Menschen und eine geschichtliche Bestätigung seiner Herrschaft über die Natur sind.

Die jüngste Epoche der Menschheitsgeschichte zeigt vor allem bei einigen Völkern einen berechtigten Triumph der Technik als eines Grundfaktors für wirtschaftlichen Fortschritt; gleichzeitig jedoch hat dieser Triumph zentrale Fragen aufgeworfen und wirft sie immer noch auf: Fragen über die menschliche Arbeit im Verhältnis zu ihrem Subjekt, das eben der Mensch ist. Diese Fragen sind mit schwerwiegenden Inhalten und Spannungen von ethischem und ethisch-sozialem Charakter beladen. Sie stellen daher eine ständige Herausforderung für vielerlei Institutionen dar, für Staaten und Regierungen, für internationale Systeme und Organisationen; sie sind eine Herausforderung auch für die Kirche." (vgl. Verlautbarungen des Apostolischen Stuhls – Enzyklika Laborem Exercens)

Die moralisch-ethische Dimension von Arbeit

Für die menschliche Arbeit sind durchaus Bewertungen und Qualifizierungen akzeptabel. Dies geschieht so auch in Schulen und in Bildungs- und Arbeitsprozessen. So sagt hierzu die Enzyklika LABOREM EXERCENS:
„Die erste Grundlage für den Wert der Arbeit ist der Mensch selbst, ihr Subjekt. Hiermit verbindet sich sogleich eine sehr wichtige Schlussfolgerung ethischer Natur: So wahr es auch ist, dass der Mensch zur Arbeit bestimmt und berufen ist, so ist doch in erster Linie die Arbeit für den Menschen da und nicht der Mensch für die Arbeit. Mit dieser Schlussfolgerung kommt man logisch zur Anerkennung des Vorranges der subjektiven Bedeutung der Arbeit vor der objektiven." (Papst Johannes Paul II, Enzyklika Laborem Exercens, 1981, S. 15)

Das Bedürfnis nach Arbeit entspricht der Persönlichkeit des Menschen. Der Maßstab für Arbeit, die durchaus unterschiedlichen objektiven Wert haben kann, ist die Würde dessen, der sie verrichtet (Aus der Enzyklika Rerum Novarum, 1981, S. 12f.).

Entscheidend ist, ob der Mensch die Arbeit beherrscht oder die Arbeit den Menschen. Letzteres wäre dann der Fall, wenn vorrangig materialistisch-wirtschaftliche Prämissen die Arbeit und die arbeitenden Menschen instrumentalisieren. Dann werden arbeitende Menschen zu einem austauschbaren Faktor, zu „Humankapital". In Deutschland war dies in 2004 das Unwort des Jahres. Der Begriff wurde unter anderem bei der Ankündigung einer großen deutschen Bank Anfang 2005 benutzt, die den Abbau ihres Humankapitals damit begründete, dass das Unternehmen auf diese Weise wieder einen besseren Gewinn machen werde. Wenn die Sprache Ausdruck des Denkens und der Zielvorstellungen ist, dann wird mit dem Begriff „Humankapital" der arbeitende Mensch mit einem Ausdruck umschrieben, der einer weitgehenden Denkweise in der Wirtschaft entspricht. Diese wird vorrangig von dem wirtschaftlichen Funktionieren und der Gewinnerwirtschaftung beherrscht. Der arbeitende Mensch hat dabei hauptsächlich eine funktionelle und unterstützende Aufgabe. Er wird damit zum Faktor Arbeit. Beherrscht von dem Streben nach maximalem Geschäftserfolg der Financiers von Produktionssystemen wird er zum steuernden oder zum nachgeschalteten Funktionsträger.

Nicht überall herrscht diese Denkweise. Vom Marktgeschehen hängt das wirtschaftliche Funktionieren und damit auch das Wohl und Wehe der daran arbeitenden Menschen ab. Gelingt dies nicht, so wird in den meisten Fällen nicht der wirtschaftliche Prozess geändert oder angepasst, sondern die Zahl oder die Auswahl der arbeitenden Menschen wird passend gemacht (Entscheidung für Billiglohnarbeiter) oder es erfolgt eine Verlagerung in Billiglohnregionen. Das sind dann Maßnahmen, die von den Aktionären begrüßt werden und welche die Börsenwerte dieser Unternehmen verbessern.

Papst Johannes Paul II hat in seiner Enzyklika Laborem Exercens über die menschliche Arbeit gesagt, dass sie der wesentliche Schlüssel in der gesamten sozialen Frage sei. Von ihr werden das volkswirtschaftliche Gleichgewicht und das gesellschaftliche Gefüge entscheidend beeinflusst. Ralf Dahrendorf sieht in der Arbeit nicht mehr die offenbare Antwort auf soziale Fragen, sondern sieht sie selbst als Teil der sozialen Frage (vgl. Dahrendorf, Konflikt, 1992, S. 213).

Die Bedeutung des Unternehmertums für die Arbeit

Welche Bdeutung hat das Unternehmerische für die Arbeit und deren soziale Funktion?

Wert und Bedeutung eines Arbeitsplatzes sind in ganz besonderer Weise abhängig von dem, was man „das Unternehmerische" nennt. Hierzu gehört zunächst einmal eine Idee mit der man mit Produkten oder Dienstleistungen auf dem Markt Fuß fassen kann. Das Unternehmerische mit seinem Faktor Disposition (Planung, Einteilung, Gliederung, Anordnung, Organisation etc.) findet sich in der unternehmerischen Tatkraft, in der Kenntnis von nahen und fernen Märkten, im Talent, zu organisieren und zu koordinieren, in der Entwicklung von Produktionstechniken, in Kreativität und Kombinationsgabe. Unternehmerisches Engagement ist nicht nur Teil der Arbeit, sie ist heute mehr denn je Voraussetzung für Erwerbsarbeit.

In Deutschland wurden Auseinandersetzungen hauptsächlich zwischen den Interessen von Kapital und Arbeit geführt. Das Unternehmerische war meist außen vor.

Unternehmerisches Streben ist es, das Unternehmensziel (meist Vermarktung von Produkten oder Dienstleistungen) effizient, qualitativ und termingerecht zu erreichen. Verantwortungsvolles unternehmerisches Handeln schließt aber auch die Sorge für die in dem Unternehmen arbeitenden Menschen ein, für deren Arbeitsbedingungen, soziale Sicherung und zwischenmenschliche Zusammenarbeit. Das Unternehmen hat neben den marktbezogenen Unternehmenszielen auch eine Sozialfunktion.

In der katholischen Soziallehre wird das Miteinander der Tarifpartner, der Arbeitnehmer- und der Arbeitgeberorganisationen, hervorgehoben. Arbeitsverträge liegen nicht im Belieben einzelner Arbeitgeber und Arbeitnehmer, auch wenn es heute wieder einige Tendenzen in diese Richtung gibt. Das Arbeitsrecht, das Sozialversicherungsrecht und Tarifverträge regeln die Arbeitsvertragsverhältnisse zwischen Unternehmen und Arbeitnehmern. Hierzu gehören auch die gesetzlichen Schutzmaßnahmen wie das Verbot der Kinderarbeit, Schutz von Jugendlichen und Frauen, die soziale Sicherung bei Krankheit, Invalidität, Arbeitslosigkeit (mit den Abstrichen der so genannten Hartz IV-Gesetzgebung) und im Alter. Es gibt Regelungen für Urlaub, Pausen und Freizeit. Geregelt sind Rechte und Pflichten sowohl von Arbeitnehmern und Arbeitgebern. Streitfälle werden vor Arbeitsgerichten geklärt.

Schon im Mittelalter haben sich in der abendländischen Gesellschaft Gruppen arbeitender Menschen nach ihren berufsfachlichen Ausrichtungen zu Zünften oder Gilden zusammengeschlossen und die Bedingungen ihrer Arbeitssituationen geregelt. Heute sind es weitgehend die Gewerkschaften, die für Solidarität und soziale Sicherung und Ordnung der arbeitenden Menschen einstehen. Die Aufgaben der früheren Zünfte und Gilden leben im deutschen Sprachraum in gewandelter Form weiter bei den Handwerksinnungen und den Handwerkskammern. Sie verstehen sich vornehmlich als Einrichtungen der handwerklichen Unternehmen. Für den industriellen Unternehmensbereich gibt es die Industrie- und Handelskammern. Diese Kammern sind neben den beruflichen Schulen die zweite Hauptsäule in unserem dualen Berufsbildungssystem in Deutschland.

Unternehmen in der Sozialwirtschaft als Anbieter sozialer Dienstleistungen

Auch der Bereich der Freien Wohlfahrtspflege bietet vielen Menschen Erwerbsarbeit und ehrenamtliche Tätigkeit. Dabei steht die Freie Wohlfahrtspflege mit ihren gemeinnützigen Einrichtungsträgern im deutschen Gesundheits- und Sozialwesen und deren Verbandsorganisationen zwischen Selbsthilfe, Staat und Markt. Denn in Deutschland gelten das Subsidiaritätsprinzip und der Gemeinnützigkeitsstatus. Privat-gewerbliche Anbieter von sozialen Leistungen fallen in der Regel nicht hierunter. Forderungen anderer EU-Länder zielen darauf, diese Wettbewerbsprivilegien der Freien Wohlfahrtpflege in Deutschland abzubauen und damit einen EU-weiten Wettbewerb zu ermöglichen.

Die schon seit einigen Jahren unter Druck stehenden öffentlichen Haushalte und Sozialkassen, als bedeutende Mitfinanzierer im Gesundheits- und Sozialbereich, strapazieren Ansprüche und Wirklichkeiten der hier tätigen Dienste.

Einerseits werden die Einrichtungen zu äußerstem ökonomischen Wirtschaften angehalten, ja durch Kostensatzminderungen auch gezwungen. Andererseits soll möglichst vielen hilfesuchenden Menschen in angemessener Weise geholfen werden.

Die sozialen Einrichtungen der Freien Wohlfahrtspflege sind freie und gemeinnützige Träger. Aber durch Verordnungen und Gesetze des Gesetzgebers sowie das schon über Jahre bestehende Finanz-Dilemma der Kosten- und Leistungsträger sowie der Sozialkassen sind unternehmerische Freiräume kaum vorhanden. Entsprechend den sozial bzw. christlich ausgerichteten Wertehaltungen vieler Einrichtungsträger bedeutet dies ein Spannungsfeld zwischen den Zweckbestimmungen der Einrichtungen und den ökonomischen sowie gesetzlichen bzw. verordnungsrechtlichen Zwängen. Dies hat Konsequenzen für die jeweiligen Werteorientierungen, für Führungs- und Wirtschaftskonzepte und unternehmensstrategische Entwicklungen und Veränderungen.

Exkurs: Die Einrichtungen der Freien Wohlfahrtspflege erhalten für ihre Dienstleistungen für hilfesuchende Menschen von so genannten Kosten- bzw. Leistungsträgern (dies sind unter anderem: Träger der Sozialhilfe unter den Voraussetzungen des Bundesjugendhilfegesetzes; Träger von Kranken-, Unfall-, Renten- und Kriegsopferversicherungen; Träger öffentlicher Jugendhilfe sowie weitere öffentliche Haushalte und Sozialkassen) eine Vergütung (Leistung). Diese kann die leistungsberechtigte Person (hilfesuchender Mensch) beantragen. Diese Person erhält (bei vorliegender Anspruchsberechtigung) von dem zuständigen Leistungsträger eine Leistungsbewilligung mittels einer Bescheiderteilung. Die bewilligten Leistungen werden i. d. R. direkt an die Einrichtungen gerichtet (Leistungserbringer), die von der hilfesuchenden Person für die erforderliche Dienstleistung im Gesundheits- bzw. Sozialbereich gewählt wurde.

Es gibt drei „Sektoren" der Bedarfsdeckung im Gesundheits- und Sozialwesen:
1. den staatlichen Sektor,
2. den privatwirtschaftlichen Sektor,
3. den gemeinnützigen Sektor, einschließlich der Kirchen (hier spricht man vom „Nonprofit-Sektor").

Die Organisationen in diesen drei Sektoren weisen wegen ihrer sozialen Zielorientierung, ihrer Strukturen und ihrer marktbezogenen Ausrichtungen eine besondere Vielfalt auf. Gemeinsam ist – zumindest den Einrichtungen im ersten und im dritten Sektor –, dass sie ideelle oder gemeinnützige Ziele verfolgen und sich damit gegenüber den erwerbswirtschaftlichen Unternehmen abgrenzen.

Die Arbeit der Berufe im Gesundheits- und Sozialwesen ist am Menschen ausgerichtet. Sie trägt dazu bei, dass in unserer Gesellschaft dank solidarischer und sozialer Werte letztlich auch den Hilfesuchenden/Hilfebedürftigen noch ein würdiges und lebenswertes Leben ermöglicht werden soll. Professionelle Hilfen, auf fachlichen Ausbildungen basierend, sich um Menschen kümmern, Verantwortungsbewusstsein sind Grundlagen der beruflichen Ausrichtungen. Dies macht auch die Wertschätzung aus, die diese Berufe in breiten Teilen der Gesellschaft erfahren.

Seitdem die Entgelte für die Dienstleistungen im Gesundheits- und Sozialwesen unter Druck geraten sind, werden zunehmend ausgebildete Fachleute durch weniger ausgebildete Personen ersetzt bzw. auch die Teams ausgedünnt. Dies belastet die Standards der Dienstleistungen und damit auch deren Image.

Es gibt für die vielfältigen beruflichen Handlungsfelder im Gesundheits- und Sozialwesen zahlreiche Ausbildungsgänge und Berufswege. Eine gegenseitige Öffnung und Durchlässigkeit dieser Ausbildungswege könnte möglicherweise mehr Interessenten für einen Beruf in diesen Bereichen ermutigen. Der Inhalt der folgenden Tabelle ist teilweise dem Inhaltsverzeichnis vom „Lehrbuch der Sozialwirtschaft" entnommen (Arnold/Maelicke, Lehrbuch der Sozialwirtschaft, 1998).

Handlungsfelder sozialer (Dienst-)Leistungen im Gesundheits- und Sozialwesen	
Schwerpunkte	Handlungsfelder
Leitungsebenen	Management Planung Sozialmarketing
Kinder-, Jugend- und Familienhilfe Pränatale Phase	Gesamtverantwortung Behördliche Sozialarbeit Pränatale Phase Familienberatung und -bildung Schwangerschaftskonfliktberatung Beihilfen
Kindesalter	Krippen Kindergärten/Horte
Jugendphase	Jugend(verbands-)arbeit Jugendsozialarbeit Schulsozialarbeit
Entwicklungsprobleme	Familienhilfe/Erziehungshilfe Tagesbetreuung Heimerziehung
Integrationshilfen	Integrationshilfen
Schwierige Lebenslagen (Sozialhilfe)	Schuldnerberatung Straffälligenhilfe/Obdachlosenhilfe
Gesundheitswesen	Ernährung/Kuren Suchtprobleme Kranken-Sozialdienst Aids-Hilfe
Altenhilfe	Altenarbeit Sozialstationen Heime
Behindertenhilfe	Frühförderung und Beratung Heilpädagogische Kindergärten Tagesstätten Sonderschulen Werkstätten für behinderte Menschen Heime/Betreutes Wohnen Familienunterstützende Dienste
Übergreifende Handlungsfelder	Organisationsentwicklung Supervision Fortbildung Controlling

Arbeitslosigkeit

Als Arbeitslose zählen die erwerbsfähigen und arbeitswilligen Menschen ohne Erwerbsarbeit. Das sind zurzeit in Deutschland mehr als 10 % der Erwerbsfähigen. (Stand: 1. Halbjahr 2005) Darum spricht man von einer „Massenarbeitslosigkeit". Bei einer solchen Größenordnung können die Ursachen für Arbeitslosigkeit nicht mehr bei den Einzelnen gesucht werden.

Es gibt vielmehr **strukturelle Ursachen für Arbeitslosigkeit**:
Da werden die hohen Arbeitskosten verantwortlich gemacht, die nicht minder hohen Lohnnebenkosten (Sozialleistungen) und die damit verbundene Verlagerung von Produktionsarbeiten in Billiglohnländer. Die Globalisierung der Märkte weltweit und in der EU erleichtert dies. Eine Entlassung von Arbeitnehmern ist bei vielen Wirtschaftsunternehmen ein gängiges Mittel, die Gewinnsituationen aufzubessern. Dazu wird menschliche Arbeit bei hohen Arbeitskosten auch immer wieder durch technische „Innovationen" wegrationalisiert.

Gemäß einer Statistik von 2003 des „Instituts für Arbeitsmarkt- und Berufsforschung" der seinerzeitigen Bundesanstalt für Arbeit wurde nachgewiesen, dass in 2002 von allen erwerbsfähigen Frauen und Männern ohne Ausbildung 19,8 % von Arbeitslosigkeit betroffen waren. Von den erwerbsfähigen Personen mit Berufsabschluss 6,4 % und von den erwerbsfähigen Hochschulabsolventen waren nur 3,3 % arbeitslos. Bundesweit ist ein Drittel der Arbeitslosen langzeitarbeitslos. Im September 2004 lag die Arbeitslosigkeit in Deutschland insgesamt bei 10,3 %. In Westdeutschland lag dieser Anteil bei 8,2 % und in Ostdeutschland bei 18 %.

Menschen, die von Arbeitslosigkeit betroffen sind, leiden unter finanziellen Sorgen, Unsicherheit, Zukunftsängsten, Schamgefühlen und oft auch unter sozialer Isolation und Ausgrenzung. Diesen negativen Gefühlen und Einflüssen sind auch Familienmitglieder ausgesetzt. Arbeitslose müssen nicht selten erleben, dass ihre Arbeitswilligkeit angezweifelt wird, ja dass sie als „Sozialschmarotzer" bezeichnet werden. Das führt, neben den wirtschaftlichen und psychosozialen Problemen zu Selbstzweifeln und einem Verlust von Würde.

Der so genannte „zweite" oder auch der „subventionierte Arbeitsmarkt"

Der so genannnte „zweite Arbeitsmarkt" bietet die Möglichkeit, das Arbeitsleben für behinderte Menschen in Werkstätten heilpädagogisch zu gestalten. Damit kann die Teilhabe am gesellschaftlichen Leben erreicht werden.

Man spricht von einem so genannten „zweiten" oder „subventionierten Arbeitsmarkt". Damit wird umschrieben, dass Erwerbsarbeit, also marktvermittelte Arbeit, nicht möglich ist.

Exkurs: Geschichtlich gibt es hierfür Wurzeln in so genannten Arbeitshäusern. Das waren Anstalten zur Beschäftigung arbeitsfähiger Armer, Anstalten zur Verbüßung einer Arbeitshausstrafe und Anstalten zur Verbüßung einer Freiheitsentziehung mit Arbeitszwang (zitiert analog „Meyers Großes Konversations-Lexikon", 1904, S. 689). Mögliche Nachläufer sind die Arbeits- und Beschäftigungsangebote im Nichtsesshaftenbereich und im Justizvollzug.

Heute versteht man unter dem „zweiten Arbeitsmarkt" vornehmlich Werkstätten für behinderte Menschen. Nach dem Sozialgesetzbuch gilt für eine solche Werkstätte Folgendes: „ *Sie hat denjenigen behinderten Menschen, die wegen Art und Schwere der Behinderung nicht, noch nicht oder noch nicht wieder auf dem allgemeinen Arbeitsmarkt beschäftigt werden können,*

1. *eine angemessene berufliche Bildung und eine Beschäftigung zu einem ihrer Leistung angemessenen Arbeitsentgelt aus dem Arbeitsergebnis anzubieten und*

> 2. zu ermöglichen, ihre Leistungs- oder Erwerbsfähigkeit zu erhalten, zu entwickeln, zu erhöhen oder wiederzugewinnen und dabei ihre Persönlichkeit weiterzuentwickeln." (§ 136 Sozialgesetzbuch IX)

1974 erweiterte der Bundestag mit dem Schwerbehindertengesetz den geschützten Personenkreis auf alle schwerbehinderten Erwachsenen, unabhängig von Art und Ursache der Behinderungen. Mit dieser Weiterentwicklung des Schwerbehindertenrechts stellte sich der deutsche Gesetzgeber seiner historischen und sozialstaatlichen Verpflichtung und nahm die vorrangig durch kirchliche, private sowie frei-gemeinnützige Initiativen hin entstandenen so genannten Beschützenden Werkstätten für Behinderte in den Leistungskatalog auf.

Bis dahin war es nicht allgemeine Aufgabe, schwerbehinderte Erwachsene in ein geschütztes Arbeitsleben einzugliedern und darin lebensbegleitend so zu fördern, dass sie den Anforderungen entweder dauerhaft gewachsen sind oder sogar den Schritt ins „ungeschützte" Erwerbsleben wagen können.

Exkurs: Erst 1994 wurde unserem Grundgesetz ein Artikel zugefügt, der unter anderem aussagt, dass alle Menschen vor dem Gesetz gleich sind und niemand wegen seiner Behinderung benachteiligt werden darf (Artikel 3 GG).

In Westdeutschland organisierte sich die Behindertenhilfe über Einrichtungen der kirchlichen und nichtkirchlichen Wohlfahrtsverbände die sich in ihren Behindertenhilfen am christlichen oder am bürgerrechtlichen Menschenbild ausrichten. In der DDR gab es für deren Verhältnisse einerseits hervorragende kirchliche Behinderteneinrichtungen, aber andererseits auch staatliche Anstalten, die eine Achtung vor der Würde des Menschen vermissen ließen.

Mitbestimmung/Mitwirkung

Hiermit ist die Beteiligung der Arbeitnehmer an den Unternehmensentwicklungen gemeint. Sie ist in Deutschland **gemäß dem Betriebsverfassungsgesetz** geregelt. Danach sind für Unternehmen mit mehr als 20 Arbeitnehmern Betriebsräte zu wählen. Die Größe des Betriebsrats richtet sich nach der Anzahl der Arbeitnehmer im Unternehmen. Für die Größenordnungen von fünf bis 20 Arbeitnehmern wird lediglich ein Betriebsobmann gewählt. Für Kapitalgesellschaften und Genossenschaften mit über 2.000 Arbeitnehmern ist eine paritätische Besetzung der Aufsichtsräte mit Arbeitnehmervertretern und Gewerkschaftsvertretern vorgesehen. Für Montanbetriebe und Tendenzeinrichtungen gelten abweichende Regelungen. Kirchliche Einrichtungen, die vom staatlichen Betriebsverfassungsrecht erfasst werden, unterliegen dem Tendenzschutz. Für sie gelten eigene Mitarbeitervertretungsordnungen.

Für **Menschen mit Behinderung, die in Werkstätten für behinderte Menschen beschäftigt sind**, gibt es die **Werkstätten-Mitwirkungsverordnung (WMVO)** vom 25. Juni 2001. Sie regelt unter anderem die Aufgaben, Unterrichtungs- und Mitwirkungsrechte der von den beschäftigten Menschen mit Behinderung gewählten **Werkstatträte**. Werkstatträte wachen über die Einhaltung von Ordnungen, gesetzlichen Vorschriften und vereinbarten Richtlinien die für die Werkstätten und deren Arbeit bestehen; sie regen an, geben Beschwerden weiter und wirken mit bei Fragen der Werkstattordnungen, bei Festlegung von Beginn und Ende der täglichen Arbeitszeit, bei der Zuteilungsverwendung der Arbeitserlöse für die Entgeltzahlungen, bei der Festlegung von

Entlohnungsgrundsätzen, bei Um- und Erweiterungsbauplanungen, bei allen Planungen für Fortbildungen und sozialen Angeboten etc. Die Werkstatträte haben darüber hinaus ein umfangreiches Informationsrecht. Den Werkstatträten stehen auf Wunsch Vertrauenspersonen für eine Assistenz zur Verfügung.

Ausblick

Die Bedingungen für Erwerbsarbeit auf dem allgemeinen Arbeitsmarkt

> *„Arbeit ist das durchgängige Thema der industriellen Welt. – Moderne Gesellschaften sind Arbeitsgesellschaften, konstruiert um die Arbeitsethik und um Berufsrollen, aber sie werden auch vorwärtsgetrieben von der Vision, ja möglicherweise der zunehmend realistischen Perspektive einer Welt ohne Arbeit."* (Dahrendorf, Konflikt, 1992, S. 213).

Eine zunehmende weltwirtschaftliche Verflechtung vernichtet hierzulande unzählige Arbeitsplätze. Eine Schaffung neuer Arbeitsmöglichkeiten für die aus dem Arbeitsprozess wegrationalisierten oder gestrichenen Stellen hat es seit den 1990er-Jahren nicht gegeben. Bereits in den 1980er-Jahren hat die deutsche Wirtschaft zunehmend im Ausland investiert. Trotz eines wirtschaftlichen Wachstums in dieser Zeit hat sich im europäischen Raum die Arbeitslosigkeit weiter erhöht. Die hingegen entwickelten wirtschaftspolitischen Maßnahmen griffen nicht. International aufgestellte Konzerne machen den größten Teil ihrer Geschäfte inzwischen im Ausland. Verbesserungen am deutschen Steuerrecht waren für die Schaffung von Arbeitsplätzen bisher ohne Erfolg.

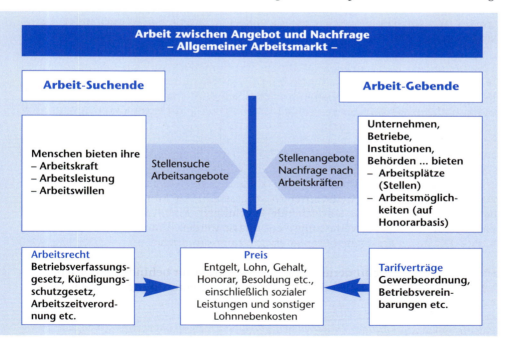

Friedrich Merz, der Finanzexperte der CDU/CSU Bundestagsfraktion stellte in einem Artikel des „Rheinischen Merkur" im Januar 2005 klar, nicht der Staat schaffe Arbeitsplätze; Wachstum, Wettbewerb, Innovation, Beschäftigung seien vor allem Sache der

Marktteilnehmer und an erster Stelle der Unternehmen (Merz im „Rheinischen Merkur", Nr. 2, 13. Januar 2005).

Während Arbeit früher einmal für die so genannten gehobene Schicht fast ein Tabu war (weil Arbeit als eine Last gesehen wurde, mit der sich die „geringer angesehenen Bevölkerungsteile" zu befassen hatten), ist sie inzwischen längst zu einem wichtigen Privileg und zu einem wesentlichen Persönlichkeitsmerkmal für die, die Arbeit haben, geworden.

Arbeitslosigkeit dagegen rüttelt an der Selbstachtung der arbeitslosen Menschen und ihrer Familien. Sie bringt sie in Abhängigkeiten von öffentlicher Unterstützung und führt sie möglicherweise bei weiterer Ausdünnung der Sozialsysteme oder bei Bezug von „Arbeitslosengeld-II" auch zu Armut.

In Marktwirtschaften unterliegt auch der Arbeitsmarkt den Bedingungen von Angebot und Nachfrage (siehe Schaubild).

Angebot und Nachfrage tarieren sich auf dem Arbeitsmarkt aus. Bei zu hohen preislichen Erwartungen der Anbieter (menschlicher Arbeit) weichen die Anbieter von Beschäftigung (Unternehmen) auf billigere Alternativen aus. Diese können unter anderem sein: Rationalisierung, Verlagerung der Arbeit in Billiglohngebiete, Anwerben von billigeren Arbeitskräften, Aufgliederungen von fachlichen Arbeiten in Segmente, an denen an Stelle von teuren Fachkräften billigere angelernte Arbeitskräfte arbeiten können. Bei zu hohen Kosten seitens der Anbieter (menschlicher) Arbeit, geraten immer mehr von ihnen in Arbeitslosigkeit und verbleiben dort. Wer von **Arbeitslosigkeit** betroffen ist, wird häufig auch aus vielen Bereichen gesellschaftlicher Teilhabe ausgeschlossen.

Unternehmen wägen sehr genau ab, wo sie die optimalen Standortbedingungen für ihre unternehmerischen Tätigkeiten finden können. Sie sind mit ihrem Kapital in der Lage, auch im Ausland zu investieren bzw. ihre Standorte frei zu bestimmen. Diese Mobilität besitzen die Anbieter menschlicher Arbeit i. d. R. nicht (siehe Schaubild).

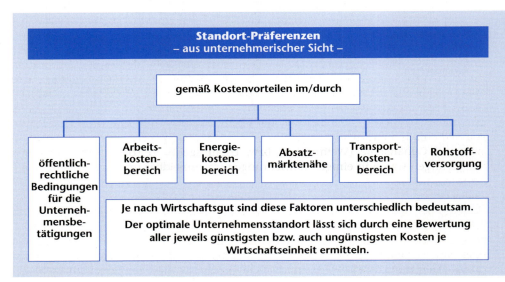

Situation der Behindertenhilfe in Deutschland, einschließlich der Werkstätten für behinderte Menschen

Die Situation der Menschen mit Behinderung

Es gibt einen so genannten Paradigmenwechsel in der Beachtung von Menschen mit Behinderung.
(Paradigma versteht sich als Verhaltens- und Handlungsmuster.) Dieser Paradigmenwechsel zeigt sich in der Abkehr von einem distanzierenden Menschenbild und der Hinwendung zu einem integrierenden Menschenbild und damit einer wertegeleiteten und integrationsstarken Rehabilitationspädagogik. Rehabilitation wird hierbei definiert als Ehrenrettung, als Wiedereinsetzen in normale Rechte. Obligatorisch hieran ist die Beteiligung der einzelnen Menschen mit Behinderung gemäß ihren Beteiligungsmöglichkeiten. Hierzu wurde 2003 in Madrid zum Europäischen Jahr der Menschen mit Behinderung folgende Aussage formuliert: „Nichts über uns ohne uns!"

Für Deutschland wurde hieraus konkret formuliert: Nicht mehr ausgrenzende Fürsorge, sondern uneingeschränkte Teilhabe; nicht mehr abwertendes Mitleid, sondern völlige Gleichstellung; nicht mehr wohlmeinende Bevormundung, sondern das Recht auf Selbstbestimmung.

Vielleicht sind dies noch Visionen. Aber es gibt auch schon Entwicklungen: Menschen, auch Menschen mit geistiger Behinderung, werden zusehends mit unterstützender Begleitung in die Lage gebracht, Perspektiven ihres Lebens selbst zu planen. So gibt es seit einiger Zeit auf nationaler Ebene einen Deutschen Behindertenrat, und die Werkstatträte in den Werkstätten für behinderte Menschen tauschen sich in Landesarbeitsgemeinschaften aus und nehmen dort gemeinsam Stellung zur Sozial- und Behindertenpolitik.

Die Situation der Einrichtungen der Behindertenhilfe im Allgemeinen

Mit der Einführung von prospektiven Pauschalabrechnungen erfolgte eine Einteilung der sozialen Einrichtungen in so genannten Leistungstypen und der Menschen mit Behinderung in so genannten **Hilfebedarfsgruppen**. Hierauf basierend werden Maßnahmepauschalen festgelegt. Zusätzlich gibt es noch eine Grundpauschale sowie einen Investitionsbetrag.

Unterschiedlich großer Hilfebedarf von Menschen mit Behinderung in den Einrichtungen, der auch unterschiedliche einrichtungsindividuelle Kostensätze erfordert, wird nicht oder nicht angemessen berücksichtigt. Seit Beginn der 1990er-Jahre entsprach die jährliche Anpassung der pauschalen Kostenerstattungssätze nicht den real gestiegenen Kosten. Diese „Austrocknung" hat über die Jahre hin in manchen Einrichtungen zu dramatischen Situationen geführt. Einstellungsstopps, Verhandlungen über Verzicht auf Gehaltsteile (Weihnachts- bzw. Urlaubsgeld), ja sogar betriebsbedingte Kündigungen waren in einigen Einrichtungen unvermeidbar und stehen auch heute noch an.

Die Zahl der Menschen mit Behinderung, die in den Einrichtungen versorgt werden müssen, wird noch einige Jahre zunehmen. Daher haben die öffentlichen Geldgeber, bei gleichzeitigen katastrophalen Situationen der öffentlichen Haushalte, entschieden über eine so genannten Budget-Neutralität mit den bisher verfügbaren Mitteln mehr Menschen mit Behinderung in die künftige (gleich bleibende) Leistung einzubeziehen.

Die Situation der Werkstätten für behinderte Menschen

Ende 2004 gab es in Deutschland 633 Werkstätten für behinderte Menschen, die in der Bundesarbeitsgemeinschaft für behinderte Menschen (BAG-WfbM) organisiert sind mit 227.608 Beschäftigten. 182.994 davon sind geistig behindert (80 %). 15,5 % sind psychisch und 4 % sind körperlich behindert. Eine sehr kleine Zahl der Beschäftigten ist hör-, seh- oder sehr stark lernbehindert. Die größte Altersgruppe stellen die 21- bis 30-Jährigen und die 31- bis 40-Jährigen mit jeweils 34 %. Knapp 2 % der Beschäftigten in den Werkstätten sind 60 Jahre und älter. Bei deren Eintritt in das Rentenalter werden Probleme gesehen, weil spezielle Bedingungen für Menschen insbesondere mit geistiger Behinderung fehlen (vgl. BAG-WfbM, 2004).

Werkstätten für behinderte Menschen sind in Deutschland sehr weit vorangekommen. Die Beschäftigten haben arbeitnehmerähnlichen Status, genießen also die Vorrechte von Arbeitnehmern, ohne deren Verpflichtungen zu übernehmen. Sie sind sozialversichert und können nach 20 Jahren Werkstattbeschäftigung eine Rente wegen Erwerbsunfähigkeit beantragen. Vorher kann zusätzlich zu dem in der Werkstatt erwirtschafteten Entgelt eine Grundsicherung in Anspruch genommen werden. Das Einkommen der Werkstattbeschäftigten aus der Arbeit in den Werkstätten lag 2003 im Bundesdurchschnitt bei etwa 170 bis 180 Euro pro Monat. Eine Existenzsicherung lässt sich damit nicht erreichen.

Die Werkstätten für behinderte Menschen im Bundesland NRW fühlen sich nach wie vor auch für schwerstmehrfachbehinderte Menschen zuständig. In den anderen Bundesländern werden diese unter dem verlängerten Dach von Werkstätten, in Tagesstätten, gefördert – ohne Entgeltzahlungen und eigener Sozialversicherung. In NRW wird seitens aller Behindertenwerkstätten und der Sozialhilfe-Kostenträger eine Klassifizierung nach der Leistungsfähigkeit abgelehnt. Werkstätten für behinderte Menschen bieten in der Regel neben vielfältiger Arbeit noch zusätzliche Angebote, wie Sport, Erwachsenenbildung, künstlerische bzw. musische Angebote. Die meisten verstehen sich als sozialer Lebensmittelpunkt für die darin beschäftigten Menschen mit Behinderung und bieten darum mehr als nur Arbeitsplätze. Andere wiederum haben einen deutlichen Hang zur Arbeitsnormalität von Betrieben, sie verstehen sich auch eher als Unternehmen. Dies ist immer eine Frage des Leitbildes und der Management-Ausrichtung.

Exkurs: Gemäß dem Sozialgesetzbuch IX und der Werkstättenverordnung sind die Werkstätten für die Menschen mit Behinderung da und haben ihre Angebote nach den individuellen Erfordernissen und Möglichkeiten der zu betreuenden Menschen mit Behinderung auszurichten. Für diese Menschen mit Behinderung gibt es einen Aufnahmeanspruch. Man kann sie nicht nach betrieblichen Erfordernissen aussuchen oder ablehnen. In genauem Gegensatz hierzu stellen die Betriebe der freien Wirtschaft für ihr jeweiliges Unternehmensziel geeignete Mitarbeiter ein. Somit ist schon durch den gesetzlichen Auftrag der Werkstätten eine produktive Wirtschaftlichkeit ausgeschlossen. Hier ist der Mensch mit Behinderung das Unternehmensziel.

Aktuell sind die Werkstätten bestrebt, sich als Leistungserbringer (Dienstleister) zu beschreiben. Damit wollen sie einerseits den Menschen mit Behinderung, als Leistungsnachfragern, ein sich ggf. von anderen Leistungsanbietern abgrenzendes Angebot machen und andererseits gegenüber den Kostenträgern, als den Leistungserbringern, eine Grundlage für deren Zahlung vorlegen können. Die primäre Zielsetzung der zu erbringenden Leistung ist die berufliche Eingliederung von Menschen mit Behinderung auf dem allgemeinen Arbeitsmarkt. Dies ist kaum oder nicht erreichbar, wenn auf dem ersten Arbeitsmarkt täglich mehr Arbeitsplätze verloren gehen als neue eingerichtet werden.

Was nun für den ersten Arbeitsmarkt nicht zu bestreiten ist, wird für die Behindertenwerkstätten künftige Beschäftigungsprobleme bringen: das Ende der Massenarbeit. Manche Werkstätten spüren sie schon jetzt. Die Zukunft der Arbeit und die Vermeidung eines Beschäftigungsdilemmas, insbesondere für Menschen mit geistiger Behinderung wird zu den dringendsten Zukunftsaufgaben der Werkstätten gehören.

Neben den Werkstätten für behinderte Menschen gibt es für Menschen mit Behinderung, die nicht oder noch nicht dem ersten Arbeitsmarkt zur Verfügung stehen,

- Außenarbeitsplätze in Unternehmen (als ausgelagerte Werkstattplätze),
- Integrationsprojekte/Integrationsfirmen (als Außenarbeitsplätze und zur Qualifizierung für den ersten Arbeitsmarkt unter Bedingungen dieses Marktes),
- Berufsbildungs- und Berufsförderwerke, die mit Ausbildungsgängen auf den ersten Arbeitsmarkt vorbereiten sollen.

Kommentierter Literaturhinweis

Mosen, Günter/Scheibner, Ulrich (Hrsg.): „Arbeit, Erwerbsarbeit, Werkstattarbeit" der Bundesarbeitsgemeinschaft Werkstätten für behinderte Menschen e.V., Frankfurt a. M., Ausg. 2003, in: „Die Arbeit – Mythos und Geschichte". Diese Veröffentlichung stellt eine gute Einführung in das Thema dar.

Assistenz   Erik Weber

Etymologie

Der Assistent ist „Helfer", „Gehilfe" und in dieser Wortbedeutung zurückzuverfolgen bis ins 16. Jahrhundert. Ursprünglich ist das Wort „Assistenz" eine englische Neubildung zum Partizip des Präsens von dem lateinischen Wort assistere („beistehen"), zu dem lateinischen Wort sistere („sich hinstellen") und der lateinischen Vorsilbe ad- („hin", „zu"). Das sich daraus ergebende Verb heißt „assistieren" (vgl. Kluge, Etymologisches Wörterbuch, 1995, S. 57).

Der Duden (vgl. Duden, Fremdwörterbuch, 1997, S. 89) bezeichnet den Assistenten als „Beisteher" oder „Helfer", d. h., jemand, der einem anderen assistiert. Assistenz ist somit „Beistand", „Mithilfe". Das zugehörige Verb umschreibt der Duden dann sehr treffend: „Assistieren" bedeute, „jemandem nach dessen Anweisungen zur Hand gehen".

Der Assistent ist demnach jemand, der „Beistand leistet", der „Mithilfe anbietet". Wenn ich assistiere, so der Fremdwörter-Duden, so gehe ich jemandem zur Hand, und zwar – und das scheint zentral – *nach dessen Anweisungen*.

Was verbirgt sich hinter dem Begriff der „Assistenz" in der Behindertenpädagogik? Ist es tatsächlich ein neuer Begriff, der neue Konzepte fordert, oder eignet er sich, wie viele Begriffe vor ihm, alten Wein in neuen Schläuchen zu verkaufen?
Was bedeutet dieses Wort, dieses Konzept und die dahinter stehende Haltung für den Personenkreis der Menschen, die wir „behindert" nennen?

Geschichte

Die Diskussion um die Begriffe „Assistenz" und „Teilhabe" hat in den letzten Jahren innerhalb der Heilpädagogik breiten Raum eingenommen (exemplarisch etwa in Geistige Behinderung: Schwerpunktheft „Teilhabe, 03/2003). Dabei ist festzustellen, dass kaum mehr eine Einrichtung der Behindertenhilfe nicht von sich behauptet, ihre pädagogische Konzeption beruhe auf diesen Paradigmen. Wir möchten daher im Folgenden aufzeigen, woher der Begriff der Assistenz kommt und wie er in eine heilpädagogische Diskussion einzubetten wäre.

Persönliche Assistenz – assistierende Begleitung

„Persönliche Assistenz ist mehr als nur irgendeine ambulante Dienstleistung unter anderen. Ihr Konzept beinhaltet den Wechsel von einem entmündigenden Versorgungsdenken zu der Anerkennung eines Hilfebedarfes für ein gleichberechtigtes selbstbestimmtes Leben." (Frehe, 2001, S. 7)

Martin Hahn hat in Bezug auf Menschen, die wir „geistig behindert" nennen, bereits 1994 den Begriff der assistierenden Hilfe in die Diskussion eingebracht:

„Wir assistieren demjenigen, der unsere Hilfe benötigt, bei der Verwirklichung seiner (!) Ziele. Beachten wir dies nicht, führt unsere vielleicht durchaus gutgemeinte Hilfe zu Überbefürsorgung,

die real als Fremdbestimmung erlebt wird. Aus diesem Grund ist der Begriff des ‚Assistenten' [...] der subsidiär geleisteten Hilfe angemessener als der Begriff des Helfers.
Assistierende Hilfe ist die Voraussetzung für die Realisierung der Autonomie-Potenziale, die auch im Leben von Menschen mit schweren Behinderungen liegen und ihnen Zustände des Wohlbefindens ermöglichen können." (Hahn, 1994, S. 91)

Mit dieser programmatischen Aussage zum Begriff und der Bedeutung der Assistenz spezifiziert Hahn die zu erbringende Hilfeleistung. Der in der aktuellen Diskussion auch auftauchende Begriff der assistierenden Begleitung meint Ähnliches. Im Folgenden soll der Begriff „Assistenz" bzw. „persönliche Assistenz", wie er im Umfeld einer Pädagogik für Menschen mit Körperbehinderungen geprägt wurde, im Mittelpunkt stehen.

Bezüglich des Aufkommens des Assistenz-Modells stellt Jutta Hagen fest:

„Hier werden keine neuen Forderungen aufgestellt, weshalb es verfehlt wäre, angesichts der Wiederbelebung und durchaus vielfältigen Variation des Themas Selbstbestimmung in der aktuellen Fachdebatte von einem ‚Paradigmenwechsel' in der Behindertenhilfe zu sprechen [...]. Die unverminderte Aktualität des Themas Selbstbestimmung verweist jedoch darauf, dass professionelle Hilfen noch weit davon entfernt sind, den Selbstbestimmungsbedarfen der HilfeadressatInnen gerecht zu werden. Und es wird deutlich, dass der Druck auf professionelle Hilfesysteme, seien sie in Institutionen oder in der Lebenswelt des Einzelnen angesiedelt, wächst." (Hagen, 2001, S. 23)

Der Begriff der Assistenz ist ein relativ junger Begriff in der Behindertenpädagogik und ist in enger Anlehnung an die Selbstbestimmt-Leben-Bewegung zu sehen.
Gemeinhin wird davon ausgegangen, dass der Assistenz-Begriff seine Ursprünge in der Krüppelbewegung hat. Interessant ist, dass er nicht aus Beiträgen der etablierten Heilpädagogik heraus entstanden ist, sondern dass es vornehmlich Betroffene waren, die in diese Richtung argumentierten.

Es war Franz Christoph (vgl. Christoph, 1980, S. 59), der den autonomen Standpunkt der Krüppelbewegung in seiner Abwendung von gut gemeinten Aussagen so genannter Experten formulierte. Er forderte „eine kritische Durchleuchtung der Voraussetzung von Kooperationsprozessen auf allen Seiten und schonungslose Offenheit" (Schönwiese, 2001, S. 28).
Bei Christoph wurde unmissverständlich formuliert, welche Grundvoraussetzungen geschaffen werden müssen, um eine eigene Identität aufzubauen und Kooperation zu wagen (in diesem Zusammenhang wäre auch das bereits 1979 von Jantzen geforderte und beschriebene „Prinzip der radikalen Parteinahme" zu nennen; vgl. Jantzen, Grundriss, 1979). Und hier wird auch ein Verständnis von Behinderung deutlich, das Behinderung in erster Linie als Ausdruck sozialer Verhältnisse sieht, oder genauer formuliert:

[...], dass Behinderung ein Produkt gesellschaftlicher Abwertungs- und Vernichtungsstrategien ist, die sich in verschiedensten personalen und institutionellen Inszenierungen und an behinderten Personen ansetzenden Korrektur-Maßnahmen umsetzen." (Schönwiese, 2001, S. 29).

Die Selbstbestimmt-Leben-Bewegung stellt sich dem entgegen und versucht, verschleierte Prozesse von Ausgrenzung aufzudecken, eigene Bedürfnisse zu formulieren und eigene Vorstellungen über die Form und den Umfang von Hilfeleistungen zu äußern. In diese Zusammenhänge ist auch die Entstehung, die Verwendung und die konzeptionelle „Füllung" des Begriffs Assistenz zu stellen.

Aktuelle Relevanz und theoretische Ansätze

In Bezug auf die Anfänge des Assistenz-Modells ist festzustellen, dass es hier zunächst die praktische Assistenz ist, die beleuchtet wird und die sich im so genannten Arbeitgeber-Modell organisiert. Bollag (vgl. Bollag, Assistenz, 1999) betont hier unter anderem, dieses Modell gehe davon aus, dass der Hilfeempfänger über eine Reihe von Kompetenzen verfüge. Dies wird auch von anderen Autoren immer wieder herangezogen (siehe auch Frehe, 1999, S. 281 oder Miles-Paul/Frehse, 1994, S. 14).

Die dort genannten Kompetenzen sind:

- Personalkompetenz: das Aussuchen oder Ablehnen von Assistenten;
- Organisationskompetenz: Planung von (Arbeits-)Zeiten;
- Anleitungskompetenz: dem Assistenten die Form, die Art und den Umfang der Hilfen vorzugeben;
- Raumkompetenz: Festlegen, wo die Hilfe angeboten werden soll;
- Finanzkompetenz: die empfangenen Hilfen eigenständig bezahlen zu können;
- Differenzierungskompetenz: eigenständiges Auswählen auf dem „Markt der Hilfen" und Organisieren dieser Hilfen.

Hier kann der Eindruck entstehen, dass nur wenige Menschen, die wir behindert nennen, diese Kompetenzen besitzen. Aber auch hier sei die Frage erlaubt: Ist das wirklich so? Wenn ja, warum und wie könnte ein Entschlüsseln dieser Kompetenzen und/oder ein Ermächtigen zum Aufbau solcher Kompetenzen aussehen?
Wenn wir uns diese Fragen nicht stellen, droht der Begriff der Assistenz, der auch für den Personenkreis der Menschen mit hohem Hilfebedarfe von Bedeutung ist und der zu einem Schlüsselbegriff in der Heilpädagogik werden könnte, zur Ausgrenzung beizutragen (wie schon viele Begriffe vor ihm): In solche, die Assistenz einfordern und die dazu notwendigen Kompetenzen mitbringen, und jene, die dazu scheinbar nicht fähig sind, die dann „assistenzunfähig" sein würden. Eine solche Entwicklung hat mit dem Auftauchen wichtiger Entwicklungen für eine Teilhabe am gesellschaftlichen Leben von Menschen, die wir behindert nennen, immer wieder stattgefunden. Das Ergebnis waren Urteile wie bildungsunfähig, integrationsunfähig, therapieresistent etc.

Wenig zur Klärung der Begriffslage trägt daher die Auffächerung von verschiedenen Arten der Assistenz bei, so wie sie von Theunissen und Hoffmann (vgl. Theunissen/Hoffmann, 1999, S. 8–11) und Theunissen (vgl. Theunissen, Einführung, 2000, S. 59–64) vorgeschlagen werden. Genannt werden hier folgende Arten:

- praktische Assistenz: Im Sinne des oben beschriebenen Dienstleitungsmodells, welches davon ausgeht, dass der/die Hilfeadressat/-in über die oben genannten Kompetenzen verfügt;
- dialogische Assistenz: im Sinne eines partnerschaftlich-freundschaftlichen Verhältnisses mit dem Ziel des Erschließens kommunikativer Kompetenzen (in den Bereichen Äußerung, Befindlichkeit, Bedürfnis, Wunsch);
- advokatorische Assistenz: im Sinne einer Fürsprecherfunktion und Interessenvertretung seitens der Assistentin;
- sozialintegrierende Assistenz: im Sinne des Eröffnens von Möglichkeiten der Integration der Hilfeadressaten in ein soziales Netzwerk;

- konsultative Assistenz: im Sinne der Schaffung eines beratenden Beistandes, mit dem zusammen Lebensfragen oder die Suche nach Problemlösungen durchdrungen werden sollen;
- faciliatorische Assistenz: im Sinne einer Förderung von Lernprozessen (z. B. durch stimulierende Alltagsmaterialien);
- lernzielorientierte Assistenz: im Sinne des Bereitstellens strukturierter subjektorientiert-didaktischer Lernhilfen zum Erwerb subjektiv bedeutsamer Fertigkeiten;
- intervenierende Assistenz: im Sinne einer persönlichen Hilfe bei Selbst- oder Fremdgefährdung, orientiert am Autonomiebedürfnis der Hilfeadressatinnen.

Abgesehen von der bereits beschriebenen praktischen Assistenz und der dialogischen Assistenz, entsteht der Eindruck, als würde der Begriff der Assistenz hier überstrapaziert und verwässert. Denn Begriffe wie „faciliatorische" oder „lernzielorientierte Assistenz" bewegen sich wieder in sehr starker Nähe zu überkommenen Fördermodellen. Das Ergebnis ist eine abermalige Begriffsverwirrung.

Auf dieses Begriffswirrwarr bzw. dessen Entzerrung hat bereits Urban hingewiesen. Er kennzeichnet mögliche begriffliche Fassungen der individuellen Unterstützung bezüglich des Wohnens von Menschen, die wir geistig behindert nennen, wie folgt (vgl. Urban, 2000, S. 6 f.):

- betreutes Wohnen/betreutes Einzelwohnen: im Sinne eines reduzierten Hilfekonzeptes für Menschen, die relativ selbstständig seien, ursprünglich aber ein Sparmodell, das von vielen Trägern unkritisch übernommen worden sei;
- ambulant betreutes Wohnen: im Sinne einer aufsuchenden Form der Hilfe, die aber durch zu große Gruppen unter einem Dach konterkariert werde;
- pädagogische Betreuung im eigenen Wohnraum: im Sinne eines von Diensten unabhängigen Wohnraumes, aber mit der Gefahr der weiterhin existierenden „Pädagogisierung";
- Assistenz beim Wohnen: im Sinne eines die Selbstbestimmung des Betroffenen wahrenden Konzeptes, das allerdings Machtpositionen der Helfenden gegenüber Menschen, die nicht direkt für sich selbst sprechen könnten, zu verschleiern drohe;
- unterstütztes Wohnen oder Unterstützung beim Wohnen: im Sinne eines gewandelten Hilfeangebotes „vom Betreuer zum Begleiter", welches die Verantwortung der Helfenden benenne, „ohne alte Machtpositionen der Fürsorge neu zu besetzen".

Von besonderer Bedeutung ist in diesem Kontext der Hinweis auf die Bedeutung von sichtbaren oder verschleierten Machtstrukturen. Das ist sicherlich ein zentraler Problempunkt, diskutiert man das Assistenz-Modell bezüglich seiner Tauglichkeit und Umsetzbarkeit auf Belange für Menschen mit sehr hohem Hilfebedarf.

Feuser hat dies wie folgt formuliert:

„Zuwachs an Möglichkeiten der Selbstbestimmung bei einem Menschen macht [...] bezogen auf das Gesamt der Möglichkeiten, solche zu realisieren, nötig, dass ein anderer Macht abgibt, auf ein vermeintliches Privileg verzichtet, einen Vorteil nicht nutzt, der einem anderen zum Nachteil

gerät, ihn einschränkt, entmündigt usw. Es ist damit am anderen nicht eine neue Kompetenz auszubilden, die wir ‚Selbstbestimmungsfähigkeit' nennen, sondern die Wahrnehmung und Analyse der ‚Verhältnisse zwischen den Verhaltensweisen' zu leisten, die deren Funktion und Bedeutung offenlegt." (Feuser, 2001, S. 337).

und weiter:

„Selbstbestimmung ist zu verantworten oder sie bleibt als isolierte Kompetenz eines Menschen nur neuer Ausdruck alter Verhältnisse, nämlich von Macht und Herrschaft." (Feuser, 2001, S. 337).

Der Begriff der Assistenz ist ebenso wie der von Feuser genannte Begriff der Selbstbestimmung unter den oben genannten Aspekten zu lesen und zu beurteilen, soll er nicht zum verschleiernden Schlagwort verkommen, bevor er überhaupt dazu beitragen konnte, die Lebenswirklichkeit von Menschen, die wir „schwer behindert" nennen, gemeinsam mit ihnen zu verändern.

Ich muss eben diese Anweisungen in Beziehung, d. h. dialogisch, und in jedem Fall auf Augenhöhe wahrnehmen und bei Bedarf auch entschlüsseln. Und: Das „Zur-Hand-Gehen", nach jemandes Anweisung bedingt die Umkehrung des von Urban und Feuser angemahnten Machtgefüges: „Ich (Betreuer) gebe dir, zu deinem Besten Anweisungen." in: „Ich, Mensch, von dir geistig behindert genannt, gebe dir Anweisung, wie du mir zur Hand zu gehen hast!"

Sicherlich beinhaltet eine solche Sichtweise auch Probleme, wenn man sie in Beziehung setzt zu Menschen, die wir als „schwer (geistig) behindert" bezeichnen und/oder denen wir schwerwiegende Verhaltensauffälligkeiten zuschreiben. Seifert weist in diesem Zusammenhang darauf hin, dass sich Menschen mit schweren Behinderungen

„[...] vor allem in elementaren Bereichen wie Nahrungsaufnahme, Mobilität und Körperhygiene Möglichkeiten [eröffnen], auf die Gestaltung ihres Alltags unmittelbar Einfluss zu nehmen. Sie signalisieren Wünsche, Vorlieben, Ablehnung oder Verweigerung auf vielfältige Weise." (Seifert, 2001, S. 25).

Genau dies zu entschlüsseln ist zentrale Aufgabe des Assistenz-Modells. Das Erkennen, Beschreiben, Deuten und Aufgreifen dieser „vielfältigen Weise(n)" macht professionelle Assistenz in Bezug auf Menschen, die wir „geistig behindert" nennen, aus. Hier fehlen immer noch Instrumente und Methoden.
Zusammenfassend kann bezüglich der Begriffsdiskussion festgehalten werden, dass die Entstehung neuer Rest-Gruppen (die, die nicht zur Assistenz fähig sind, oder denen man nichtassistieren kann.) vermieden werden muss. Auch Menschen, die wir scher oder schwerst (geistig) behindert nennen, bedürfen der Assistenz und können dazu Signale der Anleitungen senden. Diese Signale können in dialogisch-kooperativer Beziehung mit der betreffenden Person entschlüsselt, übersetzt und umgesetzt werden. Dies erfordert eine hohe Professionalität, die vor allen Dingen sich ständig bewusst darüber sein muss, dass es neue Formen von Macht, Bemächtigung oder Pädagogisierung unbedingt zu verhindern gilt.

Mit Feuser soll in diesem Zusammenhang aber ausdrücklich davor gewarnt werden,

[...] stillschweigend davon auszugehen, dass sich mit der Antizipation und Etablierung einer solchen Kategorie als Werteinheit wie als Zielkategorie [gemeint ist z. B. die Selbstbestimmung, die

Assistenz; E. W.] die entsprechende Wirklichkeit quasi von selbst realisieren würde." (Feuser, 2001, S. 311)

Dies kann nur mittels einer genauen Analyse gesellschaftspolitischer und fachwissenschaftlicher Vorgänge geschehen. Um die Bedeutung dieses Sachverhalts zu betonen, auch bezüglich der Notwendigkeit und Schaffung veränderter Ausbildungskonzepte, seien abschließend nochmals Feuser und Schönwiese zitiert, die auf diese Zusammenhänge in unterschiedlicher Form aufmerksam machen:

„Hier geht es um die Analyse gesellschaftlicher und fachlicher Verhältnisse in allen Dimensionen, die als relevante erfassbar sind, worauf, um nur einige zu nennen, z. B. die Arbeiten von Foucault (1978), Goffman (1973) und Basaglia u. a. (1980) verweisen, um deren Transformation in Ausbildungs- und Beratungskonzepte, dann um deren Transformation in persönliches Wissen, in Einstellungen und Haltungen, die wiederum in eine (professionelle) Praxis zu transformieren sind. Dabei wäre die Historizität eines jeden Prozesses in der Spanne von Vergangenem und Zukünftigem zu berücksichtigen, die sich in der jeweiligen Gegenwart entfaltet." (Feuser, 2001, S. 311)

Und Schönwiese in ähnlichem Kontext:

„Die Grundsätze der Selbstbestimmung [und damit auch das Assistenzmodell; E.W.] gelten aber auch für Personen mit schwersten Beeinträchtigungen und es stellt sich immer wieder die Frage nach der Rolle und der Qualifikation der UnterstützerInnen, die die Selbstbestimmung wahren können." (Schönwiese, 2001, S. 31)

Daher muss eine professionelle Assistenz in Bezug auf Menschen, die wir „schwer (geistig) behindert" nennen, folgende zentrale Aspekte immer mitberücksichtigen:

- Anweisungen lesen lernen;
- Kompetenzen entschlüsseln;
- Signale erkennen;
- Methoden zum Erkennen solcher Signale entwickeln;
- Beachtung der persönlichen Lebensgeschichten (Vorgeschichte/Geschichte der persönlichen Isolation);
- Bereitschaft, Macht abzugeben.

Problem- und Erfahrungsfelder

„Angezeigt ist jedoch eine respektvolle Haltung gegenüber PraktikerInnen und das Anerkennen derselben als gleichberechtigte DiskussionspartnerInnen. Daraus folgt, dass sie nicht als welche gesehen werden, die es zu belehren gilt. Die Konsequenz aus dieser Sichtweise ist das Anstreben eines fachlichen Diskurses mit ihnen." (Hagen, 2001, S. 232)

Das vorangestellte Zitat soll für die folgenden Überlegungen gewissermaßen handlungsleitend sein: Es geht nicht um Belehrung oder ein Besserwissen, vielmehr sollen Impulse für einen fachlichen Diskurs gegeben werden. Letztlich sind es die so genannten Praktiker, die Konzeptionen jedweder Art verantworten müssen, umsetzen und ihnen „Leben geben".

Programmatisch soll Folgendes festgehalten werden:

Der Gedanke der „Assistenz" muss Eingang finden in das Selbstverständnis und die Tätigkeit der Mitarbeiterschaft und in das Selbstverständnis einer Einrichtung. Ausgehend von der Prämisse, dass „Menschen mit geistiger Behinderung [...] mitbestimmungsfähig [sind]" (vgl. Hagen, 2001, S. 198), sind die Einrichtungen der Behindertenhilfe dazu aufgefordert, den Gedanken der Assistenz in ihr Selbstverständnis und in die Tätigkeit der Mitarbeiterinnen einfließen zu lassen.

Das kann dann zu Leitsätzen für das professionelle Handeln führen, wie dies Rock unter der Überschrift „Zwischen Idealisierung und reflexiver Selbstbegrenzung" (vgl. Rock, 2001, S. 178) formuliert hat:
– Entscheidungskompetenz und Verantwortung übertragen;
– Wahlmöglichkeiten schaffen;
– Bedürfnisorientierung und Individualisierung;
– Individualität achten und unterstützen;
– enthierarchisierte Beziehung herstellen;
– autonomiefördernde Lebensbedingungen schaffen. (vgl. Rock, Sonderpädagogische Professionalität, 2001, S. 180 ff.)

Keine „lebenslänglichen Hilfen" sondern eine „offene Entwicklungsperspektive" muss angestrebt werden. Die Einrichtungen der Behindertenhilfe müssen sich verabschieden von der Idee der „lebenslangen Hilfen", und eine „offene Entwicklungsperspektive" erkennen, zulassen und gestalten. Dies unter folgender Prämisse:

„Konkretes Wissen ist daher nur möglich über den Dialog mit dem Betroffenen selbst, indem der Betroffene unter den Bedingungen des Dialogs sich selbst bestimmt, seine Lebenssituation mitteilt und somit die zunächst nicht verfügbaren Symptome von Behinderung verfügbar bekommt." (vgl. Jödecke, 1994, S. 91)

Bedingungen struktureller Gewalt in den Institutionen müssen analysiert werden. Wie bereits angedeutet, muss eine selbstkritische Institutionsanalyse sich immer auch der Frage der strukturellen Gewalt stellen. Auch wenn diese Vokabel vielen ein schlechtes Gewissen bereiten mag (aber nicht soll) und Widerstände hervorruft, führt an dem Thema „Gewalt" kein Weg vorbei.

Praxisrelevante Fortbildungen für Mitarbeiter müssen ermöglicht werden. Bei dem Angebot an Fortbildungen für die Tätigen in der Behindertenhilfe gilt es themenrelevante Fortbildungen, die in enger Verzahnung mit dem Assistenzmodell stehen, anzubieten. Hier sind unter anderem Kommunikationshilfen, die Methode der Rehistorisierung und allgemein Methoden zur Assistenzplanung zu nennen.

Folgerungen für strukturelle Entwicklungen in Einrichtungen

Das gesamte System der Assistenzplanung und -ermittlung lässt sich nicht einfach in eine bestehende (Heim-)Struktur hineinsetzen. Es ist ein überaus schwieriges Unterfangen, ein Konzept, wie das der Assistenz, in eine Einrichtung zu implementieren. Dies gilt insbesondere dann, wenn es sich um eine stationäre Einrichtung handelt. Beispielhafte Handlungsmodelle bieten hierzu einige Lösungen (vgl. Deutsche Heilpädagogische Gesellschaft (DHG), Individuelle Hilfeplanung, 2002). Dennoch sei an dieser Stelle darauf hingewiesen, dass insbesondere Methoden der Qualitätssicherung bzw. der Qualitätskontrolle in Bezug auf das Assistenz-Modell noch weitgehend fehlen.

Die Frage, wie Assistenzen überprüft werden können, ist demnach noch offen, da vieles, was letztlich in Assistenzpläne hineinfließt, das Ergebnis von Interpretationen ist und nicht immer genau abgesichert oder rückgefragt werden kann. Zudem spielt das oft erwähnte Machtgefälle zwischen Hilfeadressat und Assistent immer noch eine Rolle, wenngleich es ein geringeres Machtgefälle ist als im überkommenen Betreuungsmodell. Bezüglich der Menschen, die wir schwer (geistig) behindert nennen und die in stationären Einrichtungen leben, ist in einer norddeutschen Großeinrichtung, in starker Anlehnung an die in der vorliegenden Arbeit beschriebene Methode der Rehistorisierung, die rehistorisierende Qualitätsentwicklung ausgearbeitet worden (vgl. Schulz/Burkhardt, 1999). Mit dieser Konzeption wurde nachgewiesen, dass eine individuelle kompetenzorientierte Hilfebedarfsplanung auch mit diesem Personenkreis möglich ist. Es wäre durchaus denkbar, eine solche Konzeption eng an das Assistenz-Modell anzubinden.

Eine Qualitätskontrolle der Assistenzen kann zukünftig nicht mehr ohne die Beteiligung der Betroffenen, z. B. institutionalisiert in Form der Heimbeiräte oder der so genannten Kundschaftsvertretungen, gedacht und durchgeführt werden. Dazu liefert unter anderem das neue Heimgesetz die nötigen Voraussetzungen.

Die „Anleitung zur Selbstständigkeit" liefert einen interessanten Beitrag zum Thema Selbstständigkeit, Selbstbestimmung und der Fähigkeit, Assistenzen einzufordern (Appel/Kleine Schaars, 1999; Kleine Schaars, 2000). Es handelt sich um eine Methode aus den Niederlanden, die Assistenz auch innerhalb von Institutionen ermöglichen kann.

Kern dieser Methode ist das so genannte Begleitungsdreieck. Dieses soll die Begleitung der Bewohner mittels zweier Mentoren sicherstellen. Hierzu werden ein Prozessbegleiter und ein Alltagsbegleiter eingesetzt. Die Prozessbegleiter haben die Aufgabe, die Bewohner zu verstehen und ihnen sehr nahe zu stehen; sie machen den Bewohnern keine direkten Vorgaben.
Die Alltagsbegleiter fungieren im Sinne der persönlichen Assistenten: Sie helfen bei allem, was die Bewohner nicht selbst können.

„Der Prozessbegleiter konfrontiert den Bewohner demgegenüber nicht mit seinem Verhalten. Er konzentriert sich auf das, was geschehen ist, was zwischen dem Alltagsbegleiter und dem Bewohner passiert, und hilft, Lösungen zu finden. [...] Die Aufgabenteilung in Prozessbegleitung und Alltagsbegleitung ist für uns eine Methode, durch die wir die Gleichwertigkeit von Bewohnern und Begleitern besser gewährleisten können. Es ist jedenfalls ein Verfahren, durch das wir Bewohnern ermöglichen, ihre eigenen Normen und Werte vorzubringen, hier wird besondere Aufmerksamkeit darauf gerichtet, sie ernst zu nehmen und nicht stellvertretend für sie zu entscheiden." (Kleine Schaars, 2000, S. 53)

Sowohl Prozess- als auch Alltagsbegleiter benötigen hierzu eine Reihe von Fähigkeiten, die im Folgenden genannt werden (vgl. Kleine Schaars, 2000, S. 53 f.):

- Ernst nehmen: im Sinne eines Eingehens auf die Äußerungen der Bewohner, des Respekts vor deren Wahl, Werten und Normen;
- Zuhören: im Sinne eines verstehenden Zuhörens, auch nonverbale Signale werden wahrgenommen;

- Sprechen: im Sinne, dass das, was wir sagen, für die Bewohner verständlich sein muss;
- Die Ich-Botschaft: nicht: „Du machst das falsch!", sondern: „Ich finde es nicht gut, wenn ...";
- Regeln: im Sinne eines Aufstellens von Regeln, welche die Bewohner selbst festlegen;
- Freiraum lassen: im Sinne eines Zulassens von Fehlern, von Experimentieren und Lernen;
- Nicht stellvertretend denken: im Sinne eines Ermöglichens, dass die Bewohner selbst über ihre Lebenssituation nachdenken können und Lösungen finden;
- Mitsprache: im Sinne eines Mitentscheidens über Neuanschaffungen oder Neueinstellungen von Personal;
- Teamarbeit: im Sinne einer Gültigkeit der vorangegangenen Punkte auch im Umgang mit Kollegen;
- Gleichwertigkeit in der Gruppe: im Sinne eines Miteinander-Beratens, Zuhörens und Konflikte-Lösens.

Folgerungen für die Mitarbeiterinnen in den Einrichtungen

Dieser Punkt hängt mit den vorgenannten Ausführungen eng zusammen. Daher sei an dieser Stelle nur stichwortartig wiedergegeben, wie Veränderungsanforderungen in Bezug auf Mitarbeiterinnen und Mitarbeiter aussehen könnten:

- **Beteiligung auf allen Ebenen:** An allen Veränderungsprozessen, Diskussionen über Leitbilder, Methoden und Konzeptionen müssen Mitarbeiter in hohem Maße beteiligt sein. In der Literatur sind einige wenige Handlungsmodelle beschrieben, diese können Impulse geben, wie eine Beteiligung konkret aussehen kann (vgl. DHG, 2002).
- **Bereitschaft zur Veränderung:** Mitarbeiterinnen sollten aber auch bereit sein, Veränderungen zuzulassen und kreativ mitzugestalten. Diese Bereitschaft muss allerdings von den Leitungsebenen mitgetragen werden.
- **Ständige Selbstreflexion:** Im Laufe eines Berufslebens in der Behindertenhilfe und der sozialen Arbeit gerät die ursprüngliche Motivation zur Berufswahl oftmals in den Hintergrund. Auch im so genannten Berufsalltag ist ein reflektiertes Handeln aller Beteiligten nicht immer gegeben. Dies kann durch Supervisionen sicherlich aufgebrochen und thematisiert werden, jedoch sollte sich jeder Tätige in der Behindertenhilfe und der sozialen Arbeit einen Mechanismus der ständigen Selbstreflexion aneignen und diesen kultivieren. Denn geschieht dies nicht, kann es zu Prozessen von Gegenübertragungen kommen. Diese gehen auf Kosten der Hilfeadressaten, die immer am unteren Ende des Machtgefälles stehen.

Zu diesem letzten Punkt schreibt Schönwiese treffend:
„Die selbstreflexive Bearbeitung lebensgeschichtlich entstandener Übertragungen gegenüber ‚Klienten' ist allen helfenden, erziehenden oder unterstützenden Berufen dringend geboten." (Schönwiese, 2001, S. 35) Gemeint ist damit der Bedarf an „systemischen Begleitkonzepten [...], die auf einem grundlegenden Verständnis der Dynamik von ‚behindert werden' beruht" (vgl. Schönwiese, 2001, S. 35).

Ausblick

Der Begriff der „Assistenz" und seine Implementierung in die Heilpädagogik haben sich erst in Ansätzen einer kritischen Reflexion unterzogen (vgl. Feuser, 2004, S. 115–135 und Lanwer, 2005, S. 23–37). Es ist weiterhin kritisch darauf zu achten, dass dieser Begriff nicht seiner ursprünglichen Bedeutung, verbunden mit klaren behindertenpolitischen Forderungen, beraubt wird. Er darf nicht beliebig gebraucht werden, indem er etwa in Profile von Einrichtungen der Behindertenhilfe übernommen wird, ohne dass sich für die Lebensqualität der dort lebenden Menschen, die wir behindert nennen, etwas ändert.

Kommentierte Literaturhinweise

Deutsche Heilpädagogische Gesellschaft (DHG): Persönliche Assistenz, Assistierende Begleitung. Veränderungsanforderungen für professionelle Betreuung und für Einrichtungen der Behindertenhilfe. Von Erik Weber, Köln/Düren, Eigenverlag, 2002.
In dieser Expertise, entstanden als Auftragsarbeit für die DHG, wird dem Auftauchen, der begrifflichen Fassung und der Implementierung des Begriffes der Assistenz in der Heilpädagogik nachgegangen. Dabei wird insbesondere die Frage untersucht, inwieweit dieser Begriff bzw. seine konzeptionelle Umsetzung auch für Menschen mit hohem Hilfebedarf tauglich ist.

Feuser, Georg: Erkennen und Handeln – Integration – eine conditio sine qua non humaner menschlicher Existenz; in: Behindertenpädagogik, Heft 2, 2004, S. 115–139.
In diesem grundlegenden Beitrag zu Fragen der Integration diskutiert Feuser den Begriff der Assistenz in seiner Bedeutung für fundamentale Fragen der Heil- und Sonderpädagogik.

Lanwer, Willehad: Assistenz und Unterstützung zwischen Teilhabe und Ausgrenzung – Überlegungen zur Klärung dieser Begriffe aus pädagogischer Sicht und zu deren Relevanz für Menschen, die als behindert bezeichnet werden; in: Behindertenpädagogik, Heft 1, 2005, S. 23–37.
Auch dieser Beitrag widmet sich grundlegenden Fragen der Heilpädagogik und stellt die Begriffe „Assistenz" und „Unterstützung" in den Mittelpunkt. Die Verwendung dieser Begriffe wird kritisch reflektiert. Insbesondere wird der Zusammenhang von ambulanten und stationären Hilfen im Kontext dieser Diskussion thematisiert.

Ästhetische Erziehung   Georg Theunissen

Etymologie

Der Ausdruck „ästhetische Erziehung" steht in erster Linie für ein (schulisches) Lernfeld; gleichfalls wird er nicht selten auf ein „heilpädagogisches Prinzip" bezogen (vgl. Theunissen, Kunst, 2004). Der Begriffsanteil „ästhetisch" meint – abgeleitet vom griechischen Stammwort „aisthesis" – die „Vollkommenheit der sinnlichen Wahrnehmung" (Baumgarten, 1961, S. 18). Dies bedeutet, dass das Ästhetische weder auf eine bloß affektiv getönte Geschmackskategorie (auf das verallgemeinerte Schöne) noch auf visuelle Wahrnehmung verengt werden darf. „Sinnliche Wahrnehmung" verweist auf unsere Sinne, die für selbstbildendes Lernen, für Selbst- und Welterfahrungen, eine wichtige Funktion haben. Folglich gehört die Betätigung und Entfaltung aller Sinne, der so genannten höheren, wie das Sehen und Hören, *und* der so genannten niederen, wie das Tasten, Schmecken, Riechen etc., zum Programm ästhetischer Erziehung. Hierbei stoßen wir zugleich auf die unaufhebbare dialektische Wechselbeziehung von Wahrnehmung und Bewegung. Deshalb wird nicht selten auch die Pflege von Bewegung, Rhythmik, Tanz und Musik mit ästhetischer Erziehung in Verbindung gebracht bzw. verknüpft. „Vollkommenheit" steht einerseits für die Gesamtheit der Prozesse, die sich im Zuge sinnlicher Wahrnehmung vollziehen, d. h. für emotionale, affektive oder unbewusste und ebenso für bewusste, kognitive sowie motorische Aktivitäten. Andererseits wird auf die Vereinigung dieser Prozesse auf einer „höheren" Ebene verwiesen. Friedrich Schiller (Ästhetische Erziehung, 1795, S. 138) spricht hier vom „ästhetischen Zustand" und meint damit jene „schöne Erfahrung", in der sich der Mensch als „physisch-sinnliches und geistig-vernunftmäßiges Wesen" wiederfinden kann. *Das Schöne ist somit eine äußerst individuelle Erfahrungskategorie, ein Symbol des mit sich selbst identisch gewordenen Subjekts*. Diese Auslegung steht der Vorstellung eines allgemeinen, genormten Begriffs von Schönheit und Ästhetik, wie ihn uns tagtäglich die Werbung, Kulturindustrie, Freizeit- und „bürgerliche" Gesellschaft zu suggerieren versucht, kontrapunktisch gegenüber.

Schillers „Versöhnungsästhetik" ist allerdings nicht unstrittig, da sie zu der Ansicht verleitet, dass eine „Veredelung" des Menschen und der Menschheit nur durch eine ästhetische Kommunikation mit der klassizistischen oder naturalistischen Kunst erzielt werden könne. Demgegenüber lehrt uns die Avantgarde des 20. Jahrhunderts, dass es eine „Kunst im Plural" gibt (verschiedene und zeitlich parallel verlaufende Stilrichtungen oder Spielarten künstlerischer Ausdrucksformen), die gleichfalls wirkungsvoll im Hinblick auf eine Gewinnung von mehr Menschlichkeit sein kann. Ein solches *postmodernes Kunstverständnis* (siehe Welsch, 1990 und Damus, 2000) birgt zudem die Chance für ein „Leben ohne Aussonderung" – und dies nach der Devise: *Kunst kennt keine Behinderung und Normalität* (siehe Höhne, 1997 und Theunissen, Kunst, 2004).

Geschichte

Ästhetische Erziehung baut auf einer Tradition und Entwicklung auf, die von der *Kunstphilosophie* ausgeht, der es um eine „Theorie des Schönen und des Erhabenen" zu tun ist (Richter, 1975). Beispielhaft können hier Friedrich Schillers Briefe über die ästhetische Erziehung des Menschen genannt werden, deren Aussagen im Hinblick auf (kunst-)pädagogische Fragestellungen allerdings noch sehr allgemein gehalten sind. Deswegen unterscheiden wir auf einer davon abgeleiteten zweiten Ebene eine *fachwissenschaftliche Ausrichtung* (z. B. die verschiedenen Künste) und eine *allgemein pädagogische Ausrichtung* (ästhetische Erziehung als Theorie der Erziehung/Bildung). Beide Richtungen treten gebündelt und verschachtelt auf einer dritten, der so genannten *fachdidaktischen Ebene* auf (ästhetische Erziehung als Unterrichtsfach/Lernbereich „Kunst" sowie als extracurriculares oder außerschulisches Lern- und Sozialisationsfeld). Darin integriert wie aber auch nebengeordnet gibt es einen *speziellen Arbeitsbereich* unter (Parallel-)Bezeichnungen wie „heilpädagogische Kunsterziehung", „therapeutischer Kunstunterricht" oder „pädagogische Kunsttherapie", der sich der schulischen und außerschulischen ästhetischen Erziehung bei Menschen mit Behinderungen, Benachteiligungen und Verhaltensauffälligkeiten verschrieben hat. Dieser Arbeitsbereich legitimiert sich bis heute aus der Erkenntnis, dass behinderte, verhaltensauffällige oder benachteiligte Schüler häufig durch Konzepte der „allgemeinen" ästhetischen Erziehung nicht erreicht werden können (siehe Richter, 1999; Bröcher, 1997; und Theunissen, Kunst, 2004). Das war unter anderem schon um 1860 die Ansicht von J. D. Georgens und H. Deinhardt, den „Gründungsvätern" der Heilpädagogik, die sich mit ihrem Konzept einer „heilenden ästhetischen Erziehung" als Zweig der Allgemeinen Pädagogik (vgl. Theunissen, Kunst, 2004, 50 ff.) von den damals herrschenden Auffassungen von Bildung und Erziehung abzuheben versuchten. Manche ihrer Vorstellungen wirken nach wie vor modern, sodass Grundzügen ihres Entwurfs der ästhetischen Erziehung als Theorie und Praxis der Heilpädagogik Aktualität und Zeitlosigkeit attestiert werden kann.

Aktuelle Relevanz und theoretische Ansätze

Eine allgemein gültige Definition ästhetischer Erziehung gibt es nicht. Deshalb möchten wir mit Blick auf vorhandene Begriffsbestimmungen und Anforderungen an die Heilpädagogik unsere „synthetisierende" Arbeitsdefinition voranstellen: Unter *„ästhetischer Erziehung" fassen wir das pädagogische Bemühen, mit einem als behindert, entwicklungs- oder verhaltensauffällig bezeichneten Menschen in Beziehung zu treten und ihm auf dem Hintergrund dieses zwischenmenschlichen Verhältnisses mittels ästhetischer Materialien und Prozesse Zugänge und Wege zu individueller und sozialer Selbstverwirklichung sowie zu kultureller Partizipation und ästhetischer Kommunikation zu ermöglichen.* Mit diesem Vorschlag folgen wir fachdidaktischen Überlegungen (siehe Richter, 1999), dass im Kunstunterricht mit behinderten, verhaltensauffälligen und benachteiligten Schülern sehr oft erst Voraussetzungen (z. B. Aufbau einer Lernbasis) geschaffen werden müssen, von denen aus dann fachspezifische Ziele „im engeren Sinne" in den Blick genommen werden können. Zugleich haben wir mit dem Partizipationsbegriff den Anschluss an die moderne Behindertenarbeit (siehe Theunissen/Plaute, 2002) gesucht, ohne dabei die identitätsstiftende Bedeutung ästhetischer Aktivitäten und ein Erziehungsverständnis auszublenden, welches mit Blick auf Martin Buber (1969) als ein „Werden in der Begegnung" umschrieben werden kann. Diese Vorstellung verträgt sich nicht mit einem Erziehungsbegriff, der nur auf pädagogisch absichtsvoll geplante Einwirkungen (Instruktionen; Interventionen) hinausläuft und darauf angelegt ist, einen „Zögling" nach Maßgabe einer vorgegebenen Norm zu formen oder zu bilden (z. B. musisch-anthroposophische Erziehung zum „guten Geschmack"). Vielmehr korrespondiert sie mit einem Bildungsverständnis, wie es in der klassischen Bildungstheorie (Humboldt u. a.) angelegt ist und von Wolfgang Klafki (1994) für die Allgemeine Pädagogik weiterentwickelt wurde. Demzufolge sollen Heranwachsende durch subjektiv bedeutsame und gesellschaftlich relevante Lernangebote motiviert und befähigt werden, sich selbst allseitig und sozial verantwortlich zu bilden. Vor dem Hintergrund dieses „emanzipatorischen Anliegens" ließe sich ästhetische Erziehung auch als „ästhetische Bildung" bezeichnen.

Dass sich (heute) Kunst durch „Unbestimmtheit", „Freiheit", „Regellosigkeit" und „Subjektivität" (siehe Damus, 2000) auszeichnet, hat Richter (1999) dazu bewegt, zwei zentrale Bestimmungsmomente herauszustellen, die für eine ästhetische Erziehung heuristische Funktion haben und Perspektiven einer Praxis *ohne Ausschluss* eröffnen. Zum einen nennt er die *„Offenheit der ästhetischen Sache"*. Sie besagt, dass ästhetisches Tun weder zwingend vorgeschriebenen (als falsch oder richtig ausweisbaren) Erarbeitungsweisen oder Problemlösungsschritten noch vorgegebenen Beurteilungs- oder Wertmaßstäben genügen muss. Insofern können alle bekannten künstlerischen oder auch „,natürlichen' Ausdrucksformen (z. B. der Kinderzeichnung, des Plastizierens, Collagierens etc.) in Anspruch genommen werden" (Richter, 1999, S. 84). Die Pluralität solcher Möglichkeiten kommt insbesondere Menschen mit schwerer geistiger und mehrfacher Behinderung sehr entgegen, deren ästhetisches Ausdrucksverhalten und ästhetische Kulturbetätigung häufig *basal* erschlossen werden muss. Zum anderen stellt Richter den *„Synkretismus der ästhetischen Erfahrung"* heraus. Dieser Begriff steht für *„die Verbindung von ‚primären' (affektiven, unbewussten) Prozessen und ‚sekundären' (organisierenden, kognitiven) Aktivitäten [...] Er soll deutlich machen, dass [...] die Lösung eines künstlerischen Problems auf einer individuellen Synthese (Vermengung, Vereinigung, Verbindung) aller psychischen Zustände beruht: Sie hat den Charakter des Möglichen und zeichnet nicht das (vorgegebene) Wirkliche nach"*. (Richter, 1999, S. 87f.).

Wenngleich beide Momente miteinander verschränkt wertvolle Möglichkeiten einer *(Selbst-)Bildung* wie auch *„Selbstheilung"* und *Selbstverwirklichung* offerieren, sollten wir uns aber nicht mit einer ästhetischen Praxis zufrieden geben, die nur auf eine Auseinandersetzung und „Versöhnung" des Subjekts mit sich selbst hin ausgerichtet ist. Abgeleitet vom griechischen Stammwort „aisthesis" hebt Welsch (1990) eine dritte Kategorie hervor, die er als *„ästhetisches Denken"* bezeichnet. Darunter versteht er ein ethisch geprägtes *„Verstehensmedium von Wirklichkeit"*, das sich nicht auf den gefühlsmäßigen Teil der Sinneswahrnehmung beschränkt, sondern Beobachtungen und Sinnvermutungen mit einbezieht sowie „Reflexionsanstöße der Wahrnehmung zu entfalten" (Welsch, Ästhetisches Denken, 1990, S. 55) versucht. Demzufolge stellt Wahrnehmung als Schlüsselbegriff der Ästhetik ein sehr komplexes Geschehen dar. Dieses inpliziert Bewusstseins- bzw. Erkenntnisprozesse sowie motorische Aktivitäten nicht als ein Vorgang missverstanden werden, in dem Objekte ohne Bedeutung aufgenommen werden. Damit wird mit dem Begriff des Ästhetischen ein *ganzheitliches* Phänomen beschrieben, das in *doppelter Hinsicht* bedeutsam ist: Nicht der so genannten Leib-Seele-Geist-Einheit des Menschen ausschließlich, sondern der Verbindung der Subjektseite mit der sozialen, mitmenschlichen, natürlichen und kulturellen Umwelt gilt das Interesse ästhetischer Erziehung oder Bildung. Wird das Ästhetische als eine Wahrnehmungskategorie ausgelegt, so kann diese nicht einfach als gegeben vorausgesetzt werden, sondern sie muss angeeignet und entfaltet werden. Folgerichtig bedeutet für Hartmut von Hentig (1970, S. 25 f.) ästhetische Erziehung: „Systematische Ausbildung [der, G. T.] Wahrnehmungsmöglichkeiten, des Wahrnehmungsgenusses und der Wahrnehmungskritik"; oder anders gesagt: „Ausrüstung und Übung des Menschen in der Aisthesis – in der Wahrnehmung. Sie will etwas ganz Elementares und Allgemeines" (v. Hentig, 1969, S. 358). Weiter heißt es an anderer Stelle: *„Eine ästhetische Erziehung be-*

stünde folglich vor allem darin, den Menschen von klein auf die Gestaltbarkeit der Welt erfahren zu lassen, ihn anzuhalten, mit der Mächtigkeit der ästhetischen Wirkungen zu experimentieren und die unendliche Variation nicht nur der Ausdrucksmöglichkeiten, sondern gerade auch der Aufnahme- und der Genussmöglichkeiten zu erkennen." (v. Hentig, 1970, S. 93)

Hier stoßen wir auf zwei Aspekte: Erstens auf die kunstpädagogische Intention, Lernende darin zu befähigen, die Wirkungen des „Schönen", die Sache *Kunst* (ästhetische Objekte, visuelle Medien etc.) auch kritisch wahrzunehmen und zu durchschauen, um widerstandsfähig (ich-stark) gegenüber vorgegebenen, von außen herangetragenen Geschmacksnormen zu werden (Leitziel: emanzipatorische Kommunikations- und Sachkompetenz im ästhetischen Bereich); zweitens auf den basalen Charakter ästhetischer Erziehung, indem „von klein auf" ästhetische Aktivitäten und Erfahrungen pädagogisch gefördert und unterstützt werden sollen. Gerade dieser Aspekt hat für uns besondere Bedeutung – eröffnet er doch eine Perspektive für die Arbeit im ästhetischen Bereich, die keinen Menschen mit Behinderungen, Entwicklungs- oder Verhaltensauffälligkeiten ausschließt.

Problem- und Erfahrungsfelder

Untersuchungen, Beobachtungen und Erfahrungen aus der Praxis lassen den Schluss zu, dass es in der ästhetischen Erziehung bei behinderten, auffälligen oder benachteiligten Schülern darauf ankommt, das ästhetische Material (Kunst, visuelle Medien etc.) im Hinblick auf seine identitätsstiftende und persönlichkeitsbildende Bedeutung zu eruieren und zu nutzen (siehe Richter, 1977; Bröcher, 1997 und Theunissen, Kunst, 2004). Damit werden zunächst Handlungen, Erlebensweisen und Erfahrungen auf ästhetischem Gebiet evoziert, die insbesondere aus heilpädagogischer und kunstpädagogisch-therapeutischer Sicht wertvoll sind. Diese Möglichkeit tritt dagegen in der „allgemeinen" ästhetischen Erziehung nur als „Nebeneffekt" in Erscheinung. Anstelle eines *„subjektzentrierten"* Curriculums dominiert hier die *„sachzentrierte"* Unterweisung, indem Lernziele fokussiert werden, welche die Auseinandersetzung mit dem ästhetischen Stoff (z. B. Fragen nach „bildnerischen Problemen") bezwecken. Insofern wird in dem von uns favorisierten Konzept der „Nebeneffekt" ästhetischer Produktions- und Rezeptionsprozesse zur „Hauptsache" erklärt. Dies ist in Anbetracht der „Offenheit" der ästhetischen Sache aber nicht nur heilpädagogisch legitim, sondern zugleich auch kunstpädagogisch (fachdidaktisch) bedeutsam, da durch die „Subjektzentrierung" ästhetische Kommunikationsprozesse befördert werden, die den Weg zum „ästhetischen Denken" (Welsch) ebnen. Damit setzt unser Programm die Generalintention der „allgemeinen" ästhetischen Erziehung nicht außer Kraft, sondern es unterscheidet sich letztlich nur durch die „Umstrukturierung der Lehr- und Lernformen" (Richter, 1982, S. 65).

Wie wir uns einen solchen Ansatz vorstellen können, ist einem *Planungsmodell* zu entnehmen, das Ende der 70er-Jahre entwickelt wurde und bis heute Zuspruch erfährt (vgl. Theunissen, Ästhetische Erziehung, 1980; Kunst, 2004). Am Anfang der ästhetischen Erziehung steht eine *Orientierungsphase* zum gegenseitigen Kennenlernen sowie zur Schaffung einer Atmosphäre des Vertrauens und als Motivationsgrundlage. Durch nicht leistungsbezogene, aktionistische, beziehungsstiftende, spiel- oder sozialpädagogisch geprägte Aktivitäten, z. B. durch Spiele zum Kennenlernen, Bewegungs-, Improvisations- und Stegreifspiele, freie Malaktionen, Partner-Malen, Gruppenausflüge

u. Ä. sollen betroffene Schüler oder Teilnehmer eines Bildungskurses sich angstfrei und ungezwungen in der Gruppe bewegen und erleben. Sie sollen sich aufgehoben fühlen und durch diese informellen Aktivitäten soziale Ängste abbauen, positive Beziehungen erschließen wie auch Interesse an ästhetischen Operationen finden. Des Weiteren dient die Orientierungsphase der Erstellung einer gruppen- und individuumbezogenen Ausgangslage, z. B. der Erfassung sozialer Strukturen. Zudem wird ein persönliches Interessen- und Fähigkeitsprofil für ästhetische Aktivitäten erstellt, welches auf dem Hintergrund eines Bild-Soziogramms wie auch freier, explorativer ästhetischer Tätigkeiten erschlossen werden kann.

Der Orientierungsphase folgt eine *Aufbauphase*, die vor allem der Förderung und Unterstützung einfacher (basaler) ästhetischer Aktivitäten, Kommunikations- und Ausdrucksformen sowie prosozialer Verhaltensweisen dient. Auch in dieser Phase haben neben basalen Angeboten (z. B. sensomotorischen Tätigkeiten und Materialerkundungen) einige der schon zuvor genannten Aktivitäten ihren Stellenwert. Hinzu kommen Arbeitsformen wie Musik-Malen, Collagen, Bauaktionen, freies plastisches Gestalten, Verkleidungs- oder Schminkaktionen u. Ä. Derlei Aktivitäten wird eine hedonistische und therapeutisch-kompensatorische Funktion zugeschrieben. Außerdem wird ihnen nachgesagt, dass sie zu Erfolgserlebnissen sowie zum Abbau von Verkrampfungen, Hemmungen oder auch Ängsten beitragen und physisches und psychisches Wohlbefinden befördern. Im Einzelfall lassen sich im Rahmen der Aufbauphase auch „geschlossene Lerneinheiten" einflechten, wenn es z. B. um einen systematischen Erwerb von bestimmten Techniken und Fertigkeiten oder um das Erarbeiten bestimmter Bildzeichen geht. In diesem Falle wird die Ebene eines offenen Curriculums verlassen und eine „kombinierte Form" realisiert. An dieser Stelle ist zu erwähnen, dass Schwierigkeiten im Umgang mit herkömmlichen bildnerischen Mitteln gleichfalls durch ein computergestütztes Zeichnen oder Malen kompensiert werden können.

Der Aufbauphase folgt die Festigung des bisher Erlernten. Hierzu sollen in der *Stabilisierungsphase* vor allem gegenstandsbezogene Aktivitäten und projektartige Unternehmungen in den Vordergrund treten (z. B. Bau einer großen Plastik auf dem Schulhofgelände als Gemeinschaftsprojekt; Theaterprojekte, die unterschiedlichste Aktivitäten erfordern). Zudem sollen den Betroffenen Möglichkeiten eröffnet werden, eigene Erfahrungen, Schwierigkeiten in der Interaktion und Kommunikation, spezifische Wünsche oder Bedürfnisse bildhaft-symbolisch darzustellen, ohne dabei Schuldgefühle erleben zu müssen. Dazu werden Themen mit „narrativem Charakter" (z. B. meine Familie, ein Streit in der Klasse; mein schönstes Erlebnis; ein Wunsch; ein Traum; Liebe) empfohlen. Neben der Visualisierung sollten in der Stabilisierungsphase auch Möglichkeiten in den Blick genommen werden, derartige Themen in konflikt- oder problemzentrierten Rollenspielen aufzugreifen, die auf ein soziales Lernen hinauslaufen und dauerhafte (stabile) Lernergebnisse befördern.

Den Schluss bildet die *Differenzierungsphase*, die zur weiteren Entwicklung (Differenzierung) der bisher erworbenen Fähigkeiten, Fertigkeiten und Verhaltensweisen führen soll. Die Arbeitsprozesse sind nun weniger subjektzentriert, sondern vollziehen sich von einer subjektzentrierten Erarbeitung der ästhetischen Sache bis hin zu sachzentrierten Arbeitsweisen. Damit soll die ästhetische Erziehung in dieser Phase nunmehr explizit einen fachdidaktischen Beitrag leisten, indem die Auseinandersetzung mit ästhetischen Objekten (Kunst, Werbung, Medien etc.) und somit reflexive Prozesse stärker in den Mittelpunkt treten. Alle vier Phasen sollen durch Querverbindungen und Rückkoppelungen reversibel gehalten werden, außerdem unterstehen sie einer *Ver-*

laufskontrolle (Reflexion), um ggf. Änderungen bzw. Schwerpunktsetzungen vornehmen zu können. Zudem hat Richter-Reichenbach (1992) das Phasenmodell um eine didaktische *Reflexionsebene* (z. B. Situations- und Sachanalyse) sowie um den Bereich der *Prozessorganisation* (z. B. Fragen zu den Sozialformen, Instruktionen, Materialien/Medien; zeitliche Organisation; Lernort) erweitert. Wenngleich das Phasenmodell ursprünglich als ein langfristiges Planungsraster konzipiert wurde, können sich die Phasen auch auf mittel- oder kurzfristige Maßnahmen (Stundenentwürfe) beziehen.

Ausblick

Alles in allem lässt sich festhalten, dass das Phasenmodell einerseits aus heilpädagogischer *und* kunsttherapeutischer Sicht psychische Gesundheit (wieder-)herzustellen, zu fördern und zu unterstützen verspricht; andererseits dient es aus kunstpädagogischer Sicht der Förderung und Unterstützung von Kommunikations- und Ausdrucksfähigkeiten, Reflexion und Partizipationsmöglichkeiten im ästhetischen Bereich. Damit werden die eingangs genannten drei Schwerpunkte einer ästhetischen Erziehung aufgegriffen und in einen sinnvollen Zusammenhang gebracht, der den Weg von der subjektzentrierten Arbeitsweise zur sachzentrierten markiert. Vor dem Hintergrund unserer Begriffsbestimmung und theoretischen Diskussion sollte dieser Gang die pädagogische Arbeit im ästhetischen Bereich prinzipiell bestimmen. Diese Auffassung teilt auch Bröcher (1997, S. 58), der den hier anskizzierten Ansatz mit Blick auf die „Welt und subjektive Erfahrungswelt" lernbehinderter und verhaltensauffälliger Kinder und Jugendlicher zu einer *lebensweltorientierten Didaktik* einer ästhetischen Erziehung modifiziert und verfeinert hat. Wie ein roter Faden durchzieht zur „Rückgewinnung von Bildungschancen" (Bröcher, 1997, S. 320) die Bearbeitung biographischer Erfahrungen mit ästhetischen Mitteln das Phasenmodell. Dabei bleibt der Autor Realist: *„So ist es nicht immer ohne weiteres möglich, die in den Bildern der Schüler aufgefundenen Inhalte und Probleme – in altersangemessener und emotional wie kognitiv verkraftbarer Weise – in sachbezogene bzw. wissenschaftsorientierte Themenbearbeitungen zu überführen."* (Bröcher, 1997, S. 313)
Was aber bleibt, ist ein unterrichtliches (schulisches) Angebot, das in Anbetracht des Ästhetischen salutogenetisch wirksam ist.

Kommentierte Literaturhinweise

Richter, Hans-Günther: Pädagogische Kunsttherapie; Hamburg, Kovac, 1999 (2. unveränderte Aufl.).
Hans-Günther Richters Pädagogische Kunsttherapie baut auf Grundzügen der „klassischen" Kunsttheorie auf und hat sich einem modernen Verständnis von Kunst und Ästhetik verschrieben. Richters Ansatz fokussiert die schulische Arbeit mit verhaltensauffälligen, behinderten und entwicklungsgestörten Kindern und Jugendlichen. Als Didaktik konzipiert grenzt er sich von einer klinischen oder psychologischen (deutungsorientierten) Kunsttherapie ab. Richters Ansatz ist (nach wie vor) richtungsweisend für eine ästhetische Erziehung bei verhaltensauffälligen und behinderten Kindern und Jugendlichen.

Bröcher, Joachim: Lebenswelt und Didaktik. Heidelberg. Universitätsverlag Winter 1997.

Ausgehend von Sozialisationserfahrungen und Lebenswelten verhaltensauffälliger, lernbehinderter und benachteiligter Schülerinnen und Schüler stellt Joachim Bröcher ein fundiertes Konzept einer „sonderpädagogischen" (lebensweltorientierten) Didaktik für den schulischen Arbeitsbereich dar, in die Grundzüge der Allgemeinen Bildungstheorie von W. Klafki sowie Überlegungen einer therapeutisch gestützten ästhetischen Erziehung von H.-G. Richter und G. Theunissen Eingang gefunden haben. Bröchers Arbeit ist als Wegweiser für einen Kunstunterricht mit verhaltensauffälligen und lernbehinderten Kindern und Jugendlichen wärmstens zu empfehlen.

Theunissen, Georg: Kunst und geistige Behinderung. Bildnerische Entwicklung – Ästhetische Erziehung – Kunstunterricht – Kulturarbeit. Bad Heilbrunn, Klinkhardt Verlag 2004.

Dieses Buch zeichnet sich durch eine gelungene Mischung aus Theorie und Praxis aus, ist systematisch aufgebaut und leicht zugänglich: Es enthält Grundlagen zur bildnerischen Entwicklung geistig behinderter Menschen, einen Abriss der wichtigsten didaktischen Konzepte einer Kunsterziehung bei Menschen mit kognitiven Beeinträchtigungen seit Beginn der Heilpädagogik, Grundzüge einer ästhetischen Praxis im sozio-kulturellen Raum und eine hohe Anzahl von Anregungen und Praxisbeispielen aus der schulischen und außerschulischen Arbeit im ästhetischen Bereich. Das Buch versteht sich als Chance für eine gute Pädagogik.

Autismus   Peter Rödler

Etymologie

„Autismus" bzw. „autistisch" ist eine Wortschöpfung des Schweizer Psychiaters Eugen Bleuler (1911), der unter Bezug auf das altgriechische Wort auto („selbst") ein extrem egozentrisches Wahrnehmen von Welt und das hieraus folgende Verhalten, das die Überprüfung an der objektiven Realität völlig vermissen lässt, als „autistisch" bzw. den gesamten Verhaltenskomplex als „Autismus" bezeichnet. Wichtig ist hierbei, dass diese Begriffe bei ihm ursprünglich noch keine Krankheitseinheiten darstellten, sondern den Komplex eines besonderen Verhaltens. Den Charakter einer medizinischen Krankheitseinheit bekam der Begriff Autismus erst, als Kanner (1943) und Asperger (1944) unabhängig voneinander Gruppen ihrer Klienten als „Autisten" bezeichneten. Diese ursprünglich – insbesondere bei Kanner – sehr enge Begrifflichkeit („sehr seltene Störung") relativiert sich aber in neuerer Zeit (seit etwa den 1970er-Jahren) auf Grund der heute breiten Diagnostik und entsprechend außerordentlichen Heterogenität der so bezeichneten Gruppe wieder. So gilt im Bereich der medizinischen und psychologischen Diskussion heute „Autismusspektrumstörung" (ASS, engl. ASD – autism spectrum disorder) als neuer Sammelbegriff für diese Problematik. Im Bereich der Pädagogik findet bei einigen Autoren wieder die ursprünglich adjektivische Bedeutung des Begriffes Verwendung, so dass das allgemeine Verständnis des autistischen Verhaltens selbst in den Mittelpunkt rückt.

Geschichte

1911 bezeichnet Eugen Bleuler im Rahmen seiner Monografie zur Schizophrenie den Teil des Verhaltens von Menschen mit Schizophrenie als autistisch bzw. als Autismus, in dem diese sich unter Verlust der Realitätskontrolle offensichtlich in einer privaten Scheinwelt bewegen. Obwohl dieser Teil der Symptomatik der Schizophrenie von Bleuler als wesentlich für die Diagnose der Schizophrenie angesehen wird, reicht dieses Verhalten alleine für ihn zur Diagnose der Schizophrenie nicht aus. Dass Bleuler beim Autismus noch nicht von einer Krankheit ausgeht, sieht man auch daran, dass er einem Buch, das sich kritisch mit der Psychiatrie seiner Zeit auseinander setzt, den Titel „Das autistische undisziplinierte Denken in der Medizin und seine Überwindung" gibt.

1943/44 beschreiben dann unabhängig voneinander der amerikanische Psychiater Leo Kanner („early infantile autism") und der österreichische Psychiater Hans Asperger („autistische Psychopathen") je eine eigene Form des Autismus als Krankheitseinheit. 1952 führte der holländische Psychiater van Krevelen dann die beiden Konzepte zusammen („autismus infantum") und schuf damit die Grundlage sowohl für die Ausweitung der Diagnostik als auch für die folgende Diskussion um den „Autismus", die sich bis heute vielfach verschränkt und verworren zeigt. Dieser Umstand ist für das Verständnis des „Autismus" heute wesentlich: Es existierten von Anfang an zwei zwar sehr ähnliche, aber in wichtigen Punkten – motorische Entwicklung, Sprache, kognitive Leistungsfähigkeit – doch auch sehr unterschiedliche Konzepte des Autismus, die nun zusammen gedacht wurden. Dies führte zu einer erheblichen Ausweitung der diagnostischen Fassung des Begriffes, so dass man heute davon ausgehen muss, dass mit „Autismus" eine höchst heterogene Vielfalt von Erscheinungen bezeichnet ist. Diesem Faktum ist sicher auch die Tatsache geschuldet, dass sich der Autismus von einer „sehr seltenen Störung" über eine Vermutung von vier pro 10.000 (1980er- und 1990er-Jahre) bis hin zu 60 pro 10.000 heute in den extensivsten Schätzungen (ASS) wandelte.

Erst diese Sicht auf die entstandene Situation macht die vielen, zum Teil äußerst widersprüchlichen Aussagen und Ergebnisse in der Diskussion verständlich: Die verschiedenen Forscherinnen und Forscher, Autorinnen und Autoren gingen teils von höchst unterschiedlichen Phänomen- und Problembereichen aus, die sie aber alle unter dem Begriff „Autismus" subsumieren konnten. Das Problem ist dabei weniger die Tatsache dieser Beschränkung auf eine spezielle Teilgruppe der „Autisten", sondern, dass diese Selektion, von Ausnahmen einer differenzierteren Terminologie abgesehen (Nissen, Tustin), nicht offen gelegt und reflektiert wurde.

Nachdem sich so der Begriff des Autismus gebildet hatte, kam es vor allem im angloamerikanischen Bereich zu umfassenden Bemühungen um dieses Phänomen. Zu Beginn lassen sich dabei zwei konkurrierende Strömungen ausmachen: Auf der einen Seite befanden sich die psychoanalytisch orientierten Richtungen um Bruno Bettelheim und Margret Mahler, die vor dem Hintergrund ihrer theoretischen Grundlagen vor allem die soziale Problematik und das diesem zugrunde liegende bzw. von diesem ausgelöste (!) Beziehungs- und Bindungsgeschehen fokussierten. Auf der anderen Seite stand die Verhaltenstherapie, die auf dem Hintergrund des Behaviorismus versuchte, das Verhalten von „Autisten" im konventionellen Sinne erfolgreicher zu gestalten bzw. ihnen einen besseren Zugang zur Welt zu ermöglichen.

Diese anfängliche Parallele führte in den 1970er-Jahren zu einer Dominanz der verhaltenstherapeutischen Ausrichtung. Die Gründe waren die außerordentlich langwierige Behandlungsdauer vor allem der Methode Bettelheims und die rasch nachweisbaren Teilerfolge innerhalb der Verhaltenstherapien. Ein weiterer Grund für diese Entwicklung war sicher auch die zum Teil erbittert geführte Diskussion um die „Schuld der Mütter" bzw. Eltern gewesen. Diese „Schuld" wurde von vielen Therapeuten in einer verfälschend flachen Lesart der psychoanalytisch fundierten Theorien abgeleitet. Der Unterschied zwischen „Grund" und „Schuld" wurde nicht gesehen und die außerordentliche Interdependenz des Beziehungsgeschehens im Zusammenhang mit „Autismus" wurde nicht berücksichtigt.

Eine wesentliche Erweiterung erfuhr das verhaltenstherapeutische Konzept des Umgangs mit autistischen Verhaltensweisen in den USA gegen Ende der 1970er-Jahre. Der Behaviorismus wurde als theoretische Basis erhalten und die Ziele und therapeutisch angestrebten Verhaltensweisen wurden nicht von außen auf das Kind hin formuliert, sondern im Zusammenhang mit einem Modell eines kognitiven Konzeptes seines Handelns quasi vom Kind ausgehend. Aus diesem Vorgehen heraus entstand dann auch die These einer spezifische Problematik von autistischen Kindern eine „Theory of Mind" (ToM) ihrer Mitmenschen zu bilden, d. h., die Gefühle und Motive von Mitmenschen zu verstehen und vorherzusagen.

In Deutschland wurde die Diskussion um den Autismus vor allem durch die Aktivitäten des Elternvereins „Hilfe für das autistische Kind" seit dem Beginn der 1970er-Jahre in die Öffentlichkeit getragen. Die für den angloamerikanischen Raum beschriebene Entwicklung vollzog sich dabei, orientiert an dieser, in Deutschland im Zeitraffer.

So kam es in dieser Zeit zu der Gründung zahlreicher Regionalvereine und diesen angeschlossenen Autismus-Ambulanzen, die bis auf sehr wenige Ausnahmen anfänglich verhaltenstherapeutisch orientiert waren. In diese Zeit datiert auch der Versuch eine Schule für Autisten als weiteren Sonderschultypus zu installieren. Dieser scheiterte allerdings an den Gegenargumenten der Sonderpädagogik (insbesondere Feusers), die in dieser Zeit gerade die Probleme der separierten Sonderschulen diskutierte und versuchte, die Entwicklung dieses Schulsektors in Hinblick auf integrative Lösungen fortzuentwickeln.

Nach dieser Ausweitungs- und Konsolidierungsphase der Betreuung von Menschen mit autistischen Verhaltensweisen in Deutschland in den 1970er-Jahren wurde in den 1980er-Jahren aber auch deutlich, dass die in der Verhaltenstherapie im engen Sinne erreichbaren Erfolge häufig nur sehr begrenzt und vor allem dem speziellen Setting der Therapiesituation geschuldet waren. Die generalisierte oder gar flexible Verwendung der in der Therapie erworbenen Kompetenzen in der Lebenswelt der Klienten konnte in traditionellen verhaltenstherapeutischen Settings nur sehr unzureichend erreicht werden.

Auch die Reaktion auf dieses Problem, die Eltern zu Co-Therapeuten zu machen und die familiäre Lebenswelt entsprechend der Therapiesituation hoch kontrolliert zu gestalten, konnte dieses Problem nicht wirklich lösen.

In der Folge kam es seit Mitte der 1980er-Jahre in den verschiedenen Ambulanzen zu einer Ausdifferenzierung der Methoden, in die zunehmend auch Momente anderer therapeutischer Linien Einzug hielten (humanistische Psychologie, Körpertherapien). Die neueren Entwicklungen innerhalb der USA wurden, abgesehen von Feuser, der diese innerhalb seiner Theorie adaptierte, und Opitz, die sich direkt darauf bezog, nicht adaptiert. Eine allgemein wirksame „Autismusheilbehandlung" war nicht gefunden worden. Dies bereitete den Boden für verschiedene „Modetherapiewellen", die aufgrund der anfänglich behaupteten Erfolge zwar schnell hoch brandeten, sich aber mit der Zeit alle wieder relativierten. Als Beispiele seien hier genannt, die Therapie nach Delacato, die Tomatistherapie, die Festhaltetherapie (Tinbergen, Prekop, Zas-low) und die sich hieraus differenzierenden Körpertherapien, die Delphintherapie und auch, soweit hiermit eine grundsätzliche für alle Autisten gültige Erwartung verbunden wurde, die gestützte Kommunikation.

Letztere bildet eine Ausnahme in dieser Aufzählung. Sie wurde in diese Liste nur aufgenommen, weil auch hier anfangs geradezu mystische Erwartungen mit diesem Medium verbunden waren. Im Unterschied zu den anderen Therapien dieser Aufzählung hat sich die gestützte Kommunikation aber nach der ersten Euphorie als eine Kommunikations*option* gezeigt, die, wenn sie im Rahmen Sinn ermöglichender pädagogischer Kontexte und Settings als eine Möglichkeit unter anderen angeboten wird (!), im Einzelfall nicht selten überraschend fruchtbare Ergebnisse ermöglicht. So gewinnt die gestützte Kommunikation als ein (!) Angebot im Rahmen der Arbeit mit Menschen mit autistischen Verhaltensweisen in neuerer Zeit zunehmend an Bedeutung.

Eine weitere Entwicklung, welche die neuere Geschichte des Umgangs mit Autismus kennzeichnet, ist die zunehmende Aufmerksamkeit, die den Asperger Autisten zuteil wird. Diese Variante des Autismus wurde lange Zeit übersehen. Sie gerät auch wegen der Selbstartikulation von „Betroffenen" hier bei dem Aufbau der Unterstützungssysteme für Menschen mit autistischen Verhaltensweisen übersehen worden zu sein, in den Fokus der Diskussion.

In Verbindung mit den Aussagen von ehemals gestützt, jetzt aber selbstständig schreibenden Menschen mit autistischen Verhaltensweisen, die nicht dieser Gruppe von Menschen mit autistischen Verhaltensweisen zuzuordnen sind, wie auch der zunehmenden Akzeptanz die die Forderung nach Selbstbestimmung anderer Menschen mit Behinderung findet, löst dies eine Entwicklung innerhalb der Diskussionen um die Arbeit mit Menschen mit autistischen Verhaltensweisen aus, die deren Subjektivität, sehr ähnlich dem ‚Kognitiv turn' in den USA, heute zunehmend in den Mittelpunkt rückt. Die ehemals monologisch therapeutische Hinwendung zu den Klienten wird zunehmend ersetzt durch die orientierende Gestaltung pädagogischer Begegnungen, durch geteilte, nicht nur gebotene Kontexte, die durch die dialogische Einflussnahme beider Seiten geprägt sind.

Die Vollständigkeit der geschichtlichen Darstellungen gebietet in diesem Zusammenhang abschließend den Hinweis, dass diese Orientierung im Rahmen der Pädagogik mit Menschen mit autistischen Verhaltensweisen schon seit den 1970er-Jahren, vertreten durch Feuser, vorhanden war. Sie hatte jedoch geschichtlich aufgrund der Dominanz der medizinisch bzw. psychologisch therapeutischen Perspektive in der Diskussion und der durch sie ausgelösten Hoffnungen nie eine Chance, in der Breite relevant zu werden.

Aktuelle Relevanz und theoretische Ansätze

In der aktuellen Situation bezüglich des Autismus ist die Heterogenität der Gruppe bekannt und der Begriff hat sich im Vergleich mit seiner ursprünglichen Fassung stark ausgeweitet und entsprechend hat sich die Brandbreite der „Methoden" erweitert.

Die formelle Diagnostik bezieht sich auf die Internationale Klassifizierung ICD-10 sowie die Deutsche DSM-IV-TR. In beiden Systemen wird der Autismus unter die „tiefgreifenden Entwicklungsstörungen" (TEst) gezählt. In der ICD-10 wird innerhalb dieser Gruppe der frühkindliche Autismus (F84.0), der atypische Autismus (F84.1) und das Asperger Syndrom (F84.5) erwähnt, in der DSM-IV-TR autistische Störung (299.0) und Asperger Störung (299.80). Als weitere TEst werden genannt, das Rett-Syndrom und andere desintegrative Störungen. Eine weitere Ausweitung wird sicher dann stattfinden, wenn die neuere Bezeichnung des ASS /ASD (s. o.) als Dach über den verschiedenen TEst Berücksichtigung in der formalisierten Diagnostik findet. Festzustellen ist dies schon heute an den in neuerer Zeit wieder stark gestiegenen vermuteten Prävalenzzahlen bis hin zu 60 pro 10.000, wobei die Schätzung von vier pro 10.000 vorher zwischen den 1970er-/1980er-Jahren und dem Ende des letzten Jahrhunderts relativ stabil war.

Schon aufgrund der außerordentlich breiten Diagnostik ist bis heute keine einheitliche Ätiologie für den Autismus erkennbar. Wegen der Heterogenität der Gruppen wird man wohl auch keine finden können. Bei den Vermutungen um die Ursachen zentrieren sich die meisten Meinungen darauf, dass es sich um neurologisch bedingte Wahrnehmungs-(verarbeitungs-) Störungen unterschiedlicher Art und Genese handelt. Als Auslöser hierfür vermutet man neben genetisch verursachten strukturellen Änderungen im Aufbau der Zellstrukturen im Gehirn auch sonstige Hirnschädigungen struktureller Art, biochemische Hirnstörungen (z. B. des Dopamin- oder Serotoninstoffwechsels), „Gefühlsblindheit" (mangelnde „Theory of mind") aufgrund einer unzureichenden Funktion der Spiegelneuronen, Differenzen in der funktionalen Organisation des Gehirns und daraus mangelnde Koordination zwischen verschiedenen Hirnregionen unbekannter Genese, Allergien oder Lebensmittelunverträglichkeiten bis hin zu einer einseitig „männlich" funktionalen Ausrichtung des Gehirns aufgrund überhöhter Testosteronwerte der Mutter während der Schwangerschaft. Die Vermutung einer rein psychogenen Verursachung des Autismus spielt heute in der Diskussion kaum noch eine Rolle bzw. wird von den meisten Autoren grundsätzlich abgelehnt.

Innerhalb der Forschung dominieren (dem wissenschaftlichen Zug der Zeit entsprechend) biologische bzw. biogenetische Ansätze. Im Bereich der Genetik glaubt man zwölf bis 14 Gene identifiziert zu haben, die spezifisch mit autistischen Verhaltensweisen korrelierbar sind. Das Ziel dieser Forschung ist eine genetische Autismusdiagnostik, wobei an eine Gen*therapie* nicht gedacht wird.

Der zweite Schwerpunkt der Forschung liegt im Bereich der Anwendung von bildgebenden Verfahren. Mithilfe der Kernspintomographie ist es möglich, die biochemische Aktivität von Hirnregionen sichtbar zu machen. Mit diesem Mittel wird versucht, die Spezifik der Hirnaktivität von autistischen Menschen in bestimmten Situationen zu erkennen und zu verstehen. So konnte gezeigt werden, dass bei spezifischen – vor allem sozialen – Aktivitäten die Verteilung der Aktivitäten im Gehirn von Menschen mit autistischen Verhaltensweisen und solchen, die ihr Leben nicht mit autistischen Verhaltensweisen sichern müssen, erkennbar voneinander abweicht. Besonders die Amygdala scheint hier wesentlich unterschiedlich beteiligt zu werden.

Dabei darf hier allerdings nicht einfach von einem Defekt dieser Region ausgegangen werden, da sie sich in Situationen normal aktiviert zeigt, die für die jeweiligen Probanden mit autistischen Verhaltensweisen motivierend sind, z. B. Spiel mit ihnen wichtigen Spielkarten! Das menschliche Gehirn zeigt sich auch hier als nicht nur in Kontexten handelnd, sondern auch durch diese geprägt, was mechanistische Interpretationen biologischer Befunde verbietet. Eine weitere Schwierigkeit in der Interpretation dieser Ergebnisse ergibt sich aus dem Resultat dieser Forschungen, dass willkürliche und unwillkürliche Handlungen völlig unterschiedlich verarbeitet werden. Vor diesem Hintergrund relativieren sich Ergebnisse, die in technologisch aufwändigen Laborsituationen gewonnen werden, denn hier ist unwillkürliches Verhalten in natürlichen Kontexten ausgeschlossen.

In der psychologischen Forschung spielt neben der Untersuchung, wie wirksam die verschiedenen Methoden im Umgang mit Autismus sind, vor allem die Theory of Mind (ToM) eine große Rolle. Es wird vermutet, dass die Kernproblematik des Autismus darin besteht, sich ein Modell von dem Verhalten der Mitmenschen zu machen. So wird dieses rein sachlich-konkret, nicht aber kontextbezogen oder symbolisch motiviert verstanden. Neuere Untersuchungen zeigen allerdings, dass es Menschen mit autistischen Verhaltensweisen gelingen kann, diesen Mangel zu kompensieren. Hierfür sind bestimmte intellektuelle Voraussetzungen notwendig. Diese Menschen ersetzen das normalerweise intuitive Einfühlen in das Gegenüber durch ein entsprechendes intellektuelles Interpretationsmodell und kompensieren so ihr Problem.

Was bleibt, ist der Eindruck, dass auch im Spiegel der neueren Forschungen letztlich die Vielfalt der Erscheinungen von Lebensmöglichkeiten mit autistischen Verhaltensweisen erhalten bleibt. Dabei ist wohl der pädagogische Ansatz einer interdisziplinären individuellen Annäherung an die je spezifische Situation eines Menschen mit autistischen Verhaltensweisen zwar der schwierigste, aber vor dem Hintergrund der aufgezeigten Komplexität der jeweils unterschiedlichen Zusammenhänge wohl auf Dauer der erfolgversprechende.

Problem- und Erfahrungsfelder

Es existiert eine außerordentliche Vielfalt der Erscheinungen von Lebensmöglichkeiten mit autistischen Verhaltensweisen. Dies bewirkte, dass sich in der Praxis der pädagogisch-therapeutischen Arbeit mit Menschen mit autistischen Verhaltensweisen eine große Anzahl verschiedener Methoden herausgebildet hat. Diese werden mehr oder weniger ekklektizistisch auf der Basis des Autismusbildes der Pädagogen/Therapeuten eingesetzt, werden jedoch für sich alleine der aufgezeigten Komplexität des Phänomens nicht gerecht.

Traditionell am weitesten verbreitet sind verhaltenstherapeutische Konzepte, die, wie bereits erwähnt, häufig von den jeweiligen Therapeuten individuell geändert und durch andere Methoden und Konzepte ergänzt werden. Diese gehen im Wesentlichen auf die Forschungen von Lovaas in den 1960er-Jahren zurück. Auf diesen explizit bezogen ist das Konzept ABA (Applied Behavior Analysis). Dabei werden nach den Regeln des Behaviorismus auf der Basis der Kompetenzen eines Kindes fehlende Funktionen und erwünschte Verhaltensweisen antrainiert. Um die Übertragbarkeit in die Lebenswelt des Kindes zu gewährleisten, werden hier die Eltern zudem als Co-Therapeuten ausgebildet und so in die Lage versetzt, auch das Familienleben entsprechend der therapeutischen Bedingungen zu strukturieren. Diesem Modell Lovaas' sehr nahe steht das STEP (Structured Teaching for Exceptional Pupils) Konzept von Bernard-Opitz. Eine Variante der traditionellen an Lovaas orientierten ABA ist das Konzept Verbal Behavior (VB). In diesem Konzept geht es weniger darum, die konventionellen funktionellen Kompetenzen des Kindes zu erweitern, sondern es werden ausgehend von seinen individuellen Motiven, Kommunikationsangebote gemacht und -hilfen gegeben, um ihm so seine Sprache wirklich praktisch wertvoll werden zu lassen.

Neben diesen umfassenderen Konzepten haben auch einige speziellere Konzepte Bedeutung gewonnen. Hier ist vor allem das TEACCH (Treatment and Education of Autistic and related Communication handicapped Children) Programm zu nennen. Dieses Konzept versucht, den Alltag von Menschen mit autistischen Verhaltensweisen auf der Basis umfassend ausgearbeiteter Materialien so klar zu orientieren und durchzustrukturieren, dass den Klienten ein erfolgreiches Verhalten auf der Basis dieses Settings zunehmend möglich ist. Ähnlich wie bei der ebenfalls sehr materialorientierten Montessoripädagogik führt diese materialorientierte Hilfe *alleine* angewandt allerdings zu einer Schwäche im sozialen Bereich. Ein ebenso materialorientiertes Konzept, das aber die Kommunikation im Zentrum hat, ist das PECS (Picture Exchange Communication System). Hier werden Bilder als Mitteilungsersatz für nicht-sprechende Autisten benutzt.

Das „Soziale Kompetenz Training" richtet sich, eventuell orientiert an der These der mangelnden Theory of Mind (ToM), zentral gegen die Probleme der Menschen mit autistischen Verhaltensweisen im sozialen Bereich. In diesem Training wird das Erkennen und Verhalten in sozialen Situationen geübt, z. B. durch das Deuten von Bildern mit sozialen Szenen oder von Gesichtern mit verschiedenem Gefühlsausdruck.

Ausgehend von den Produkten von Birger Selin hat sich in den letzten Jahren das Verfahren der Gestützten Kommunikation (FC) sehr schnell weit verbreitet. Die Euphorie der geradezu grenzenlosen Erwartungen an diese Methode aus der Anfangszeit der Verbreitung des FC beeinflussen deren Rezeption bis heute. Natürlich ist diese Methode, wie alle anderen pädagogisch/therapeutischen Methoden *nicht per se* wirksam! Natürlich muss im Rahmen dieser Arbeit *wie bei jeder Arbeit mit nicht-sprechenden Klienten(!)* genau darauf geachtet werden, was von den wahrgenommenen Nachrichten echte Mitteilungen sind und wo sie überwuchert werden durch Hilfen und/oder Interpretationen des Therapeuten! Aber jenseits dieser ausufernden Erwartungen und als *eine* angebotene Möglichkeit unter anderen (z. B. auch unterstützte und alternative Kommunikation (UK/AK)) im Rahmen genau geplanter, reflektierter und verantworteter pädagogischer Kontexte hat sich diese Methode nicht selten für einzelne Menschen als wirklich schicksalhaft hilfreich erwiesen.

Neben diesen spezifischen Modellen und Methoden werden in der Praxis auch andere allgemein angewandte pädagogisch-therapeutische Vorgehensweisen in der Arbeit mit Menschen mit autistischen Verhaltensweisen angewandt, so z. B. die Ergotherapie, Logopädie, Musik- und Kunsttherapie, tierunterstützte Therapien (Reit- und Delphintherapie) und verschiedene funktionale körperbezogene Therapien. Während hier die Sensorische Integration (SI) im Rahmen pädagogischer Kontexte zur Hilfe bei der Wahrnehmung des eigenen Körpers hilfreich sein kann, stellen sich die Delacato-, die Tomatis- und die Festhaltetherapie als zu funktionell dar, um diesen pädagogischen Kontext zu bewahren. Sie nehmen in ihrer Funktionalität den Menschen mit autistischen Verhaltensweisen damit genau das, was es aufzubauen gilt! Die Festhaltetherapie übt zudem im Rahmen der Therapie eine solche Gewalt aus, dass sie im Zusammenhang mit der Zerstörung des Kontextes nicht mehr pädagogisch zu verantworten ist.

Eine medikamentöse Therapie ist bisher noch nicht gefunden und ist aufgrund der Heterogenität der Gruppe auch nicht absehbar. Eine Rolle spielen Medikamente alleine im Umgang mit selbstverletzenden Verhaltensweisen, starken Aggressionen, extremer Unruhe und Schlaflosigkeit. Aber auch hier sind sie nicht auf Dauer hilfreich, sondern können nur durch die vorübergehende „Beruhigung der Szene" die Voraussetzungen für produktive pädagogisch-therapeutische Maßnahmen zur psychischen Stabilisierung und Anpassung des Settings schaffen.

Ein weitestgehend verloren gegangener Bereich therapeutischer Maßnahmen ist die Reflexion des Beziehungsgeschehens im Zusammenhang mit autistischen Verhaltensweisen. Der Grund hierfür ist die völlig einseitige und falsche Lesart psychodynamischer Aussagen zum Autismus! Keiner der mit „der Schuld der Mütter" identifizierten Autoren (Bettelheim und Kanner) hatte je von der Schuld der Mütter geschrieben! Kanner hat die von ihm bei seiner ersten, heute nicht mehr repräsentativen Gruppe von Autisten festgestellte Gefühlskälte in den Familien nur beobachtet und *ausdrücklich nicht* als Grund – geschweige denn als Schuld – für das Entstehen des Autismus benannt. Bettelheim sieht bei seiner noch weniger repräsentativen Klientel, da er alle Kinder mit irgendwelchen Hinweisen auf organische Beeinträchtigungen aus seiner Schule entfernte, zwar ein schicksalhaftes Scheitern in der frühen Beziehung als *Grund* für den Autismus an, gibt den Müttern aber *keine Schuld!*

Der Verlust der Reflexion des Beziehungsgeschehens stellt dabei einen großen Mangel in der Praxis mit Menschen mit autistischen Verhaltensweisen dar, da diese bei ihren Mitmenschen oft große Unsicherheit und Angst auslösen. Dies hat dann oft direkte Folgen in dem Zusammenleben bzw. in der Arbeit mit ihnen. So neigen Pädagogen/Therapeuten wie Verwandte verständlicherweise aufgrund der rigiden Reaktionen der Menschen mit autistischen Verhaltensweisen dazu, einmal gefundene Lösungen oder erfolgreiche Verhaltensweisen immer wieder zu wiederholen, um das System nur nicht zu destabilisieren. Sie werden so von einer Chance über den Autismus hinauszukommen zu einer Bedingung des Autismus. Von außen ist dann oft nicht mehr erkennbar, „was hier Henne oder Ei" ist! So wenig hier irgendeine Schuld eine Rolle spielt, so wichtig wäre es hierauf wieder vermehrt zu achten und diese Beziehungsreflexion wieder zu einem Teil eines komplexen pädagogischen Denkens und Handelns werden zu lassen.

Ein „Problem- und Erfahrungsfeld" sei noch genannt. Die Stimmen der Asperger-Autisten, der „ASPIES" wie sich diese Bewegung nennt, werden immer vielfältiger und deutlicher. Daher stellt sich die Frage nach einem qualitativen Lebensort für diese Menschen in der Gesellschaft. Dieses Problem ist dabei allerdings weniger eine pädagogisch-therapeutische Frage, sondern eine nach möglichen institutionellen Änderungen und Unterstützungen in Schule und Beruf und vor allem, als Voraussetzung für diese, eine verständnisvolle Toleranz für und Solidarität mit dieser Gruppe.

Ausblick

Unter dem Stichwort „Ausblick" sind immer zwei Perspektiven möglich: Zum einen beobachteter, nicht unbedingt wünschenswerter, aber geschichtlich wahrscheinlicher Entwicklungen und zum anderen die günstigen Möglichkeiten, die in der Gegenwart angelegt sind und als Zukunft wünschenswert sind. Ich möchte beiden Perspektiven gerecht werden:

Die geschichtlich wahrscheinliche Perspektive zeigt die Genetik in der Lage, einen spezifischen Sektor von Störungen, die zu autistischem Verhalten führen, genetisch zu identifizieren. Diese Möglichkeit wird (wie beim Down Syndrom im Zusammenhang mit der allgemeinen Biologisierung von Verhaltensdeutungen heute) zu einer Abnahme der Bereitschaft führen, hier den Betroffenen und Familien solidarisch zur Seite zu stehen. Damit wird es, wie beim Down Syndrom, in den weitaus häufigsten Fällen zur „Regelabtreibung" kommen. Mit einer gewissen Wahrscheinlichkeit wird dabei der Zusammenbruch der Solidarität nicht nur diese spezifischen erfassten Störungen, sondern *alle* autistischen Störungen betreffen, da die Trennung des erfassten Segments von den autistischen Störungen anderer Ätiologie phänotypologisch, d. h. nach der Anschauung nicht möglich ist. Damit fällt das gesellschaftliche Verdikt, hier „hätte ja etwas getan werden können", nicht nur auf die diagnostizierbare Gruppe, sondern auf *alle* Menschen mit autistischen Verhaltensweisen! Die sinkende Bereitschaft der Gesellschaft, in diesem Szenario Kosten für den Nachteilsausgleich dieser Menschen und ihrer Familien aufzuwenden, ist absehbar.

Die andere Perspektive ist die der wünschenswerten Entwicklungen, d. h. der *Möglichkeiten*, die im „Heute" schlummern. Hier ist zu sagen, dass mit der Auflösung des Autismusbegriffes hin zur ASS nicht nur das Problem noch größerer Heterogenität der Gruppe, sondern auch die mögliche Wendung weg von einem Gruppenmerkmal und hin zur Komplexität des einzelnen „Falles" möglich wird. So sollte hier eine „Pädagogisierung" der Arbeit mit Menschen mit autistischen Verhaltensweisen stattfinden. Die eindimensionalen medizinischen oder psychologischen Modelle sollten zu Gunsten einer interdisziplinären Rekonstruktion der Theory of mind des jeweils individuellen Klienten und der hieraus abgeleiteten Angebote abgelöst werden. In diesem Zusammenhang sollte dann auch die Reflexion des Beziehungsgeschehens wieder eine größere Rolle spielen, um die wechselweise „Ansteckungswirkung" des Autismus zu durchbrechen. Dies verweist auf die außerordentlich hohe Bedeutung von Supervision in dieser Arbeit.

Hilfreich bei diesem Vorgehen ist dabei nicht der Versuch der Konstruktion einer „Gruppe der Autisten" sondern der Versuch, die autistischen Verhaltensweisen in ihrer *allgemeinen* Bedeutung verstehen zu lernen, um so mit höherer Sicherheit zutreffende Annahmen über die Theory of mind des jeweiligen Klienten machen zu können. Hilfreich ist dabei auch die Abkehr von einer „Patchwork-Diagnostik" entlang von Checklisten hin zu einem Verständnis für die Kardinalsymptome, die Kanner schon bei der Schaffung des Begriffs „Autismus" benannte. Veränderungsangst, d. h. die Schwierigkeit, Neuigkeiten zu integrieren, erscheint im Spiegel dieser Kardinalsymptome auf das Engste mit der sozialen Isolation verbunden. Bedenkt man diesen Zusammenhang, wird klar, dass das menschliche soziale Feld eben aus der Vielfalt, der Überraschung, dem jeden Tag Neuen besteht – das gilt nicht nur für die verschiedenen Menschen, sondern auch für dieselben Menschen zu verschiedenen Zeiten – die Gefährdung der nicht selten überlebenswichtigen autistischen Ordnung gerade durch und in diesem Bereich wird überdeutlich.

Kommentierte Literaturhinweise

Die Tagungsberichte des Elternvereins ‚Hilfe für das autistische Kind – Verein zur Förderung autistischer Menschen e.V.' wie: „Pädagogische Förderung von Kindern und Jugendlichen mit autistischen Verhaltensweisen". Hamburg 2000 oder „Krise ist immer auch Bewegung – Autismus im Brennpunkt". Hamburg 2005 (*bilden jeweils eine für die jeweilige Zeit gute Übersicht über den Stand der Diskussion um den Autismus in Deutschland*)

Artikel „Autismus". In: Wikipedia, Die freie Enzyklopädie. Bearbeitungsstand: 27. November 2005, 22:34 UTC. URL: http://de.wikipedia.org/w/index.php?title=Autismus&oldid=11144165 (Abgerufen: 4. Dezember 2005, 08:42 UTC)
(*umfassende Information und Einführung, aber wie alle Informationen aus der wikipedia etwas mit Vorsicht zu behandeln*)

Attwood, Tony: Das Asperger-Syndrom: Ein Ratgeber für Eltern. Stuttgart, Trias, 2000.
Dieser Ratgeber bietet eine sehr gute Einführung unter engagierter Berücksichtigung der Betroffenen.

Feuser, Georg: Autistische Kinder: Gesamtsituation, Persönlichkeitsentwicklung, schulische Förderung. Solms, Lahn, Jarick Oberbiel Verlag. 1989 (2. Auflage 2006).
Dieses Buch zeigt einen seit den 1970er-Jahren bestehenden und leider weitgehend ignorierten pädagogischen Ansatz zum Autismus.

Frith, Uta: Autism – Explaining the Enigma. Malden, Oxford, Carlton, 2003.
Dies ist eine außerordentlich lesenswerte Monographie im Zusammenhang mit der Theory of Mind.

Frith, Uta/Hill, Elisabeth: Autism: Mind and Brain. Oxford, 2004.
Ein lesenswerter Sammelband zur neueren Diskussion in England.

Häußler, Anne: Der TEACCH Ansatz zur Förderung von Menschen mit Autismus. Dortmund, Borgmann Media, 2005.
Gelungener konzeptioneller Ansatz zur Arbeit mit Menschen mit autistischen Verhaltensweisen.

Kißgen, Rüdiger/Drechsler, Jutta e. a.: Autismus, Theory of Mind und figurative Sprache. Heilpädagogische Forschung, Band XXXI, Heft 2, 2005, S. 81.
Dieser Beitrag behandelt die neueste deutsche Forschung zur ToM.

Poustka, Fritz/Bölte, Sven e. a.: Autistische Störungen. Göttingen, Bern, Toronto, Seattle, Hogrefe, 2004.
Dieser Ratgeber zeigt die aktuelle psychiatrische Sicht in Deutschland.

Sievers, Mechthild: Frühkindlicher Autismus. Köln, Böhlen Verlag, 1982.
Eine sehr erhellende Dissertation zum Autismus unter dem Aspekt der Informationstheorie.

Basale Kommunikation   Winfried Mall

Etymologie

„Basal" ist als Adjektiv zu „Basis" gebildet, das sich vom griechischen „básis" herleitet, das wiederum von griechisch „baínein" = „gehen, treten" abgeleitet ist, also den Grund bezeichnet, auf den man treten kann, die „Grundlage, auf der jmd. aufbauen, auf die sich jmd. stützen kann" (Duden, 2001).

„Kommunikation" leitet sich von lateinisch „communicatio" her, in dem die Worte „cum" = „mit" und „unio" = „Einheit" zu finden sind, wobei die Endung „catio" (im Verb: „communi-care" = „gemeinschaftlich tun") das „Machen", das Herstellen dieser Einheit bezeichnet. Es geht darum, „Verständigung untereinander" (Duden, 2001) herzustellen.

Dem Wortsinn entsprechend hat Basale Kommunikation im Blick, eine Grundlage von Verständigung und Miteinander zu schaffen bzw. zu ermöglichen, die dem betreffenden Menschen, dem dieses Angebot nutzen soll, erlaubt, darauf seinen Zugang zur Welt aufzubauen. Sie setzt dabei auf Seiten der Partnerin grundsätzlich keine Bedingungen voraus, sondern beginnt mit ihr in ihrer tatsächlichen Lebensrealität, gleich von welchen Beeinträchtigungen sie gekennzeichnet sein mag.

Basale Kommunikation entstand Ende der 1970er-Jahre unter Rezeption des damals in der Behindertenpädagogik revolutionären Konzepts der Basalen Stimulation nach Andreas Fröhlich (Fröhlich 1998), und so wurde die Namensgebung von dort inspiriert.

Geschichte

Die Umgangsweise der Basalen Kommunikation entstand aus dem heilpädagogischen Bemühen um den damals neunjährigen Thomas (Mall, 1980). Er galt als schwer geistig behindert, zeigte ausgeprägte Gleichgewichtsstörungen, sein Kontaktverhalten war hoch auffällig. Häufiger Zehengang, extrem hoher Muskeltonus, spitzes, lang gezogenes Schreien kennzeichneten ihn, an Sprache war nicht zu denken. Er hatte Probleme mit raschen Körperlageveränderungen, wie auch damit, sich an unregelmäßigen oder bewegten Untergrund oder passive Gleichgewichtsveränderungen anzupassen. Kontakt nahm er häufig durch Sich-Festkrallen, Kneifen oder Haareziehen auf. Das Vorgehen in der heilpädagogischen Übungsbehandlung, seine Gleichgewichtskontrolle und sein Kontaktverhalten mit Angeboten zu verbessern, die sich an Ansätze aus Basaler Stimulation, rhythmisch-musikalischer Erziehung und Psychomotorik anlehnten, schien kurzfristig zwar erfolgreich, jedoch stellte sich keine stabile Verbesserung ein. Ein biographisch orientierter Versuch, sich ein Bild seiner Entwicklungsbedingungen zu verschaffen – er wurde gleich nach der Geburt von der Mutter verlassen, war in Krankenhaus und Säuglingsheim aufgewachsen – machte die in seinem Verhalten ausgedrückte, existentielle Angst nur zu plausibel, woraufhin das Thema „Angst – Vertrauen" in den Mittelpunkt der Angebote rückte.

Entscheidenden Anstoß ergab die Begegnung mit der funktionellen Entspannung nach Marianne Fuchs (Fuchs, 1989), die über systematische Einübung differenzierter Eigenwahrnehmung die körperorientierte Bearbeitung psychosomatischer Probleme ermöglicht. In Fuchs' eigener Schlüsselerfahrung, ihrem Sohn (18 Monate) bei Anfällen einer spastischen Bronchitis nonverbal über Handauflegen und Mit-Tönen helfen zu können (vgl. Fuchs, 1989, S. 23), verwies auf die Chance, auch stark beeinträchtigten Partnern ohne Verbalsprache Erfahrungen von gemeinsamem Körpererleben in Entspannung und damit zwischenmenschliche Nähe, Sicherheit und Vertrauen zu vermitteln. An die Besonderheiten einer Person wie Thomas angepasst, entstand so ein Weg, seiner tiefen Angst etwas entgegenzusetzen, woraus sich in der Folge das Umgangskonzept der Basalen Kommunikation entwickelte.

Aktuelle Relevanz und theoretische Ansätze

Kennzeichnendes Moment Basaler Kommunikation ist die Wahrnehmung prinzipiell aller beobachtbaren Verhaltensweisen auf Seiten des Partners als Ausdrucksverhalten, auf das sich mit entsprechendem Verhalten passend antworten lässt, durchaus analog zur intuitiven Kommunikation mit Kindern in den ersten Lebenswochen: Laute, Körperhaltung, Bewegungen, individuelle Verhaltensweisen, „stereotypes" Verhalten, Tonusveränderungen – sowie der Atemrhythmus als Ausdruck von Lebendigsein schlechthin. Er wird an der Nahtstelle erlebt sowohl von bewusst und unbewusst als auch von Körper und Seele. Wie bei jedem lebendigen Rhythmus ist es möglich, ihn aufzugreifen, zu übernehmen und damit zurückzuspiegeln, Variationen anzuregen, vergleichbar dem Umgang mit musikalischen Rhythmen in musiktherapeutischen Begegnungen. Dabei steht nicht das kognitive Verstehen und Interpretieren im Vordergrund, sondern zunächst das unmittelbare Aufnehmen, damit Spielen, sich im gleichen Rhythmus Begegnen, im direkten körperlichen Spüren – in einem „kommunikativen Tanz", wie in der Säuglingsforschung die Mutter-Baby-Kommunikation beschrieben wird (z. B. Papousek, 2004). Basale Kommunikation ist deshalb nicht als umrissene Methode zu sehen, die in standardisiertem Vorgehen womöglich vordefinierte Ziele zu erreichen bezweckt, sondern als lebendige Gestaltung von Begegnung. Sie trägt ihren Zweck zunächst in sich selbst, insofern Menschen als grundsätzlich dialogische Wesen zu sehen sind; es können sich jedoch daraus durchaus auch Impulse, Themen oder Ziele für eine eventuelle Weiterentwicklung ergeben, und vielfach lässt sie sich nahtlos in weitere förderliche Angebote wie Basale Stimulation, Physiotherapie, Ergotherapie, Psychomotorik oder aktivierende Pflege integrieren, denen sie dialogische Ausgangsbasis für ein wirklich kooperatives Vorgehen bieten kann.

Der Personenkreis, der sich auf diese Weise ansprechen lässt, wird in seinem Leben bestimmt von den basalen Themen sensomotorischen Lebens: „Sicherheit und Vertrauen", „Sicherung der Vitalfunktionen", „Sich Erleben im eigenen Körper und in Bewegung" (siehe Mall, 2003). Sie stehen im Leben eines nicht-behinderten Kindes in der vorgeburtlichen Zeit sowie den ersten drei Monaten im Vordergrund. Dies betrifft Menschen mit schwersten Beeinträchtigungen im Sinn schwerer geistiger und Mehrfachbehinderung verschiedenster Ursachen, mit fortgeschrittener Demenz oder im Wachkoma, aber auch Menschen mit zu vermutenden frühen, schweren Traumatisierungen, mit massiven frühkindlichen Hospitalismus- oder Deprivationserfahrungen (häufig in den Komplex „autistisches Verhalten" einbezogen), die es ihnen verwehrt haben mögen, sich im freien Wechselspiel von Assimilation und Akkommodation (siehe Piaget, 1975) den Lernerfahrungen des Lebens zu stellen (siehe Niedecken, 1998). Kommunikation wird hier verstanden als Kreisprozess, der für eine Person erst dadurch in Gang kommt, dass ein anderer Mensch ihr Verhalten als Ausdruck wahrnimmt und sich in seiner Antwort darauf erlebbar passend bezieht: Das Neugeborene, dessen erster Schrei durch die stillende Zuwendung der Mutter beantwortet wird; der verängstigte Mensch mit fortgeschrittener Demenz, der im Körperkontakt, in mitfühlender Nähe Trost und Beruhigung erfährt; der Mensch mit schwerer Mehrfachbehinderung, dessen Isolation in „stereotyper" Selbststimulation von der spiegelnden Stimulation durch eine Partnerin durchbrochen wird. So kann das einfühlsame Mitschwingen im Atemrhythmus, das weder fordert noch drängt oder einengt, auf somatischer Ebene das Erleben von Kontakt und Begegnung ermöglichen, das dem betreffenden Menschen einen Weg in ein dialogisches Miteinander aufweist.

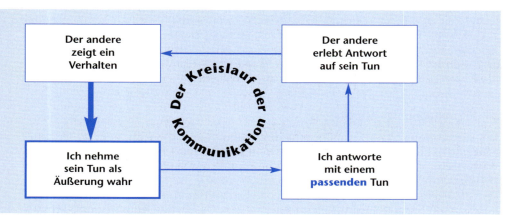

Der Kreislauf der Kommunikation

Aktuelle Themen heilpädagogischer Theorie wie das der Selbst-Ermächtigung („Empowerment") oder des selbstbestimmten Lebens (vgl. z. B. Theunissen/Plaute, 2002) finden in dem konsequent partnerschaftlichen Menschenbild, das in der Umgangsweise der Basalen Kommunikation zum Ausdruck kommt, ihre praktische Relevanz auch für Menschen mit schwerster Beeinträchtigung. Ihnen werden konkrete Wege eröffnet, ihre Anliegen, Bedürfnisse und Gefühle ins gemeinschaftliche „Spiel" einzubringen. Theoretische Hintergründe bieten im philosophisch-pädagogischen Kontext die Aussagen Martin Bubers zur dialogischen Grundstruktur des Menschen: „Der Mensch wird am Du zum Ich." (Buber, 2002), oder aus psychologischer Sicht die Erkenntnisse Piagets über die grundlegende Bedeutung der Dynamik von Assimilation und Akkommodation für menschliches Lernen (siehe Piaget, 1975), wie auch die Aussagen Watzlawicks zur Kommunikation: „Man kann nicht nicht kommunizieren." (Watzlawick u. a. 1996, S. 53) Auf der neurologischen Ebene wird dieser Aspekt inzwischen eindrucksvoll durch neuere Erkenntnisse der Neuropsychologie bestätigt, die darauf hinweisen, dass mehrere Areale des menschlichen Gehirns („Spiegelneuronen"), die bei der Planung von Handlungsabsichten – und auch von Sprache – zusammenwirken, darauf angelegt sind, Resonanz zu wahrgenommenen Handlungen anderer Menschen zu erzeugen. Somit ist das Kind für die Selbstorganisation seiner neurologischen Verarbeitungsstrukturen als lernfähiges und soziales Wesen darauf angewiesen, eben diese „Spiegelung", die Erfahrung von Korrespondenz zwischen inneren Zuständen und von außen kommenden Ereignissen durch andere Menschen zu erleben.

Gerade in der Lebenswelt von Menschen mit schwersten Beeinträchtigungen dürfte dieses grundlegende, lebenslange Bedürfnis, mit Menschen der Umwelt in einem sinnvollen Austausch zu stehen, von ihnen wahrgenommen und in seinem eigenen Verhalten beantwortet zu werden, nicht selten aus unterschiedlichsten Gründen gefährdet oder fast ganz unterbrochen sein. Basale Kommunikation ermöglicht es, ohne Vorleistungen der beeinträchtigten Partner diesen „kommunikativen Tanz" wieder aufzunehmen und damit grundlegende Impulse für soziales Lernen zu geben.

Ausblick

Basale Kommunikation wurde in der Zusammenarbeit mit Menschen mit schwerer geistiger Behinderung und/oder ausgeprägt autistischem Verhalten entwickelt. In letzter Zeit wird diese Umgangsweise verstärkt in pflegerischen Zusammenhängen rezipiert, wenn es um Menschen mit fortgeschrittener Demenz oder in Zuständen des Wachkomas oder um die Begleitung Sterbender geht. Wenn auch ihr Nutzen hier unbestritten ist, muss sich noch erweisen, in welcher Weise sie sich dabei konkret ausprägt, welche Chancen sie eröffnet und an welche Grenzen sie stößt.

Zur Verwendung des Begriffs

Die Bezeichnung „Basale Kommunikation" sollte nur für die vom Autor so beschriebene und in Kursen vermittelte Umgangsweise genutzt werden; in einem breiteren Sinn verstanden, lässt sich z. B. von „basalen Kommunikationsangeboten" oder „basaler Beziehungsgestaltung" sprechen. Verantwortliche für das Angebot von Unterrichts- und Fortbildungsveranstaltungen, die diese Vorgehensweise vermitteln wollen, sollten von ihm als Multiplikator ausdrücklich autorisiert sein. Dazu wird Erfüllung und Nachweis zumindest folgender Voraussetzungen erwartet:

- Mindestens zehn Stunden Selbsterfahrung in einer körper-orientierten Therapiemethode (z. B. funktionelle Entspannung, konzentrative Bewegungstherapie, Atemtherapie nach Middendorf, Alexander-Technik, Eutonie) bzw. entsprechende Vorerfahrungen,

- Teilnahme an einem Fortbildungsseminar zur Einführung in Basale Kommunikation unter autorisierter Leitung,

- Anwendung von Basaler Kommunikation mit einem Partner, der den genannten Zielgruppen angehört, über mindestens zehn Begegnungen (Nachweis durch Protokolle und Video-Demonstration einer solchen Begegnung) mit Reflexion des Verlaufs.

- Durchführung einer Unterrichts- oder Fortbildungsveranstaltung zur Vermittlung von Basaler Kommunikation, die mit dem Autor vor- und nachbesprochen wurde.

Der sachliche Hintergrund dieser Anforderungen ist darin zu sehen, dass Basale Kommunikation eine Situation schafft, die auch bei nicht beeinträchtigten Personen sehr unmittelbar an unbewusste, psycho-somatische Zusammenhänge rühren und hier eine unverhoffte Dynamik freisetzen kann; damit umzugehen sollte die verantwortliche Person in der Lage sein. Darüber hinaus ist die vertiefte Eigenerfahrung notwendig, um in der Anleitung einer Gruppe die für Basale Kommunikation wesentlichen Aspekte angemessen zu vermitteln, die eben eher prä-verbal und intuitiv zu erfassen sind.

Kommentierte Literaturhinweise

Bauer, Joachim: Warum ich fühle, was du fühlst – Intuitive Kommunikation und das Geheimnis der Spiegelneurone. Hamburg. Hoffmann u. Campe, 2005.
Der Neurowissenschaftler und Psychotherapeut beschreibt sehr einprägsam die neurologischen Grundlagen für die Entwicklung von intuitiver Kommunikation, sozialem Lernen und emotionaler Intelligenz, die neuere Forschungsergebnisse der Neurowissenschaften aufgezeigt haben, sowie die Voraussetzungen, die eine Entfaltung dieser neurologischen Systeme erst möglich machen.

Mall, Winfried: Sensomotorische Lebensweisen – Wie erleben Menschen mit geistiger Behinderung sich und ihre Umwelt? 2. Auflage, Heidelberg, Universitätsverlag Winter, 2003.
Es wird das auf Piaget und andere Forscher beruhende Konzept der sensomotorischen Lebensweisen vorgestellt, das es erlaubt, die relevanten Lebensthemen geistig behinderter Menschen konkret zu erfassen und zu beschreiben. Ein ausführlicher Katalog an Beobachtungsfragen und an Ideen für förderliche Angebote bezüglich der einzelnen Themen erleichtert die Übertragung in die Praxis.

Mall, Winfried: Kommunikation ohne Voraussetzungen mit Menschen mit schwersten Beeinträchtigungen. Ein Werkheft. 5. Auflage, Heidelberg, Universitätsverlag Winter, 2004.
In Theorie und Praxis – einschließlich zahlreicher Selbsterfahrungsangebote – wird die Kommunikationssituation von Menschen mit schwersten Beeinträchtigungen nachvollzogen, und es werden Möglichkeiten vorgestellt (darunter vor allem Basale Kommunikation), wie ihren Bedürfnissen konkret entsprochen werden kann.

Niedecken, Dietmut: Namenlos – Geistig Behinderte verstehen. 4. Auflage, Weinheim, Basel, Berlin, Beltz, 2003.
Die Musik- und Psychotherapeutin zeichnet vor psychoanalytischem Hintergrund die Dynamik nach, die im individuellen und sozialen Kontext das Phänomen „geistige Behinderung" entstehen lässt. Ihr Augenmerk richtet sich dabei vor allem auf die Situation der Mütter, die nur zu häufig mit ihren ambivalenten Gefühlen allein gelassen werden und ihre intuitive Kompetenz als Mutter an „Fachleute" abzutreten haben, sowie ihrer Kinder, die sich in der Folge verstört und existenziell bedroht erleben. Sie strebt an, dass Mütter über die Auseinandersetzung auch mit den dunklen Seiten ihrer Lebenssituation zu deren Akzeptanz gelangen können. Sie sollen so zu ihrer Intuition zurückfinden und dem Kind selbstbewusst wieder „Mutter" sein und so mit ihm in den wechselseitigen Austausch treten zu können, den es für seine Entwicklung benötigt.

Basale Stimulation Andreas Fröhlich

Etymologie

Der Begriff „Basale Stimulation" ist in seiner Entstehungszeit (siehe unten) gewählt worden, um gegenüber damaligen pädagogischen und therapeutischen Konzepten eine gewisse Distanz anzudeuten. Der Begriffsbestandteil „basal" geht auf das griechische „basis" zurück, mit dem Grundlage, Fundament, aber auch Schritt und Gang gemeint ist. Stimulation ist von der Wortbedeutung mit „stimulus", dem Reiz, verbunden, bedeutet aber mehr als „Bereizung". Stimulation kann mit Anregung, Bereicherung übersetzt werden. Im Französischen und im Spanischen, auch im Italienischen hat Stimulation diese Bedeutung behalten. In der Kombination „Basale Stimulation" soll zum Ausdruck gebracht werden, dass eine voraussetzungslose Anregung eines Menschen ermöglicht werden soll. Es geht um die Einladung, sich selbst, sein Gegenüber und die Welt zu entdecken, ohne dass bestimmte Fähigkeiten, Kenntnisse oder Verhaltensweisen schon ausdrücklich oder stillschweigend verlangt werden.

Basale Stimulation hat in der französischen Sprache mit „stimulation basale", im Spanischen „estimulación basal", im Englischen „basic stimulation", im Niederländischen „basale stimulatie", im Norwegischen „basal stimulering" seine sprachliche Entsprechung.
So zeigt sich, dass ein Begriff, der auf den klassischen Sprachen des Altertums fußt, sich recht gut auch in anderen Sprachen darstellen lässt.

Kritisch kann gesehen werden, dass es immer wieder zu Assoziationen mit „stimulus" und damit mit Reizreaktionsmodellen der frühen Lernpsychologie kommt. Dies ist eine gewisse Belastung des Begriffes.

Geschichte

Anfang 1970 tauchten in verschiedenen Einrichtungen der Behindertenhilfe deutlich schwerer behinderte Kinder auf, als diese vorher bekannt waren. Durch sozialarbeiterische Aktivitäten wurden die Familien dieser Kinder ermutigt, so etwas wie einen Bildungsanspruch für ihre Kinder einzufordern. Viele Eltern gaben sich nicht mehr damit zufrieden, ihre Kinder zu Hause zu pflegen oder sie auf Dauer in Pflegeeinrichtungen zu geben. Dies war damals gängige Praxis, nicht wenige dieser Kinder lebten jahrelang in Kinderkliniken. Die Kinderhilfe Westpfalz, heute Rehabilitationszentrum Westpfalz in Landstuhl, hatte durch intensive regionale Familienbetreuung Kenntnis von einer außerordentlich hohen Zahl solcher bislang nicht pädagogisch oder anderweitig betreuter Kinder.

Für diese Kinder galt es nun, ein Angebot zu entwickeln, das ihren Fähigkeiten entsprach. Zur damaligen Zeit sah man diese Kinder im Wesentlichen als „Mängelwesen". Eine Kompetenzorientierung, eine grundlegende pädagogisch-therapeutische Haltung war noch nicht entwickelt. So war man denn allgemein von der Fülle des Nichtkönnens so beeindruckt, dass sich oft Hilflosigkeit und Handlungsunfähigkeit einstellten.

Die zur damaligen Zeit gängigen pädagogischen oder auch therapeutischen Konzepte griffen nicht, sie stellten immer noch zu hohe stillschweigende Voraussetzungen an die Kinder, an das Lernen überhaupt.

In einem vom Land Rheinland-Pfalz und vom Bund geförderten Projekt sollte erprobt werden, mit welchen Mitteln, unter welchen Umständen und mit welcher Pädagogik solche Kinder Lernfortschritte erzielen könnten.

Unter wissenschaftlicher Begleitung wurden am Reha-Zentrum Landstuhl Materialien, räumliche Gestaltungsmerkmale, integrierte Pflege, neue Akzente der Physiotherapie und vor allem eine körperorientierte, ganz an den Ausgangsfähigkeiten des Kindes orientierte Anregung geschaffen. Diese auf den Körper bezogene Anregung als grundlegende Förderung war zur damaligen Zeit etwas völlig Neues, da bis dahin Lernen im Wesentlichen als eine „geistige" kognitive Leistung verstanden wurde. Der Einbezug des Körpers, der Einbezug der ganzkörperlichen Wahrnehmung war ein grundlegend anderer Zugang.

Für diesen Förderansatz wurde der Begriff „Basale Stimulation" gewählt.
Relativ bald interessierten sich viele Kollegien des In- und Auslandes für diese Arbeit und übernahmen wesentliche Anteile, ohne dass dies immer „Basale Stimulation" genannt wurde.

Aktuelle Relevanz und theoretische Ansätze

Das Konzept der Basalen Stimulation hat sich in den vergangenen zehn bis 15 Jahren dynamisch ausdifferenziert und ausgebreitet. Die Berufsgruppe der Pflegenden in Krankenpflege und Altenpflege haben das Konzept für sich und ihren Personenkreis schwer wahrnehmungsbeeinträchtigter, kommunikationsbeeinträchtigter Patienten entdeckt. Von der Betreuung extrem frühgeborener bis hin zur förderlichen Betreuung alter und verwirrter Menschen, ja bis zur Sterbebegleitung im Hospiz finden Grundsätze der Basalen Stimulation Anwendung (Bienstein/Fröhlich, 2003).

Es gibt spezielle Ausbildungen für Pflegekräfte, um sich in der Basalen Stimulation kompetent zu machen. Die Internationalisierung ist weiter vorangeschritten, dies gilt sowohl für den Pflegebereich wie für den pädagogischen Bereich.

Die aktuelle Relevanz im pädagogischen Bereich unterscheidet sich zweifelsohne von der im pflegerischen Bereich. Für die Pflege war es auch hinsichtlich der eigenen Professionalisierung wichtig, ein attraktives, umfassendes Konzept zu integrieren, das es den Pflegenden erlaubte, sich von der bisherigen Routine zu entfernen.
Für Mitarbeiter in der Förderung behinderter Kinder, Jugendlicher und Erwachsener lagen die Dinge ein wenig anders. Grundprinzipien der Basalen Stimulation sind zweifellos in den gesamten Bereich der Förderung schwer- und schwerstbehinderter Menschen eingedrungen (vergleiche Beitrag „Schwerste Behinderung" in Band 2). Häufig jedoch ist gerade den jüngeren Mitarbeitern gar nicht mehr bewusst, dass ihr Spielmaterial, ihre Lagerungshilfen, ihre pädagogischen Angebote, die sie in ihrer Ausbildung erlernt haben, auf dieses Konzept zurückgehen. Es hat sich also die erfreuliche Tatsache ergeben, dass vieles von dem ursprünglichen Konzept in die allgemeine Arbeit „eingesickert" ist.

Es gibt allerdings zunehmende Verfeinerungen, Vertiefungen und Ausdifferenzierungen innerhalb des Konzeptes, die von Pädagogen, Psychologen, Therapeuten und anderen entwickelt wurden. Auch ist nicht zu vergessen, dass aus der Pflege interessante und wesentliche Impulse in die pädagogische und therapeutische Arbeit zurückgeflossen sind (vergleiche Aktivitäten des täglichen Lebens im Beitrag „Schwerste Behinderung" in Band 2).

Im Zentrum der Überlegung steht das Modell der „Ganzheitlichkeit". Ganzheitlichkeit bedeutet, dass unterschiedlichste Lernprozesse, Erfahrungen, Empfindungen, Denken und Wahrnehmen, aber auch Bewegen und Kommunizieren zur gleichen Zeit von der gleichen Person geleistet werden.

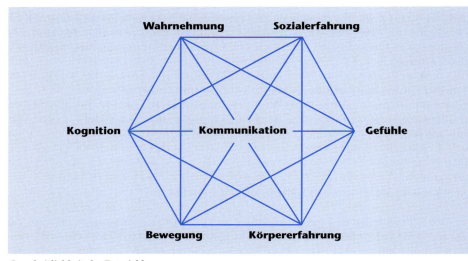

Ganzheitlichkeit der Entwicklung

Diese Ganzheitlichkeit gilt auch für Eltern, Lehrerinnen, Therapeuten – auch sie können sich selbst nicht in „Einzelteile zerlegen". Jede therapeutische Maßnahme ist immer auch Kommunikation, gibt immer auch etwas von der eigenen Person mit hinein. So wurde die Basale Stimulation immer stärker auch zu einer Grundidee der zwischenmenschlichen Beziehungen. Vom betreffenden Kind oder Jugendlichen ausgehend versuchen wir, eine Nähe herzustellen, die es erlaubt, miteinander in Verbindung zu treten. Erst wenn eine Grundgemeinsamkeit gefunden ist, macht es Sinn, sich über die weitere Förderung und Entwicklung Gedanken zu machen. Wir versuchen über den Körper eine ganzheitliche Vermittlung von Erfahrungen und Eindrücken in Gang zu setzen. Immer handelt es sich um eine individuelle Entwicklung, nicht um eine vorgegebene, die sich an Altersstufen oder anderen vorgeschriebenen Normen orientiert.

Die Vermittlung über den Körper ist wechselseitig ganzheitlich, auch die Erzieherin, die Therapeutin, die Lehrerin, der Vater, d. h. jeder, der sich mit einem schwerstbehinderten Kind befasst, ist mit dem eigenen Körper einbezogen. Diese Körperlichkeit ist die gemeinsame Ausgangsbasis.
Der Körper ist die Existenzform, in der wir in dieser Welt sind. Über seine Bewegungen organisieren wir die Wahrnehmung der Welt, eingebettet in kommunikative Beziehungen mit Menschen. Wahrnehmung, Bewegung und Kommunikation bilden die Grundbausteine der menschlichen Entwicklung.

Sehr schwer behinderte Menschen sind zunächst sichtbar in ihrer Bewegungsfähigkeit beeinträchtigt. Diese Reduzierung der Entfaltungsmöglichkeit bringt es mit sich, dass sie ihre Wahrnehmung zur Eroberung der Welt nur schlecht einschätzen können, sie bleiben auf wenige Bereiche, vielleicht sogar auf Teile des eigenen Körpers beschränkt. Hier versuchen wir, anzusetzen und ihnen durch ein Zurverfügungstellen unserer eigenen Bewegungsfähigkeit zu helfen, sich selbst und die Umwelt zu entdecken.

Problem- und Erfahrungsfelder

Die individuelle Entwicklung

Jedes Kind ist anders, seine genetische Ausstattung, die es von den Eltern mitbekommen hat, unterscheidet es von allen anderen Kindern. Aber auch sein persönliches Schicksal, seine Geschichte der Krankheit und Behinderung unterscheiden es. Es ist also nicht sinnvoll, gerade sehr schwerbehinderte Kinder an Durchschnittswerten zu messen, sich in der Förderung an Tabellen und Skalen zu orientieren. Natürlich ist die so genannte normale Entwicklung immer so etwas wie eine Richtschnur, aber die individuellen Abweichungen, die eigenen Wege, die ein Kind geht, ja gehen muss, sollen dadurch nicht vorschnell „begradigt" werden. Das Leben mit einer sehr schweren Behinderung ist für ein Kind eine große Aufgabe, die es nur mit vielfältiger und liebevoller Unterstützung durch seine Familie und durch Fachleute so bewältigen kann, dass es nicht eine große Zahl von Opfern bringen muss. Es ist eine der zentralen Aufgaben von Pädagogen und Therapeuten, dem Kind dabei zu helfen, seinen eigenen Entwicklungsweg zu finden, ohne seine Identität zu verleugnen, ohne seine Persönlichkeit aufzugeben.

Lange Zeit haben wir Basale Stimulation ähnlich wie eine sehr spezielle Therapie oder ein pädagogisches Förderprogramm betrieben. Kinder, Jugendliche oder Erwachsene wurden aus ihren Alltagsbezügen herausgenommen, vielleicht in einen besonderen, dafür eingerichteten Raum gebracht und dort mit gut geplanten Angeboten gefördert. Eine ganzheitliche Sicht vom Menschen lässt jedoch solches Vorgehen zweifelhaft erscheinen, denn es zerreißt Zusammenhänge und bietet vor allem sehr wenig Möglichkeiten, die vielleicht guten und interessanten Erfahrungen dieser Fördersituation in den eigenen Alltag zu integrieren. Es bleibt ein letztlich fremdes Erlebnis. Daher muss es unser Bemühen sein, die notwendigen Förderangebote so zu gestalten, dass sie sich möglichst am Alltag orientieren. Basale Stimulation könnte dann als die „Systematisierung des Selbstverständlichen und Naheliegenden" beschrieben werden.

Der Alltag ist für sehr schwer behinderte Menschen von zentraler Bedeutung. Es ist wichtig, dass sie immer wieder Spuren finden, an die sie anknüpfen können, dass ein Rhythmus, eine regelmäßige Wiederkehr ihnen die Orientierung erleichtert. Sie sollen unmittelbar erleben, spüren, riechen, fühlen, sehen, hören und merken, dass diese Erlebnisse zu einem festen Bestandteil ihres Alltags werden. Alles Gelegentliche, Flüchtige, Einmalige kann für sie verwirrend und desorientierend sein. Dann aber, wenn Alltagserlebnisse strukturiert, einfach und wiederkehrend angeboten werden, erschließt sich für diese Menschen eine Welt, die nicht mehr verwirrend und ängstigend, sondern interessant und vertrauenserweckend sein kann.

Heilpädagogisches Arbeiten wird zu einer Art Übersetzungsarbeit. Wir schauen, was Menschen sich selbst an Informationen, an Reizen und Erlebnissen für ihre Entwicklung besorgen, und versuchen dies der Situation unseres sehr schwer behinderten Menschen anzupassen. Oft ist eine Vereinfachung notwendig, sicher aber eine Intensivierung durch Wiederholungen, die dem Mensch auch Sicherheit spenden. Wir können uns darauf verlassen, dass auch sehr schwer behinderte Menschen uns zeigen, wenn es langweilig wird. Dann gehen wir gemeinsam auf Suche nach Neuem.

Die Grundbereiche der Basalen Stimulation

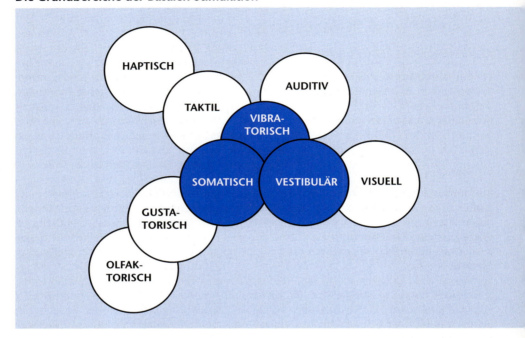

Somatische Anregung

Der ganze Körper, insbesondere aber die Haut als größtes unserer Organe, stellt eine Begrenzung dar, gleichzeitig aber auch die Kontaktfläche zur Außenwelt. Wir haben ein Körperbild entsprechend unseren Erfahrungen mit unserer Haut und unseren Muskeln. Lange Bewegungslosigkeit, hohe Spastizität oder auch ein sehr niedriger Muskeltonus verändern dieses Körperbild sehr stark.

Es ist zu vermuten, dass dieses Körperbild auch negative Brennpunkte hat, nämlich da, wo immer wieder Schmerzen, ungeliebte Pflegeverrichtungen oder therapeutische Maßnahmen erlebt werden. Durch somatische, d. h. den ganzen Haut- und Muskelkörper betreffende Anregung soll eine positive Erfahrung mit dem eigenen Körper, mit der eigenen Figur, mit den Grenzen und Kontaktstellen zur Welt gemacht werden. Die eigentlich somatische Anregung versucht, von der Körpermitte ausgehend den Rumpf als das Zentrum des Körpers „herauszumodellieren".

Später schließen sich Arme und Beine an, bis schließlich die Anregung in den Händen bzw. den Füßen endet. Viele Menschen mit schwersten Behinderungen haben erhebliche Probleme, die reine Berührung mit der Hand als eine bedeutungsvolle Berührung zu verstehen. Für sie muss die Anregung intensiver erfolgen.

Wir konnten feststellen, dass das Material (Stoff/Fell) das Empfinden für den eigenen Körper besser fördert, während die Berührung mit der „nackten Haut" sehr viel stärker das kommunikative Element betont. Alle Berührungen müssen ausreichend fest sein, sie dürfen nicht zu leicht, flüchtig und kurz sein. Die Berührungen sind fließend und stetig, möglichst nicht unterbrochen, und immer bleibt eine Hand in Kontakt mit dem Körper. Unterbrechungen irritieren und lassen kein gleichmäßiges Körpererleben zu.

Was sehr schwer behinderte Menschen durch die Einschränkung ihrer eigenen Aktivität nicht selbst herausarbeiten konnten, nämlich ein ausdifferenziertes Körperbild, das soll durch diese Aktivitäten ausgeglichen werden. Wenn nämlich schon das elementare Körperbild instabil ist, so müssen wir damit rechnen, dass die vielleicht möglichen Bewegungen gar nicht in Aktion kommen, dass dieser Mensch von seinem Körper eigentlich kaum „Besitz" ergriffen hat. Berührung der Haut, Berührung des ganzen Körpers wirken darüber hinaus auch emotional anregend und stabilisierend. In die täglich notwendigen Pflege- und Hygienearbeiten lassen sich solche somatischen Anregungen stimmig integrieren. Sie sind ein Bestandteil kommunikativer Förderung, die darauf abzielt, das Körper-Ich zu aktivieren, zu stabilisieren und auszudifferenzieren.

Vibratorische Anregung

Um auch das Innere des menschlichen Körpers (Knochen, Gelenke) zu erreichen, helfen vibratorische Anregungen. Vibrationserfahrungen werden normalerweise beim Stehen, beim Gehen gemacht und gespeichert. Das kleine Kind krabbelt, kriecht, hüpft, rennt und springt und erfährt auf diese Art immer wieder den Widerstand des Bodens gegen den Körper, über Schwingung, über veränderte Belastung. Jeder Schritt des erwachsenen Menschen gibt „Erschütterung", also Vibration, an das eigene „Knochengerüst" weiter. Schwerste Behinderung macht solche Erfahrungen in der Regel unmöglich, das monotone Sitzen und Liegen führen zu Gewöhnung (Nicht-mehr-Wahrnehmen-Können).

Durch eine manuelle Vibration – eine Technik, die sehr viele Physiotherapeuten gelernt haben – kann ausgehend von den äußeren Enden der Beine bzw. der Arme Vibration über den ganzen Körper spürbar werden. Wir stellen dabei fest, dass sehr viele Menschen beginnen, „nach innen zu lauschen", sie spüren etwas ganz Neuartiges in ihrem Körper. Offenbar ergibt dieses Vibrationsspüren einen Hinweis auf den Zusammenhang des ganzen Körpers, auf seine Einheit.

Immer wieder ist zu beobachten, dass dies zu einer tiefen Entspannung bei gleichzeitiger Wachheit und Aufmerksamkeit führt. Diese Wachheit des Körper-Ichs kann durch kommunikative, dringliche und soziale Angebote im Nahraum genutzt werden. Wenn ein Mensch mit einer gewissen Wachheit und Aufmerksamkeit „bei sich" ist, erschließen sich oft „Zugangswege zum anderen". Vibration sollte unter keinen Umständen an der Muskulatur ansetzen, da wir hierbei häufig kaum kontrollierbare negative Veränderungen der Muskelspannung in Kauf nehmen müssten. Vibration kann aber auch am Rumpf und Kopf vorsichtig platziert werden und so einen Übergang von der Schwingungswahrnehmung zur Hörwahrnehmung (auditive Wahrnehmung) bilden.

Vestibuläre Anregung

Unser Vestibulärsystem informiert uns über unsere Lage im Raum, über Beschleunigung, Drehen, auf und ab, es sichert unser Gleichgewicht und koordiniert vor allem auch unser Sehen. Wiederum sind Menschen mit sehr schweren Behinderungen massiv benachteiligt, denn sie können sich nicht aktiv aufrichten, nicht durch Kriechen, Krabbeln und Gehen den Raum erobern. Wir gehen davon aus, dass solche Erfahrungen mit Schwerkraft und Lage im Raum zu den Grundbedürfnissen der Entwicklung eines Menschen gehören. Offensichtlich sind gemäßigte vestibuläre Anregungen, wie z. B. ein sanftes Schaukeln, nützlich, um die Haltung eines Menschen zu stabilisieren, den Muskeltonus zu normalisieren.

Oft konnten wir feststellen, dass sich dabei ein allgemeines, intensives Wohlbefinden einstellte, Menschen mit schwersten Behinderungen zeigten ein entspanntes Lächeln, wie es sonst nur selten zu sehen war. Auch visuelle Aufmerksamkeit wird beobachtet – es werden also Bezüge zur Umgebung hergestellt. Der Mensch erfährt sich im Raum bewegt als Bezugspunkt im Raum.

Gleichmaß, fließende, wiederkehrende Bewegung ohne abrupte Änderung von Richtung, Tempo, Rhythmus sind wichtig!

Ausblick

Basale Stimulation will keine Therapie sein, sondern ein pädagogisches Konzept. Basale Stimulation ist kein Trainingsprogramm, das Kinder durch Abbürsten, Frottieren und Bepinseln stimuliert, es ist kein Programm zur Reizzufuhr. Es geht darum, wie der Begriff „Basale Stimulation" im Französischen oder im Spanischen zum Ausdruck bringt, eine Anregung, eine Einladung zu sein, sich auf einer gemeinsamen Basis mit anderen Menschen, mit Dingen und mit sich selbst zu beschäftigen sowie eigene Aktivität – und sei es hier noch so bescheiden – in diese Entwicklung einzubringen.

Abschied von der Machbarkeit

Eine wichtige Erkenntnis hat uns die Arbeit mit sehr schwer behinderten Kindern vermittelt. Wir Pädagogen und Therapeuten, aber auch die Eltern, können ein Kind nicht „machen". Wir gehen heute davon aus, dass ein Mensch seine Entwicklung selbst gestalten muss. Erziehung, Therapie, Förderung, Üben und Trainieren sind nur Angebote an den einzelnen Menschen, sich ihrer zu bedienen und sie in die eigene Entwicklung zu integrieren. Wir können den Menschen nicht „nach unserem Bilde formen". Gerade sehr schwer behinderte Kinder zeigen uns oft, dass sie sich unseren Angeboten gegenüber verweigern. Sie schließen die Augen, schlafen ein, scheinen uns vollständig zu ignorieren. Wenn wir sie nicht erreichen, dann können wir bei ihnen auch nichts bewirken. Das heißt aber, wir müssen uns ganz auf ihr Niveau, auf ihren Grad der Wachheit, auf ihre Interessen einstellen. Wir können nicht, wie dies in der klassischen Pädagogik häufig gehandhabt wird, mit Lob und Tadel, mit Versprechungen und Hinweisen auf die Zukunft das kindliche Verhalten ändern – nein, diese Kinder zeigen uns deutlich unsere erzieherischen Grenzen und fordern uns dadurch heraus, es wirklich ernst zu nehmen mit der Orientierung aufs Kind hin.

„Heilsame Pädagogik"

Was ist die Folgerung aus diesen kurzen Überlegungen? Man könnte für eine „heilsame Pädagogik" plädieren, welche die Voraussetzungen dafür schafft, dass ein Kind hier und jetzt Bedingungen vorfindet, die es ihm ermöglichen, sich mit seinen Fähigkeiten zu entfalten, sich selbst weiter zu entwickeln. Natürlich bedarf es dazu immer geeigneter Wahrnehmungsmöglichkeiten, seine Bewegungsfähigkeit muss unterstützt werden und dies kann nur in einer liebevollen, zugewandten und aufmerksamen Kommunikation möglich werden. Eine so verstandene Heilpädagogik kann dann durchaus schwierige Lebenssituationen und ungünstige Bedingungen klären und verbessern. Kinder können entdecken, dass es sich für sie lohnt, zu leben, dass es interessant ist, mit anderen Menschen in Kontakt zu treten und dass die sie umgebende Welt voller reizvoller Neuigkeiten ist.

Basale Stimulation – ein Bildungsangebot?

Was sonst – möchte man fragen.
Der Mensch wird angesprochen, sich selbst wahrzunehmen, mit anderen in Kontakt zu treten und gemeinsam die Welt zu entdecken. Erleben wird gefördert, Mut gemacht, sich auf Neues einzulassen, Erfahrungen werden gemacht und bewertet.
Dies geschieht in einem von Menschen gestalteten Umfeld – in Kultur. Die Partizipation an dieser Kultur (der Familie, der Schule, des Reha-Zentrums) ist „Bildung", vor allem Selbst-Bildung. Mit dem Heraustreten aus der engsten Wahrnehmungssphäre kommt es zur Teilhabe an Kultur – was anderes meint Bildung?

Kommentierte Literaturhinweise

Bienstein, Chirstel/Fröhlich, Andreas: Basale Stimulation in der Pflege – die Grundlagen. Seelze-Velber, Kallmeyer, 2003.
Mit dieser neuesten Veröffentlichung werden auf der Basis pädagogischer Überlegungen die grundlegenden und mittlerweile anerkannten Schlussfolgerungen für die Pflege wahrnehmungs- und kommunikationsbeeinträchtigter Patienten dargestellt. Das Konzept „Basale Stimulation" hat in der Pflege einen festen Platz, die meisten weiteren Veröffentlichungen beziehen sich auf dieses Buch. Es ist praxisnah und lesefreundlich geschrieben.

Buchholz, Thomas/Gebel-Schürenberg, Anke (Hrsg.): Begegnungen. Basale Stimulation in der Pflege – Ausgesuchte Fallbeispiele. Bern, Huber, 2001.
In diesem Buch wird ausgehend von Pflegesituationen bei schwer mehrfachbehinderten Kindern, bei verunfallten Menschen, bei alten und dementen Patienten gezeigt, wie durch basale Annäherung, durch basale Pflege in jeder Phase des Lebens Förderung der individuellen Entwicklung möglich ist. Auch die Begleitung zum Lebensende wird durch dieses Vorgehen abgedeckt. Basale Pflege erweist sich somit als wichtiger Bestandteil im menschlichen Leben.

Fröhlich, Andreas: Basale Stimulation – Das Konzept. Düsseldorf, Verlag Selbstbestimmtes Lernen, 1998 (und weitere Auflagen)
Basale Stimulation – Das Konzept ist die umfassende und tiefgehende Darstellung des Gesamtkonzeptes. Auf diesem Buch und seinen Gedanken basieren alle weiteren aktuellen Veröffentlichungen zu diesem Bereich. Ausgehend von Lebensfragen schwerstbehinderter Kinder und Jugendlicher, aber auch Erwachsener werden die Grundprinzipien der Förderung entwickelt, die Bedingungen, unter denen sich Entwicklung ereignen kann, beschrieben und eine Vielzahl von praktischen Anregungen für den pädagogischen Alltag gegeben. Auch wer nicht „basal stimuliert" bekommt in diesem Buch viele wichtige, Anregungen, um schwerstbehinderten Kindern, Jugendlichen und Erwachsenen das Leben im Alltag lebenswerter zu gestalten.

Fröhlich, Andreas/Heinen, Norbert/Lamers, Wolfgang (Hrsg.): Schwere Behinderung in Praxis und Theorie – Ein Blick zurück nach vorn. Düsseldorf, Verlag Selbstbestimmtes Lernen, 2001

Mit diesem Band werden neben der Basalen Stimulation alle anderen wichtigen Konzepte zur Förderung schwerstbehinderter Menschen vorgestellt. Für das Konzept „Basale Stimulation" ist der Beitrag von Fröhlich, ebenso aber der Beitrag von Ursula Haupt von besonderer Wichtigkeit. Hier werden insbesondere Fragen zur Entstehungsgeschichte, zur Korrektur von Entwicklungen innerhalb des Konzeptes beschrieben.

Behinderung Dieter Gröschke

Etymologie

Statt einer Etymologie von „Behinderung":
„Jede Etymologie wird zu einer sinnlosen Spielerei mit Wörtern, wenn der Sprachgeist der Sprache, d. h. das Wesen des Seins und der Wahrheit, nicht erfahren ist, woraus die Sprache spricht. Das Gefährliche an der Etymologie liegt nicht an dieser selbst, sondern an der Geistlosigkeit derer, die sie betreiben oder, was hier dasselbe ist, die sie bekämpfen." (Heidegger, zitiert nach Art. Etymologie, o. A., 2004, S. 176)

Spätestens wenn sich in einem gesellschaftlichen Feld traditionell ausgeübte Praktiken des Umgangs mit Problemen *professionalisieren* und *verwissenschaftlichen*, stellen sich Fragen nach der *Nomenklatur* und *Terminologie* des neuen Fachgebietes. Wie sollen die Probleme, mit denen man es nun auf eine systematische Weise zu tun hat, konzipiert werden, wie sollen sie benannt, bezeichnet, verbegrifflicht werden; auf welche Weise sollen sich die beteiligten Fachleute über diese Probleme verständigen?

Unter „*Terminologie*" versteht man allgemein die Fachsprache, d. h. die Gesamtheit aller in einer spezifischen (von der Umgangssprache mehr oder weniger unterschiedenen) Bedeutung verwendeten Fachausdrücke eines bestimmten Fachgebietes. Oft werden dabei alte Termini und Begrifflichkeiten neu interpretiert, es werden neue Termini, gerne auch Fremdwörter, eingeführt, wobei es im Wandel der Problemsichten auch zu einem steten Prozess des Wandels und Umbaus dieser *Fachsprache* kommt. In den naturwissenschaftlichen Disziplinen (Physik, Chemie, Biologie, Medizin) existiert bereits seit längerer Zeit sogar eine international einheitlich geregelte Nomenklatur (systematisches Begriffsregister): In der Medizin etwa die anatomische Nomenklatur, in Zoologie und Botanik die auf C. von Linné (Systema naturae, 1758) zurückgehende Taxonomische Nomenklatur des Tier- und Pflanzenreiches, in der Chemie die Nomenklatur der chemischen Elemente und Verbindungen.

Geschichte

Welches Vokabular hat die Heil-, Sonder-, Behinderten- oder Rehabilitationspädagogik in ihrer bisherigen Fachgeschichte ausgebildet, und was hat es mit dem heute zentralen *Grundbegriff* namens „Behinderung" auf sich? Zunächst muss man feststellen, dass die ersten Fachtermini und Begriffe der frühen, pädagogisch intendierten Behindertenhilfe von ihrem Beginn an im letzten Drittel des 18. durch das gesamte 19. bis weit ins 20. Jahrhundert sehr deutlich von der Medizin geprägt oder eingefärbt waren. Das ist nicht weiter überraschend, wenn man bedenkt, dass bei den Adressaten der Heil- oder Behindertenpädagogen körperliche Gebrechen, chronische Krankheiten oder Krankheitsfolgen maßgeblich zu ihrer Problemlage beitrugen und man sich deshalb durchaus konsequent an der vorgegebenen medizinischen Terminologie und Nomenklatur orientierte, diese für die eigenen Zwecke übernahm oder medizinische Termini für den eigenen Gebrauch umdeutete. Eine medikalisierende „Kinderfehlerlehre" oder „Pädagogische Pathologie" war ideengeschichtlich eine wichtige Strömung in der

Herausbildung der modernen Heilpädagogik, dies gilt ebenso für die im Verbund von Medizinern und Pädagogen praktizierte „medico-pädagogische" Behindertenhilfe des 19. Jahrhunderts.

Aus heutiger Sicht – aber auch die ist zeitgebunden und relativ – wirkt die damals übliche Begrifflichkeit im Felde der Behindertenhilfe auf abschreckende und verstörende Weise als reine „Defektologie". Im Bezug auf Menschen mit einer geistigen Behinderung (wie wir sie heute bezeichnen) ist die Rede von „Idiotie, Imbezillität, Kretinismus, Oligophrenie", wahlweise „Blödsinn, Schwachsinn, Geistesschwäche". Die „Krüppelfürsorge" vom 19. bis ins 20. Jahrhundert hinein sprach im Bezug auf „körperbehinderte" Menschen (heute: Menschen „mit motorischen Behinderungen") ganz unverstellt von „krüppelhaften, missgestalteten, verwachsenen, defektiven, siechen und gebrechlichen" Kindern, Jugendlichen oder Erwachsenen.

Aus dem medizinischen und medico-pädagogischen Kontext der traditionellen Behindertenhilfe resultiert ein „Krankheits-" bzw. „Krankheitsfolgen-"Modell von Behinderung, das sich von allen Modellen als das einflussreichste erwiesen hat. Allerdings war es den Heilpädagogen der ersten Stunde bereits bewusst, dass ihre Aufgabe nicht in der Heilung oder medizinischen Behandlung körperlicher Krankheiten oder Gebrechen besteht, sondern dass es in solchen Fällen um die „Störung der Bildsamkeit" (so der letzte Vertreter der „Kinderfehlerlehre und Pädagogischen Pathologie", Leopold Strümpell 1890/1910) gehen müsse, um das Finden von Wegen und Methoden der Erziehung und Bildung körperlich und geistig beeinträchtigter Kinder. Dazu sagte der große Schweizer Heilpädagoge Paul Moor: *„Gegenstand des heilpädagogischen Begriffs ist die pädagogische Aufgabenstellung und nicht mehr der medizinische Sachverhalt." (Moor, 1965, S. 268).*

Die Suche nach „einheimischen" heilpädagogischen Grundbegriffen

Das wachsende Unbehagen an den allzu defektiven medizinischen Begrifflichkeiten von Krankheit, Gebrechen und Behinderung, verbunden mit der entschiedenen Hinwendung zur Pädagogik („Heilpädagogik ist Pädagogik und nichts anderes!" Paul Moor), machte in der Gründungsphase der wissenschaftlichen Heilpädagogik die Suche nach genuinen Begriffen und Fachtermini zu einer unausweichlichen Aufgabe. Anfangs blieben diese Versuche, Gegenstand und Aufgabe der Heilpädagogik rein pädagogisch zu bestimmen, noch stark dem defektiven medizinischen Denken verhaftet. So formuliert der Heilpädagoge und Hilfsschullehrer Heinrichs in seinem „Versuch einer wissenschaftstheoretischen Grundlegung der Heilpädagogik" (1931) eine Theorie des „Erziehungsdefekts": *„Heilpädagogik als reine Wissenschaft untersucht Schäden im Erziehungsvollzug und Vorgänge, die zur Aufhebung dieser Schäden führen. Heilpädagogik als angewandte Wissenschaft sucht Schäden im Erziehungsvollzug zu beheben." (Bleidick, 1999, S. 65).*

Der Defekt wird von der Person des Behinderten auf die pädagogische Beziehung übertragen, so dass Heinrichs den „Defekt am Erziehungsvollzug" als Aufgabe der Heilerziehung bestimmen kann, den „in seiner Funktionstüchtigkeit beeinträchtigten Erziehungsvorgang" wieder herzustellen und „heil" zu machen.

Bei Heinrich Hanselmann, dem Nestor der wissenschaftlichen Heilpädagogik findet sich als neue Begriffsbestimmung für den heilpädagogischen Gegenstand der Begriff der „Entwicklungshemmung". In Ablehnung bisheriger Konzeptionen von Heilpädagogik als der „Lehre von der Erziehung anormaler Kinder" bestimmt Hanselmann nun den Bereich der Heilpädagogik als „Lehre vom Unterricht, von der Erziehung und Fürsorge aller jener Kinder, deren körperlich-seelische Entwicklung dauernd durch individuale und soziale Faktoren gehemmt ist" (Hanselmann, 1953, S. 12). Trotz der Betonung sozialer Umwelteinflüsse und erzieherischer „Umweltfehler" (Eltern und Erzieher als „untüchtige Umweltgestalter") bleibt die Bestimmung der Entwicklungshemmungen stark medizinisch-biologisch ausgerichtet. Als Faktoren, die zu *Entwicklungshemmungen* führen, bestimmt Hanselmann folgende drei große Gruppen:

1. *Mindersinnigkeit und Sinnesschwäche* (blinde, sehschwache, taube, schwerhörige, taub-blinde Kinder),

2. *Entwicklungshemmung des zentralen Nervensystems* (leicht-, mittel- und schwer geistesschwache Kinder),

3. *neuropathische und psychopathische Konstitution*, körperliche Krankheit, Verkrüppelung, Umweltfehler (schwer erziehbare Kinder).

Hanselmann räumt zwar selber ein: „Diese Einteilung ist zunächst eine vorläufige und unvollständige; sie hat nur den Zweck, den Umfang unseres Arbeitsgebietes anzudeuten" (Hanselmann, 1953, S. 12); eine angemessenere Systematik von Entwicklungshemmungen und entwicklungshemmenden Faktoren hat er jedoch nicht entwickelt. Auf der Basis seines psychologischen Grundmodells von „Aufnahme-Verarbeitung-Ausgabe" (analog dem lerntheoretischen S-O-R-Modell) bleibt es letztlich bei drei Hauptkategorien entwicklungsgehemmter Kinder: Die *Mindersinnigen*, die *Geistesschwachen* und die *Schwererziehbaren*.

Sein Nachfolger, Paul Moor, hat zwar zunächst das Konzept der Entwicklungshemmung seines Lehrers Hanselmann übernommen, dann jedoch eine entscheidende Abkehr von jeglichem biologistischen Denken in Richtung einer zielorientierten *pädagogischen Anthropologie* vollzogen. Seine philosophisch-anthropologisch-pädagogische Begründung und Ableitung von Zielvorstellungen für die Entwicklung des Kindes mündet in seinem Konstrukt des „inneren Halts" der in sich gefestigten, selbst bestimmungsfähigen Persönlichkeit. Dieser innere Halt entwickelt sich durch die Herausbildung eines „festen Willens" auf der Seite des „aktiven Lebens" und durch ein sich ausdifferenzierendes und vertiefendes Gefühlsleben im Sinne eines „stetigen Erfülltseins" auf Seiten des „empfangenden Lebens". Daraus ergeben sich im Umkehrschluss die diagnostischen Grundkategorien von „Haltschwäche" bzw. „Haltlosigkeit" als neue Bestimmung des heilpädagogischen Gegenstandes und der praktischen heilpädagogischen Aufgaben.

Aber ebenso wenig, wie die von dem katholischen Theologen Linus Bopp zeitgleich mit Hanselmann vorgelegte wertphilosophische Ableitung von „Wertsinn" und „Wertwillen" und seiner Bestimmung der Heilpädagogik als „Wissenschaft von der Erziehung wertsinnsgehemmter Personen" (siehe Bopp, 1930), konnte sich Moors Lehre von den „Haltschwächen" grundbegrifflich oder in der praktischen Anwendung durchsetzen. Historisch muss man sie alles in allem als gescheiterte Versuche ansehen, die Heilpädagogik vom Einfluss des medizinischen Denkens zu befreien und zu „einheimischen" pädagogischen Grundbegriffen und Gegenstandsauffassungen vorzustoßen.

Aktuelle Relevanz und theoretische Ansätze

Behinderung – Begriffsimport und pädagogische Transformation:
Bereits im Rahmen der modernen „Krüppelfürsorge" zu Beginn des 20. Jahrhunderts war gelegentlich von „Behinderung" und körperlichen Behinderungen anstelle der des-

avouierten Bezeichnungen „Krüppelhaftigkeit" oder „Verkrüppelung" die Rede (im medico-pädagogischen Ansatz des Berliner Arztes und Orthopäden Konrad Biesalski und des „Krüppelpsychologen und -pädagogen" Hans Würtz). Trotzdem wurde „Behinderung" als neue, einheitliche und alle Fachrichtungen der Heil- und Sonderpädagogik verbindende Grundkategorie erst nach dem 2. Weltkrieg, genauer Anfang der 60er-Jahre des letzten Jahrhunderts, in die Wissenschaftssprache, die Theorie und Praxis der Heilpädagogik aufgenommen. Und zwar weniger aus Gründen wissenschaftlicher Einsicht und Reflexion, sondern eher aus recht pragmatischen Gründen des verbreiteten Sprachgebrauchs und sprachlicher Konventionen. Im erstmals 1961 in Kraft getretenen Bundessozialhilfegesetz (BSHG) war der gebräuchliche und allgemein verständliche Terminus *Behinderung* aufgegriffen und normiert worden, um als sozialrechtlicher und sozialpolitischer Verwaltungs- und Steuerungsbegriff Anrechte auf *Eingliederungshilfen* für Menschen, „die nicht nur vorübergehend körperlich, geistig und seelisch wesentlich behindert sind", zu reglementieren. Im Übrigen waren es wissenschaftliche „Laien", nämlich Eltern behinderter Kinder, die als organisierte Selbsthilfevereinigung den alltagssprachlichen Terminus von Behinderung aufgriffen, um sich damit von den inzwischen als diskriminierend empfundenen Begrifflichkeiten der medizinischen und heilpädagogischen Fachsprache abzugrenzen; so z. B. im Falle der 1958 gegründeten „Lebenshilfe für das geistig behinderte Kind e. V.".

Im umgangssprachlichen Bereich, also außerhalb des wissenschaftlichen Diskurses der Behindertenpädagogik, wird der Terminus üblicherweise auf zweifache Weise verwendet: Als Bezeichnung eines *Vorgangs* und als individuelle *Eigenschaft*. Etwas wird in seinem Ablauf behindert („Behinderung des Straßenverkehrs", „Behinderung der Aufräumarbeiten") oder jemand ist behindert (Fritz ist körperlich, geistig oder sinnes-behindert"). Der doppelte Gebrauch von Behinderung, als Vorgang und als Eigenschaft, kommt in sehr charakteristischer Weise im Diskriminierungsverbot des Grundgesetzes zum Ausdruck; seit 1994 heißt der Art. 3, Abs. 3 Satz 2 GG: „Niemand darf wegen seiner Behinderung benachteiligt werden". Also, wer behindert *ist*, darf es nicht noch zusätzlich (durch soziale Benachteiligung) *werden;* nach diesem Sprachgebrauch des Grundgesetzes *sind* Menschen behindert, sie dürfen es (aber nicht noch zusätzlich) *werden*. Die sprachpragmatisch zweifache Verwendungsweise der Termini „Behinderung", „behindert" als innere Eigenschaft oder äußere Einwirkung beschwört immer wieder Missverständnisse herauf und begünstigt einseitige Wertungen: Im „Krankheitsmodell" ist Behinderung ein Komplex individueller psycho-physischer Merkmale; im „Sozialisationsmodell" bezieht sich Behinderung auf hinderliche soziale Umstände und Entwicklungsbedingungen, welche die Persönlichkeitsentwicklung und die soziale Integration der betroffenen Individuen behindert haben oder weiterhin behindern.

In der für die Reform und den weiteren Ausbau des Behindertenbetreuungswesens einflussreichen Denkschrift des Deutschen Bildungsrates „Zur pädagogischen Förderung behinderter und von Behinderung bedrohter Kinder und Jugendlicher" (1973) wurde auf diesem Hintergrund folgende Konsensdefinition formuliert:

„Als behindert im erziehungswissenschaftlichen Sinne gelten alle Kinder, Jugendlichen und Erwachsenen, die in ihrem Lernen, im sozialen Verhalten, in der sprachlichen Kommunikation oder in den psychomotorischen Fähigkeiten soweit beeinträchtigt sind, dass ihre Teilhabe am Leben der Gesellschaft wesentlich erschwert ist. Deshalb bedürfen sie besonderer pädagogischer Förderung. Behinderungen können ihren Ausgang nehmen von Beeinträchtigungen des Sehens, des Hörens, der Sprache, der Stütz- und Bewegungsfunktionen, der Intelligenz, der Emotionalität, des äußeren Erscheinungsbildes sowie von bestimmten chronischen Krankheiten. Häufig treten Mehrfachbehinderungen auf. (zit. in Gröschke, 1997, S. 71)

Anfang der 1970er-Jahre wurde der Terminus „Behinderung" von Bleidick (1972) und Jantzen (1974) aufgegriffen, pädagogisch und sozialwissenschaftlich transformiert und in wissenschaftlich-systematischer Absicht zum *Grundbegriff* der von ihnen dann so bestimmten „Behindertenpädagogik" gemacht; bei Bleidick orientiert am wissenschaftstheoretischen Konzept des Kritischen Rationalismus (im Sinne von Popper und Albert), bei Jantzen als materialistische Sozial- und Neurowissenschaft. Neben den traditionellen Fachbezeichnungen *Heil-* bzw. *Sonderpädagogik* existiert seitdem der Terminus „*Behindertenpädagogik/Pädagogik der Behinderten*" als dritte synonyme Fachbezeichnung.

Mit dem pragmatischen Bezug auf das alltagssprachliche Verständnis von Behinderungen – etwas wird durch etwas anderes in seiner Ausdehnung behindert – erweist sich der *Fachterminus* „Behinderung" zunächst als eine, nicht sehr originelle, *Metapher*: Ein bekanntes und geläufiges Wort wird auf einen neuen Sachverhalt übertragen, um ihm eine neue Bedeutung zu eröffnen, oder ein Wort wird durch ein anderes ersetzt, um den gemeinten Sachverhalt (seine Referenz oder sein Signifikat) besser oder angemessener zu bestimmen.

Was also ist im pädagogischen Sinne „behindert"? Nicht der „behindert" genannte Mensch, sondern der Prozess seiner Erziehung, Bildung und sozialen Integration. Bei Bleidick (1972) ist Behinderung konsequent eine „intervenierende Variable im Erziehungsprozess"; bei Jantzen (1974) beschreibt Behinderung „soziale Isolation" von Menschen mit körperlichen, geistigen oder seelischen Beeinträchtigungen, die ihre gesellschaftliche Eingliederung, Partizipation, Teilhabe blockiert, behindert oder verunmöglicht.

Eine Metapher als Argumentations- und Redefigur hat immer eine paradoxale semantische Doppelstruktur (vgl. Ricoeur, 2004): *metaphorisch* bedeutet zugleich „etwas ist nicht" und „etwas ist wie". Der Sachverhalt, der nun „Behinderung" genannt werden soll, ist nicht *Krankheit* oder *Defekt*, er ist vielmehr wie etwas, das durch etwas anderes behindert wird (z. B. wie eine „Behinderung des Straßenverkehrs" im Sinne der Straßenverkehrsordnung StVO). Überhaupt ist der gesellschaftliche Bereich des öffentlichen Straßenverkehrs und seiner Ordnung ein gutes *Gleichnis* für das, worum es im *Behinderungsdiskurs* eigentlich geht, lautet doch der Paragraph 1 der StVO: „Jeder Teilnehmer am öffentlichen Straßenverkehr hat sich so zu verhalten, dass kein anderer geschädigt, gefährdet oder mehr als nach den Umständen unvermeidbar behindert oder belästigt wird." Hier wird der metaphorische Gehalt des Behinderungsbegriffs in seiner sozial-relationalen und sozial-normativen Bezüglichkeit recht evident. Wenn die Rede von Behinderung also ursprünglich eine aus dem Bereich der Alltags- und Umgangssprache entnommene Metapher ist, so hat man im Falle der Heil-, Sonder- und Behindertenpädagogik eine *Metapher* zum *Begriff* erhoben. Ein Teil des Problems im Umgang mit diesem behindertenpädagogischen Grundbegriff könnte also darin liegen, dass man seine metaphorische Abkunft vergessen hat bzw. dass man von diesem *Begriff* mehr semantische Schärfe erwartet, als die *Metapher* Behinderung an Eindeutigkeit in sich birgt. Diese sprachanalytischen Überlegungen münden in die Grundsatzfrage „Behinderung"– Metapher: Ja! Begriff: Nein? Vielleicht ist es sogar ein bisher nicht gesehener Vorzug des Behinderungsdiskurses, dass sein metaphorischer Überschussgehalt das semantische Bezugsfeld dieses Fachterminus offen hält für neue Sichtweisen auf den Gegenstandsbereich der pädagogischen Behindertenhilfe (z. B.: „Was hindert/behindert körperlich oder geistig beeinträchtigte Menschen hier und heute?").

Behinderung im sozialen Bezugssystem:

Meine Auffassung von Behinderung als Metapher und weniger als Begriff bedeutet auch, dass diese Argumentations- und Redefigur *über* („meta" = über sich hinaus) die Person des „behindert" genannten Individuums (der Geistigbehinderte, der Körperbehinderte) hinaus verweist auf ein mehrpoliges soziales *Beziehungssystem*, aus dessen Systemeigenschaften *emergent* erst der Sachverhalt hervorgeht, den man im heilpädagogischen Sinne unter einer Behinderung zu verstehen hat. Der Referenzpunkt des Terminus „Behinderung" ist nicht ein Individuum mit irgendwelchen körperlichen oder geistigen Beeinträchtigungen, sondern ein multipolares und multifaktorielles Beziehungsfeld, das sich um dieses Individuum herum aufgebaut hat. Dieses Beziehungsfeld ist ein Spannungsfeld, in dem die Vielfalt individueller Eigenschaften, Merkmale, Fähigkeiten und Unfähigkeiten mit gesellschaftlichen Normalitätsvorstellungen und -erwartungen, funktionellen Leistungs- und Anpassungserfordernissen und sozial-strukturellen Gegebenheiten zusammentrifft. Es ist ein Spannungsfeld aus *Sein, Sollen, Können, Wollen, Dürfen* und *Müssen* (siehe Gröschke, 1997 und 2003).

Der Grundbegriff der Behinderung hat wissenschaftstheoretisch den Status eines *Konstrukts*. Er versteht sich nicht von selbst, sondern in ihm verdichten sich eine ganze Reihe theoretischer Annahmen und Perspektiven bezüglich des komplexen Zusammenspiels individueller und sozial-gesellschaftlicher Bedingungsmomente im Prozess der Herausbildung von Individualität, Normalität, Anpassung und Abweichung. Behinderung ist eine sowohl *individuale* wie auch *soziale* Kategorie; als dialektische Doppelkategorie verklammert sie die Heilpädagogik als *Subjektwissenschaft* mit der Heilpädagogik als *Gesellschaftswissenschaft* (siehe Gröschke, 2004, Individuum). Die häufig genannte allgemeine Zielbestimmung für heilpädagogisches Handeln als Unterstützung von „Selbstverwirklichung in sozialer Integration" von Menschen „mit Behinderungen" greift diese im Begriff angelegte Doppelperspektive auf und formuliert daraus einen pädagogischen Auftrag (siehe Bleidick, 1999).

Die folgende Abbildung zeigt das gemeinte multipolare und multifaktorielle Bezugsfeld von Person und Umwelt, Selbstbild und Fremdbild, individuellen Eigenschaften und Eigenheiten (sozial als „Stigma" bewertet), gesellschaftlichen Erwartungen und Normierungen sowie sozial-strukturell gegebenen oder auch vorenthaltenen Hilfen und Gelegenheiten für ein individuelles Leben in größtmöglicher Selbstbestimmung, sozialer Integration und gesellschaftlicher Teilhabe.

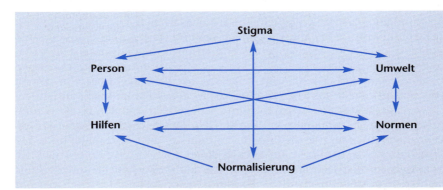

Behinderung als multifaktorielles Beziehungsfeld (Gröschke, 1997, S. 72)

Die internationale Klassifikation von Behinderungen

Die „World Health Organization" (WHO; Weltgesundheitsorganisation), eine Unterorganisation der Vereinten Nationen (gegründet 1948, Sitz: Genf), entwickelt seit Ende der 1950er-Jahre den „Rehabilitation Codes Report" und hat 1980 die erste Fassung der „International Classification of Impairments, Disabilities and Handicaps" (ICIDH) erarbeitet. Die deutschsprachige Behindertenpädagogik hat das darin enthaltene *Dreifaktoren*-Modell weitgehend aufgegriffen, um den aus der Umgangssprache entnommenen Ausdruck „Behinderung" fachwissenschaftlich zu bestimmen, inhaltlich zu füllen und ihn so zu einem Grundbegriff der heil-, sonder- und behindertenpädagogischen Fachsprache zu machen. Die folgende Abbildung zeigt den Aufbau des ursprünglichen Dreifaktoren-Modells, das drei verschiedene Beschreibungsebenen, die arbeitsteilig unterschiedlichen Aufgabenschwerpunkte der am Rehabilitationsprozess beteiligten Fachrichtungen sowie die Komplexität und den umfassenden Anspruch der Rehabilitation behinderter Menschen zum Ausdruck bringen soll.

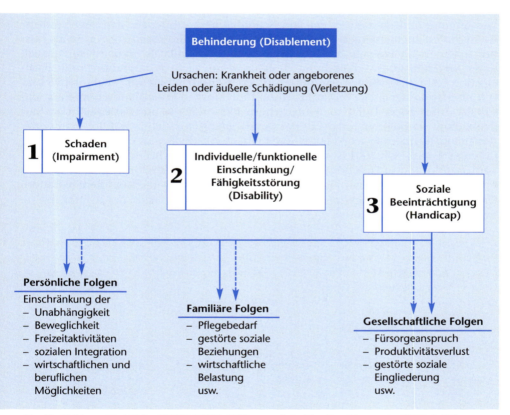

Das Dreifaktoren-Modell der ICDIH (WHO 1980; aus: Gröschke, Praxiskonzepte, 1997, S. 70).

Die deutschsprachige Übersetzung der drei Faktoren (Impairment, Disability, Handicap) variierte allerdings zwischen:
- Schädigung – Behinderung – Benachteiligung,
- Schädigung – funktionelle Störung – soziale Beeinträchtigung,
- Schädigung – Fähigkeitsstörung – Benachteiligung,
- Schädigung – Leistungsminderung – Behinderung.

Trotz dieser begrifflich-semantischen Differenzen bestand und besteht weitgehend Konsens darüber, dass es sich um ein bio-psycho-sozial angelegtes Modell handelt, das die komplexen Zusammenhänge zwischen körperlichen, psychischen und sozialen Bedingungsmomenten und Einflussfaktoren zwar programmatisch benennt, aber nicht im Einzelnen aufklären kann. Das Dreifaktoren-Modell suggeriert eher einen kausalen Nexus zwischen physischer Schädigung, individueller Fähigkeitseinschränkungen und nachfolgenden sozialen Benachteiligungen. Systemisch-konstruktivistische Umdeutungen der Wechselwirkungsprozesse zwischen diesen drei Faktoren haben inzwischen diese modellimmanente Kausalität und Linearität aufgedeckt und korrigiert (siehe Bleidick, 1999 und Greving/Gröschke, 2000).

Die im Jahre 1997 erstmals von der WHO veröffentlichte zweite Fassung der „Dimensions of Disablement and Health" (ICIDH II) ersetzt die drei Faktoren „impairment, disability, handicap" durch „impairment, activity, participation". Dadurch sollte einer defizitorientierten, defektologischen Auslegung des Behinderungsbegriffs vorgebeugt und eine subjekt- und ressourcenorientierte Perspektive begünstigt werden, die Selbstbestimmung und -gestaltung der von Behinderung betroffenen Menschen und ihr Recht auf uneingeschränkte gesellschaftliche Teilhabe und soziale Inklusion als Leitprinzipien und Zielvorgabe der Rehabilitation betonen will. Die normativ, funktionell und einzelfalldiagnostisch bestimmten Befunde von „activity limitation" und „participation restriction" bilden dann die konkreten Ansatzpunkte für rehabilitative und behindertenpädagogische Maßnahmen zur individuellen Entwicklungsförderung und sozialen Integration. Durch die Einbeziehung ökosozialer Kontextfaktoren in die Modellbildung von Behinderung wird der sozial-, alltags- und lebensweltliche Bezug der professionell einzuleitenden Maßnahmen sehr viel deutlicher als bisher zu einem Leitprinzip erhoben. Seit 2001 ist die ICIDH II unter der neuen Bezeichnung „International Classification of Functioning, Disability and Health" (ICF) von der WHO verabschiedet als neues internationales Konsensmodell für den Bereich der Rehabilitation. Die folgenden Abbildungen zeigen die englischsprachige Version der ICF sowie eine deutschsprachige Adaptation.

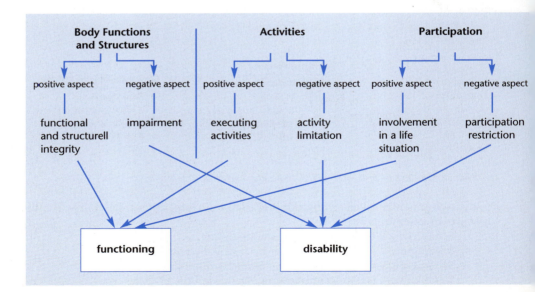

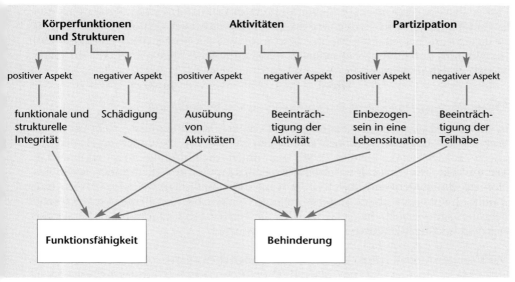

Systematik der ICF (Leyendecker, 2005, S. 20)

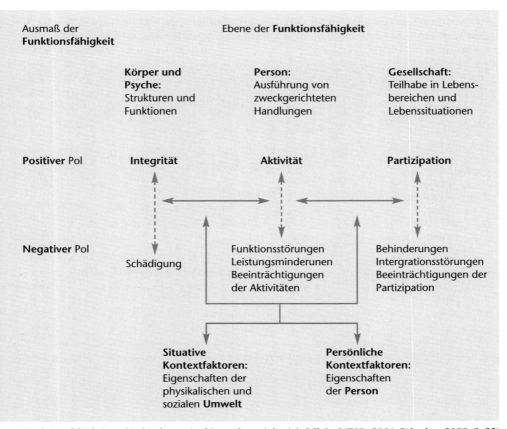

Funktionsfähigkeit und Behinderung im biopsychosozialen Modell der WHO, 2001 (Wember, 2003, S. 22)

Für die Zwecke einer internationalen und interdisziplinären Verständigung über den Sachverhalt einer Behinderung mag dieses allgemeine Modell der ICF genügen; für eine *differenzielle* pädagogisch-psychologische Analyse der Behinderung eines *konkreten* Individuums und seiner Lebensvollzüge reicht ein solches allgemeines und abstraktes Modell jedoch nicht aus.

Pädagogisch-psychologische Dimensionierung von Behinderung

In ein heilpädagogisch brauchbares Modell von Behinderung müssen *pädagogisch-anthropologische* Grunddimensionen einbezogen werden, die „Behinderung als pädagogische Aufgabe" (siehe Bleidick, 1999) bestimmen lassen und die für jeden Einzelfall Ansatzpunkte für entwicklungsförderliche heilpädagogische Hilfen finden lassen, indem sie den förderdiagnostischen Blick auf individuelle Entwicklungs-, Lern- und Handlungsvoraussetzungen und -bedingungen lenken, die sowohl die psychologische Ausgangslage wie auch die pädagogischen Zielvorstellungen für das heilpädagogische Handeln im Einzelfall differenziert erfassen können.

Das folgende Modell zur pädagogisch-psychologischen Analyse von Behinderung im Einzelfall schlägt drei zentrale pädagogisch-anthropologische Grundbedingungen vor, die den Entwicklungs- und Handlungsraum aufspannen, in dem sich individuelle Lern-, Erziehungs- und Bildungsprozesse „unter erschwerten Bedingungen" (Paul Moor) und mit Unterstützung kompensatorischer heilpädagogischer Hilfestellungen vollziehen. „Behinderung" wird in diesem Modell durch die beiden gegenläufigen Funktionen einer graduellen und partiellen *Einschränkung* und einer relativen, temporalen *Retardierung* bestimmt.

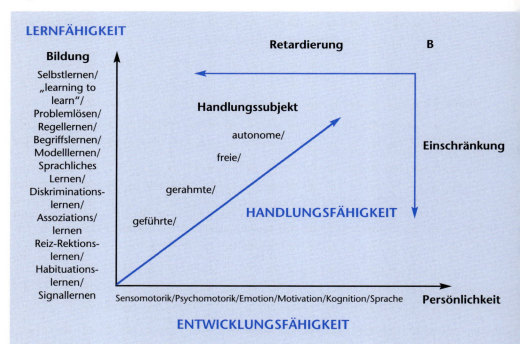

Dreidimensionales Modell zur Analyse von Behinderung (Behinderung B als graduelle Einschränkung/ Retardierung von Entwicklungs-, Lern- und Handlungsfähigkeit)

- *Entwicklungsfähigkeit:* Jeder Mensch, unabhängig vom Ausmaß eventuell vorliegender psychophysischer Beeinträchtigungen oder Schädigungen, ist und bleibt entwicklungsfähig. Seine Entwicklung zur individuell einzigartigen *Persönlichkeit* vollzieht sich als Prozess zunehmender Ausdifferenzierung und Integration in den psychischen Funktionsbereichen von Sensomotorik/Wahrnehmung, Emotion, Motivation, Kognition und Sprache/Kommunikation.

- *Lernfähigkeit:* Neben biologisch beschreibbaren Wachstums- und Reifungsprozessen vollzieht sich die individuelle psychosoziale Entwicklung als stufenweise Aktivierung und Realisierung von Lernformen (von einfachen zu komplexen), über die das Individuum Informationen aus seiner Umwelt aufnimmt, verarbeitet, speichert und als Wissen, Können sowie Selbst-, Welt- und Lebenserfahrung sich aneignet und nutzt. Ziel- und Fluchtpunkt dieser lebenslangen Lern- und Erfahrungsbildungsprozesse in ihrer individuellen Einfärbung und soziokulturellen Einbettung ist das, was man mit dem pädagogischen Grundbegriff der „*Bildung*" beschreibt.

- *Handlungsfähigkeit:* Der Mensch als praktisches Wesen lernt und lebt, um zu handeln, und handelt, um zu leben und im Lebensprozess sich selbst hervorzubringen und zu verwirklichen und seine soziokulturelle Umwelt zusammen mit anderen zur gemeinsamen Lebenswelt zu machen. Es ist anthropologisch und ethisch geboten, dass man auch Menschen mit schwersten psycho-physischen Schädigungen prinzipiell Handlungsfähigkeit zuschreibt und die individuelle Entwicklung jedes Einzelnen zum *Handlungssubjekt* als pädagogische Zielvorstellung aktiv mit heilpädagogischen Mitteln und Methoden fördert und unterstützt (s. auch Beitrag „Handlungstheorie" in diesem Band). Ohne die explizite Einbeziehung dieser anthropologischen Grunddimension bliebe das Verständnis von Behinderung letztlich defizitär und würde sogar latent immer existierende Tendenzen einer Entwertung und Dehumanisierung von Menschen mit Behinderungen begünstigen.

Problem- und Erfahrungsfelder

Nur wenn es gelingt, den mit „Behinderung" bezeichneten komplexen Sachverhalt eines mangelhaften Passungsverhältnisses zwischen *individuellen* Gegebenheiten und Möglichkeiten für Entwicklung, Lernen und soziale Integration und Teilhabe und *sozial*-normativen, *sozial*-ökologischen und -ökonomischen, sowie *sozial*-strukturellen Rahmenbedingungen in die vom Modell ansatzweise aufgezeigte Richtung einer weiteren Dimensionierung aufzuschlüsseln, kann Behinderung weiterhin ein brauchbarer pädagogisch-psychologischer Grund- und Arbeitsbegriff für die Heil-, Sonder-, Behinderten- und Rehabilitationspädagogik bleiben. Als sozialrechtlicher und sozialadministrativer Verteilungsbegriff, der individuelle Rechtsansprüche auf Entwicklungs-, Erziehungs- und Eingliederungshilfen eröffnet und sichert, mag der allgemeine Behinderungsbegriff genügen; zu diesem Zwecke wurde er ja auch ursprünglich eingeführt. Eine sinnvolle und produktive heilpädagogische *Kategorie* kann er jedoch nur bleiben, wenn diese abstrakte Kategorie mit pädagogisch-psychologischen Mittel dekonstruiert und dekategorisiert wird; sie muss *dimensioniert* werden, um im Einzelfall der ganzen Vielfalt und Komplexität individueller und sozialer Bedingungsmomente von Behinderung Rechnung zu tragen und individualisierende heilpädagogische Hilfen zur Entwicklungsförderung und -begleitung finden zu können. Behinderung bezieht sich letztlich auf ein je einzigartiges konstelliertes Diskrepanzverhältnis zwischen

Sein – Sollen – Wollen – Müssen – Dürfen. Als heilpädagogischer Arbeitsbegriff thematisiert er die Abhängigkeit der individuellen Lebenslage, Lebensführung und -bewältigung von sozialen, soziokulturellen und gesellschaftlichen Bedingungen und Verhältnissen.

Jegliche Nutzung eines Arbeits- und Grundbegriffs endet in der Abnutzung; an dem Problembegriff der „geistigen Behinderung" lassen sich diese Verschleiß- und Abnutzungserscheinungen besonders deutlich aufzeigen (siehe Greving/Gröschke, 2000). Die Frage bleibt also offen: Wo liegt der „Grenznutzen" des Begriffs der Behinderung? Ein vorsichtiger Antwortversuch auf diese Frage könnte allenfalls lauten: Er liegt an der Grenze der Nützlichkeit (allerdings: für wen?).

Die pädagogisch gut gemeinte terminologische Umwidmung der traditionellen kategorialen Behinderungsformen (Körper-, Sinnes-, Sprach-, Lern- und geistige Behinderung) in die *Förderschwerpunkte: körperliche und motorische Entwicklung, Hören, Sehen, Sprache, Lernen* und *geistige Entwicklung* (siehe Drave/Rumpler/Wachtel, 2000) ist ein Schritt in die richtige Richtung; aber auch diese Förderschwerpunkte bleiben zu allgemein, funktionalistisch und differenzierungsschwach bestimmt, um konkrete, individualspezifische Entwicklungs- und Lernvoraussetzungen und individuelle Entwicklungs- und Förderziele daraus ableiten zu können.

Ausblick

Eine interessante und innovative Perspektive aus dem *sozialen* Phänomenbereich „Behinderung" eröffnen die so genannten „disability studies", die im Rahmen der anglo-amerikanischen Kulturwissenschaften („cultural studies") seit den 1970er-Jahren des letzten Jahrhunderts betrieben und in den letzten Jahren verstärkt auch in der deutschsprachigen Heil- und Sonderpädagogik rezipiert werden (siehe Weisser/Renggli, 2004). Ein markantes Kennzeichen dieser Forschungsrichtung ist, dass sie von Anfang an besonders von Betroffenen selbst (Forschern mit körperlichen und sensorischen Behinderungen) und in Kooperation mit Menschen mit Behinderungen voran getrieben wurde; analog zu den so genannten gender studies, die in erster Linie von Frauen mit Frauen betrieben werden.

Die „disability studies" (disability = Behinderung) beleuchten gesellschaftliche Themenfelder und gesellschaftliche Prozesse unter dem Blickwinkel von Behinderung, indem sie sich für die Erfahrungen von behinderten Menschen im Umgang mit diesen gesellschaftlichen Phänomenen und Prozessen interessieren.
„Was können wir über das Soziale, Politik, Kunst und Körper wissen, wenn wir diese Themen über die Erfahrung von Behinderung diskutieren?" (Weisser/Renggli, 2004, Einleitung).

Da diese Forschungsrichtung wesentliche Impulse aus der Emanzipations- und Selbsthilfebewegung empfangen hat („People first", „Independent living", „Self advocacy"), geht ihre Stoßrichtung in erster Linie in Richtung Politik und Gesellschaft (Sozial- und Gesellschaftspolitik, Bürger- und Teilhaberechte), weniger in die Richtung der Heil-, Sonder- und Behindertenpädagogik, der man tendenziell eher sogar eine affirmative und paternalistische Einstellung gegenüber dem Behindertenproblem unterstellt. Das eigentliche Ziel der „disability studies" ist die Unterstützung des „politischen Kampfs behinderter Menschen gegen ihre alltägliche Unterordnung und Unterdrückung" (so Carol Thomas, eine britische Protagonistin dieser Richtung, in: Weisser/Renggli, 2004,

S. 51). Es macht in der Tat einen entscheidenden Unterschied, ob man sich am Diskurs über Behinderung aus der *Beobachterperspektive* oder aus der *Teilnehmer-* und *Betroffenenperspektive* beteiligt: Aus der Beobachterperspektive einer bestimmten wissenschaftlichen Disziplin (z. B. Pädagogik, Psychologie, Soziologie) ist das Phänomen „Behinderung" eine mehr oder weniger „objektive Tatsache", die man auf vielfältige und unterschiedliche Weise objektivieren und repräsentieren kann; aus der Betroffenenperspektive wird „Behinderung" als „subjektive Tatsache" erfahren, erlebt und erlitten, die das Individuum auf seinen prekären Status in der Gesellschaft verweist. Für einen konkreten Menschen mit seiner konkreten Behinderung ist „Behinderung" kein neutraler Sachverhalt, sondern ein zentrales *Daseinsthema*: Die gesellschaftlich vorstrukturierte *Bedingung* der individuellen *Möglichkeit* einer weitgehend selbst bestimmten Lebensführung als *Gleicher unter Gleichen* und in uneingeschränkter sozialer Teilhabe. Die Lebenserfahrung behinderter Menschen geht im *Begriff der Behinderung* niemals restlos auf. Es ist das Verdienst der „disability studies" und ihre produktive Herausforderung an die Heil-, Sonder- und Behindertenpädagogik aufzuzeigen, wie das gesellschaftlich vermittelte Differenzschema von „behindert/nicht behindert" funktioniert, um „Normalität" herzustellen und zu reproduzieren, und wie sehr dieser „Normalismus" von gesellschaftlichen Interessen- und Machtverhältnissen und Strukturen sozialer Ungleichheit abgestützt wird (siehe Greving/Gröschke, 2002 und Gröschke Individuum, 2004). Vor diesem gesellschaftsanalytischen und soziokulturellen Hintergrund kann man sehen, dass das Thema „Behinderung" nicht die alleinige Angelegenheit bestimmter wissenschaftlicher Spezialdisziplinen sein kann, heißen sie nun Heil-, Sonder-, Behindertenpädagogik oder Rehabilitationswissenschaften, sondern unser aller Anliegen als Bürger einer demokratischen Gesellschaft und eines solidarischen Sozialstaats sein muss.

Kommentierte Literaturhinweise

Eine gründliche und grundlegende Auseinandersetzung mit dem Behinderungsbegriff leisten:

Bleidick, Ulrich: Behinderung als pädagogische Aufgabe. Behinderungsbegriff und behindertenpädagogische Theorie. Stuttgart, Kohlhammer, 1999

Lindmeier, Christian: Behinderung – Phänomen oder Faktum? Bad Heilbrunn, Klinkhardt, 1993

Beratung   Heinrich Greving

Etymologie

Der Begriff „Beratung" geht auf den altgermanischen Wortstamm „rat" zurück. Dieser wiederum gehört zu dem germanischen Verb „raten". Hiermit wiederum eng verwandt ist z. B. das russische „radet", welches soviel bedeutet wie „für jemanden sorgen". Das germanische Verb „raten" bezeichnete ursprünglich den Prozess des „sich (auch geistig) etwas Zurechtlegens" oder des „Überlegens". Aber auch die Bedeutung des „Vorsorge Treffens" ist hierin enthalten. Der althochdeutsche Wortstamm „rat" wurde ursprünglich im Kontext von „Mittel, welche zum Lebensunterhalt notwendig sind" gebraucht. In diesem Bedeutungszusammenhang ist die Silbe „rat" z. B. in den Begriffen „Vorrat" oder „Unrat", aber auch in der Kollektivbildung „Gerät" wieder zu finden. Im weiteren Wortgebrauch entwickelte sich der Begriff einerseits als Kenzeichnung von „Besorgungen der notwendigen Mittel", andererseits wurde er aber auch im Sinne von „Beschaffung, Abhilfe oder Fürsorge" verwandt. Hieran schloss sich dann der Gebrauch von „Rat" als „gut gemeinter Vorschlag, als Unterweisung oder Empfehlung" an. Bereits im althochdeutschen wurde der Begriff „Rat" auch als Beratung bzw. als beratende Versammlung gebraucht. Er ist noch heute in diesem Kontext in den Worten „Familienrat", „Stadtrat" oder „Rathaus" wieder zu finden. Von diesem Gebrauch stammt dann wiederum die Nutzung von „Rat" im Sinne von „Angehörigen einer Ratsversammlung" bzw. „Ratgeber" ab. Des Weiteren sind in diesem Wortumfeld die Begriffe des „Ratschlages" (welcher einen gut gemeinten Vorschlag bezeichnet) und des „ratschlagens" zu nennen. Letzterer kennzeichnet im eigentlichen Sinne den Vorgang des „Beratungskreis schlagens" und verweist hiermit auf das Abgrenzen des Kreises (des Raumes, des Prozesses) der Beratung (vgl. Duden, 2001, S. 652 f.; Mutzeck, 1999, S. 10).

Geschichte

Vor dem Hintergrund der etymologischen Erläuterungen zur „Beratung" ist somit festzustellen, dass dieser Begriff und die mit ihm verbundenen Handlungen schon seit mehreren hundert Jahren zum Wissensbestand und zu den Handlungsvollzügen der Menschen gehören. Beratung ist somit anthropologisch begründet und begründbar. Aussagen zu einer anthropologischen Fundierung von Beratung können allerdings nur auf dem Boden allgemein anthropologischer Aussagen getroffen werden. Die Frage „Was ist Beratung?" setzt also die Frage „Was ist der Mensch?" zwingend voraus. Dieser Ursprung menschlichen Daseins kann nur begründet werden, indem das Sein des Menschen von dem Sein anderer Existenzen abgehoben wird, sich auf diese bezieht und sie reflektiert. Hierdurch ist schon die Bezogenheit des menschlichen als eigentlicher Daseinsmodus angedeutet. Menschliches Dasein manifestiert sich somit als Abgehoben-Sein von der strukturierten Wirklichkeit und als Bezogen-Sein auf diese Wirklichkeit. Dieses Sich-Beziehen kann aber nur dann geschehen, wenn Menschsein sich als einsam, also vor jeder Erfahrung als getrennt von anderem Seienden erlebt. Die Erfahrung der „Bezogenheit" setzt also die Erfahrung der „Distanzierung" voraus. Dieses Paradox deutet an, dass zwar die zweite die Voraussetzung der ersten sei beide aber nur in wechselseitiger Abhängigkeit voneinander möglich sein können (vgl. Buber, 1978, S. 11). Beziehung erscheint also nur dann möglich, wenn auch das Gegenüber sich als distanzerfahrend erlebt und Bezogenheit als notwendig anerkannt wird.

In diesem Spannungsfeld spielt sich menschliches Leben und professionelles Handeln ab, wobei gerade der Prozess der „Beratung" dieses Eingespanntsein des menschlichen unmittelbar widerspiegelt. Das „Hilfe-" und „Rat-Suchen" im Bewusstsein der Widersprüchlichkeit allen Daseins zieht sich wie ein roter Faden durch die Menschheitsgeschichte: angefangen bei den Anrufungen der Götter, des Gebetes an einen Gott, der Einberufung der (Stammes-)Räte, bis hin zu den heutigen Rathäusern und Beratungsstellen hatte das Rat-Suchen und das Rat-Geben immer seinen Platz in den Hoffnungen und Bewältigungsstrategien der Menschen. Die Themenkreise mögen sich hierbei verlagert haben, die Adressaten, welche Rat anboten, wurden mehr und mehr säkularisiert und schließlich professionalisiert. Das Bedürfnis und der Bedarf an Kommunikation mit dem Schwerpunkt „Beratung" blieb jedoch bestehen.

Aktuelle Relevanz und theoretische Ansätze

Menschliches Leben als Dasein in Spannungen verwirklicht sich in Kommunikation, bleibt auf diese angewiesen in der Form der Beratung, welche durch den Aufbau eines multiprofessionellen Sozialwesensystems zu einem Produkt und einer Dienstleistung wurde. Beratung bemüht sich mittels Kommunikation um das Herstellen von – zumindest vermuteter – Gleichheit auf dem Wege der Wahrnehmung des Gegenüber als potenziell sich bemündigende Person. Im Zentrum dieses Prozesses steht eine – wenn auch nicht immer reflektierte – Beziehung der Gegenseitigkeit, in welcher sich der Beratende als Mensch zu verorten und zu beweisen hat. Beratung verweist auch hierdurch wieder auf das Gleichheitsprinzip alles Menschlichen, auf das gemeinsame Eingebundensein in das oben skizzierte Spannungsfeld.

Wann aber wird Beratung im Kontext der Heilpädagogik notwendig? Beratung wird immer dann initiiert oder nachgefragt, wenn es zu Störungen in Beziehungen oder Bezogenheiten kommt. Beratung fokussiert hierbei das Lebendige, das sich Bewegende, sowie den Prozesscharakter des Lebens. Kommt es zu leidvollen Erstarrungen und Verfestigungen, ist Beratung eine Möglichkeit erfrorene Lebensinhalte wieder zu verflüssigen. Beratung deutet somit hin auf das Entwicklungspotenzial des Menschen. Entwicklung findet immer statt – selbst in hohem Alter, selbst im Zustand der Behinderung. Wohin führt aber diese Entwicklung? Welche Ziele hat sie vor Augen und wie kann die Beratung hierbei unterstützend dienlich sein? Der Begriff von Entwicklung (psychologisch, physiologisch, philosophisch etc.) ist immer gebunden an bestimmte Leitideen, von welchen er abgeleitet wird. Die Vorannahmen von Mensch und Welt prägen den Begriff von Entwicklung – und somit auch den Begriff von Beratung (vgl. Greving, 2000, S. 65). „Wir benötigen nicht nur ein Modell von der Entwicklung, sondern ein Modell für die Entwicklung." (Haeberlin, Menschenbild, 1985, S. 79) – nicht nur ein Modell von der Beratung, sondern für die Beratung. Dieses Modell hat sich dann erneut an den zu reflektierenden normativen Grundsätzen zu orientieren bzw. diese durch den Beratungsprozess umzugestalten. Beratung hat hierbei:
„[...] den Menschen aus seiner Entwicklungsgeschichte heraus zu verstehen: als Organismus mit einer Wahrnehmungs- und Handlungsorganisation, die evolutionär aus der Auseinandersetzung mit Anforderungen der physischen und sozialen Umwelt entstanden ist und sich in der Ontogenese des Menschen ausdifferenziert." (Spiess, 1991, S. 107)

Beratung bedingt also den Prozess der Entwicklung in doppelter Hinsicht: Sie stellt selber Entwicklung dar und bereit, wird von dieser aber auch zu ihrer Existenz genötigt.

Gerade in den letzten Jahren ist es zu einer massiven Zunahme von Beratungsansätzen, -modellen und -institutionen gekommen. Dieser Beratungsboom kann auf verschiedene Ursachen zurückgeführt werden (vgl. Krause/Fittkau/Fuhr/Thiel, 2003, S. 19-22): Die ständig zunehmende Komplexität der (post)modernen Gesellschaft erzeugt einen permanenten Anstieg an Informationen, an Wahlmöglichkeiten und an Lebensgestaltungsoptionen. Auf dem Hintergrund dieser Veränderungsprozesse werden aber auch die eigentlich identitäts- und orientierungsstiftenden Werte und Normen einer Modifikation unterworfen, so dass sie mehr und mehr ihre Funktionen zu verlieren scheinen. Zudem sind die familialen Lebensbedingungen und Strukturen einem raschen Wandel unterworfen. Dieser kann von den pädagogischen Institutionen, wie Kindergarten und Schule, nicht aufgefangen werden. Auch der Staat scheint die Beratungsnotwendigkeiten noch zu erhöhen, denn „wer schafft es schon, seine Steuerabrechnung ohne Steuerberater zu machen oder sein Recht ohne Rechtsberatung wahrnehmen zu können!" (Krause/Fittkau/Fuhr/Thiel, 2003, S. 19) Diese gesellschaftlichen Entwicklungsprozesse bedeuten nun für den Einzelnen auf der einen Seite erneut Freisetzungs- und Freiheitsprozesse, auf der anderen Seite stellen sie aber auch nicht unerhebliche Risiken und Verunsicherungen dar. Dieses bildet in einem gesellschaftlichen Kontext noch einmal die anthropologische Verfasstheit des Menschen als Wesen zwischen den Polen ab: Es ist im Vergleich zu früheren Zeiten wesentlich einfacher, Spielräume für die eigenen Entscheidungen auszugestalten, die Lebensalternativen haben in einem hohen Masse zugenommen – aber gerade diese Optionen können nicht von allen Gesellschaftsmitgliedern genutzt werden, da sie an ökonomische, soziale und personale Voraussetzungen geknüpft sind.

„Diese wiederum sind nicht gleichermaßen vorhanden und eher sehr unterschiedlich verteilt. Denken wir nur an ältere Menschen, an Langzeitarbeitslose, an Behinderte, an in Armut aufwachsende Kinder! Für die Erarbeitung von Lebensplänen, für die Nutzung der Spielräume und die Gestaltung der eigenen Biografie sind entsprechende Kompetenzen notwendig, die in der gegenwärtigen Erziehungspraxis kaum angezielt werden." (Krause/Fittkau/Fuhr/Thiel, 2003, S. 20)

Durch diese gesellschaftsdifferenzierten und -differenzierenden Prozesse nimmt die Spaltung in Modernisierungsgewinner und Modernisierungsverlierer mehr und mehr zu. Beide scheinen auf einem je unterschiedlichen Hintergrund und mit verschiedenartigen Bedarfen den Helfer- und Beratungsmarkt zu konfrontieren. Auf diesem entsteht somit ein Verteilungskampf um die Rechte und die Felder der Beratung. Dieses wird z. B. an dem Psychotherapeutengesetz deutlich, mit welchem jüngst die psychologischen Therapeuten einen Erfolg gegen die Mediziner errungen haben. Im weiteren Verlauf scheint es zu einem Konflikt zwischen den Therapeuten und den Beratern um die richtige Methodik und den effektivsten Ansatz zu gehen. Beratung kann hierbei schon jetzt als sinnvolle und wirksame Alternative zur Therapie verstanden werden.

Welche theoretischen Ansätze zur Beratung können benannt werden? Mit Wasel/Dettling-Klein (vgl. 2003, S. 180–183) sind diese in drei grundlegende Kategorien einzuordnen:
- in praxeologische,
- in theoretisch-methodische und
- in institutionelle Beratungskonzepte.

- Praxeologische Beratungskonzeptionen verstehen sich als Beratungsmodelle, welche sich in der Praxis als günstig und somit als hilfreich und effektiv erwiesen haben. Hierbei handelt es sich z. B. um spezielle Kommunikationsformen, um Sitzordnungen, um Verfahrensabläufe, um Organisationsformen u. Ä.
- Theoretisch-methodische Beratungsmodelle zielen auf spezielle Beratungssettings ab und können als vereinfachte Therapieformen verstanden werden.
- Institutionelle Beratungskonzepte geben einen rechtlichen oder institutionellen Auftrag wieder, in welchem und durch welchen Beratung realisiert werden soll. Psychologische Beratungsstellen haben z. B. den Auftrag, Kinder, Jugendliche und ihre Eltern bei der Klärung und Bearbeitung psychischer Konflikte zu unterstützen.

Problem- und Erfahrungsfelder

Über die oben dargelegte Einordnung hinaus schlagen Wasel/Dettling-Klein (mit Bezug auf Sander, 1999) ein integratives Modell vor, mit welchem die unterschiedlichen Beratungsmodelle praxis-, therapie- und institutionsübergreifend beschrieben werden können. Sie unterschieden hierbei zwei Dimensionen, an welchen sich Beratung orientiert: den Problemfeldern (also der Schwerpunkt, mit welchen eine Person einen Berater aufsucht) und die in der Beratung erarbeiteten Lösungs- und Bewältigungsstrategien. Beide Dimensionen weisen hierbei jeweils drei Kategorien auf:

Die Problemfelder werden unterschieden nach:
- Lebenswelterfahrung,
- Beziehungserfahrung,
- Selbsterfahrung.

Die Lösungsstrategien werden differenziert nach:
- Angebote der Information und Orientierung,
- Angebote der Klärung und Bewältigung,
- Angebote der Handlung und Bewältigung.

Werden diese Dimensionen in einer Matrix zusammengestellt so ergeben sich neun unterschiedliche Beratungstypen:

Lösungsangebote	Problem-Erfahrungsfelder		
	Lebenswelterfahrung	Beziehungserfahrung	Selbsterfahrung
Information und Orientierung	Typ 1 Sachberatung in den Gebieten Beruf, Arbeit, Recht, Verwaltung, Institutionen, Gesundheit etc.	Typ 2 Ehevorbereitungsberatung, Sexualberatung, klassische Erziehungsberatung etc.	Typ 3 Berufsberatung, Begabungsberatung, diagnostische Beratung, Gesundheitsberatung, Eignungsberatung
Deutung und Klärung	Typ 4 Klärende und überschaubar machende Beratung in Verwaltung, Politik, gemeinwesen, Wirtschaft etc.	Typ 5 Paarberatung, Familienberatung, Personalberatung, Organisationsberatung, Institutionsberatung etc.	Typ 6 Psychotherapeutische Beratung, Krisenberatung, Sterbeberatung, Selbsterklärung, existenzielle Beratung etc.

Lösungsangebote	Lebenswelterfahrung	Beziehungserfahrung	Selbsterfahrung
Handlung und Bewältigung	Typ 7 Schuldnerberatung, Beratung über effektiven Umgang mit Institutionen, Behörden, Verwaltungen etc.	Typ 8 Mediationsberatung, Trennungsberatung, lösungsorientierte Familienberatung, Verhaltensmodifikation bei Paaren und Familien	Typ 9 Gesundheitsberatung, Stressberatung, Mediationstechniken, Verhaltensmodifikation bei seelischen und körperlichen Störungen etc.

Das integrative Beratungskonzept (Wasel/Dettling-Klein, 2003, S. 182)

Diese Matrix kann durch die Darstellung des Eingebundenseins der Beratung in unterschiedliche Wissenschaftsdisziplinen ergänzt werden. Hierbei wird deutlich, dass Beratung ein relevantes Teilgebiet der pädagogischen Psychologie ist und sie zudem mit der Psychotherapie und den Tätigkeiten in der sozialen Arbeit, der Sozialpädagogik und der Heilpädagogik kooperiert:

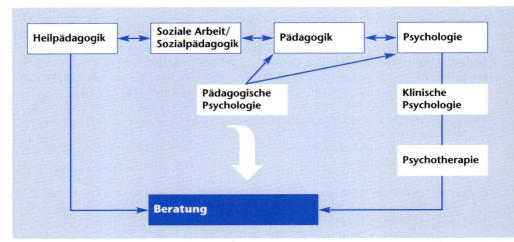

Beziehungen zwischen Beratung und weiteren Wissenschafts(sub)disziplinen (ergänzt nach: Krause u. a., 2003, S. 18)

Vor dem Hintergrund der Darstellung dieser aktuellen Beschreibung von Beratung kann diese wie folgt zusammengefasst dargestellt werden. Beratung ist:
- eine Form einer helfenden Beziehung, in welcher
- ein Berater oder eine Beraterin mithilfe sprachlicher Kommunikation
- auf der Basis unterschiedlicher Methoden
- versucht, einen durch multifaktorielle Prozesse belasteten Klienten
- in einen Lernprozess einzubinden, in welchem seine Selbststeuerungsfähigkeit und seine Handlungskompetenzen und Handlungsmuster optimiert werden;
- Beratung ist des Weiteren eine professionelle und wissenschaftlich fundierte Hilfe, wobei
- unterschiedliche Wissenschaftsdisziplinen in diesen Beratungsprozess einbezogen sind;
- Beratung ist zudem von der Therapie abzugrenzen.

Welche weiterführenden Differenzierungen und Problematisierungen können zur Beratung noch dargelegt werden? Wenn Beratung Beziehung ist, wenn sich diese im Fluss der Entwicklung ereignet, hat sie dann auch immer die Bedingung der Möglichkeit verstehender Kommunikation (auch zwischen Berater und Klienten) zur Voraussetzung? Ist es gerade auch in der Beratungsarbeit mit Menschen mit Behinderungen sinnvoll und anthropologisch begründbar, das „Verstehen" – des anderen – als Kern der Beratung zu postulieren? Es geht hierbei um die Möglichkeit des Verstehens generell bzw. darum, ob Beratung auch bei völligem Nichtverstehen möglich ist. Wie ereignet sich Beratungshandeln, wenn sich der Berater vor der zu beratenden Situation ekelt, wenn er das Verhalten des anderen als Ablehnung interpretiert und nicht versteht? Wenn sich dem Berater scheinbar nur noch Unsinn entgegenstellt und er diesen nicht mit Sinn zu füllen in der Lage ist? Es ist nicht ein umfassendes Verständnis des anderen notwendig, um Beratung im Praxisfeld der Heilpädagogik durchzuführen. Das Teilnehmen am Sein des anderen, die Akzeptanz seiner Autonomie im Prozess der Annäherung scheint anthropologisch wesentlicher zu sein, als alle Modifikationsbestrebungen. Ich nähere mein Sein demjenigen des anderen an, ich versuche auf ihn einzugehen.

„Ja, wir nennen eine Begegnung zwischen zwei Menschen nur dann eine Beratung, wenn dieses Eingehen des einen auf den anderen deutlich hervortritt." (Moor, 1994, S. 219)

Beratung kann vor diesem Hintergrund zunehmend als systemisches Handeln verstanden werden. Es scheint in einer solchermaßen verstandenen Beratung nicht wichtig zu sein, was ein Berater formuliert, sondern wie neue Strukturierungsprozesse in der Person und im Umfeld bzw. System des Ratsuchenden angestoßen werden. Wechselseitige Gestaltungsprozesse bilden den Boden einer systematischen Aktion, in welcher beide Akteure mit ihren Lebensgeschichten und -systemen involviert sind. Wenn also davon auszugehen ist, dass sich im handlungsorientierten Prozess der Beratung sowohl Rat-Suchender wie auch der Berater selbst verändern, er somit vor der „[...] Hürde [...] seiner eigenen Subjektivität, die in allen Wahrnehmungen von ‚Wirklichkeit' eingeht (steht)" (Spiess, 1991, S. 81), ist er sowohl dazu aufgefordert, diese zu kennen, als auch, sie im Beratungsgeschehen zu aktualisieren und für alle hieran Beteiligten nutzbar zu machen. Eine Beratung im systemischen Sinne besteht also in der permanenten Neudefinition und -konstruktion wechselseitig voneinander abhängiger Wahrnehmungen und Wirklichkeiten in Bezug auf ein in diesem Prozess auszuhandelndes und immer wieder zu revidierendes Ziel. Die Kommunikation in systemischen Beratungsvollzügen konstruiert somit eine kommunikative Realität, welche „ständig unterstellt, dass das was gesagt wird, nicht das bedeutet, was damit gesagt wird" (Fuchs, 1994, S. 20). (Beratungs-)Lösungen sind also nicht a priori vorgegeben und „nur" zu vermitteln, sondern als wechselseitige Antwort-Versuche und Antwort-Suche immer wieder neu auszuhandeln (vgl. Greving, 2000, S. 66–68). Was ist in einem solchen Beratungsprozess grundlegend zu beachten? Mit Belardi u. a. (2001, S. 55–90) sollten mindestens folgende Inhalte bedacht werden:

- Rahmenfragen klären: Mit allen am Beratungsprozess Beteiligten muss der Rahmen (das „setting") geklärt werden. Der Berater ist dafür zuständig, die Einhaltung dieser Absprachen zu gewährleisten.
- Arbeitsabsprachen vereinbaren: Um für alle Beteiligten Enttäuschungen zu vermeiden, ist es notwendig, präzise Arbeitsabsprachen zu treffen. Diese umfassen z. B. die Zielformulierungen der Beratung, das Einhalten der Vertraulichkeit, die Anzahl und die Dauer der Beratungskontakte sowie die Formulierung eines Kontraktes zwischen Berater und Klienten.

- Allgemeine Ziele der Beratung bedenken: Hierbei sind die Ziele für die Art und Weise, wie Menschen sich sehen und wie sie ihre Welt erfahren, zu nennen; des Weiteren ist es relevant, Ziele in Bezug auf die emotionalen und kognitiven Präferenzen und Sichtweisen des Menschen zu formulieren.

- Körpersprache beachten: Nicht nur die verbale Sprache sagt etwas über den Gegenstand und den Verlauf der Beratung aus. Neben dem „Was" ist das „Wie" des Sprechens relevant, um Schlussfolgerungen über Gesprächsinhalte zu ziehen.

Ausblick

Abschließend können noch einige Arbeitsfelder genannt werden, auf welchen sich Beratung im Kontext der Heilpädagogik realisiert:

- Erziehungsberatung,
- Familien- und Paarberatung,
- Trennungs- und Scheidungsberatung oder -mediation,
- Ausländer- und Migrantenberatung,
- Schuldnerberatung,
- Drogenberatung,
- Schwangerschaftskonfliktberatung,
- Organisationsberatung.

Kommentierte Literaturhinweise

Belardi, Nando u. a.: Beratung. Eine sozialpädagogische Einführung; 3. Aufl., Weinheim/Basel, Juventa Verlag, 2001.
Nando Belardi u. a. leisten in diesem Buch eine fundierte und praxisnahe Einführung in die Beratung. Sie gehen hierbei von sozialpädagogischen Arbeitsfeldern aus und bieten eine wichtige Einführung in die hiermit zusammenhängenden Fragen und Probleme im Kontext von Beratung. Grundlegende Inhalte dieses Buches sind ohne weiteres auf die Heilpädagogik zu übertragen.

Büschges-Abel, Winfried: Systemische Beratung in Familien mit behinderten oder chronisch erkrankten Angehörigen. Ein lösungsorientierter Ansatz für Heilpädagogik und klinische Sozialpädagogik. Neuwied/Kriftel/Berlin, Luchterhand, 2000.
Der Autor entwickelt in diesem Buch Voraussetzungen, Hintergründe und methodische Orientierungen eines systemischen Beratungsmodells. Im Mittelpunkt steht hierbei die Alltagsbewältigung von Familien mit behinderten oder chronisch kranken Angehörigen.

Krause, Chr./Fittkau, B./Fuhr, R./Thiel, H.-U. (Hrsg.); Pädagogische Beratung. Grundlagen und Praxisanwendung. Paderborn/München/Wien/Zürich, Schöningh 2003.
Die Autoren dieses Bandes beantworten die Fragen nach den Begründungen und den Umsetzungsmöglichkeiten von Beratung. Sie fokussieren hierbei die lebensweltorientierte und die berufsbezogene Beratung.

Mutzeck, W.: Kooperative Beratung. Grundlagen und Methoden der Beratung und Supervision im Berufsalltag; Weinheim/Basel, Beltz Verlag, 1999.
Wolfgang Mutzeck stellt in diesem Band die Methode der kooperativen Beratung vor. Er geht hierbei von einer verstehenden, symmetrischen und kooperierenden Interaktion zwischen allen am Beratungsprozess Beteiligten aus. Dieses Buch zeichnet sich vor allem durch eine große Anzahl von Anregungen und Informationen für die Praxis aus.

Berufsverband der Heilpädagogen (BHP) e. V. Wolfgang van Gulijk

Etymologie

Definition

Ein Berufsverband vertritt die spezifischen Interessen der Angehörigen einer Profession, die ihm als Mitglieder angehören. Die verbandliche Teilhabe an der gesellschaftlichen Willensbildung ist – im Gegensatz zu der der politischen Parteien – nicht im Grundgesetz verankert. Gleichwohl wirken Verbände partizipativ und fördern durch ihre Aktivitäten den gesellschaftlichen Dialog. Die Interessenvertretung bezieht sich zum einen darauf, berufspolitische Vertretungsbotschaften in der Fachöffentlichkeit zu platzieren und Aufklärung darüber zu geben, was Heilpädagoginnen und Heilpädagogen tun und in welchen Arbeitsfeldern sie unverzichtbar sind. Zum anderen sorgt ein Berufsverband für eine Verzahnung von Theorie und Praxis des Berufsfeldes durch Mitwirkung in Gremien der Ausbildungsstätten sowie in Träger- und Fachverbänden. Er fördert darüber hinaus die fachlichen Kompetenzen seiner Mitglieder durch Weitergabe relevanter Fachinformationen und das Angebot von berufsspezifischen Fort- und Weiterbildungen.

Geschichte

In der Zeit zwischen den beiden Weltkriegen und in den ersten 18 Jahren nach Gründung der Bundesrepublik gab es keinen Berufsverband in Deutschland. Allein durch Fachgesellschaften wurde die Heilpädagogik gefördert, so durch die „Gesellschaft für Heilpädagogik" die es sich zur Aufgabe machte, ihre Mitglieder über den Stand der wissenschaftlichen Forschung auf dem Gebiet der Heilpädagogik durch Kongresse zu informieren.
Die erste verbandliche Vertretung wurde im Mai 1967 als „Berufsverband der Heilpädagogen in der Bundesrepublik Deutschland (BHD) e. V." gegründet. Die Gründungsversammlung fand in Randersacker statt. Der Verband startete mit zunächst 27 Mitgliedern. Vorausgegangen waren zu Beginn der 1960er-Jahre erste Gründungen von Ausbildungsstätten, allen voran die von Prof. Dr. Meinertz an der Heckscher Klinik in München. Es handelte sich zunächst um eine einjährige heilpädagogische Fortbildung des Erziehungs- und Pflegepersonals. 1964 nahm das Institut für Heilpädagogik in Bethel/Bielefeld erste Seminaristen auf. Es folgten rasch weitere Schulgründungen in Delmenhorst, Freiburg und Würzburg. Im Jahre 2005 gibt es in Deutschland über 120 Fachschulen und Fachakademien sowie acht Fachhochschulstudiengänge und weitere Ausbildungsmöglichkeiten an Universitäten.

Zum 1. Januar 1979 beschloss die Mitgliederversammlung den Beitritt des BHD als korporatives Mitglied in den Berufsverband der Sozialarbeiter, Sozialpädagogen, Heilpädagogen (BSH). Zu dieser Zeit sind über 900 Mitglieder im BHD organisiert, der fortan als Bundesfachgruppe der Heilpädagogen im BSH die Interessen dieser Berufsgruppe vertritt. Diese Verbindung hat bis zum Jahr 1985 Bestand. Aufgrund tief greifender Differenzen der Bundesfachgruppe mit dem Vorstand des BSH, der eine eigenständige Profession der Heilpädagogen grundsätzlich in Frage stellte, gründete der Vorstand der Bundesfachgruppe am 22. November 1985 den Berufsverband der Heilpädagogen (BHP) e. V. als neue, wieder eigenständige berufliche Interessenvertretung für Heilpädagoginnen und Heilpädagogen. Im Jahre 2006, also gut zwanzig Jahre nach der Verbandsgründung sind im BHP rund 5.100 Heilpädagogen organisiert. Diese Entwicklung unterstreicht die ausgeprägte Identifikation mit dem Beruf bei den Mitgliedern des BHP, der in fachlicher und berufspolitsicher Hinsicht heute die Heilpädagogik in Deutschland wesentlich repräsentiert.

Aktuelle Relevanz und theoretische Ansätze

Im System der organisierten Interessen spielen in Deutschland die Verbände eine wichtige Rolle. In der Verbändeforschung spiegeln sich die unterschiedlichsten Ansätze solcher Interessengemeinschaften wider. Lehmbruch (vgl. Lehmbruch, 1994) unterscheidet zwischen dem korporatistischen Kern des Verbändewesens, zu denen solche Verbände gehören, die intensiv am Tausch mit politischen Gütern beteiligt sind (Wirtschaftsverbände, Gewerkschaften etc.), und Verbänden, die am Rande der Arena politischer Tauschprozesse zu orten sind, dort aber gleichwohl gestaltend und gemeinwohlorientiert tätig sein können. Für diese ist der Begriff des Mesokorporatismus zutreffend, der sich auf Kooperationen sektoraler Ausprägung bezieht (vgl. Schmid, 2001, S. 55). Im Korporatismus kommt dem Staat eine konstitutive Rolle zu. Er schafft die Voraussetzungen für die Organisation kollektiver gesellschaftlicher Interessen und profitiert von dem immensen Fachwissen, welches in den Verbänden vorhanden ist. Besondere Bedeutung kommt der Netzwerkbildung von Interessengemeinschaften zu, so genannten Policy-Networks. Diese spielen zunehmend auch in den Bereichen der Sozial- und Bildungspolitik eine Rolle, also dem Bereich, in dem sich der BHP hauptsächlich bewegt.

Nach Ansicht von Renate Mayntz eignen sich solche Netzwerke ganz besonders zur Behandlung komplexer politischer Problemstellungen (vgl. Mayntz, 1993, S. 40).
Der BHP ist als Berufsverband im sozialen Sektor sowohl regional als auch national aufgestellt. Mit einem Organisationsgrad von ca. 20 % gehört er in seinem Sektor zu den Verbänden mit hoher Berufsgruppenrepräsentanz. Er bringt sich seit vielen Jahren in die fachlichen Netzwerke ein. In der jüngeren Vergangenheit gibt es zunehmend Kontakte auch in nationale Verbändestrukturen, die durch einen Standortwechsel der hauptamtlichen Mitarbeiter nach Berlin deutliche Unterstützung erfahren hat. Nach vielen Jahren, in denen sich die internationalen Kontakte auf die persönlich/fachliche Ebene beschränkten, werden nun erste internationale Vernetzungen auch strukturell auf den Weg gebracht.

Für einen Berufsverband stehen die Mitgliederinteressen in berufspolitischer Hinsicht im Vordergrund. Er sucht daher sowohl in vorhandenen als auch in zu initiierenden Netzwerken seine Ziele zu realisieren. Er stellt seinen Mitgliedern Leistungen in fachlicher Hinsicht zur Verfügung und wirkt darüber hinaus gemeinwohlorientiert durch das Angebot der Nutzung von Fachwissen in seinem Einflussfeld.

Aus der oben kurz skizzierten Geschichte des BHP wird die Absicht erkennbar, dass gerade in der Entscheidung für eine eigene berufspolitische Vertretung von Heilpädagogen ein Gegengewicht zur Tendenz der Ausbildung von Verbänden des korporatistischen Kerns geschaffen werden sollte, das einer Berücksichtigung aller relevanten gesellschaftlichen Interessen im politischen Meinungsbildungsprozess mehr Raum geben kann.

Problem- und Erfahrungsfelder

Arbeitsschwerpunkte

Der Berufsverband der Heilpädagogen (BHP) e. V. ist ein eingetragener Verein und definiert als solcher seine Ziele und Arbeitsschwerpunkte in seiner Vereinssatzung. Die wesentlichen Satzungsziele sind (vgl. BHP Satzung, 2002):

- die berufsständischen Interessen seiner Mitglieder zu vertreten;
- für die Interessen und Bedürfnisse der Klientel der Heilpädagoginnen einzutreten;
- den Informations- und Erfahrungsaustausch unter Heilpädagogen zu pflegen;
- seine Mitglieder weiterzubilden;
- die Verbindung zwischen Theorie und Praxis im Feld der Heilpädagogik zu fördern.

Die Organe des Verbandes, die Mitgliederversammlung und der Vorstand, sind diesen Satzungszielen verpflichtet. Dies gilt auch für die Vertreter der regionalen Gliederungen des BHP, die Landesbeauftragten und die regionalen Sprecher, die in allen Bundesländern für einen selbstaktiven und an der Basis lebendigen Verband sorgen.

Der BHP wird durch einen Vorstand vertreten, der aus acht Personen besteht, von denen zwei den Verband in seinen Rechtsgeschäften repräsentieren. Für das operative Handeln und für die Leitung der Bundesgeschäftsstelle sind Handlungsbefugnisse an den Geschäftsführer übertragen, der nicht Mitglied des Vorstandes ist, aber an dessen Beratungen teilnimmt.

Nach einem im Jahr 2002 eingeführten Geschäftsverteilungsplan ist die Vorstandsarbeit in Geschäftsbereiche aufgeteilt, die jeweils einzelnen VS-Mitgliedern zugeordnet sind. Zurzeit gibt es die Geschäftsbereiche Arbeits-, Tarif- und Sozialrecht, Europäische Akademie für Heilpädagogik im BHP (EAH), Selbstständige im BHP, Handlungsfelder der Heilpädagogik und regionale Arbeit. Darüber hinaus wird in der Verantwortung des Vorstandes ein nationaler „Runder Tisch Ausbildung" moderiert. In allen Geschäftsbereichen arbeiten erfahrene Verbandsmitglieder ehrenamtlich mit. Die Gremien treffen sich zwei bis vier Mal jährlich und arbeiten dem Vorstand in fachlicher Hinsicht zu bzw. werden in seinem Auftrag tätig. Alle Geschäftsbereiche werden durch die Mitarbeiter in der Geschäftsstelle in ihren Tätigkeiten unterstützt. Dort ist auch eine Arbeitsgruppe für Öffentlichkeitsarbeit angesiedelt, die die interne und externe Öffentlichkeitsarbeit des Verbandes koordiniert. In der Geschäftsstelle arbeiten neben dem Geschäftsführer zwei Fachreferentinnen und vier Verwaltungsmitarbeiterinnen. Das Stellenvolumen entspricht 4,5 Vollzeitstellen (Stand 2005). Alle sonstigen Funktionen in der Verbandsarbeit werden ehrenamtlich ausgefüllt. Mit nahezu 100 Funktionsträgern im Ehrenamt verfügt der BHP über eine breite, aktive Unterstützung durch seine Mitglieder, die das Verbandsleben zentral mitgestalten und wesentlich mittragen.

Die Geschäftsbereiche bilden die Ziele ab, die sich der Berufsverband der Heilpädagogen (BHP) e. V. in seiner Satzung gegeben hat. Die sich daraus ergebenden Arbeitsschwerpunkte sind vielfältig und können im Rahmen eines Beitrages für ein Kompendium nicht alle einzeln erläutert werden. Darum sollen exemplarisch zwei für verbandliche Arbeit typische Schwerpunkte ausgeführt werden, unter die sich prinzipiell alle Aktivitäten der Geschäftsbereiche subsumieren lassen. Dies sind zum einen Berufspolitik und Öffentlichkeitsarbeit und zum anderen die fachlichen Dienstleistungen für Mitglieder.

Berufspolitik und Öffentlichkeitsarbeit

Grundlage und Auftrag für das berufspolitische Handeln des BHP bilden die Vereinssatzung und das im Jahre 2001 verabschiedete Berufsbild. Letzteres stellt in gewisser Hinsicht auch ein Leitbild dar, welches sich zur ethisch/anthropologischen Grundausrichtung des Berufsstandes äußert (vgl. BHP-Berufsbild, 2001).

In der Umsetzung des Satzungszieles der Vertretung von berufsständischen Interessen geht es darum, die beruflichen Rahmenbedingungen für Heilpädagoginnen und Heilpädagogen zu verbessern. Noch immer ist der Beruf zu wenig bekannt und in der fachlichen Außenansicht mangelt es an der Kenntnis zum Berufsprofil im Vergleich zu anderen verwandten Berufsgruppen. Dem in der Sozialgesetzgebung zu findenden Terminus „heilpädagogische Hilfen/Methoden/Maßnahmen" steht ein zuweilen ignoranter Blick auf die Berufsgruppe entgegen. Vielfach werden auch anderen pädagogischen Berufen die Qualifikationen zum heilpädagogischen professionellen Handeln zugetraut, sodass sich in der Personalauswahl oder gar in Personalverordnungen für spezifisch heilpädagogische Handlungsfelder Heilpädagogen nicht oder in nicht differenzierten Eignungsbeschreibungen neben Absolventen anderer sozialer Ausbildungen wiederfinden.

Diese Ausgangslage macht deutlich, dass bereits zur Sicherung typischer Arbeitsfelder berufspolitisches Handeln gefragt ist. Darüber hinaus gilt es, Tendenzen entgegenzutreten, die finanziellen Engpässe bei den öffentlichen Gebietskörperschaften zum Anlass nehmen, einer Entprofessionalisierung das Wort zu reden. Mit Blick auf die seit vielen Jahren erfolgreich durchgeführten Qualitätssicherungs- und Qualitätsentwicklungmaßnahmen in Einrichtungen der Jugend- und Behindertenhilfe gibt es Grenzen bei der personellen Ausstattung, die nicht unterschritten werden dürfen.

Die Tarifsicherheit ist ebenso ein wichtiges Anliegen verbandlicher Arbeit. Der Bundesangestelltentarifvertrag als Regelwerk zur Eingruppierung in entsprechende Gehaltsgruppen steht zurzeit in der Diskussion. Der Ausstieg vieler Arbeitgeber aus dem Flächentarifvertrag soll dazu beitragen, die Personalkosten zu senken. Der BHP setzt sich deutlich für eine tarifliche Vergütung ein, die der Verantwortung der Tätigkeit, den erworbenen Kompetenzen und dem Niveau der Ausbildung Rechnung trägt. Mit dem Verhandlungsführer der Arbeitnehmerseite, der Vereinigten Dienstleistungsgewerkschaft ver.di, pflegt der BHP einen engen Austausch in diesen Fragen.

In der fachlichen Diskussion im heilpädagogischen Feld ist der BHP ein häufiger Gesprächspartner von Fachverbänden und Trägerorganisationen. Mehr als 20 Kooperationen, Partnerschaften und Mitgliedschaften mit und in Fachschulen/Hochschulen und deren Gremien sowie Fach- und Berufsverbänden werden für die Umsetzung der Verbandsziele genutzt. Darüber hinaus ist der BHP im Rahmen seiner personellen Möglichkeiten auch regional in Gremien aktiv. Dabei finden besonders die Entwicklungen in den Handlungsfeldern unsere Aufmerksamkeit, so bei der Diskussion und Umsetzung der Frühförderungsverordnung, der Entwicklung und Differenzierung von Jugendhilfeangeboten und der Erschließung neuer Tätigkeitsfelder (Altenhilfe, Reha-Einrichtungen, kinder- und jugendpsychiatrische Praxen). Die fachliche Weiterentwicklung heilpädagogischer Handlungskompetenzen und ihre Vermittlung in Seminaren und zertifizierten Weiterbildungsreihen ist die Aufgabe der Europäischen Akademie für Heilpädagogik (EAH) im BHP e. V.

Zur Wahrnehmung berufsständischer Interessen gehört auch die Mitarbeit in den Gremien der Ausbildungsinstitutionen. Zu Zeiten der Entwicklung neuer Studiengänge (Bachelor/Master) und der Neujustierung beruflicher Qualifikationen in der größer werdenden EU versucht der BHP, Ausbildungs- und Praxisinteressen miteinander zu verzahnen und die Qualität heilpädagogischer Ausbildung zu sichern.

Die *Öffentlichkeitsarbeit* eines Verbandes unterstützt die Umsetzung der strategisch fundierten Ziele, stellt die definierten Kernkompetenzen heraus und sorgt für eine klare Corporate Identity in der Außenwirkung. In der Innenwirkung befördert eine gute Öffentlichkeitsarbeit die Transparenz innerverbandlicher Prozesse und hält über eine informierte und einbezogene Mitgliederschaft das Interesse an der aktiven Gestaltung der Verbandsarbeit unter den Mitgliedern wach. Wie andere Verbände auch, nutzt der BHP seine Internetpräsentation zur öffentlichen Darstellung und gibt vierteljährlich eine Fach- und Verbandszeitschrift heraus. Er verfasst zu aktuellen Themen Pressemitteilungen und informiert die ehrenamtlich im Verband tätigen Kolleginnen und Kollegen über einen regelmäßig erscheinenden Newsletter.

Dienstleistungen für Mitglieder

Für Mitglieder und Funktionsträger in Verbänden ist übereinstimmend das so genannte Mitgliederbeziehungsmanagement ein wichtiger Faktor für eine erfolgreiche Verbandsarbeit (siehe Becker/Edrissi, 2002). Vor dem Hintergrund zunehmender Entsolidarisierung, Arbeitslosigkeit und finanzieller Notlagen hatten viele Verbände in der Vergangenheit einen großen Mitgliederschwund zu verzeichnen. Umso bedeutsamer ist eine gelingende Kommunikation mit den Mitgliedern, die Wahrnehmung (im doppelten Wortsinn) ihrer Interessen und ein Abgleich mit den aktuellen Prioritäten der Verbandsarbeit bzw. der Priorisierung von strategischen Zielen. Welche (Dienst-)Leistungen ein Verband seinen Mitgliedern bietet und ob diese den Erwartungen entsprechen, ist daher ein wesentlicher Faktor für Mitgliederzufriedenheit und Mitgliederbindung. Ein Verband betreibt in der Regel einen wesentlich höheren finanziellen Aufwand zur Gewinnung neuer Mitglieder als zur Bindung eines Bestandsmitgliedes. Darüber hinaus tragen zufriedene Mitglieder ihre positiven Erfahrungen häufiger weiter und fungieren als die entscheidenden Multiplikatoren für die Neumitgliedergewinnung (siehe Verbänderreport, Nr. 4, 2002).

Der Berufsverband der Heilpädagogen (BHP) e. V. hat sich in den vergangenen Jahren bezogen auf die Mitgliedergewinnung antizyklisch entwickelt. Bis zum Jahre 2004 konnten ununterbrochen seit der Verbandsgründung jedes Jahr steigende Mitgliederzahlen verzeichnet werden. Dieser Trend stößt nun bei rund 5.000 Mitgliedern an seine natürlichen Grenzen. Dies macht es umso erforderlicher, auch über eine zufrieden stellende Dienstleistungsvielfalt für eine Mitgliederbindung zu sorgen. Neben der fachlichen Ausrichtung, der Öffentlichkeitsarbeit und der strategischen Positionierung sind die Angebote für die Mitglieder, an denen sie direkt und unmittelbar teilhaben, von Bedeutung.

Der BHP hält deshalb eine Vielzahl von Dienstleistungsangeboten vor, die zur Mitgliederzufriedenheit beitragen.

Einige seien hier exemplarisch genannt:

- Beratung der Mitglieder in Arbeits-, Tarif- und Fachfragen;
- Fachgremien zu den wichtigsten Themen der heilpädagogischen Ausbildung und Praxis;
- Fort- und Weiterbildungsanbote über die verbandseigene Europäische Akademie;
- Bundes- und Landesfachtagungen, Kongresse und Symposien;
- regionale Gliederungen im gesamten Bundesgebiet;
- Veröffentlichungen im eigenen BHP-Verlag;
- Internetpräsenz;
- Agentur für Selbstständige;
- Vergünstigungen für Verbandsmitglieder bei externen Dienstleistern über Gruppenverträge;
- Mitgliederservice über eine hauptamtlich besetzte Geschäftsstelle.

Für die Zukunft sind Fragen der Mitgliederzufriedenheit und ihre Abhängigkeit von einer funktionierenden Kommunikation zwischen Verantwortungsträgern und Mitgliedern von großer Bedeutung. Die Erwartungen der Mitglieder an zentrale Leistungsbereiche eines Verbandes müssen sich in den strategischen Planungen der Funktionsträger wieder finden.

In einer Studie zum Mitgliederfokus auf Verbände ergibt sich folgende Reihenfolge von Erwartung der Mitglieder zu einzelnen Leistungsbereichen (vgl. Verbändereport Nr. 4, 2002):

1. Informationen,
2. Fort- und Weiterbildung,
3. Beratung,
4. Interessenvertretung,
5. Sonderkonditionen,
6. Beschwerdemanagement.

Ein Verband, der sich wie der BHP aus Mitgliedsbeiträgen finanziert, benötigt eine an den Mitgliedererwartungen und auch an der Mitgliederstruktur orientierte Handlungsstrategie, die sich der gegenseitigen Abhängigkeit von Mitgliederzufriedenheit und Dienstleistungsangebot bewusst ist.

Ausblick

Die nationale Dimension

In den 20 Jahren seit der Gründung des BHP haben sich die Verbandsstrukturen professionalisiert. Der unerwartet hohe Organisationsgrad von Berufskolleginnen und -kollegen verlangt dem Verband heute eine Vielzahl von Aufgaben ab, die längst nicht mehr nur im Ehrenamt geleistet werden können. Mit dem Umzug der Geschäftsstelle nach Berlin und der beginnenden Umsetzung einer stärkeren Vernetzung in der fachlichen und politischen „Landschaft" wird der BHP auch zunehmend in seiner Fachlichkeit angefragt. In die aktuellen Themen der Jugend- und Behindertenhilfe sind Mitglieder des Verbandes involviert, die durch Einschätzungen, Stellungnahmen und Beratungsanfragen einer stärkeren Betonung der Verbandstätigkeit in der Mitgestaltung fachlicher Diskurse und Planungen den Weg bereiten. Deshalb hat der Vorstand im Jahr 2005 mit einer umfassenden Satzungsreform ein erweitertes Tätigwerden des BHP als Berufs- und Fachverband initiiert. Dabei wird im Grunde nur die in den letzten Jahren bereits erfolgte Ausrichtung der Verbandsaktivitäten in der Satzung verankert, die in vielen Formulierungen dem aktuellen Sachstand der berufsverbandlichen und fachlichen Arbeit nicht mehr gerecht wird.

Ein weiteres wichtiges Arbeitsziel ist die in der Umsetzung der Sozialgesetzgebung der letzten Jahre geforderte fachliche Fundierung des Teilhabeanspruchs von Menschen mit Behinderungen. Die Umsetzung solcher Erwartungen liegt noch in vielerlei Hinsicht im Argen. Stationäre Angebote, ausgrenzende Maßnahmen und Unterbringungen nehmen nur marginal ab zugunsten von integrativen, insbesondere ambulanten Hilfen, die dem Anspruch nach Teilhabe Rechnung tragen. Insbesondere zu den Anforderungen einer Inklusionspädagogik gilt es, sich zu positionieren, ebenso zu den Selbsthilfe- und Empowerment-Konzepten, denen ein gewandeltes Verständnis heilpädagogischen Tätigwerdens zu Grunde liegt. Ein Berufs- und Fachverband kann sich nach meinem Verständnis zukünftig gerade dadurch auszeichnen, dass er sich solchen Debatten nicht nur aus vertrauten Positionen und oft mit deutlichem Zeitverzug zuwendet, sondern dass die Diskussionen aus seiner Mitte heraus entstehen. Die berufsständischen und fachlichen Interessen würde dies eindeutig befördern. Dies wurde in der Vergangenheit schon oft unter Beweis gestellt – ich erinnere mich an die großen Veränderungen in der Jugendhilfelandschaft in den 1970er- und 1980er-Jahren. Damit könnte man dem immer mal wieder aufkommenden Vorwurf des Berufslobbyistentums begegnen.

Auch in den Ausblicken berufsverbandlicher Arbeit können die Problemfelder in diesem Kompendium nur beispielhaft erörtert werden. Ich wähle deshalb abschließend das Thema Ausbildung um auf zwei wesentliche Forderungen des BHP aufmerksam zu machen. Die Ausbildungslandschaft für Heilpädagogen ist in Deutschland sehr heterogen. Angebote gibt es auf der Ebene der Fachschulen/Fachakademien ebenso wie auf Fachhochschul- und Universitätsniveau. Bisher sind diese Bildungswege weitgehend voneinander abgeschottet, zeichnen sich durch divergierende Zugangsvoraussetzungen aus und verfügen nur sehr eingeschränkt über Regelungen zur gegenseitigen Anerkennung von Ausbildungsinhalten. Der BHP tritt entschieden für eine geregelte Durchlässigkeit der unterschiedlichen Ausbildungsangebote ein und ist der Meinung, dass im Zuge der Einführung der Bachelor- und Master-Studiengänge, eine solche Durchlässigkeit hergestellt werden kann. Mit einem Beschluss zur Anrechnung von außerhalb der Hochschule erlangten Kompetenzen auf einen Hochschulstudiengang hat die Kultusministerkonferenz (KMK) bereits im Jahre 2002 die Richtung vorgegeben. Neben der Forderung nach höherer Durchlässigkeit ist es uns wichtig, die Qualität in den heilpädagogischen Ausbildungen zu sichern und daran mitzuwirken, dass sie den Erfordernissen einer sich verändernden Praxis in ihrer Vielfältigkeit und dem Anspruch nach Schaffung einer beruflicher Identität entsprechen. In der Diskussion um eine angemessene Vergütung heilpädagogischer Leistungen bringt sich der BHP aktiv in die Diskussionen um die Neugestaltung des BAT ein und unterstützt selbstständig tätige Kollegen und Kolleginnen bei ihren Verhandlungen mit den Kostenträgern.

Die europäische Dimension

Berufsverbandliche Arbeit ist zunehmend auch unter dem Gesichtspunkt der europäischen Integration zu gestalten. Schon seit seiner Gründung unterhält der BHP fachliche Kontakte zu Berufskollegen aus dem europäischen Ausland. Eine Reihe von Veranstaltungen und Symposien belegen diese Aktivitäten (vgl. 4. Symposium, BHP, 2000). Im Jahr 2005 organisierte der BHP zum ersten Mal gemeinsam mit den Berufsverbänden der Schweiz, Österreichs und Luxemburgs einen internationalen Kongress für Heilpädagogik, der an die Vorkriegstradition der großen Kongresse der Internationalen Gesellschaft für Heilpädagogik anknüpfen will. Zur Gestaltung der berufsverbandlichen Arbeit in Europa gründeten die genannten Verbände im November 2005 die „Internationale Gesellschaft heilpädagogischer Berufsverbände in Europa". Ihre Aufgabe ist es, sich in relevanten berufspolitischen Fragen abzustimmen und gemeinsam zu äußern. Darüber hinaus wurde vereinbart, den fachlichen Austausch zu pflegen, die Standards der Ausbildung von Heilpädagoginnen zu festigen und auszubauen, Fortbildungen zu organisieren und eine gemeinsame Berufsethik zu beschreiben (vgl. Entwurf Statuten IGHB, BHP, 2005).

Mit der europaweiten Einführung konsekutiver Studiengänge verändert sich auch in Deutschland die Hochschulausbildung. Das Diplom mit der dazugehörigen Berufsbezeichnung „Diplom-Heilpädagogin/Diplom-Heilpädagoge" wird ersetzt durch einen Bachelor- bzw. Master-Abschluss, der stärker die unterschiedlichen inhaltlichen Schwerpunkte der Ausbildung betonen wird (Bachelor of Inclusiv Education/BA-Studiengang Bildungs- und Sozialmanagement in heilpädagogischen Arbeitsfeldern etc.). In dieser Entwicklung ist darauf zu bestehen, dass die berufliche Identität von Heilpädagoginnen und Heilpädagogen nicht leichtfertig aufs Spiel gesetzt wird. Ein Verzicht auf den Terminus Heilpädagogik hätte Folgen für die Positionierung der Berufsgruppe am Arbeitsmarkt und würde sich auch in der tariflichen Zuordnung in den Flächentarifverträgen negativ auswirken. Letztlich liegt es im originären Interesse der Ausbildungsstätten, die eine langfristige Nachfrage ihrer Angebote sicherstellen müssen, ihren Beitrag zur Qualifizierung einer identifizierbaren Profession zu leisten und nicht der Beliebigkeit sozialer Berufsqualifikationen und damit einer – zunehmend der finanziellen Ressourcenknappheit geschuldeten – Entprofessionalisierung Vorschub zu leisten.

Abschließend sei auf die im europäischen Zusammenhang wichtige Debatte um einen Europäischen Qualifikationsrahmen (EQF) hingewiesen (siehe Bundesinstitut für Berufsbildung BIBB, 6/2005). Im Rahmen eines Konsultationsverfahrens hat die EU-Kommission die Implementierung des EQF auf den Weg gebracht. Der EQF soll als gemeinsames Bezugssystem für die verschiedenen nationalen Qualifikationssysteme dienen. Er ist konzipiert als Meta-Rahmen, der Transparenz und gegenseitiges Vertrauen im Bereich der beruflichen Qualifikation fördern soll. Mit ihm können nationale und sektorale Qualifikationssysteme miteinander in Beziehung gesetzt werden. In insgesamt acht Niveaustufen werden Qualifikationen in Form von Kompetenzen beschrieben. Der EQF ist ein output-orientiertes Verfahren, bei dem nicht allein der formale Abschluss z. B. einer Berufsausbildung steht, sondern die Einordnung von Lernergebnissen. Da der EQF letztlich in seinen Bewertungskriterien berufliche und akademische Bildungsgänge bewertet und zuordnet, ist mit ihm zukünftig ein Instrument verfügbar, welches den Vorgaben einer durchlässigen Bildungslandschaft beruflicher und akademischer Ausbildungsgänge Rechnung trägt.

Zusammenfassung

Berufs- und fachverbandliche Arbeit unterstützt und entwickelt national – und zunehmend auch international – die heilpädagogische Praxis, Forschung und Ausbildung. So trägt die Verbandsarbeit zu einem identifizierbaren Berufsprofil bei. Der Berufsverband der Heilpädagogen (BHP) e. V. nutzt die Ressourcen seiner Mitglieder, um in den fachlichen und politischen Netzwerken aktiv zu werden und die pädagogischen Hilfen für Menschen mit besonderem Unterstützungsbedarf mit dem vorrangigen Blick auf deren Teilhabe am gesellschaftlichen Leben zu entwickeln und zu sichern. Der BHP tritt für die nachhaltige Grundlegung der Heilpädagogik in den sozialen Handlungswissenschaften und für die Sicherung eines einheitlichen Berufsbildes und einer signifikanten, die berufliche Identität befördernde Berufsbezeichnung ein.

Kommentierte Literaturhinweise

Berufsverband der Heilpädagogen (BHP) e. V. (Hrsg.): Heilpädagoginnen und Heilpädagogen im 21. Jahrhundert, kommentierte Ergebnisse einer Situations- und Arbeitsfeldanalyse, Kiel, BHP-Verlag, 2002.
Dokumentation einer repräsentativen Befragung der Mitglieder des Berufsverbandes zu Ausbildung und Studium, zur Berufspraxis und zu den Erwartungen an eine berufsverbandliche Vertretung. Die Studie diente dem amtierenden Vorstand als Richtschnur für die Planungen der Arbeitsvorhaben in der Amtszeit 2002 bis 2006.

Berufsverband der Heilpädagogen (BHP) e. V. (Hrsg.): Heilpädagogen in Europa – Ziele und Methoden heilpädagogischer Arbeit/4. Symposium, Berlin, April 2000, Kiel, BHP-Verlag, 2000.
Dieser Band dokumentiert zwei Vorträge, die sich mit der Notwendigkeit heilpädagogischer Arbeit in Europa und mit den Gestaltungsoptionen berufsverbandlicher Arbeit beschäftigen. In der „Berliner Erklärung" wurde der Grundstein gelegt für die im vorgehenden Beitrag beschriebene Entwicklung des BHP auf europäischer Ebene.

Müller, Darius: Der BHP – Strategien und Möglichkeiten politischer Partizipation, in: heilpaedagogik.de, Vierteljahresschrift des BHP, 2/2004, S. 3–10.
Ein grundlegender Artikel über den Berufsverband der Heilpädagogen (BHP) e. V. im System der Interessenvermittlung, seine Aufgaben und seine Chancen, Einfluss zu nehmen auf die sozialpolitischen Entwicklungen in seinem Handlungsfeld.

Berufsverband der Heilpädagogen (BHP) e. V., Michaelkirchstraße 17/18, 10179 Berlin, www.heilpaedagogik.de

Blinden- und Sehbehindertenpädagogik
Franz-Karl Krug

Etymologie

Der Förderbereich „Sehen" gliedert sich traditionell in die Fächer Blinden- und Sehbehindertenpädagogik.
Das Adjektiv „blind" geht auf das mittel-/althochdeutsche „blint" bzw. das gotische „blinds" zurück. Der Wortstamm findet sich auch in anderen Sprachformen (altnordisch, altenglisch, altfriesisch).
Ursprünglich bedeutet „blind" „undeutlich schimmernd, fahl". Im Litauischen finden sich in diesem Kontext verwandte Begriffe, die die Bedeutung „trübe, dunkel werden, sich verfinstern" meinen. Eigentlich ist hier die Bezeichnung der Veränderung beim Einrühren von Mehl in klare Flüssigkeiten gemeint.

Das Verb „sehen" hat seinen Ursprung im mittelhochdeutschen „sehen", im althochdeutschen „sehan" bzw. im gotischen „sailvan". Auch im Altnordischen, Altenglischen, Altfriesischen und Schwedischen finden sich verwandte Wortstämme. Mit dem Begriff „sehen" ist ursprünglich „bemerken, sehen, mit den Augen verfolgen" gemeint.

Das im Mittelhochdeutschen verwendete „hindern" (althochdeutsch „hintaren", altenglisch „hindrian", altnordisch „hindra") meint „hintansetzen, zurückhalten, zurückdrängen". Das Sehen ist im Kontext dieser Wortbedeutung also durch Verdrängen beeinträchtigt und bedarf im sonderpädagogischen Sinne einer adäquaten Förderung. Das Verb „fördern" findet sich in mittelhochdeutschen, althochdeutschen, mittelniederländischen, westgermanischen und altenglischen Sprachräumen. Darunter ist eigentlich etwas „vorwärts bringen, weiter nach vorn bringen" gemeint (vgl. Duden – Herkunftswörterbuch, 1997, S. 87/200/285/506/663/664; Kluge, Etymologisches Wörterbuch, 1999, S. 119/279/375/754).

Die pädagogische Förderung bleibt hierbei nicht auf das „pais" (das Kind) beschränkt. Die Pädagogik (altgriechisch „Kinder-Erziehung") bemüht sich im Förderschwerpunkt „Sehen" in jüngster Zeit um Betroffene in allen Lebensaltern.

Geschichte

Die Geschichte der Erziehung Blinder und Sehbehinderter wird nicht vor dem Hintergrund einer historischen Pädagogik betrachtet, sondern in der Verflechtung vielfältiger Ansätze gesehen, die als pädagogisch bedeutsam gelten. Auf die jeweiligen Lebensbedingungen Sehgeschädigter haben dabei Wohlfahrt, Fürsorge, Sozialhilfe und Selbsthilfebestrebungen (Rath, 1985, S. 22) oder auch Einzelpersonen „als Pioniere" Einfluss genommen (Walthes, 2003, S. 179 f.). Die Entwicklung der Blindenbildung wurde stets im sozialen Kontext des Sehgeschädigtenwesens gesehen (Rath, 1983; Rath, 1985; Wanecek, 1969). Darüber hinaus wurde die Geschichte der Blinden- und Sehbehindertenpädagogik auch von der Entwicklung anderer Behindertenpädagogiken, internationalen Einflüssen und den so genannten Nachbardisziplinen (z. B. der Ophthalmologie, der pädagogischen Psychologie) mitgeprägt und beeinflusst.

Die institutionalisierte Blindenbildung hat sich in den letzten 220 Jahren entwickelt. Ihr Beginn liegt in der Gründung der ersten Blindenanstalt 1784 in Paris. Im 19. Jahrhundert breitete sich die Blindenbildung zunächst in Europa, dann in Nordamerika rasch aus. Diese Entwicklung setzte sich im 20. Jahrhundert zunächst in einigen asiatischen Ländern, dann bis Mitte des 20. Jahrhunderts in der arabischen und afrikanischen Welt fort.

Die Gründung der Blindenanstalten im 19. Jahrhundert wurde von ersten schriftlichen Zeugnissen begleitet (Zeitschriften für die Blindenbildung; Klein, Lehrbuch, 1819). In dieser Zeit liegt auch die entscheidende Erfindung der Blindenschrift durch Louis Braille (1825), wenn diese auch – bedingt durch unterschiedliche medizinische und pädagogische Lehrmeinungen – in den Blindenschulen erst Jahrzehnte später zur Anwendung kam. Mitte des 19. Jahrhunderts wurde die handwerkliche Ausbildung Blinder in Angriff genommen und die organisierte Zusammenarbeit der Blindenanstalten begonnen. Gegen Ende des 19. Jahrhunderts richtete man die ersten Blindenlehrerkongresse ein, die noch heute als Kongresse der Blinden- und Sehbehindertenpädagogik in regelmäßigen Abständen stattfinden.

Anfang des 20. Jahrhunderts wurde der Schulbesuch für Blinde Pflicht. Dies führte zum Ausbau der Anstalten und zu einer regen wissenschaftlichen Auseinandersetzung mit dem Blindenwesen.

Die Blindenanstalten des 19. Jahrhunderts waren als geschlossene Systeme konzipiert, in denen sich im organisatorischen und im Lehrplanbereich segregierte blindenspezifische Formen durchgesetzt haben. Die Blindenschulen wurden zu einem erheblichen Anteil von (nach heutiger Definition) sehbehinderten Kindern besucht. Diese Kinder wurden der damaligen Lehrauffassung folgend in ein avisuelles Milieu gezwungen und haben vielerorts das Erziehungsschicksal vieler Sehbehinderter auf unglückliche Weise bis in die Mitte des 20. Jahrhunderts geprägt (Mersi, 1985, S. 36). Die Restsehfähigkeit der so genannten Halbblinden wurde als für die Erziehung und Bildung hinderlich oder gefährdet betrachtet. Gestützt wurde diese Auffassung durch die von führenden Augenärzten und in deren Folge von Blindenpädagogen vertretene „Usus-abusus Hypothese", welche die Restsehfähigkeit Sehbehinderter als endliche Ressource betrachtete, die durch Benutzung vermindert würde. Aus diesem Grund wurde die Entwicklung einer eigenständigen Sehbehindertenpädagogik aus der Blindenbildung heraus erheblich erschwert. Nur zögerlich bildete sich zu Beginn der 20. Jahrhunderts auf der Grundlage historisch gewachsener und sich teilweise überschneidender Konzepte der Erziehung Sehgeschädigter eine eigene Struktur von Sehbehindertenklassen bzw. -schulen im deutschsprachigen Raum aus (Mühlhausen, Straßburg). Zunächst dominierte in der Förderung Sehbehinderter die Sehschonung gegenüber der Sehförderung. Die Sehförderung konnte sich weitgehend erst in den 1960er-Jahren durchsetzen. In diese Phase fällt auch die Neugründung mehrerer eigenständiger segregierter Sehbehindertenschulen in Deutschland. Gegenläufig wurde von Sehgeschädigtenpädagogen mit der „curriculumtheoretisch-emanzipatorisch orientierten Sehbehindertenpädagogik" ein flexibles Erziehungs- und Bildungssystem diskutiert, das je nach Bedarf segregative und integrative Beschulungsmöglichkeiten forderte (Mersi, Schindele). Der Integrationsgedanke wurde durch Einrichtung der staatlichen Schule für Sehgeschädigte 1983 in Schleswig „als Schule ohne Schüler" verwirklicht. Die dort arbeitenden Lehrkräfte sind ausschließlich als Ambulanz- und Beratungslehrer für die in den allgemeinen Schulen integrierten sehgeschädigten Kinder und Jugendlichen tätig.

In der heutigen deutschen Schullandschaft sind mittlerweile beide Systeme etabliert, wobei sich die Schulen für Blinde zunehmend mehrfach- bzw. schwerstmehrfachbehinderter Kinder und Jugendlicher annehmen. In der jüngeren Entwicklung der Blinden- und Sehbehindertenpädagogik werden verstärkt Bezüge zwischen der Blinden- und Sehbehindertenpädagogik hergestellt und gemeinsame Arbeitsfelder abgesteckt. Daneben wurden nach einer Entwicklung über mehrere Jahrzehnte an vielen Schulen für Blinde und Sehbehinderte Frühförder-, Beratungs- und Medienberatungszentren begründet.

Aktuelle Relevanz und theoretische Ansätze

In der Vergangenheit hat man Sehschädigungen (Sehschädigung als Oberbegriff von Sehbehinderung, hochgradiger Sehbehinderung und Blindheit) mithilfe klinischer Funktionswerte bestimmt. Dementsprechend wurden Kinder und Jugendliche mit wesentlichen Sehbehinderungen bzw. mit Blindheit in segregierte Sonderschulen eingeschult.

Sehschädigungen	
Einteilungen von Funktionseinschränkungen des Sehens mit Werten für den entsprechenden Visus (Visus mit Korrektur auf dem besseren Auge)	
Wesentliche Sehbehinderung	
Sehbehinderung	Hochgradige Sehbehinderung
1/3 bis 1/20 0,3 bis 0,05	1/20 bis 1/50 0,05 bis 0,02
Blindheit	
oder der Blindheit gleichzustellende Beeinträchtigungen (Gesichtsfeldausfälle, Lichtsinn-, Farbsinnstörungen, Störungen der Motilität des Auges)	
1/50 bis 0 0,02 bis 0	

Die unbefriedigenden Versuche, Sehschädigung mithilfe klinischer Funktionswerte alleine zu bestimmen, haben dazu geführt, dass im pädagogischen und rehabilitativen Bereich zunehmend funktionale Beschreibungen eingeschränkten Sehvermögens verwendet werden. Dabei wird darauf geachtet, wie sehbehinderte Menschen mit ihren visuellen Fähigkeiten und individuellen Voraussetzungen bei den jeweils gegebenen visuellen Außenreizen zurechtkommen (Corn, 1983, S. 373–377).

Visuelle Fähigkeiten	Visuelle Außenreize	Individuelle Voraussetzungen
Sehschärfe (Visus) Gesichtsfeld Bewegungsstörungen des Auges (Motilität) Hirnfunktionen Licht- und Farbaufnahme	Farbe Kontrast Zeit Raum Beleuchtung	Kognition Sensorische Entwicklung Integration der Wahrnehmung Psychische Konstitution Physische Konstitution

„In unserer stark auf Visualität ausgerichteten Umwelt ist das Umgehen-Können mit einer Sehschädigung von besonderer Bedeutung. Die Betroffenen sollen in der Lage sein, ein Leben mit ei-

ner Sehschädigung sowohl in sozialer Begegnung mit nichtbehinderten als auch mit sehgeschädigten Menschen sinnerfüllt zu gestalten und – wann immer möglich – sich aktiv mit den Auswirkungen der Schädigung auseinander zu setzen und Kompensationsmöglichkeiten auszuschöpfen." (Beschluss der Kultusministerkonferenz. Förderschwerpunkt Sehen, 1998)*

Die spezielle Ausgangslage blinder und sehbehinderter Kinder und Jugendlicher rechtfertigt eine besondere Didaktik für diese Klientel. In der geschichtlichen Entwicklung der Sehgeschädigtendidaktik kann man auf unterschiedliche Ansätze zurückgreifen (Schindele, 1985, S. 91 f.). Der von Schindele zugrunde gelegte Ansatz hat noch heute seine Gültigkeit.

Schindele adaptierte die vorgegebenen Entscheidungsfelder und Strukturelemente der allgemeinen Didaktik in folgenden Bereichen:

- intentional (Ziele, Inhalte/Gegenstand),
- methodisch-prozessual-organisatorisch (Artikulation, Methodenkonzeption, Vermittlungs-, Erarbeitungsformen und -techniken, Sozial- und Interaktionsformen),
- medial bzw. in der Lernumgebung (Lehr-, Lern- und Hilfsmittel, sonstige sachliche Lernumgebung, personale Lernumgebung).

Obwohl Schindele auf eine 200-jährige praktizierte Sehgeschädigtendidaktik zurückgreifen kann, die einzelnen Bereiche ausführlich beschreibt und mit Beispielen belegt, liegt bis heute kein abschließend umfassendes Konzept vor. Einzelne Wissenschaftler haben sich allerdings im Anschluss an Schindeles konzeptionelle Grundlegung mit ausgewählten Inhalten befasst (Csocsán, mehrere Veröffentlichungen zur integrativen Didaktikforschung; Hahn, 1998; Krug, 2001; Lang, Haptische, 2003 etc.).

Für die Blinden- und Sehbehindertenschulen – soweit nicht lernbeeinträchtigte und/oder mehrfachbehinderte Kinder unterrichtet werden – gelten die jeweiligen allgemeinen Lehrpläne der Bundesländer. Neben den dort festgeschriebenen Inhalten sind für die Erziehung und Bildung sehgeschädigter Kinder und Jugendlicher zusätzliche Inhalte bedeutsam:

- Frühförderung,
- LPF (lebenspraktische Fertigkeiten),
- O&M (Orientierung & Mobilität),
- visuelle Informationen in offenen und geschlossenen Räumen,
- Psychomotorik,
- Wahrnehmungsförderung/Seherziehung,
- Sensibilisierung der so genannten Sekundärsinne (taktil, auditiv, olfaktorisch, gustativ etc.),
- ästhetische Erziehung,
- soziales Lernen,
- berufliche Förderung und Eingliederung.

Mit den Empfehlungen zum „Förderschwerpunkt Sehen" vom März 1998 hat das Sekretariat der Ständigen Konferenz der Kultusminister der Länder in der Bundesrepublik Deutschland zwei gänzlich unterschiedliche Lehrkompetenzen angesprochen:

- auf Visualität bezogene Aspekte bei sehbehinderten Menschen (Sehen),
- auf primär taktile und auditive bezogene Aspekte bei blinden Menschen (Nicht-Sehen).

Die in den Bundesländern diskutierte und mancherorts vollzogene Umwandlung der Schulen für Blinde und der Schulen für Sehbehinderte in Schulen für Sehgeschädigte erweist sich hier für eine individuelle und differenzierte Förderung sehgeschädigter Menschen als kontraproduktiv. Ähnliche Tendenzen der Zusammenlegung werden unter dem vorhandenen Kostendruck auch im universitären Angebot diskutiert.

Will man das festgeschriebene Recht der Kinder und Jugendlichen auf eine ihren persönlichen Möglichkeiten entsprechende schulische Bildung und Erziehung umsetzen, wird man an einem differenzierten flexiblen Bildungs- und Ausbildungssystem festhalten müssen. Nur so kann der Beitrag, Schülerinnen und Schülern mit Sehschädigungen aller Arten und Grade die Umwelt zu erschließen und die Entwicklung von Orientierung und Verhalten bei Anforderungen des Alltags in bekannter und unbekannter Umgebung zu fördern, geleistet werden.

„Die sonderpädagogische Förderung ist darauf angelegt, die Identitätsfindung der sehgeschädigten und wahrnehmungsgestörten jungen Menschen zu unterstützen. Ziel ist dabei, ein möglichst hohes Maß an schulischer und beruflicher Eingliederung, gesellschaftlicher Teilhabe und selbstständiger Lebensgestaltung zu gewährleisten." (Beschluss der Kultusministerkonferenz, Förderschwerpunkt Sehen 1998)

Die individuellen und sozialen Ausgangslagen sehgeschädigter Kinder und Jugendlicher sind zielführend für die Vorbereitung auf künftige Lebenssituationen und zur Festigung positiver Persönlichkeitsstrukturen.

In Fachkreisen ist man sich zwar noch weitgehend darüber einig, dass ein differenziertes, flexibles Ausbildungs- und Schulsystem als Vorbereitung auf die Herausforderungen der Lebenswirklichkeit notwendig ist, es wird jedoch in der Fachwelt in jüngster Zeit auch darüber nachgedacht, „ob es überhaupt noch in der fernen Zukunft eine spezifische Pädagogik für blinde und sehbehinderte Menschen geben muss" (Drave, 2004, S. 272–277).

Andererseits hätten „strukturelle Veränderungen der schulischen und außerschulischen Wirklichkeit der letzten 20 bis 30 Jahre" dazu geführt, „dass sich hinter der Berufsbezeichnung, Lehrerin/Lehrer für Blinde und/oder sehbehinderte Kinder, Jugendliche und junge Erwachsene eine Vielzahl von Berufsrealitäten verbirgt." Dazu zählen neben den klassischen Qualifikationen eines ausgebildeten Blinden- oder Sehbehindertenlehrers heute Kenntnisse in Frühförderung, der integrativen Beratung und Unterstützung sehgeschädigter Schüler an allgemeinen Schulen (Regelschulen) sowie die Beschulung mehrfachbehinderter, sehgeschädigter Kinder und Jugendlicher unter den verschiedenen schulorganisatorischen Rahmenbedingungen (Degenhardt, 2004, S. 318).

In Anbetracht der in allen Gesellschaftsbereichen zu beobachtenden Veränderungen und Neuorientierungen stehen auch die vier deutschen Hochschulen, an denen Blinden- und Sehbehindertenpädagogik gelehrt wird, unter Veränderungsdruck. TIMMS (The Third International Mathematics and Science Study), Iglu (Internationale-Grundschul-Leseuntersuchung), Pisa (Programme for International Student Assessment) sowie interne und externe Hochschulevaluationen stellen die Hochschulen einerseits vor neue Herausforderungen, gleichzeitig werden Neuentwicklungen durch allgemeine Sparzwänge gefährdet.

Angesichts der Komplexität der Phänomene Blindheit und Sehbehinderung ist bei der Berufswahl und der beruflichen Eingliederung eine äußerst differenzierte Vorgehensweise gefordert, die auf die jeweilige individuelle Situation abgestimmt ist. Das Spektrum reicht von hoch leistungsfähigen blinden oder sehbehinderten Kindern, Jugendlichen und Erwachsenen bis zu schwerstbehinderten Menschen, für die selbst Formen geschützter Arbeit nicht erreichbar sind.

Einige Hochschulen sind darum bemüht, das Handicap sehgeschädigter Studierender zu lindern oder zu überwinden. Das SZS (Studienzentrum für Sehgeschädigte) ist eine wissenschaftliche Einrichtung der Universität Karlsruhe. Es bietet eine Mediathek und Arbeitsmöglichkeiten für sehgeschädigte Studierende. Studienliteratur wird von studentischen Tutoren in eine sehgeschädigtengerechte Form umgesetzt. Die Studierenden werden von den Mitarbeitern bei der Studienvorbereitung, während des Studiums und bei berufsvorbereitenden Maßnahmen unterstützt.

Blinde und sehbehinderte Menschen mit mehrfachen Behinderungen haben bei der beruflichen Rehabilitation dagegen erhebliche Schwierigkeiten. Die drei Berufsbildungswerke (BBW – Chemnitz, Soest und Stuttgart) für Blinde und Sehbehinderte bereiten auf Berufe im gewerblich-technischen Bereich (Metallwerker, Zerspanungsmechaniker, Bürsten- und Pinselmacher, Korbmacher) und in Büro und Verwaltung (Bürokaufleute, Kaufleute oder Fachhelfer für Bürokommunikation, Fachkräfte für Textverarbeitung, Telefonisten oder Bürokräfte) vor.

Für die Ausbildung gelten besondere Ausbildungsregelungen für behinderte Menschen, Flexibilität bei der Lernortbestimmung und individuelle Förderpläne.

Die drei speziellen Berufsförderungswerke für Blinde und Sehbehinderte (BFW – Düren, Halle/Saale, Würzburg-Veitshöchheim) dienen der Umschulung und Fortbildung behinderter Erwachsener. Unter bestimmten Voraussetzungen können auch blinde oder sehbehinderte Jugendliche eine Erstausbildung in einem der Berufsförderungswerke erhalten.

Neben diesen Berufsförderungswerken bilden auch spezielle Reha-Einrichtungen sehgeschädigte Menschen aus (z. B. Mainz: Zentrum für Physikalische Therapie die Ausbildung zum Physiotherapeuten oder zum Masseur und medizinischen Bademeister). Bei der Ausbildung wird vor allem auf eine persönliche Beratung und Qualifizierung, Individualität, Arbeitsmarktorientierung, Ganzheitlichkeit und Handlungsorientierung geachtet.

Ausblick

Der sonderpädagogische Förderbedarf sehgeschädigter Kinder und Jugendlicher wird wohl nicht geringer werden. Die moderne Medizin lindert oder heilt Augenerkrankungen, denen man früher hilflos gegenüberstand, sie sichert im Gegensatz zu früher aber auch schwerstmehrfachbehinderten sehgeschädigten Kindern das Überleben. Sowohl für Menschen mit Sehschädigungen als auch für Mehrfachbehinderte werden dabei künftig medizinisch-therapeutische, pflegerische, technische, psychologische, soziale Maßnahmen in oder außerhalb der Schule notwendig sein.

Vielleicht sollten sich die betroffenen Hochschulen, an denen Rehabilitation und Pädagogik bei Blindheit und Sehbehinderung gelehrt wird, verstärkt um einen Austausch und um Verständigung mit den traditionell mit ihnen verbundenen Disziplinen Medizin und pädagogische Psychologie bemühen. Die formale Abspaltung der fachorientierten Psychologien in eine eigene Abteilung „Psychologie in sonderpädagogischen Handlungsfeldern" an der Pädagogischen Hochschule Heidelberg scheint jedoch eher eine gegenläufige Entwicklung einzuleiten.

Die Blinden- und Sehbehindertenpädagogik darf sich nicht nur auf die Ausbildung von Lehrkräften konzentrieren. Sehbeeinträchtigung im Alter ist ein Thema, mit dem sich die Blinden- und Sehbehindertenpädagogik in den nächsten Jahren angesichts zunehmender Sehschädigungen älterer Menschen auseinander setzen muss. Hier bietet sich eine Annäherung an die an einigen Universitäten vertretene soziale und ökologische Gerontologie an (vgl. Wahl/Schulze, 2001).

Allerdings werden schon die bestehenden Studiengänge auch unter dem Effizienzkriterium betrachtet. Erweiterungsstudiengänge wie Mobilitätserziehung, in denen Absolventen des Studiengangs dazu befähigt werden, die Probleme von blinden und sehbehinderten Kindern frühzeitig zu erkennen, auf diese angemessen zu reagieren, den Unterricht so zu gestalten, dass er auch die Fähigkeiten der Schüler in O&M fördert und speziell auf die Person abgestimmten Einzelunterricht in O&M zu erteilen, werden sich die Hochschulen möglicherweise nicht mehr leisten können. Es ist zu befürchten, dass hier – wie in anderen Bereichen – betriebswirtschaftliche Sichtweisen die Oberhand gewinnen.

Richten wir abschließend den Blick zurück auf die speziellen Schulen (in Deutschland ca. 60 Einrichtungen) und Hochschulen (Berlin Humboldt-Universität, Pädagogische Hochschule Heidelberg, Universität Dortmund, Universität Hamburg), die sich der Bildung und Erziehung sehgeschädigter Menschen verschrieben haben: In den vergangenen Jahren sind neue Inhalts- und Aufgabenfelder für Blinden- und Sehbehindertenlehrer hinzugekommen, die diese vor neue Herausforderungen stellen. An vielen Schulen wurden die Frühförderung sowie die Medienberatung und Betreuung integrativ beschulter blinder und sehbehinderter Schülerinnen und Schüler als Aufgabenbereiche verankert. Die als mehrfachbehindert eingestuften Schüler nehmen vor allem in den Blindenschulen rasant zu. Diese Neuerungen und Änderungen haben das Berufsbild der Lehrkräfte verändert und führten nicht zuletzt zu strukturellen Konsequenzen in den betreffenden Schulen. Die gesamtgesellschaftliche Neuorientierung zwingt darüber hinaus die Blinden- und Sehbehindertenschulen, ihre Spezifität zu legitimieren und ihren Beitrag zur Erziehung und Bildung blinder und sehbehinderter Kinder und Jugendlicher unter Beweis zu stellen.

Die betroffenen Hochschulen werden dafür Sorge tragen müssen, die angehenden Lehrerinnen und Lehrer qualifiziert auf diese Aufgaben vorzubereiten.

Kommentierte Literaturhinweise

Rath, Waltrud/Hudelmayer, Dieter (Hrsg.): Handbuch der Sonderpädagogik. Band 2. Pädagogik der Blinden und Sehbehinderten. Berlin, Marhold Verlag, 1985.
Das Handbuch wendet sich zwei Bereichen der Sonderpädagogik (Blinden- und Sehbehindertenpädagogik) zu, die sich in der schulischen Erziehung und der hochschulischen Ausbildung etabliert haben. Es leistet eine wesentliche Klärung und Lösung von Problemen der Bildungswirklichkeit. Autoren aus Theorie und Praxis beleuchten das Fachgebiet fundiert aus unterschiedlichen Blickwinkeln.

Krug, Franz-Karl: Didaktik für den Unterricht mit sehbehinderten Schülern. Unter Mitarb. v. Emmy Csocsán. München/Basel, Reinhardt Verlag, 2001.
Fragen der Psychomotorik, des sozialen Lernens und der Wahrnehmung primär visueller Informationen spielen in der Bildung und Erziehung Sehbehinderter eine zentrale Rolle. Das Lehrbuch informiert über diese Lernfelder und ihre Bedeutung bei der Förderung sehbehinderter Kinder, bevor Unterrichtsfächer wie Deutsch, Mathematik, Heimat- und Sachunterricht, Naturwissenschaften und Fremdsprachen behandelt werden. Dabei wird jeweils auf die allgemeine Fachdidaktik sowie die Besonderheiten für den Unterricht mit sehbehinderten Schülern eingegangen und es wird anhand zahlreicher Beispiele veranschaulicht, wie der Unterricht für sehbehinderte Schüler sinnvoll gestaltet werden kann.

Walthes, Renate: Einführung in die Blinden- und Sehbehindertenpädagogik. München/Basel, Reinhardt Verlag, 2003.
Das Buch vermittelt Studierenden der Heil- und Sonderpädagogik Basiswissen aus den Theorie- und Praxisfeldern der Blinden- und Sehbehindertenpädagogik. Es gibt einen Überblick über physiologische, neurowissenschaftliche und kognitive Grundlagen des Sehens und schildert Ursachen, Entstehung, Formen und Epidemiologie von Sehbehinderung. Es stellt diagnostische Aspekte und Fördermöglichkeiten für verschiedene Altersstufen und Organisationsformen vor.

Verband der Blinden- und Sehbehindertenpädagogen und -pädagoginnen (VBS): Kongressbericht „Qualitäten". Würzburg, 2004.
Das Buch enthält die Hauptreferate des 23. Kongresses zur Rehabilitation und Pädagogik bei Blindheit und Sehbehinderung und wird zusammen mit einer CD ausgeliefert, auf der alle Kongressbeiträge enthalten sind. Es gibt einen guten Überblick über aktuelle Diskussionsbeiträge zur Blinden- und Sehbehindertenpädagogik.

Case Management   Ernst Wüllenweber

Etymologie

Der Begriff „Case Management" ist ein Anglizismus und bezeichnet als Fallmanagement die erweiterte Form der klassischen Einzelfallhilfe in der sozialen Arbeit bzw. Sozialpädagogik.

Geschichte

Case Management wurde in den USA vor allem im Hinblick auf die dort vorherrschende Träger- und Organisationsvielfalt entwickelt. Diese Diversifikation der Angebote und Leistungen war für viele Klienten immer weniger überschaubar. Zudem sind in den USA die Abgrenzungen der Fachdisziplinen, z. B. zwischen sozialer Arbeit und Psychiatrie, wesentlich verschwommener als in Deutschland.

Die Erkenntnis, dass soziale Einzelfallhilfe zu kurz greift, wenn sie sich auf die Interaktion Helfer – Klient eingegrenzt und deswegen durch einen Koordinations- bzw. Managementanteil erweitert werden muss, hat zur Erweiterung der Methode zum Case Management geführt. So schreibt Wendt:
„Für eine zweckmäßige und wirksame Unterstützung muss die soziale Arbeit heute über eindimensional-lineare Zuwendung hinaus zu einer ausgedehnten, viele Bezüge und Elemente integrierenden Tätigkeit gelangen und sich somit in einem Prozess der Zusammenarbeit entfalten, der seinerseits geschickt organisiert und gesteuert werden will." (Wendt, Unterstützung, 1995, S. 11)

Aktuelle Relevanz und theoretische Ansätze

Das Case Management hat in der deutschen Heilpädagogik und in der Behindertenhilfe bisher noch keinen festen Platz. In den letzten Jahren lässt sich jedoch ein deutlich zunehmendes Interesse sowohl in der Fachdisziplin wie in der Praxis beobachten (vgl. Wagner-Stolp 1996; Wendt 1997, S. 173 ff.; van Laake 1999, S. 205 ff.; Petry/Faarts 1999, S. 198 ff.; Bundesanstalt für Arbeit 2002, S. 360 ff.; BEB 2001, S. 48; Ruhnau-Wüllenweber/Wüllenweber, 2004). Dieses Interesse reflektiert auch auf die internationale Verbreitung des Ansatzes, z. B. in den Niederlanden, und die (teilweise wissenschaftlich evaluierten) positiven Erfahrungen mit diesem Ansatz (vgl. die verschiedenen Beiträge in Petry/Bradl 1999).

Prozess des Case Managements

Den Prozess des Case Managements fasst Wendt (Unterstützung, 1995, S. 25–38) in fünf Schritte: Assessment, Planing, Intervention, Monitoring, Evaluation. Im Hinblick auf Case Management in stationären Zusammenhängen können drei weitere Funktionen hinzugefügt werden: Casefinding, Disengagement und Documentation.

1. „Casefinding" – Zugang und Festlegung des Hilfebedarfs: Nicht jede kritische Lebenslage wird die Bestimmung eines Case Managers nötig machen. Es wird daher vor allem unter Abwägung konzeptioneller, personeller und problembezogener Aspekte notwendig sein, fallorientiert über ein Case Management zu entscheiden.

2. „Assessment" – Einschätzung und Ermittlung des Hilfebedarfs: Als Dimensionen zur Einschätzung des Hilfebedarfs ergeben sich:
   - die Lebensgeschichte des Betroffenen,
   - seine derzeitigen Lebens- (gesundheitlicher und psychischer Status) und Betreuungsbedingungen (Wohnen, Arbeiten, soziale Kontakte) und
   - seine Lebensperspektiven.
   Wendt, (Case Management, 1995, S. 61) schreibt hierzu: *„Dabei (beim Assessment; E. W.) geht es nicht um eine Wiederholung der Anamnese und ärztlichen Diagnose, sondern um eine Interpretations- und Verständigungsarbeit der Beteiligten, wobei sich eine (revidierte) Einschätzung der inneren und äußeren Situation, des Lebensweges und der Perspektiven des Patienten, vorhandener Potenziale und Ressourcen ergibt."*

3. „Planing" – Planung: Das Assessment geht ins Planing über. Bei der Planung geht es um die Abstimmung und Festlegung der Hilfen und der Koordination. Hier müssen unter anderem die folgenden Fragen geklärt werden:
   - Welche Hilfen und Unterstützung benötigt der Betroffene?
   - Auf welche Ressourcen kann aufgebaut werden?
   - Wer muss beteiligt werden?
   - Wer muss worüber informiert werden?

4. „Intervention" – Durchführung der Hilfeplanung, Intervention: Intervention beschreibt die konkrete Durchführung der Hilfen. Eine wesentliche Frage bezieht sich darauf, ob der Case Manager über die Management- bzw. Koordinationsfunktion hinaus selbst dem Betroffenen Unterstützung anbietet. Anders formuliert: Beschränkt sich der Case Manager auf die „Funktion des Arrangierens, Organisierens, Überwachens und Bewertens" (Wendt, Unterstützung, 1995, S. 33) oder arbeitet er darüber hinaus selbst mit dem Klienten, z. B. in beratender oder betreuender Funktion? Grundsätzlich sind beide Rollen voneinander getrennt denkbar und in der Praxis anzutreffen. Obwohl diese Frage in der Sozialarbeit kontrovers diskutiert wird, benennt (Wendt, Unterstützung, 1995, S. 33 f.) sechs verschiedene Rollen, die ein Case Manager über die spezielle Managementfunktion hinaus übernehmen kann:
   - die stellvertretende Problemlösung, er nimmt die Problematik sachwaltend in die Hand,
   - eine anleitende Funktion,
   - eine beratende Funktion,
   - eine assistierende Funktion, „er hilft den Klienten, geeignete Hilfen auszuwählen und in der Problemlösung voranzukommen" (Wendt, Unterstützung, 1995, S. 34).
   - eine informierende Funktion,
   - eine unterstützende Funktion, die „den Klienten dazu anhält, sich selber fähiger zur Situationsbewältigung und Problemlösung zu machen" (Wendt, Unterstützung, 1995, S. 34).

Ballew/Mink 1995, S. 56 ff. unterscheiden drei Funktionen beim Case Management:

- die Funktion des Koordinators, z. B. anregen, organisieren und koordinieren der Hilfen,
- die Funktion des Anwalts, z. B. Verteidiger und Lobbyist des Klienten,
- die Funktion des Beraters, z. B. Informationen geben und störende Muster bearbeiten.

Wendt fasst die Intervention des Case Managers so zusammen:

„Der Case Manager übernimmt die intermediäre Rolle einer Schlüsselposition zwischen den Bedürftigen und den diversen potenziellen Hilfsquellen. Zweckmäßigerweise wird er disziplin- und bereichsübergreifend tätig. Kompetenzabgrenzungen der verschiedenen Dienste und Kompetenzbeschränkungen der Klienten in ihrer Lebensführung fordern die Fähigkeit von Sozialarbeitern heraus, Grenzen zu überwinden." (Wendt, Unterstützung, 1995, S. 40)

5. „Monitoring" – Überprüfung: Die bisher genannten Schritte des Case Managements bedürfen der ständigen Überprüfung. Erst im Hilfeprozess kann sich erweisen, ob die Planung und die Intervention sinnvoll sind oder revidiert werden müssen. Durch die Funktion des Monitoring wird der Prozesscharakter des Case Managements im Gegensatz zu einem statischen oder gar standardisierten Hilfearrangements deutlich.

6. „Disengagement" – Ablösung: Wendt (Unterstützung, 1995, S. 38) berichtet, dass „manche Autoren [...] den Vorgang der Beendigung einer Unterstützung (als Aufgabe des Case Managers) für ein eigenes Stadium im Case Management" halten.

7. „Evaluation" – Auswertung: Die Auswertung schließt das Case Management ab. Wendt (Unterstützung, 1995, S. 37) differenziert vier Ebenen der Evaluation:
   - Vergangenheitsorientierte Bewertung: Was wurde erreicht?
   - Umweltorientierte Bewertung: Welche Akzeptanz findet das Ergebnis?
   - Subjektinterne Bewertung: Wie zufrieden ist der Betroffene?
   - Perspektivische Bewertung: Welche Perspektiven wurden eröffnet?

8. „Documentation" – Dokumentation.

Problem- und Erfahrungsfelder

Wie bereits betont liegen zum Einsatz von Case Management in der deutschen Heilpädagogik und Behindertenhilfe nur wenige Erfahrungen und keine Evaluationsstudien vor. Auf die Praxis in Wohneinrichtungen und Werkstätten in der Behindertenhilfe lassen sich die folgenden Problem- und Erfahrungsfelder explizieren.

Wer soll Case Manager sein?

Eine schwierige Frage bezieht sich auf die Bestimmung des Case Managers. Bei der Übernahme des Case Managements wird vor allem an die Sozial- und Heilpädagogen im begleitenden Dienst bzw. Sozialdienst oder an die Gruppenleitung zu denken sein. Über die Zuständigkeit für das Case Management sollte von Fall zu Fall entschieden werden.

„In der Regel kann das Case Management nur durch Personen angemessen wahrgenommen werden, die über den Betroffenen und seine Problemlage hinreichend informiert sind, sein Vertrauen genießen und auch im Auftrag des Betroffenen organisatorische Verabredungen treffen können, etwa mit anderen Leistungsträgern." (BEB, 2001, S. 48)

Praxiserfahrungen zeigen, dass die Aufgabe des Case Managers zumeist nicht bereitwillig übernommen wird. Als Gründe werden mögliche fachliche, persönliche und zeitliche Überforderung, die hohe Verantwortung und mangelnde Vertrautheit und Erfahrungen mit der Methode genannt. Auch sind die Aufgaben zu Beginn oft diffus (vgl. van Laake, 1999, S. 208). Petry/Faarts (1999, S. 198 ff.) heben mögliche Rollenkonflikte hervor und bezweifeln, „ob die Abgrenzung der Funktionen überhaupt erreichbar ist" (Petry/Faarts, 1999, S. 200).

Als Case Manager kommen in Betracht:

- Bezugsbetreuer als Case Manager: In vielen Einrichtungen der Behindertenhilfe sind den Klienten einzelne Helfer zugeordnet. Diese Helfer werden zumeist Bezugsbetreuer, Kontaktbetreuer oder Bezugshelfer genannt. Für diese Variante sprechen die klare Zuständigkeit und insbesondere die bereits bestehende Beziehung zwischen Helfer und Klient. Denkbar ist auch, dass das Case Management in Kooperation und gemeinsamer Verantwortung zwischen Bezugsbetreuer und einem weiteren Kollegen aus dem Team oder aus dem begleitenden Dienst übernommen wird.
- Begleitender Dienst als Case Manager: Bei vielen Trägern der Behindertenhilfe sind im begleitenden Dienst Sozial- und Heilpädagogen sowie Psychologen einrichtungsübergreifend beschäftigt. Vorteilhaft erscheint an dieser Variante, dass die Helfer im begleitenden Dienst weniger in die Beziehungsstrukturen des Teams eingebunden sind. Da sie nicht im Schichtdienst tätig sind, könnten sie zudem eine regelmäßigere Ansprechmöglichkeit sicherstellen.
  In der sozialen Arbeit und Sozialpädagogik gehört Case Management zum Standardangebot. Die Sozialarbeiter in den Sozialdiensten müssten daher mit dem Case Management vertraut und dazu befähigt sein.
- Gruppenleitung als Case Manager: Vor allem in Einrichtungen unter kirchlicher Trägerschaft haben viele Mitarbeiterteams eine Gruppenleitung. Hier sind die soeben genannten Vor- und Nachteile ebenso zu bedenken.
- Teamarbeit im Case Management: Weil (1995, S. 105) beschreibt die Möglichkeit der Teamarbeit und spricht vom „Modell des interdisziplinären Teams als Case Manager". Mehrere Helfer übernehmen gemeinsam das Case Management. Eine Variante, die sicherlich von einem hohen Anspruch in der gegenseitigen Information und in der Kooperation gekennzeichnet ist.

Aufgaben des Case Management

Case Management eignet sich insbesondere für so genannte Multi-Problem-Klienten, die nicht über ausreichende Ressourcen und Kompetenzen verfügen, um Hilfe selbst suchen bzw. organisieren zu können. In diesem Zusammenhang ist Case Management auch als ein Beitrag zu einer stärkeren Individualisierung und zur Stützung des Empowerment-Konzeptes zu sehen (vgl. Theunissen, 1999). Case Management kommt zudem in Betracht, wenn verschiedene Institutionen und Professionen an der Hilfe bei einer Person beteiligt sind und deren Aktivitäten koordiniert und vernetzt werden müssen.

Als Aufgabenbereiche lassen sich nennen:

- Koordination der Hilfen von geistig behinderten Menschen mit zusätzlichen psychischen Störungen oder Verhaltensauffälligkeiten (vgl. Theunissen, 1999),
- Steuerung der Hilfe zur Krisenintervention (vgl. Ruhnau-Wüllenweber/Wüllenweber, 2004),
- Koordination und Steuerung im Prozess der Enthospitalisierung (vgl. Laucken/Bruysten/Wüllenweber, 2001),
- Koordination der Hilfen für Menschen mit geistiger Behinderung mit hohem medizinischen Behandlungsbedarf (vgl. BEB, 2001).

Ausblick

Im Rahmen zunehmender Vernetzung der Hilfen und damit der Träger und der verschiedenen Fachdisziplinen wird die Bedeutung von Case Management in der Heilpädagogik und Behindertenhilfe zunehmen. Die Methode sollte zukünftig zum festen Bestandteil von Ausbildung und Fort- und Weiterbildung in der Heilpädagogik gehören.

Kommentierter Literaturhinweis

Wendt, Wolf R.: Case Management im Sozial- und Gesundheitswesen. Eine Einführung. 3. erg. Auflage, Freiburg i. B. Lambertus-Verlag, 2001.
Grundlegendes Lehrbuch zum Case Management.

Daseinsgestaltung Emil E. Kobi

Etymologie

Das Wort Daseinsgestaltung (DG) erfordert zunächst einen Rückgriff auf die Wortteile Dasein (D) und Gestalt (G).

Dasein (als Substantivierung von dasein) ist von alters her im Sinne von „Anwesenheit", „Zugegensein" und als Verdeutschung von „Existenz" geläufig. Der Terminus wird gelegentlich auch als Synonym für „Leben" benutzt. Zum Schlagwort wurde dieser mit der Übersetzung von *Darwins* „Struggle for life" (1859) mit „Kampf ums Dasein".

D. als (empirisches) Vorhandensein ist zu unterscheiden vom Sosein (Beschaffenheit). Beide stehen jedoch in gegenseitiger Abhängigkeit. Alles Sosein von etwas „ist" selbst auch D. von etwas, und alles D. von etwas „ist" selbst auch Sosein von etwas. Nur, das Etwas ist hierbei nicht ein und dasselbe: Das D. eines Kindes an seiner (durch Schicksal, Natur, Gott, Zufall ...) zugewiesenen Stelle, ist selbst ein Sosein der davon „betroffenen" Familie (Schulklasse etc.), denn ohne dieses wäre die Familie, die Schulklasse ... anders, von anderer Beschaffenheit. Das D. einer Behinderung ist desgleichen ein Sosein dieses Kindes. Stets ist somit das D. des einen zugleich das Sosein des anderen.
D. kann ferner topologisch als Hiersein verstanden und raum-zeitlich von einem Dortsein unterschieden werden. Daraus wird eine polare Abhängigkeit ersichtlich: Subjektiv kann ich mein Dasein nur von der Möglichkeit eines Dortseins erfassen (und umgekehrt).

H. J. C. Grimmelshausen (1621/22–1676) schildert in seinem „Simplizissimus" (1668) eine diesbezüglich auch heilpädagogisch eindrückliche Szene, wo der anonym „Bub" gerufene Simplizissimus des Nachts in zunehmender Panik zwischen zwei faulschimmlig phosphoreszierenden Bäumen hin und her irrt, nachdem eine Soldateska das Heimwesen abgebrannt und die Familienmitglieder umbrachte. In Ermangelung jeglichen Weltwissens, namen- und herkunftslos, kann er in seiner Ungebundenheit paradoxerweise nirgends hin, weil er in seinem subjektiven Erleben nirgends ist. Dem Nirgendwo ist nicht zu entrinnen!

D. und Sosein sind somit auch permanent abhängig von subjekthafter Wahrnehmung und im sozialen Kontext vom Urteil mit Deutungsmacht ausgestatteter Instanzen, die bestätigen oder verwerfen, was hier und jetzt existent oder nichtig, da oder dort, so oder anders ist. D. ist subjekthaft, personal und sozial *vermitteltes* Sein. Solche Vermittlung ist individualer (persönlicher) und sozialer (kultureller) Auftrag (unter anderen und anderem) der Pädagogik unter den geläufigen Titeln von Erziehung, Bildung, Unterricht u. Ä.
Dasein ist beschränktes und beschränkendes Sein:

- temporal: D. bedeutet gegenwärtiges/appräsentiertes Sein – nicht Eternität (Ewigkeit).
- topologisch: D. bedeutet zuhanden, hier sein – nicht Omnipräsenz (überall sein).

- umfänglich: D. ist fragmentarisch, lücken- und torsohaft – nicht total (allumfassend).
- ideell: D. bedeutet nicht nur immanente, sondern auch geistig-spirituelle Zugehörigkeit in einer mit anderen geteilten, für Sinn und Wert den Rahmen abgebenden Kosmologie (so genannte geistige Heimat)
- ökologisch: D. bedeutet hausgemeinschaftliches Zusammen- und Durchdrungensein mit zahlreichen andern Lebensformen und Lebewesen – weder All-Einssein noch Allein-Sein.

Gestalt/Gestaltung bedeutet etwas Geordnetes, als geordnet Erscheinendes, in welchem die einzelnen Elemente Sinn, Wert und Zweck aus dem Ganzen heraus erhalten. Gestaltung ist demgemäß ein gezielter Akt/Prozess, der ungeordnete oder versprengte einzelheitliche Teile (zufällig vorhandenes Zeug, aber auch Wörter, Zeichen, Laute, Gedanken, Ideen etc.) raum-zeitlich in eine Konstellation (ein beziehungsmäßiges Zueinander) bringt (physisch, aber auch sprachlich, assoziativ, ideell etc.).

Gestaltungsmächtig können sich erweisen: räumliche und oder zeitliche Nähe, Rhythmen, Ähnlichkeiten. Gestaltungen sind freilich nicht nur vorzunehmen, sondern auch nachzuvollziehen, sollen sie von sozialer Relevanz werden.

Die Lektüre von *James Joyces* „Ulysses" (1921) mag einem z. B. das (Lese-)Erlebnis vermitteln, zwar mit der Oberflächenstruktur der Textgestalt zurande zu kommen, syntaxmäßig gelegentlich Schwierigkeiten zu haben, semantisch und semiotisch streckenweise jedoch ganz durchzufallen: d. h., nicht mehr zu erkennen, welche Wörter (teils nur Buchstabengebilde) in welchen Konstellationen noch Bedeutungsträger sind. Es ist, als würde sich der Autor entziehen; ich fühle mich wie ausgeschlossen aus seiner Welt. Meine (Nach-)gestaltungsmöglichkeiten kommen an ihre Grenzen.

Die geschilderte Situation wird hochgradig „heilpädagogisch" im Vis-à-vis zur Frage: Durch welche Kausal-Attribuierungen rette ich mein Selbst- und Weltbild? (Ist mein historisches und gesellschaftspolitisches Wissen mangelhaft? Sind meine kognitiven Möglichkeiten beschränkt? Suche ich nach Sinngestalten, wo gar keine vorgesehen sind? Oder nimmt der Autor künftige Interpreten, die sich in den widerständigen Text verbeißen werden, schon mal vorsorglich auf den Arm? Sollen die Leser aus der Materialfülle je *ihren* eigenen „Ulysses" gestalten?).

Gestaltphilosophisch betrachtet, hat es die Heilpädagogik mit „Missgestalten" zu tun, d. h. mit individualen und sozialen Seinsformen, die sich nicht ohne weiteres in die gesellschaftsüblichen (konventionellen) Formen einfügen (lassen), diesen zuwiderlaufen, sie teils auch stören (*Kobi*, 1988), so dass vielfältige Überbrückungsmaßnahmen erforderlich sind.

Daseinsgestaltung: Unter DG verstehe ich im weitesten Sinne die Art und Weise, wie ein Lebewesen vom Moment des innerweltlich Werdens bis zu seinem Erlöschen sich über assimilative (sich die Umwelt anpassende) und akkommodative (sich an die Umwelt anpassende) Austauschprozesse in die ihm vorgegebenen raum-zeitlichen Verhältnisse einfügt: eigendynamisch (seiner Entelechie folgend, instinktgesteuert, in Kreisprozessen lernend), allenfalls auch durch fortgeschrittenere Lebewesen (meist Artangehörige) unterstützt und angeleitet.

DG ist somit ein allgemeines Lebensprinzip: Neu entfachtes (individuelles) Leben muss sich behaupten, einrichten, verorten, sich Widerständen stellen, Verdrängungswettbewerbe bestehen etc. Zwar bestehen erhebliche Unterschiede hinsichtlich der materiellen und instrumentellen Voraussetzungen sowie der Komplexitätsgrade der jeweiligen DG. Dennoch ist das daseinsgestalterische Grundanliegen des Ameisenlöwen bis hin zum Homo sapiens dasselbe: sich einen artgemäßen, überlebenssichernden „Safe Place" einzurichten.

Die *menschlichen* Spezifika liegen darin, dass Menschen

- die Fähigkeit und Aufgabe zufällt, reflektierte Eigenbestimmungen und -gestaltungen bezüglich ihres Daseins vorzunehmen,

- unvergleichlich breit gefächerte und weit gehende Fähigkeiten besitzen, Umweltgegebenheiten so abzuändern, dass sie – zumindest für eine beschränkte Zeitdauer – lebbar werden (von der Tiefsee bis in den Weltraum),

- sich nicht allein in der naturhaften Umwelt, sondern auch in der sozio-kulturellen Mitwelt sowie als selbstreflexive Wesen bei sich selbst sowohl wie spirituell einzurichten haben.

Geschichte

Da der Daseinsbegriff in der modernen Philosophie eine bedeutende Rolle spielt und von dort – wenngleich über Umwege, Abwandlungen und mit entsprechender Verspätung – bis in heilpädagogische Bereiche hinein wirkte, ist an dieser Stelle ein spezieller Hinweis auf die Gedankenlinie erforderlich, die in der Neuzeit vom dänischen Philosophen und Theologen *Sören Kierkegaard* (1813–1855) ausging, bei *Martin Heidegger* (1889–1976), *Jean Paul Sartre* (1905–1980), *Albert Camus* (1913–1960), *Karl Jaspers* (1883–1963) u. a. Fortsetzungen fand und in verschiedenen Ausprägungsformen unter dem weit gefassten Titel „Existenzphilosophie" bekannt wurde. Der existenzphilosophische (ontologische) Daseins-„Begriff" bezieht sich primär *nicht* auf die oben genannten psycho-sozialen Faktizitäten. Innerhalb und unmittelbar durch die Existenzphilosophie(n) wurden (daher) auch kaum nennenswerte pädagogische Ideen, Konzepte gar, entwickelt. Andrerseits bekundete die (nach dem Zweiten Weltkrieg mehrheitlich restaurative) Pädagogik ihrerseits wenig Interesse an den egozentrisch-selbstisch und nihilistisch erscheinenden, über weite Strecken auch hoch abstrakten, abständigen und sprachlich eigenwilligen existenzialistischen Intellektuellen-Disputen. Pädagogen benötigten offensichtlich erst so etwas wie eine Übersetzung und Konkretisierung existenzphilosophischen Gedankengutes. Diesen Transfer erbrachten von den 1950er-Jahren weg vor allem *Otto Friedrich Bollnow* (1903–1993), *Friedrich Glaeser*, von einem katholischen Hintergrund her ferner *Romano Guardini* (1885–1968), *Gabriel Marcel* (1889–1973), *Leopold Prohaska*, aus einem jüdischen Hintergrund *Martin Buber* (1878–1965). In der Schweiz war es der Psychiater *Ludwig Binswanger* (1881–1966), der, ausgehend von *Heidegger*, die so genannte „Daseinsanalyse" entwickelte. Sein Gedankengut nimmt im heilpädagogischen Konzept des „Inneren Halt" bei *Paul Moor* (1899–1978) einen prominenten Platz ein.

Binswanger vollzieht den Schritt von der existenzphilosophischen Ontologie *Heideggers* in eine Anthropologie. Er versucht, zu zeigen,

> „[...], dass die Selbstheit der Liebe nicht auf eine ichhafte Selbstheit hinausläuft, sondern auf eine wirhafte [...] Das Da des Daseins als Liebe ist nicht Erschlossenheit, durch die Dasein (als je meines) ‚für es selbst' da ist, sondern ‚Erschlossenheit', durch die Dasein (als Wirheit) für Uns-selbst, für ‚Dich und mich', für Einander da ist, und dies wiederum nicht ineins mit dem Da-Sein von Welt (der Sorge), sondern ineins mit dem Da-Sein der ‚Welt' des Einander". (Binswanger, 1953, S. 34).
> „Wie zum existierenden Dasein die Jemeinigkeit gehört, [...] so gehört zum liebenden Dasein die ‚Unsrigkeit'." (Binswanger, 1953, S. 59)

Dasein ist nicht nur *mein*, sondern *unser* Dasein in einer Wirheit.
Ohne dass dies seine Zielsetzung gewesen wäre, öffnete *Binswanger* mit diesem Einräumen des anderen auch jenen Raum, dessen Erziehung bedarf, um sich entfalten zu können und wo sodann *Moor* anknüpfte und gewissermaßen dem „Dasein" ein Dasein in der Heilpädagogik erschloss. Dasein im pädagogischen Sinne meint *gemeinsames* Dasein, umfasst nicht nur ein Wir, sondern ein ganzes „konjugatives Beziehungsnetz" (siehe *Kobi*, 2004), das an der DG beteiligt ist.

Der Existenzphilosophie verdankt die Pädagogik (indirekt) ferner zahlreiche Impulse, welche die personalistische (Person) Tradition der geisteswissenschaftlichen (Heil-)Pädagogik neu belebte.

Diese Entwicklungen wurden allerdings zwischen 1970 und 1990 – zumal in der deutschen Sonderpädagogik – durch eine lautstarke marxistisch-materialistische Polit-Ideologie übertönt. Erst seit mit dem Mauerfall deren Töne leiser wurden, finden auch liberalere Stimmen zunehmend wieder Gehör.

Aktuelle Relevanz und theoretische Ansätze

Daseinsgestaltung erweist sich als zweipolige pädagogische Aufgabe. Sie ergibt sich aus dem Umstand, dass neu geborene Kinder mit vergleichsweise dürftiger instinktmäßiger Ausstattung als Novizen in eine über die geschichtliche Tradition eingerichtete Um- und Mitwelt eintreten, deren Gegebenheiten für sie Vorgabe, Aufgabe und Verheißung (siehe Moor, 1960) zugleich sind.

- Die Novizen haben sich in die von der Tradition vorgegebenen *Strukturen* einzuformen. Innerhalb dieser Strukturgitter haben sie zu lernen, was aktuell überhaupt als „wahr" zu nehmen ist, wie Wahrnehmungen zu tätigen, zu gewichten und zu ordnen sind. Sie haben sich so in Realitätskonstrukten zu installieren, die in der jeweiligen Kultur und näheren Umgebung aus Chaos Kosmos herstellen, Wahrnehmungen, Empfindungen, Erfahrungen etc. ins Bewusstsein heben, sie rastern, ordnen, hierarchisieren, validieren.

- Die Novizen haben mit fortschreitender Kompetenz auch eigene (jedoch möglichst kompatible, d. h. gesellschaftlich anschlussfähige) *Realitätskonstruktionen* vorzunehmen in ihren Begegnungen mit Neuem, Fremdem, Irritierendem, ihr Weltgehäuse möglicherweise in Frage Stellendem.

- Den Novizen werden *Sinnstiftungsmodelle* vermittelt, Ortungspunkte, aus denen eine Kohärenz der Widerfahrnisse resultieren soll. Es geht um das, was dem Einzelnen in Übereinstimmung mit seiner Kulturgemeinschaft dermaleinst rational und emotional als „logisch", „selbstverständlich", „evident", richtig und rechtmäßig erscheinen und ihn sodann mit dem Wohlgefühl der Widerspruchslosigkeit und Stimmigkeit belohnen soll.

- Die Novizen haben *Werte* und *Werthierarchien* zu verinnerlichen und ein (kultur-)spezifisches Qualitätsbewusstsein zu entwickeln, das seinerseits der sozialen Identitätsfestigung förderlich ist.
- Und endlich haben die Novizen sich auch *Inhalte* anzueignen: Religiöse Mythen und Glaubensbekenntnisse; tribale oder nationale Bestätigungs- und Sinngebungsgeschichte(n); Schulwissen; in unseren kulturellen Breitengraden gegenwärtig z. B. die das auf- und abgeklärte technische Zeitalter tragende „Mythologie des Neuen" (*Marquard*, 1991, S. 103) samt zugehörigen Tabuisierungsregeln, Sprachformeln und dem neuweltlich lebensnotwendigen Orientierungs- und Handlungswissen.

In simultaner Konvergenz hierzu umfasst DG erziehungsseitig die Aufgabe der entwicklungsdienlichen Befriedigung und Befriedung kindlicher Grundbedürfnisse („basic needs") aus dem Fundus der jeweiligen Kultur.
Ein Kind benötigt, um als Subjekt existieren zu können,

- die Möglichkeit zur *Entfaltung* und *Expansion*, d. h. ein physisches und psychosoziales Feld, in das hinein es sich entwickeln und in welchem es sich individuell präsentieren und vergegenwärtigen kann.
- den *Schutz* und die *Sicherung* seiner Existenz. Die hohe physische und psychische Verletzlichkeit des Kindes erfordert sozietäre Maßnahmen passiver (Fremdschutz) und aktiver (Vermittlung von Selbstschutztechniken) Art, die ein Überleben gewährleisten.
- die *(Be-)Achtung* und *Anerkennung* seiner Personhaftigkeit als Voraussetzung zur Konstituierung eines Ich-Selbst im konjugativen Beziehungsnetz (Ich, Du, Wir, Sie, Es etc.).
- Psycho-soziale *Bindung* und *Kontakt*, da eine solitäre Existenz für ein Kind auch bei ausreichender physischer Versorgung nicht aufrechtzuerhalten ist.
- *Förderung* und *Anregung,* da die reifungsmäßige Auszeugung der Naturanlagen nicht ausreicht, um das Kommunikationsniveau auch nur einfachster menschlicher Vergesellschaftungsformen zu erreichen.
- *Ordnungen* und *Strukturen*, die als Orientierungshilfen dazu dienen, Überblick zu gewinnen in der Fülle der Gesichte.
- *Geleit* und *Führung* innerhalb des und in Bezug auf den von der Sozietät erfassten und gestalteten Kosmos der Um- und Mitwelt.
- *Vertrauen* und *Verlässlichkeit* aufgrund eines Vertragswerks Sicherheit vermittelnder Maßnahmen.
- Gegenwart und Vergangenheit berücksichtigende *Ziele* und *Perspektiven* bezüglich der gemeinsamen Daseinsgestaltung.
- *Mündigkeit* und *Selbstständigkeit* hinsichtlich eigener Zielfindung und -realisierung nach Maßgabe der aktuellen Bewältigungsmöglichkeiten.

Problem- und Erfahrungsfelder

Sowohl innerhalb als auch zwischen den genannten Tableaux brechen, wie unschwer zu erkennen ist, zahlreiche Antinomien auf (siehe Gruntz, 1999). Erziehung basiert – weniger in der Theorie, da daselbst camoufliert, umso mehr jedoch in der Praxis – auf Widersprüchen, Paradoxien, Dilemmata, enthält Ambivalenzen, Ambiguitäten und erweist sich insgesamt als hochgradig kontingent.

Durch die neuzeitliche Implementation eines universalen, globalisierten (herkunftsmäßig freilich abendländischen) Menschenbildes *in Verbindung* mit dem Auftrag, individualisierte Selbstverwirklichungshilfe für den Einzelnen zu sein, ergibt sich eine zusätzliche, überindividuelle Spannung: Alle Menschen sind (gattungsmäßig) *gleich* bezüglich ihres Rechts und der Pflicht zur Entfaltung ihrer (individuellen) *Ungleichheiten*! Der in diesem Sinne erzogene Mensch hat sich demgemäß in globalisierter Originalität durch originelle Vulgarität auszuzeichnen.

Spezifisch heilpädagogische Problemsituationen und DG-Aufgaben (siehe Kobi, 2004) ergeben sich aus folgenden Problemen:

- Standort- und erfahrungsabhängige individuale Gestaltungsakte und Wirklichkeitskonstrukte weisen (zu) wenig Übereinstimmung mit dem vorgegebenen sozialen Kontext einer den Rahmen bestimmenden Referenzgruppe bzw. – gesellschaft auf. Damit ist es beiden Seiten zunächst verwehrt, unmittelbar „in medias res" zu gehen und in gewohnter Weise „gemeinsame Sache" zu machen. Hierin findet denn auch die Bezeichnung „Behinderung" ihre formale Bedeutung: Behinderung bezieht sich auf eine Differenz innerhalb eines dynamischen Geschehens, die fortzeugend erwartungswidrige Andersheit und Devianz bewirkt. Behinderung präsentiert sich (unabhängig von konkreten und aktuellen Inhalten) als Zustand verzerrter Dynamik, innerhalb derer eine Widrigkeit den Verlauf einer zielstrebigen Bewegung hemmt, stört, beschränkt, ablenkt, zum Stillstand bringt oder von vornherein verunmöglicht.

- Eine deviante Biografie, eine andere sozio-kulturelle Herkunft oder aber eine naturhaft vorgegebene Behinderung hat in wesentlichen Kommunikationsbereichen derart störend voneinander abweichende Realitätserfahrungen und -konstrukte und entsprechend divergente Handlungsweisen zur Folge, dass situativ im buchstäblichen Sinne ver-rückte, anomische (gesetzlose) und absurde („misstönende") Misslichkeiten entstehen.
  Ein blind geborenes Kind ist nicht einfach ein Normalmensch minus Sehvermögen, sondern eine Person, die sich eine Erlebnis- und Erfahrungswelt ohne Visualisationsbezüge aufbaut. Dies erfolgt in einer von Sehenden für Sehende eingerichteten Referenzgesellschaft, dort begegnet es Sehenden aus dieser seiner visualisationslosen Realität heraus und es schränkt diesen situativ die kommunikativ-informative Nutzung auch ihrer Visualität ein.
  Entsprechendes gilt für Menschen, die wir als körper-, sprach- und geistig behindert, als autistisch oder verhaltensgestört bezeichnen. Und es gälte gleichermaßen in einer Science-Fiction-Perspektive für ein uns grünlich erscheinendes Marswesen, dessen „Pipo-Sense" in uns, den diesfalls mangelhaft ausgestatteten Behinderten, keinen Austauschpartner fände.
  Dies macht daher die Konstruktion behinderungs- und situationsspezifischer „Zwischenstücke" mit Brückenfunktion sowie entsprechende, *beidseits* sinnstiftende Übersetzungen und Mediationen (Vermittlungen) notwendig. Was im Umgang mit Sinnesgeschädigten diesbezüglich durchaus möglich ist, fällt allerdings in der Begegnung mit schwerst, umfassend und so auch in ihren personalen Reflektionsmöglichkeiten beeinträchtigten Menschen außer Betracht. Über ein wertwidriges (z. B. kriminelles) Verhalten hinaus, das immerhin noch Struktur aufweist, stellt sich hier rascher ein Sinnverlust ein, der sich lähmend auf eine gemeinsame DG auswirken kann.

- Bezüglich einer gemeinsamen DG wurden mangelhafte oder erheblich divergierende Bedeutungsinterpunktionen, Wertakzentuierungen und Zwecksetzungen vorgenommen. Dies wird z. B. deutlich aus Definitionskonflikten im Umfeld so genannter Verhaltensstörungen und Fehlhaltungen, oft sogar bereits aus Begegnungen mit kultur- und/oder schichtspezifischen Abweichungen (wovon?) Erziehungsstilen und Verwahrlosungsformen (wessen?). Die Situation verschärfte sich in jüngerer Zeit durch die vorerwähnten forcierten Egalisierungstendenzen und Individuumorientierung: Sinn muss nicht nur gestiftet, Wert beigemessen und Zweck verfolgt werden; diese sind ggf. auch als kollektiv verbindlich zu erklären und durchzusetzen, wenn sie nicht verblassen und sich auflösen sollen. Dies führt denn auch unweigerlich über eine „soft persuasion" hinaus und stellt uns vor Fragen von Gewalt (Gewaltmonopol, Gewaltentrennung, Gewalthandhabung etc.).

- Zweckdienliche, zielerreichende Mittel stehen nicht zur Verfügung, so dass die Transmission zwischen einem als unbefriedigend geltenden Ist-Zustand und einem wünschbaren Soll-Zustand ausfällt oder durchdreht. Erziehung, Bildung, Unterricht sind diesfalls insofern nicht mehr funktional, als eine unter dem Aspekt des Zugriffs stehende (siehe Moor, 1960) „Pädagogik des Bewerkstelligens" (siehe Kobi, 2004) an den Rand ihrer Möglichkeiten gerät.
  Dies ist aus Sicht einer aktiv kumulativen Veränderungspraxis und -wissenschaft dort und dann der Fall, wo „nichts mehr zu machen" ist, die Produktion adaptiven Verhaltens, die Vermittlung anschlussfähigen Wissens und kompatiblen Könnens versiegt: wo der Status quo zum Beispiel einer schweren geistigen Behinderung einen Menschen als „bildungsunfähig", einen Psychotiker als unheilbar, einen Sexualverbrecher als „therapieresistent", einen Verhaltensgestörten als „unerziehbar" erscheinen lässt: wo also das Menschenmögliche – das Menschen Mögliche und Zumutbare – sich erschöpft und wir uns gehalten sehen, eine seinsbestätigende Daseinsgestaltung zu realisieren *jenseits* dessen, was wir als normal, wünschens-, vielleicht gar als lebenswert empfinden.

- Auf einer Meta-Ebene laufen Sinn, Wert und Zweck auseinander. Etwas Sinnvolles erscheint als wertwidrig, für etwas Wertvolles kann kein Sinn (mehr) gestiftet werden, Wertvolles wird unzweckmäßig, Zweckmäßiges wird wertlos etc.

Der daseinsgestalterische Auftrag kann allerdings *nicht* in der generellen, endgültigen Aufhebung der Differenzen zwischen individuellem Sosein und ideellem Einssein liegen – und seien diese noch so belastend und störend wie im Umfeld der Behindertenpädagogik. Ansonsten mutierte Pädagogik zur Theologie einer Erlösungslehre, was dreiste Vermessenheit wäre. Heilpädagogik heilt nicht und besorgt kein Heil. Sie wälzt den Stein des Sisyphos, indem sie sich mit der Gestaltung und Wandlung *unaufhebbarer* Differenzen, Dilemmata, Antinomien ... menschlichen Daseins beschäftigt. Pädagogik betreibt ihr Meliorationsgeschäft nicht in Bezug auf den Menschen schlechthin (als Gattungswesen), sondern in konkreten, individualen und personalen Praxisfiguren epochal wechselnder gesellschaftshistorischer Verhältnisse.

Heilpädagogische DG präsentiert sich von hier aus unter folgenden Destinationen (siehe Kobi, 1988):
- Missgestalten sollen so umgeformt werden, dass sie sich in den als verbindlich („normal") geltenden gesellschaftlichen Gesamtrahmen einfügen.
  Dieser Zielsetzung entsprechen therapeutische und anderweitig zurüstende, reformative Bemühungen.

- Missgestalten sollen kaverniert, peripheriert werden, um gegenseitige Störungen zu minimieren.
  Dieser Zielsetzung entsprechen vielgestaltig separierende Maßnahmen, wie sie im Gefängnis- und Internierungswesen, in beschützenden Werkstätten, teils auch in der Heim- und Sonderschulpraxis ihren Niederschlag fanden.
- Gesellschaftliche Gestaltelemente sollen so umformatiert werden, dass die Misslichkeit der Missgestalt so etwas wie eine „ökologische Nische" findet.
  Dieser Zielsetzung entsprechen Bemühungen um die Adaptation gesellschaftlicher Rahmenbedingungen in Richtung auf eine Behinderungskultur (siehe Kobi, 2004).

In jedem Fall ist jedoch auch das (behinderte) Kind durch Mimesis (von unterbewusster Anähnelung bis willentlicher Nachahmung) namhaft beteiligt an der stets *gemeinsamen* DG. Über die jeweils verbleibende Differenz, deren Widerspiegelung und Rekursivität, nimmt es auch kreativen Anteil an neuen Regelorientierungen. Die Novizen ändern somit – im Vollzug der Tradierung – das Tradierte. Sie sind das Licht, in welchem auch das Alte neu erscheint

Ausblick

In dieser Perspektive erhält auch der Begriff der Integration (siehe Kobi, 1999) eine Chance, von einer Heilsbotschaft zurückzufinden zu seiner ursprünglich strukturellen, daseinsgestalterischen Bedeutung: Integriert (ein Integral) ist eine Person, die *per se* aufgrund allein ihres existenziellen Da- und So-Seins (und somit unabhängig von sozietär geforderten Adaptationsleistungen und -möglichkeiten) in einem das vordergründig konventionelle und konvenierende Dasein gesellschaftskultureller Pässlichkeiten überspannenden *Sinn*horizont steht, die daselbst einen (wenngleich u. U. negativen) *Wert* verkörpert und einen gesellschaftlichen *Zweck* (die Funktion der Randständigkeit beispielsweise) versieht, so dass sie insgesamt einen personalen Faktor (eine zu würdigende und zu respektierende Wirkgröße) darstellt und nicht ein zum bloßen Fakt versächlichtes (reifiziertes) Ding ist.

Nagelprobe für heilpädagogische DG ist daher gerade das pädagogisch-therapeutische Ärgernis der *Un*verbesserlichkeit, das in der Umkehrung der Frage: Was machen wir *dagegen?* – zur Frage: Was machen wir *daraus?* – zur Herausforderung wird für einen *positiven*, seinsbestätigenden Umgang auch mit dem gesellschaftlich *bleibend* Disqualifizierten. Ein positiver Umgang mit Unverbesserlichkeit müsste sich somit darauf beschränkten, der betreffenden Person ausschließlich jenes Verhalten zu unterbinden bzw. sie von jenem Kontext, der ein solches auslösen könnte, fernzuhalten, das sich als bedrohlich, gemeingefährlich/gesellschaftsbedrängend erwiesen hatte und aller Voraussicht nach weiterhin sein würde.

Als sozialpolitisch und ethisch hoch sensibel erweisen sich diesbezüglich Fragen um Berechtigung und Formen der Verwahrung: Verwahrung ist weder (fortgesetzte) Strafe noch (Endlos-)Therapie, sondern ein extremer Spezialfall sekuritätsbedingt fremdbestimmter Daseinsgestaltung.

Einem rückfallgefährdeten, therapieresistenten bzw. -unwilligen gewalttätigen Sexualverbrecher z. B. wird nach Maßgabe seiner Triebdestination der Zugang zu potenziellen Opfern verwehrt. Wer das/sein (Menschen-)Recht auf Sexualität missbrauchte, indem er jenes anderer verletzte und auch in absehbarer Zukunft nicht davon abzulassen vermag, dem wird die Ausübung dieses Rechts durch angemessene, jedoch effiziente Sicherungsverwahrung eingeschränkt.

Die fallorientierten und regelmäßig zu überprüfenden Verwahrungsmaßnahmen und -institutionen haben einerseits ein Maximum an Sicherheit vor gemeinschaftsgefährdenden Durchbrüchen zu gewährleisten, sollen innerhalb des Gewahrsamsrahmens jedoch – einem Normalisierungsprinzip folgend – großräumig angelegt und mit differenzierten gesellschaftsüblichen Infrastrukturen ausgestattet sein. Gesellschaftsübliche Arbeits-, Freizeit-, Versorgungs-, Konsumangebote, Wohnmöglichkeiten etc. sind gewährleistet. Die Kolonie wird zwar letztinstanzlich überwacht, kontrolliert und verwaltet, steht im Übrigen jedoch auch zur Selbstverwaltung durch die Klientele offen. Die geleistete Arbeit wird regulär (gesellschaftsüblich) entlohnt, Pensions- und Verwaltungskosten andererseits jedoch verrechnet mit Blick auf eine möglichst weitgehende Selbstfinanzierung. Im selben Sinne werden auch Außenkontakte in eigens gestalteten Neutralitätszonen nach Maßgabe der Führungsqualität möglichst häufig, regelmäßig und qualifiziert (d. h. nach Art der Beziehung) ermöglicht. Im Einzelfall können Verwahrte aufgrund körperlicher Hinfälligkeit, höheren Alters oder eines anderweitig aufgelösten Gefahrenpotentials auf ihren Wunsch hin entlassen werden.

Selbst der von seiner Sozietät essenziell zum *Un*menschen abgewertete Mensch bleibt existenziell gattungszugehörig und verkörpert als Person menschliche Kontingenz. „Das ‚Unmenschliche' [ist] selbst etwas Menschliches, ja nur einem Menschen, keinem Tiere möglich, ist eben etwas ‚Menschenmögliches' [...] *Wirklicher* Mensch ist nur der – Unmensch", wie *Max Stirner* (alias *J. C. Schmidt* 1806–1856, ein Vorläufer des Existenzialismus) in seiner Schrift ‚Der Einzige und sein Eigentum' (1845) betont.

Die Aufgabe zur gemeinsamen DG wird daher auch ihm gegenüber nicht hinfällig.

Kommentierte Literaturhinweise

Zum exklusiven Thema „(pädagogische) Daseinsgestaltung" ist gegenwärtig keine Monographie bekannt.

Diese von *W. Bähr* herausgegebenes Bändchen **Spranger, Eduard: Gedanken zur Daseinsgestaltung, ausgewählt von W. Bähr. München 1962**, vereinigt eine Art Blütenlese aus dem umfassenden Schrifttum des bedeutenden Pädagogen, Philosophen und Psychologen *Eduard Spranger* (1882–1963).

Es knüpft damit an an eine noch bis ins 19. Jahrhundert hinein lebendig gewesene Tradition der Sammlung von „Lebensweisheiten" sowie an die der „Seelendiätetik" (vgl. z. B. *Ernst von Feuchtersleben* 1806–1849: Zur Diätetik der Seele, 1838), die sich von modischen Ratgebern für sämtliche Lebenslagen dadurch abheben, dass sie nicht desituierte Rezepte und ein lebenstechnisches Know-how vermitteln, sondern in ihrer Erbaulichkeit zu selbsttätigem Denken und eigenwilligem Handeln anregen und letztlich auch immer wieder zu einer Aussöhnung mit dem Unabänderlichen des Schicksals verhelfen möchten.

Bollnow, Otto F.: Anthropologische Pädagogik, Bern, 1983. Weitere Titel siehe Literaturverzeichnis.
Desgleichen durchzieht das Thema Daseinsgestaltung in der Alltäglichkeit des Miteinander-seins das Werk des Philosophen und Pädagogen *O. F. Bollnow* (1903–1993): Dies in der Akzentuierung von Fragen um Atmosphäre und Geborgenheit, Raum- und Zeiterleben, Sprache und Sprechweisen.

In neuerer Zeit thematisierten z. B. der deutsche Jugendpsychiater *Wilhelm Rotthaus* und der spanische Philosoph *Fernando Savater* – auf je sehr verschiedene Weise und ohne expressis verbis den Begriff DG zu verwenden – die beziehungsmäßig *gemeinsame* Daseinsgestaltung von Erzieher und Kind: *Rotthaus* aus akzentuiert systemisch-familientherapeutischer, *Salvater* aus anthropologisch-personaler Sicht.

Auch damit findet eine Tradition ihre aktualisierte Fortsetzung, wie sie, zwar nicht von Erziehungswissenschaftern, umso mehr jedoch aus Erlebnisschilderungen und Erfahrungsberichten tatkräftiger Pädagogen bekannt ist: die Fokussierung der Erzieher-Kind-Dyade in der gemeinsamen DG.

So etwa bei *Johann Heinrich Pestalozzi* (1746–1827, in seinem „Stanserbrief", 1799), bei *Friedrich W. A Fröbel* (1782–1852, hauptsächlich in seinen Kindergarten-Schriften um den Begriff der „Lebenseinigung"), bei *Anton S. Makarenko* (1888–1939, dem ukrainischen Pädagogen, der unter dem Titel „Ein pädagogisches Poem" 1933 eine romanhafte Schilderung des Aufbaus seiner Kommune mit jugendlichen Rechtsbrechern in Charkow vorlegte), bei *Janos Korszak* (1878–1942, der als Arzt und Leiter jüdischer Kinderheime bis zu seinem gewaltsamen Tod in Warschau tätig war: z. B. Wie man ein Kind lieben soll, 1919; Das Recht des Kindes auf Achtung, 1928).

Deinstitutionalisierung Wolfgang Jantzen

Etymologie

Eine „Institution" ist laut Brockhaus eine „einem bestimmten Aufgabenfeld zugeordnete öffentliche (staatliche oder kirchliche) Einrichtung". In soziologischer Hinsicht handelt es sich um „soziale Gebilde, Organisationen und Prinzipien, die als Träger gesellschaftlicher Ordnung öffentlich anerkannt und garantiert sind; Hauptmerkmale sind relative zeitliche Konstanz, das einem kulturellen Muster folgende Zusammenwirken ihrer Glieder sowie normative Richtlinien, die mit Sanktionen und sozialer Kontrolle durchgesetzt werden." (Brockhaus, 2002, S. 58) Laut der Internet-Enzyklopädie Wikipedia geht Institution als politischer Begriff mindestens auf Rousseau zurück, damals allerdings eher noch als breiter Begriff verstanden, für „Arenen, in denen politische Handlungen stattfinden, die jedoch von fundamentaleren Kräften bestimmt wurden", wobei bis heute strittig bleibt, wie weit der Begriff zu fassen ist. „Als kleinster gemeinsamer Nenner kann gelten, dass eine Institution ein Regelsystem ist, das eine bestimmte Ordnung hervorruft" (http://de.wikipedia.org/wiki/Institution). Im Unterschied zur „Organisation" (soziale Assoziation zwecks Förderung bestimmter Zwecke) bezieht sich Institution „auf feststehende Bedingungen und Verfahren in verschiedenen Zusammenhängen". Sie entwickelt sich als „eine Reihe von organisierten Verhaltensweisen" und entfaltet „Normen eigener Natur" die enger sind als die „von Brauch und Sitte, aber weiter als die des Rechts" (König, 1958, S. 134 f.). „Unter dem Verbum ‚institutionalisieren' versteht man die formellere Ausgestaltung der Normen, was gleichzeitig den Organisationsgrad erhöht" (König, 1958, S. 137). Im Unterschied zur Assoziation gehört man einer Institution nicht an, „man ist ihr vielmehr unterworfen" (König, 1958, S. 138).

Institutionen entstehen durch Machtübertragung. Dies beinhaltet eine Zunahme der Verfügbarkeit von Mitteln im Prozess der Institutionalisierung. Unter bestimmten Umständen (Fehlen sozialer Kontrolle ebenso wie rechtliche Übertragung eines „besonderen Gewaltverhältnisses" – so im Falle der Psychiatrie) emanzipieren sich Institutionen zu „totalen Institutionen" (wie z. B. Gefängnisse, psychiatrische Anstalten, Klöster, Kadettenanstalten etc.). Nach Goffman (1972) weisen totale Institutionen folgende Merkmale auf: (1) sie sind allumfassend: d. h. alle Mitglieder sind überall einer zentralen Autorität unterworfen; (2) die Trennungen von privat, gemeinschaftlich und gesellschaftlich sind aufgehoben; (3) die Handlungen sind durch Regeln vorgeschrieben; (4) sie werden durch einen Stab von Funktionären kontrolliert, (5) das gesamte Leben in der Einrichtung ist einem einzigen rationalen Plan untergeordnet, welcher auf die offiziellen Ziele der Institution abzielt. In dieser Hinsicht stellen totale Institutionen eine (nie völlig erreichte) Annäherung von sozialen Feldern an Grenzzustände dar, „in denen das Feld mit dem Aufhören aller Kämpfe und allen Widerstands gegen die Herrschaft erstarrt" (Bourdieu, Der Tote, 1997, S. 43).

Mit der Herausbildung einer derartigen Institution ist die Entwicklung eines Netzes institutioneller Regeln verbunden, die durch ihre Konstruktion im Alltag das ständige Weiterexistieren der Einrichtung sichern. Institutionalisierungsarbeit im Sinne der Hervorbringung von „Institutionalisierungsriten" (Bourdieu, Mechanismen, 1997, S. 65) sichert die Existenz der Einrichtung als „Denkwelt" (siehe Douglas, 1991) ebenso wie als Ort von ständig neu hervorgebrachtem „sozialen Sinn" (Bourdieu, Soziales Sinn 1 1987, S. X). Totale Institutionen, als „Institutionen der Gewalt" (siehe Basaglia, 1973), sind folglich nicht an die Existenz von Organisationsformen, wie z. B. Großeinrichtungen, gebunden – wenn sie auch dort ein besonders günstiges Klima finden. Sie können sich in höchst unterschiedlich organisierten Systemen gesellschaftlicher Kontrolle und Unterwerfung realisieren, welche von einem diktatorischen Staatsgebilde bis hin zu Verkehrsformen in Partnerschaft und Familie reichen.

Der Begriff „Deinstitutionalisierung" zielt folglich auf einen Abbau des totalen Charakters von Institutionen, auf die Wiederherstellung von Menschen- und Bürgerrechten der Internierten sowie auf eine Institutionalisierungsarbeit, welche das Ergebnis dieser Transformation absichert. Da Institutionalisierung ständig mit Euphemisierungsarbeit einhergeht (ideologische Um-Interpretation der ausgeübten strukturellen und manchmal auch offenen Gewalt in notwendige Schutz- und Fördermaßnahmen zum Nutzen der Betroffenen), gehört zur De-Institutionalisierung auch immer der Prozess einer De-Ideologisierung der geschaffenen Verhältnisse, in der Regel als Auflösung von Verdinglichungen im Sinne naturhafter und/oder schicksalhafter Mechanismen in historische Bedingungen und Biographien ausgegrenzter und entrechteter Bürger/innen.

Geschichte

Eine Geschichte der Deinstitutionalisierung zu schreiben ist schlechthin unmöglich. Es wäre eine Geschichte all jener Menschen, deren Reduzierung auf Schicksal und Natur (Rasse, Geschlecht, Behinderung) zutiefst in die Geschichte der Menschheit eingeschrieben ist. Mit dem Beginn jeglicher Kultur, mit der Genesis von Macht, Gewalt und Herrschaft ist auch immer unmittelbar die Genesis der sozialen Ausgrenzung verknüpft, die Scheidung in nacktes Leben und politisches Leben (siehe Agamben, 2002). Und auch bei Beschränkung auf die Genesis der Deinstitutionalisierung im engeren Sinn – als Wiederherstellung bürgerlichen Lebens für die unter medizinischen Diagnosen Ausgegrenzten und Internierten – bleibt dieses Unterfangen unrealisierbar (vgl. hierzu unter anderem Dörner, 1969, Foucault, 1969, Jantzen, Sozialgeschichte, 1982).

Die Veränderung der menschenrechtlichen Situation schlägt sich in der Charta der Menschenrechte der UNO sowie verschiedenen weiteren Erklärungen und Konventionen nieder (siehe Lachwitz, 1998). Insbesondere ist der Verbund der vier Konventionen zu nennen: Antirassismus-Konvention, Frauen-Konvention, Kinder-Konvention sowie der in Erarbeitung befindlichen „Disability-Convention" (Behinderten-Konvention). Als sozialer Prozess findet sich Deinstitutionalisierung zunehmend deutlich im gesellschaftlichen Umgang mit Behinderung und psychischer Krankheit nach dem Zweiten Weltkrieg. Dies geschieht in verschiedenen Bewegungen, innerhalb derer Behinderung und psychische Krankheit als vorgeblicher Ausdruck von Naturprozessen de-konstruiert werden und zunehmend als soziale Konstruktionen begriffen und rekonstruiert werden.

Im Bereich der Behindertenpädagogik erfolgte dies außerschulisch in Form der Diskussion und Anwendung des Normalisierungsprinzips sowie schulisch durch die Entwicklung der Integrationspädagogik. Der Begriff Normalisierungsprinzip wurde insbesondere unter Rückbezug auf die USA und auf Skandinavien wahrgenommen und durch die Arbeiten von Thimm im deutschen Diskurs verankert (Beck u. a., 1996). Die Orientierung des schulischen Bereichs an dem Gedanken der Integration erfolgte nur zunächst durch Rückgriff auf den skandinavischen Bereich, hauptsächlich jedoch durch Rückbezug auf die Integrationsdebatte und -praxis in Italien. Ein Vergleich, welcher dem Normalisierungsprinzip eine weitaus radikalere Integrationspädagogik (vgl. Schildmann, 1997, S. 93) gegenüberstellt, ist jedoch unangemessen, da auch die Psychiatriedebatte und -reform sozialen Bewegungen und theoretischen Denkansätzen der italienischen Psychiatrie deutlich verpflichtet ist (unter anderem Basaglia, 1973, 1974; Pirella, 1975; Slavich, 1983). Sie wirkten insbesondere über den „Mannheimer Kreis" und die Deutsche Gesellschaft für soziale Psychiatrie (DGSP) und fanden einen wichtigen Höhepunkt 1980 in einem Sternmarsch nach Bonn mit dem Ziel der Auflösung der Großeinrichtungen. Praktisch am deutlichsten drücken sich diese Prozesse in der Auflösung der Langzeiteinrichtung Kloster Blankenburg in Bremen (Gromann-Richter, 1991; Kruckenberg u. a., 1995) sowie der Enthospitalisierung aller Langzeitpatienten des Landeskrankenhauses Gütersloh aus (Dörner, 1998). Bezogen auf Fragen der Behinderung wurden diese Diskurs von der kritisch-materialistischen Behindertenpädagogik bereits sehr früh aufgegriffen (vgl. Jantzen, 1979, 1981).

Innerhalb der Behindertenpädagogik wird in der Regel die von der Bundesregierung in Auftrag gegebene Psychiatrie-Enquête von 1975 als Ausgangspunkt der Bemühungen um Deinstitutionalisierung genannt. In ihr wurde die Fehlplatzierung von 17.000 Menschen mit geistiger Behinderung in psychiatrischen Großanstalten aufgedeckt. Gefordert wurde ein ständiges gemeindenahes Versorgungssystem für Menschen mit geistiger Behinderung. In gewissem Widerspruch hierzu erklärte Gaedt (1981) eine gewisse innere Deinstitutionalisierung von Großeinrichtungen und ihre Umwandlung in „Orte zum Leben" für möglich. Einerseits wurde diese Debatte zur Legitimationsstruktur für Großanstalten, andererseits nahmen in den 1980er-Jahren drei große Reformprojekte ihre Arbeit auf (siehe Dalferth, 2000 sowie insbesondere Franz, 2004):

1980 in Nordrhein-Westfalen die Ausgliederung eines eigenständigen Behindertenbereichs aus den großen Fachkliniken, der zur Entstehung heilpädagogischer Heime führte, 1988 in Hessen durch den Beschluss, alle Menschen mit geistiger Behinderung außerhalb der Landeskrankenhäuser zu betreuen sowie durch die erste Komplettauflösung einer Großanstalt in Deutschland, die Schließung der „Klinik Kloster Blankenburg", die von 1983 bis 1988 dauerte.

In den 1990er-Jahren finden verschiedene Projekte zur Enthospitalisierung von Menschen in den neuen Bundesländern statt, deren Erfolg widersprüchlich beurteilt wird (Hoffmann, 1998, S. 124 ff.). Hinzu kommt die Entlassung aller 453 Langzeitpatienten des Landeskrankenhauses Gütersloh 1991–1996 sowie verschiedene weitere Projekte. Nach Erhebungen der Universität Tübingen lebten zum Ende des 20. Jahrhunderts immer noch rund 100.000 Menschen mit geistiger Behinderung in Deutschland in Großeinrichtungen, davon knapp die Hälfte in Einrichtungen mit mehr als 200 Bewohnern (Hornung u. a., 1995). Hingegen sind Prozesse der Deinstitutionalisierung in Skandinavien (in Schweden Abschaffung aller Heime per Gesetz bis zum Jahr 2000; parallel dazu Deinstitutionalisierung durch eine Reihe gemeindenaher Maßnahmen) bzw. den USA (vgl. Accordino u. a., 2001) in völlig anderem Umfang vorangeschritten.

Auf diesem Hintergrund spricht Dörner zurecht von einer „Schutzhaft der Nächstenliebe" im Umgang mit Kranken und Behinderten und hebt hervor:

„Kein chronisch Kranker und kein schwieriger geistiger Behinderter muss dauerhaft in einer Anstalt leben. Das klingt wie eine Provokation und wie eine Spinnerei – aber es ist der fachliche internationale Standard" (Dörner, 1999) (zur Situation in Europa siehe „Included in Society", 2003).

Da das deutsche Hilfesystem weit weniger zivilgesellschaftlicher Gestaltung und Kontrollen unterliegt als vergleichbare Hilfesysteme im angloamerikanischen Raum (siehe die Beiträge und Analysen in Jantzen u. a., 1999), zudem unter dem Druck der Deregulierung Tendenzen zur weiterer Konteneinsparung, Privatisierung und Enddemokratisierung in diesem Bereich nur allzu deutlich sind (siehe Jantzen, Überlegungen, 2004), eine geforderte Heimenquête von der rot-grünen Regierungskoalition nicht realisiert wurde, ist es umso wichtiger, Deinstitutionalisierung im Folgenden als komplexen und reflexiven Prozess zu rekonstruieren, um trotz dieser deutlichen Gegentrends Perspektiven zu erhalten und neu zu erschließen.

Aktuelle Relevanz, theoretische Ansätze

Ein nicht-rassistisches Verständnis von Behinderung verbietet eine Reduktion auf Biologie und/oder Schicksal. Anstelle von Substanzbegriffen, die reduktionistisch Behinderung als individuelle Eigenschaft festschreiben, treten Funktionsbegriffe (siehe Cassirer, 1980), welche relationale Zusammenhänge rekonstruieren. Auf allen Niveaus der menschlichen Existenz ist von einem sinnhaften und systemhaften Aufbau psychischer Prozesse auszugehen. Entwicklung unter den Bedingungen von Behinderung ist folglich nicht mehr als differente Entwicklung, sondern als Entwicklung von Differenzen zu begreifen, die nicht mechanisch-deterministisch gedacht werden kann und gedacht werden darf.

Gegen eine defektbezogene Betrachtung ist festzuhalten, dass verschiedene Ursachen zum gleichen Ergebnis (Äquifinalität) bzw. eine bestimmte Ursache zu höchst unterschiedlichen Ergebnissen (Multifinalität) führen können, dass Einflüsse des jeweiligen sozialen Kontextes sehr bedeutend sind, dass an verschiedenen Punkten eine Veränderung der Entwicklungsrichtung möglich ist, dass Möglichkeit und Umfang der Veränderungen jedoch durch die bisherige Adaptation beschränkt werden (siehe Sroufé, 1997).

Begreift man den Kern von Behinderung als soziale Isolation (siehe Jantzen, 1979 und 1987), so greift diese umso stärker, je mehr behinderte Menschen durch angeborene oder erworbene veränderte neurobiologische bzw. organpathologische Ausgangsbedingungen in die Situation erhöhter Verwundbarkeit geraten. So zeigen empirische Untersuchungen bei sehr schwer behinderten Menschen („profound mental retardation") unter anderem:

Mit zunehmender Schwere der Behinderung werden häufiger aversive Methoden eingesetzt bzw. trivialisierende Methoden verwendet, deren Erfolg bestenfalls vom Hörensagen bekannt ist. All dies geschieht oft mit „einem Hauch von Fanatismus" (siehe Turnbull, 1988), als seien hier in besonderer Weise Menschen- und Bürgerrechte außer Kraft gesetzt.

Erste Untersuchungen zur Stressbelastung bei sehr schwer geistig behinderten Erwachsenen ergaben sehr deutlich erhöhte Indikatoren für hohe Stressbelastung (Blutdruck, Herzschlag, Atemfrequenz, Kernkörpertemperatur, Änderungen in der peripheren Temperatur), insbesondere in Situationen, in welchen diese Personen klinisch untersucht oder angestarrt wurden (siehe Chaney, 1996).

Zudem erweisen sich zentrale Aspekte von „Verhaltensphänotypen", die so genannten „genetischen Syndromen" zugeschrieben werden (siehe Sarimski, 1997), als psychische Neubildungen unter Stressbedingungen. So existiert z. B. beim Fragilen-X-Syndrom eine generell höhere Stressanfälligkeit. Merkmale wie soziale Angst, Rückzug und Übererregbarkeit sind hiermit eng verbunden (vgl. Hessl u. a., 2002). Es bestehen deutliche Einflüsse der häuslichen und schulischen Umwelt auf die Entwicklung von Stresssymptomen wie z. B. autistische Tendenzen bei Jungen, Rückzug und ängstlich depressives Verhalten bei Mädchen (siehe Hessl u. a., 2001).

Syndrome sind, so Trevarthen und Aitken, gekennzeichnet durch „kritische Fenster erhöhter sozialemotionaler Verwundbarkeit" (Trevarthen/Aitken, 1994), innerhalb derer sozial übliche Bedingungen, welche der Situation des Klienten nicht angepasst werden, noxischen Charakter gewinnen und somit aus der Möglichkeit der Verwundbarkeit die Realität der Verwundung machen.

All diese Befunde sowie eine systematische Erarbeitung einer Entwicklungsneuropsychologie und -psychopathologie geistiger Behinderung (siehe Jantzen, 2002, Soziale Konstruktion, 2003 und Behinderung, 2004) zeigen, dass zahlreiche Ausdrucksformen schwerer geistiger Behinderung (z. B. selbstbeschädigende Handlungen, Aggression, zerstörerisches Verhalten) Resultat der sinnhaften und systemhaften Entwicklung des Psychischen unter isolierenden Bedingungen sind, insbesondere unter der Bedingungen offener und/oder struktureller Gewalt.

Insofern entsprechen sie den Konstruktionen, auf die Goffman (vgl. Goffman, 1972, S. 65 ff.) für die Auswirkung totaler Institutionen aufmerksam gemacht hat: 1) Rückzug aus der Situation, Regression bis hin zu Stumpfsinn; 2) kompromissloser Standpunkt, der wiederum zu zahlreichen Maßnahmen führt, um den Willen zu brechen und dann vom Rückzug abgelöst wird; 3) Kolonisierung (eine stabile, relativ zufriedene Existenz in der Einrichtung wird aufgebaut). Diese Haltung wird begünstigt durch vom Personal regelmäßig geforderte Austauschmechanismen: Anerkennung durch die Insassen, dass es ihnen gut geht, emotionale Vorleistung an das Personal als Preis für dessen Zuwendung (siehe Jackman, 1996, zur Problematik des Paternalismus). 4) Konversion: Übernahme der Rolle des perfekten Insassen sowie 5) opportunistische Kombination der verschiedenen Anpassungsstrategien.

Zudem verweist die Entwicklungsneuropsychologie der Emotionen nur zu deutlich darauf, dass die Integration unsicherer oder abweisender Bindungsverhältnisse in das Selbst grundsätzlich mit einer Kausalattribuierung verbunden ist, welche die Ursache der kränkenden Ereignisse als Resultat der „eigenen Schlechtigkeit" in das Selbst integriert (vgl. Schore, 1994).

Nach Seiten der Internierten verlangt Deinstitutionalisierung daher zwingend ein nicht-invasives Verstehen auf der Basis von Syndromanalyse und Rehistorisierung. Die verdinglichende Reduktion auf bloße Symptome kann so überwunden werden (siehe Jantzen/Lanwer-Koppelin, 1996 und Jantzen, Methodologie, 2005), aber das allein reicht noch nicht, um erfolgreich zu De-Institutionalisieren. Nötig sind ein vertieftes Verständnis von Institution und Deinstitutionalisierung sowie eine Reflexion auf die eigene Position im jeweiligen Feld und die Möglichkeiten ihrer Veränderung.

Institutionen sind nach Hegel Orte, welche der Freiheit dienen, indem sie diese beschränken. Hegel geht von den Grunddimensionen der Anerkennung in der Liebe, Ehre und im Absoluten (Gott bzw. seine Verweltlichung im vernünftigen Staat) aus (vgl. hierzu die im Vergleich zu Honneth, 1994, wesentlich differenziertere Analyse von Klaus Roth, 1989). Ehre wie Liebe (Erstere auf der Empfindung, Letztere auf den Reflexionen des Verstandes aufbauend) zielen auf das Bedürfnis „die Unendlichkeit der Person aufgenommen zu sehen in einer anderen Person" (Hegel, HW 14, S. 182). Und in vergleichbare Richtung zielt die Anerkennung im Absoluten (also in der Liebe Gottes), für welche der Staat im Sinne Hegels „Vater, Sohn und heiliger Geist zugleich" ist (Roth, 1989, S. 259).

Die Anerkennung in der Ehre erfordert jedoch, dass die Intelligenz, welche dies (theoretisch) verlangt, sich auch praktisch im Willen realisiert. Dies ist nur möglich durch die Überwindung des Widerstandes des anderen. Als „Kampf um Ehre" bzw. als „Kampf um Anerkennung" verlangt sie dessen Unterwerfung. Da beide jedoch – so in Hegels Analyse von Herr und Knecht in der „Phänomenologie des Geistes" (HW 3) – aufeinander angewiesen sind, realisiert sie sich aus dieser Erkenntnis heraus im gesellschaftlichen Tausch. In diesem erfährt der Einzelne, „dass seine Arbeit nicht vergeblich war, sondern vom anderen anerkannt wird" (Roth, 1989, S. 139). Der Tausch als Vertragsform ist jedoch als Anerkennungsverhältnis brüchig. Einerseits hat sich der Einzelne verpflichtet, sein Wort zu halten, anderseits hat er sich damit einen Zwang auferlegt. Und zudem wird er nach Ablauf des Tausches auf sich selbst zurückgeworfen, die Anerkennung wird negiert. Der freie Wille zielt folglich, sofern er nicht gebändigt wird, auf die Negation dieses Vertrages, auf Unrecht, Verbrechen, ja Diebstahl und Mord (vgl. Roth, 1989, 170 ff.). Dieser Konflikt kann weder moralisch noch ökonomisch gelöst werden. Er verlangt nach Institutionalisierung und Verrechtlichung.

Und eben dieses Problem der moralischen ebenso wie ökonomischen Unlösbarkeit der Anerkennung in der Ehre erweist sich als Kernproblem der Deinstitutionalisierung und vermag jenen Widerspruch begreifbar zu machen, den Bourdieu als Kernwiderspruch von Wohlfahrtsunternehmen und religiösen Unternehmen ausmacht.

Diese gestalten ihre Produktionsverhältnisse nach dem Modell der Familienbeziehungen. Soziale Beziehungen, einschließlich Ausbeutungsbeziehungen, werden mittels der Logik des Ehrenamtes zu Beziehungen verklärt, die auf „Geistesverwandtschaft oder religiösem Tausch" beruhen.

„Man hat es also mit (schulischen, medizinischen, karitativen usw.) Unternehmen zu tun, die, da sie nach der Logik von Ehrenamt und Opfergabe funktionieren, in der ökonomischen Konkurrenz beträchtlich im Vorteil sind (einer dieser Vorteile: der Markenzeichen-Effekt, gilt doch das Adjektiv christlich [bzw. „humanitär"; W. J.] als Garantie für eine im Grunde innerfamiliale Moral)." (Bourdieu, 1998, S. 193 f.).

Dies schafft die Problematik von „Hinterbühne" und „Vorderbühne" im Sinne von Goffmans (1972) totaler Institution.
Einerseits wird in derartigen gemeinschaftlichen Institutionen das „Sozialkapital" der Beteiligten auf wenige delegiert. Diese haben das positive Image der Einrichtung – und damit auch die „Ehre" der Mitarbeiter – in Form eines (moralisch aufgeladenen) Menschenbildes nach außen zu vertreten (Vorderbühne). Anderseits werden damit nach innen Tauschregeln geschaffen, welche es den Mitarbeiterinnen verbieten, sich außerhalb der familialen Ideologie zu bewegen, untereinander ebenso wie in den

Beziehungen zur Leitung. Die Leitung hat hierbei die innere Aufgabe, den Mitarbeiterinnen gegenüber unbegründeten Loyalitätsentzug zu vermeiden und möglichst aktive Loyalität zu demonstrieren.

In diesem Setting, das die Insassen zu Objekten pädagogischer Behandlung macht (und damit ökonomisch abrechenbar), negieren die Mitarbeiter im Rahmen einer ständig erneut geschaffenen Anthropologie (siehe Goffman, 1972 und Fengler/Fengler, 1994), ständig und täglich erneut die Lebens- und Entwicklungsbedürfnisse der Internierten (Hinterbühne).

„Angesichts der Tatsache, dass das Personal für die Insassen verantwortlich ist und ihnen eine bestimmte Behandlung angedeihen lassen soll, neigt es dazu, sich eine Theorie der menschlichen Natur zurechtzulegen." (Goffman, 1972, S. 90)

In spontanen Akten der Theoriebildung wird alles, was die Internierten zeigen, aus dem Blickwinkel der Institution interpretiert. Auffälliges Verhalten ist entweder Ausdruck der Krankheit, also unhintergehbare körperliche Natur. Oder es ist Ausdruck von Devianz, ist also „Provokation" als Ausdruck eines negativen Willens, der gebrochen werden muss (und damit unhintergehbare psychische Natur, schlechter Charakter). Anerkannt und eingefordert wird positiv emotionales Insassenverhalten hingegen im ungleichen Tausch gegen Wohltätigkeit. Als Vorleistung für freundliche und wohlwollende pädagogische Behandlung wird aktive emotionale Unterwerfung, aktives Einpassen in die Normalität der jeweiligen Institution sowie allseitige Wertschätzung des Personals verlangt (Paternalismus). Entsprechend schwanken die Strategien des Personals zyklisch zwischen beiden Polen: als Empathiezyklen und als Unterwerfungszyklen.

Was damit aber auf der Vorderbühne als „Beziehungsarbeit" des Personals erscheint, das sich „zum Wohle der Behinderten" aufopfert, erweist sich auf der Hinterbühne als ständige Konstruktion jener Abweichung, welche die Einrichtung zu beheben vorgibt. Auf der Hinterbühne ist diese „Beziehungsarbeit" Institutionalisierungsarbeit, welche innerhalb der Institution diese selbst zu jedem Augenblick konstruiert (siehe Fengler/Fengler, 1994).

Das Beziehungsnetz einer Einrichtung ist folglich „das Produkt individueller oder kollektiver Investitionsstrategien, die bewusst oder unbewusst auf die Schaffung von Sozialbeziehungen gerichtet sind, die früher oder später einen unmittelbaren Nutzen versprechen [...] Der Austausch macht die ausgetauschten Dinge zu Zeichen der Anerkennung" (Bourdieu, 1997, S. 665 f., gekürzt) und gibt der Institution „die tragischen Züge einer infernalen Maschine [...], eine Art unbewusster Übereinstimmung von Positionen und Dispositionen" (Bourdieu, Mechanismen, 1997, S. 45).

Institutionen als Ortes des Tauschs und der Anerkennung sind damit auch immer Orte der Produktion von sozialem Sinn – und dieser liegt nie alleine auf der Ebene der Anerkennung in der Ehre, sondern immer schwingt auch die Anerkennung in der Liebe mit, z. B. in der verwandelten Form der Solidarität (Roth, 1989, S. 200). Und immer schwingt die Anerkennung im Absoluten mit, indem der Staat und seine Institutionen immer etwas von der Existenz Gottes als Vater, Sohn und Heiliger Geist an sich haben. Diese Dimension der emotionalen Besetzung von Anerkennungsvorgängen entgeht Bourdieu weitgehend (siehe Jantzen, Genesis, 2005).

Im staatstheoretischen Bereich erscheint sie sowohl in Carl Schmitts (1985) Formel von der „Politischen Theologie" als auch in Althussers Staatstheorie. Nach dem Modus der Herausbildung der Subjektion in der frühkindlichen Entwicklung, die zugleich Bindung an und Interiorisation von libidinösen Objekten (der Mutter, dem Vater etc.) beinhaltet, geschieht eine politische Subjektion, infolge derer der Staat als „Subjekt", jene Anrufungsprozesse zu initiieren vermag, welche vorher die Mutter als Subjekt grundgelegt hat (siehe Althusser, 1977). Vergleichbar unterscheidet auch Franz Neumann (Staat, 1986, S. 267 ff.) unterschiedliche Formen affektiver massenpsychologischer Bindung an den Staat. Einerseits affektive Identifizierung (regressiv in Bindung an einen Führer, kooperativ – aber selten – in Bindung an ein Kollektiv), andererseits „affektlose" Identifizierung entweder in bürokratisch-hierarchischer oder in kooperativer Form. Bei Letzteren spielen Zwang und gemeinsame materielle Interessen eine wesentliche Rolle.

Unterstützt wird diese Argumentation durch die moderne Bindungstheorie, welche die Psychologie der Religion auf der Basis der ontogenetischen Evolution der Bindung auf menschlichem Niveau zu erklären versucht (Kirkpatrick, 2005). Auf die Säkularisierung des Glaubens in Form eines Glaubens an den Staat, an den Fortschritt, an den Sachzwang etc. hat Sledziewski (1990) aufmerksam gemacht.

Im ethnologisch-soziologischen Werk von Mary Douglas gewinnt der Religionsaspekt auch für die Theorie der Institutionen eine zentrale Stellung. Im Rückgriff auf die Wissenschaftstheorie von Fleck und die Soziologie von Durkheim geht sie davon aus, dass Institutionen ihre eigene „Denkwelt" produzieren und dass Religion die Solidarität innerhalb der Gruppe aufrechterhält (1991, S. 27). Allerdings bedarf Letztere bei Durkheim rein funktionale Erklärung ergänzender logischer Schritte. „Religion erklärt nicht; vielmehr bedarf sie der Erklärung." (ebd. S. 67). Diese Erklärung selbst ist möglich nicht nur über die Bindungstheorie, sondern auch über die Sozialgeschichte der Religionen (Eisenstadt, 1998; Tokarew, 1968) sowie die Naturgeschichte von Sinn und Dialog in Verbindung mit einer wesentlich von Leont'ev entwickelten Theorie des persönlichen Sinns als Kern des persönlichen Erlebens (siehe zuletzt bei Jansen, Leont'ev, 2005). Menschliches Handeln ist immer eingeschlossen in eine Sphäre von erwarteter Anerkennung im Sinne der durchgängigen Existenz von „freundlichen Begleitern" (friendly compagnon), so Trevarthen/Aitken (1994) zur Gerichtetheit eines intrinsischen Motivsystems, das bereits in der frühen Embryonalentwicklung entsteht. Und diese Annahme des möglichst auch Emotional-Willkommen-Seins, zumindest Nicht-Abgewiesen-Werdens durchdringt jegliches menschliches Handeln. Ohne diesen Hintergrund blieben Prozesse unverständlich, innerhalb derer das „bürokratische Feld" zur totalen Institution „degeneriert". In diesem Prozess „weiht" die Institution immer wieder jene Akteure, „die der Institution alles geben und denen dieses *Opfer* umso leichter fällt, je geringer ihr Besitz an Kapital außerhalb der Institution ist" (Bourdieu, Der Tote, 1997, S. 43 f.).

Auf vergleichbare Transformationsprozesse verweist Zyment Bauman. In seiner Soziologie des Holocaust (Bauman, 1992) erarbeitet er verschiedene Feldbedingungen der Moderne, die unbedingt voneinander getrennt zu halten sind und deren Kombination die Bedingungen der Möglichkeit des Holocaust enthält. Dies ist zunächst die Bürokratie, dann die Außerkraftsetzung persönlicher Verantwortung, insbesondere durch Distanz zum Opfer, und ihre Umwandlung in technisch formale Verantwortung. Dann sind es eine am Modell des Gärtners orientierte politische Utopie, eine Gruppe, die dies politisch durchzusetzen versucht und hierfür die Mehrheit gewinnt, die nationalstaatliche Abgeschlossenheit sowie das Fehlen pluralistischer Demokratie.

In der ausführlichen Diskussion des Milgram-Experiments und des Stanford-Prison-Experiments von Zimbardo erarbeitet Bauman (1992, Kap. 6) wesentliche Mechanismen der Substitution persönlicher Verantwortung durch technisch formale Verantwortung. Im Wesentlichen sind dies die Orientierung an Autoritäten (Milgram) bzw. die Orientierung am Gruppenkonsens einer zunehmend durch gemeinsame Verbrechen aneinander gebundenen Gemeinschaft (Stanford-Prison-Experiment; Zimbardo).

Dagegen setzt Bauman (1995) eine an Lévinas orientierte Ethik der persönlichen Verantwortung. Ebenfalls unter Bezug auf Lévinas stellt Klaus Dörner der Verwandlung von Menschen in Dinge durch den identifizierenden Pannwitz-Blick des Psychiaters dann den folgenden „kategorischen Imperativ" entgegen:
„Handle in deinem Verantwortungsbereich so, dass du mit dem Einsatz deiner immer begrenzten Ressourcen an Passivität, Tragfähigkeit, Substitution, Kraft, Zeit, manpower, Aufmerksamkeit und Liebe stets beim Schwächsten beginnst, bei dem es sich am wenigsten lohnt." (Dörner, Ehtik, 1998, S. 519)

Dörner bezeichnet dies ausdrücklich als Haltung, die kein Mensch zu Lebzeiten erfüllen kann. Trotzdem kann sie aber Richtschnur im Sinn konkreter Utopie sein, wie diese durch Simone Weil bestimmt wird: Das Utopische als das schlechthin Humane nicht in die Zukunft zu verlegen, sondern als Richtschnur in der Gegenwart zu nutzen und in der Vergangenheit dort zu verankern, „wo wir sie lieben" (Weil, 1989, S. 232).

Insofern findet der Prozess der Deinstitutionalisierung im eigenen Kopf statt: In der Auflösung von Verdinglichungen, in der Rehistorisierung der Situation, in der reflexiven Bearbeitung unserer eigenen Wegmach- und Todeswünsche, bezogen auf behinderte Menschen und letztlich auf alle, die anders sind als wir (siehe Niedecken, 1998 zur Institution „Geistige Behinderung" in therapeutischen und familialen Beziehungen).

Reduzierung auf Natur als rassistische Attitüde ist in Kultur und Geschichte überall präsent und damit in unseren Habitus, also in die in unserem Körper als Disposition materiell gewordenen institutionellen Positionen eingeschrieben. Durch Reflexion kann diese Attitüde aufgehoben werden. Hinzukommen muss jedoch eine Wertveränderung, die sich durch emotionale Anbindung an jene, die vor uns waren, realisieren lässt und durch Anbindung an jene, die „Unseresgleichen" sind. Das sind aber die bisher ausgegrenzten, internierten und verdinglichten Menschen und nicht die Herrschenden. Durch diese Prozesse von Reflexion und Selbstveränderung gewinnen wir die Spielräume zur „Negation" von Institutionen (siehe Basaglia, 1973), zu ihrer De-Konstruktion und ihrer pluralistisch-demokratischen Re-Konstruktion. Entscheidend ist es, Institution und Personen im Kopf zu trennen und die alte Lutherische Unterwerfung, „seid Untertan der Obrigkeit, die Gewalt über Euch hat", insofern zu verwerfen, als jeder Obrigkeit als Obrigkeit grundsätzlich zu misstrauen und *nicht* zu vertrauen ist, damit Demokratie möglich wird. Dies bedeutet zugleich, sich selbst von einer spezifischen Form struktureller Gewalt zu befreien, der „Penetration", durch welche „dem Begünstigten ein Platz im Benachteiligten" geschaffen wird (Galtung, 1997, S. 916).

Problem- und Erfahrungsfelder

Bei Auswertung der höchst unterschiedlichen Erfahrungen und Strategien der Deinstitutionalisierung ergeben sich folgende zentralen Gesichtspunkte: Deinstitutionalisierung muss an erster Stelle die Trennung von Natur und Geschichte aufheben, die verdinglichende Diagnose. Die auf Schicksal und Natur, auf „nacktes Leben" reduzierten Menschen müssen als Träger von Menschen- und Bürgerrechten in das öffentliche Bewusstsein treten und der Akt ihrer Reduktion als „Konstellation" begriffen werden, aus der ihr „Leiden hervorgegangen" ist (Basaglia, 1985, S. 10).

Dies bedeutet, anzuerkennen, dass wir selbst bis dahin Teil einer verbrecherischen Verschwörung gegen die Internierten gewesen sind, indem wir diese Reduktion auf Natur und Schicksal hingenommen haben („Befriedungsverbrechen" im Sinne von Basaglia u. a., 1980).

Um dies möglich zu machen, ist es zwingend notwendig, dass beim bisherigen Personal eine neue Form von Sympathie für die Internierten entsteht, die nicht mehr auf Mitleid, sondern auf humaner Berührung beruht. Entsprechend den politikwissenschaftlichen Überlegungen von Rorty (1996, S. 155 ff.) verweist dies auf die notwendige Kultivierung „moralischer Gefühle" – so konnte, am Beispiel der Sklavenbefreiung erörtert, „Onkel Toms Hütte" von Harriet Beecher-Stowe den Prozess der Sklavenbefreiung in ästhetischer Hinsicht unterstützen.

Wesentlich ist es daher, dass in der Gegenwart der Rehistorisierung das Ästhetische „von der Kunst ins Leben" wechselt (Rorty, 1996, S. 155 ff.). Dies gewährleistet der Ansatz der rehistorisierenden Diagnostik, versetzt in die Wirklichkeit einer Einrichtung. Durch die Beteiligung der Mitarbeiter am Prozess des Neubegreifens, durch ihre ästhetische Berührung in diesem Prozess ist eine wichtige Bedingung benannt.

Eine andere Bedingung ist es, dass Mitarbeiterinnen Unterstützung dabei finden, das alltägliche Handeln in der Einrichtung ändern zu können. Dies verlangt eine nicht bevormundende Teilnahme von äußeren Experten, die sich sowohl zu den Mitabeitern als auch zur Leitung loyal verhalten und darüber hinaus helfen, Loyalitätskonflikte zu bearbeiten. Dies schließt auch die Bereitschaft ein, den unter Bedingungen von Großeinrichtungen und Gruppen mit schlechter Personalbesetzung zwangsläufig entwürdigenden Alltag von Mitarbeitern an bestimmten Stellen exemplarisch zu teilen (in komplizierten Ess-Situationen, beim Säubern eingekoteter Betten oder Räume, bei aggressiven oder autoaggressiven Eskalationen etc.). Und es verlangt eine Demokratisierung der Mitarbeiterstrukturen (vgl. exemplarisch die Rolle der Vollversammlungen und des Prozesses der Verifikation in der italienischen demokratischen Psychiatrie; siehe Basaglia, 1973 und Pirella, 1975). Dies ermöglicht den Mitarbeitern, den Prozess der Deinstitutionalisierung als politischen Prozess mitzugestalten und zu reflektieren (so z. B. Gruppenleitungen in einem Papier „Was wollen wir nicht mehr: Gewalt auf allen Ebenen"; Jantzen 2003, S. 72).

Zudem verlangt dieser Prozess, dass die Trennung von Vorderbühne und Hinterbühne reflexiv aufgehoben wird, der Widerspruch zwischen humanistischem Anspruch, realem Handeln und ökonomischer Lage sichtbar wird, dass die emotionale Ausbeutung der Mitarbeiter endet und zugleich alle Kräfte gesteigert werden, um dennoch das Äußerste zu wagen. Dies erfordert aber auch einen deutlichen Zuwachs an egalitären Beziehungen in den innerinstitutionellen Verhältnissen als Ganzes: Wie sollen die Mitarbeiter wissen, was die ökonomischen und politischen Sorgen des Trägers sind, wenn sie nicht an seinen Sorgen beteiligt werden? Wie soll der Träger wissen, welches die pädagogischen und therapeutischen Sorgen der Mitarbeiter sind, wenn er sich nicht an ihnen beteiligt?

Ausblick

Deinstitutionalisierung ist ein Weg, der innerhalb und außerhalb von Großeinrichtungen beschritten werden kann. In der Negation der Institutionen als „totale" liegt zugleich die Bedingung der Möglichkeit, nicht nur den Alltag der Internierten, sondern auch den eigenen Alltag, das eigene Denken, das eigene Bewusstsein zu humanisieren und damit insbesondere auch „mit Hilfe ästhetischer Mittel" eine breite moralische Basis zu schaffen, welche „die rechtliche Durchsetzung und Realisierung der Menschenrechte unterstützt und erleichtert" (Horster, 1999, S. 518).

„Die Aufgabe, die der Messianismus der modernen Politik zugewiesen hat – eine menschliche Gesellschaft zu denken, die nicht (nur) die Gestalt des Gesetzes hätte – harrt noch derer, die sie übernehmen." (Agamben, Homo sacer, 2002, S. 126)

Kommentierte Literaturhinweise

Basaglia, Franco: Die negierte Institution. Frankfurt, Suhrkamp, 1973 sowie **Pirella, Agnostino: Sozialisation der Ausgeschlossenen. Praxis einer neuen Psychiatrie.** Reinbek, Rowohlt 1975.
Dies sind die beiden Klassiker der italienischen demokratischen Psychiatrie.

Beck, Iris u. a.: Normalisierung: Behindertenpädagogische und sozialpolitische Perspektiven eines Reformkonzeptes. Heidelberg, Schindele 1996.
Dieses Buch gewährt einen differenzierten Einblick in Hintergründe und Aktualität der Normalisierungsdebatte.

Dörner, Klaus: Ende der Veranstaltung, 2. Aufl., Gütersloh, Jakob van Hoddis, 1998 sowie **Gromann-Richter, Petra: „Was heißt hier Auflösung? Die Schließung der Klinik Blankenburg.** Bonn, Psychiatrie-Verlag 1991.
Beide Bücher geben Einblick in die beiden wichtigsten bundesdeutschen Prozesse der Deinstitutionalisierung im Bereich der Psychiatrie.

Goffman, Erving: Asyle. Über die soziale Situation psychiatrischer Patienten und anderer Insassen. Frankfurt/M., Suhrkamp 1972 sowie **Fengler, Christa/Fengler, Thomas: Alltag in der Anstalt.** Bonn, Psychiatrie-Verlag 1994.
Zwei soziologische Klassiker zur Thematik, wie die Anstalt als totale Institution Abweichungen konstruiert.

Jantzen, Wolfgang u. a. (Hrsg.): Qualitätssicherung und Deinstitutionalisierung – Niemand darf wegen seiner Behinderung benachteiligt werden. Berlin, Edition Marhold 1999.
Eine kritische Würdigung der Qualitätssicherungsdebatte unter dem Aspekt der notwendigen Deinstitutionalisierung.

Jantzen, Wolfgang: „… die da dürstet nach der Gerechtigkeit" – Deinstitutionalisierung in einer Großeinrichtung der Behindertenhilfe. Berlin, Edition Marhold 2003.
Bericht über den Prozess der Deinstitutionalisierung in einer Großeinrichtung für bereits im Kindesalter aufgenommene, schwer geistig behinderte Menschen.

Niedecken, Dietmut: Namenlos. Geistig Behinderte Verstehen. 3. Aufl., Neuwied und Berlin, Luchterhand 1998.
Eine Analyse, wie die Institution „geistige Behinderung" im Alltag entsteht.

Disability Studies   Anne Waldschmidt

Etymologie

Gemeinhin gelten Heil- und Sonderpädagogik sowie Medizin und Psychiatrie als die wissenschaftlichen Disziplinen, welche die Aufgabe haben, „Behinderung" zu erforschen. Allerdings bieten diese Fächer nur eingeschränkte Sichtweisen. Vornehmlich untersuchen sie die Phänomene verkörperter Differenz mithilfe des „klinischen Blicks" (siehe Foucault, Klinik, 1988). Zielsetzung ist die Verhütung, Verhinderung, Beseitigung oder Linderung von gesundheitlichen Schädigungen oder Beeinträchtigungen. Die Ansätze der Prävention, Therapie und Rehabilitation unterstellen, dass das Problem der Behinderung bereinigt werden kann, wenn nur Behandlung und Förderung frühzeitig erfolgen, wenn die Beeinträchtigung psychisch verarbeitet wird und Schulkarrieren erfolgreich absolviert werden, wenn eine Anpassung an die Umwelt erfolgt und es gelingt, vornehmlich über Arbeitsmarktintegration so genannte normale Lebensumstände zu erreichen.

Sicherlich kann es nicht darum gehen, sozialpolitische Unterstützung, pädagogische Förderung und medizinische Behandlung für behinderte Menschen in Frage zu stellen. Dennoch ist „Behinderung" nicht nur ein medizinischer, pädagogischer oder sozialrechtlicher Tatbestand, sondern umfasst noch zusätzliche Facetten. „Behinderung" ist eine historische, kulturelle und soziale Kategorie, die es auch sozial- und geisteswissenschaftlich zu untersuchen gilt. Im Forschungsfeld der Disability Studies bemüht man sich um genau diesen grundlagentheoretischen, allgemeineren Blickwinkel. Man hat sich entschieden die englische Bezeichnung „Disability Studies" auch im Deutschen zu benutzen, um den Anschluss an den internationalen Diskurs herzustellen. Hinter diesem Begriff verbirgt sich ein gegenüber dem rehabilitationswissenschaftlichen Paradigma kritisches Forschungsprogramm. Den Disability Studies geht es nicht darum, einer neuen Art von „Behindertenforschung" oder „Behindertenwissenschaft" nachzugehen, auch wenn der Begriff manchmal so ins Deutsche übertragen wird. Besser ist an dieser Stelle die wortwörtliche Übersetzung: Es geht um „Studien über oder zu Behinderung". Mit anderen Worten, nicht „der Behinderte" ist Gegenstand der Disability Studies, sondern „Behinderung" als soziale Konstruktion.

Geschichte

Die Forschungsrichtung wurde begründet, um im Wesentlichen drei Zielsetzungen zu verwirklichen (siehe Waldschmidt, 2004). Erstens geht es darum, das Thema aus seiner Randlage herauszuholen und „Behinderung" in den Mittelpunkt eines theoretisch und methodologisch anspruchsvollen Forschungsprogramms zu stellen. Unter dem Dach der Disability Studies erhalten die einzelnen Studien, die in den unterschiedlichsten Wissenschaften durchaus unternommen werden, dort aber wenig Beachtung erfahren, ein neues Profil; Behinderung wird sichtbar als neues, interdisziplinäres Forschungsfeld. Zweitens soll gezeigt werden, dass Behinderung zur Vielfalt des menschlichen Lebens gehört, somit eine allgemeine Lebenserfahrung darstellt, deren Erforschung zu Kenntnissen führt, die für alle Menschen und die allgemeine Gesellschaft relevant sind. Aus diesem Grunde gehören neben den Sozialwissenschaften gerade auch die Geisteswissenschaften zu den Disability Studies. Drittens ist mit dem Forschungsfeld auch ein Teilhabe- und Emanzipationsversprechen verknüpft. Wesentliche Impulse erhalten die Disability Studies von den internationalen Behindertenbewegungen, deren Programmatik sie sich verpflichtet fühlen (siehe Linton, 1998; Hermes/Köbsell, 2003). Ihr Ausgangspunkt ist die konkrete Utopie, mit Hilfe von Wissenschaft individuelle und gesellschaftliche Sichtweisen und Praktiken verändern zu können, so dass behinderten Menschen ein voller Subjektstatus und uneingeschränkte gesellschaftliche Partizipation möglich wird.

Auch die Geschichte der Disability Studies (siehe Weisser/Renggli, 2004; Maskos, 2005) ist eng mit den sozialen Bewegungen behinderter Menschen verknüpft. Der Widerstand gegen hergebrachte Exklusionspraktiken und die Behandlung von Menschen mit Beeinträchtigungen als bloße Fürsorgeobjekte, der sich im Laufe der 1960er-Jahre weltweit formierte, führte bald nicht mehr allein zu öffentlichen Aktionen und Demonstrationen oder zum Aufbau eigener Praxisprojekte und Netzwerke, sondern auch zu ersten Versuchen wissenschaftlicher Reflexion. Ähnlich wie die Gender Studies, Queer Studies, Critical Race und Post Colonial Studies handelt es sich bei den Disability Studies ebenfalls um den Versuch, die gesellschaftlichen Ausgrenzungs- und Diskriminierungsmechanismen kritisch zu hinterfragen, die eine soziale Randgruppe wie „die Behinderten" überhaupt erst entstehen lassen. Auch im Falle der Disability Studies ergriffen Wissenschaftler und Wissenschaftlerinnen, die von der Stigmatisierung selbst betroffen waren, die Initiative.

In den USA war die Kristallisationsfigur Irving Kenneth Zola (1935–1994), ein bekannter Medizinsoziologe, selbst behindert und engagiert in der amerikanischen Behindertenbewegung. 1982 gründete er zusammen mit anderen Wissenschaftlerinnen und Aktivisten die „Society for the Study of Chronic Illness, Impairment and Disability" (SSCI-ID), die 1986 in „Society for Disability Studies" (SDS) umbenannt wurde. Im Großbritannien der 1970er-Jahre starteten die Disability Studies an der Fernuniversität „Open University"; außerhalb des akademischen „Mainstreams" konnten hier behinderte Lehrende ausgehend von ihren Lebenserfahrungen Kursprogramme gestalten (siehe Priestley, 2003). Für die britischen Disability Studies spielt auch der Sozialwissenschaftler Michael Oliver, ebenfalls behindert, eine wichtige Rolle (siehe Oliver, 1990). Mit der „Disability Research Unit" an der University of Leeds gründete er zusammen mit Kollegen 1990 ein erstes Forschungsinstitut, das 2000 zum interdisziplinären „Centre for Disability Studies" (CDS) erweitert wurde. Mittlerweile haben sich die „Studien zu oder über Behinderung" an den angloamerikanischen Hochschulen etabliert. Auch ein europäisches Netzwerk der Disability Studies ist im Entstehen. In Ländern wie Australien, Indien, Japan, Kanada und Südafrika sind die Disability Studies ebenfalls präsent. Sie verfügen über eine eigene internationale Infrastruktur, welche Professuren, Fachgesellschaften und Netzwerke ebenso umfasst wie Fachzeitschriften, Mailing Lists, Tagungsreihen sowie auch Studiengänge und Promotionsprogramme.

Auch in deutschsprachigen Ländern lassen sich im Umkreis der Behindertenbewegung seit Ende der 1970er-Jahre immer wieder Versuche feststellen, Lehr- und Forschungsaktivitäten zu entwickeln, die an einer emanzipatorischen Programmatik ausgerichtet sind (siehe Weisser/Renggli 2004 und Waldschmidt, 2005). Zunächst gab es entsprechende Kursangebote an verschiedenen Volkshochschulen; im Laufe der 1990er-Jahre gelang es dann, an Fachhochschulen und Universitäten Räume zu erobern. Jedoch kann man von deutschsprachigen Disability Studies im engeren Sinne erst ab 2001 sprechen (siehe Lutz u. a., 2003). In diesem Jahr fand in Dresden, veranstaltet vom Deutschen Hygiene Museum, der Aktion Mensch und der Humboldt Universität Berlin, im Rahmen der gleichnamigen Ausstellung die Tagung „Der (im)perfekte Mensch" statt, auf der erstmalig Vertreter der nordamerikanischen Disability Studies mit deutschen Wissenschaftlern und Wissenschaftlerinnen zusammentrafen. Unter dem Titel „Phantom-Schmerz" kam es 2002 in Berlin zu einer Folgetagung. Auch die Sommeruniversität „Disability Studies in Deutschland – Behinderung neu denken!", die 2003 in Bremen durchgeführt wurde, war ein wichtiges Startsignal (vgl. Hermes/Köbsell, 2003; Waldschmidt, 2003). Seit April 2002 gibt es außerdem die bundesweite Arbeitsgemeinschaft „Disability Studies in Deutschland". An verschiedenen Hochschulen – in Berlin, Bochum, Bremen, Dortmund, Düsseldorf, Köln, Marburg sowie in Innsbruck und Zürich – wird mittlerweile Forschung und Lehre in den Disability Studies betrieben.

Aktuelle Relevanz und theoretische Ansätze

Zu ihrer Etablierung trug sicherlich nicht nur der allgemeine Paradigmenwechsel im Umgang mit behinderten Menschen bei, der bspw. auch in der „International Classification of Functioning, Disability and Health" (ICF) der Weltgesundheitsorganisation (vgl. World Health Organization, 2001) seinen Niederschlag gefunden hat. Auch die Konjunktur der kritischen Sozialwissenschaften in den 1980er-Jahren muss in Rechnung gestellt werden. Als weitere Impulse sind der „cultural turn" und die poststrukturalistische Differenzdebatte zu erwähnen, die Entdeckung von Wissen, Subjekt, Körper und Identität als historische und kulturell geformte Phänomene. Für einen Überblick lassen sich innerhalb der Disability Studies zwei Schulen unterscheiden. Die Vertreter der britischen Schule (siehe Oliver, 1990; Shakespeare, 1998; Barnes u. a., 1999; Priestley, 2003) gehen von den Prämissen neomarxistischer Sozialwissenschaft aus und akzentuieren folglich die Bedeutung von Gesellschaftsstrukturen. Dagegen kann man die nordamerikanische Herangehensweise als pluralistischer und weniger politisch beschreiben. Die Ansätze der nordamerikanischen Disability Studies (siehe Davis, 1995, 1997; Mitchell/Snyder, 1997; Albrecht u. a., 2001) sind, obwohl ursprünglich auch innerhalb der Sozialwissenschaften entstanden, eher kulturalistisch angelegt und an den Geisteswissenschaften (engl. „humanities") orientiert. Für den deutschsprachigen Raum lässt sich ein klar konturiertes Forschungsprofil noch nicht erkennen.

Gleichwohl gibt es eine Reihe von Grundannahmen, welche die heterogenen „scientific communities" miteinander verbinden und dem internationalen Forschungsfeld seine Konturen verleihen. Alle Forschende der Disability Studies begreifen ihre Arbeit als den Versuch, Behinderung als Gesellschaftsprodukt und soziale Konstruktion zu konzeptionalisieren. „Behinderung" wird nicht als (natur-)gegeben verstanden, im Sinne einer vermeintlich objektiven, medizinisch-biologisch definierbaren Schädigung oder Beeinträchtigung, sondern als ein historisches, kulturelles und gesellschaftliches Differenzierungsmerkmal. Zentraler Ausgangspunkt ist die These, dass „Behinderung" nicht einfach „vorhanden" ist, sondern „hergestellt" wird, produziert und konstruiert in wissenschaftlichen und alltagsweltlichen Diskursen, politischen und bürokratischen Verfahren, subjektiven Sichtweisen und Identitäten. In der Konsequenz geht man in den Disability Studies von einem „sozialen Modell von Behinderung" aus.

Um das Modell zu verstehen, muss man sich vergegenwärtigen, dass zumindest in den westlichen Industrieländern der Ansatz der Rehabilitation dominant ist, nämlich die

Vorstellung, man könne über Behandlungs- und Arbeitsmarktprogramme die Gruppe der Behinderten relativ reibungslos (wieder) in die Gesellschaft eingliedern. Den Vertretern der Disability Studies gilt das Rehabilitationsparadigma als Operationalisierung eines „individuellen Modells von Behinderung". Dieses Modell setzt Behinderung mit der körperlichen Schädigung oder funktionalen Beeinträchtigung gleich und deutet sie als schicksalhaftes, persönliches Unglück, das individuell zu bewältigen ist. Als geeigneter Lösungsansatz gilt die medizinisch-therapeutische Behandlung. Die Gesellschaft kommt bei diesem Modell nur insofern ins Spiel, als allgemein vorhandene Vorurteilsstrukturen als hinderlich für das individuelle „Coping"-Verhalten und die Annahme einer „behinderten Identität" betrachtet werden. Weitere Eckpunkte des individuellen (präziser wäre wohl: individualistischen) Modells sind die Expertendominanz im rehabilitativen Versorgungssystem und das Verwiesensein der Behinderten auf Sozialleistungen, deren Empfang an soziale Kontrolle und Disziplinierung gekoppelt ist. Entsprechend gilt Rehabilitation als nur eines von vielen gesundheits- und sozialpolitischen Handlungsfeldern und wird von Staat und Gesellschaft als eher randständig angesehen.

Als Alternative zum individuellen Modell entwickelten britische Sozialwissenschaftler im Laufe der 1980er-Jahre das „soziale Modell von Behinderung" (vgl. Oliver, 1996, S. 30 ff.; Barnes u. a., 1999, S. 20–31; Priestley, 2003). Hierbei stellten sie Anschlüsse an den politischen Diskurs her und griffen Definitionsbemühungen der Behindertenbewegung auf. Die „Union der Körperbehinderten gegen Segregation" („Union of Physically Impaired Against Segregation", kurz: UPIAS) war bereits 1976 von einer gesellschaftlichen Verursachung von Behinderung ausgegangen und hatte formuliert:

„*In our view, it is society which disables [...] Disability is something imposed on top of our impairments, by the way we are unnecessarily isolated and excluded from full participation in society. Disabled people are therefore an oppressed group in society.*" (UPIAS, 1976; zit. nach Priestley, 2003, S. 4; Hervorhebungen A.W.)

Auf der Basis einer klaren Unterscheidung von Beeinträchtigung (impairment) und Behinderung (disability) lautet der Kerngedanke des sozialen Modells: Behinderung ist kein Ergebnis medizinischer Pathologie, sondern das Produkt sozialer Organisation. Sie entsteht durch systematische Ausgrenzung. Menschen werden nicht auf Grund gesundheitlicher Beeinträchtigungen behindert, sondern durch das soziale System, das Barrieren gegen ihre Partizipation errichtet. Während das individuelle Modell den Körperschaden oder die funktionale Beeinträchtigung als Ursachenfaktor ausmacht, geht das soziale Modell von der sozialen Benachteiligung als der allein entscheidenden Ebene aus. Entsprechend wird soziale Verantwortlichkeit postuliert und die Erwartung, dass nicht der Einzelne, sondern die Gesellschaft sich ändern müsse. Das soziale Modell stellt Behinderung in den Kontext sozialer Unterdrückung und Diskriminierung und thematisiert sie als soziales Problem, das wohlfahrtsstaatlicher Unterstützung und gemeinschaftlicher Aktion bedarf. Im Unterschied zum individuellen Modell sollen die gesellschaftlichen Regulierungs- und Bearbeitungsweisen nicht am Expertenwissen, sondern an den Selbsthilfepotenzialen und Erfahrungen der Betroffenen ansetzen. Aus der Sicht des sozialen Modells sind behinderte Menschen keine passiven Empfänger von Sozialleistungen, sondern mündige Bürgerinnen und Bürger, die zu Selbstbestimmung und demokratischer Partizipation fähig sind. Entsprechend erhält Behindertenpolitik den Rang von Bürgerrechts- und Menschenrechtspolitik; sie wird zur Aufgabe des Verfassungsstaates.

Problem- und Erfahrungsfelder

Kontroversen und Debatten

Das soziale Behinderungsmodell ist hilfreich für einen Perspektivenwechsel. Ursprünglich aus der politischen Interessenvertretung stammend, ist es an wissenschaftliche Diskurse und private Lebenspraxis gleichermaßen anschlussfähig. Als Ausgangspunkt der Disability Studies bietet es ein allgemeines Raster, das mit unterschiedlichen Theorieansätzen ebenso gefüllt werden kann wie mit politischer Programmatik und gruppenorientierter Identitätspolitik. Dennoch hat es auch Schwächen. Neben einer Vielzahl von Kritikpunkten, die sich um die Identitätspolitik (vgl. Humphrey, 2000; Swain/French, 2000) ebenso ranken wie um den methodologischen Status des Modells und seine empirische Validierung (vgl. Siminski, 2003), wird vor allem der Stellenwert des Körpers kontrovers diskutiert (Hughes/Paterson, 1997).

Offensichtlich basiert das soziale Modell auf einer vereinfachten Dichotomie von „Natur" und „Kultur", von „impairment" und „disability".

Während Behinderung als soziale Konstruktion verstanden wird, wird ausgeblendet, dass Schädigungen und Beeinträchtigungen ebenfalls als gesellschaftlich hergestellt begriffen werden müssen. Bei den medizinischen Kategorien, welche für die „impairments" genannten körperlichen Merkmale benutzt werden, handelt es sich nicht um ahistorische, gesellschaftsneutrale Gegebenheiten, naturwissenschaftliche oder gar „natürliche" Tatsachen, sondern ebenfalls um konstruierte, historisch und kulturell kontingente Phänomene. Kurz gesagt, kann man dem sozialen Modell einen unkritischen Naturalismus vorwerfen. Indem es „impairment" schlicht voraussetzt und „disability" im Wesentlichen verbindungslos „on top" auf diese setzt, bringt es sich selbst um das theoretische Potenzial, das mit einem konstruktivistischen Ansatz verknüpft ist.

Höchstwahrscheinlich seinem essentialistischen Kern geschuldet ist eine andere Schwäche des sozialen Behinderungsmodells, die es mit dem individuellen Modell gemeinsam hat. Beide Ansätze nehmen Behinderung primär als ein „Problem" wahr, das der „Lösung" bedarf. Zwar sind die vorgeschlagenen Lösungsstrategien unterschiedlich, aber die Problemorientierung teilen sich beide Behinderungsmodelle. Im Wesentlichen geht es beiden darum, Sozialleistungen und Versorgungssysteme bereitzustellen und behinderten Menschen Nachteilsausgleiche zu gewähren. Damit kann der Einzelne – so das individuelle Modell – möglichst reibungslos seinen gesellschaftlichen Pflichten nachkommen oder es wird – so das soziale Modell – soziale Teilhabe, Selbstbestimmung und Anerkennung ermöglicht. Sowohl individuelles als auch soziales Modell sind im Grunde anwendungsorientierte Programme, die Lösungsvorschläge für etwas formulieren, das offenbar „stört" und „behoben" werden soll.

Demgegenüber stellt sich aus einer kulturwissenschaftlichen Sicht die grundsätzlichere Frage, ob es nicht sinnvoller wäre, bei „Behinderung" von einer spezifischen Form kultureller Problematisierung von körperlicher und verkörperter Auffälligkeit auszugehen. Den beiden amerikanischen Kulturwissenschaftlern David Mitchell und Sharon Snyder (1997, S. 7) zufolge stellt erst die generelle Assoziation mit Unvermögen und Anormalität die kollektive politische und gesellschaftliche Identität von Menschen her, die als „behindert" wahrgenommen werden. Dabei hätten „Behinderte" eigentlich nicht sehr viel gemeinsam, sondern verfügten über höchst vielfältige Erfahrungen und Fähigkeiten. „Behinderung" sei keine fixe Kategorie, sondern ein eher unscharfer Oberbegriff, der sich auf eine bunte Mischung von unterschiedlichen körperlichen und kognitiven Merkmalen beziehe, die oft nichts anderes verbinde als das soziale Stigma der Begrenzung, Unfähigkeit und Abweichung.

Aus kulturwissenschaftlicher Sicht (vgl. Davis, 1997; Mitchell/Snyder, 1997; Lutz u. a., 2003; Waldschmidt, 2003) genügt es nicht, Behinderung als individuelles Schicksal oder diskriminierte Randgruppenposition zu kennzeichnen. Vielmehr wird auch ein „kulturelles Modell" von Behinderung benötigt (vgl. Waldschmidt, 2005). Diesem Modell zufolge geht es um ein vertieftes Verständnis der Kategorisierungsprozesse selbst, um die Dekonstruktion der ausgrenzenden Wissensordnungen und der mit ihr verbundenen Realität. Nicht nur Behinderung, sondern auch ihr Gegenteil, die zumeist nicht hinterfragte „Normalität" soll in den Blickpunkt der Analyse rücken. Denn behinderte und nichtbehinderte Menschen sind keine binären, strikt getrennten Gruppierungen, sondern einander bedingende, interaktiv hergestellte und strukturell verankerte Komplementaritäten. Die kulturwissenschaftliche Sichtweise unterstellt nicht – wie das soziale Modell – die Universalität des Behinderungsproblems, sondern lässt die Relativität und Historizität von Ausgrenzungs- und Stigmatisierungsprozessen zum Vorschein kommen. Sie führt vor Augen, dass die Identität (nicht-)behinderter Menschen kulturell geprägt ist und von Deutungsmustern des Eigenen und Fremden bestimmt wird. Des Weiteren nehmen die am kulturellen Modell orientierten Arbeiten die Erfahrungen aller Gesellschaftsmitglieder als Ausgangspunkt: Sie benutzen Behinderung als heuristisches Moment, dessen Analyse kulturelle Praktiken und gesellschaftliche Strukturen zum Vorschein bringt, die sonst unerkannt geblieben wären. Mit dem kulturwissenschaftlichen Ansatz wird die Perspektive umgedreht: Nicht behinderte Menschen als Randgruppe, sondern die Mehrheitsgesellschaft wird zum eigentlichen Untersuchungsgegenstand. Wagt man diesen Perspektivenwechsel, so kann man überraschend neue Einsichten gewinnen, z. B. in die Art und Weise, wie Wissen über den Körper produziert wird, wie Normalitäten und Abweichungen konstruiert werden, wie exklusive und inklusive Praktiken gestaltet sind, wie Identitäten geformt und neue Subjektbegriffe geschaffen werden. Außerdem geht das kulturelle Modell davon aus, dass Sozialleistungen und Bürgerrechte allein nicht genügen, um Anerkennung und Teilhabe zu erreichen, vielmehr bedarf es auch der kulturellen Repräsentation. Individuelle und gesellschaftliche Akzeptanz wird erst dann möglich sein, wenn behinderte Menschen nicht als zu integrierende Minderheit, sondern als integraler Bestandteil der Gesellschaft (vgl. Stiker, 1999) verstanden werden. Kritisiert wird eine gesellschaftliche Praxis, in der es primär darum geht, homogene Gruppen zu bilden und diese auf der Basis normativer Bewertungen zu hierarchisieren, anstatt die eigene Heterogenität anzuerkennen und wertzuschätzen. Aus Sicht des kulturellen Modells sind nicht nur die Politik, sondern auch Lebenswelt und Diskurs aufgefordert, den soziokulturellen Wandel zu bewirken, der notwendig ist, um Behinderung als stigmatisierte Lebenslage zu überwinden.

Modelle von Behinderung		
Rehabilitationsparadigma	Disability Studies	
Individuelles Modell	Soziales Modell	Kulturelles Modell
Theorie der „persönlichen Tragödie"	Theorie der „sozialen Unterdrückung"	Theorie der „De-Konstruktion"
Behinderung als Ergebnis von Vorurteilen	Behinderung als Ergebnis von Diskriminierung	Behinderung als Ergebnis von Stigmatisierung
Behinderung = persönliches Problem	Behinderung = soziales Problem	(Nicht-)Behinderung = kulturelles Deutungsmuster
Individuelle Identität	Kollektive Identität	Kulturelle Identität

Individuelles Modell	Soziales Modell	Kulturelles Modell
Lösungsansatz: individuelle Behandlung	Lösungsansatz: soziale Aktion	Handlungsansatz: individuelle und gesellschaftliche Akzeptanz
Lösungsmodus: Medikalisierung	Lösungsmodus: Selbsthilfe	Handlungsmodus: Vielfalt
Professionelle Dominanz	Individuelle und kollektive Verantwortlichkeit	Individuelle und kollektive Verantwortlichkeiten
Expertise der Experten als Ausgangspunkt	Erfahrungen der Betroffenen als Ausgangspunkt	Erfahrungen aller Mitglieder einer Kultur als Ausgangspunkt
Fürsorge („care") als Sozialleistung	(Bürger-)Rechte als Anspruch	Kulturelle Repräsentation als Zielsetzung
Kontrolle der Leistungsempfänger	Wahlmöglichkeiten („choice") der Bürger	Anerkennung der Gesellschaftsmitglieder
Politikbereich („policy")	Politik („politics")	Diskurs und Praxis
Zielsetzung: Individuelle Anpassung	Zielsetzung: Sozialer Wandel	Zielsetzung: Kultureller Wandel

Individuelles und soziales Modell (vgl. Barnes u. a., 1999, S. 30 (übersetzt und verändert)). Kulturelles Modell (Anne Waldschmidt)

Ausblick

Zusammenfassend kann man festhalten, dass es sich bei den Disability Studies um eine internationale und interdisziplinäre Forschungsrichtung handelt, die als Kritik des traditionellen, in den Rehabilitationswissenschaften immer noch vorherrschenden „individuellen Modells" von Behinderung entstanden ist. Die Disability Studies haben zwei eigene Konzeptionen entwickelt, nämlich ein „soziales Modell" und ein „kulturelles Modell" von Behinderung. Alle drei Ansätze werden benötigt, um die Komplexität des Behinderungsgeschehens zu verstehen. Neben dem sozialen Behinderungsmodell und der kulturwissenschaftlichen Ausrichtung zeichnen sich die Disability Studies dadurch aus, dass sie in engem Kontakt zu den sozialen Bewegungen behinderter Menschen stehen. Als Wissenschaftsprojekt setzen sie sich für eine Zukunftsgesellschaft ein, in der nichtbehinderte und behinderte Menschen gleichberechtigt miteinander leben und „Behinderung" als Ausgrenzungskategorie überflüssig geworden ist. Dieser emanzipatorische Anspruch stellt sicherlich eine Herausforderung für die Rehabilitationswissenschaften dar.

Kommentierte Literaturhinweise

Albrecht, Gary/Seelman, Katherine/Bury, Michael (Hrsg.): Handbook of Disability Studies. Thousand Oaks/London/New Dehli, Sage, 2001.
Ein umfassendes Handbuch mit internationaler Autorenschaft, das die gesamte Breite der Disability Studies verdeutlicht, allerdings sind die umfänglichen Beiträge von unterschiedlicher Qualität. Insgesamt ist das Buch gut geeignet, um sich einen Überblick über die internationale Debatte zu verschaffen.

Barnes, Colin/Mercer, Geof/Shakespeare, Tom: Exploring Disability. A Sociological Introduction, Cambridge, Polity Press, 1999.
Eine immer noch aktuelle Einführung aus britischer Perspektive, interessant vor allem wegen der konsequenten Anwendung des sozialen Behinderungsmodells.

Davis, Lennard J. (Hrsg.): The Disability Studies Reader, New York/London, Routledge, 1997.
Ein vielseitiger Sammelband, der Einblicke in den kulturwissenschaftlichen Diskurs der nordamerikanischen Disability Studies bietet.

Hermes, Gisela/Köbsell, Swantje (Hrsg.): Disability Studies in Deutschland – Behinderung neu denken! Dokumentation der Sommeruni 2003, Kassel, Bifos, 2003.
Dokumentation der Sommeruniversität, die im Rahmen des Europäischen Jahres der Menschen mit Behinderungen im Juli 2003 an der Universität Bremen stattfand; guter Überblick über die deutschsprachigen Arbeiten und Ansätze.

Lutz, Petra/Macho, Thomas/Staupe, Gisela/Zirden, Heike (Hrsg.): Der (im-)perfekte Mensch. Metamorphosen von Normalität und Abweichung, Köln/Weimar, Böhlau 2003.
Dokumentation der Beiträge auf den beiden internationalen Tagungen „Der (im)perfekte Mensch" (Dresden 2001) und „PhantomSchmerz" (Berlin 2002); erste Veröffentlichung der deutschsprachigen Disability Studies mit kulturwissenschaftlichem Schwerpunkt; liefert auch Einblicke in den internationalen Diskussionsstand.

Mitchell, David T./Snyder, Sharon L. (Hrsg.): The Body and Physical Difference. Dis-courses of Disability in the Humanities, Ann Arbor, The University of Michigan Press, 1997.
Grundlagenwerk der kulturwissenschaftlichen Disability Studies amerikanischer Prägung.

Oliver, Michael: The Politics of Disablement. A Sociological Approach. New York, St. Martin's Press, 1990.
Der Klassiker der britischen Disability Studies, geschrieben von einem „Gründungsvater", immer noch mit Gewinn zu lesen.

Psychologie & Gesellschaftskritik: Themenschwerpunkt „Disability Studies", 29. Jg., Heft 1, Gießen, Psychosozial-Verlag, 2005.
Themenheft mit sechs Beiträgen aus Deutschland, Österreich und der Schweiz, bei denen eine kulturwissenschaftliche Orientierung überwiegt.

Shakespeare, Tom (Hrsg.): The Disability Reader. Social Science Perspectives. London, Cassell, 1998.
Ein vielseitiger Sammelband, der Einblicke in den sozialwissenschaftlichen Diskurs der britischen Disability Studies bietet.

Waldschmidt, Anne (Hrsg.): Kulturwissenschaftliche Perspektiven der Disability Studies. Kassel, Bifos, 2003.
Dokumentation der gleichnamigen Tagung im Rahmen der Sommeruniversität Disability Studies, die im Juli 2003 an der Universität Bremen stattfand, mit einem Beitrag der britischen Disability Studies, geeignet als Einführung.

Weisser, Jan/Renggli, Cornelia (Hrsg.): Disability Studies: Ein Lesebuch. Zürich, Edition SZH/CSPS, 2004.
Leicht lesbare Einführung aus schweizerischer Sicht, mit vier ins Deutsche übersetzten Beiträgen der amerikanischen und britischen Disability Studies.

Elternarbeit Barbara Jeltsch-Schudel

Etymologie

„Elternarbeit" ist ein Begriff, der viele Unklarheiten in sich birgt. Es könnte damit gemeint sein, dass Eltern arbeiten (analog zum Begriff der „Kinderarbeit"). Es könnte aber auch gemeint sein, dass an oder mit Eltern im Bezug auf irgendein Thema gearbeitet wird. In der pädagogischen bzw. psychosozialen Literatur finden sich entsprechend dieser Unschärfe verschiedenste Definitionen. Man kann Ordnung in dieses Chaos bringen, indem man versucht, ein semantisches Feld zu bilden, oder aber nach Handlungsfeldern sucht, die für die Elternarbeit relevant sind.

Ausgangspunkt ist die Annahme, dass sich Elternarbeit im pädagogischen bzw. psychosozialen Raum abspielt. Da es um Eltern geht, müssen auch Kinder eine Rolle spielen – mithin kann ein weiterer vielseitig verwendeter Begriff miteinbezogen werden, jener der Familie. Eine wichtige Funktion der Gegenwartsfamilie, in ihrer Grundstruktur definiert „als Zusammenleben von Erwachsenen mit von ihnen abhängigen Kindern unter 25 Jahren" (Familienbericht 2004, S. 23), ist das Aufziehen der Kinder. „Aufziehen" heißt, dass die Kinder entsprechend ihren (Entwicklungs-)Bedürfnissen gepflegt, betreut, erzogen und materiell versorgt werden. In all diesen Tätigkeiten, welche Eltern zu erbringen haben, brauchen sie möglicherweise selber Unterstützung, oder sie können ihre Aufgaben nicht übernehmen und die Kinder werden von anderen Instanzen (Pflegefamilien, Heimen) aufgezogen. Ein Kind wird allerdings nicht nur aufgezogen, sondern hat in unserer Gesellschaft ein Bildungsrecht. Dieses bedeutet zugleich als Bildungspflicht, dass es in die Schule gehen muss.

Das bereits Erwähnte gibt Hinweise auf relevante Handlungsfelder. Elternarbeit stellt also zunächst eine Verbindung her zwischen dem primären Aufwuchssystem, der Familie, und den sekundären, gesellschaftlich angebotenen oder vorgegebenen Bereichen des pädagogischen Systems, nämlich den Vorschulangeboten (wie Kindertagesstätten, Spielgruppen, Kindergärten) und der Schule. Elternarbeit bedeutet aber auch Unterstützung, dann nämlich, wenn die Erziehungsaufgabe der Eltern aus irgendwelchen Gründen erschwert oder verunmöglicht ist. Damit werden weitere Handlungsfelder des pädagogischen Systems wichtig, die in den heilpädagogischen und sozialpädagogischen Bereich gehören. Heilpädagogische Früherziehung, Beratungsangebote, ambulante oder stationäre Einrichtungen zählen hierzu.

Mit dieser Auffächerung möglicher Handlungsfelder wird der Begriff „Elternarbeit" etwas fassbarer, bleibt aber unspezifisch. Inhalte und Zielsetzungen sind noch offen. Die Betrachtung zusammengesetzter Begriffe, welche als einen Wortteil entweder „Eltern-" oder „Familien-" enthalten, soll den Begriff Elternarbeit weiter umschreiben.
„Familientherapie" lässt sich von Elternarbeit deutlich abgrenzen. Familientherapie will auf das Funktionieren der Familien einwirken, bedient sich dafür jedoch unterschiedlicher Methoden, welche in den Schulen der Familientherapie (v. Schlippe, 1985; Hanswille, 2000) wissenschaftlich verankert sind und ausgearbeitet wurden. Eine Abgrenzung zur Elternarbeit sieht Conen (siehe 1990) etwa darin, dass die ausführenden Fachpersonen unterschiedlich ausgebildet seien.

„Familienentlastung" wird vor allem Familien mit behinderten Kindern angeboten und ist in Familienentlastungsdiensten (FED) von Fachpersonen und Laien organisiert (siehe z. B. Thimm, 1991). Während es hier mehr um eine Entlastung betroffener Familien im Alltag geht, gehört die „Sozialpädagogische Familienhilfe" zu den Hilfen zur Erziehung und wird von Fachpersonen insbesondere unterprivilegierten Familien als Unterstützung angeboten.

Für den Vorschulbereich prägten Textor, Blank (2004) den Begriff der „Elternmitarbeit", wobei sie diese im Sinne einer Mitbestimmung verstehen, konzipiert als „Bildungs- und Erziehungspartnerschaft" zwischen Eltern und Erzieherinnen.

Die bisher genannten Begrifflichkeiten sind im Bezug auf Zielsetzungen, Methoden und Handlungsfeld (bzw. Adressaten) relativ genau zu fassen. Anders sieht es bei Begriffen wie „Elternberatung" oder „Familienberatung" aus. Sie werden wie „Elternarbeit" in verschiedenen Kontexten verwendet und jeweils mit unterschiedlichen Zielsetzungen und Inhalten gefüllt. In der Heilpädagogik wird zudem auch von „Zusammenarbeit mit Familien" gesprochen, was deutlicher auf eine Interaktion zwischen Fachleuten und ganzen Familien (nicht nur Eltern) hinweist als der Begriff „Elternarbeit".

Geschichte

Entsprechend dem vielschichtigen Verständnis von Elternarbeit wird hier auf einen Bereich fokussiert; die Zusammenarbeitsmodelle, welche die Diskussion in der heilpädagogischen Früherziehung prägten, werden in historischer Absicht dargestellt. Dieser Bereich wurde ausgewählt, weil – im Gegensatz zu anderen Bereichen der Heilpädagogik – von Anfang an das behinderte oder von Behinderung bedrohte Kleinkind gleichermaßen wie seine Eltern als Adressaten des Angebotes verstanden wurden, und weil es – im Gegensatz zur historischen Wurzel der Sozialpädagogik – nicht vor allem darum ging, ein gesellschaftliches soziales Problem (z. B. die Armutsfrage) anzugehen, und weil – im Gegensatz zur Geschichte der Familientherapie – nicht psychische Probleme bzw. Erkrankungen Ausgangspunkt der therapeutischen Bemühungen waren.

Entwicklungspsychologische und -physiologische Untersuchungen wiesen auf die Wichtigkeit einer frühen Förderung hin, sodass in der Schweiz Ende der 60er-Jahre des vorigen Jahrhunderts die heilpädagogische Früherziehung eingeführt sowie von der schweizerischen Invalidenversicherung anerkannt und finanziert wurde. Von Anfang an war deren Auftrag ein doppelter: die Kinder sollten in ihrer Entwicklung gefördert und die Eltern in ihrer erschwerten Erziehungssituation unterstützt werden (siehe Grond, 1977).

In der Ausgestaltung ihrer Beziehung zu den Eltern orientierten sich die Früherzieherinnen (in der heilpädagogischen Früherziehung arbeiten mehrheitlich Frauen) am jeweiligen Erkenntnisstand der Heilpädagogik. Es lassen sich in diesem Handlungsfeld verschiedene Modelle der Zusammenarbeit mit Eltern erkennen, welche mit der Entwicklung der Früherziehung als Profession ebenso zusammenhängen. wie sie von der professionellen Identitätsentwicklung der einzelnen Fachperson geprägt wurden (siehe Bieber u. a., 1989).

- *Kindzentrierte Phase*: Das Augenmerk der Früherzieherin liegt in dieser Phase, basierend auf ihren Kenntnissen über kindliche Entwicklungsprozesse, auf einer angemessenen und methodisch durchdachten Förderung. Eltern und andere Bezugspersonen sind zur Unterstützung der Förderung als Ko-Therapeuten einzubeziehen.

Da indes trotz großen Anstrengungen direkt ableitbare und sichtbare Erfolge ausbleiben und nicht jede Mutter bereit ist, die ihr zugedachte Ko-Therapeutenrolle zu übernehmen, ist die Früherzieherin gezwungen, ihre Konzeption zu überdenken und ihre Interventionen zu verändern. Dies führt sie zur Entwicklung eines neuen Modells.

- *Umfeldorientierte Phase*: Nicht mehr vor allem das Kind steht im Zentrum dieser Phase, sondern die Situation der Eltern und anderer Bezugspersonen. Die Konzeption beruht darauf, dass eine Förderung des Kindes nur dann möglich ist, wenn Eltern und Bezugspersonen in ihren Lebensbezügen wahrgenommen werden und die Früherzieherin versucht, deren Einstellungen und Wertsysteme zu verstehen und akzeptieren.
  Die auf Verstehen und Akzeptanz basierende Beziehung zu den Eltern und Bezugspersonen verhilft zwar der Früherzieherin zu einem Verständnis von deren Situation, setzt sie selber aber der Gefahr aus, sich vom Lebensfeld der Familie dominieren zu lassen und sich in deren Subjektivität zu verlieren. Daher ist die Früherzieherin gezwungen, ihr Modell zu überdenken.

- *Systembezogene Phase*: Weder das Kind noch die Eltern stehen als Einzelne im Zentrum, sondern die Konzeption der Beziehung zu den Familien ist in dieser Phase eine systemische, wobei die Früherzieherin sich selber als Teil des Systems versteht. Alle Beteiligten befinden sich gleichermaßen in einem Entwicklungsprozess. Darin kann die Früherzieherin eine angemessene Balancierung bzw. stetige Veränderung von Nähe und Distanz in ihr professionelles Handeln und ihre Reflexion darüber einbauen. Als entwicklungsfördernd wird eine partnerschaftliche und gemeinsam verantwortete Kooperation mit den Eltern erachtet.

Diese Auffassung der Kooperation zwischen Fachpersonen und Eltern lässt sich in verschiedene Handlungsfelder übertragen und für die jeweiligen Themen spezifizieren. Begrifflich scheint aber der Begriff „Elternarbeit" nicht angemessen, weil die aktive und verantwortungstragende Rolle der Eltern darin überhaupt nicht vorkommt.

Aktuelle Relevanz und theoretische Ansätze

Zur Situation von Familien mit behinderten Söhnen und Töchtern

Um mit Eltern behinderter Kinder zusammenarbeiten zu können, ist eine Kenntnis der Situation von Familien unabdingbar.

Ausgehend davon, dass Eltern als Mitglieder unserer Gesellschaft die vorhandenen Wert- und Normsysteme integriert haben, bedeutet die Geburt eines behinderten Kindes bzw. die Feststellung einer Behinderung ein unerwartetes und negativ konnotiertes Ereignis, auf das die Eltern nicht vorbereitet sind, und löst zumeist einen Schock aus.

In den meisten Untersuchungen und autobiographischen Darstellungen betroffener Eltern wird ein solcher Schock beschrieben. Er wirft bei den Eltern existenzielle Fragen auf, die sie selber als Personen betreffen und die Suche nach einer möglichen Schuld beinhalten können. Immer wieder taucht auch auf, warum es gerade sie und nicht andere trifft. Als Personen und in ihrer Rolle als (künftige) Eltern können sie dadurch stark verunsichert werden. Ihre weitere Lebensplanung wird ebenfalls völlig unklar und unvorhersehbar.

Die existenzielle Verunsicherung der Eltern wirkt sich auf die Beziehung zum behinderten Kind aus, die möglicherweise erst allmählich im Entstehen ist. Die Eltern sind mit ihren Gefühlen, ihren unbeantworteten Fragen und zerstörten Hoffnungen beschäftigt. Die Kinder sind, gerade weil sie durch ihre Schädigung in ihrer Entwicklung Unterstützung brauchen, besonders angewiesen auf eine höchst kompetente Bezugsperson, die in der Lage ist, ihre Bedürfnisse zu erkennen und adäquat auf sie zu reagieren. Es liegt auf der Hand, dass die Entwicklung der Beziehung zwischen Eltern und Kindern erschwert ist und zwar aus strukturellen Gründen: beide Interaktionspartner sind aufgrund ihrer persönlichen und existenziellen Bedingungen zunächst gar nicht in der Lage, sich aufeinander einzulassen, geschweige denn abzustimmen.

Verstärkt werden diese strukturellen Schwierigkeiten oft noch dadurch, dass die Eltern sich sehr allein fühlen. Einerseits kennen sie kaum jemanden in der gleichen Lage, was sie annehmen lassen kann, nur sie hätten ein behindertes Kind, oder schärfer noch, nur sie seien nicht in der Lage gewesen, ein den gesellschaftlichen Ansprüchen genügendes Kind zu produzieren. Andererseits ist die nähere und weitere soziale Umgebung häufig hilflos und geht deshalb auf Distanz oder reagiert ungeschickt und verletzend. Nicht zuletzt sind Eltern auch Reaktionen Unbekannter ausgesetzt – insbesondere bei einer sichtbaren Behinderung des Kindes –, die sehr schmerzhaft sein können (siehe Jeltsch-Schudel, 1991).

Damit wird deutlich, dass nicht nur die Eltern, sondern die ganze Familie, also die (nichtbehinderten) Geschwister genauso wie die Herkunftsfamilien beider Eltern, betroffen sind, sich mit einer veränderten Situation auseinander setzen müssen, die sie in dieser Weise nicht vorweg genommen haben. Diese Auseinandersetzungsprozesse beeinflussen das Zusammenleben der Familie. Sie bestimmen auch den Umgang mit Außenstehenden, wozu auch Fachleute zu zählen sind. Familien mit behinderten Kindern kommen früher und intensiver in Kontakt mit Fachleuten (siehe Jeltsch-Schudel, 1991, auch Zusammenarbeit, 2003), wobei dieser Kontakt auch bedrohlich sein kann, weil er die Behinderung des Kindes zum Thema hat und macht. Dass all dies die Beziehung zwischen Eltern und behindertem Kind beeinflusst, liegt auf der Hand.

Drei weitere Themenbereiche können sich Familien mit behinderten Kindern häufig stellen: Akzeptanz, Überbehütung und Loslösung.

Eine Erwartung an Eltern eines behinderten Kindes, welche hauptsächlich von Fachleuten gehegt, aber sehr selten den Eltern gegenüber ausgesprochen wird, ist die *Akzeptanz*. Eltern sollten – aus der Sicht gewisser Fachpersonen – möglichst schnell ihr Kind annehmen, „wie es ist" und es lieben, da dies für seine Entwicklung unabdingbar sei. Besonders dann, wenn die Förderungsarbeit der Fachpersonen nicht zu den Entwicklungsfortschritten führt, die diese sich vorgestellt hat, wird die Schuld dafür häufig den Eltern zugeschoben. Dies setzt die Eltern unter enormen Druck, der ihnen den Raum für die notwendige Auseinandersetzung mit der Behinderung des Kindes und der Trauerarbeit (siehe Jonas, 1990) nicht lässt. Das Anderssein des Kindes und die Unmöglichkeit, seine Reaktionen und seine Entwicklungsschritte vorwegzunehmen, erschweren es den Eltern ohnehin, elterliche Kompetenzen aufzubauen. Mit ihrer ablehnenden Haltung scheinen die Fachpersonen die Eltern – so mögen diese es empfinden – für die Schwierigkeiten des Kindes letztlich verantwortlich machen oder sogar schuldig sprechen. Damit wird die von den Eltern erwartete Akzeptanz nahezu verunmöglicht – und dies nicht zuletzt auch deshalb, weil die Fachpersonen ihrerseits ebenso wenig in der Lage sind, die Eltern zu akzeptieren, „wie sie sind".

Durch das Zusammenleben mit ihrem behinderten Kind und die ununterbrochene Verantwortung für es sind die Eltern gezwungen, sich auf das Kind einzustellen, seine Bedürfnisse verstehen zu lernen und mit ihm ihr Leben längerfristig zu gestalten. Dieses enge Zusammensein führt dazu, dass zwischen Kind und Eltern ein Zusammenspiel von Verhaltens- und Handlungsmustern entsteht. Diese sind aufeinander bezogen und werden gegenseitig als sinnhaft erlebt. Die Aktivität des Kindes als Kooperationspartner wird dabei oft unterschätzt und der Mutter gewissermaßen die Verantwortung für das Gelingen bzw. Misslingen der Kooperation zugeschoben. Wenn sie bspw. einen engen Rahmen setzt oder das Kind in seinen Handlungen unterstützt, so reagiert sie auch (nicht nur) auf die ihr bekannten Verhaltensweisen bzw. Handlungspotenziale des Kindes. Außenstehende vermögen in der Kooperation oftmals nicht die gleiche Sinnhaftigkeit zu sehen wie Mutter und Kind; insbesondere Fachpersonen neigen sehr dazu, die Verhaltensweisen (besonders die mütterlichen) häufig ohne differenziertere Beobachtung zu bewerten und zu beurteilen. Dabei unterstellen sie häufig, dass die Mutter dem Kind zuwenig Spielraum zur Selbstentfaltung zugestehe, dass sie zu viel Verantwortung übernehme, kurz, dass sie das Kind überbehüte. Bevor jedoch von *Overprotection* gesprochen werden dürfte, im Sinne einer etwas pauschalisierenden Zuschreibung, müssten die Hintergründe (aktuelle und lebensgeschichtliche Kontexte von Mutter und Kind) sehr viel genauer angesehen werden.

Werden Mütter bzw. Eltern von Fachleuten in dieser Weise zu wenig differenziert wahrgenommen bzw. missverstanden, so verschlechtert sich die Situation der Eltern weiter, indem sie durch das Verhalten der Fachleute ein weiteres Mal verunsichert werden in ihrer mühsam erworbenen elterlichen Kompetenz. Dies wiederum wirkt sich selbstverständlich auf ihre Beziehung zum behinderten Kind aus.

Ein schwieriges Problem stellt sich den Eltern, wenn ihre behinderten Söhne und Töchter erwachsen werden und bedingt durch deren (schwere) Behinderung nur relativ selbstständig leben können. Die *Loslösung* von den erwachsen werdenden Kindern entwickelt sich normalerweise allmählich, beginnt schon in der (frühen) Kindheit und wird im Jugend- und Erwachsenenalter immer deutlicher, wenn Töchter und Söhne ihr eigenes Leben in die Hand zu nehmen beginnen. Indem sie zunehmend selbstständig für ihre Existenz aufkommen und ihre Sozialbeziehungen gestalten, übernehmen sie die Verantwortung für sich selbst. Die Selbstständigkeit behinderter Töchter und Söhne dagegen entwickelt sich möglicherweise anders, verspätet; vielleicht bleibt ein Rest von Unselbstständigkeit lebenslang bestehen.

Eltern, die im Laufe ihrer Lebensgeschichte als Eltern eines behinderten Kindes gelernt haben, dass sie schließlich auf sich selber verwiesen sind, weil fachlich-institutionelle Unterstützung nur vorübergehend oder diskontinuierlich vorhanden war, behalten diese Haltung auch im Erwachsenenalter ihrer Töchter und Söhne bei. Dass die Eltern ihr „Kind" nicht loslassen können, macht daher in sehr vielen Fällen Sinn, da es ein funktionales, ja überlebensnotwendiges Verhalten war und ist. Angesichts der Tatsache, dass Kinder ihre Eltern zumeist überleben, ist eine Loslösung jedoch nicht zu vermeiden.

Für Eltern wird eine Loslösung im Sinne, dass sie ihre elterliche Verantwortung abgeben können und dürfen, nur möglich, wenn ein Netz vorhanden ist, aus dessen Maschen ihre Kinder nicht fallen werden – auch nach dem Tod der Eltern nicht.

Kompetenzen der Eltern

Diese kurze Skizze mag darauf hinweisen, dass die Situation von Familien mit behinderten Söhnen und Töchtern Probleme, Schwierigkeiten und Belastungen bergen kann. Dennoch funktionieren diese Familien. In den 1980er-Jahren wurden einige Untersuchungen zu Themen durchgeführt, welche Familien mit behinderten Kindern betreffen. Wiederholt untersucht wurden Auseinandersetzungsprozesse, oftmals in eine Modellbildung mündend. Diese Modelle unterscheiden sich zwar, aber die meisten gehen letztlich von der Schwierigkeit, von Belastungen und ähnlichen Annahmen aus, welche eigentlich das Funktionieren der Familie unter diesen Bedingungen unmöglich machen würden. Erst eine neuere Untersuchung greift die Tatsache auf, dass Familien ihre Funktionen normalerweise erfüllen können, dass hierzu erforderliche Ressourcen oft vorhanden sind, was im Konzept der Kompetenz gefasst wird (Ziemen, 2002). Was im Bezug auf das Kind – gefasst als: das Kind als Akteur seiner Entwicklung (Kautter u. a., 1988) – längst in den Diskurs eingeflossen ist, wird hier auch für die Eltern aufgegriffen und in einen überzeugenden theoretischen Kontext gestellt. Diese Änderung des Blickwinkels auf die Kompetenzen der Eltern und auf die Ressourcen der Familien dürfte auch in die Auffassung und künftige Konzeptualisierung der Zusammenarbeit zwischen Eltern und Fachpersonen in heilpädagogischen Handlungsfeldern einfließen.

Ansätze zur Verbesserung der Situation von Familien mit behinderten Kindern

Auch wenn der Kompetenzorientierung Rechnung getragen wird, bleibt die Situation betroffener Familien verbesserungsbedürftig. Dabei gilt es, vermehrt die sozialen Kontexte betroffener Familien zu berücksichtigen als diese selber. Monika Seifert (2001) gewichtet folgende Punkte:

- *Beteiligung am medizin-ethischen Diskurs*, um die gesellschaftlich vorherrschende Sicht auf Behinderung zu relativieren,
- *Öffentlichkeitsarbeit* mit dem Ziel, die Einstellungen der Bevölkerung gegenüber behinderten Menschen positiv zu verändern,
- *Inklusion statt Isolation* von behinderten Menschen in allen Lebensbereichen, damit sie – unabhängig von Art und Ausprägung der Behinderung – von der Umwelt als zugehörig erlebt werden,
- *Elternbildung* vor und während der Schwangerschaft über Möglichkeiten des Lebens mit einem behinderten Kind, unabhängig von einem positiven Befund der pränatalen Diagnostik,
- *unabhängige interdisziplinäre Beratungsstellen* zur Begleitung im Prozess der Entscheidungsfindung nach einem positiven Befund der pränatalen Diagnostik,
- *Fortbildung von Ärzten*, damit sie Eltern in existenziellen Entscheidungssituationen adäquat und umfassend über Lebensmöglichkeiten mit Behinderung informieren können,

- Unterstützung der Familien beim *Aufbau einer positiven Beziehung zum behinderten Kind* unter besonderer Berücksichtigung der Interaktion und Kommunikation,
- *Stärkung der Kompetenzen der Eltern* zur Bewältigung der Situation und zur Wahrnehmung bzw. Durchsetzung ihrer Rechte und der Rechte ihres Kindes (Empowerment),
- *geschlechtsspezifische Beratungs- und Unterstützungsangebote für Mütter und Väter* zur Bewältigung individueller Probleme,
- Unterstützung der Familien mit einem behinderten Kind durch *nachbarschaftliche, ambulante und institutionelle Hilfen,* die der individuellen Bedürfnislage entsprechen.

Aspekte der Zusammenarbeit zwischen Familien und Fachpersonen in der Heilpädagogik

Die Kenntnis der Situation von Familien in verschiedenen Facetten zeigt, dass die Schaffung von Modellen der „Elternarbeit" durch Fachpersonen völlig unangemessen wären, weil sie die Kompetenzen und Eigenaktivität (Empowerment) der Familien nicht berücksichtigt. Daher lassen sich nur einige Aspekte herausarbeiten, welche sinnvollerweise in die konkrete Zusammenarbeit (Kooperation) mit Eltern einfließen können. *Aspekte der Zusammenarbeit im Bezug auf die Voraussetzungen, welche eine Fachperson einbringen sollte:*

- *Kooperationsbereitschaft und -fähigkeit*: Eine kooperative Zusammenarbeit kann nur auf gegenseitiger Achtung basieren. Jeder, der teilhat an der Kooperation – dazu gehören Eltern, Kind und verschiedenste Fachleute – ist gleichwertig, d. h., er hat Anspruch darauf, ernst genommen zu werden. Jeder hat das Recht, dass ihm mit Achtung begegnet und Raum geschaffen wird für seine Teilhabe an der Kooperation.
- *Transparenz*: In der kooperativen Zusammenarbeit müssen die jeweiligen Erwartungen aller Beteiligten gegenseitig offen gelegt werden. Transparent gemacht werden muss die Professionalität der Arbeit ebenso nach außen (etwa in Form von Öffentlichkeitsarbeit gegenüber der Gesellschaft).
- *Prozessorientierung*: Dies bedeutet, dass auf die vorhandenen Kräfte aller Beteiligten vertraut wird. Allen muss Zeit und Raum gelassen werden für die ihnen angemessene Reaktion, auch für Verweigerung. Die Rückweisung eigener fachlicher Ideen (mit denen man der Sache dienlich sein möchte) ist ebenfalls zu akzeptieren.
- *Flexibilität*: In der Zusammenarbeit sind immer verschiedene Möglichkeiten sinnvoll. Festgelegte Vorgehensweisen sind nicht möglich, wenn Kooperation ernst genommen wird, denn die Zielsetzungen und die Wege, diese zu erreichen, werden immer gemeinsam erarbeitet. Somit sind auch Rezepte und generalisierte Lösungen unsinnig.
- *Selbstreflexivität*: Es gilt, eigene und fremde Wertmaßstäbe zu kennen und zu achten. Indem man sich als Fachperson als Teil des Systems erlebt, wird man veranlasst, über die eigene Rolle nachdenken und die eigenen Motive kennen zu lernen. In der Situation ist man einem gewissen Handlungsdruck ausgesetzt, man muss reagieren. Die Arbeit des Nachdenkens muss daher der handelnden Arbeit folgen.

	Familienbezogene heilpädagogische Arbeit		
	Kindzentriert	**Elternbezogen**	**Familienorientiert**
	auf Behinderung, Entwicklung und Förderung des behinderten Kindes bezogen also: direkt (explizit)	auf die Eltern als Person und in ihrer Rolle bezogen also: indirekt (implizit)	auf die ganze Familie (Geschwister) und ihren sozialen Kontext bezogen also: indirekt (implizit)
Einzelne Familien (individuell)	Diagnostik Förderung Anleitung Information	Gespräche Beratung Information	Gespräche (kontextbezogen, interinstitutionell)
Gruppen (von Familienmitgliedern)	*Unterstützung und Begleitung* *in der Alltagsgestaltung und Behinderungsbewältigung* *fachlich kompetent und persönlich engagiert –* **(Allgemeine) Fachinformationen zu verschiedenen Themen** (z. B. verschiedene Förderansätze, institutionelle Angebote, Hilfsmittel, rechtliche Möglichkeiten, neue wissenschaftliche Erkenntnisse) **Beratungsstellen** (zu verschiedenen Themen, als Hilfen in Entscheidungssituationen, für Weitervermittlungen) **Elternbildungsangebote** (unterschiedlich organisiert)		
Selbsthilfe/ Vereinigungen	**Familienentlastende Angebote** **Erfahrungsaustausch von Elterngruppen**		

Aspekte der Zusammenarbeit im Bezug auf die Kooperationspartner und -partnerinnen in der Familie:
Der Überblick „Familienbezogene heilpädagogische Arbeit" verweist als Erstes darauf, dass die vordringliche Aufgabe der Fachperson darin zu sehen ist, dass sie fachlich kompetent und persönlich engagiert Unterstützung und Begleitung in der Alltagsgestaltung und Behinderungsbewältigung leistet, und zwar in Rücksprache mit der Familie. Dies will heißen, dass die Fachperson versucht (wie oben in der systembezogenen Phase beschrieben), eine Balance herzustellen. Diese Balance sollte zwischen Nähe und Distanz gehalten werden. Ebenso muss ein Gleichgewicht beim Verständnis der Familie zwischen den Bedürfnissen und Wertsetzungen und den theoretischen Kenntnissen und Wissensinhalten der Fachperson gefunden werden.

Die Spalten des Überblicks zeigen, dass innerhalb der Familie verschiedene Perspektiven zu berücksichtigen sind und dass je angemessene professionelle Tätigkeiten gewählt werden müssen. Die Zeilen zeigen mögliche Verbindungen und Erweiterungen auf. Wie bereits die Anregungen zur Verbesserung der Situation von Familien mit behinderten Kindern (Seifert) zeigten, ist nicht allein an individuelle Familien zu denken, sondern gleichermaßen an die im Empowerment-Konzept zentrale Kraft der Selbsthilfe.

Ausblick

Für die künftige Zusammenarbeit zwischen Fachpersonen und Angehörigen von Menschen mit Behinderungen könnten folgende Themen an Bedeutung gewinnen:
– Die Kompetenzorientierung Betroffener findet zunehmend in das Denken und Handeln sonderpädagogischer Fachpersonen Eingang. Auch betroffene Fami-

lien verfügen über Kompetenzen und Ressourcen, welche wahr- und ernst genommen werden sollten. „Experten in eigener Sache", „Peer Counceling", „Selbsthilfe" sind Stichworte, welche künftig von der Sonderpädagogik aufgegriffen werden sollten.

– Aufgrund der Tatsache, dass auch Menschen mit (geistiger) Behinderung das Recht der Teilhabe und Teilnahme an allen gesellschaftlichen Belangen zusteht, werden neue Themen und damit Herausforderungen an die Heilpädagogik herankommen. Ein nur von wenigen aufgegriffenes Thema ist die Elternschaft mit geistiger Behinderung (siehe Pixa-Kettner 1996 und Jeltsch-Schudel, Elternschaft, 2003), die zur Herausforderung ebenso der Forschung wie der heilpädagogischen Praxis werden wird. Die Zusammenarbeit mit Eltern mit geistiger Behinderung in allen erforderlichen Angeboten und Zurückhaltungen wird zu diskutieren sein.

– Menschen mit Behinderungen, namentlich auch geistigen Behinderungen, werden immer älter. Dadurch wird die Zusammenarbeit mit ihren Eltern zunehmend auch zu einer Zusammenarbeit mit anderen Bezugspersonen (familiären und außerfamiliären) werden – auch dies erfordert angemessene Angebotsstrukturen.

Elternarbeit ist ein unspezifischer und für die heilpädagogischen Handlungsfelder eigentlich ungeeigneter Begriff. Vielmehr müsste in Anbetracht der verschiedenen Facetten und einer kooperativen Grundlage von *Zusammenarbeit mit Familien behinderter Kinder* oder *Zusammenarbeit mit Angehörigen von Menschen mit Behinderungen* die Rede sein.

Kommentierte Literaturhinweise

Jonas, Monika: Trauer und Autonomie bei Müttern schwerstbehinderter Kinder – ein feministischer Beitrag. Mainz, Matthias Grünewald, 1990.
In diesem Buch werden die Trauerphasen von Müttern schwerstbehinderter Kinder beschrieben. Die Beschreibung und Reflexion ihrer Familie basiert auf Beobachtungen, welche eine Fachfrau in langjähriger früherzieherischer und psychotherapeutischer Arbeit gewonnen hat.

Wilken, Udo, Jeltsch-Schudel, Barbara (Hrsg.): Eltern behinderter Kinder. Empowerment – Kooperation – Beratung. Stuttgart, Kohlhammer, 2003
Für die Zusammenarbeit zwischen Eltern behinderter Kinder und Fachpersonen gibt es viele relevante Aspekte. Eine Reihe wesentlicher Themen sind in diesem Band enthalten, verfasst von Fachleuten verschiedener Disziplinen sowie von betroffenen Eltern, somit aus verschiedenen Perspektiven.

Ziemen, Kerstin: Das bislang ungeklärte Phänomen der Kompetenz – Kompetenzen von Eltern behinderter Kinder. Butzbach-Griedel, Afra Verlag, 2002.
Die Autorin greift eine andere Perspektive für das Verständnis von Eltern behinderter Kinder auf: Sie unterzieht deren Kompetenzen einer Untersuchung. Wissenschaftlich untermauert werden die Ergebnisse von Bourdieus soziologischer Theorie.

Emotionen   Thomas Hülshoff

Etymologie

„Emotion ist ein seltsames Wort. Fast jeder denkt, er versteht, was es bedeutet, bis er versucht, es zu definieren" (Wenger u. a., zit. in Schmidt-Atzert, 1996, S. 18).
Zum Begriff der Emotion gibt es zahlreiche, sehr divergierende Definitionsversuche, die darüber hinaus auch kultur- und sprachabhängig sind.

In einer ersten Annäherung kann man eine Emotion vielleicht als einen qualitativ beschreibbaren Zustand definieren, der mit Veränderungen auf vier Ebenen einhergeht: Dem bei einer Emotion erlebten Gefühl, einem sich in Mimik, Gestik, Körperhaltung oder Bewegung äußernden Verhalten, einer vegetativ-körperlichen Veränderung (z. B. Schweißausbruch oder Herzrasen) und einer kognitiven Verarbeitung, bspw. dem bewussten Erleben eines „heiligen Zorns" oder einer „bedrückenden Trauer". Abgegrenzt werden Emotionen von Motivationen, worunter man handlungsleitende Antriebe (das Wollen) versteht, Affekten, die heftigste emotionale Erlebnisse beinhalten, und Stimmungen, die im Vergleich zu Emotionen lang anhaltend, weniger intensiv sind und im Gegensatz zu Emotionen keine Reaktion auf ein aktuelles Ereignis darstellen.

Das Wort „Emotion" ist aus dem französischen entlehnt: émouvoire: bewegen, erregen; lat. emovere: herausbewegen, erschüttern. Seit etwa 100 Jahren ist das Wort „Emotion" auch bildungssprachlicher Ausdruck für seelische Erregung. Der „Affekt" bezeichnet im deutschen Sprachgebrauch eine stärkere Erregung und Gemütsbewegung und leitet sich seit dem 15. Jahrhundert aus dem lat. affectus, durch äußere Einflüsse bewirkte Gemütsbewegung oder Leidenschaft, ab. Verbindungen bestehen zum lateinischen af-ficere: hinzutun, entwickeln, anregen. Im angelsächsischen Sprachgebrauch hingegen verstehen wir unter Affekt ein Synonym für Emotion oder Gefühl, gelegentlich auch nur das Erleben von Lust oder Unlust.

Geschichte

Schon seit mehr als 2000 Jahren befasst sich die Philosophie mit Emotionen. Platon bspw. postulierte eine Dreiteilung der Psyche in die Bereiche des Denkens, des Wollens und des Fühlens, die sich modern ausgedrückt als Kognition, Motivation und Emotion widerspiegeln.

Die Beschäftigung mit Emotionen war über viele Jahrhunderte eine Domäne der Philosophie, selbst Wundt (s. u.) hat sich ihnen mit seinen Untersuchungen zu „Affecten" zunächst unter Verweis auf Aristoteles, Kant und andere Philosophen genähert. Im 19. Jahrhundert jedoch nahmen sich zunehmend naturwissenschaftlich geprägte Disziplinen und schließlich im 20. Jahrhundert neben der Biologie und Medizin auch die Psychologie der Emotionen an.

Der Arzt Theodor Piderit (1886) vertrat die Auffassung, dass sich Emotionen in der Mimik zeigen und der mimische Emotionsausdruck universell und kulturübergreifend ist.

Besonderen Einfluss hat bis heute Darwins 1872 erschienenes Werk „The expression of the emotions in Man and Animal", in dem mimische Veränderungen als Ausdruck emotionaler Zustände verstanden werden. Allerdings zeigen sich nach Darwin Emotionen nicht nur in der Mimik, sondern auch in typischen Verhaltensweisen (z. B. dem Schreien bei Wut) und körperlichen Veränderungen (z. B. schnellerer Atmung). Weiterhin suchte Darwin nach allgemeinen Gesetzesmäßigkeiten zur Erklärung von Herkunft und Funktion des emotionalen Ausdrucks, dem er evolutionäre Wurzeln zuschrieb.

Wilhelm Wundt (1903) unterschied drei Hauptdimensionen der Gefühle: Lust – Unlust, Erregung – Beruhigung und Spannung – Lösung. Er näherte sich dieser dreidimensionalen Beschreibung von Emotionen hauptsächlich durch Selbstbeobachtung.

In der ersten Hälfte des 20. Jahrhunderts befasste man sich vermehrt mit physiologischen Veränderungen bei Emotionen. Einen besonderen Einfluss hatten die unabhängig voneinander entwickelten Emotionstheorien des Dänen Carl Lange (1885/1910) und William James (1884), deren Kerngedanken darin zu sehen sind, dass körperliche Veränderungen die Ursache von Gefühlen und nicht deren Folge sind.

1970 gelang es Paul Eckmann, die universelle Mimik von sieben primären Emotionen kulturübergreifend herauszuarbeiten. So konnte er zeigen, dass bspw. der Ausdruck von Ekel bereits bei Neugeborenen anzutreffen und als universell angelegtes Programm zu verstehen ist.

Die differenzielle Emotionstheorie, deren Hauptvertreter Izard ist, untersuchte im letzten Drittel des 20. Jahrhunderts Funktionen und Ausdrücke von Emotionen auf unterschiedlichen biologischen und psychischen Ebenen.

Etwa um 1990 verband Antonio R. Damasio grundlegende Kenntnisse der Neuro- und Hirnphysiologie mit der Emotionsforschung und legte den Grundstein für die Erkenntnis, dass Emotionen keineswegs den Intellekt störende, archaische Relikte sind, sondern Denkprozesse steuern und leiten und somit als „Gehilfe des kritischen Geistes" (Spitzer, 2000, S. 83) anzusehen sind.

Aktuelle Relevanz und theoretische Ansätze

An der Grenze vom Zwischenhirn zum Großhirn befindet sich eine saumartige Struktur, die als „limbisches System" (lat. limbus: der Saum) bezeichnet wird. Im Wesentlichen besteht dieses System aus dem Mandelkern (Amygdala), dem Hippocampus (Seepferdchen), Teilen des Riechhirns sowie Teilen der präfrontalen Hirnrinde (die Namensgebung entstammt einer beschreibenden Anatomie früherer Jahrhunderte und hat insofern keine tiefere Bedeutung).

Der untere Teil des „limbischen Systems", insbesondere der Amygdala, steht in enger Verbindung zur obersten Hormondrüse der Hypophyse sowie zu Zwischenhirn- und Stammhirnstrukturen. In der Amygdala werden nach Stimulation durch äußere (z. B. Bedrohung) oder innere (z. B. Hunger) Reize, primäre Emotionen generiert, in deren Gefolge „Zwischenhirnprogramme getriggert" und vegetative Prozesse eingeleitet werden: Angst bspw. hat ebenso wie Wut ein Auslösen der Stressreaktion zur Folge, was im Wesentlichen der „flight-and-fight-reaction" entspricht: Blutdruck und Herzfrequenz steigen, die Gerinnungsfähigkeit nimmt zu (weil möglicherweise Verletzungen im

Kampf drohen), Schweißproduktion reguliert den Wärmehaushalt, die Pupillen erweitern sich und lassen vermehrte visuelle Verarbeitung zu, die Muskulatur spannt sich an und was dergleichen Phänomene mehr sind. Gesteuert werden diese vegetativen Prozesse einmal über das sympathische Nervensystem, zum anderen über das Stresshormon Adrenalin.

Auch Mimik und Gestik werden zum Teil unbewusst vom unteren Teil des limbischen Systems gesteuert, bspw. wenn wir herzlich lachen.

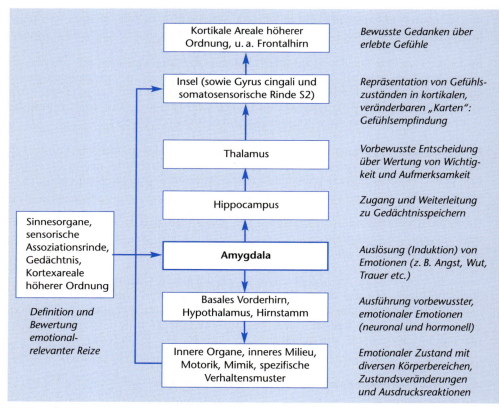

Zur Entstehung von Emotionen und Gefühlen

Emotionen haben zunächst eine vorbewusste, körperliche Dimension, die sich in vegetativen Funktionen (z. B. der „fight-and-flight-reaction" bei Angriff mit den dazugehörigen vegetativen Parametern, wie Adrenalinausschüttung, Blutdrucksteigerung, Schweißentwicklung, Pupillenerweiterung etc.) manifestiert. Auch unser oft unwillkürlich entstehendes Ausdrucksverhalten (z. B. von Zorn, Angst oder Freude) wird auf dieser Ebene gesteuert, Ähnliches gilt für Stimmklang, motorische Elemente und Habitus.

Wie die Abbildung zeigt, werden diese Primäremotionen (bspw. Furcht, Freude, Trauer, Ekel etc.) im Mandelkern (Amygdala) des limbischen Systems generiert: In gewisser Hinsicht kann die Amygdala also als „Mischpult der Gefühle" bezeichnet werden und ist hauptsächlich für die Induktion und Auslösung emotionaler Prozesse verantwortlich. Mit ihren unteren Anteilen sorgt sie unter Zuhilfenahme des basalen Vorderhirns, des Hypothalamus und des Hirnstamms für die entsprechenden Reaktion innerer Organe, so dass die oben skizzierten Verhaltensweisen und körperlichen Milieuänderungen zustande kommen.

Die „emotionalen Programme der Amygdala" treten immer dann auf, wenn Sinnesorgane und die mit ihnen verknüpften sensorischen Assoziationszentren unter Zuhilfenahme des Gedächtnisses einen emotional wichtigen Reiz wahrnehmen. Hierbei kommt dem episodischen Gedächtnis bei der „Bewertung emotionaler Reize" eine besondere Bedeutung zu.

Von der Amygdala gehen aber auch Bahnen zum Thalamus (Vorzimmer des Bewusstseins), einer Struktur, in der vorbewusst entschieden wird, welche Reize von Wichtigkeit sind – dies hat bspw. eine Steuerung der Augenmotorik/Blickrichtung zur Folge. Auch der Hippocampus (Seepferdchen) steht in engem physiologischen und anatomischen Kontakt zur Amygdala: Er wird auch als „Pforte des Gedächtnisses" bezeichnet, weil emotional relevante Informationen von ihm bearbeitet werden, bevor sie im Temporallappen oder in anderen Gedächtnisspeichern fixiert werden.

Wie die Abbildung zeigt, laufen die soeben beschriebenen emotionalen Prozesse auf einer bestimmten, noch sehr stark körperlich geprägten Ebene ab. Die Emotion der Angst hat bspw. eine Reihe spezifische körperliche Parameter (Blutdruckanstieg, vermehrte Darmtätigkeit, Engegefühl im Hals und anderes mehr) zur Folge. Diese Veränderungen des körperlichen Milieus und der körperlichen Zustände, bspw. der Muskelspannung, werden aber ihrerseits im Gehirn wahrgenommen und in speziellen Zentren des Großhirns repräsentiert: Insbesondere im Gyrus cinguli, der somatosensorischen Hirnrinde S 2 und vor allem der Insel (Insula). Hier befinden sich kortikale Karten, in denen Gefühlszustände repräsentiert sind. Der renommierte Neurophysiologe und Emotionsforscher Antonio Damasio (2005) geht soweit, Gefühle (engl.: feelings) von Emotionen (engl.: emotions) zu unterscheiden. Unter Letzteren versteht er die bisher geschilderten, weitgehend autonom ablaufenden und körperbezogenen Vorgänge, unter Gefühlen hingegen die Repräsentation der körperlichen Veränderungen im Großhirn, insbesondere in der Insel. So wie ein visueller Sinneseindruck zunächst in der Sehrinde repräsentiert und wahrgenommen wird, so ist die Insel die Projektionsfläche für körperliche Sinnesreize, die wahrgenommen und mental repräsentiert werden. Hierbei entsteht allerdings kein Seheindruck, sondern ein „Gefühl", das übrigens noch nicht mit Gedanken über ein Gefühl gleichzusetzen ist. Erst in einem nächsten Schritt ist der Mensch mittels Strukturen seines Frontalhirns (und anderer sekundärer sowie tertiärer kortikaler Strukturen) in der Lage, das durch Körperrepräsentation in der Insel entstandene Gefühl bewusst zu reflektieren und in Gedanken zu fassen. Letztlich unterscheidet Damasio also zwischen Emotion, Gefühl und der bewussten gedanklichen Verarbeitung von Gefühlen.

Der Verbindung des limbischen Systems mit dem Frontalhirn verdanken wir neben der bewussten Wahrnehmung von Emotionen übrigens auch die Möglichkeit ihrer kognitiven Bewertung, was zumindest teilweise eine Steuerung des Verhaltens ermöglicht.

Wie wir gesehen haben, gelangen zunächst alle Sinnesreize ins limbische System, wo sie emotional bewertet werden.

Wir können als Menschen keine Informationen „wertneutral" aufnehmen. Insbesondere die Amygdala teilt Gefühle in „lustbetont oder unlustbetont" ein. Besonders emotional gefärbte Eindrücke werden über den Hippocampus ins Gedächtnis geleitet und dort verankert. Das Wissen um diese Vorgänge ist insbesondere für das Lernen von besonderer Bedeutung. Wenn Gefühle auch im Wesentlichen im limbischen System generiert werden, weisen sie doch mehrere Dimensionen auf: Auf vegetative Prozesse wurde oben bereits eingegangen. Sie sind weitgehend von unserem Willen unabhängig. Es kann hilfreich sein, sich zu verdeutlichen, dass aufkeimende Wut, Erotik, Trauer oder Angst unabhängig von unserem Willen entstehen. Wie wir allerdings mit unseren Emotionen umgehen, ist zum Teil auch von der Aktion unseres Großhirns abhängig, das maßgeblich an der Bewusstwerdung, Kontrolle und Steuerung emotionalen Ausdrucks beteiligt ist. Hier wird Wut bspw. in Rache, Eifersucht, Zorn oder anderes mehr differenziert, hier findet eine Kosten-Nutzen-Abwägung statt, und hier wird unter Hinzuziehung des episodischen Gedächtnisses entschieden, ob Ärger heruntergeschluckt oder ausagiert werden sollte.

Problem- und Erfahrungsfelder

Emotionen haben zielgerichtete, ultimative Notwendigkeiten, sonst hätten sie sich evolutionär nicht herausbilden bzw. halten können. Wir neigen zwar dazu, Emotionen nicht nur in lustbetont und unlustbetont, sondern auch in „gut und schlecht" einzuteilen. Letzteres ist allerdings ein Trugschluss. Jede menschenmögliche Emotion hat in einem bestimmten Kontext ihre Berechtigung und macht Sinn. Angst bspw. schützt vor Gefahren und ermöglicht es dem Individuum, sich in Sicherheit zu bringen, bevor es Schädigungen und Schmerzen erleiden muss.

Trauer ist eine Bindungsreaktion, die uns vor leichtfertigen Verlusten schützt, und gleichzeitig sorgt sie bei entstandenen Verlusten dafür, dass wir uns schonen und uns zurückziehen, bis unsere seelischen und körperlichen Wunden geheilt sind. Wer sich nicht zu trauern gestattet, kann ernsthaft psychisch oder körperlich erkranken.

Wut und Ärger helfen dem Individuum, sich abzugrenzen und durchzusetzen, Rivalitäten durchzustehen und sich zu behaupten und die Seinen zu schützen.

Die elementare emotionale Reaktion des Ekels, die schon im Säuglingsalter (bei Aufträufeln einer Bittersubstanz auf die Zunge) mit typischem Ekelgesicht und Würgereiz einhergeht, schützt vor Infektionen und Vergiftungen und wird später kulturell überformt, wenn bspw. das Herausstrecken der Zunge oder das Anspucken als aggressiver Akt verstanden wird, da jeder das zugrunde liegende Gefühl des Ekels kennt.

Freude dient dem Tatendrang und persönlichem Wachstum und führt dazu, dass wir uns anderen mitteilen. Vor allem ist Freude ein nicht willentlich herzustellendes Gefühl, das meist nach gelungener Bewältigung von Aufgaben und nach befriedigenden Ereignissen erlebt wird.

Erotische Gefühle und Liebe sind, wie unmittelbar einsichtig, der Sexualität und Fortpflanzung dienlich, auch wenn sie mitunter mit „Leiden der Liebe" einhergehen.

Selbst kognitiv-emotionale Empfindungen, die über reine Emotionen hinausgehen, sind zumindest teilweise biologisch verankert. Schuldgefühle stellen sich bspw. ein, wenn uns unsere Erinnerung mitteilt, dass wir in sozialem Miteinander keinen Kostenausgleich durchgeführt oder wir soziale Schranken in unerlaubter Weise verletzt haben. Damit korreliert das Schuldgefühl des „Täters" mit dem Ärger des „Opfers" und ist in der Lage, Sozialbeziehungen zu regulieren.

Analoges gilt für das Schamgefühl: Zwar ist es kulturell abhängig, wessen wir uns schämen, aber das Schamgefühl an sich ist den Menschen aller Kulturen zu eigen und schützt vermutlich die Wahrung der Intimität.

Es ist also weder sinnvoll noch möglich, „unangenehme" Gefühle wegzutherapieren, sei es pharmakologisch, sei es psychotherapeutisch. Emotionen gehören zur menschlichen Grundausstattung, zur „conditio humana", ohne die wir nicht überleben können.

Allerdings können Ängste so übermächtig werden, dass sie dysfunktional wirken und zu einem Entwicklungsstillstand führen. In solchen Fällen sprechen wir bspw. von frei flottierenden Ängsten, Panikattacken oder Phobien (zielgerichteten Ängsten). Trauerreaktionen können in Depressionen umschlagen und mit erheblichem Leid einhergehen, manchmal sogar zur Suizidalität führen. Aggressionen können sowohl für den Aggressor wie auch für sein Umfeld destruktiv sein, imperative Suche nach Freude kann in Suchtverhalten umschlagen und Scham- sowie Schuldgefühle können Initiative lähmen und Entwicklungsprozesse hemmen. Wir sehen: Inadäquate, überbordende und sich nicht mehr flexibel anpassende emotionale Reaktionen können zu erheblichem Leidensdruck, einer psychosozialen Krise oder psychiatrisch relevanten Erkrankungen führen und dann einer Behandlung bedürfen.

Ausblick

Für die Heilpädagogik ist das Wissen um emotionale Vorgänge in mehrerer Hinsicht von Bedeutung: Zum einen befassen sich Heilpädagogen auch mit emotionalen Entwicklungsstörungen von Kindern und Jugendlichen. Zu nennen wären Deprivations- und Misshandlungssyndrome, die nicht selten mit emotionaler Verkümmerung einhergehen, ebenso wie frühkindliche Depressionen oder Ängste.

Aber auch Pubertätskrisen sind deutlich emotional gefärbt und können bspw. als Angstsyndrome, jugendliche Depressionen, suizidale Krisen, durch Wut und Aggressionen gekennzeichnete Autoritätskrisen und anderes mehr in Erscheinung treten. Insofern solche Krisen nicht nur vorübergehende Übergangskrisen im Entwicklungsprozess eines Jugendlichen darstellen, sondern zu weiterreichenden emotionalen und sozialen Entwicklungshemmungen führen, bedürfen sie auch der heilpädagogischen Hilfe.

Auch in der Begleitung von Säuglingen und Kleinkindern sowie deren Eltern durch Heilpädagoginnen ist ein Wissen um grundlegende emotionale Voraussetzungen notwendig: Freude und Bindung manifestieren sich beim zweimonatigen Säugling (soziales Lächeln) anders als beim zweijährigen (Lachen, Hüpfen) oder beim Jugendlichen (Teilen und Mitteilen).

Entwicklungsstufe	Trauerreaktionen und Depressionen	Ängste
Säuglingsalter	Apathie, Ernährungs- und Gedächtnisstörungen	Fremdeln, 8-Monatsangst
Kleinkinder- und Kindergartenalter	Lustlosigkeit, Gereiztheit, Spielhemmung, Weinen, Einkoten/Einnässen, Schlaf- und Appetitstörungen, Jactationen	Symbiotische Trennungsangst, Nachtangst (paror nocturnus), magische Umweltängste (z. B. Dunkelangst, Tier- oder Gespensterangst)
Grundschulalter	Gereiztheit, Unsicherheit, Kontaktstörungen, Isolation, Spiel- und Lernhemmung, Einnässen, Nachtangst	Sozialisationsängste (z. B. Leistungsangst, Angst vor sozialer Einrichtung, Schulangst), Separationsängste (die sich auch als Schulphobie äußern können)
Jugendliche	Somatische Beschwerden (z. B. Kopfweh), zunehmend Grübeln, Minderwertigkeitsgefühle, Niedergeschlagenheit, suizidale Gedanken und Impulse	Körper- und Krankheitsängste, Reifungs- und sexualitätsbezogene Ängste, Sozialängste, Existenzangst

Depressionen und Ängste im Kindes- und Jugendalter

Trauer und Depression zeigen sich ebenfalls in der Kindheit anders als in der Jugend: Die kindliche Psyche ist noch nicht so ausgereift, um das uns geläufige „Reifebild der Trauer" aufweisen zu können. Vereinfacht kann man sagen: Je kleiner die Kinder sind, desto mehr stehen somatische und psychosomatische Symptome im Vordergrund.

So fallen depressive Klein- und Vorschulkinder möglicherweise durch vermehrtes Weinen, Einnässen (von dem erst ab dem vierten Lebensjahr gesprochen wird), Schlafstörungen, Jaktationen, Appetit- und Gedeihstörungen auf. Auf der psychischen Seite sind Schwierigkeiten beim hingebungsvollen Spielen, zunehmende Reizbarkeit, aber auch Lustlosigkeit zu beobachten. Grundschulkinder zeigen neben diesen psychischen Symptomen auch Isolationsverhalten und Lernschwierigkeiten psychischer Genese. Einnässen und Nachtängste sind typische psychosomatische Symptome.

Schließlich finden sich beim Jugendlichen zunehmend psychische und weniger körperliche Symptome: Grübeln, Suizidimpulse, Minderwertigkeitsgefühle und Niedergeschlagenheit, über die nun auch gesprochen werden kann, sind hier zu nennen. Körperlich finden Depressionen in diffusen Schmerzen, bspw. Kopfschmerzen ihren Ausdruck.

Zusammenfassend kann man also sagen: Je älter die Kinder bzw. Jugendlichen werden, desto mehr gleicht sich das Bild von Trauer und Depression dem der Erwachsenen an. Auch am Beispiel der Angst kann aufgezeigt werden, dass sich Gefühle entwicklungsspezifisch manifestieren: Der typischen 8-Monatsangst beim erstmaligen Erkennen fremder Gesichter folgen bspw. Trennungsängste des Kleinkindes und zum Teil magische Umweltängste (Gespensterangst) des Vorschulalters, während im Grundschulalter Sozialisationsängste und in der Pubertät Reifungsängste, die eng mit den sich nun anbahnenden Veränderungen assoziiert sind, im Vordergrund stehen.

Schließlich sollten Heilpädagogen die engen Zusammenhänge zwischen Lernprozessen, Gedächtnis und Emotionen bewusst sein. Wir lernen umso besser, je emotionaler die zu machenden Erfahrungen sind und je handlungsrelevanter dies im sozialen Kontext erlebt wird. Folglich gilt es, Beziehungsmuster und Erfahrungsräume zu gestalten, in denen neue Erfahrungen möglichst angstfrei und von Interesse geleitet erworben werden können. Nicht nur Aufmerksamkeit und Motivation, sondern auch Emotionen sind ein integraler Bestandteil der Lernfähigkeit des Menschen. Wie Spitzer (2000, S. 83) hervorhebt, lernen wir dabei „keineswegs immer und alles. Unsere Emotionen helfen uns vielmehr, das Wichtige auszusuchen und unsere Ressourcen der Verarbeitung und Speicherung sinnvoll und sparsam einzusetzen". Das Wissen um diese Zusammenhänge wird in Zukunft maßgeblich die Elementar- und Heilpädagogik beeinflussen.

Kommentierte Literaturhinweise

Damasio, Antonio R.: Descartes „Irrtum". Fühlen, Denken und das menschliche Gehirn. München, List Verlag, 1999.
In seinem sehr fundierten, mitunter nicht einfach zu lesendem Buch informiert der Autor über den neueren Erkenntnisstand der Hirnforschung und die Bedeutung der Emotionen bei der rekonstruierten Wirklichkeit.

Hülshoff, Thomas: Emotionen. Eine Einführung für beratende, therapeutische, pädagogische und soziale Berufe. München, Ernst-Reinhardt Verlag, 2005/3.
Lehrbuch, das die Erkenntnisse auf dem Gebiet der Emotionspsychologie einführend zusammenfasst.

Hülshoff, Thomas: Medizinische Grundlagen der Heilpädagogik. München, Ernst-Reinhardt Verlag, 2005
Lehrbuch für Studenten der Sonder- und Heilpädagogik, in dem medizinische Grundlagen von Sinnes-, Körper- und kognitiven Behinderungen sowie Entwicklungsstörungen und Verhaltensauffälligkeiten vorgestellt und Rehabilitationsmaßnahmen sowie heilpädagogische Herausforderungen erörtert werden.

Izard, Carroll E.: Die Emotionen des Menschen. Weinheim, Beltz Verlag, 1999/3.
Grundlegendes Lehrbuch der Emotionspsychologie, das fundiert und wissenschaftlich gehalten ist. Izard gehört zu einer der Hauptvertreterinnen der differenziellen Emotionstheorie.

Schmidt-Atzert, Lothar: Lehrbuch der Emotionspsychologie. Stuttgart, Berlin, Köln, Kohlhammer, 1996.
Eine grundlegende und verständliche Darstellung der Emotionspsychologie, in welcher der Autor unter anderem auch auf biologische Grundlagen und Zusammenhänge von Emotionen, Ausdruck und Verhalten eingeht.

Spitzer, Manfred: Lernen. Gehirnforschung und die Schule des Lebens. Heidelberg, Spektrum Akademischer Verlag, 2002.
Populärwissenschaftliche, fundierte Darstellung neurophysiologischer Grundlagen des Lernens.

Empirische Behindertenpädagogik
Franz B. Wember

Etymologie

Empeiría ist der altgriechische Begriff für das, was wir umgangssprachlich Erfahrung nennen, und bei Aristoteles (384–322 v. Chr.) Ausgangspunkt jeder wissenschaftlichen Erkenntnis: Damit der Philosoph in einem bestimmten Bereich menschlicher Tätigkeit richtige Aussagen gewinnen kann, muss er über „Erfahrung" verfügen; er muss sich mit den Dingen auskennen, indem er viele und vielfältige Erfahrungen gewonnen hat, die er in seinem Gedächtnis speichert und auf deren Grundlage er sich ein zunehmend sicheres Urteilsvermögen erwirbt. Eine Person kann als Heilpädagogin in diesem Sinne z. B. über vielfältige Erfahrungen im förderlichen Umgang mit psychisch beeinträchtigten Kindern und Jugendlichen verfügen und sich ein differenziertes und im Alltag bewährtes praktisches Wissen erarbeitet haben, ohne dass sie notwendigerweise erklären kann, warum sie dieses tut und jenes unterlässt oder warum sie in zwei ähnlichen Situationen einmal so und ein anderes Mal ganz anders handelt.

Für Aristoteles beschreibt Empirie einerseits die wichtige Vertrautheit des Philosophen mit dem Besonderen, andererseits bedeutet das altgriechische Adjektiv *ém-peiros* soviel wie „im Versuch seiend, im Wagnis stehend" (Duden, Etymologie, 2001, S. 179). Aristoteles sieht es als eine spezifisch menschliche Leistungsfähigkeit an, von vielen einzelnen Erfahrungen gedanklich zu ersten allgemeineren Begriffen zu gelangen, die induktiv mittels menschlicher Vernunft zu Prinzipien generalisiert werden, die logisch geprüft werden können und aus denen sich wiederum deduktiv Wissen ableiten und prüfen lässt. Es existiert ein Unterschied zwischen der Empirie als Erfahrungsgrundlage menschlichen Wissens und der Theorie als Zusammenstellung logisch geprüfter Aussagen. Bei Aristoteles besteht dieser darin, dass der Mensch allein auf der Grundlage seiner Erfahrung nur erkennen kann, dass die Dinge in einem bestimmten Bereich so oder so sind, während er in wissenschaftlicher Absicht Aussagen aufstellen und prüfen kann, die darüber hinaus erklären, warum die Dinge so und nicht anders sind (siehe Mittelstraß, 1995).

Den Begriff Behindertenpädagogik hat Ulrich Bleidick 1972 (Pädagogik der Behinderten) in die facheigene Diskussion eingeführt. Dieser soll einerseits den traditionellen Begriff der Heilpädagogik ersetzen, der einen – in vielen Fällen von Behinderung unerfüllbaren – Heilungsanspruch impliziert, und andererseits helfen, auf den Begriff der Sonderpädagogik zu verzichten, der dichotomisierend zwischen behinderten und nicht behinderten Menschen unterscheidet und so Aussonderungstendenzen entgegenkommt. Mit dem Begriff der Behinderung wählte Bleidick einen in medizinischen und sozialrechtlichen Kontexten eingeführten und klar definierten Fachbegriff, den er jedoch pädagogisch verstanden wissen wollte als intervenierende Variable im Prozess von Bildung und Erziehung: „Behinderung wird dadurch pädagogisch relevant," schreibt er (Bleidick, 2001, S. 61), „dass sie den üblichen, ‚normalen' Ablauf der Bildung und Erziehung beeinträchtigt, hemmt, stört, variiert, unterbricht." Gehörlosigkeit z. B. erschwert die sprachliche Kommunikation und erfordert alternative Kommunikationsformen mittels Mundablesen oder Handgebärden, Geistige Behinderung erschwert das kognitive Erfassen traditioneller allgemein bildender Unterrichtsinhalte und macht die schulische Vermittlung spezifisch angepasster Inhalte mittels besonderer Methoden erforderlich.

Empirische Behindertenpädagogik betont die Bedeutung der Erfahrung bei der Gewinnung und Prüfung wissenschaftlicher Erkenntnisse. Sie betont im Unterschied zur geisteswissenschaftlichen Heilpädagogik (vgl. Emil E. Kobi, S. 347–354 in diesem Kompendium) die Notwendigkeit der realwissenschaftlichen Theorieprüfung und sucht den Anschluss an die aktuelle Wissenschaftstheorie und Forschungsmethodologie; denn der Aristotelische Glaube an die Verlässlichkeit der individuellen Erfahrung als Grundlage allen Denkens und Erkennens ist im Laufe der Geschichte ersetzt worden durch das Konzept der kontrollierten Konfrontation von theoretischen Sätzen mit empirischen Daten.

Geschichte

Die doppelte Bedeutung von Empirie als erfahrungsbasiertem Fundament wissenschaftlicher Reflexion einerseits und Prüfstein wissenschaftlicher Theorien andererseits zieht sich durch die Geschichte erkenntnistheoretischer Positionen. Naive Auffassungen von der sicheren sensorischen Basis menschlichen Erkennens sind korrigiert worden durch immer raffiniertere Konzeptionen vom verzwickten Verhältnis zwischen Theorie und Erfahrung; denn auch unser Alltagswissen und selbst unsere sensorischen Empfindungen sind nicht frei von theoretischen Voreinstellungen. Das Hören und Sehen werden z. B. von den Menschen individuell erlernt; es gibt zwar einige wenige angeborenen Wahrnehmungspräferenzen, die sich evolutionär als besonders wichtig erwiesen haben, aber die Wahrnehmung von räumlichen Anordnungen oder Bewegungen etwa sind zu großen Teilen abhängig von zuvor gemachten Erfahrungen. Menschen lernen immer besser zu hören und zu sehen, und dieses Lernen wird von theoretischen Regeln bestimmt, die sich systematisch beschreiben lassen (siehe Hoffman, 2000). Die zumeist impliziten und den Menschen gar nicht bewussten Regeln, an denen sie sich alltäglich orientieren, können jedoch durchaus falsch sein. Folglich kann der Standpunkt des naiven Empirismus nicht richtig sein: Sicheres Wissen lässt sich nicht induktiv aus individuellen Erfahrungen ableiten.

- Francis Bacon (1561–1626) betont, wie trügerisch die so genannte unmittelbare Erfahrung ist, weil jeder Mensch nicht nur höchst individuellen, angeborenen und erlernten Vorurteilen unterliege, sondern weil auch die Gattung Mensch zu spezifischen Fehlern neige, etwa zum Wunschdenken, und weil auch die überlieferten Wissensbestände keineswegs sicher, sondern fehlerbehaftet seien. Bacon empfiehlt, die unmittelbare Erfahrung durch die systematische und kritisch reflektierte Beobachtung zu ersetzen, unterschiedliche Annahmen zur Erklärung der beobachteten Phänomene zu formulieren und diese in Folgebeobachtungen zu prüfen, um die falschen Erklärungen zu eliminieren – Bacon nennt diese die experimentelle Methode.

- David Hume (1711–1776) betont die Bedeutung wiederholter Beobachtungen: Wenn auf Ereignisse vom Typ A immer wieder Ereignisse vom Typ B folgen, können wir zwar nicht mit Sicherheit induktiv auf eine Kausalbeziehung schließen, aber wenn dies immer wieder und regelmäßig und ohne Ausnahmen geschieht, ist es vernünftig, diese regulär auftretenden Korrelationen als Kausalbeziehungen zu deuten, solange nicht andere Ursachen für Ereignisse vom Typ B gefunden werden.

- Immanuel Kant (1724–1804) unterscheidet zwischen analytischen Sätzen, die allein durch die Logik entschieden werden können, und synthetischen Sätzen, die nur durch Zuhilfenahme von Erfahrungsdaten entschieden werden können. Ob zwei plus zwei vier ergibt, ist logisch zu entscheiden, ob ein Kind im ersten Lebensjahr bereits auf Händen und Füßen krabbeln kann, muss beobachtet werden. Grundsätzlich hebt Kant den überaus engen Zusammenhang zwischen theoretischen Begriffen und empirischen Erfahrungen hervor. Forschung beginnt nie mit dem bloßen Sammeln von Daten, sondern immer mit gezielten Fragestellungen, und diese und die in einer wissenschaftlichen Disziplin vorherrschenden Überzeugungen präformieren bereits den Raum möglicher empirischer Erfahrungen.

Moderne Wissenschaftstheoretiker haben diese argumentativen Linien fortgeführt. Vor allem Karl-Raimund Popper (1902-1994), der Begründer des so genannten kritischen Rationalismus, hat Humes Theorie vom Induktionsschluss problematisiert und 1935 eine folgenreiche Lösung vorgeschlagen: Die Richtigkeit induktiver Sätze lasse sich mit endlichen Beobachtungen zwar nie zweifelsfrei beweisen, denn es könne beim nächsten Mal ganz anders kommen als bisher beobachtet. Aber die Unrichtigkeit von Sätzen lasse sich sehr wohl und einfach belegen, wenn die Sätze zwei Bedingungen erfüllten: Sie dürften nicht in sich widersprüchlich sein und sie müssten sich auf prinzipiell beobachtbare Ereignisse beziehen. Dann genüge eine einzige relevante Beobachtung, um einen falschen Satz widerlegen zu können. Wenn etwa behauptet werde, alle nicht behinderten Kinder hätten Angst vor Kindern im Rollstuhl, genüge die Beobachtung eines einzigen nicht ängstlichen Kindes, um zu zeigen, dass der vorgeordnete Satz falsch gewesen sei. „Der modus tollens der Vernunftschlüsse, die von den Folgen auf die Gründe schließen", eröffnet Popper seine *Logik der Forschung* mit einem Zitat von Immanuel Kant (Popper, 1935, S. 2), „beweiset nicht allein ganz strenge, sondern auch überaus leicht. Denn, wenn auch nur eine einzige falsche Folge aus einem Satz gezogen werden kann, so ist dieser Satz falsch."

Moderne empirische Forschung versucht, theoretische Aussagen mit weitem Geltungsanspruch erfahrungsbasiert zu prüfen, indem sie diese in prinzipiell beobachtbare Ereignisse übersetzt und methodisch kontrolliert prüft, ob sich die theoretisch vorhergesagten Ereignisse in der Wirklichkeit zeigen (vgl. Bless, 2003). Wenn behauptet wird, dass allein der Kontakt zwischen behinderten und nicht behinderten Kindern beidseitiges Verständnis bewirke, wird der empirische Behindertenpädagoge z. B. in Schulklassen gehen, in die vor wenigen Tagen behinderte Kinder integriert wurden, um durch Beobachtung im Unterricht oder in der Pause oder in Befragungen der Kinder festzustellen, ob sich das theoretisch behauptete Verständnis einstellt oder nicht. Solch eine deskriptive, d. h. beschreibende Studie kann durchaus schon helfen, die vorgeordnete Aussage von Kontakt und Verständnis kritisch zu beurteilen. Noch besser wird das gelingen, wenn der Forscher die Gelegenheit erhält, von Anfang an und unter kontrollierten Bedingungen in Klassen mit und ohne behinderte Kinder zu gehen, um vergleichende Beobachtungen gewinnen zu können; in diesem Falle kann er die Kontakthypothese sogar einer quasi-experimentellen Prüfung unterziehen, indem er in einer Klasse eine bestimmte Bedingung ändert und in einer anderen Klasse nicht. Er könnte etwa in einer Schulklasse gemeinsame Spielangebote organisieren, um auf diese Weise das Ausmaß der Kontakte zwischen behinderten und nicht behinderten Kindern gemäß Kontakthypothese zu erhöhen. Anschließend könnte er messen, ob sich in dieser Klasse der erwartete Effekt schneller oder deutlicher einstellt als in den Schulklassen ohne gemeinsames Spielangebot.

Die Entwicklung empirischer Ansätze in Erziehungswissenschaft und Behindertenpädagogik folgt den gezeigten erkenntnistheoretischen Entwicklungen. Am Anfang standen empiristische Versuche einer pädagogischen Tatsachenforschung (vgl. Petersen/Petersen, 1965) durch gezielte Beobachtung in induktiver Absicht: Zentrale pädagogische Problemfälle und schulische Handlungssituationen sollten so genau wie möglich beobachtet, sorgfältig dokumentiert und kritisch reflektiert werden, um in den einzigartigen Fällen typische Interaktionsmuster, kindliche Entwicklungspotenziale und pädagogische Handlungsmöglichkeiten zu entdecken. Auch wenn sich eine spezielle pädagogische Forschungsmethodik so nicht entwickeln ließ und die induktive Erkenntnisgewinnung letztendlich nicht gelingen kann (siehe Merkens, 1983), hat die in der pädagogischen Tatsachenforschung begründete Forschungstradition als Fallstudienmethode und Feldforschung noch heute ihr Recht, dient sie doch mindestens einer realistischen, in der alltäglichen sonderpädagogischen Praxis angelegten Fundierung theoretischer Sätze und Überzeugungen. Karl Josef Klauer hat (siehe Klauer, 1973) frühe Ansätze von Ernst Meumann (siehe Meumann, 1914) aufgegriffen und dargelegt, dass sich die exakten empirischen Methoden, die sich in anderen natur- und sozialwissenschaftlichen Disziplinen bewährt haben, auch in den Erziehungswissenschaften mit großem Erfolg anwenden lassen. Klauer (siehe Klauer, 1977) hat die Nutzung empirischer Methoden ausdrücklich für die Behindertenpädagogik gefordert, die – zumindest in ausgesuchten theoretisch grundlegenden Arbeiten (siehe von Bracken, 1964; Kanter, 1979; Haeberlin, 1993; Tent, 1985) – auf eine gewisse Tradition empirischer Orientierung zurückblicken kann. Konzeptuell wurde diese von Bleidick (siehe Bleidick, Wissenschaftssystematik der Behindertenpädagogik, 1985) und Kanter (siehe Kanter, 1985) zusammengefasst, während Haeberlin (siehe Haeberlin, 1996) und Masendorf (siehe Masendorf, 1997) einführende und zugleich kritisch wertende Lehrbücher vorgelegt haben.

Aktuelle Relevanz und theoretische Ansätze

In Anlehnung an Klauer (1977) lassen sich in der Sonderpädagogik vier (bei Klauer drei) Aufgabenstellungen unterscheiden, für deren Bearbeitung empirische Forschung unterschiedlich relevant ist: die deskriptive, die explanative (Hinzufügung, FBW), die präskriptive und die normative Aufgabenstellung. Die Bearbeitung dieser vier unterschiedlichen Aufgabenstellungen muss mit unterschiedlichen Methoden betrieben werden, denn die Wahl der Methoden folgt immer der Art der Forschungsfrage. Die folgende Tabelle zeigt an exemplarischen Beispielen den Zusammenhang von Forschungsfrage, Art der zu erhebenden empirischen Daten und Art und Methodik der Datenanalyse auf, denn auch die statistischen Verfahren zur Beschreibung und Analyse von empirischen Daten müssen den Fragestellungen und Daten angemessen sein, sie dienen als Instrumente der Forschung und haben als solche keinen Wert an sich.

Forschungsstufe	Art der Daten	Methodik und Analyseebene
Deskriptive Forschung	Vorwiegend qualitative, aber durchaus auch quantitative Daten	Klinisch-explorative Fallstudien mit vorwiegend subjektiv interpretierender Auswertung
Korrelative Forschung	Vorwiegend quantitative Daten, aber durchaus auch qualitative Daten	Psychometrische Methoden der Datenerhebung, korrelations- und regressionsstatistische Zusammenhangsanalysen

Forschungsstufe	Art der Daten	Methodik und Analyseebene
Kausal-komparative Forschung	Vorwiegend quantitative, je nach Fragestellung auch qualitative Daten	Je nach Fragestellung klinische oder psychometrische Methoden der Datenerhebung, vergleichende Bedingungsanalysen ex-post-facto durch korrelationsstatistische Auswertungsverfahren und multivariate Analyseverfahren höherer Ordnung (z. B. Diskriminanz-, Faktoren- oder Pfadanalysen, LISREL-Methoden)
Quasi-experimentelle und experimentelle Forschung	Quantitative, bei entsprechender Fragestellung auch qualitative Daten	Je nach Fragestellung klinische oder psychometrische Methoden der Datenerhebung, funktionale Wirkungsanalysen durch experimentelle Variablenmanipulation und inferenzstatistische Beurteilungsverfahren

Taxonomie von Forschungsfragen, Datenarten und Analyseverfahren in der empirischen sonderpädagogischen Forschung

- Wer in deskriptiver Absicht forscht, versucht, „die vorfindbare Erziehungswirklichkeit mit all ihren Abhängigkeitsbeziehungen und Effekten" (Klauer, 1977, S. 77) zu beschreiben, „wobei auch festgestellt wird, welche Ziele unter welchen Bedingungen angestrebt werden, wie sich unterschiedliche Ziele auswirken und dergleichen mehr." Deskriptive Fragestellungen lassen sich, wie in der Tabelle ausgewiesen, in explorativen Fallstudien mit qualitativen Daten ebenso bearbeiten wie in korrelativen Studien, in denen kontrolliert gewonnene, quantitative Daten mit statistischen Mitteln analysiert werden.

- Wer in explanativer Absicht forscht, versucht, Gründe für das Zustandekommen bestimmter Effekte in der Erziehungswirklichkeit zu ermitteln, indem er prüft, ob diese in Abhängigkeit von anderen umschreibbaren Bedingungen auftreten. Explanative Fragestellungen lassen sich unter bestimmten Voraussetzungen in kausal-komparativen Untersuchungen bearbeiten. Die klassischen Untersuchungen folgen jedoch den experimentellen bzw. quasi-experimentellen Forschungsdesigns (s. u.).

- Wer in präskriptiver Absicht forscht, versucht nicht, beliebige Bedingungen für das Zustandekommen irgendwelcher pädagogischer Effekte aufzudecken, sondern ausschließlich oder zumindest vorrangig solche Bedingungen, die mit pädagogischen Mitteln hergestellt werden können und die zu erzieherisch erwünschten Effekten führen. Präskriptive Aufgabenstellungen verlangen also die Erarbeitung gezielten Veränderungswissens zur Lösung praktischer Probleme, erfordern die Konstruktion und kritische Evaluation alltagstauglicher Programme etc., und solche Ziele sind in aller Regel nur in experimenteller bzw. quasi-experimenteller Forschung zu erreichen.

- Wer schließlich in normativer Absicht forscht, fragt, „welche Ziele überhaupt angestrebt werden sollen" (Klauer, 1977, S. 77). Bei normativen Fragestellungen geht es primär um Fragen der Legitimation und Gültigkeit von pädagogischen Normen und Zielvorstellungen, nur sekundär um deren faktische Rechtskraft oder reale Akzeptanz. Hier können empirische Befunde keine Entscheidungen begründen, wohl aber bei der Entscheidungsfindung helfen; denn wenn man Ziele vorgibt, sollten diese auch erreichbar sein, und das lässt sich nur empirisch klären.

Nicht selten wird die Aussagekraft empirischer Studien und vor allem ihr kritisches Potenzial allzu negativ beurteilt. So wird behauptet, zur Beantwortung der wirklich wichtigen Fragen könne empirische Forschung in der Behindertenpädagogik nicht viel beitragen, Letztere habe ihren höchsteigenen Gegenstandsbereich und empirische Forschung könne angesichts der tiefen Problematik menschlicher Behinderungen nur vergleichsweise triviale Ergebnisse liefern. Richtig ist, dass sich viele komplexe Fragen nicht in einer einzigen empirischen Studie lösen lassen, aber deshalb ist die empirische Arbeit keineswegs obsolet. Nehmen wir als Beispiel erneut die Kontakthypothese, die besagt, allein der Kontakt zwischen behinderten und nicht behinderten Kindern fördere das gegenseitige Verstehen. Über die Gültigkeit dieser Hypothese lässt sich trefflich streiten, und die Gültigkeit dieser Hypothese muss unbedingt geprüft werden; denn falsche, voreilig akzeptierte Annahmen führen nicht nur theoretisch in die Irre, sie führen langfristig auch zu falscher Praxis. Wer der Kontakthypothese ungeprüft vertraut, wird vielleicht vorschlagen, Kinder mit Behinderungen ohne weitere Hilfen in Kindergärten oder allgemeinen Schulen zu platzieren. Er wird übersehen, dass nicht allein die Möglichkeit zum Kontakt das gegenseitige Verständnis sichert, sondern die Qualität der Kontakte entscheidend ist.

Diese stellt sich jedoch nicht unbedingt spontan ein, sie erfordert eine pädagogisch bewusste Gestaltung der Lernumgebung, eine gezielte Planung der Interaktionen und eine sorgfältige Beobachtung der sozialen Prozesse in der Gruppe. All das unterbleibt, wenn voreilig auf eine unzureichend geprüfte Annahme gesetzt wird.

Ein zweites Missverständnis betrifft den relativen Nutzen von deskriptiver, korrelativer, kausal-komparativer und experimenteller Forschung in der Behindertenpädagogik. Gelegentlich wird behauptet, nur die experimentelle sei die eigentlich empirische und wichtige Forschung, aber das ist offensichtlich nicht korrekt. Erstens sind auch explorativ und deskriptiv angelegte Projekte empirischer Natur, denn sie machen es erforderlich, dass die Forscherin in die sonderpädagogische Wirklichkeit hinausgeht und Erfahrungsdaten erhebt. Zweitens sind deskriptive Studien nicht als Vorstudien zu Experimenten zu betrachten, denn sie haben ihren eigenen Wert. Wenn wir in der Behindertenpädagogik auf schwierige und komplexe Probleme stoßen, müssen wir zunächst diese Probleme und ihr Umfeld erkunden und beschreiben. Dies kann in klinisch-explorativen Fallstudien mit wenigen Personen geschehen oder in Überblicksstudien mit großen Stichproben. Es ist auch unerheblich, ob diagnostische Daten in klinischen Interviews oder mittels standardisierter Tests erhoben wurden, solange die Daten zur Beantwortung der Forschungsfrage geeignet sind. Zwar gilt grundsätzlich, dass geprüfte Messinstrumente und standardisierte Forschungsdesigns zu bevorzugen sind, aber manchmal stehen eben noch keine geprüften Erhebungsverfahren zur Verfügung und bei neu auftauchenden Problemen weiß man anfangs zu wenig, als dass man gleich bestimmte Hypothesen über Bedingungsfaktoren oder Lösungsmöglichkeiten prüfen könnte.

Präskriptive Hypothesen hingegen erfordern die kritische Evaluation von Interventionen. Die zu beantwortenden Fragen lauten: Wird diese oder jene Maßnahme wirklich helfen, das Problem zu lösen oder zumindest einer Lösung näher zu kommen? Wird die Maßnahme unerwünschte Nebeneffekte produzieren? Solche Fragen bilden das Zentrum jeder Heil- und Sonderpädagogik, die als angewandte Disziplin auf die Verbesserung der Lebensumstände der Menschen ausgerichtet sein muss (siehe Klauer, 1980 und Wember, 1997). Sie sind in der Tat nur in Untersuchungen mit vergleichender Datenerhebung unter Behandlungs- und Kontrollbedingungen zu klären, indem man Personen mit einer Intervention behandelt und die Ergebnisse mit anderen Ergebnissen vergleicht, die man bei den gleichen Personen vor Beginn der Behandlung oder zeitgleich bei anderen, ähnlichen Personen ohne Behandlung gewonnen hat. Forschung, bei welcher die Forschenden aktiv mindestens eine Maßnahme willkürlich einführen, nennt man „experimentelle" bzw. „quasi-experimentelle Forschung", wenn die folgenden vier Bedingungen erfüllt sind (vgl. Klauer, 1973, S. 27–30 und 56):

1. **Variablensequenz:** Es müssen mindestens eine abhängige Variable und eine unabhängige Variable definiert sein, für die gilt: die unabhängige geht der abhängigen Variable zeitlich voraus.

2. **Intervention:** Es müssen bestimmte Bedingungen vom Forscher willkürlich hergestellt bzw. variiert werden, welche laut vorgeordneter theoretischer Hypothese die Ausprägung der unabhängigen Variable (hier: Intervention realisiert/nicht realisiert) direkt oder mittelbar beeinflussen sollen.

3. **Effektmessung:** Durch Vergleich verschiedener Messergebnisse wird festgestellt, ob und welche Effekte die Intervention hinsichtlich der Ausprägung der abhängigen Variable produziert.

4. **Bedingungskontrolle:** Alle bekannten Störfaktoren werden durch statistische Berücksichtigung, Konstanthaltung oder Randomisierung kontrolliert, alle unbekannten Störfaktoren durch Randomisierung.

Immer dann, wenn Bedingung 2 nicht gegeben ist, sprechen wir konventionell von „präexperimenteller" oder „deskriptiver Forschung". Dies ist Forschung, die durchaus wichtige Fragen beantworten, jedoch in aller Regel keine präskriptiven Sätze testen kann (vgl. die Tabelle zur Taxonomie). Immer dann, wenn Bedingung 4 nur näherungsweise zu erreichen ist, sprechen wir statt von experimenteller von „quasi-experimenteller For-

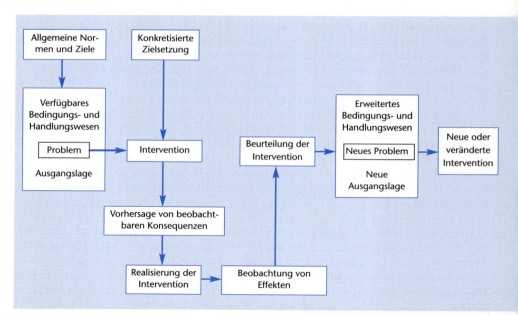

Die empirische Prüfung einer Hypothese am Beispiel der approximativen Verbesserung einer Intervention (Wember, 2003, S. 36)

schung"; denn der Bedingungskontrolle kommt bei der Beurteilung eines empirischen Befundes besondere Bedeutung zu. Nur wenn es gelungen ist, mögliche Störfaktoren vollständig oder möglichst weitgehend auszuschalten, können Veränderungen in der Ausprägung der abhängigen Variablen relativ eindeutig auf die experimentelle Intervention (d. h. auf die experimentelle Manipulation der Ausprägung der unabhängigen Variablen) zurückgeführt werden. Ist die Kontrolle von Störfaktoren nicht oder nur sehr unvollständig gelungen, kann man nicht sicher sein, ob die beobachteten Veränderungen in der Ausprägung der abhängigen Variable wirklich – wie in der zu prüfenden Hypothese behauptet – auf die experimentell manipulierte Ausprägung der unabhängigen Variablen zurückgehen.

Die Abbildung fasst die empirische Vorgehensweise im Überblick zusammen: Forschung basiert auf allgemeinen Normen und Zielsetzungen und formuliert konkrete Ziele. Sie nimmt ihren Ausgangspunkt vom so genannten Hintergrundwissen, d. h. das zu einem gegebenen Zeitpunkt akzeptierte und nicht problematisierte Wissen. Eine neue wissenschaftliche Theorie wird über dieses Wissen hinaus mindestens eine neue und bislang noch nicht geprüfte Hypothese aufstellen. Dies wäre im Fall einer Intervention etwa die Behauptung, wenn ein Kind nicht lesen könne, dann werde es besser lesen lernen als bisher, wenn es nach der Methode X unterrichtet wird. Diese Hypothese ist empirisch umsetzbar, denn man kann Kinder mit Leseschwierigkeiten auswählen, sie sorgfältig kontrolliert nach Methode X unterrichten und prüfen, ob sie besser lesen lernen als Kinder, die nicht oder konventionell unterrichtet wurden. Am Ende des Versuchs ist man immer klüger als zuvor, und zwar unabhängig davon, ob das Ergebnis positiv oder negativ ausfällt: Im positiven Fall hat man eine neue Methode der Leseförderung gefunden, die zu verfolgen sich zu lohnen scheint, im negativen Falle hat man festgestellt, dass es sich nicht lohnen dürfte, die geprüfte Methode weiter zu verfolgen. Dabei kommt es vor allem auf das Ausmaß der Bedingungskontrolle an. Sekundär ist in diesem Zusammenhang, ob kleine Stichproben über längere Zeiträume oder große Stichproben einmalig oder kurzzeitig beobachtet wurden, solange das Forschungsdesign zur Fragestellung passt und es gelungen ist, wichtige Fehlerquellen zu kontrollieren (siehe Wember, 1991). Selbst in Einzelfallstudien lassen sich wirksame Fehlerkontrollen realisieren und präskriptive Hypothesen wirksam prüfen (siehe Wember, 1989; 1994; Julius/Schlosser/Goetze, 2000).

Problem- und Erfahrungsfelder

Empirische Behindertenpädagogik ist zuweilen unbequem – in der Theorie wie in der Praxis. Wer systematisch prüft, ob bestimmte heilpädagogische Methoden wirklich die erwarteten Effekte erzielen, riskiert unliebsame Negativergebnisse. Die Forscher werden in solchen Fällen manchmal als „Nestbeschmutzer" empfunden. Eine solche, meist emotional gefärbte Reaktion engagiert arbeitender und durch Forschung enttäuschter Praktiker ist menschlich verständlich, führt jedoch in der Sache nicht weiter; denn die Bildung und Erziehung von Menschen mit Behinderungen ist zu wichtig, als dass man auf Qualitätskontrolle und Wirksamkeitsnachweise verzichten könnte. Versuche, empirische Wirkungsforschung zu unterbinden, sind ethisch nicht legitimierbar, denn sie stabilisieren ineffektive Praxis und schotten diese gegen kritische Nachprüfungen ab (siehe Albert, 1970). Empirischer Forschung kommt somit in Bezug auf die heilpädagogische Praxis eine kritische Funktion zu: Sie hilft, zwischen wirksamen und weniger wirksamen Interventionen zu unterscheiden.

Empirische Behindertenpädagogik ist auch unter Wissenschaftlerinnen nicht nur beliebt, denn sie erfordert ein diszipliniertes und methodisch kontrolliertes Vorgehen, bei dem Theoriebegriffe sorgfältig in beobachtbare Ereignisse umgesetzt werden müssen, um zu prüfen, ob sich bestimmte theoretisch postulierte Ereignisse in der Wirklichkeit einstellen oder ob sich erwartete Auswirkungen effektiv beobachten lassen. Ein solches Vorgehen ist nicht nur methodisch mühsam, es erfordert darüber hinaus nicht selten, von mehr oder minder lieb gewonnenen Begriffen oder Vorstellungen Abschied zu nehmen. Empirischer Forschung kommt insofern auch in Bezug auf die Theorie eine kritische Funktion zu: Sie hilft, brauchbare von weniger brauchbaren Begriffen und praxisdienliche von weniger hilfreichen Modellvorstellungen zu unterscheiden, indem sie Theorie mit Praxis konfrontiert.

Das kritische Potenzial der empirischen Behindertenpädagogik darf jedoch nicht überschätzt werden, denn wie alles menschliche Handeln ist auch das Handeln der Forscher sehr eng mit theoretischen Vorstellungen verknüpft, die durchaus fehlerhaft sein können, und eingebettet in individuelle und gesellschaftliche Interessenlagen. Da es keine theoriefreien Begriffe gibt, sind Vorannahmen und methodische Entscheidungen erkenntnistheoretisch zu reflektieren, zumal sie die Qualität der zu erhebenden Daten präformieren (siehe Haeberlin, 2003). Da sich behindertenpädagogische Forschung in konkreten gesellschaftlichen Kontexten und Interessenlagen abspielt, ist sie ideologiekritisch zu analysieren (siehe Jantzen, 1985; Kritisch-materialistische Behindertenpädagogik, in diesem Kompendium, Band 2): Wem nützen die Ergebnisse? Wem zu nützen geben sie vor? Tragen sie zur Aufklärung über behindertenpädagogische Fragestellungen bei? Führen sie zu einer Verbesserung der Lebensumstände von Menschen mit Behinderungen?

Empirische Behindertenpädagogik arbeitet immer aspekthaft und reduktionistisch, d. h., man versucht, ein komplexes Problem in einfachere Teilprobleme zu zerlegen, um sich auf die Lösung von Teilproblemen konzentrieren zu können. Dies geschieht in der Hoffnung, so nach und nach die Gesamtproblematik lösen zu können oder einer besseren Lösung näher zu bringen. An dieser Strategie wird aus ganzheitlicher Sicht kritisiert, sie führe zu vereinfachten Lösungen, die der Komplexität menschlicher Probleme nicht gerecht werden. Dabei darf man jedoch nicht übersehen, dass alle menschlichen Problemlösungen mehr oder weniger aspekthaft und begrenzt und nicht ewig gültig sind und dass kein Mensch in der Lage sein dürfte, etwa die Existenz eines behinderten Menschen in seiner Gänze und Tiefe zu erfassen. Insofern dürften alle menschlichen Erkenntnisbemühungen Varianten von mehr oder minder einzelheitlichen bzw. ganzheitlichen Ansätzen sein und sich in der Forschungspraxis komplementär ergänzen (siehe Speck, 1987). Es macht wenig Sinn, verschiedene Forschungsmethoden aus prinzipiellen Gründen gegeneinander auszuspielen, es dürfte viel sinnvoller sein, sich um die kompetente Realisierung qualitativer und quantitativer Forschung zu bemühen, die valide und einander ergänzende Erkenntnisse verspricht (siehe Wember, 1992).

Ausblick

Helmut von Bracken hat schon vor 40 Jahren den empirischen Methoden einen zentralen Stellenwert innerhalb einer „Methodologie der Heilpädagogik" (siehe von Bracken, 1964) zugewiesen. Er argumentierte, es gehöre zum Wesen der Heilpädagogik, dass hier keine bewährten traditionellen Wege beschritten werden könnten wie in der allgemeinen Pädagogik, sondern dass Sonderpädagogen besondere und neue Wege beschreiten müssten, „deren Gangbarkeit wissenschaftlich-kritisch zu kontrollieren ist. Dazu aber brauchen wir empirische Forschung" (von Bracken, 1964, S. 5). Empirische Behindertenpädagogik folgt diesem Appell. Sie findet nicht in universitären Studierstuben statt, sondern in der sonderpädagogischen Wirklichkeit. Empirische Behindertenpädagogik hält die sachlich komplexen und menschlich bewegenden Fragen von Bildung und Erziehung bei Behinderungen für zu wichtig, als dass auf Methoden der kritischen und zugleich fairen Prüfung von Theorien verzichtet werden könnte. Empirische Methoden sind nicht die einzig legitimen Methoden der Erkenntnisgewinnung, aber in vielen Fällen sind sie den anderen Verfahren überlegen und ohne Alternative, wenn es darum geht, wirkliche Effekte sonderpädagogischer Maßnahmen in der Praxis zu prüfen (siehe Wember, 2003).

Die Tätigkeit des empirisch arbeitenden Forschers entspricht strukturell der Tätigkeit der praktisch arbeitenden Heilpädagogin. Jener analysiert ebenso wie diese Probleme, formuliert Ziele zur Problemlösung, entwickelt Maßnahmen zur Zielerreichung, protokolliert die Auswirkungen seiner Maßnahmen, wertet die Protokolle aus, ändert seine Maßnahmen ab, stellt sie ein oder führt sie fort etc. Unterschiedlich sind zwar zumeist (keineswegs immer) die Detailverfahren, gleich ist in beiden Fällen die übergreifende Strategie der Problemlösung durch den kontrollierten Versuch und die allmähliche Verbesserung der Erkenntnis- und Handlungsmöglichkeiten durch Fehlerkorrektur (siehe Klauer, 1984).

Probleme lassen sich in der empirischen Forschung nur evolutionär, nur schrittweise und nur unter großen Mühen lösen. In der empirischen Behindertenpädagogik ist ebenso wie in der sonderpädagogischen Praxis ein realistischer Optimismus vonnöten. Mario Bunge (vgl. Bunge, 1983, S. 40) warnt in diesem Zusammenhang, „dass die wissenschaftliche Methode nicht so wundertätig ist, wie die Enthusiasten gewöhnlich glauben, die sie nur vom Hörensagen kennen", verweist jedoch darauf (Bunge, 1983, S. 40.), dass sie „auch nicht von so geringer Reichweite (ist), wie uns ihre Verleumder glauben machen wollen". Wissenschaft, so Bunge (1983, S. 40), bestehe nicht „aus einer Menge von vollständigen und unfehlbaren Rezepten [...], die jeder handhaben kann, um Ideen zu erfinden und auf die Probe zu stellen. In Wirklichkeit gibt es keine solchen populären Rezepte für die Forschung". Empirische Forschung ist menschlich verantwortetes, kreatives und gleichzeitig diszipliniertes Problemlösen auf gesicherten methodischen Wegen, das häufig genug auch die Verbesserung der Wege selbst anstrebt. Die Qualität von empirischer Forschung ist immer abhängig von den Anstrengungen der Menschen, die Forschung betreiben, und anerkannte empirische Methoden sind praktisch bewährte Hilfsmittel zur selbstkritischen Fehlervermeidung. „Keine dieser Praktiken", warnt Bunge (1983, S. 40), „ist erschöpfend und unfehlbar. Es genügt nicht, sie in einem Handbuch zu lesen: man muss sie leben, um sie zu begreifen."

Kommentierte Literaturhinweise

Bleidick, Ulrich (Hrsg.): Theorie der Behindertenpädagogik. Handbuch der Sonderpädagogik, Band. 1. 1. Auflage, Berlin, Marhold, 1985.
Das Handbuch behandelt in 13 sehr fundierten Kapiteln Grundbegriffe, grundlegende Probleme und Theoriekonzeptionen der Behindertenpädagogik. Besonders wichtig aus der Sicht einer empirischen Behindertenpädagogik sind die Kapitel über „Wissenschaftssystematik" und „Historische Theorien" von Ulrich Bleidick und Gustav Kanters Kapitel „Ansätze zu einer empirischen Behindertenpädagogik".

Langfeldt, Hans-Peter (Hrsg.): Trainingsprogramme zur schulischen Förderung. 1. Auflage, Weinheim; Beltz, 2003.
Das „Kompendium für die Praxis" (Untertitel) stellt Trainingsprogramme zur Förderung von Aufmerksamkeit und Konzentration, Denken und Planungsfähigkeit, basalen Lesevoraussetzungen und Abbau von Verhaltensstörungen vor und sichtet kritisch die zur Wirksamkeit dieser Programme veröffentlichten empirischen Studien.

Lauth, Gerhard W./Grünke, Matthias/Brunstein, Joachim (Hrsg.): Interventionen bei Lernstörungen. Förderung, Training und Therapie in der Praxis. 1. Auflage, Göttingen, Hogrefe, 2004.
In 41 Kapiteln werden Interventionen vorgestellt, die sich mit der Behandlung von Lernstörungen in spezifischen Inhaltsbereichen, wie dem Lesen, Schreiben und Rechnen, befassen oder die generelle Behandlungstechniken thematisieren. Alle Kapitel beginnen mit einem Fallbeispiel, erläutern zentrale Definitionen, stellen die Intervention praxisnah dar und referieren kritisch vorliegende empirische Befunde zu deren Wirksamkeit.

Leonhardt, Anette und Wember, Franz B. (Hrsg.): Grundfragen der Sonderpädagogik. 1. Auflage, Weinheim, Beltz, 2003.
Das Handbuch informiert in 36 Kapiteln über den aktuellen Stand der Fachwissenschaften. Es erörtert Grundlegungsprobleme, Verfahren und Methoden der Diagnostik sowie die unterschiedlichen Problemlagen und Möglichkeiten pädagogischen Handelns bei drohenden und manifesten Behinderungen. Argumentiert wird durchgängig aus Sicht einer empirischen Behindertenpädagogik, grundlegend in Bezug auf den hier vorliegenden Beitrag sind die Beiträge von Gérard Bless, Urs Haeberlin und Franz B. Wember im ersten Teil.

Masendorf, Friedrich (Hrsg.): Experimentelle Sonderpädagogik. Ein Lehrbuch zur angewandten Forschung. 1. Auflage, Weinheim, Deutscher Studien Verlag, 1997.
Das Lehrbuch erklärt in drei grundlegenden Kapiteln die empirische Vorgehensweise und betont die experimentellen Verfahren, die anschließend in 22 exemplarischen, teils klassischen Studien vornehmlich aus dem Bereich der sonderpädagogischen Unterrichtsforschung konkretisiert werden. Eine gelungene Zusammenstellung, welche die thematische und methodische Vielfalt empirischer sonderpädagogischer Forschung deutlich macht.

Empowerment Georg Theunissen

Etymologie

Der Begriff Empowerment stammt aus den USA. Nicht selten wird er mit „Selbstbefähigung", „Selbstermächtigung" oder „Selbstbemächtigung" übersetzt. Solche Übersetzungen greifen jedoch zu kurz und werden dem Anliegen nicht gerecht, welches wir mit Empowerment verbinden (siehe Herriger, 2002; Theunissen/Plaute, 2002). Denn Empowerment signalisiert vielmehr eine Philosophie, eine Leitidee, ein Programm oder ein theoriegestütztes Konzept. Vor diesem Hintergrund lässt sich der Begriff durch vier Zugänge erfassen:

1. Empowerment verweist auf *individuelle Selbstverfügungskräfte*, vorhandene Stärken oder Ressourcen, die es dem Einzelnen ermöglichen, Probleme, Krisen oder Belastungssituationen aus eigener Kraft zu bewältigen sowie ein relativ autonomes Leben zu führen.

2. Empowerment wird mit einer *politisch ausgerichteten Durchsetzungskraft* verbunden, indem sich z. B. Gruppen behinderter Menschen oder Eltern behinderter Kinder für einen Abbau an Benachteiligungen und Vorurteilen, für „Barrierefreiheit", rechtliche Gleichstellung und Gerechtigkeit engagieren.

3. Empowerment steht im *reflexiven Sinne* für einen selbstbestimmten Lern- und Handlungsprozess, in dem z. B. behinderte Menschen oder Eltern behinderter Kinder ihre Angelegenheiten selbst in die Hand nehmen, sich dabei ihrer Kompetenzen bewusst werden, sich in eigener Regie Wissen und Fähigkeiten aneignen und soziale Ressourcen, unter anderem auch selbstorganisierte Gruppenzusammenschlüsse, nutzen.

4. Empowerment wird auch im *transitiven Sinne* benutzt, indem z. B. behinderte Menschen oder Angehörige angeregt, ermutigt und in die Lage versetzt werden, eigene (vielfach verschüttete) Stärken und Kompetenzen zur Selbstgestaltung der Lebenswelt zu entdecken, zu entwickeln und zu nutzen. An dieser Stelle steht Empowerment für eine *professionelle Praxis*, die mit Blick auf die Arbeit mit (geistig) behinderten Menschen und ihren Bezugspersonen (Eltern) bereit sein muss, das traditionelle (medizinisch präformierte) paternalistische Helfermodell aufzugeben und sich auf Prozesse der *Konsultation und Zusammenarbeit*, eines gemeinsamen Suchens und Entwickelns von Lösungswegen, einzulassen (siehe Turnbull/Turnbull, 1997).

Geschichte

Wenngleich Wurzeln von Empowerment ins 19. Jahrhundert der US-amerikanischen Sozialgeschichte (siehe Simon, 1994) zurückreichen, begegnen wir dem Begriff zum ersten Mal Ende der 1950er-Jahre in Bürgerrechtsbewegungen der schwarzen Minderheitsbevölkerung (black empowerment). Diese Bewegungen profilierten sich durch kollektive Prozesse der Selbst-Aneignung von politischer Macht (policy making), durch Kampagnen zur Demokratisierung der Gesellschaft, zur Aufhebung sozialer Ungerechtigkeit und zur Realisierung von Chancengleichheit, Mitbestimmung und politischer Partizipation. Sie waren in der nachfolgenden Zeit inspirierend für andere Gruppen in gesellschaftlich marginaler Position, so z. B. für Eltern behinderter Kinder, die Independent-Living-Bewegung von Menschen mit Körper- oder Sinnesbehinderungen oder die People-First-Bewegung von Menschen mit Lernschwierigkeiten (siehe Theunissen/Plaute, 2002). Die Verdienste dieser Bewegungen im Hinblick auf Anerkennung von (Bürger-)Rechten behinderter Menschen können nicht hoch genug eingeschätzt werden. Zudem haben sie maßgeblich zu einem Paradigmenwechsel in der Behindertenarbeit geführt. So steht derzeit der Empowerment-Ansatz in der Sozialarbeit, Gemeindepsychologie und Sonderpädagogik (special education) der englischsprachigen Länder hoch im Kurs (siehe Turnbull/Turnbull, 1997; Keys/Dowrick, 2001; Ramcharan/Roberts/Grant/Borland, 2002); und auch hierzulande findet er immer mehr Zuspruch.

Aktuelle Relevanz und theoretische Ansätze

Bis vor kurzem war es in der Heilpädagogik oder Behindertenhilfe Gepflogenheit, die Kultur des Helfens ausschließlich an Defiziten, Mängeln, Schwächen oder Problemen auszurichten. Behinderte Menschen wie auch ihre Angehörigen (Eltern) wurden vorrangig im Lichte von Hilflosigkeit, Versagen, Ohnmacht oder Inkompetenz wahrgenommen und nicht selten in eine „pathologische Ecke" gedrängt. Dementsprechend galt das Klientel der helfenden Instanzen als belieferungs-, anweisungs- und behandlungsbedürftig; und die damit verknüpfte Prämisse der *Defizitorientierung* wurde nicht hinterfragt. Der Empowerment-Ansatz hat mit dieser Gepflogenheit gebrochen und sich der so genannten *Stärken-Perspektive* verschrieben:

„Eine Stärken-Perspektive gründet sich auf Würdigung der positiven Attribute und menschlichen Fähigkeiten und Wege, wie sich individuelle und soziale Ressourcen entwickeln und unterstützen lassen […] Alle Menschen haben eine Vielzahl von Talenten, Fähigkeiten, Kapazitäten, Fertigkeiten und auch Sehnsüchten […] Die Präsenz dieser Kapazitäten für erhöhtes Wohlbefinden muss respektiert werden […] Menschen wachsen nicht durch Konzentration auf ihre Probleme – im Gegenteil, dadurch wird das Vertrauen in die eigene Fähigkeit, sich auf selbstreflektierende Weise zu entwickeln, geschwächt" (Weick u. a., 1989, S. 352f.).

Diese Position fußt auf einem *optimistischen Menschenbild*, wie es auch in der humanistischen Psychologie vertreten wird. Neben der Überzeugung, dass jeder Mensch das Potenzial zu seiner Selbstaktualisierung in sich trägt, liegt der Stärken-Perspektive die Annahme zugrunde, dass jede Person über eine „selbstheilende Kraft" (resilience) verfügt, die aus dem Zusammenspiel individueller und sozialer Ressourcen resultiert. Protektive soziale Faktoren beziehen sich insbesondere auf die Verfügbarkeit einer Vertrauensperson sowie auf das Vorhandensein von „Enabling Niches" im Sinne schützender, haltgebender und entwicklungsfördernder Netzwerke (siehe Saleebey, 1997 und Theunissen, 2003, S. 87 ff.).

Die Philosophie der Stärken hat im Empowerment-Konzept zu handlungsbestimmenden Grundeinsichten geführt, stichwortartig seien genannt:
- die Abkehr vom Defizit-Blickwinkel,
- die unbedingte Annahme des anderen und Akzeptanz seines So-Seins,
- das Vertrauen in individuelle und soziale Ressourcen,
- der Respekt vor der Sicht des anderen und seinen Entscheidungen,
- die Akzeptanz unkonventioneller Lebensentwürfe,
- der Respekt vor der „eigenen" Zeit und vor „eigenen" Wegen des anderen,

- der Verzicht auf etikettierende, entmündigende und denunzierende Expertenurteile,
- die Grundorientierung an der Rechte-Perspektive, der Bedürfnis- und Interessenlage sowie der Lebenszukunft des Betroffenen.

Diese Grundeinsichten (siehe Herriger, 2002; Theunissen, Wege, 2000) verweisen auf den ethischen Werterahmen, der aus der Anfangszeit der Empowerhüls-Bewegungen als „civil rights movement" resultiert und das Fundament der Empowerment-Praxis bildet. Ein zentraler Grundwert ist dabei die *Selbstbestimmung* des Menschen, die aber nicht absolut gesetzt, sondern als „soziale Kategorie" aufbereitet mit zwei weiteren ethischen Grundpfeilern verschränkt wird: Zum einen geht es um *„demokratische und kollaborative Partizipation"* (vgl. Theunissen/Plaute, 2002, S. 26). Dieser Grundwert besagt: „Wo immer Menschen von Entscheidungen betroffen sind, haben sie ein Recht auf Mitbestimmung!" (Galtung, 2000, S. 109, S. 116). Andererseits sind freie Wahlen sowie Mitbestimmungsrechte noch nicht die einzigen Bestimmungsmerkmale eines demokratischen Systems. Sein Wert bemisst sich auch daran, inwieweit eine *„faire und gerechte Verteilung von Ressourcen und Lasten in der Gesellschaft"* (vgl. Theunissen/Plaute, 2002, S. 28) gegeben ist. Im Fokus steht damit die Frage, inwieweit Wohlstand und Macht in unserer Gesellschaft ungleich verteilt sind und sozialen Randgruppen (z. B. behinderten Menschen) Zugänge zu allgemeinen Dienstleistungssystemen (Bildungs- und Gesundheitswesen, Arbeits- oder Wohnungsmarkt) erheblich erschwert wird. Folgerichtig geht es um Aufhebung sozialer Benachteilung und Ausgrenzung, was mit Blick auf die Behindertenarbeit zu einer Verschränkung der Empowerment-Philosophie mit dem Anspruch auf Inclusion geführt hat. Vor diesem Hintergrund ist es wichtig, das hier vertretene Konzept von einigen Entwicklungen abzugrenzen, die in den letzten Jahren unter dem Stichwort Empowerment zu beobachten sind (siehe Theunissen, Empowerment, 2005). Das gilt vor allem für psychologische Trainingsprogramme zur Selbstbehauptung und Selbstdurchsetzung (z. B. im Rahmen von Schulungen für Manager oder Führungskräfte), die letztlich auf ein karriereorientiertes Konkurrenz- und Machtstreben hinauslaufen und damit einen (asozialen) Individualismus befördern. Des Weiteren gibt es aber auch Fehlentwicklungen auf dem Gebiete des „kollektiven Empowerment", wenn z. B. (fundamentalistische) Gruppen ihren Mitgliedern Pflichtnormen ohne Rücksicht auf individuelle Interessen auferlegen, Andersdenkende denunzieren und Ausgrenzungen erzeugen. Solche Erscheinungen haben mit dem anskizzierten Empowerment-Ethos nichts zu tun: Denn Empowerment ist – im ursprünglichen Sinne buchstabiert – ein *gesellschaftskritisches Korrektiv* zur Gewinnung von mehr Menschlichkeit und sozialer Gerechtigkeit.

Problem- und Erfahrungsfelder

Die Wertebasis des Empowerment-Ansatzes kommt in der Heilpädagogik auf vier Handlungsebenen zum Tragen (vgl. Theunissen, Wege, 2000, S. 153 ff.):

1. **Zur subjektzentrierten Ebene:** Die subjektzentrierte Ebene fokussiert in erster Linie Wege, die den Einzelnen zur Entdeckung des Gefühls individueller Stärke anstiften und ihm Hilfestellungen zur (Wieder-)Gewinnung von Lebensautonomie sowie zur Entwicklung neuer Lebenskräfte und Handlungskompetenzen (Bewältigungsmuster) verhelfen sollen. Hierzu nutzt die Empowerment-Praxis verschiedene Arbeitsformen, wie z. B. die *individuelle Lebensstilplanung* im Rahmen von *Unterstützerkreisen* (circle of support; circle

of friends), *Unterstützungsmanagement, Netzwerkberatung, psychosoziale Einzelhilfe,* im Lichte der Stärken-Perspektive sowie spezielle Unterstützungsprogramme, wie *soziales Kompetenztraining* oder *Unterstützte Kommunikation* (siehe Theunissen, Pädagogik, 2005).

2. **Zur gruppenbezogenen Ebene:** Auf gruppenbezogener Ebene kommt es zu einer engen Verschränkung von sozialer Gruppenarbeit, Konsultation und sozialer Netzwerkarbeit. Arbeitsschwerpunkte beziehen sich auf die (Wieder-)Herstellung von tragfähigen Beziehungen und Verbindungen *privater Netzwerke* (Familien, Freundeskreis, Nachbarschaften), auf die Entwicklung, Förderung und Unterstützung von *Selbsthilfe-Initiativen* und *Selbstvertretungsgruppen* sowie auf *Peer Counseling* oder Projekte wie „Eltern beraten Eltern".

3. **Zur institutionellen Ebene:** Da vor allem hierzulande viele Menschen mit Behinderungen nach wie vor in (großen) Institutionen leben, macht es für die Empowerment-Praxis Sinn, die institutionelle Ebene zu beleuchten, um gemeinsam mit den Betroffenen (bzw. stellvertretend im Interesse derer, die nicht für sich selber sprechen können) und ihren Bezugspersonen (Mitarbeitern) einen institutionellen Veränderungsbedarf (Organisationsentwicklung) zu erschließen (vgl. Theunissen, Wege, 2000, S. 173 ff.). Dieser bezieht sich sowohl auf die Entlegitimierung und den Abbau von Hierarchien, Zentralinstanzen und Bürokratien zugunsten der Schaffung demokratischer Entscheidungsstrukturen und Partizipationsformen (siehe Fetterman, 2001 und Herriger, 2002, S. 207 f.) als auch auf Möglichkeiten einer *Deinstitutionalisierung* durch bedürfnisorientierte, bedarfsgerechte und flexible gemeindeintegrierte Wohn- und Dienstleistungsangebote (siehe Theunissen/Schirbort, 2006).

4. **Sozialpolitische und gesellschaftliche Ebene:** Schließlich sind auf einer vierten Ebene Möglichkeiten und Prozesse politischer Einmischung (policy making) und gesellschaftlicher Einflussnahme, soziale Aktionen und Reformen in den Blick zu nehmen und zu unterstützen. Ziel dabei ist, Menschen in marginaler Position, Selbsthilfe-Initiativen oder selbstorganisierten Netzwerken Mitgestaltungs- und Mitsprachemöglichkeiten in lokalen politischen Machtstrukturen zu eröffnen. Empowerment steht hier für Adressatenbeteiligung und wendet sich gegen die Gepflogenheit von Sozialverwaltungen und Wohlfahrtsverbänden, Konzepte (psycho-)sozialer und rehabilitativer Hilfen weitgehend unter Ausschluss Betroffener zu planen und umzusetzen.

Ausblick

Empowerment ist ein anspruchsvolles Unternehmen, das sich vom paternalistischen Helfermodell in der Heilpädagogik verabschiedet und sich einer neuen Kultur des Assistierens verschrieben hat (siehe Theunissen/Plaute, 2002). Wenngleich Betroffene als „Experten in eigener Sache" ernst genommen und wertgeschätzt werden, bedeutet dies aber weder ein „Disempowerment" der Professionellen noch einen Verzicht auf Unterstützung für diejenigen, die nicht als „empowered persons" imponieren können, d. h. für Menschen, die als intensiv behindert, geistig schwerst- oder mehrfachbehindert gelten. Will Empowerment ein wegweisendes und tragfähiges Konzept für die Heilpädagogik sein, muss es seine Stärke im Sinne des „kategorischen Imperativs der Solidarität" (Dörner) gerade für diesen Personenkreis unter Beweis stellen. Mit unserer Empowerment-Studie „Wege aus der Hospitalisierung" wurde hierzu ein Anfang gemacht.

Kommentierte Literaturhinweise

Herriger, Norbert: Empowerment in der Sozialen Arbeit. 2. überarb. Aufl., Stuttgart, Kohlhammer, 2002.
Norbert Herrigers Buch bietet einen ausgezeichneten Überblick über begriffliche Zugänge, Entwicklung, sozialphilosophische Strömungen, Leitprinzipien, konzeptionelle Grundpfeiler und methodische Instrumente des Empowerment-Konzepts in der sozialen Arbeit. Als Einführung in den Empowerment-Ansatz ist es bestens zu empfehlen.

Theunissen, Georg/Plaute, Wolfgang: Handbuch Empowerment und Heilpädagogik. Freiburg, Lambertus-Verlag, 2002.
Dieses Buch bietet eine grundlegende Neubestimmung der Heilpädagogik im Lichte von Empowerment. Eine wichtige Zielgruppe sind Menschen mit geistiger Behinderung und Eltern behinderter Kinder. Im Mittelpunkt des Buches stehen Fragen zu einer am Empowerment-Ansatz orientierten Elternarbeit, schulischen und außerschulischen Bildung, zum Wohnen im Erwachsenenalter und Alter sowie zur beruflichen und arbeitsweltbezogenen Integration.

Theunissen, Georg: Wege aus der Hospitalisierung. Empowerment in der Arbeit mit schwerstbehinderten Menschen, 2. Aufl., Bonn, Psychiatrie-Verlag, 2000.
Dieses Standardwerk der Heilpädagogik zeigt anhand mehrerer Lebensgeschichten auf, was Empowerment in der Arbeit mit hospitalisierten, (geistig) schwerst- und mehrfachbehinderten Menschen bedeuten kann. Es ist ein Muss für alle, die schwerstbehinderten Personen assistieren oder sie unterstützen.

Entwicklung
Dieter Gröschke

Etymologie

Entwicklung, deutsche Übersetzung zu lat. „evolutio", Entfaltung, eigentlich das Aufschlagen eines Buches, „evolvere", herausrollen, herauswickeln. Im heilpädagogischen Menschenbild, das uneingeschränkt für alle Menschen mit Behinderungen, auch schweren und schwersten, uneingeschränkte Geltung beanspruchen muss, gehört *Entwicklungsfähigkeit* zur anthropologischen Basisausstattung. Im Rahmen des Lebenslaufes wird der Mensch als Kind geboren, entwickelt sich zum Jugendlichen und zum Erwachsenen, um als alternder Mensch in seine letzte Lebensphase einzutreten; das wäre die entwicklungsgemäße Struktur einer Normalbiographie (dass der Mensch auch früher sterben kann, ist in diesem Lebensplan gleichsam nicht vorgesehen).

Geschichte

Mit dem Entwicklungsbegriff wird die temporale, d.h. zeitliche Dimension in die Anthropologie eingeführt. In temporaler Hinsicht kann man drei Entwicklungsstrecken unterscheiden:

1. **Die Phylogenese:** Dies ist die Stammesgeschichte des Menschen als Gattung Homo sapiens. Für die Klärung des Anlageproblems, der Frage nach den evolutionsbiologischen und genetischen Grundlagen und Dispositionen des menschlichen Erlebens und Verhaltens und seiner Entwicklung ist diese Dimension von Belang. In der tiefenpsychologischen Schule von Carl Gustav Jung findet man die Annahme eines „kollektiven Unbewussten" mit den „Archetypen" noch unterhalb des „persönlichen Unbewussten" und seinen „Komplexen", in dem sich die ganze Menschheits- und Ahnengeschichte niedergeschlagen und psychisch sedimentiert habe.

2. **Die Ontogenese:** Dies ist die Entwicklung eines Individuums in seinem Lebenslauf von der Geburt bis zum Tod, differenziell betrachtet für die verschiedenen psychischen Entwicklungsdimensionen und -funktionen.

3. **Die Aktualgenese:** Damit werden sehr kurzfristige Veränderungsmuster psychischer Phänomene bezeichnet, z. B. das Wiedererkennen eines Gesichtes im Rahmen der Personenwahrnehmung oder das Anschwellen und Abklingen einer Gefühlsempfindung.

Daneben gibt es noch die *soziogenetische* und *soziohistorische* Dimension, die sich auf die Einbettung individueller Entwicklungsverläufe in ihre jeweiligen Zeitalter und kulturellen Epochen sowie in den sozialgesellschaftlichen Wandel bezieht.

Die subjektiv erlebte, erfahrene, erinnerte und erzählte Zeit und Geschichte ist je meine *Lebensgeschichte,* meine Biographie. Im Rahmen professionell begleiteter „Biographiearbeit" rekonstruiert ein Individuum seine Lebensgeschichte und vergewissert sich so seiner persönlichen und sozialen Identität. Da sich Entwicklung in dieser Dimension der Zeitlichkeit des menschlichen Daseins als „In-der-Welt-Sein" vollzieht (Heidegger), ist Entwicklung auch ein „Vorlaufen in den Tod", wie Heidegger es in seiner „Daseinsanalyse" bestimmt hat (Heidegger, 1927). Die Entwicklungsperspektive schließt auch die Tatsache unserer Sterblichkeit in sich ein („Ihr kennt weder die Zeit noch die Stunde"; Mt 24.36; Mk 13.32). Entwicklungsbegleitung umfasst ggf. auch eine humane und menschenwürdige Sterbebegleitung (siehe auch den Beitrag „Sterbebegleitung" in Band 2).

Entwicklungsförderung und -begleitung ist in der heilpädagogischen Praxis im Prinzip ein lebenslanger Prozess, vom Kleinkindalter (Frühförderung) bis zur Begleitung und Unterstützung alter Menschen in ihrer letzten Lebensphase.

Aktuelle Relevanz und theoretische Ansätze

Entwicklung als psychologischer Grundbegriff

Die Komplexität der mit Entwicklung bezeichneten psychischen Veränderungsprozesse hat dazu geführt, dass sich in der Psychologie ein eigenes Fachgebiet in Form der Entwicklungspsychologie herausgebildet hat; diese ist eine wichtige Grundlagendisziplin für die Heilpädagogik (vgl. Gröschke, 2005). Die Entwicklungspsychologie ihrerseits ist Teil einer inter- und transdisziplinären *Entwicklungswissenschaft,* in der biologische, psychologische und sozialwissenschaftliche Perspektiven von Entwicklung zusammengeführt werden sollen (vgl. Scheithauer, 2004). Unter „Entwicklung" versteht man dort allgemein die gerichtete, zeitlich geordnete und in sich zusammenhängende Abfolge von *Veränderungen* im *Verhalten* und *Erleben* des Individuums im Laufe seiner Lebensspanne. Diese relativ zeitstabilen Veränderungen können in *funktioneller* und/oder *struktureller* Hinsicht erfolgen: Als Auftreten neuer oder Verschwinden alter psychischer Funktionen von Wahrnehmung, Kognition, Emotion, Motivation und Handeln und/oder als Auf- bzw. Abbau übergeordneter verhaltensregulierender Strukturen (z. B. Denk- und Handlungsschemata oder moralische Urteilsformen). Daraus lassen sich zwei komplementäre Entwicklungsprinzipien ableiten: Differenzierung und Integration.

- **Differenzierung:** Entwicklung bedeutet, dass sich in den einzelnen psychischen Funktionsbereichen immer feinere Ausdifferenzierungen von Fähigkeiten vollziehen (z. B. im Bereich von Grob- und Feinmotorik oder syntaktische, semantische und pragmatische Fähigkeiten im Rahmen der Sprachentwicklung).
- **Integration** bedeutet, dass die sich verfeinernden Einzelfähigkeiten der verschiedenen psychischen Funktionsbereiche auf einer höheren Ebene zu kognitiven Denk-, Wissens- und Handlungsstrukturen integriert werden, die dem Individuum ein höheres Kompetenzniveau eröffnen und ihm zunehmend erweiterte Möglichkeiten selbstbestimmten Handelns eröffnen.

Die reale Überkomplexität aller mit „Entwicklung" bezeichneten psychischen Phänomene hat dazu geführt, dass für ihre psychologische Analyse unterschiedliche *Entwicklungstheorien* und *-modelle* entwickelt wurden.

Diese lassen sich zunächst grob danach unterscheiden, ob sie eher dem Pol eines *mechanistischen* oder eines *organismischen* Menschen- und Verhaltensmodells zuzuordnen sind (siehe Gröschke, 2005). Mechanistische Verhaltens- und Entwicklungsmodelle betonen eher externe, von der Umwelt etwa in Form von Stimuli ausgehende Einwirkungen auf individuelle Entwicklungsprozesse, die zum sukzessiven Aufbau adaptiver Reaktionsmuster (z. B. Gewohnheiten oder Einstellungen) führen; solche Modelle vertreten einen ausgeprägten Umweltdeterminismus. Demgegenüber betonen organismische Modelle von Entwicklung eher interne Kräfte, die Entwicklungsprozesse nach einem endogen angelegten Bauplan zur Entfaltung bringen. Solche Modelle vertreten eher die Position eines ausgeprägten Nativismus. Sie betonen also angelegte oder angeborene Bedingungen des Entwicklungsgeschehens, wie etwa Wachstums- oder Reifungsprozesse. Mechanistische Modelle sehen den Organismus eher passiv und reaktiv, organismische Modelle betonen seine inneren, aktiven Wachstums- und Entwicklungsimpulse sowie die Adaptation an seine ökologische Nische.

Um der realen Komplexität von Entwicklungsprozessen über die gesamte Lebensspanne hinweg gerecht werden zu können, sind *interaktionistische* Entwicklungsmodelle notwendig, die von ständigen *Wechselwirkungsprozessen* zwischen endogenen und exogenen, inneren und äußeren, Person- und Umweltbedingungen ausgehen. Im Rahmen solcher Interaktionsmodelle von Entwicklungsprozessen ist das Entwicklungssubjekt mit seinen jeweiligen Dispositionen (angeborenen oder bereits erworbenen) „Akteur seiner eigenen Entwicklung". Es wirkt in seine Umwelt hinein, löst auch bei seinen Beziehungspersonen Verhaltensveränderungen aus, so dass die insgesamt gegebenen Umweltbedingungen (Dinge, Ereignisse, Personen) wiederum rekursiv auf die weiteren Entwicklungsprozesse des Individuums einwirken. Entwicklungsprozesse haben also keine lineare Ursache-Wirkungs-Struktur, sondern einen *zirkulären* Charakter; es sind komplexe systemische Prozesse in einem *Person-Umwelt-System*. Ein solches Entwicklungsmodell wird als „ökosystemisch" bezeichnet; in der heilpädagogischen Theorienbildung ist es von großem Einfluss (siehe Speck, 2003). Mit einem solchen Modell versucht man auch, die verschiedenen Ebenen und Dimensionen von Entwicklungsprozessen im umfassenden Sinne miteinander zu verbinden, das *biologische,* das *psychische* und das *soziale* System füreinander anschlussfähig zu machen. Eine gewisse Gefahr einer solchen Systemtheorie besteht darin, dass die Vorstellung von Individuum und Person als eigenständiger Ganzheit, als Selbst, Identität und Träger seiner Handlungen, der Umwelt eigenmächtig gegenübertretend, verloren gehen könnte (siehe Beitrag „Handlungstheorie" von Dieter Gröschke).

Der Prototyp einer *organismischen* und *strukturalistischen* Entwicklungstheorie, die gleichzeitig auch *konstruktivistische* Züge hat, ist die Theorie der geistigen (kognitiven) Entwicklung von Jean Piaget. Für Fragestellungen der Sozial- und Heilpädagogik eröffnet sie zahlreiche Verstehens- und Anwendungsmöglichkeiten (siehe Gröschke, 2005). In dieser theoretischen Perspektive ergeben sich Entwicklungsprozesse im Wechselspiel von Organismus und Umwelt in Richtung Anpassung (Adaptation) und Veränderung (Konstruktion). Zu einem Zeitpunkt verändert die Umwelt stärker das Individuum, zu einem anderen Zeitpunkt verändert das Individuum durch sein Tun stärker seine Umwelt. Für diese beiden Bewegungsrichtungen von Entwicklungsprozessen bestimmt Piaget zwei allgemeine Funktionsprinzipien: Assimilation und Akkommodation.

- **Assimilation:** Das Individuum fügt die Gegebenheiten der Umwelt in seine bereits vorhandenen Denk- und Handlungsschemata ein und nutzt diese funktionellen Schemata im Umgang mit seiner Umwelt. Das bedeutet auch, dass das Individuum nur das erkennen und bewältigen kann, was in seine kognitiven Schemata hinein „passt".

- **Akkommodation:** Bereits bei den assimilierenden Schemata des Individuums ergeben sich kleine Neuerungen, Modifikationen, die ein Schema gleichsam verflüssigen, sodass das Subjekt seine Schemata definitiv umbauen, d.h. durch ein jeweils komplexeres Schema ersetzen kann, wenn es auf neue Umweltgegebenheiten als Herausforderung trifft, die es mit seinen bisherigen kognitiven und aktionalen Schemata nicht mehr ganz bewältigen kann.

Assimilation und Akkommodation ergänzen sich also wechselseitig und gehen ineinander über, weil auch assimilierende Aktivitäten akkommodative Elemente enthalten, die dem Organismus dann ein jeweils höheres Niveau der Adaptation und Handlungsbefähigung eröffnen. Die folgende Abbildung soll dieses Wechselspiel von Assimilation und Akkommodation in der selbstaktiven Auseinandersetzung eines Individuums mit seiner Umwelt deutlich machen.

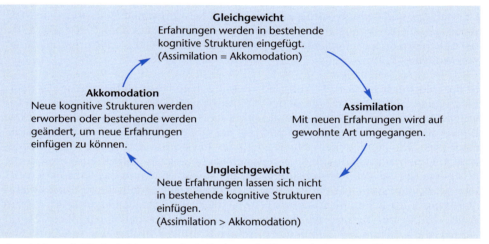

Entwicklung als Wechselwirkung von Assimilation und Akkommodation, (Gröschke, 2005, S. 138)

Wenn eine Umweltbedingung vom Subjekt als Problem wahrgenommen wird, löst dieses Ungleichgewicht zwischen Person und Umwelt assimilative und akkommodative psychische Aktivitäten aus. Diese streben auf ein neues Gleichgewicht hin, das als „Äquilibration" bezeichnet wird und als entscheidendes Antriebsmoment und Entwicklungsmotiv angesehen wird. Solche theoretischen Grundannahmen, dass Probleme, Herausforderungen, Aufgaben, ja Krisen die eigentlichen Antriebsquellen von psychischen Entwicklungsprozessen sind, finden sich auch in anderen einflussreichen Entwicklungstheorien: lebensphasenspezifische *Entwicklungskrisen* in der psychosozialen Entwicklungstheorie von Erikson, *Widersprüche* zwischen Person und Umwelt in der dialektischen Entwicklungstheorie bei Wygotski oder in der Theorie der *Entwicklungsaufgaben* bei Havighurst (siehe Gröschke, 2005).

Die Stufenkonzeption der geistigen Entwicklung bei Piaget mit ihrer Beschreibung von vier invariant aufeinander aufbauenden Stufen der geistigen Entwicklung hat sich in der Heilpädagogik in vielerlei Hinsicht als fruchtbar erwiesen (s.u.). Diese vier Stufen, über die sich die geistige Entwicklung vom Säuglings- bis ins Jugendalter vollzieht, sind: Die *sensomotorische* Stufe (null bis zwei Jahre), die *präoperative* Stufe (zwei bis sechs Jahre), die *konkret-operative* Stufe (sechs bis elf Jahre) und *die formal-operative* Stufe (ab elf Jahre). Die *dialektische* Entwicklungstheorie (Riegel) hat für das Erwachsenenalter eine weitere Stufe hinzugefügt: Die Stufe einer lebenslangen aktiven Problemsuche. Entwicklung ist nicht nur das Abarbeiten von außen gestellter Probleme und Herausforderungen, sondern auch und besonders die selbstbestimmte Auseinandersetzung mit selbstgesetzten Aufgaben, Ansprüchen und Lebensthemen einer konkreten Persönlichkeit gemäß ihrer individuellen Eigenart, Subjektivität und Lebenssituation.

Problem- und Erfahrungsfelder

Entwicklungsförderung

Man kann den Anspruch und den professionellen Auftrag der heilpädagogischen Praxis allgemein als *Entwicklungsförderung* bestimmen, wenn man im Rahmen eines heilpädagogischen Menschenbildes von dem ethisch-anthropologischen *Grundphänomen* Entwicklung und der universellen Annahme von *Entwicklungsfähigkeit* bei jedem Menschen ausgeht, unabhängig von seiner biophysischen Beschaffenheit (Gröschke, 1997; siehe auch den Beitrag „Heilpädagogische Erziehungshilfe und Entwicklungsförderung" von Wolfgang Köhn).

In der Heilpädagogik des 19. Jahrhunderts gab es bereits ein einflussreiches Entwicklungsdenken, noch bevor sich mit der Evolutionstheorie von Charles Darwin (On the origin of species by means of natural selection, 1859) und William Preyer (Die Seele des Kindes, 1882) die biologischen und psychologischen Entwicklungswissenschaften etablierten. Die Pioniere der Heilpädagogik im 19. Jahrhundert (Itard, Séguin, Pestalozzi, Georgens und Deinhardt u. a.) vertraten nachhaltig eine Entwicklungstheorie der Behinderung (z. B. des Schwachsinns), mit der sie der erziehungspessimistischen Defekttheorie der Psychiatrie entgegentraten (siehe Beiträge „Behinderung" und „Wahrnehmung"). Als sich mit Hanselmann (1931) die Heilpädagogik endgültig als Wissenschaft etablieren konnte, wurde der von Hanselmann neu eingeführte Begriff „Entwicklungshemmung" zum ersten genuinen Grundbegriff einer wissenschaftlichen Heilpädagogik.

In seiner „Einführung in die Heilpädagogik" (1930) bestimmte Hanselmann bekanntlich das neue wissenschaftliche Fachgebiet als „Lehre vom Unterricht, von der Erziehung und Fürsorge aller jener Kinder, deren körperlich-seelische Entwicklung dauernd durch individuelle und soziale Faktoren *gehemmt* ist" (Hanselmann, 1930, S. 12). In seinem wissenschaftlichen Hauptwerk, den „Grundlinien zu einer Theorie der Sondererziehung" (1941), ist Heilpädagogik als Wissenschaft „die Lehre von der wissenschaftlich eingestellten Erfassung der Ursachen und Folgeerscheinungen der körperlich-seelisch-geistigen Zustände und Verhaltensweisen *entwicklungsgehemmter* Kinder und Jugendlicher und deren unterrichtliche, erzieherische und fürsorgerische Behandlung" (Hanselmann, 1941, S. 67). Hanselmann betonte die grundlegende Bedeutung der menschlichen Entwicklung, die er biologisch, psychologisch und sozial dimensionierte und deren *Hemmung, Störung* oder *Behinderung* heilpädagogische Maßnahmen nötig machten. *Entwicklungshemmung* bzw. *-störung* wurde zum heilpädagogischen Leitbegriff, mit dem sich Hanselmann gegen die in der bisherigen, vor allem psychiatrischen Praxis vorherrschenden Begriffe von „Anomalie", „Abnormität" und „Minderwertigkeit" abgrenzte. Man kann zwar aus heutiger Sicht noch eine zu starke biologistisch-endogenistische Prägung seines Entwicklungsmodells kritisieren, trotzdem hat Hanselmann dem Entwicklungsdenken in der Heilpädagogik entscheidend zum Durchbruch verholfen.

Als psychologisches Grundmodell für die Analyse der körperlichen, seelischen und sozialen Entwicklung findet sich bei Hanselmann das Modell eines dreiteiligen integralen Grundprozesses der Aufnahme, Verarbeitung und Ausgabe von Reizen und Informationen über die entsprechende „Aufnahmeapparatur" (Getast, Geschmack, Geruch, Gehör, Gesicht), „Verarbeitungsapparatur" (Gehirn und neuroendokrines System) und „Ausgabeapparatur" (Haltung, Gebärde, Mimik, Motorik, Sprache). Sein Modell überwindet den unergiebigen Gegensatz von *Anlage* versus *Umwelt,* indem das *Ich* als autonomer, eigener Entwicklungsfaktor eingeführt wird, das etwas aus sich und seinen Anlagen machen kann, indem es sich mit den Gegebenheiten seiner Umwelt aktiv auseinandersetzt. Als allgemeines heilpädagogisches Entwicklungs- und Erziehungsziel bestimmt Hanselmann die „Selbsterziehungsfähigkeit", also Selbstständigkeit und Selbstbestimmungsfähigkeit. Sein Schüler und Nachfolger Paul Moor hat dieses Leitziel in seiner heilpädagogischen Anthropologie als den „Aufbau des Inneren Haltes" durch ein ausgeglichenes Gemüts- und Willensleben beschrieben. Geistige Behinderung in der Sicht von Hanselmann ist nicht „Idiotie, Blödsinn, Schwachsinn" oder in psychiatrischer Terminologie „Idiotie, Imbezillität, Debilität, sondern „Gesamtseelenschwäche", die entsprechend eine personorientierte, ganzheitliche heilpädagogische Entwicklungsförderung erforderlich macht. Die folgende Abbildung zeigt Hanselmanns grundlegendes Wahrnehmungs- und Entwicklungsmodell.

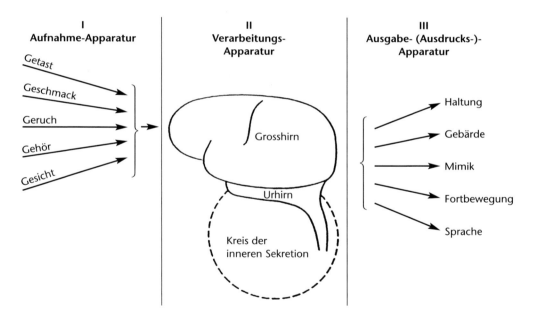

Das Wahrnehmungsmodell von Heinrich Hanselmann (Gröschke, 2005, S. 132)

Im heilpädagogischen Praxisfeld der Frühförderung im Kleinkindalter werden die förderrelevanten Probleme der betroffenen Kinder und ihrer Familien als Förderbedarf bei „drohender Behinderung" bestimmt. Dabei müssen eine „drohende Behinderung" wie auch eine bereits manifest gewordene Behinderung differenziert als komplexe Entwicklungsauffälligkeiten bestimmt und behandelt werden, die sich im Wechselverhältnis zwischen einem gesundheitlich beeinträchtigten Kind und seiner sozialen, vor allem familialen Umwelt herausbilden. Deshalb sind entwicklungsbeschreibende, -erklärende und -diagnostische Ansätze, die sich aus der Entwicklungspsychologie ableiten lassen, grundlegende und unverzichtbare Handlungsmittel für heilpädagogisches Handeln als Entwicklungsförderung und -begleitung. Die Entwicklungspsychologie oder umfassender noch die interdisziplinären biopsychosozialen Entwicklungswissenschaften sind und bleiben Grundlagenwissenschaften für die Heilpädagogik.

Nach der üblichen entwicklungspsychologischen Systematik lassen sich folgende *Entwicklungsdimensionen* und Funktionsbereiche unterscheiden:

- Wahrnehmung (modalitätsspezifisch, intermodal und synästhetisch, sowie Sensomotorik),
- Motorik (Grob- und Feinmotorik, Stato- und Lokomotorik),
- Sprache (Phonologie, Syntax, Semantik, Pragmatik; rezeptiv und produktiv),
- Kognition (Denken, Urteilen, Wissen),
- Gedächtnis (sensorisches Kurzzeit-, Langzeit-, Arbeitsgedächtnis, episodisches und biographisches Gedächtnis),
- Emotionalität (Temperament, Emotionsregulation und sozio-emotionale Entwicklung),
- Motivation (Antriebserlebnisse, Strebungen, biogene und soziogene Motive),
- Handeln (Handlungsfähigkeit, Handlungsplanung und -regulation)

Diesen Entwicklungsbereichen entsprechen bestimmte *Förderschwerpunkte* als Schwerpunkte eines je individuellen *Förderbedarfs*, wie sie inzwischen in der Heil- und Sonderpädagogik statt der kategorialen Ausrichtung an Behinderungsformen bevorzugt werden:

- Förderschwerpunkt Sehen bzw. Hören,
- Förderschwerpunkt motorische Entwicklung,
- Förderschwerpunkt Sprache,
- Förderschwerpunkt Lernen und geistige Entwicklung,
- Förderschwerpunkt sozio-emotionale Entwicklung.

Die meisten dieser Entwicklungsbereiche bilden auch die dimensionale Grundstruktur der gängigen Entwicklungstestverfahren oder Entwicklungsinventare (Entwicklungsskalen). Entwicklungsdiagnostik mithilfe solcher entwicklungspsychologisch begründeten Inventare und Testverfahren ist ein wichtiger Anwendungsbereich der heilpädagogischen Diagnostik (vgl. Gröschke, Diagnostik, 2004; siehe auch Beitrag Heilpädagogische Diagnostik" von Dieter Lotz). So hat z. B. das Stufenkonzept der sensomotorischen und kognitiven Entwicklung nach Piaget eine große heuristische Bedeutung für die Konstruktion von Entwicklungsinventaren für kleine Kinder (Altersbereich null bis etwa drei Jahre) oder für ein angemessenes Verständnis sensomotorischer Lebensweisen und spezifischer Verhaltenseigentümlichkeiten bei Personen mit schweren geistigen Behinderungen. Im Rahmen der so genannten *Biographiearbeit* ist die heilpädagogisch angeleitete individuelle Rehistorisierung und Rekonstruktion der eigenen Lebensgeschichte als erzählte oder mit ästhetischen Materialen gestaltete Biographie ein wichtiges Medium individueller Selbstvergewisserung und Identitätsfindung (siehe auch den Beitrag „Alte Menschen mit Behinderung" von Maximilian Buchka). Theoretische Grundlage dieses wichtigen heilpädagogischen Handlungsansatzes, besonders in der Arbeit mit älteren Menschen, ist die philosophisch-anthropologische Figur eines „narrativen Selbst" (Paul Ricoeur).

Für eine erwachsenenspezifische Form der Entwicklungsförderung bzw. -begleitung haben Bensch und Klicpera (2000) für den Lebensbereich Wohnen das Konzept einer „dialogischen Entwicklungsplanung" ausgearbeitet, deren Qualitätskriterien z. B. Kompetenzorientierung, Unterstützung von Selbstbestimmung und Eigenverantwortlichkeit, Individualisierung mit Einbezug der subjektiven Perspektive der Betroffenen sind. Dieses Konzept hat seine Grundlage in einer Entwicklungspsychologie der gesamten Lebensspanne, wobei für die professionelle Arbeit mit erwachsenen und alternden Menschen die Bezeichnung „Entwicklungsbegleitung" statt Entwicklungsförderung vielleicht angemessener ist.

Als weiteres lebenslauforientiertes Konzept heilpädagogischer Entwicklungsbegleitung wäre auch das Konzept der „persönlichen Zukunftsplanung" im Rahmen von „Zukunftskonferenzen" zu erwähnen. Es handelt sich um „einen methodischen Ansatz, um einem Menschen mit Behinderung zu ermöglichen, gemeinsam mit Personen, die ihm nahe stehen, über seine Zukunft nachzudenken, sich Ziele zu setzen und nach Möglichkeiten zu suchen, um diese auch umzusetzen" (Trost in Irblich/Stahl, 2003, S. 543ff.). Solche personzentrierten Zukunftskonferenzen werden immer dann handlungsrelevant, wenn wichtige biographische Wegmarken und Übergänge als „Entwicklungsaufgaben" erreicht werden (Schulabschluss und Eintritt in die „Werkstatt für behinderte Menschen" (WfbM) oder Wechsel in ein anderes Wohnumfeld).

Ausblick

Für eine umfassende, das ganze Leben – und das Ganze des Lebens – eines Individuums umfassende Konzeption von *Entwicklungsförderung* käme es entscheidend darauf an, die beiden Phänomene „Entwicklung" und „Leben" in ein richtiges Verhältnis zu bringen. Entwicklung umfasst das ganze Leben eines Individuums, von seinem vorgeburtlichen Anfang bis zu seinem eigenen Tod; und Leben ist ständige (Selbst-)Entwicklung, in der jeder einzelne Moment zählt, die bisherige Entwicklung gesamthaft in sich birgt und in der Kontinuität mit seiner Zukunft steht. Der Philosoph, Theologe und Pädagoge Friedrich Schleiermacher (1768–1834) fasste diese lebens- und entwicklungsgeschichtlichen Zusammenhänge von individuell erlebter Vergangenheit, Gegenwart und Zukunft in der treffenden Formel von der „Erfülltheit des Augenblicks und Vorbereitung auf die Zukunft" zusammen.

Der Philosoph und Soziologe Georg Simmel (1858–1918) gab eine (metaphorische) lebensphilosophische Deutung der Zusammenhänge, welche die Ganzheit und Beständigkeit von Entwicklung als gelebtes Leben und von individuellem Leben als beständige Entwicklung betont:

„Jeder Augenblick des Lebens ist das ganze Leben, dessen stetiger Fluss – dies eben ist seine unvergleichliche Form – seine Wirklichkeit nur an der Wellenhöhe hat, zu der er sich jeweilig erhebt; jeder jetzige Moment ist durch den ganzen vorherigen Lebensablauf bestimmt, ist der Erfolg aller vorangegangenen Momente, und deshalb ist jede jetzige Lebensgegenwart die Form, in der das Leben des Subjektes wirklich ist". (Georg Simmel zit. in Kozljanic, 2004, S. 137)

Wenn man „Entwicklungsförderung" als übergeordnetes ideelles Leitkonzept heilpädagogischer Praxis ausweisen und begründen will (siehe Gröschke, 1997), das der Komplexität lebenslaufbezogener Themen und Probleme eines menschenwürdigen Lebens mit Behinderungen annähernd gerecht werden will, muss man von einem solchen umfassenden Verständnis von Leben und Entwicklung ausgehen; einfacher ist ein solcher Anspruch begrifflich-theoretisch und lebenspraktisch nicht einzulösen.

Kommentierte Literaturhinweise

Den theoretischen, thematischen und empirischen Gehalt der Entwicklungspsychologie repräsentieren aktuelle Lehrbücher, z. B. **Keller, Heidi (Hrsg.): Entwicklungspsychologie.** Lehrbuch. Bern (Huber) 1998.

Oerter, Rolf/Montada, Leo (Hrsg.): Entwicklungspsychologie. 5. vollst. überarb. Auflage, Weinheim, Beltz PVU, 2002.

Über Entwicklungstheorien informiert umfassend:
Flammer, August: Entwicklungstheorien. Psychologische Theorien der menschlichen Entwicklung. 3. korr. Aufl., Bern, Huber, 2002.

Auf Probleme psychischer Fehlentwicklung bzw. Entwicklungsstörungen bezieht sich das Fachgebiet der „Entwicklungspsychopathologie" bzw. „Klinischen Entwicklungspsychologie", z. B.:

Oerter, Rolf/von Hagen, Cornelia/Röper, Gisela/Noam, Gil (Hrsg.): Klinische Entwicklungspsychologie. Lehrbuch. Weinheim, Beltz PVU, 1999.

Petermann, Franz/Kusch, Michael/Niebank, Kay: Entwicklungspsychopathologie. Lehrbuch. Weinheim, Beltz PVU, 1998.

Petermann, Franz (Hrsg.): Lehrbuch der Klinischen Kinderpsychologie und -psychotherapie. 5. veränd. und korr. Aufl. Göttingen, Hogrefe, 2002.

Ethik Markus Dederich

Etymologie

Der Begriff „Ethik" stammt vom griechischen Wort „Ethos" ab und bedeutet ursprünglich Gewohnheit, Sitte, Brauch. Im Sinne des Ethos handelt jemand, der sich daran gewöhnt hat, die Normen eines in einer Gesellschaft allgemein anerkannten Moralkodexes zu befolgen. Jedoch meint Ethos auch Charakter, der sich in einem tugendhaften Leben zeigt. Eine dem Ethos analoge Bedeutung hat das lateinische Wort „mores", von dem der Begriff der Moral abstammt, nämlich Sitte und Charakter. Ein Ethos ist ursprünglich unhinterfragt und selbstverständlich Bestandteil von Brauchtum und Sitte, wie sie in Gemeinschaften von Menschen geteilt werden. Moral beruht also zunächst auf Normen und Werten, die in der Regel in Form von Geboten und Verboten auftreten und die durch gemeinsame Anerkennung ihre Verbindlichkeit erlangen. Im engeren Sinne meint der Begriff jedoch nicht die fraglose Befolgung von Handlungsregeln und Normen, sondern die Bestrebung, auf der Grundlage von Überlegung und Einsicht das in einer Situation jeweils erforderliche Gute zu tun. In dieser Hinsicht tritt also ein Moment der Freiheit hinzu: Moral ist die Selbstverpflichtung, dem unbedingten Anspruch des Guten zu folgen.

Nach Höffe stellt die Moral die „für die Daseinsweise des Menschen konstitutiven (...) normativen Grundannahmen für das Verhalten vor allem zu den Mitmenschen, aber auch zur Natur und zu sich selbst dar" (Höffe, 1992, S. 185). Dabei ist die Erfahrung, „dass menschliche Willens- und Handlungsfreiheit nicht unbegrenzt ist, sondern an den berechtigten Ansprüchen der Mitmenschen ihr Maß hat" (Pieper, 1980, S. 32), konstitutiv für die Entstehung von Moral.

Da es aber nun aber manchmal keineswegs unstrittig ist, welche Normen und welche Handlungen tatsächlich Verbindlichkeit beanspruchen können, ist die Moral immer wieder dem Zweifel, einem Prozess der Kritik bis hin zur Erosion ausgesetzt gewesen. Mit dem kritischen Nachdenken über Moral im Sinne des Ethos entsteht die Ethik. Diese ist eine philosophische Disziplin, die sich mit den Normen menschlichen Handelns und deren Rechtfertigung befasst, also eine „Theorie der Moral, die die Regeln der Moral zu formulieren, allgemeinverbindliche von nicht allgemeinverbindlichen Regeln zu unterscheiden und die allgemeinverbindlichen Regeln zu rechtfertigen und zu begründen sucht" (Steinvorth, 1990, S. 207). Ethik befasst sich mit der philosophischen Untersuchung, der Reflexion und Begründung von Moral. Ihre Kernfrage ist, wie sich der *moral point of view*, der Dreh- und Angelpunkt moralischen Wahrnehmens, Argumentierens und Handelns, bestimmen und begründen lässt.

Geschichte

Die Geschichte der Ethik geht auf Aristoteles zurück, der sie als erster Philosoph als eigenständige Disziplin behandelt. Gegenüber der theoretischen Philosophie, die sich mit Logik, Physik, Mathematik und Metaphysik befasst, wird die Ethik zusammen mit der Ökonomie und Politik der praktischen Philosophie zugerechnet. Zentrale Gegenstände der praktischen Philosophie sind das menschliche Handeln und seine Produkte. Bei Aristoteles steht die Frage nach dem guten Leben im Mittelpunkt. Seine Ethik ist eine Glücks- und Tugendlehre. Gegenüber der aristotelischen Ethik, welche die philosophische und theologische Ethik des Mittelalters wesentlich geprägt hat, hat sich die Ethik der Neuzeit seit Thomas Hobbes stark gewandelt. Sie ist – vor allem durch den Einfluss Kants – mehr zur prinzipienorientierten formalen Konzeptionen übergegangen. Im theoretischen Disput über die normative Grundlegung der Ethik stehen sich seit dem 18. Jahrhundert im Wesentlichen konsequentialistische und deontologische Ansätze gegenüber, also einerseits solche, die, wie etwa utilitaristische Ethiken, folgen- und nutzenorientiert argumentieren, und andererseits solche, die, wie etwa die Ethik Kants, unverrückbare Prinzipien ins Zentrum ihrer Begründung stellen. Diese Kontroverse lässt sich auch in gegenwärtigen Debatten wiederfinden, die für Menschen mit Behinderungen von existentieller Bedeutung sind und das Wertefundament der Heilpädagogik betreffen.

Betrachtet man die gegenwärtige Diskussionslandschaft, so gibt es eine beträchtliche Fülle höchst unterschiedlicher Ethiktypen, etwa vertragstheoretische, diskursethische, utilitaristische oder phänomenologische. In den behindertenpädagogischen Arbeiten zu Problemen der Ethik wird auf ein breites philosophisches Spektrum zurückgegriffen: Auf Kant und das Prinzip der Würde des Menschen (Speck, System Heilpädagogik, 1996), auf die Ethik von Spinoza (Jantzen, die Zeit, 1998), auf die Verantwortungsethik von Levinas (Dederich, 2000, oder in Verkoppelung mit Arbeiten Foucaults Rösner 2002), auf tugendethische Konzeptionen in Arbeiten zur Berufsethik (Gröschke, 1993), auf die frühe Kritische Theorie von Horkheimer und Adorno (Jakobs, 1997) oder auf Elemente der Diskursethik (teilweise aber auch kritisch: Antor/Bleidick, 1995).

Aktuelle Relevanz und theoretische Ansätze

Ethische Fragestellungen sind gegenwärtig für die Behindertenpädagogik von zentraler Bedeutung. Diese Bedeutung gewinnt die Ethik *erstens* aus Gründen systematischer Art. So hat sich die Behindertenpädagogik mit Fragen ihrer Legitimation, ihres Selbstverständnisses, mit der Begründung von Bildungsansprüchen von Menschen mit Behinderungen, ferner mit bildungs- und sozialpolitischen Fragen auseinander zu setzen. Diese Fragen haben insofern eine normative Dimension, als sie Bedingungen, Voraussetzungen und Kriterien für ein gutes, gelingendes Leben thematisieren. Behindertenpädagogische Grundbegriffe wie Erziehen, Bilden, Therapieren, Fördern, Assistieren etc. haben alle, sofern sie nicht rein deskriptiv verwendet werden, sondern auf Ziele und Zwecke verweisen, eine normative Dimension. Daher kann eine Begründung (behinderten-)pädagogischer Grundbegriffe und Konzepte – trotz der Notwendigkeit ihrer erfahrungswissenschaftlichen Absicherung – nicht ohne Rückgriff auf die Ethik gelingen. *Zweitens* hat die Ethik durch teilweise gravierende Entwicklungsprozesse im Bereich der Biomedizin und der so genannten Lebenswissenschaften in den vergangenen zwei Jahrzehnten für die Behindertenpädagogik an Relevanz gewonnen. Hier bahnt sich in Verknüpfung mit Fragen gesellschaftlichen Nutzens und Kostenargumenten eine Neuauflage des alten medizinischen Paradigmas an, das Prävention und Heilung von Behinderung fokussiert. *Drittens* sind historische Entwicklungen und gesellschaftliche Dynamiken zu nennen, welche die Lebenswirklichkeit von Menschen mit Behinderungen betreffen. Dies sind Lebenswirklichkeiten, die sich gegenwärtig zwischen den Polen Inklusion und Exklusion entfalten. Stichworte wie bspw. Diskriminierung, Marginalisierung, Ausgrenzung und Verwehrung von Chancengleichheit auf der einen Seite und Selbstbestimmung, Chancengleichheit, Gerechtigkeit und Teilhabe auf der anderen verweisen auf eine fundamentale individual- und sozialethische Dimension der gegenwärtigen Gesellschaftsentwicklung.

Folgt man Antor und Bleidick (2000), sind im Wesentlichen zwei epochale Entwicklungen dafür verantwortlich, dass moralische Fragen nach dem guten und richtigen Leben gegenwärtig auch in der Behindertenpädagogik von größter Bedeutung sind. Das ist zum einen der Fortschritt in der Medizin und Molekularbiologie mit seinen neuen Chancen, Möglichkeiten und höchst ambivalenten Folgen. Der andere epochale Entwicklungsprozess ist die starke Tendenz zur Individualisierung moralischer Entscheidungen, d.h. der allenthalben artikulierte Anspruch auf ein selbstbestimmtes Leben, der allgemein verbindliche Normen und Werte mehr und mehr in Frage stellt und außer Kraft setzt. Die Pluralität der Lebensformen, Werthaltungen und Überzeugungen bringt in der Konsequenz auch die zunehmende Auflösung eines allgemein verbindlichen Ethos und Wertekanons mit sich. So wird die begrüßenswerte Befreiung von oft fragwürdigen moralischen Zwängen durch eine Beliebigkeit der Optionen und durch Angriffe auch auf fundamentale Werte, etwa des Rechtes auf Leben, erkauft. Dabei entstehen oftmals konflikthafte Konstellationen, die auch in der Ethik zu einer Polarisierung der Positionen führen. Ein Beispiel: Die Entwicklungen im Bereich der Biomedizin, die unter anderem einer Früherkennung von Schädigungen und deren Prävention verpflichtet sind, stehen, wie Antor und Bleidick schreiben, „grundsätzlich in der Spannung zum Anliegen eines gleichberechtigten Miteinanderlebens, einer *Integration* Behinderter und Nichtbehinderter" (Antor/Bleidick, 2000, S. 9). Dieser Hinweis verdeutlicht den unlösbaren Zusammenhang, der zwischen Fragen der „Bioethik" und dem behindertenpädagogisch zentralen Thema der Integration besteht. Betrachtet man die Literatur, die sich mit Fragen der Legitimation der Sonderpädagogik und deren Kritik sowie mit der Kategorie „Behinderung" und deren Kritik befasst, so fällt auf, dass selbst erfahrungswissenschaftlich ausgerichtete Arbeiten kaum ohne ethische Argumentationsfiguren auskommen. Separation und Integration bzw. Teilhabe sind keine wertfreien Sachfragen, sondern individual- und sozialethische Schlüsselthemen der Behindertenpädagogik.

Die zahlreichen sich um die „bioethischen" Kernprobleme rankenden Fragen werden in der Behindertenpädagogik seit Ende der 80er-Jahre des 20. Jahrhunderts diskutiert. Auslöser für die phasenweise heftig geführten Diskussionen waren einige Thesen des damals noch in Australien lehrende Bioethikers Peter Singer. Dieser war – unter anderem aufgrund einer Einladung des damaligen Dortmunder Professors für Geistigbehindertenpädagogik Christoph Anstötz – zu einer Vortragsreise nach Europa aufgebrochen, um dort seine Überlegungen zur Tötung „schwergeschädigter Neugeborener" zu erläutern, zu verteidigen und zu popularisieren. Seitdem ist die Ethik kaum mehr aus den internen Diskussionen des Fachs wegzudenken, die sich neben „bioethischen" Fragen bspw. auch mit dem anthropologischen und ethischen Fundament der Erziehung und Rehabilitation Behinderter befassen.

Problem- und Erfahrungsfelder

Folgende Fragestellungen und Probleme haben in den vergangenen Jahren die (bio-)ethische Diskussion bestimmt und sind größtenteils auch aus spezifisch behindertenpädagogischer Perspektive thematisiert worden:

- Die Chancen und Risiken der so genannten optionalen Geburt (siehe Sloterdijk, 1999), die aus der Gentechnologie, der Pränataldiagnostik und Präimplantationsdiagnostik sowie den neuen Reproduktionstechnologien resultieren. Hier kommt neben den problematischen Implikationen einer wunscherfüllenden Medizin das oben genannte Problem der Selektion Behinderter besonders drastisch in den Blick.

- Die rechtlichen und ethischen Probleme in Folge des 1995 reformierten § 218, insbesondere in Bezug auf die so genannten „Spätabtreibungen" und juristische Auseinandersetzungen über das „Kind als Schaden".

- Die Kontroverse um den „Lebenswert" von schwerstkranken Menschen, den so genannten schwerstgeschädigten Neugeborenen und die Frage nach der Legitimität unterschiedlicher Formen der Sterbehilfe. Mit Blick auf dieses Problemfeld werden in Deutschland immer wieder Bezüge zur Geschichte, insbesondere zur „Euthanasie" in der Zeit des Nationalsozialismus hergestellt.

- Die Frage nach dem medizinischen Sinn und der moralischen Vertretbarkeit von Dauer, Umfang und Grenzen lebenserhaltender und lebensverlängernder medizinischer Maßnahmen am Anfang und Ende des Lebens.

- Die Stammzellforschung, das therapeutische und reproduktive Klonen sowie die sog. verbrauchende Embryonenforschung. Besonders intensiv und kontrovers wird in Bezug auf diese Technologien und ihre Anwendung die Frage nach der Menschenwürde diskutiert.

- Das Verhältnis von Kosten und Nutzen und der Prozess der Ökonomisierung ethischer Fragen, etwa in Bezug auf Ansprüche auf Leistungen der Gesundheitsversorgung, der Rehabilitation und sozialen Sicherung.

Mit den vorangehend genannten Themen sind auch einige eher grundsätzliche Probleme verbunden, die trotz ihres teils erheblichen Abstraktionsniveaus auf der Ebene der ethischen Argumentation und Klärung von entscheidender Bedeutung sind:

- Die Kategorie der „Person". Hier existiert eine fundamentale Kontroverse über die Frage, ob der Mensch aufgrund bestimmter Kriterien „Person" ist. Konkret geht es um die Frage, ob Embryonen, Föten, Früh- und Neugeborene, aber bspw. auch Komapatienten, altersdemente Menschen oder Geistigbehinderte Personen sind. Dieses Problem ist insofern zentral, als es untrennbar mit der Frage verbunden ist, ob und in welchem Umfang die genannten Personenkreise unter ethischem und rechtlichem Schutz stehen. Dieses Problem spiegelt sich gegenwärtig bspw. in der Diskussion über die Zulässigkeit medizinischer Versuche an so genannten Nichteinwilligungsfähigen.

- Menschenrechte und Menschenwürde: Diese Kontroverse ist mit derjenigen um den Begriff der Person vergleichbar. In ihrem Zentrum steht die Frage, ob Menschenrechte und Menschenwürde unbedingt oder in einer stufenhaften – und d.h. eingeschränkten – Form Geltung haben sollen. Entsprechend kursieren gegenwärtig heterogene und an bestimmten Punkten auch unvereinbare Begründungsversuche durch die Fachdebatten. Insbesondere die Idee der Absolutheit und Sakrosanktheit der Menschenwürde ist nach Ansicht von Kritikern gegenwärtig erheblichen, wenn auch sich eher schleichend und fast unbemerkt vollziehenden Erosionsprozessen ausgesetzt.

- Alte und neue Eugenik: Die Einschränkung der Menschenwürde kann als Einfallstor für eine neue Eugenik verstanden werden. So spricht Habermas (siehe 2001) von der Entstehung einer neuen, „liberalen Eugenik". Wie manche Kritiker meinen, steht diese, trotz ihres neuen Gewandes und trotz anderer gesellschaftlicher und politischer Voraussetzungen, in der unheilvollen Tradition des eugenischen und sozialdarwinistischen Denkens des späten 19. und der ersten Jahrzehnte des 20. Jahrhunderts.

- Die Zukunft der menschlichen Natur: Auch diese Frage wird von Habermas (siehe 2001) aufgeworfen. Die neuen biomedizinischen Technologien ermöglichen es zunehmend, aktiv gestaltend und verändernd in die biologische Ausstattung des Menschen einzugreifen, sodass die Grenzen zwischen dem naturwüchsig und schicksalhaft Gewordenem und dem mithilfe der modernen Technologie Gemachten mehr und mehr verschwimmen. Religiös orientierte Kritiker sprechen von unverantwortlichen Eingriffen in die Schöpfung. Die sowohl präventiven wie konstruktiven Technologien haben nicht nur das Potenzial, auf biologischer Ebene Leben zu machen (siehe Foucault, 2001). Sie sind auch Instrumente der bereits erwähnten Re-Biologisierung des Menschenbildes. Darüber hinaus sind sie überaus anfällig dafür, gesellschaftliche Normalisierungsprozesse voranzutreiben und den Prozess der Anerkennung von Vielfalt und Differenz zu unterminieren.

Die vorab genannten Problemfelder machen deutlich, dass neuen Chancen, Möglichkeiten und positiven Visionen geradezu regelhaft Schattenseiten und Gefahren zur Seite stehen. All die genannten Entwicklungstendenzen ziehen zum Teil erhebliche Folgeprobleme individual- und sozialethischer Art nach sich.

Eines der gegenwärtig am intensivsten diskutierten Probleme ist dabei die Frage, ob die Entwicklungen in der Medizin zu einer Diskriminierung Behinderter führen. Dies wird vor allem im Kontext der prädiktiven Diagnostik diskutiert. Mit dieser Diskussion zeigt sich auch, dass die weiter oben genannten Themen und Probleme der Biomedizin in einem weitergefassten Kontext stehen, der für die gegenwärtige Gesellschaft und ihre zukünftige Entwicklung fundamental ist. Denn es geht keineswegs nur um medizinische Spezialprobleme, sondern auf einer viel grundsätzlicheren Ebene um das Verhältnis unserer Gesellschaft zu (von ihr selbst produzierten) Randgruppen und Minderheiten – zu denjenigen, die als anders, abweichend, nicht passend, fremd etc. eingestuft werden. In dieser Hinsicht verweisen die Themen der „Bioethik" auf ein sozialethisches Grundproblem, nämlich auf das Verhältnis der Gesellschaft zu ihren behinderten Mitgliedern. Hier stoßen wir auf die Frage nach der Bedeutung, die eine Behinderung für die soziale Teilhabe betroffener Menschen hat. Hiermit ist die Frage verbunden, welche Formen der Bildung sowie der materiellen und nichtmateriellen Unterstützung unsere Gesellschaft ihren behinderten Mitgliedern anbietet und welche sie ihnen vorenthält. Letztendlich geht es hier um die Frage nach der Anerkennung von Differenz, ohne diese Differenz auszulöschen, nivellieren oder hierarchisieren zu wollen.

Ausblick

Die vorangehend skizzierten Problemstellungen machen deutlich, dass ethische Fragen der Behindertenpädagogik auf sehr unterschiedlichen Ebenen angesiedelt sind, ein heterogenes Problembündel betreffen und somit auch mehrdimensionale Antworten erfordern. Weiter oben wurde bereits auf die Vielfältigkeit von Positionen und Zugängen zu Fragen der Ethik in der Behindertenpädagogik hingewiesen. Diesseits aller begründungstheoretischen und inhaltlichen Differenzen kann dennoch ein gewisser Grundkonsens festgestellt werden. Dieser soll abschließend kurz skizziert werden.

Ethik als Schutzbereich

Die Ethik in der Behindertenpädagogik ist eine Antwort auf Gefährdungen. Sie ist insofern nicht das Resultat einer rein theoretischen Konzeptbildung, sondern basiert auf der Analyse und Reflexion historischer, gesellschaftlicher, kultureller und politischer Kontexte. Vor dem Hintergrund der Gefährdungen, die von diesen Kontexten ausgehen, dient sie der Errichtung bzw. Bewahrung eines Schutzbereiches. Eine Ethik als Schutzbereich wird notwendig, wenn Konflikte auftreten, deren Lösung nicht durch einen konsensuellen gesellschaftlichen Ethos bzw. eine gemeinsame Lebensform gewährleistet wird. Sie wird notwendig, wenn mit Definitionsmacht ausgestattete gesellschaftliche Kräfte und Entwicklungsdynamiken Marginalisierungs-, Benachteiligungs- und Exklusionsprozesse in Gang setzen. Diese Situation ist bspw. dann gegeben, wenn ein gesellschaftlicher Kampf um knappe Ressourcen und Privilegien entbrennt. So werden gegenwärtig Bestrebungen sichtbar, die im Dienste des Ausgleichs von behinderungsbedingten Nachteilen stehende Verteilungsgerechtigkeit auszuhebeln. Eine Ethik als Schutzbereich ist auch dann unverzichtbar, wenn die Schutzwürdigkeit menschlichen Lebens an exkludierende Kriterien gebunden wird. Dies ist dann der Fall, wenn nur diejenigen als schutzwürdig gelten, die den Nachweis erbringen, diese Kriterien tatsächlich auch zu erfüllen.

Die Notwendigkeit einer Ethik als Schutzbereich ergibt sich aber nicht nur mit Blick auf Kultur und Gesellschaft. Denn nicht nur hier finden sich normativ wirksame, marginalisierende oder exkludierende Vorstellungen, sondern auch in der Ethik selbst. Beispiele hierfür sind die philosophischen Grundbegriffe „Vernunft" und „Person". Ebenso, wie die Vernunft Theorien zum „Anderen der Vernunft" sowie kulturelle Praktiken zu dessen Bewältigung (bspw. durch Verbannung, Internierung oder Normalisierung) hervorgebracht hat, haben Theorien zur Person mit geradezu zwangsläufiger Folgerichtigkeit auch die „Unperson", die „Nichtperson" oder weniger schutzwürdige Mindervarianten oder Vorläuferausprägungen der Person hervorgebracht. Diese Entwicklungen zu reflektieren und eine anders gelagerte Ethik auszuarbeiten sind die wichtigsten Aufgaben einer Ethik als Schutzbereich.

Die Anerkennung von Vielfalt und Differenz

Neben der erstgenannten eher abwehrenden Funktion hat die Ethik in der Behindertenpädagogik aber auch eine „konstruktive" Funktion. Die Ethik als Schutzbereich steht eher im Zeichen der Abwehr fragwürdiger oder sogar gefährlicher gesellschaftlicher und philosophisch-theoretischer Exklusionsprozesse, durch die als „geschädigt" geltendes Leben selektiert und Behinderte entwertet, marginalisiert und ausgegrenzt werden. Demgegenüber bildet die Anerkennung von Vielfalt und Differenz den notwendigen positiven Pol dieser Ethik. Entsprechend ist in jüngerer Zeit eine deutliche Tendenz zur Umstellung des Ethikdiskurses in der Behindertenpädagogik auf Differenz zu beobachten. Eine Ethik der Anerkennung von Vielfalt und Differenz vereinigt in sich eine ganze Reihe von Motiven, die in bisherigen Ethikkonzeptionen nicht oder nicht hinreichend wahrgenommen wurden. Hierzu gehört die Verabschiedung von normativ getönten Anthropologien, d. h. von Theorien, die nicht nur beschreiben, wie der

Mensch ist, sondern auch Ideen transportieren, wie er sein sollte. Solche Anthropologien sind regelmäßig mit Konzepten von hierarchischer Differenz verbunden, d. h. mit der Positiv- und Negativbewertung sowie der Hierarchisierung von spezifischen Eigenschaften und Charakteristika von Individuen, etwa nach Merkmalen des Geschlechts, der Rasse, der kulturellen oder sozialen Herkunft, der Intelligenz oder der Erscheinungsformen und Funktionsweisen des Körpers. Anerkennung von Differenz bedeutet auf dieser Ebene, solche quasi empirischen Unterschiede nicht normativ zu hierarchisieren, sondern sie im Sinne einer egalitären Differenz zu betrachten. Nun verweist der Begriff der Differenz nicht nur auf empirische Unterschiede zwischen Individuen, sondern auch auf einen ethischen Sachverhalt, nämlich das, was Spaemann (1996) „Inkommensurabilität" nennt: das, was sich der Identifizierung, etwa durch Kontextualisierung, entzieht. Der andere Mensch ist weder identisch mit dem, was er für mich ist, noch ist er identisch mit den Kontexten, in denen er steht. Dadurch übersteigt er die kategorial verfasste Wirklichkeit, die etwa nach Kriterien empirischer Gleichheit und Verschiedenheit strukturiert wird. Achtung der Würde des anderen Menschen heißt hier, ihn nicht als Exemplar der Gattung zu achten, sondern in seiner Singularität oder Einzigartigkeit.

Mit dem Motiv der Singularität hängt ein weiteres, ebenso zentrales Motiv zusammen: die Verantwortung für den anderen Menschen. Dieser andere Mensch begegnet uns nicht als gesellschaftliches oder begriffliches Abstraktum, sondern konkret in seiner leiblichen Existenz. Diese macht nicht nur seine Einmaligkeit und Einzigartigkeit aus, sondern auch seine Sensibilität, Verwundbarkeit, Verletzbarkeit und Endlichkeit. Nur weil der Mensch verletzbar ist, ist er anfällig für die Verwüstungen der Gewalt, Isolation, Deprivation, Entrechtung und Entwurzelung. Es ist gerade diese Verletzbarkeit, die uns dazu aufruft, Verantwortung zu übernehmen.

Alles in allem ist der Zusammenhang von Verletzbarkeit, Differenz und Verantwortung zentral für diese Ethik. Aus diesem Zusammenhang ergibt sich eine weiteres Motiv dieser Ethik: Die Begründung des Schutzes, der Bewahrung und Förderung der Integrität des anderen Menschen. Integrität umfasst die Ebene der Leiblichkeit und Psyche, die Sphäre des Rechts sowie das soziale Leben. Die ethische Bedeutung der Integrität zeigt sich wiederum am deutlichsten dann, wenn sie verletzt wird, also bei Misshandlung, Vernachlässigung und Deprivation, Entrechtung und Ausschließung, Nichtanerkennung und Herabstufung sozialer Wertschätzung. Die Begründung der Anerkennung auch derjenigen Menschen, die aus der umgrenzten Zone gesellschaftlicher Normalität herausfallen, ist insofern eine der gegenwärtig wichtigsten Aufgaben der Ethik.

Die Anerkennung von Differenz impliziert nicht nur die Verabschiedung einer a priori geltenden Negativbewertung von Behinderung und ihrer Identifikation mit Leid, mit verringerter oder gar fehlender Lebensqualität. Der hier skizzierte Perspektivwechsel erfordert darüber hinaus auch eine Berücksichtigung von Fragen der Gerechtigkeit, die gerade angesichts von gesellschaftlichen Umverteilungsprozessen und Ressourcenknappheit unverzichtbar sind. Und schließlich gilt es, die Sichtweise der Betroffenen viel stärker als bisher in seiner Relevanz für den Ethikdiskurs zu beachten.

Beide hier skizzierten Zugänge zur Ethik, die Ethik als Schutzbereich und die Ethik der Anerkennung von Vielfalt und Differenz, bilden zusammen eine Ethik der Koexistenz dieses Vielfältigen und Differenten.

Kommentierte Literaturhinweise

Antor, Georg/Bleidick, Ulrich: Behindertenpädagogik als angewandte Wissenschaft. Bern, Stuttgart und Wien, Kohlhammer, 2000.
Antor und Bleidick zeigen in ihrem Buch anhand einer Reihe von Stationen moralischer Entscheidungen in der Begegnung mit behinderten Menschen die grundlegende Bedeutung der Ethik für die Behindertenpädagogik auf. Sie führen in knapper Form in die Geschichte der Bewertung behinderten Lebens ein und erläutern Grundfragen einer behindertenpädagogischen Ethik. Dem Buch ist eine umfangreiche Dokumentation zur Bewertung von und zum Umgang mit behindertem Leben beigegeben.

Dederich, Markus: Behinderung – Medizin – Ethik, Behindertenpädagogische Reflexionen zu Grenzsituationen am Anfang und Ende des Lebens. Bad Heilbrunn, Klinkhardt, 2000.
Ausgehend von aktuellen Problemfeldern im Bereich der so genannten Bioethik diskutiert der Autor historische und gegenwärtig virulente Fragen der Ethik. Die Unverzichtbarkeit der Ethik wird gegenüber allen Prozessen der Erosion universaler Werte sowie des Lebensschutzes verteidigt. Die Arbeit entwickelt die argumentativen Grundlagen einer Ethik der Verantwortung in Zeiten einer Übermacht der Technik und der Dominanz partikularer, etwa ökonomischer Interessen sowie utilitaristischer Ethikkonzeptionen.

Eugenik Michael Wunder

Etymologie

Das Wort „Eugenik" kommt von *eugenes*, altgriechisch, was „von edler Abstammung", „edel geboren" heißt. Es setzt sich zusammen aus *eu* für gut und *genesis* für Werden, Entstehen. Unter Eugenik wird die Lehre von der Verbesserung des biologischen Erbgutes des Menschen verstanden. Als positive Eugenik werden Maßnahmen bezeichnet, die der Vermehrung von Menschen dienen, deren Erbanlagen erwünscht sind oder positiv bewertet werden, als negative Eugenik Maßnahmen zur Verhinderung der Vermehrung von Menschen, deren Erbanlagen unerwünscht sind oder negativ eingestuft werden.

Das Adjektiv „eugenisch" qualifiziert Aktivitäten, Gedanken, Konzepte als solche, welche die Verbesserung des biologischen Erbgutes zum Ziel haben. Bisweilen werden auch die Begriffe „Eugenetik" und „eugenetisch" verwendet. Als Gegenbegriff zur Eugenik wird bisweilen der Begriff „Dysgenik" diskutiert, wobei unter passiver Dysgenik dann die Unterlassung eugenischer Maßnahmen verstanden wird, unter aktiver Dysgenik die bewusste Vermehrung von Menschen mit normabweichenden Genvarianten.

Der Begriff Eugenik weist als bestimmendes Merkmal die Idee von der genetischen Verbesserungswürdigkeit und damit der Verbesserungsfähigkeit des Menschen durch den Menschen auf. Dies lässt aber die Frage offen, ob dies freiwillig, durch individuelle Wahlmöglichkeiten des Einzelnen, durch staatliche Aufforderung zur freiwilligen Unterordnung oder durch staatliche Erzwingung durchgesetzt wird.

Durch die Verwendung des Begriffs für die Maßnahmen der Erb- und Rassenhygiene im Nationalsozialismus und der damit verbundenen Verbrechen hat der Begriff heute, insbesondere in Deutschland, eine weitgehend negative Konnotation. Eugenische Motive bei politischen Aktivitäten oder eugenische Ziele von Maßnahmen werden abgelehnt. Die Qualifizierung einer Maßnahme als eugenisch wird als Kritik aufgefasst. In anderen europäischen Ländern, wie auch in den USA, ist dieses Begriffsverständnis nicht so negativ ausgeprägt. Der Begriff gilt aber als veraltet und wird zunehmend durch die technisch eindeutigeren Begriffe „genetic enhancement engineering" (genetische Verbesserungsstrategie) und „germline intervention" (Keimbahn-Eingriff) ersetzt.

Geschichte

Charles Darwin legt in seinem Werk „The Descent of Men" 1871 die Grundlagen für eine Unterscheidung zwischen der positiven Selektion durch die Natur selbst und der negativen Selektion durch die Kultur und Zivilisation. Charles Darwin ist aber, den Thesen Lamarcks folgend, noch der Ansicht, dass auch erworbene Fähigkeiten des Menschen vererbt werden können und somit die negativen Selektionseffekte der Kultur und der Zivilisation wieder ausgeglichen werden können.

Sein Vetter Francis Galton (1822–1911) widerspricht dem und setzt dagegen, dass sich der Erbanlagenfaktor auf jeden Fall durchsetze. Mit eigenen Familienuntersuchungen und Zwillingsforschungen kommt er zu dem Schluss, dass sich dabei die so genannten Erbminderwertigen schneller, die Erbhochwertigen dagegen langsamer vermehren würden. Galton führt den Begriff Eugenik 1883 mit seiner Schrift „Inquiries into human faculty and its development" ein. Darin legt er auch den Grundstein für das klassische Paradigma der Eugenik, dass die Gesellschaft durch Kultur und Zivilisation degeneriert, wenn nicht gegensteuernde eugenische Maßnahmen zur Verbesserung des menschlichen Erbguts unternommen werden. Er definiert Eugenik als „the study of agencies under social control that may improve or impair the racial qualities of future generations either physically or mentally" (Galton, 1883). Diese Definition gilt bis heute. So definiert der amerikanische Wissenschaftshistoriker Daniel Kevles 1995 Eugenik als die „Gesamtheit der Ideen und Aktivitäten, die darauf abzielen, die Qualität der menschlichen Rasse durch die Manipulation des biologischen Erbgutes zu verbessern" (Kevles, 1995). Galtons Programm bleibt allerdings recht vage bei Vorschlägen wie eugenische Eheberatung, Ehebeschränkungen für Menschen mit geistiger Behinderung und psychischer Erkrankung und Absonderung von Gewohnheitsverbrechern.

Zeitgleich forscht Alexander Graham Bell 1882 bis 1892 an gehörlosen Menschen auf der Insel Martha's Vineyard nahe Boston und fordert ein Eheverbot unter Menschen mit Taubstummheit und eugenische Kontrollen von USA-Immigranten.

Weitergehend ist dagegen das Programm des deutschen Alfred Plötz (1860–1940), einer der späteren Leitfiguren der deutschen Rassenhygiene. 1895 entwirft er in seinen „Grundlinien einer Rassenhygiene" eine Gesellschaft, in der das gesellschaftliche Gefüge, die ethischen Maßstäbe und schließlich das Existenzrecht des Einzelnen dem Maßstab der Vernunft der Wissenschaft untergeordnet werden. Erbhochwertigkeit wird mit bestimmten Rassenzugehörigkeiten gleichgesetzt. Nur rassisch hochwertige Paare sollen eine staatliche Lizenz erhalten, sich zu vermehren. Schwangerschaften sollen von Fortpflanzungsmedizinern überwacht werden. Schwächliche Neugeborene sollen „ausgejätet" werden, wobei dies nur so lange notwendig sei, bis die Genetik die Verlagerung der Selektion auf die Keimzellen ermöglichen würde.

Ab Ende des 19. Jahrhunderts kann man von einer Eugenik-Bewegung sprechen. In den USA wird 1896 im Bundesstaat Connecticut das erste Eugenikgesetz erlassen, das Menschen mit Epilepsie, geistiger Behinderung oder psychischer Erkrankung die Heirat verbietet. 1904 wird die erste Forschungsstation für experimentelle Evolution in Cold Spring Harbour auf Long Island von Charles B. Davenport (1866–1944) und etwas später das Eugenics Record Office als internationaler Eugenikerbund gegründet. 1907 wird im Bundesstaat Indiana das erste Gesetz eingeführt, das die Zwangssterilisation aus eugenischen Gründen erlaubt. Weitere 32 Bundesstaaten der USA folgen bis in die 1930er-Jahre mit ähnlichen Gesetzen. In London wird 1907 die Eugenics Education Society gegründet, die für Großbritannien die gesetzliche Regelung der freiwilligen Sterilisation fordert. 1911 erhält Karl Pearson den ersten Lehrstuhl für Eugenik in London.

1923 entwirft der britische Genetiker John Burdon Sanderson Haldane (1892–1964) in seinem Buch „Daedalus" das Bild einer „biologischen Revolution", in der die genetische Wissenschaft die Herrschaft über die Reproduktion des Menschen übernimmt und in dem er die In-vitro-Fertilisation (künstliche Befruchtung außerhalb des Mutterleibs) und die Ektogenese (künstliche Gebärmutter) bereits vorhersagt.

1925 legte der spätere Nobelpreisträger Hermann Joseph Muller (1890–1967) erstmals sein später immer wieder überarbeitetes Manifest „Out of the Night. A Biologist's View of the Future" vor, das eine gerechtere Gesellschaftsordnung durch den Einsatz wissenschaftlich gelenkter Reproduktion fordert.

Ab Ende der 1920er-Jahre kommt es in vielen nordeuropäischen, meist sozialdemokratisch regierten Ländern zu Sterilisationsgesetzen: Dänemark 1929, Schweden, Norwegen und Finnland 1934/35, Island und Lettland 1937/38. Gemeinsam ist diesen Gesetzen, dass sie sich gegen genetisch Unerwünschte, insbesondere Menschen mit Behinderung oder psychischer Erkrankung, richten und dass die Sterilisation staatlich erzwungen werden kann. Im Gegensatz zur Entwicklung im Deutschen Reich sind diese Gesetze aber nicht ein Teil eines größeren staatlichen Programms, weisen keine Praxis der permanenten Ausweitung auf und haben deutlich geringere Opferzahlen zur Folge.[1] Sie haben allerdings teilweise bis in die 1990er-Jahre hinein Bestand und werden erst dann nach einer Welle der öffentlichen Empörung zurückgenommen.

In den 1920er- und 1930er-Jahren sind die Beiträge deutscher rassehygienisch argumentierender Populationsgenetiker, wie die von Alfred Ploetz und von Ernst Rüdin (1874–1952), aber auch die der sowjetischen Genetiker um A. S. Serebrowskij, der Ende der 1920er-Jahre eine Eugenik unter Kontrolle des sozialistischen Staates propagiert[2], noch integraler Bestandteil der internationalen Debatte der Genetiker.

In Deutschland kann man schon Ende der 1920er-Jahre von einem weitgehenden gesellschaftlichen eugenischen Konsens sprechen, in den auch die Kirchen und die bürgerlichen Parteien eingebunden waren. Hierauf konnten die Nationalsozialisten aufbauen. Am 14. Juli 1933 wird das „Gesetz zur Verhütung erbkranken Nachwuchses" erlassen, das die zwangsweise Sterilisation von Menschen mit bestimmten psychischen Erkrankungen, geistiger Behinderung oder Alkoholabhängigkeit, die sämtlich zu Erbkrankheiten erklärt wurden, zum Ziel hat. Die Durchführung wird, anders als in den anderen europäischen Staaten, mit Sterilisationsgesetzen über eigens eingerichtete Erbgesundheitsgerichte abgewickelt und ist durch ständige Ausweitungen mit pseudomedizinischen Indikationen (bspw. „moralischer Schwachsinn"), aber auch durch die spätere Verquickung mit dem zwangsweisen Schwangerschaftsabbruch gekennzeichnet. Mindestens 350.000 Menschen werden zwischen 1933 und 1939 im Deutschen Reich zwangssterilisiert, die Zahl der durch den Eingriff Getöteten wird heute mit 5.000 bis 6.000 beziffert (Bock, 1986, S. 112). Die zunehmende Brutalisierung im Rahmen der Sterilisationspraxis, aber auch die rassehygienisch begründete, immer weiter gehende Institutionalisierung von abweichenden oder für unbrauchbar gehaltenen Menschen in Heimen und Anstalten wird heute als wichtige Voraussetzung für die Durchsetzung der „Euthanasie"-Aktionen ab 1939 diskutiert (siehe Beitrag *Euthanasie* von Michael Wunder, S. 241–249).

Gleichzeitig werden Maßnahmen der positiven Eugenik durch den von Heinrich Himmler, Reichsführer der SS, geförderten Verein Lebensborn durchgeführt. Die Geburtenraten so genannter reinrassisch arischer Kinder wird durch die besondere Förderung lediger Mütter mit so genanntem Ariernachweis im Deutschen Reich, aber auch

---

[1] Geschätzte Opferzahlen der Zwangsterilisation (gesamt von 1930er- bis 1990er-Jahre): Schweden 60.000, Norwegen 40.000, Finnland 17.000, Dänemark 11.000.
[2] 1929 plädierte A. S. Serebrowskij in seiner „Anthropogenetik und Eugenik in der sozialistischen Gesellschaft" für die Schöpfung gesunder, begabter und aktiver Kinder durch ein staatliches Programm der Zeugung und Aufzucht und begründete die sowjetische Schule der Genetiker.

in den besetzten Gebieten vergrößert: Die Unterbringung während der Schwangerschaft und Geburt erfolgt in den so genannten Lebensborn-Heimen. Die Lebensborn-Kinder lediger Mütter werden nach der Geburt zur Adoption freigegeben. Untersuchungen nach 1945 haben eine hohe Rate psychischer Erkrankungen der Lebensborn-Kinder nachgewiesen (siehe Lilienthal, 2003).

Eine Distanzierung der führenden Genetiker der Welt von der deutschen Rassenhygiene erfolgt erst im August 1939, als diese in Edinburgh zusammenkommen und ein Manifest unter dem Titel „Social Biology and Population Improvement" vorlegen. In dem Manifest wird eine zukünftige Weltgesellschaft angestrebt, die Krieg, Hass und den Kampf um elementare Subsistenzmittel überwunden hat und sich deshalb ohne staatlichen Zwang, freiwillig durch Einsicht einem biologischen Programm zur genetischen Verbesserung unterwirft. Noch sei die Menschheit aber nicht so weit. Das Manifest kann heute als der Schlüssel für die Antwort gewertet werden, warum die Idee der Eugenik, den Menschen genetischen zu optimieren, so unangefochten überdauern konnte. Die darin enthaltene Gedankenfigur, die Eugenik der NS-Zeit als Rückfall in die Unwissenschaftlichkeit abzutun, ohne die Grundidee der genetischen Verbesserung des Menschen aufzugeben, wurde nach 1945 immer wieder bemüht.

Mit der von James D. Watson (geb. 1928) und Francis H. C. Crick (1916–2004) erstmals 1953 beschriebenen molekularen Struktur der Chromosomen (Erbträger) und der damit begründeten Phase der molekularen Genetik erhielten die sozialutopischen Visionen der Genetiker einen erneuten Aufschwung. 1962 diskutieren die führenden Humangenetiker auf dem so genannten CIBA-Symposium in London, wie die Folgen von Bevölkerungsexplosion, Hungersnöten und der durch die atomare Strahlung noch verschärfte „genetic load" durch genetische Eingriffe abgewendet werden könnten, „human betterment" war das Stichwort.

Der spätere Nobelpreisträger Joshua Lederberg (geb. 1925) bezeichnet die bis dahin diskutierten Methoden, wie die kontrollierte Zeugung unter Verwendung ausgesuchter Keimzellen, als „erbärmlich plumpe Methoden der Tierzucht" und forderte den mit der Molekulargenetik in Realisierungsnähe gerückten direkten selektiven Eingriff in die Gensequenzen der Keimzellen. Lederberg leitet damit frühzeitig die Ablösung des Begriffs des human betterment durch den heute eingeführten Begriff des genetic enhancement engineering ein.

Aktuelle Relevanz und theoretische Ansätze

James Watson stellt auf dem Symposium „Engineering the Human Germline" 1998 in Los Angeles die viel zitierte Frage. „Wenn wir bessere Menschen herstellen könnten, durch das Hinzufügen von Genen, warum sollten wir es dann nicht tun?". Die damit angeschnittene Frage der Züchtung des Menschen nach Maß kann als die moderne Variante der positiven Eugenik verstanden werden. Aber auch die negative Eugenik hat im aktuellen Diskurs ihre Nachfolger. Unter der Überschrift „Warum wir Gott nicht mehr die Zukunft des Menschen überlassen dürfen" fragt James Watson im Jahre 2000: „Wird es in Zukunft unmoralisch gelten, die Geburt von Kindern mit gravierenden genetischen Defekten zuzulassen? Und können diese Kinder später rechtlich gegen ihre Eltern vorgehen, weil diese nicht verhindert haben, dass ihre Kinder mit nur einer kleinen Chance auf ein Leben ohne psychisches und seelisches Leid auf die Welt kamen?" (Watson, 2000, S. 55). Erbkrankheiten würden im Leben vieler Menschen erschütternde Tragödien anrichten, so seine eigene Antwort. Deshalb würde es „während der nächsten Jahrzehnte einen immer stärkeren Konsens darüber geben, dass Menschen das Recht haben, dem Leben erbgeschädigter Föten ein Ende zu setzen." (Watson, 2000, S. 55)

Der amerikanische Biophysiker Gregory Stock vertritt 2002 die Auffassung, dass die Anwendung genetischen Wissens zur Optimierung des Menschen unausweichlich sei. (siehe Stock, 2002) Die meisten Menschen wollten Kinder, die nicht nur vor Krankheiten und Behinderungen geschützt seien, sondern auch länger leben, besser aussehen und höhere Fähigkeiten haben. Dem klassischen eugenischen Paradigma der Degeneration, die durch eugenische Maßnahmen kompensiert werden muss, setzt er das moderne Paradigma der genetischen Verbesserung durch individuelle und verantwortliche Nutzung der modernen reproduktionsgenetischen Technologien entgegen. In dem merkmalsbezogenen Eingriff in das menschliche Genom und der Schaffung neuer Genomvarianten sieht er die „endgültige Verwirklichung unseres Menschseins". Stock lehnt den Begriff „Eugenik" für seine Zukunftsvision ab, knüpft allerdings mit dem Begriff „redesigning" an das klassische Paradigma an, da die genetische Manipulation als aktualisierende Neugestaltung etwas bereits Vorhandenen verstanden wird, das für verbesserungswürdig gehalten wird.

Der Gegenspieler Stocks, Francis Fukuyama, Mitglied des bioethischen Beraterstabes von George W. Bush, teilt zwar auch die Ansicht, dass die wissenschaftliche Entwicklung und damit die Verfügbarkeit über genetische Auswahlmethoden in Zukunft unabwendbar sein werden, befürchtet aber, dass der wissenschaftliche Fortschritt den Menschen versklaven könnte. Er fordert deshalb die staatliche Regulierung der neuen Technologien. (siehe Fukuyama, 2002) So fordert er ein Verbot des reproduktiven Klonens (Erzeugung identischer Nachkommen), unterschiedet aber zwischen erlaubten therapeutischen Keimbahneingriffen und verbotenen, rein verbessernden Keimbahn-Eingriffen. Er nennt hierfür einige Beispiele, wie die Verhinderung der Huntington-Erkrankung[1] als zu erlaubenden therapeutischen Keimbahneingriff und die Regulierung des Längenwachstums als zu verbietenden Verbesserungseingriff. Die genaue Grenzziehung will Fukuyama in einem demokratischen Entscheidungsprozess über Verbots- und Gebotsregelungen festlegen lassen. Ähnlich wie Stock lehnt Fuku-yama den Begriff der Eugenik für sein Programm ab, gleichwohl bezeichnen viele Kritiker in den USA die von ihm geforderten staatlichen Regulierungen als eugenisch.

Der deutsche Philosoph Jürgen Habermas setzt diesem Denken die Kategorie der Unverfügbarkeit des kontingenten (zufälligen) Befruchtungsvorganges entgegen. In seiner einschlägigen Schrift „Die Zukunft der menschlichen Natur – auf dem Wege zu einer liberalen Eugenik" führt er aus, dass das moderne Freiheitsverständnis auf einer „bisher unthematisch hingenommenen Unverfügbarkeit eines kontingenten Befruchtungsvorganges mit der Folge einer unvorhergesehen Kombination von zwei verschiedenen Chromosomensätzen" (Habermas, 1970, S. 54) beruhe. Diese Erkenntnis sei erst heute angesichts der Möglichkeiten der Reproduktionsmedizin und der Biomedizin insgesamt klar zutage getreten.

Die Zufälligkeit des Zusammentreffens einer Eizelle und einer Samenzelle und damit die Nichtvorherbestimmbarkeit und Beherrschbarkeit der jeweiligen Urzelle eines Men-

---

[1] Vererbte Krankheit, die zwischen dem 35. und 55. Lebensjahr nach schweren Bewegungsstörungen und Persönlichkeitsabbau zum Tode führt, bisher nicht behandelbar

schen sei die Vorrausetzung dafür, dass wir einmalig sind und uns auch einmalig, d. h. von allen anderen unterschiedlich, fühlen dürfen und dafür, dass wir in dieser Hinsicht gleich sind. Diese Einmaligkeit sei nur gewährleistet, weil wir und solange wir nicht durch das Programm anderer Menschen und deren jeweilige Ansichten programmiert seien. Jürgen Habermas spricht von der ungeteilten Autorenschaft unserer eigenen Lebensgeschichte als Grundvoraussetzung zur gleichberechtigten Teilnahme am Diskurs. Das Sozialisationsschicksal sei zwar auch stark prägend, aber immer noch einer Korrektur durch die betroffene Person zugänglich, das genetische Programm nicht. Einer liberalen Eugenik, die sich durch die Entscheidung vieler Einzelner durchsetze, müsse dieses Verständnis des genetischen Zufalls als Basis unseres Menschseins entgegengestellt werden (vgl. Habermas, 2001, S. 138).

Problem- und Erfahrungsfelder

Eugenische Konzepte oder Ziele werden in der deutschen Öffentlichkeit und in der Politik weitgehend abgelehnt. 1995 wurde mit großer Mehrheit des Deutschen Bundestages die so genannte embryopathische Indikation zum Schwangerschaftsabbruch, die in der Kommentierung stets auch als „eugenische Indikation" bezeichnet wurde, abgeschafft. Gleichzeitig wurde aber die medizinische Indikation um eine psychologische Indikation so erweitert, dass die bisherige embryopathische Indikation darin aufgeht. Wenn die Geburt eines voraussichtlich behinderten Kindes für eine Schwangere eine schwerwiegende psychische und damit gesundheitliche Beeinträchtigung bedeutet, die anders nicht abgewendet werden kann, so ist der Abbruch legitimiert. Damit wird das Dilemma der öffentlichen Ablehnung eugenischer Ziele bei gleichzeitiger Ermöglichung persönlicher Entscheidungen, die eugenisch motiviert sein können oder zumindest eugenische Ergebnisse haben können, deutlich.

Wesentliche Problemfelder in der Praxis sind:
- die Pränataldiagnostik (PND) mit anschließendem Schwangerschaftsabbruch,
- die humangenetische Beratung vor und nach der PND,
- die assistierte Reproduktion (In-vitro-Fertilisation, IVF und Präimplantationsdiagnostik, PID[1]),
- die Reflexion der Debatte in der Behindertenbewegung und der Heilpädagogik.

Die Entwicklung der invasiven *Pränataldiagnostik* (Fruchtwasserspiegelung und Gewebeentnahme aus der Embryohülle) hat sich in den letzten 30 Jahren enorm verbreitet. Während es 1976 nur knapp 1.800 Anwendungen gab, lag die Zahl 1999 bei über 67.000, 2001 bei 64.000 Anwendungen.

Als Gründe für diese Ausweitung werden genannt:
- die Forderung von Schwangeren selbst, PND zu erhalten, obwohl sie nicht zu einer Risikogruppe gehören,
- die Klagemöglichkeiten auf Schadensersatz („Kind als Schaden"), wenn nicht zur PND geraten wurde, mit der Folge, dass die Ärzte zur Abwendung von Haftungsrückgriffen eher zur Anwendung raten,

---

[1] Nach einer IVF und vor einer möglichen Implantation in die Gebärmutter erfolgende, gezielte genetische Diagnostik an einzelnen embryonalen Zellen

– die Verbreitung niedrigschwelliger Routinediagnostika in der normalen Schwangerenvorsorge, die z. B. im Rahmen des allgemeinen Ultraschalls erfolgen, die aber nur Wahrscheinlichkeitsaussagen darüber machen, ob eine Behinderung vorliegt, sodass Anschlussuntersuchungen in Gestalt der invasiven PND notwendig werden.

Der Rückgang ab 2001 wird als Folge des allgemeinen Geburtenrückgangs bewertet, aber auch als Erfolg des Frühscreenings, das die Prognosesicherheit erhöht und damit weniger Anschlussuntersuchungen notwendig macht.

Gründe für die Inanspruchnahme der PND	
Befragung von 1.200 betroffenen Frauen Anfang der 1990er-Jahre (Nippert, 1994, S. 78)	
77,1 %	unzumutbare Beeinträchtigung der eigenen Lebensplanung durch ein behindertes Kind
81,9 %	schwer erträgliche Vorstellung, ein ganzes Leben für ein betroffenes Kind sorgen zu müssen
60,8 %	Benachteiligung der schon vorhandenen Kinder durch ein behindertes Kind
55,5 %	Beeinträchtigung der Partnerbeziehung durch ein behindertes Kind
41,6 %	Befürchtung einer sozialen Isolation der Familie
34,5 %	Befürchtungen finanzieller Beeinträchtigungen

Zwischen einem positiven pränatalen Befund und dem Abbruch der Schwangerschaft wird eine hohe Korrelation angenommen. In der Literatur werden hier meist Durchschnittswerte von 92 % (meist bezogen auf die Diagnose Down-Syndrom) angegeben.

Indirekt kann man aber die Folgen der zunehmenden Anwendung der PND und der damit eng zusammenhängenden Abbruchentscheidungen an der Zahl der geborenen Kinder mit Behinderung ablesen. So ist die Zahl der Neugeborenen mit Down-Syndrom in der Bundesrepublik Deutschland von 13,6 pro 100.000 Lebendgeborenen im Jahr 1976 auf 6,1 im Jahre 1994 zurückgegangen. (Statistisches Bundesamt, Juli 1996)[1]

Während die Einzelentscheidung in der Regel jenseits eugenischer Überlegungen getroffen wird, wird das gesellschaftliche Ergebnis in der kritischen Debatte mit dem Ausdruck der Eugenik von unten bezeichnet.

Eine zentrale Rolle kommt der *humangenetischen Beratung* vor und nach der Anwendung der PND zu. Eine internationale Untersuchung zu Schwangerschaftsabbrüchen nach dem Befund eines Klinefelter-Syndroms[2] ergibt, dass 64,5 % der Frauen die Schwangerschaft bei Beratung durch einen Genetiker fortführen, aber nur 28,1 % bei Beratung durch einen nicht qualifizierten Berater. (vgl. Nippert, 2000, S. 293–321) Ei-

---

[1] Lebendgeborene mit erkennbaren Fehlbildungen; da diese Statistik nur bis 1994 geführt wurde, enden die Angaben mit diesem Jahr; ab 1994 werden behinderte Neugeborene nur noch indirekt durch die Krankenhausdiagnosestatistik erfasst, die die Lebendgeborenen danach erfasst, ob sie im ersten Monat nach der Geburt stationär behandelt wurden. Damit werden Säuglinge, die mehrfach behandelt werden, mehrfach gezählt, Säuglinge, die nicht im Krankenhaus geboren wurden und auch danach nicht behandelt wurden, gar nicht erfasst.
[2] Genetisch bedingte Behinderung (zusätzliches weiblichen Chromosom bei einem Mann, XXY), meist leichte Intelligenzbeeinträchtigung, sekundäre Geschlechtsmerkmale minderausgeprägt, oft weibliche Körperbaumerkmale oder besonderer Hochwuchs.

ne andere Studie aus Boston zeigt, dass sich 40 % der Frauen nach einem PND-Befund des Down-Syndroms für die Fortführung der Schwangerschaft entschieden, wenn sie eine spezielle, ermutigende Beratung erfahren und eine psychosoziale Begleitung während der Schwangerschaft und nach der Geburt. (vgl. Baldus, S. 28)

Die Entwicklung im Bereich der *assistierten Reproduktion* weist eine ähnliche quantitative Entwicklung auf wie die der PND. Während 1982 nur 742 IVF-Behandlungen in der Bundesrepublik durchgeführt werden, sind es 2002 über 76.000.

Die Ausweitung wird zum einen – ähnlich wie bei anderen Methoden der Hightech-Medizin – als Folge der zunehmenden Verbreitung des Angebots und der Anbieter interpretiert, die sich einen Markt suchen, zum anderen mit der wachsenden Infertilität und der zunehmenden Behandlung der Infertilität durch reproduktionsmedizinische Techniken begründet.

Die Schnittstelle der IVF zur Eugenik liegt in ihrer Verbindung mit der Präimplantationsdiagnostik PID. Diese wird zwar auch diskutiert, um die Erfolgsrate der IVF als Unfruchtbarkeitsbehandlung zu verbessern. Das Anwendungspotenzial der PID liegt aber darin, genetisch unerwünschte Embryonen von der Fortpflanzung auszuschließen oder auch genetisch erwünschte Embryonen auszuwählen, z. B. weil sie ein bestimmtes Geschlecht haben oder weil sie als potenzielle Knochenmarksspender für bereits geborene Geschwisterkinder, die an Leukämie erkrankt sind, geeignet sind.

Die IVF öffnet damit ein Fenster zu einer Reproduktionsgenetik, die sich in drei Stufen entwickeln könnte:

- 1. Stufe Wegwahl: Ja-Nein-Entscheidungen über das Austragen eines Kindes, genetische Selektion von Behinderten, Geschlechtsentscheidungen;
- 2. Stufe Auswahl: qualitative Entscheidungen zwischen einer Anzahl von Embryonen nach Erwünschtheit oder Eignung;
- 3. Stufe genetic engineering: Bestimmung der Gen-Zusammensetzung eines Embryos.

Die **Behindertenbewegung** diskutiert diese Entwicklung kritisch als neoeugenisch. Menschen mit Behinderung sehen sich nachvollziehbar in ihrem Existenzrecht bedroht. Die Toleranz ihnen gegenüber ist brüchig, wenn die Geburt eines Kindes mit Behinderung als ein so großes psychisches Leiden anerkannt werden kann, dass damit der Abbruch der Schwangerschaft gerechtfertigt werden darf. Noch deutlicher wird diese Kritik bezüglich der möglichen Einführung der PID geäußert, da hier die genetische Unerwünschtheit direkt zur Vernichtung des Embryos führt.

Die **Heilpädagogik** diskutiert die Fragen unter anderem unter dem Aspekt von Nähe und Distanz. Die Befunde der genetischen Beratung und der beratenden Begleitung vor und nach PND verweisen auf die Notwendigkeit der Entwicklung eines integrierten Beratungskonzeptes, in das Menschen mit Behinderung ebenso direkt einbezogen werden sollten wie auch die Heilpädagogik als Disziplin. Im Mittelpunkt steht, die Fremdheit und die Uninformiertheit über ein Leben mit Behinderung zu überwinden. Basis ist aber auch das Verständnis für die Ängste und die Trauer, die bei werdenden Eltern bei einem positiven PND-Befund notwendigerweise und unausweichlich entstehen.

Ausblick

Im Schnittstellenbereich Ethik und Behinderung werden die Einmaligkeit jedes Menschen und die Unschätzbarkeit seines Lebenswertes thematisiert. Das Recht auf den genetischen Zufall und das Prinzip der Gleichheit in der Differenz sind als wirksame Strategien gegen eugenische Denkweisen in die heilpädagogische Theorienbildung zu integrieren. Sie sind eine Absage an genetische Verbesserungsideen und unterstreichen die positive Aussage, dass der Mensch weder verbesserungswürdig noch verbesserungsfähig ist.

Als Gegenbegriff zur Eugenik könnte der Begriff „Biointegrität" eingeführt werden. Der Mensch ist zweifellos antastbar und verletzbar, und zwar nicht nur als soziales Wesen und als Träger von Rechten, sondern gerade auch als biologisches Wesen und Träger von Genen. Daher ist heute die Unantastbarkeit des Menschen gerade nicht mehr gegeben. Sie ist aber eine starke gesellschaftliche Übereinkunft und muss sich heute eben auch auf die biologische Seite des Menschen mitbeziehen. Der Begriff „Biointegrität" könnte dieses deutlicher machen, obwohl man zweifellos sagen kann, dass die Kernaussage im Begriff der Integrität längst enthalten ist. Der Begriff „Biointegrität" könnte aber herausstreichen, dass die Unantastbarkeit eine bewusste Entscheidung ist, die deshalb so hart verteidigt werden muss, weil sie mit fortschreitendem Erkenntnisstand der Genetik immer weniger eine Selbstverständlichkeit ist.

Kommentierte Literaturhinweise

Wess, Ludger: Die Träume der Genetik. Gentechnische Utopien vom sozialen Fortschritt. Frankfurt a.M., Suhrkamp, 1998.
Eine kritische Aufarbeitung der Geschichte der Humangenetik von den Anfängen bis in unsere Zeit, in der ihre stets enge Verknüpfung mit eugenischen Konzepten und gesellschaftspolitischen Zielen beschrieben wird.

Hamm, Margret (Hrsg.): Lebensunwert zerstörte Leben – Zwangssterilisation und „Euthanasie". Frankfurt a.M., VAS, 2005.
Dieses Buch ist eine Publikation des „Bundes der ‚Euthanasie'-Geschädigten und Zwangssterilisierten", der einzigen Opferorganisation der eugenisch Verfolgten des Nationalsozialismus. Es enthält eine Sammlung eindrucksvoller Lebensgeschichten von Zwangssterilisierten und Opfern der Euthanasie, die durch Gespräche mit den Überlebenden entstanden sind. Im zweiten Teil enthält das Buch wissenschaftliche Beiträge zur geschichtlichen Aufarbeitung des Themas.

Enquete-Kommission Recht und Ethik der modernen Medizin
Schlussbericht 2002, Bundestagsdrucksache 14/9020 vom 14.5.2002
Im Kapitel „Präimplantationsdiagnostik" (S. 27–114) befindet sich ein guter Überblick über die Methoden und die Entwicklung der Pränataldiagnostik und der assistierten Reproduktion, einschließlich der Möglichkeiten der Präimplantationsdiagnostik und ihrer Risiken.

Habermas, Jürgen: Die Zukunft der menschlichen Natur – auf dem Wege zu einer liberalen Eugenik. Frankfurt a.M., Suhrkamp, 2001.
Habermas verlässt mit dieser Schrift bewusst die sonst von ihm selbst geforderte Enthaltsamkeit der postmetaphysischen Ethik und nimmt klar Stellung gegen eine Eugenik, die zu Menschen führen würde, deren genetisches Programm andere gemacht haben. Habermas begründet in dieser Schrift, warum für ihn Freiheit gerade auf der Nichtanwendung eugenischer Prinzipien beruht.

Europäische Heilpädagogik Alois Bürli

Etymologie

Begriff Europäische Heilpädagogik

Europäische Heilpädagogik als Begriff und Gegenstand gibt es erst in Ansätzen. Sie lässt sich – wie die umfassendere internationale oder interkulturelle Heilpädagogik – aus verschiedenen Gesichtswinkeln betrachten: Deskriptiv kann sie typische gesamteuropäische Gemeinsamkeiten und/oder länderspezifische Unterschiede beschreiben. Einerseits durch den innereuropäischen Vergleich, andererseits durch die Komparation mit außereuropäischen Regionen und Kulturen (z. B. USA, Asien, Entwicklungsländer) sucht die europäische Heilpädagogik nach einer mehr oder weniger unverwechselbaren Identität. Als Alternative oder Ergänzung kann sie sich normativ-regulierend für die Erarbeitung und Herausgabe von gemeinsamen Richtlinien und Empfehlungen für diesen politisch-kulturellen Raum einsetzen. Schließlich ist der europäisch-kooperative Akzent zu erwähnen, welcher Zusammenarbeit, gegenseitige Beratung und Unterstützung in den Vordergrund stellt.

Generell dürfte es zu den Zielen einer europäischen Heilpädagogik gehören, Erkenntnisse und Erfahrungen zu gewinnen und auszutauschen sowie (dadurch) zur europäisch-internationalen Verständigung und Kooperation beizutragen.

Bezüglich Heilpädagogik besteht in Europa weder begrifflich noch terminologisch Einheitlichkeit. Die Unterschiede sind sprachlich, konzeptionell und/oder historisch bedingt. Gleiche Termini (wie z. B. Heilpädagogik) können auf ähnliche oder aber auf unterschiedliche Auffassungen hinweisen. Synonyme, komplementäre oder kontradiktorische Termini zur Heilpädagogik sind unter anderem Sonder-, Behinderten-, Rehabilitations-, Integrationspädagogik, in englischer Sprache vor allem Special Education, Special Needs Education und Inclusive Education.

Begriff Europa

Auch der Begriff „Europa" hat verschiedene Bedeutungen und Ausdehnungen. Geografisch gesehen bezieht er sich auf jenes westliche Fünftel der eurasischen Landmasse, das üblicherweise durch die innereurasische Grenze (Ural, Kaspisches und Schwarzes Meer) abgetrennt und als eigenständiger Kontinent betrachtet wird. Die übliche Untergliederung in Nord-, Mittel-, Ost-, Süd- und Westeuropa dürfte auch für eine differenzierte Betrachtung europäischer Heilpädagogik hilfreich sein.

Oft wird der europäische Raum auch abgesteckt durch den Wirkungskreis politischer und fachlicher Organisationen einschließlich nicht-gouvernementaler Vereinigungen; im Vordergrund stehen Europarat, Europäische Union (EU) bzw. Europäische Gemeinschaft (EG), Europäische Wirtschaftsgemeinschaft (EWG), teilweise auch die Organisation für wirtschaftliche Zusammenarbeit und Entwicklung (OECD). Die gegenwärtige Erweiterung der EU zeigt deutlich, dass „Europa" keine konstante Größe aufweist; je nachdem variiert die europäische Spannbreite der Quellen, Aussagen und Tätigkeiten, die auf einem Gebiet (wie z. B. der Heilpädagogik) aktiviert werden.

Geschichte

Ansätze zur Geschichte

Die Geschichte einer europäischen Heilpädagogik ist noch nicht über das Stadium der Bausteine (Bachmann, 1992) hinausgekommen. Ansätze dazu wären wohl zuerst in den betreffenden Geschichtsbüchern zur *Allgemeinpädagogik* zu suchen. Eine weltweite (und damit auch europäische) Darstellung der Entwicklungen der Heilpädagogik ist auf Initiative der Universität Köln (http://www.sonderpaedagoge.de/geschichte) erst im Entstehen begriffen.

Aus vorwiegend *nationaler* oder *sprachregionaler* Sicht geschriebene Beiträge zur Geschichte der *Heilpädagogik allgemein* (vgl. Möckel, 1988; Solarovà, 1983) oder zu deren *Fachrichtungen* (http://www.sonderpaedagoge.de/geschichte/deutschland/literatur. htm#) lassen sich im Übrigen nicht immer geografisch abgrenzen und wurden zum Teil sogar als Tribut zur europäischen Geschichte verfasst (s. Kreuzer, 2003). Vor allem in den Anfängen der Heilpädagogik gab es zahlreiche grenzüberschreitende Bezüge (siehe Möckel, Heilpädagogik, 2001).

Neuere Entwicklungslinien

Die Geschichte der (europäischen) Behindertenpädagogik nach dem Zweiten Weltkrieg ist (nach Möckel, Behindertenpädagogik, 2001; Kreuzer 2003) international gesehen durch zwei gegenläufige *Haupttendenzen* gekennzeichnet: einerseits durch die Bestrebungen der Rehabilitation, Normalisierung, Integration und Valorisation, andererseits durch die Ablehnung behinderter Menschen (vgl. Eugenik- und „Euthanasie"-Diskussion; Neue Behindertenfeindlichkeit) sowie deren Separation in Schule und Gesellschaft. Die Industrialisierung mit ihrer Betonung der wirtschaftlich verwertbaren Leistungsfähigkeit förderte erheblich den Aufbau von Sondereinrichtungen und den Ausschluss behinderter Menschen (s. Dörner, 1994; Jantzen, 1982).

Hinsichtlich der historischen Entwicklung europäischer Heilpädagogik in ihrer Wechselwirkung von Theorie und Praxis lassen sich – schematisierend – für die letzten Jahrzehnte anhand vorwiegend deutscher Fachliteratur die nachfolgenden Linien skizzieren (s. Bürli, Bildungserschwernisse, 2001; Moser, Konstruktion, 2004; Speck, 2003; Wember, 2003). Dabei ist jedoch zu betonen, dass sich diese Epochen inhaltlich nicht völlig trennscharf abgrenzen lassen, sich in ihrer zeitlichen Abfolge teilweise stark überlappen, die Ausprägung je nach Land unterschiedlich erfolgte, die Inhalte unter der ursprünglichen Terminologie sich verändert haben können (vgl. Begriff Heilpädagogik), die Entwicklungslinien sehr wohl auf den europäischen, aber auch auf den nordamerikanischen, jedoch kaum in ähnlicher Weise auf den asiatischen und afrikanischen Raum zutreffen.

Im Folgenden werden die Entwicklungsschwerpunkte in aller Kürze charakterisiert durch ihren spezifischen Wissenschaftsbezug, vorherrschende paradigmatische Handlungsweisen sowie Auffassungen bezüglich Personen- bzw. Problemkreis, versehen mit der entsprechenden Terminologie.

Vorphase der Heilpädagogik

- Charakteristika: relativ in sich geschlossenes, ausgegrenztes und ausgrenzendes System

- Wissenschaftsbezug: kaum Bezüge zur Allgemeinpädagogik und zu anderen Wissenschaften; Heilpädagogik noch nicht existent
- Personen-/Problemkreis: „Anormale", Elende, Unglückliche, Ärmste
- Handlungsweise: Ausschluss (auch von Bildung), Distanz, Hilflosigkeit, Nächstenliebe,
- Bewertung: Diese Vorphase gilt heute als überwunden

Heilpädagogik

- Charakteristika: Heilpädagogik ist Pädagogik und nichts anderes (Heinrich Hanselmann; Paul Moor); dieser ganzheitliche Ansatz wurde aber nicht im Sinne der Inklusion umgesetzt
- Begriff: vieldeutig: Heilung im medizinischen Sinn, Heil im religiösen Sinn; heil im Sinne von ganzheitlich; zum Teil eingeschränkte Begriffsverwendung für Geistigbehindertenpädagogik
- Wissenschaftsbezug: allmähliche Theoriebildung von der Praxis her; Abhängigkeit von Medizin/Psychiatrie und Religion/Theologie; Ablösung durch pädagogische Ausrichtung; einzelne, unverbundene Ansätze
- Personen-/Problemkreis: Krankheit (Medizin), Wertsinnshemmung (Religion), Erziehungserschwernisse (Heilpädagogik)
- Handlungsweise: (Sonder-)Schulung
- Beurteilung: Begriff umstritten, hat viele Alternativvorschläge provoziert (s. u.); trotz Bedenken und modifiziertem Verständnis bis heute verwendet; positiver Begriff im Sinne von „ganz"

Sonderpädagogik

- Charakteristika: Pädagogik angesichts unüblicher Andersartigkeit (Heinz Bach)
- Begriff: eingeführt in den 1960er-Jahren infolge Ablehnung des Begriffs „Heilpädagogik" und unter dem Einfluss des aufblühenden Sonderschulwesens; lediglich formaler Begriff, der das Besondere gegenüber dem Allgemeinen (über-)betont und dadurch Absonderung impliziert bzw. suggeriert (auch: Spezialpädagogik; engl. Special Education)
- Wissenschaftsbezug: Absonderung von der Allgemeinpädagogik; Aufsplitterung in verschiedene Sonderpädagogiken ohne viel pädagogisch Verbindendes
- Person-/Problemkreis: Beeinträchtigung, Störung, Behinderung, Benachteiligung (Kategorien)
- Handlungsweise: Institutionsdifferenzierung; Hochblüte und Legitimation der Separation, später kritisiert durch Integrationsbewegung
- Beurteilung: stark auf Sonderschulen und Sonderschullehrpersonen ausgerichtet

Behindertenpädagogik

- Charakteristika: Betonung der gesellschaftlichen Rahmenbedingungen und der Interaktionsprozesse
- Begriff: in den 1970er-Jahren vertreten durch Wolfgang Jantzen infolge Ablehnung von Sonder-Pädagogik und (NS-)„Sonderbehandlung"

- Wissenschaftsbezug: verstärkte Verbindung zur Allgemeinpädagogik
- Person-/Problemkreis: Behinderung als soziale Kategorie
- Handlungsweise: Wiederherstellung der Ganzheit
- Beurteilung: Begriff zum Teil durchgesetzt; Inhalt aber wenig analysiert und umgesetzt

Pädagogik der Behinderten

- Charakteristika: Betonung der Andersartigkeit von Regel- und Heilpädagogik sowie des Personenkreises; Darlegung verschiedener paradigmatischer Ansätze
- Begriff: eingeführt anfangs 1970er-Jahre als Abhebung von der Heilpädagogik; Hauptvertreter Ulrich Bleidick
- Wissenschaftsbezug: wenig Verbindung zur Allgemeinpädagogik
- Person-/Problemkreis: Behinderte; Behinderung als intervenierende Variable
- Handlungsweise: behinderungsbedingte Modifizierung der Erziehung; Separation
- Beurteilung: Begriff wenig durchgesetzt; Überbetonung von Behinderung; übergangslose Grenzziehung zwischen behindert/nichtbehindert ohne Übergangsfelder (wie Lernstörungen); negative Personifizierung und Generalisierung von Behinderung, dadurch Stigmatisierung

Pädagogik bei besonderem Förderbedarf

- Charakteristika: Pädagogische Wende weg von den Behinderungskategorien hin zum besonderen Förderbedarf; von der Defizit- zur Bedürfnisorientierung
- Begriff: unter „Special Educational Needs" (1978) eingeführt durch den so genannten Mary Warnock-Bericht, verbreitet unter anderem durch die OECD und die UNESCO (Salamanca-Konferenz)
- Wissenschaftsbezug: Koexistenz/Annäherung von Allgemein- und Heilpädagogik
- Personen-/Problemkreis: Kontinuum des besonderen Bildungsbedarfs; relativer Behinderungszustand
- Handlungsweise: Kontinuum der Angebote; Integrative Bildung, durch innere, aber auch äußere Differenzierung; geteilte Verantwortung von Allgemein- und Heilpädagogik
- Beurteilung: dimensionale, vernetzte Betrachtung, wobei so genannte separative Angebote als Teil des Integrationskonzepts verstanden werden

Rehabilitationspädagogik

- Charakteristika: Pädagogischer Beitrag (Bildung und Erziehung) innerhalb eines Gesamtsystems von Hilfen der Eingliederung für behinderte Menschen in die Gesellschaft
- Begriff: infolge Ablehnung der Begriffe „Heilpädagogik" und „Sonderpädagogik" von Klaus-Peter Becker in der ehemaligen DDR eingeführt und auch nach der Wende im Westen zum Teil wieder verwendet

- Wissenschaftsbezug: ursprünglich vorwiegend am medizinischen Modell orientiert; Einbettung in ein System unterschiedlicher Disziplinen
- Personen-/Problemkreis: körperliche, geistige oder psychisch Behinderte (Geschädigte)
- Handlungsweise: Kooperation mit anderen Disziplinen über die Schulpädagogik hinaus
- Beurteilung: Betonung der gesellschaftlichen Eingliederung und Partizipation; Gefahr des Missverständnisses technokratischer Anpassung

Integrationspädagogik

- Charakteristika: Grundsätzliche Abkehr von der traditionellen Heilpädagogik u. Ä.; Wiederherstellung der Einheit; Bevorzugung möglichst regulärer Förderangebote; Ausmaß gemeinsamer Bildung individuell-konkret zu entscheiden
- Begriff: unter anderem von Hans Eberwein verbreitet (später im inklusiven Sinne)
- Wissenschaftsbezug: enge Kooperation von Allgemein- und Heilpädagogik
- Personen-/Problemkreis: besondere („exceptional") individuelle Bedürfnisse
- Handlungsweise: flexible Berücksichtigung eines Kontinuums von Maßnahmen; Hauptverantwortung tendenziell beim allgemeinen Bildungssystem
- Beurteilung: Gefahr der Vernachlässigung behinderter Kinder als Subkategorie der Heterogenität; weit verbreitete Integrationsauffassung, mit dem Nachteil, dass die besonderen Integrationsangebote separierende Sogwirkungen ausüben

Inklusionspädagogik

- Charakteristika: zielt auf eine neue, umfassende Sichtweise von Erziehung und Bildung; Miteinander unterschiedlicher Mehr- und Minderheiten
- Begriff: teils synonym, teils unterschiedlich zu Inklusion verwendet (Hinz, 2002; Stein, 2004); Begriff (nach Hans Eberwein) eigentlich unnötig, da jegliche besondere Pädagogik zu überwinden ist
- Wissenschaftsbezug: Überwindung jeglicher besonderen, spezialisierten Pädagogik; Aufgehen in einer zu entwickelnden allgemeinen Pädagogik
- Personen-/Problemkreis: Heterogenität; normale Verschiedenheit und Vielfalt; keine spezielle Personengruppe; Berücksichtigung individueller Bedürfnisse
- Handlungsweise: flexible, differenzierende, individuumsbezogene Maßnahmen; Hauptverantwortung eindeutig beim allgemeinen Bildungssystem, das in Richtung Inklusion zu verändern ist
- Beurteilung: Gefahr der Vernachlässigung behinderter Kinder als Subkategorie der Heterogenität; Notwendigkeit der Veränderung bisheriger Bildungs- und Ausbildungsstrukturen

Aktuelle Relevanz und theoretische Ansätze

Die Frage, ob es überhaupt eine europäische Heilpädagogik gibt oder lediglich eine Heilpädagogik in Europa (siehe Bürli, 1994), ist nicht leicht und abschließend zu beantworten. Wie viele Gemeinsamkeiten sind nötig, um von einer eigenen Identität sprechen zu können, und wie viele Unterschiedlichkeiten sind tragbar und zulässig?

Europäische Identität

Das Selbstverständnis europäischer Heilpädagogik ist vorerst und nicht zuletzt abhängig von der politisch-kulturellen Identität Europas. Diese hat unbestrittenermaßen mit der teilweisen Ablehnung des „Vertrags über eine Verfassung für Europa" (vom 29. Oktober 2004), die den EG- und den EU-Vertrag ablösen sollte, einen starken Rückschlag erlitten und die gemeinsame Gestaltung der Zukunft im Rahmen der von den Mitgliedstaaten übertragenen Zuständigkeiten (s. Artikel I-1 des Vertrags) vorderhand geschwächt. In Übereinstimmung mit dem Leitspruch der Union (s. Artikel 1 bis 8) „In Vielfalt geeint" gehört es zu den Zielen der EU (s. Artikel 1 bis 3), die Wahrung des Reichtums ihrer kulturellen und sprachlichen Vielfalt zu wahren. Im Vertrag von Maastricht (1992) ist dementsprechend keine Harmonisierungsabsicht zur Bildung enthalten, wovon auch die Heilpädagogik betroffen ist.

Die Identität der EU soll unter anderem durch die Charta der Grundrechte der EU (als Teil II des Europäischen Verfassungsvertrags 2004) gestärkt werden. Im Bewusstsein ihres geistig-religiösen und sittlichen Erbes gründet sich die EU (nach der Präambel der Charta) auf die unteilbaren und universellen Werte der Würde des Menschen, der Freiheit, der Gleichheit und der Solidarität, auf den Grundsätzen der Demokratie und der Rechtsstaatlichkeit.

Europäische Identität kann aber auch deutlich gemacht werden durch Vergleiche gegen außen, z. B. durch verschiedene Unterschiede gegenüber außereuropäischen Regionen und Kontinenten. Kontextdimensionen, wie z. B. Weltanschauung, allgemeines Bildungssystem, Gesundheits- und Sozialwesen, Wirtschaft und Politik, Geografie und Demografie, haben entscheidende Auswirkungen auf die Ausgestaltung der Heilpädagogik, denen näher nachzugehen wäre.

Angedeutet werden kann hier lediglich, dass Europa im Vergleich bzw. Gegensatz zu anderen Kontinenten (z. B. Afrika, Asien) über ein hoch entwickeltes Bildungs-, Gesundheits- und Sozialwesen verfügt, sich durch relativen Reichtum auszeichnet und durch eine lange christliche Tradition geprägt ist. Europa ist der Kontinent, der die anderen Erdteile (z. B. durch Missionierung, Kolonialisierung, Sklavenhandel, Waren- und Kulturaustausch) am meisten beeinflusst hat. Nach dem Ende der politisch-ökonomischen Spaltung Europas in einen sozialistischen Osten und einen kapitalistischen Westen haben sich demokratische Strukturen ausgebreitet. Die Bevölkerung dieses dicht besiedelten Erdteils gehört verschiedenen Kulturen und Sprachgruppen an; seit Ende des 20. Jahrhunderts wachsen diese verstärkt zusammen.

Identität europäischer Heilpädagogik

Europa zeichnet sich aus durch Einheit in der Vielfalt und ein noch schwaches Gemeinschaftsgefühl, das erst im Erstarken begriffen ist. Dies ist auch der grundlegende Ausgangspunkt für die potenzielle Entwicklung eines gemeinsamen europäischen Selbstverständnisses der Heilpädagogik. Ansätzen einer europäischen Heilpädagogik kann auf drei Ebenen nachgegangen werden: Merkmale europäischer Heilpädagogik, Normen europäischer Heilpädagogik und Kooperation in der europäischen Heilpädagogik.

Merkmale europäischer Heilpädagogik

Mit der deskriptiven und vergleichenden Methode können vorwiegend *gemeinsame Merkmale* europäischer Heilpädagogik eruiert werden (was nachfolgend in eingeschränktem Rahmen geschieht), aber es können auch (länder-)spezifische Unterschiede erforscht werden. Das weitgehend gemeinsame Selbstverständnis lässt sich vorab nach fünf Gesichtspunkten beurteilen: Theoriebezug und Leitideen; Personen-/Problemkreis; Fachpersonal; Strukturen; Prozesse.

1. **Theoriebezug:**
   Weitgehend unbestritten ist, dass Heilpädagogik eine *Teildisziplin* der Allgemeinpädagogik ist. Zur Debatte stehen aber Fragen des gegenseitigen (engen oder weiten) Verhältnisses, der disziplinären Eigenständigkeit und der konstituierenden Unterschiede. Eine Minderheit versteht Heilpädagogik als Oberbegriff für verschiedene behinderungsrelevante Fachdisziplinen.
   Die europäische Heilpädagogik steht stark unter dem Einfluss von *Leitideen* wie Normalisierung, Integration und Inklusion, ohne dass ihnen ein völlig einheitliches Verständnis zugrunde liegt (siehe Bürli, Normalisierung, 2003). Diese weitgehend allgemein anerkannten Prinzipien haben in den letzten Jahren und Jahrzehnten sämtliche Bereiche der Heilpädagogik verändert, ohne dass selbstverständlich alle Visionen bereits Wirklichkeit geworden wären. Im Gegenteil besteht europaweit noch immer eine große Kluft zwischen dem Integrationsprinzip und seiner Verwirklichung (siehe Bürli, Anspruch und Wirklichkeit, 2003 und 2004).

2. **Personen-/Problemkreis:**
   Europäische Heilpädagogik beschäftigt sich noch immer vorwiegend mit dem Phänomen *Behinderung* aus pädagogischer Sicht. Eine einheitliche Begrifflichkeit, Terminologie und Kategorisierung gibt es allerdings nicht. Seit Jahren besteht das Bestreben, den kategorialen, defektorientierten Behinderungsbegriff zu überwinden und ihn durch die positivere, das Umfeld einbeziehende Sichtweise des besonderen Förder- oder Bildungsbedarfs zu ersetzen. Das Integrations- bzw. Inklusionsprinzip ruft zudem nach einer individuellen Umschreibung der heterogenen Bildungspopulation.
   Diese Entwicklung spiegelt die unterschiedlichen und sich wandelnden *Paradigmen* betreffs „Behinderung", die sich weg von der ausschließlichen Individuums- und Defektorientierung hin zu interaktionistischen, systemorientierten und gesellschaftlichen Sichtweisen verlagert, wider.
   Gleichzeitig hat sich der *Umfang* des Personenkreises laufend erweitert. Im Fokus steht hauptsächlich das Pflichtschulalter. Von der Behinderungsform und vom Schweregrad her kamen die geistig-, schwer- und schwerstmehrfachbehinderten Personen dazu, später auch die sozio-kulturell Benachteiligten. Ob Immigration und Hochbegabung heilpädagogische Aufgabenbereiche sind, ist in Europa umstritten.
   Die *Häufigkeit* von „Behinderungen" hängt genau besehen nicht nur vom Personenkreis ab, sondern ebenso von der Diagnostik, der Zuweisungspraxis und den vorhandenen Angeboten Prozentanteile von Schülern mit besonderem Förderbedarf an der Gesamtschülerschaft im Schulpflichtalter schwanken in Europa von knapp 1 % bis 17 %, bei einem Mittel von 5 % (siehe Bürli, Bildungserschwernisse, 2001 und Meijer/Soriano/Watkins, 2003).
   In Sachen terminologische Umschreibung des Personenkreises wird vermehrt auf sachlich adäquate, politisch korrekte *Ausdruckweise* geachtet (vgl. Mensch mit einer Behinderung). Zudem hat sich die *Rolle und Rechtsstellung* der Betroffenen wie der Angehörigen im Sinne vermehrter Selbstbestimmung entschieden verbessert.

3. Fachpersonal

Zur Förderung der gesellschaftlichen und beruflichen Integration behinderter Menschen in Europa arbeiten sehr *unterschiedliche Fachpersonen* mit divergierenden Berufsbezeichnungen und aus verschiedenen Disziplinen, hauptsächlich aus der Pädagogik und der sozialen Arbeit. Neue Leitideen verändern die Ausbildungskonzepte und ziehen die Klärung neuer Schnittstellen nach sich. Die entsprechenden Ausbildungen sind zudem, insofern es sich um Hochschulstudien handelt, zurzeit mitten in einem *Restrukturierungsprozess* gemäß Bologna-Deklaration, was zu einer Europäisierung der Studiengänge und der Abschlüsse führen dürfte.

Dem *pädagogischen Fachgebiet* können Lehrpersonen und Heilpädagogen bzw. Sonderpädagogen zugeordnet werden, während die Sozialpädagogik je nach Ausrichtung (s. u.) eine Brückenfunktion zum Sozialbereich einnimmt. Der europaweite Ruf nach vermehrter Integration und Normalisierung verändert die Ausbildung und die berufliche Rolle des Fachpersonals, insbesondere der Regel- und der Sonderschullehrer. Entsprechend internationalen Empfehlungen (siehe Bürli, 1995) haben manche Länder inzwischen die heilpädagogische Vorbereitung teilweise in die Lehrergrundausbildung integriert. Die Personenfreizügigkeit innerhalb der EU ab 1. Januar 1993 führt zu einem vermehrten Einbezug der europäischen Dimension in die Lehrer- und Heilpädagogenbildung.

Die Terminologie für die Ausbildung und den Beruf von „*Heilpädagogen*" („Sonderpädagogen", „Behindertenpädagogen" u. a.) und ihre anderssprachigen Äquivalente ist europäisch keineswegs einheitlich. Die Bezeichnung „Heilpädagoge" und ihre Übersetzungen gibt es ohnehin praktisch nur in den deutschsprachigen Ländern. Im Allgemeinen wird zwischen schulisch-unterrichtenden und außerschulischen Fachleuten unterschieden, ohne dass dies einigermaßen konsequent – außer etwa in Deutschland – durch die entsprechende Bezeichnung (Heilpädagoge versus Sonderpädagoge) deutlich gemacht würde. In den meisten Ländern wird für heilpädagogische Lehrpersonen eine Grundausbildung als Lehrperson vorausgesetzt. Wenn in den verschiedenen Ländern (abgesehen vom Lehrberuf) überhaupt eine weiter führende heilpädagogische Professionalisierung stattgefunden hat, erfolgt die Ausbildung in Heilpädagogik an Fachschulen, Fach- und Pädagogischen Hochschulen sowie Universitäten. Teilweise werden außerschulische Funktionen von der Sozialpädagogik übernommen.

Die Ausbildungen und Berufe in der *sozialen Arbeit* differieren in den EU-Mitgliedländern erheblich. Die nationalen Ansätze werden von Jakob Kornbeck drei Gruppen zugeordnet (http://www.haw-hamburg.de/sp/Standpunkt/index.html): a) sozialpädagogischer Ansatz: Sozialpädagogik als Studienrichtung, Studienabschluss und Berufsgruppe; b) spezialedukativer Ansatz: Vielzahl von terminologischen Zusammensetzungen aus „Erziehung/Bildung/Education" und „spezial"; c) Null-Ansatz: sozialpädagogischer Ansatz, Bezeichnung und Beruf fehlen, obwohl sozialpädagogische Arbeit stattfindet. Angesichts der rasanten transnationalen Verflechtung sozialer Fragen wurden durch Franz Hamburger von der Universität Mainz (http:/www.sozialarbeit.de/europa/newslett/) bereits etliche „Studien zur Vergleichenden Sozialpädagogik und Internationalen Sozialarbeit" herausgegeben.

4. Strukturen

Grundsätzlich lassen sich in der Heilpädagogik *schulische* und *außerschulische* Strukturen unterscheiden. Die europäische Heilpädagogik ist stark auf den

Pflichtschulbereich fokussiert, wie dies auch die zahlreichen Studien der European Agency (s. Literaturhinweise) zeigen. Im Zuge eines veränderten Selbstverständnisses von Heilpädagogik wäre zu beobachten, inwiefern sich neue Strukturen und Arbeitsfelder entwickeln (Wohnen, Freizeit, Erwachsenen-/Berufsbildung, Netzwerkorientierung Gemeinwesenarbeit).

Ferner ist die Unterteilung des Bildungssystems in einen *Regel(schul)bereich* und in *Sonder(schul)angebote* (Sonderklassen, Sonderschulen) üblich. Die sozusagen dazwischen liegenden integrativen Bildungsformen können strukturell aus einer breiten Angebotspalette bestehen oder aber die Schule für alle bedeuten (Integration versus Inklusion). Auf europäischer Ebene hat sich zur Bewältigung der heterogenen Schulpopulation weniger eine radikale Schulreform (im Sinne von Inklusion) als vielmehr eine Vielfalt von alternativen und zusätzlichen Angeboten (Integration) entwickelt. Separate Einrichtungen gibt es sozusagen in jedem europäischen Land; anstelle eines Entweder/Oder gibt es die Koexistenz verschiedener Angebotsformen. Die Problematisierung der Sonderschule und ihre Umwandlung in Förderzentren ist ein starker gemeinsamer Trend (Bürli, Schulische Förderung, 2003; 2004; Meijer/Soriano/Watkins, 2003). Der Besuch segregierender Settings schwankt (siehe Meijer/Soriano/Watkins, 2003) von 0,4 % bis 6 % (Durchschnitt ca. 2.2 %) der Gesamtschülerzahl (s. a. Bürli, Bildungserschwernisse, 2001).

Unter dem Einfluss der Integration/Inklusion wächst die Überzeugung, dass heilpädagogische Förderung nicht an einen besonderen *Förderort* gebunden ist, sondern an verschiedenen Orten des Bildungssystems stattfinden kann. Das Sonderschulsystem soll nicht mehr eigenständig sein, sondern als flexibles, kooperatives Unterstützungssystem in das Gesamtbildungssystem eingebunden werden. Die Verantwortung und die Problemlösungskompetenz muss dem regulären Bildungssystem zurückgegeben werden.

Die Aufsicht über die pädagogische Förderung behinderter Menschen liegt (siehe Meijer, 1998) in den meisten europäischen Ländern bei den *Bildungsministerien*; in einigen Staaten sind auch andere Verwaltungen involviert. Dabei besteht eine deutliche Dezentralisierungstendenz hin zur regionalen und lokalen Ebene.

Die Realisierung der Integration wird maßgeblich durch Geldfluss bestimmt, wie die Studie der European Agency zur *Finanzierung* sonderpädagogischer Maßnahmen (1999) deutlich macht.

Zur Elementarerziehung (Kindergartenstufe), die tendenziell zunehmend dem Bildungswesen zugerechnet wird, gibt es kaum europäische Vergleichsstudien mit heilpädagogischen Fragestellungen.

Betreffend *Frühförderung* zeigt die Studie der European Agency (1998), dass in den verschiedenen Ländern Europas eine Vielzahl von dezentralen Diensten mit unterschiedlichen Trägerschaften und Teamstrukturen existiert, die eng mit den betroffenen Familien zusammenarbeiten.

Eine besonders kritische Phase für Kinder und Jugendliche mit Besonderem Förderbedarf ist der *Übergang Schule/Beruf*. Die European Agency (2001/02) hat dazu in einer Studie internationale Daten und Erfahrungen gesammelt sowie Strategien und Empfehlungen zur Überwindung der Hindernisse entwickelt.

5. Prozesse

Unter dem Einfluss der Integration/Inklusion sowie der veränderten Umschreibung des Personenkreises hat die heilpädagogische *Diagnostik* ihren

Schwerpunkt von der medizinisch-klassifikatorischen zur prozessbegleitenden Orientierung hin verlagert.

In ähnlicher Weise hat sich die *Zuweisung* von heilpädagogischen Maßnahmen bzw. die *Zuteilung* zusätzlicher personeller und/oder finanzieller Ressourcen verändert und wurde angesichts der Vielfalt möglicher Lernorte diversifiziert. Das Fehlen eines quantifizierbaren Bedarfskriteriums führte vielerorts zur Eskalation beanspruchter Angebote.

Unter Bezugnahme auf das Normalisierungsprinzip wird europäisch dafür plädiert, in der heilpädagogischen Arbeit vorab vom regulären *Curriculum* auszugehen. Jegliche geplante Förderung soll durch die persönlich-individuelle Umsetzung und Gewichtung im Rahmen eines individualisierten Förderplans erfolgen (European Agency, 1998; Meijer/Soriano/Watkins, 2003).

Einen breiten Einblick in die *Integrative Bildungspraxis* in Europa gibt die Studie der European Agency (2001). Die Ergebnisse zeigen, dass Verhaltens-, soziale und emotionale Probleme sowie der Umgang mit Vielfalt und Differenz die größten Herausforderungen in den Klassenzimmer Europas darstellen. Als wirksame integrative Unterrichtsverfahren haben sich der kooperative Unterricht, das kooperative Lernen, individuelle Unterrichtsplanung, gemeinsame Problemlösung sowie heterogene Gruppenbildung und flexible Unterrichtsdifferenzierung erwiesen (s.a. Meijer/Soriano/Watkins, 2003).

Der wichtigste Paradigmenwechsel erfolgte in der Favorisierung *integrativ-inklusiver Bildungsprozesse* gegenüber separierenden Formen. Dabei steht nach der Studie der European Agency, 2001 die Klassenlehrperson im Mittelpunkt, die in unterschiedlichen Situationen durch ein Angebot von zusätzlichen Maßnahmen einer sonderpädagogischen Fachperson unterstützt wird. Dies geschieht in unterschiedlichen Unterstützungssituationen. Ferner kommt dem Einsatz von Informations- und Kommunikationstechnologien bei Lernenden mit Besonderem Förderbedarf (ICT-SNE) besondere Bedeutung zu (s. European Agency, 2001; Meijer/Watkins, 2001; Meijer/Soriano/Watkins, 2003).

Normen europäischer Heilpädagogik

Abgesehen von gemeinsamen Merkmalen sind auch gemeinsame Regeln und Absichtserklärungen (insbesondere der EU) geeignet, einen Beitrag zur Identitätsbildung europäischer Heilpädagogik zu leisten.

Vorauszuschicken ist, dass selbstverständlich international-weltweite Deklarationen und wegweisende Richtlinien von heilpädagogischer Relevanz (wie z. B. die Deklarationen der UN zu den Rechten von behinderten Menschen oder die Salamanca-Deklaration der UNESCO) auch für Europa ihre Gültigkeit haben und hier wohl in besonderem Maße als Richtschnur ernst genommen werden. In diesem Sinne hat der Rat der EU (1996) – anknüpfend an die UN-Standardregeln über Chancengleichheit für Menschen mit Behinderung (1983) – auch eine Entschließung zur Umsetzung der Chancengleichheit für behinderte Menschen innerhalb der Europäischen Union verabschiedet und die Europäische Kommission (1996) einen europäischen Leitfaden zur Chancengleichheit für behinderte Menschen herausgegeben. Die Postulate in diesen Veröffentlichungen sind: Vermeidung und Beseitigung von Diskriminierung, Verbesserung der Lebensqualität, Zugang zu Regelschulen, Eingliederung in das wirtschaftliche und soziale Leben, Ermöglichung der Teilhabe am Leben der Gesellschaft.

Von wichtiger Bedeutung für die Behindertenthematik ist ferner der Verfassungsvertrag für die Europäische Union. Darin wird unter anderem auf Werte (s. Artikel I–2) hingewiesen wie: Achtung der Menschenwürde, Gleichheit sowie die Wahrung der Menschenrechte einschließlich der Rechte der Personen, die Minderheiten angehören. Allen Mitgliedstaaten gemeinsam sollen Werte wie Nichtdiskriminierung, Toleranz und Solidarität sein. Die EU will soziale Ausgrenzung und Diskriminierungen bekämpfen (s. Artikel I–3). In der „Charta der Grundrechte der Union" werden unter anderem das Recht jedes Menschen auf Leben (s. Artikel II–62) und Bildung (s. Artikel II–74) festgehalten. Die Diskriminierung unter anderem von Menschen mit Behinderung ist verboten (s. Artikel II–81); die Union anerkennt und achtet deren Anspruch auf Integrationsmaßnahmen zur Gewährleistung ihrer Eigenständigkeit, ihrer sozialen und beruflichen Eingliederung und ihrer Teilnahme am Leben der Gemeinschaft (s. Artikel II–86). Zur Sensibilisierung der Öffentlichkeit in diesen Fragen beschloss der Rat der Union das Europäische Jahr der Menschen mit Behinderungen (2003).

Die EU (http://europa.eu.int) hat in den letzten zehn Jahren verschiedene Deklarationen, Aktionsprogramme, Richtlinien, Erlasse und Entschließungen zur Chancengleichheit, Beschäftigung, sozialen Eingliederung, barrierefreien Zugang für Menschen mit Behinderungen hervorgebracht (Übersicht: http://www.lebenmitbehinderung.nrw.de/recht/international.htm).

Kooperation in der europäischen Heilpädagogik

Europäische Zusammenarbeit auf dem Gebiet der Heilpädagogik existiert seit Jahrzehnten in verschiedener Hinsicht, sei dies auf persönlicher oder organisierter Ebene, in lockerer oder intensiv-verbindlicher Weise. Dabei war nicht alles „paneuropäisch", was sich europäisch nannte, sondern vielfach (sprach-)regional begrenzt.

Während es in den 1960er-/1970er-Jahren noch eigentliche europäische Kongresse zur Heilpädagogik gab, haben später nationale Fachorganisationen hin und wieder ihre Tagungen europäisch-international geöffnet. Der grenzübergreifende fachliche Austausch intensivierte sich beim Thema der Normalisierung und Integration (s. Bürli, Normalisierung, 2003).

Auf dem Gebiet der Personalausbildung haben die neuen Konzepte in der Heilpädagogik zur Entwicklung und Umsetzung europäischer Studienprogramme und Netzwerke in Inclusive Education (Bachelor, Master) geführt.

Die frühere Internationale Gesellschaft für Heilpädagogik beschränkte sich vorab auf den europäischen, ja sogar deutschsprachigen Raum. Der spätere europäische Dachverband „European Association for Special Education" (EASE) hingegen umfasste bis Ende der 1990er-Jahre rund 50 nationale Organisationen.

Durch die EG bzw. EU erlebte die Behindertenthematik bzw. Heilpädagogik anfänglich eine große Unterstützung (siehe Bürli/Forrer, 1993). Europäische Vergleichsstudien zur Schulung und Integration behinderter Kinder sowie zur beruflichen Eingliederung von Menschen mit Behinderungen wurden unternommen. Behinderungsspezifische Programme (wie HELIOS, HANDYNET, HORIZON, TIDE, EUCREA) sollten die europäische Kooperation und den Austausch ermöglichen und unterstützen (siehe Kreuzer, 2003; Bürli/Forrer, 1993). Später wurden behinderungsspezifische Aspekte in die Aktionsprogramme der EU (z. B. SOCRATES, LEONARDO) integriert, so auch in die Datenbank EURYDICE zu den Bildungssystemen in der EU.

Behindertenpädagogische Fragen auf europäischer Ebene werden seit 1996 zunehmend von der EU-unabhängigen, aber von ihr unterstützten „European Agency for Development in Special Needs Education" (www.european-agency.org) bearbeitet (s. Literaturhinweise). Dieser Vereinigung gehören zurzeit um die 20 europäische Länder an.

Ausblick

Gibt es also eine europäische Heilpädagogik und wenn ja, wozu? Zusammenfassend lässt sich feststellen, dass es einige europäische Ansätze einer deskriptiv-vergleichenden, gemeinsam regulierenden und kooperierenden Heilpädagogik gibt.

Das Beschreiben und Vergleichen der Heilpädagogik in Europa führt zu Ergebnissen, die nur im Zusammenhang mit verschiedenen Faktoren und Umfelddimensionen interpretiert werden können. Wichtig ist aber nicht das Ansammeln von Wissen über den anderen und das Gemeinsame, sondern die Auseinandersetzung mit dem Fremden. Dadurch werden ständig Relationen zum Eigenen hergestellt und das Eigene wird neu bewertet.

Europaweit festgelegte Normen und Richtlinien sowie die solidarische Zusammenarbeit untereinander tragen dazu bei, die Rechtsansprüche behinderter Menschen überall zu sichern sowie den Qualitätsanforderungen durchgängig Rechnung zu tragen. Nur wenn die kulturelle Identität der anderen akzeptiert wird, gelingt es, auf dieser Grundlage in der Heilpädagogik eine europäische Identität zu schaffen – ohne Abschottung und Überheblichkeit gegen außen – in der jeder seinen Beitrag einbringt und in der er sich wieder findet.

Kommentierte Literaturhinweise

Bürli, Alois: Sonderpädagogik international. Vergleiche, Tendenzen, Perspektiven, Luzern, Editon SZH, 1997.
Dieser Text behandelt Grundfragen, Tendenzen, Kontexte, Zusammenarbeit und Perspektiven internationaler Sonderpädagogik.

European Agency for Development in Special Needs Education, Middlefart (DK). Abgekürzt mit: European Agency. Deutsche Übersetzung: Europäische Agentur für Entwicklungen in der Sonderpädagogischen Förderung. Die European Agency hat bisher folgende europäische Vergleichsstudien durchgeführt und veröffentlicht (s. a. Meijer/Watkins, 2001; Meijer/Soriano/Watkins, 2003):
Integration in Europa (1998)
Frühförderung in Europa (1998)
Unterstützung von Lehrkräften (1999)
Finanzierung sonderpädagogischer Maßnahmen (1999)
Inklusive Bildung und wirksame Unterrichtspraxis (2001)
Informations- und Kommunikationstechnologien (2001)
Übergang Schule – Beruf (2001/02)

Im Internet ist ersichtlich, welche Berichte in welcher Sprache und welcher Form (Buch, eBooks, Abstract) erhältlich sind unter www.european-agency.org

Hans, Maren/Ginnold, Antje (Hrsg.): Integration von Menschen mit Behinderung. Entwicklungen in Europa, Neuwied/Berlin, Luchterhand, 2000.
Verschiedene Autoren zeichnen länderspezifische Entwicklungslinien der Integration von Menschen mit Behinderung nach.

Sasse, Ada/Vitkovà, Marie/Störmer, Norbert (Hrsg.): Integrations- und Sonderpädagogik in Europa. Professionelle und disziplinäre Perspektiven, Bad Heilbronn, Klinkhardt, 2004.
Dieses Buch enthält Beiträge der Arbeitstagung 2002 der Dozierenden für Sonderpädagogik in Brno (Tschechische Republik) zu europäischen Veränderungen in Sozialstaat, Theoriebildung, Professionalisierung und Integration.

Euthanasie Michael Wunder

Etymologie

Das Wort „Euthanasie" setzt sich zusammen aus *eu* für gut, schön und *thanatos* für Tod und wird heute meist im Sinne eines würdigen und schmerzlosen Todes verwendet.

In der griechischen und römischen Antike unterlag der Begriff „euthanatos" einem Verständniswandel und war mehrdeutig. In seiner frühesten Verwendung in der griechischen Komödie des 4. vorchristlichen Jahrhunderts stand der Begriff für den „leichten Tod ohne lange vorherige Krankheit", auch für den frühen Tod, der einem die Mühen des Alters erspart. Später kam auch die Bedeutung des schnellen Todes durch Feindeshand hinzu und die des ehrenvollen Todes im Kampf oder nach einem erfüllten Leben.

In der modernen Diskussion wird der Begriff im Gegensatz zur Antike meist mit der Handlung eines Arztes verbunden und mit der Tötung auf Verlangen oder der Beihilfe zur Selbsttötung gleichgesetzt. Die moderne Diskussion unterscheidet dabei *aktive Euthanasie* (Tötung auf Verlangen) von *passiver Euthanasie* (Abbruch oder Unterlassung lebenserhaltender Maßnahmen) sowie der *indirekten Euthanasie* (Gabe von Schmerzmitteln mit der unbeabsichtigten Nebenwirkung des schnelleren Todes). In Deutschland wird der Begriff „Euthanasie" durch den Begriff der *Sterbehilfe* ersetzt, da das Wort Euthanasie durch den Massenmord an Menschen mit Behinderung oder psychischen Krankheiten im Nationalsozialismus negativ belegt ist. In anderen Ländern wird dagegen der Begriff der Euthanasie verwendet.

Geschichte

Die erste Verbindung des Begriffes „Euthanasie" mit ärztlichem Handeln, um unheilbar Kranken qualvolles Leiden zu ersparen, findet sich bei Fancis Bacon (1561–1626), der Euthanasie definierte als „ärztliche Handlung, um Sterbenden den Todeskampf zu erleichtern". Eine Beschleunigung des Sterbens oder gar eine aktive Tötung wird von ihm nicht mitgedacht. Ebenso forderte der Hallenser Arzt Johann Christian Reil (1759–1813) eine fürsorgliche Sterbebegleitung ohne Lebensverkürzung („Man sorge dafür, dass der Mensch am natürlichen Tod sterben kann, der sanft ist.").

Erst Ende des 19. Jahrhunderts wird der Begriff „Euthanasie" in Zusammenhang mit der Tötung schwerkranker und unheilbar kranker Menschen diskutiert. Der Philosophie- und Physikstudent Adolf Jost fordert in seiner 1895 in Göttingen vorgelegten Schrift „Das Recht auf den Tod" als Erster sowohl die Freigabe der Tötung auf Verlangen körperlich Kranker als auch die Freigabe der Tötung so genannter Geisteskranker. Der Wert des Lebens steht dabei für ihn im Mittelpunkt. Dieser bestehe aus der Summe von Freude und Schmerz, die das Individuum empfinde, und der Summe von Nutzen und Schaden, die das Individuum für seine Mitmenschen darstelle. Der Wert eines Menschenlebens könne, so Jost, negativ werden. Wegen der Akzeptanz in der Bevölkerung solle der Staat aber zunächst den Ärzten nur erlauben, unheilbar Kranke nach

Dokumentation ihrer Willensbekundung zu töten, erst in einer zweiten Stufe solle der Staat die Tötung der Geisteskranken an sich ziehen und regeln. Damit ist bereits ein wesentliches Thema angeschnitten, das sich durch die gesamte Euthanasiediskussion zieht: die Tötung auf Verlangen des einzelnen Schwerkranken und die Tötung Behinderter oder anderer Schwacher, die sich nicht äußern können, auf Verlangen der Gesellschaft. Beides wird in der modernen Euthanasiediskussion nicht nur zusammen gefordert, sondern ist auch gedanklich durch die zugrunde liegende Debatte über den „Wert des Lebens" untrennbar miteinander verquickt.

Das Buch von Jost blieb allerdings recht unbekannt, bis der Strafrechtler Karl Binding und der Psychiater Alfred Hoche 1920 ihre berühmte Schrift „Die Freigabe der Vernichtung lebensunwerten Lebens" in Leipzig vorlegen und in ihr Jost nicht nur lobend erwähnen, sondern sich in wesentlichen Gedankengängen auf ihn beziehen. Binding fragt zunächst, ob die Tötung eines unheilbar Kranken auf sein Verlangen hin einen Strafausschließungsgrund biete. Aus dem Beispiel des körperlich Schwerkranken, der um seine Tötung bittet, entwickelt Binding die Denkfigur der „straffreien Erlösungstat" (vgl. Binding/Hoche, 1920, S. 34).

Für drei Gruppen von Menschen soll die straffreie Erlösungstat in Betracht kommen:

- „Für die, die zufolge ihrer Krankheit oder Verwundung unrettbar Verlorenen, die in vollem Verständnis ihrer Lage den dringenden Wunsch nach Erlösung besitzen und ihn in irgendeiner Weise zu erkennen geben"

- Für die „geistig gesunden Persönlichkeiten, die durch irgendein Ereignis [...] bewusstlos geworden sind und [...] zu einem namenlosen Elend erwachen würden" und

- Für die „unheilbar Blödsinnigen, [...] die das furchtbare Gegenbild echter Menschen bilden und fast in jedem Entsetzen erwecken, der ihnen begegnet" (Binding/Hoche, 1920, S. 58).

Handelt es sich bei der ersten Gruppe um Tötung auf eigenes Verlangen, so handelt es sich bei der zweiten Gruppe (heute z. B. Wachkoma-Patienten) und der dritten Gruppe (heute z. B. Neugeborene mit schweren Behinderungen) um Tötung auf Verlangen der Gesellschaft oder des Staates. Binding fragt wie Jost: „Gibt es Menschenleben, die so stark die Eigenschaft des Rechtsgutes eingebüßt haben, dass ihre Fortdauer für die Lebensträger, wie für die Gesellschaft dauernd allen Wert verloren hat?" (Binding/Hoche, 1920, S. 58) Und er kommt wie Jost zu der Antwort, dass der Wert des Einzelnen negativ werden könnte, wenn der Lebensbeitrag des Kranken oder behinderten Menschen zur Leistung der Volksgemeinschaft in Gestalt von Pflegearbeit und Pflegekosten gegengerechnet wird.

Bei Hoche folgen aus den Nützlichkeits- und Wertüberlegungen dann die bekannten Hetzbegriffe „nutzlose Esser", „leere Menschenhülsen" und „Ballastexistenzen", auf die sich die Nationalsozialisten später in ihrer Propaganda beziehen.

Euthanasie und Eugenik (siehe Beitrag *„Eugenik"* von Michael Wender) hängen nicht ursächlich zusammen. Dennoch hat die Umsetzung der Eugenik ab 1933 der Euthanasie den Weg geebnet. Dies geschah in Gestalt der Zwangssterilisation, der zunehmenden Asylierung von Menschen mit Behinderung und psychischer Auffälligkeit in Heimen und Anstalten und der damit einhergehenden Abwertung und Brutalisierung (Überfüllung der Anstalten, Entzug von Ressourcen).

Im Frühjahr 1939 wird der „Reichsausschuss zur wissenschaftlichen Erfassung von erb- und anlagebedingten schweren Leiden" gegründet. Im August 1939 wird die Meldepflicht für „missgestaltete und idiotische Kinder" eingeführt. Drei Gutachter des Reichsausschusses entscheiden mit einem Plus- bzw. Minuszeichen zunächst über die Einweisung in eine der im gesamten Reichsgebiet geschaffenen, so genannten Kinderfachabteilungen. Nach entsprechenden medizinischen Forschungen an den Kindern wird dann über die Tötung entschieden, die in der Amtssprache „Ermächtigung zur Behandlung" heißt. Dieser ersten Euthanasie-Aktion fallen rund 5.000 Kinder zum Opfer.

Im Oktober 1939 verfasst Adolf Hitler den fünfzeiligen so genannten Euthanasie-Erlass, durch den die Befugnisse bestimmter Ärzte so erweitert werden, dass „unheilbar Kranken bei kritischster Beurteilung ihres Krankheitszustande der Gnadentod gewährt werden kann". Der Erlass wird bewusst auf den 1. September 1939 (Beginn des Krieges nach außen, Beginn des Krieges nach innen) vordatiert. In einer Villa in Berlin, Tiergartenstraße 4 (daher das Kürzel „T 4 Aktion") wird die Zentrale der Euthanasie-Organisation aufgebaut. Die Erfassung wird über Meldebögen und die Beurteilung der gemeldeten Anstaltspatienten durch jeweils drei Gutachter abgewickelt. Selektiert werden die „Schwächsten der Schwachen", die chronisch krank sind oder länger als fünf Jahre in der Anstalt sind, pflegeaufwendig sind und keine oder kaum eine Arbeitsleistung vorzuweisen haben. In Anstalten, die sich weigern, den Meldebogen auszufüllen, werden die Patienten direkt durch Ärztekommissionen der Berliner Zentrale erfasst und beurteilt. Der Transport der Patienten in die sechs dafür mit Gaskammern ausgestatteten Tötungsanstalten (Grafeneck, Brandenburg, Bernburg, Hartheim, Sonnenstein/Pirna und Hadamar) wird von der „Gemeinnützigen Krankentransportgesellschaft", kurz GeKraT, abgewickelt. Der zentralen Meldebogen-Euthanasie fallen 70.000 Anstaltspatienten zum Opfer.

Gleichzeitig wird in der Kanzlei des Führers ein Euthanasie-Gesetz erarbeitet, weil viele Beteiligte immer wieder nach den gesetzlichen Grundlagen fragen. In dem Gesetz wird, wie bei Binding und Hoche gefordert, Ärzten zum einen erlaubt, schwerkranke Patienten auf deren ausdrückliches Verlangen hin zu töten, zum anderen das Leben bei Kranken, „die infolge unheilbarer Geisteskrankheit sonst lebenslänglicher Verwahrung bedürfen" [...] „durch ärztliche Maßnahmen unmerklich" zu beenden (Roth/Aly 1984, S. 24). Das Gesetz wird nicht erlassen, um den Fortgang der in den Augen der Nationalsozialisten erfolgreichen, getarnten Mordaktionen nicht zu gefährden. 1943 fordern aber die führenden Psychiater des Reiches in ihrer Psychiatrie-Denkschrift den Erlass eines Sterbehilfegesetzes in diesem Sinne für die Zeit nach dem Kriegsende.

Nach Protesten aus der katholischen Kirche und Teilen der Bevölkerung wird die Aktion aber im August 1941 gestoppt. Das Tötungspersonal wird in die neu geschaffenen Vernichtungslager in den östlichen besetzten Gebieten, Sobibor, Belzec und Majdanek verlegt. Das Know-how, das beim Massenmord an den Anstaltspatienten erworben wurde, wird ab 1941 für den Genozid an den europäischen Juden verwendet. Strittig wird heute diskutiert, ob dies auch der Grund für den offiziellen Stopp der Euthanasie war oder ob andere Gründe ausschlaggebend waren (Beruhigung der Bevölkerung; Erreichen eines ersten Planzieles).

Die Euthanasie-Aktion wird aber nach kurzer Pause ab Ende 1942 dezentral unter Beteiligung einer weit höheren Anzahl von Anstalten weitergeführt. Die Verlegungen finden jetzt oft mit katastrophenmedizinischer Begründung statt (Räumung zu Hilfskrankenhauszwecken u. Ä.). Getötet wird in über 100 Anstalten des Deutschen Reichs durch Hunger, Arbeit, Überdosierung von Medikamenten und Nicht-Behandlung von Krankheiten. Dieser zweiten Phase der Euthanasie („Dezentrale Euthanasie" oder „Aktion Brandt" nach dem Urheber der katastrophenmedizinischen Evakuierungspläne, Dr. Karl Brandt, fälschlicherweise auch „wilde Euthanasie" in Übernahme der Begrifflichkeit der Täter) fallen nach heutigem Stand der Forschung zwischen 120.000 und 200.000 Menschen zum Opfer.

Nach 1945 kommt es im Rahmen des Nürnberger Ärzteprozesses 1946/47 auch zur gerichtlichen Befassung mit der Euthanasie. (siehe Mitscherlich/Mielke, 1960) Da der Prozess den Gesamtkomplex ärztlicher Verbrechen im Nationalsozialismus behandelt, insbesondere die medizinischen Experimente in den Konzentrationslagern, sind viele Aspekte der Euthanasie noch nicht Gegenstand dieses Prozesses. (siehe Ebbinghaus/Dörner, 2001) Dr. Brandt wird als einer der Hauptschuldigen zum Tode verurteilt, die meisten Täter werden aber erst in späteren Verfahren, viele nie belangt. (siehe Klee, 1986) Berühmt ist die Charakterisierung der Euthanasie im Nationalsozialismus durch den US-amerikanischen Berichterstatter des Nürnberger Ärzteprozesses Leo Alexander: *„Der Anfang war eine feine Verschiebung in der Grundeinstellung der Ärzte. Es begann mit der Akzeptanz der Einstellung, dass es bestimmte Leben gibt, die wert sind, gelebt zu werden. Diese Einstellung umfasste in seiner frühen Ausprägung die ernsthaft und chronisch Kranken. Allmählich wurde der Kreis derjenigen, die in diese Kategorie einbezogen wurden, ausgeweitet auf die sozial Unproduktiven, die ideologisch Unerwünschten, die rassisch Unerwünschten ... es ist wichtig, zu erkennen, dass die unendlich kleine Eintrittspforte, von der aus diese ganze Geisteshaltung ihren Lauf nahm, die Einstellung gegenüber nicht rehabilitierbarer Krankheit war."* (Alexander, 1994, S. 44)

Leo Alexander prägt damit in den USA den Begriff der „slippery slope", der glitschigen Treppe oder der „schiefen Ebene, auf der es kein Halten mehr gibt". Er steht damit in der Kritik der Euthanasie-Befürworter, welche die Allgemeingültigkeit seiner Kritik an der Euthanasie bestreiten.

Aktuelle Relevanz und theoretische Ansätze

In den **USA** werden bereits Mitte der 1930er-Jahre einige breit publizierte Fälle von Menschen diskutiert, die ihren Zustand als Querschnittsgelähmte oder Krebskranke als so aussichtslos empfinden, dass sie getötet werden wollen. Die Euthanasie-Bewegung in den USA prägt hierfür den Begriff des „mercy killing" (Gnadentötung), später auch der „beneficent euthanasia" (wohltätige Euthanasie).

Anlässlich einiger dramatischer Einzelfälle, bei denen vor Gericht das Abschalten lebenserhaltender Geräte erstritten wird, kommt es ab Mitte der 1970er-Jahre in den meisten Staaten des USA zu Living-will-Gesetzen (gesetzliche Regelung der Patientenverfügung). Darin erklärt der Einzelne, in welchen Fällen von als aussichtslos empfundener Erkrankung welche Maßnahmen abgebrochen oder nicht mehr angewandt werden sollen, wenn er sich selbst nicht mehr äußern kann. Strittig ist, ob es sich hierbei lediglich um passive Euthanasie handelt. Die Krankheitszustände, für die die Unterlassung oder der Abbruch gewährt werden soll (z. B. Lähmungen oder Demenz) und die Maßnahmen die „weggewählt" werden können (z. B. antibiotische Behandlung, Nahrungszufuhr, Flüssigkeitszufuhr) sind so ausgeweitet, dass der Unterschied zur aktiven Euthanasie verschwindend gering wird. Strittig ist ebenfalls die Übertragung der jeweiligen Möglichkeiten, die die Living-will-Gesetze ermöglichen, auf Neugeborene mit schweren Behinderungen, Altersgebrechliche und behinderte Personen. „Niemand soll leiden, nur weil er sich nicht äußern kann", fordert Marvin Kohl, prominenter Bioethiker aus New York. „Wenn fanatisches Beharren auf Einwilligung nur das Leiden verlängert und vergrößert, dann müssen andere im Namen dieser Person eine Entscheidung treffen." (Kohl, 1975, S. 136) Selbstbestimmung und Fremdbestimmung werden wie am Anfang der modernen Euthanasie-Diskussion wieder eng miteinander verknüpft.

Oregon hat bislang als einziger Bundesstaat der USA die aktive Euthanasie in Gestalt des ärztlich assistierten Suizids für Patienten, die über 18 Jahre sind, unheilbar krank und eine Lebenserwartung von weniger als sechs Monate haben, legalisiert. Eine ärztliche Zweitmeinung muss eingeholt und eine Widerrufungsmöglichkeit über 15 Tage gewährleistet werden. Das Gesetz, das zunächst als sensationell bezeichnet wurde, wird heute von den Euthanasie-Befürwortern als so kompliziert angesehen, dass es kaum angewandt wird.

Im **Nord-Territorium von Australien** tritt im Juli 1996 ein vergleichbares Gesetz in Kraft, wobei die Ausführung der Tötungshandlung über einen Computer erfolgt, der vom Patienten selbst in Gang gesetzt werden musste. Das Gesetz wird, nachdem es in vier Fällen zur Anwendung gekommen war und heftige öffentliche Kontroversen ausgelöst hatte, im März 1997 vom australischen Oberhaus aufgehoben.

In den **Niederlanden** ist die aktive Euthanasie seit 1994 straffrei und seit 2001 offiziell erlaubt, wenn der Arzt folgende Sorgfaltskriterien einhält:
- Der Patient muss seine Bitte freiwillig und nach reiflicher Überlegung äußern.
- Der Zustand des Patienten muss aussichtslos und sein Leiden unerträglich sein.
- Der Patiente muss über seine Situation aufgeklärt und gemeinsam mit dem Arzt zu der Überzeugung gelangt sein, dass es keine andere annehmbare Lösung gibt.
- Ein zweiter Arzt muss zu Rate gezogen werden, den Patienten untersuchen und schriftlich zu den genannten Sorgfaltskriterien Stellung nehmen.

Das heute gültige Gesetz verzichtet im Gegensatz zu dem von 1994 auf die zeitliche Beständigkeit des Tötungswunsches, die Unheilbarkeit der Krankheit als Indikation und verlagert die bisherige Altersgrenze von 18 auf 16 Jahre. Kritiker sehen dies als Beleg für eine „slippery slope" und verweisen insbesondere auf die über zehn Jahre gleich bleibend hohe Zahl nicht eingewilligter Euthanasie-Fälle.

Euthanasie-Praxis in den Niederlanden			
	Euthanasie mit Einwilligung	**ärztlich assistierte Selbsttötung**	**Euthanasie ohne Einwilligung**
1990	2.300 Fälle 1,8 % aller Todesfälle	242 Fälle 0,3 % aller Todesfälle	976 Fälle*) 0,8 aller Todesfälle
1995	3.600 Fälle 2,4 % aller Todesfälle	238 Fälle 0,3 % aller Todesfälle	913 Fälle 0,7 % aller Todesfälle
2001	36.502 Fälle 2,6 % aller Todesfälle	180 Fälle 0,2 % aller Todesfälle	941 Fälle 0,7 % aller Todesfälle
*) hierzu gehören auch 375 Fälle von Entscheidungsfähigen, die man gar nicht erst fragte			

Als Motive für die uneingewilligte Euthanasie geben die tötenden Ärzte in einer Befragung 1990 an, dass eine weitere medizinische Behandlung sinnlos gewesen wäre, keine Aussicht auf Besserung bestanden habe, die Angehörigen nicht mehr damit fertig geworden seien und die Lebensqualität zu niedrig gewesen sei. (Remmelink-Report, 1991)

Die hohe Zahl der Euthanasie-Fälle ohne Einwilligung wird von Kritikern als Beleg bewertet, dass die Tötung ohne Verlangen die unvermeidbare Begleitpraxis einer Erlaubnis der Tötung auf Verlangen ist. Wenn die Tötung auf Verlangen einmal zur legalen medizinischen Behandlung erklärt worden sei, ändere sich ganz offensichtlich auch die Mentalität der Medizin und der Mediziner, die dann auch ohne Verlangen töten, wenn die weitere Behandlung als sinnlos erachtet wird, die Angehörigen als zu belastet gelten oder die Lebensqualität als zu niedrig eingeschätzt wird.

In **Belgien** ist seit 2002 ein Euthanasie-Gesetz erlassen. Es lehnt sich eng an das niederländische an, wenngleich einige Bestimmungen, wie die Altersgrenze von 18 Jahren und die nachzuweisende zeitliche Beständigkeit des Todeswunsches von mindestens einem Monat, strenger sind. Der Anteil der uneingewilligten Euthanasie ist aber noch größer als in den Niederlanden. Nach einer Untersuchung von 2001 waren 1,1 % aller Sterbefälle in Belgien auf eingewillige Euthanasie zurückzuführen und 3,2 % auf uneingewillige Euthanasie (vgl. Deliens, 2000, S. 356; vgl. Bernheim, 2001, S. 1038).

In der **Schweiz** besteht die besondere rechtliche Situation darin, dass die uneigennützige Hilfe zur Selbsttötung explizit von der Strafbarkeit ausgenommen ist. Die Schweizerische Akademie der medizinischen Wissenschaften, SAMW, respektiert seit 2003 in ihrer Richtlinie „Betreuung von Patienten am Lebensende" im Gegensatz zu ihrer Haltung früher die Beihilfe zum Suizid durch einen Arzt oder eine andere Person, wenn das Lebensende nahe ist und der urteilsfähige Patient dies wünscht. Die Tötung auf Verlangen wird weiterhin abgelehnt.

Schweizer Ärzte halten diese Regelung für die weltweit offenste, da die Methode der Selbstverabreichung offen sei (oral, Infusion oder Magensonde), keine medizinische Zweitmeinung eingeholt werden müsse, die Beihilfe nicht notwendigerweise von einem Arzt vollzogen werden müsse und keine terminale Erkrankung als Voraussetzung vorliegen müsse (Bosshardt/Fischer/Bär, 2002, S. 527–534).

Problem- und Erfahrungsfelder

In Deutschland ist die Tötung auf Verlangen (aktive Sterbehilfe) durch § 216 StGB verboten. Die Unterlassung oder der Abbruch lebenserhaltender medizinischer Maßnahmen bei Sterbenden (passive Sterbehilfe) und die Anwendung leidensmindernder schmerztherapeutischer Maßnahmen, auch wenn diese unbeabsichtigt zu einem schnellerem Tod führen (indirekte Sterbehilfe), unterliegen den berufsrechtlichen Regelungen der Ärzteschaft und sind nach der höchstrichterlichen Rechtssprechung zulässig. Zur ärztlichen Beihilfe zur Selbsttötung bestehen keine gesetzlichen Regelungen, sie kollidiert aber mit der Garantenpflicht des Arztes und der Strafbarkeit der unterlassenen Hilfeleistung nach § 323c StGB.

Wesentliche Problemfelder in der Praxis sind:
- der Umgang mit der Forderung nach Legalisierung der aktiven Sterbehilfe,

- die Analyse der Gründe für die hohe Zustimmungsbereitschaft zur aktiven Sterbehilfe,
- der Ausbau der Sterbebegleitung und der Hospiz- und Palliativversorgung,
- die Gefahren der Ausweitung der passiven Sterbehilfe,
- die Stellungnahme von Menschen mit Behinderung und der Heilpädagogik in der aktuellen Debatte.

Allgemeine **Meinungsumfragen** in Deutschland ergeben meist überwältigende Mehrheiten von 60 % bis 80 % für die Legalisierung der aktiven Sterbehilfe (Allensbach, 2001; forsa, 2002). Allerdings sind die Antworten in starkem Maße von der Fragestellung abhängig. So lassen viele Umfragen die jeweiligen Alternativen, wie eine schmerztherapeutische Behandlung, unerwähnt, sondern fragen nur nach der Zustimmung zu einer gesetzlichen Regelung oder zur „Erlösungsspritze" bei starken Schmerzen. Vergleichszahlen aus differenzierteren Befragungen zeigen dagegen einen Anstieg der Zustimmung zur Palliativmedizin und Hospizarbeit von 34,8 % (1997) auf 56,6 % (2000) bei gleichzeitiger Abnahme der Zustimmung zur aktiven Sterbehilfe von 41,2 % auf 35,4 % (Deutsche Hospiz Stiftung, emnid, 1997 u. 2000).

Wichtige gesellschaftliche Gruppen wie die beiden großen Kirchen, der deutsche Behindertenrat, die Deutsche Ärztekammer, die Gremien der Hospizbewegung, aber auch der überwiegende Teil der Politiker stimmen über Parteigrenzen hinweg darin überein, eine Legalisierung der Tötung auf Verlangen abzulehnen.

Befürworter der Legalisierung der aktiven Sterbehilfe beziehen sich auf die Menschenwürde, die im Sterben gewahrt werden müsse, und das sich daraus ergebende Recht auf Selbstbestimmung. Dies umfasse das Recht, über sein Leben und seinen Tod zu bestimmen.

Gegner bestreiten nicht das Recht auf Selbstbestimmung, sondern stellen in Frage, ob dadurch ein Recht auf Tötung auf Verlangen abgeleitet werden kann. Selbstbestimmung habe zum einen da ihre Grenze, wo sie ihre eigene Grundlage vernichte, zum anderen könne sie da, wo sie auf Handlungen Dritter angewiesen sei, nicht deren Handlung legitimieren. Es gebe auch kein menschenunwürdiges Leben, sondern nur unwürdige Behandlung von Menschenleben durch andere. Die Menschenwürde gebiete deshalb gerade den Lebensschutz und den würdigen Umgang mit dem Leben zu jedem Zeitpunkt. Des Weiteren werden gegen die Legalisierung der aktiven Sterbehilfe grundsätzliche rechtliche Bedenken erhoben, wie die Verkehrung des ärztlichen Behandlungsauftrages, die Aufweichung des Tötungsverbotes, die Gefahr der Vernachlässigung der ärztlichen und pflegerischen Fürsorgeverpflichtung und die unausweichliche Rechtsunsicherheit bezüglich der nicht äußerungsfähigen Gruppen der Menschen mit Behinderung, mit Demenz oder im Wachkoma.

Gründe für die hohe Zustimmungsbereitschaft zur aktiven Sterbehilfe werden unter anderem in den weit verbreiteten nachvollziehbaren Ängsten vor Schmerzen und einem schmerzvollen Tod, dem allein gelassen Werden, einer nicht würdevollen Behandlung und einer nicht mehr loslassenden Medizin gesehen.

Wesentliche Beiträge zur **Verbesserung der Situation Schwerstkranker und Sterbender** und zur nachhaltigen Zurückdrängung des Wunsches nach aktiver Sterbehilfe werden deshalb in einem Wertewandel in der modernen Medizin und ihrer naturwissenschaftlich-technischen Sichtweise gesehen und in konkreten politischen Schritten in den folgenden Bereichen:

- Stärkung des Patientenrechts auf eine bedarfsgerechte Palliativversorgung,
- Stärkung der Sterbebegleitung und angemessenen Palliativversorgung im häuslichen Bereich (Freistellungsregelung von beruflichen Verpflichtungen für Familienangehörige, Ausbau der ambulanten Pflege am Lebensende, Einführung ambulanter palliativer Care-Teams),
- Verbesserung der palliativmedizinischen Aus-, Fort- und Weiterbildung aller beteiligten Berufsgruppen,
- Stärkung der ambulanten und stationären Hospizarbeit und Palliativversorgung (siehe Enquete-Kommission Recht und Ethik, 2005).

Maßgeblichen Einfluss auf diese aktuelle Entwicklung der rechtspolitischen Debatte zur Sterbebegleitung und Sterbehilfe in Deutschland hat die Entscheidung des Bundesgerichtshofes von 1994 im so genannten „Kemptner Fall" (BGHSt, 1995, S. 257–272). In diesem Urteil wird das Absetzen der künstliche Ernährung bei einer 72-jährigen Wachkoma-Patientin, also einer Frau, die nicht im Sterben lag, als ein rechtlich „zulässiges Sterbenlassen" durch Abbruch der lebenserhaltenden künstlichen Ernährung bewertet, da dies dem mutmaßlichen Einverständnis der Betroffenen entsprochen habe. Damit wird erstmals die Maßnahme des Nahrungsentzuges als erlaubte Behandlungsbegrenzung bei einer nicht Sterbenden anerkannt, wenn diese von dem geäußerten oder zumindest gemutmaßten Willen gedeckt ist.

Seither besteht die **Gefahr der Ausweitung der passiven Sterbehilfe** durch:

- die Ausweitung des Abbruchs oder der Unterlassung lebenserhaltender Maßnahmen auf nicht sterbende Patienten,
- die Ausweitung der absetzbaren Maßnahmen auf Basismaßnahmen, wie die künstlichen Ernährung und die Flüssigkeitszufuhr,
- die Ausweitung auf nicht mehr einwilligungsfähige Menschen (Menschen mit Behinderung, Demenz-Betroffene, Wachkoma-Patienten), bei denen dann der mutmaßliche Wille und die Entscheidung Dritter eine wesentliche Rolle spielen.

Dies zeigt sich in den „Grundsätzen zur ärztlichen Sterbebegleitung" der Bundesärztekammer von 2004, in denen die künstliche Nahrungs- und Flüssigkeitszufuhr als medizinische Maßnahme eingestuft wird und auch bei nicht sterbenden Patienten mit infauster Prognose[1] abgesetzt werden können. Noch deutlicher zeigt sich das an der Kontroverse um die gesetzliche Regelung der Patientenverfügung. Hier fordern die einen eine Reichweitenbegrenzung der zu verfügenden Absetzung oder Unterlassung lebenserhaltender Maßnahmen auf irreversible, tödliche Erkrankungszustände, andere aber wollen keine Einschränkung auf einen bestimmten Krankheitsverlauf. Die bisherige Definition der passiven Sterbehilfe, bei der der Tod durch die Folge der nicht weiterbehandelten Erkrankung eintritt, könnte damit unklar und trennunscharf zur aktiven Sterbehilfe werden, da der Tod dann durch die Vorenthaltung einer Behandlung bei einer ansonsten behandelbaren Krankheit eintreten könnte.

---

[1] Patienten, die sich noch nicht im Sterben befinden, aber nach ärztlicher Erkenntnis aller Voraussicht nach in absehbarer Zeit an dieser Krankheit sterben werden.

Ausblick

In der Debatte um die Sterbehilfe spielen die Gruppen der nicht oder nicht mehr einwilligungsfähigen Menschen mit Behinderung, insbesondere die von Demenz und Wachkoma Betroffenen, eine zentrale Rolle. Ausweitungen der rechtlich und ethisch zulässigen Entscheidungen am Lebensende werden oft für Angehörige dieser Gruppen mit der Begründung des besonderen Leidens, der Mutmaßung über deren Wille und Wohl oder auch der Gleichbehandlung mit äußerungsfähigen Menschen begründet. Menschen mit Behinderung und die Heilpädagogik als Disziplin sind deshalb in besonderem Maße aufgerufen, Position in dieser Debatte zu beziehen und die Gefährdung dieser Gruppen durch

- die in jeglicher Euthanasiedebatte angelegte Wertbestimmung des menschlichen Lebens und
- die in der Geschichte der Euthanasie bis heute immer wieder belegte Verquickung von versprochener Selbstbestimmung und tatsächlicher Fremdbestimmung

zum Thema zu machen.

Kommentierte Literaturhinweise

Dörner, Klaus: Tödliches Mitleid – Zur Frage der Unerträglichkeit des Lebens. Gütersloh, Jakob van Hoddis, 1988.
Als Historiker und Arzt geht Klaus Dörner der Frage nach, wie die Geschichte der Industrialisierung und der Medizin sich so ergänzen konnten, dass soziale Probleme wie Armut, Abweichung und Anderssein mit den Mitteln der Medizin gelöst werden sollten. Er entwickelt hierfür den mittlerweile als geflügeltes Wort geltenden Begriff „tödliches Mitleid".

Frewer, Andreas/Eickhoff, Clemens (Hrsg.): „Euthanasie und die Aktuelle Sterbehilfe-Debatte – Die historischen Hintergründe medizinischer Ethik, Frankfurt a.M., Campus Verlag, 2000.
Dieses Buch ist eine umfangreiche und facettenreiche Sammlung zur Geschichte der modernen Euthanasie vom Ende des 19. Jahrhunderts bis heute, wobei die verschiedenen wissenschaftlichen Disziplinen, wie Recht, Geschichtswissenschaften, Medizin, Soziologie und Psychologie, Beiträge liefern. Das Buch enthält auch eine Bewertung der historischen Ereignisse für die aktuelle Debatte.

Schmuhl, Hans-Walter: Rassenhygiene, Nationalsozialismus, Euthanasie – Von der Verhütung zur Vernichtung „lebensunwerten Lebens". Göttingen, Vondenhoek & Ruprecht, 1987.
Der Autor stellt quellenreich und auf dem Stand der fundierten Geschichtsforschung die Ideengeschichte der Euthanasie ebenso dar wie die Durchführung der Euthanasie-Aktionen im Nationalsozialismus. Das Buch gilt als Grundlagenwerk für die Geschichte der Medizin im Nationalsozialismus.

Student, Johann-Christoph (Hrsg.): **Das Hospizbuch.** Freiburg, Lambertus Verlag, 1989.
Das Hospizbuch Students ist eines der ersten deutschsprachigen Bücher zum Thema, es ist jedoch seinen Grundaussagen zum ganzheitlichen Ansatz der Hospizbewegung zur Sterbebegleitung und zum Verständnis des Sterbens als Teil des Lebens aber nach wie vor noch aktuell.

Fachbereichstag Heilpädagogik Norbert Störmer

Etymologie

Fachbereichstage sind überregionale freiwillige Zusammenschlüsse von Fachbereichen gleicher Disziplinen an Fachhochschulen. Nach dem Verständnis des Wissenschaftsrates fällt den Fachbereichstagen die zentrale Repräsentation der jeweiligen Studienfächer wie auch die fachliche Beratung von Ausschüssen im nationalen und internationalen Bereich zu. Sie sind für fächerspezifische Fragen der wichtigste Ansprechpartner der Hochschulrektorenkonferenz (HRK). Jährlich findet deshalb auch ein Gespräch mit dem für Fachhochschulen zuständigen Mitglied des Präsidiums der HRK und den Vorsitzenden der Fachbereichstage statt.

In dem „Fachbereichstag Heilpädagogik" haben sich die acht Fachhochschulen zusammengeschlossen, die aktuell Diplomstudiengänge für Heilpädagogik, demnächst entsprechende Bachelor- und Masterstudiengänge, anbieten. Im Jahre 2005 konnte der Fachbereichstag Heilpädagogik auf sein 20-jähriges Bestehen zurückblicken.

Geschichte

Einen guten Überblick über die Entwicklung der außerschulischen Studiengänge für Heilpädagogik wie auch des Fachbereichstages Heilpädagogik hat Wolfgang Köhn gezeichnet (s. Köhn: 20 Jahre, 2005, S. 9–27).

In den 50er-Jahren des 20. Jahrhunderts begann der Aufbau einer so genannten „außerschulischen Heilpädagogik" in Deutschland, zunächst einmal meist als heilpädagogische Zusatzausbildung für Erzieherinnen gedacht. Weitere Ausbildungsstätten mit einem derartigen Profil entstanden dann in den 1960er-Jahren als Fachschulen, Fachakademien und Höhere Fachschulen, Letztere mit dem Ziel, Sozialarbeiter-/-pädagoginnen in die heilpädagogische Arbeit einzuführen.

Bereits im Jahre 1964 hatten sich die Ausbildungsstätten für Heilpädagogik an Fachschulen zur „Ständigen Konferenz der Ausbildungsstätten für Heilpädagogik in Deutschland" zusammengeschlossen. Die ersten Arbeitsinhalte dieser Konferenz richteten sich auf die Erarbeitung von Grundlagen einer Didaktik und Methodik der außerschulischen Heilpädagogik. Erste Ergebnisse zeigte diese Arbeit Ende der 1960er-Jahre mit der Vorlage der „Stoffpläne für die Ausbildung zum Heilpädagogen", die lange Zeit die Basis für außerschulische heilpädagogische Ausbildungsgänge darstellten.

Im Rahmen der Bildungsreform der 1970er-Jahre entstand mit den Fachhochschulen ein neuer Hochschultyp. Studiengänge der Heilpädagogik entstanden in dieser Entwicklungsphase an der Katholischen Fachhochschule Freiburg, der Evangelischen Fachhochschule Rheinland-Westfalen-Lippe in Bochum und an der Katholischen Fachhochschule Nordrhein-Westfalen, Abteilung Köln. Dieser Schritt wurde in der „Ständigen Konferenz der Ausbildungsstätten für Heilpädagogen in Deutschland" heftig diskutiert. Die meisten Fachschulen (zur damaligen Zeit bundesweit ca. 40) standen dieser Entwicklung skeptisch gegenüber. Sie sahen in dieser Entwicklung ein folgendschweres, negatives Ereignis und befürchteten eine Spaltung bzw. Zersplitterung der heilpädagogischen Ausbildung zu Ungunsten der betroffenen Klientel in der Kinder- und Jugendhilfe wie in der Behindertenhilfe. Die drei Fachhochschulen mit Studiengängen der Heilpädagogik boten jedoch ihre Zusammenarbeit an. Zum einen wollten sie mit diesem Schritt den Befürchtungen einer Zersplitterung der heilpädagogischen Ausbildung in Deutschland entgegenwirken, zum anderen wollten sie die Möglichkeit schaffen, dass Fachschulen und Fachhochschulen mit einer Stimme hinsichtlich der heilpädagogischen Ausbildungsgänge sprechen. Leider verliefen diese Diskussionen zwischen den Fachschulen und Fachhochschulen über viele Jahre hinweg kontrovers, sodass sich die Fachhochschulen wieder zurückzogen und zwischenzeitlich lediglich einen Beobachterstatus in der „Ständigen Konferenz der Ausbildungsstätten für Heilpädagogen in Deutschland" wahrnahmen.

Die drei ersten Fachhochschulen mit heilpädagogischen Fachbereichen bzw. Studiengängen in Bochum, Freiburg und Köln hielten unter sich einen engen Kontakt und bemühten sich um Austausch und Abstimmung ihrer Curricula. Im November 1984 – inzwischen war ein weiterer Studiengang Heilpädagogik an der Katholischen Fachhochschule Nordrhein-Westfalen, Abteilung Münster, hinzugekommen – wurde von den Fachhochschulen eine Konferenz durchgeführt, die wichtig war, um die Stellung der Studiengänge Heilpädagogik an Fachhochschulen zu klären. So sollte insbesondere besprochen werden, was das Spezifische eines Studiums der Heilpädagogik an Fachhochschulen ist und worin sich dieses Studium von den Ausbildungsgängen an Fachschulen unterscheidet, aber auch wo vergleichbare Inhalte vorliegen. Zudem sollte geklärt werden, wie die Vorschläge der Studienreformkommission der Kultusministerkonferenz (KMK) bezüglich einer Vereinheitlichung der Fachhochschulausbildung im Sozialwesen bezogen auf die eigenständigen Studiengänge Heilpädagogik einzuschätzen sind.

Von diesem Zeitpunkt an wurden Treffen der Dozentinnen für Heilpädagogik an Fachhochschulen zweimal jährlich an den verschiedenen Hochschulstandorten durchgeführt. Dies erwies sich auch deshalb als dringend notwendig, weil Studiengänge der Heilpädagogik – wie in der Folge noch oft – im Rahmen der Diskussion über Studiengänge im Bereich des „Sozialwesens" allzu häufig übersehen wurden, gerade auch von der durch die Kultusministerkonferenz eingesetzten Studienreformkommission. Immerhin gelang es im Jahre 1985 mit einer „Stellungnahme von Professoren und lehrenden Heilpädagogen an Fachhochschulen für Sozialwesen, Fachbereiche/Studiengänge Heilpädagogik" zu dem Entwurf der „Empfehlungen der Studienreformkommission Pädagogik/Sozialpädagogik/Sozialarbeit" zu erreichen, dass die Eigenständigkeit der Fachbereiche/Studiengänge Heilpädagogik gewahrt und deren curriculare Besonderheiten im Hinblick auf ein spezifisches Studium der Heilpädagogik akzeptiert wurden.

Zu dieser Zeit spielten auch Fragen einer angemessenen Besoldung für Heilpädagogen (grad.) – später Diplom-Heilpädagogen – eine zentrale Rolle. Gerade bezogen auf diese Fragen wurde deutlich, das die Studiengänge für Heilpädagogik an Fachhochschulen gesellschafts- und sozialpolitisch in der Öffentlichkeit bislang wenig wahrgenommen worden waren und damit auch nicht so ohne weiteres Wirkungen in der Öffentlichkeit zu erzielen waren. Diese Einschätzung führte dazu, klarere „Aussagen zum Studium der Heilpädagogik an Fachhochschulen und zum Berufsbild" zu erarbeiten als auch den bislang informellen Treffen der Dozenten einen klareren organisatorischen Rahmen zu geben. 1987 wurden die Tagungen der Dozentinnen schon unter dem Namen „Konferenz der Lehrenden in Studiengängen Heilpädagogik an Fachhochschulen" durchgeführt, doch erst ein Jahr später war mit der „Konferenz der Studiengänge Heilpädagogik an Fachhochschulen (KSHF)" der endgültige Namen geboren. Dennoch dauerte es noch eine gewisse Zeit, bis eine von allen Hochschulen akzeptierte Satzung bestätigt und angenommen werden konnte. Mit Abschluss dieses Prozesses war der Grundstein zum heutigen „Fachbereichstag Heilpädagogik" gelegt.

In dieser Phase der Entwicklung waren die von der damaligen „Bundesanstalt für Arbeit" herausgegebenen „Blätter zur Berufskunde" zu überarbeiten. Hierzu war es erforderlich, das Berufsbild in Zusammenarbeit mit der „Ständigen Konferenz der Ausbildungsstätten für Heilpädagogik in Deutschland" neu abzustimmen und die Profile des Studiums der Heilpädagogik zu akzentuieren. Weiterhin hatten tarifrechtliche Fragen eine gewisse Priorität. In die entsprechenden Verordnungen des Bundesangestellten-Tarifes (BAT) und der verschiedenen Arbeitsvertragsrichtlinien der freien Träger (AVR) mussten die Absolventinnen der Fachhochschulstudiengänge Heilpädagogik eingebunden werden. Weiterhin fanden Diskussionen darüber statt, wie die Studiengänge der Heilpädagogik an Fachhochschulen in achtsemestrige Diplom-Studiengänge aus- und umgebaut werden könnten. In diesem Zusammenhang spielten auch Diskussionen über die Einführung von Praxissemestern eine große Rolle. Die Arbeit an Konzepten für ein achtsemestriges Studium mit integrierten Praxissemestern prägte in den folgenden Jahren die Konferenzen der KSHF.

In den 90er-Jahren des letzten Jahrhunderts erweiterte sich die Zahl der Fachhochschulen mit Studiengängen der Heilpädagogik enorm. Neue Studiengänge konnten eingerichtet werden an der Hochschule Magdeburg/Stendal, der Hochschule Zittau/Görlitz, der Evangelischen Fachhochschule Hannover, der Evangelischen Fachhochschule Darmstadt und der Katholischen Fachhochschule Berlin. Eingebunden in diesen Erweiterungsprozess wurde es als wichtig angesehen, den Status der KSHF als Konferenz der Dozenten der Heilpädagogik an Fachhochschulen dahingehend etwas aufzuweichen, künftig auch legitimierte Vertretungen der Studierenden der Mitgliedshochschulen an den Konferenzen teilhaben zu lassen.

Im Jahre 1995 wurde auf den Konferenzen der (KSHF) über eine Neuformierung der Studiengänge der Heilpädagogik an Fachhochschulen diskutiert und über eine stärkere Anerkennung der fachlichen Bemühungen der KSHF durch und über die Hochschulrektorenkonferenz (HRK) nachgedacht. Diese Diskussion führte zur Beendigung der Mitgliedschaft in der „Ständigen Konferenz der Ausbildungsstätten für Heilpädagogen in Deutschland", verbunden jedoch mit dem Angebot einer weiteren, freien Kooperation. 1996 beschloss dann die Mitgliederversammlung der KSHF einstimmig die Umbenennung in „Fachbereichstag Heilpädagogik – Konferenz der Studiengänge Heilpädagogik an Fachhochschulen". Seit dieser Zeit vollziehen sich alle Diskussionen über das Studium der Heilpädagogik an Fachhochschulen unter dem Dach des „Fachbereichstages Heilpädagogik".

Aktuelle Relevanz und theoretische Ansätze

Eine der ersten Aufgaben, die sich der Fachbereichstag Heilpädagogik stellte, war die Erarbeitung eines Positionspapiers zum Berufs- und Selbstverständnis von Diplom-Heilpädagoginnen. Hierzu wurde eine Bestandsaufnahme der Ausbildungsinhalte und -formen der einzelnen Mitgliedshochschulen durchgeführt sowie das Fachgebiet der Heilpädagogik hinsichtlich relevanter Wissenstatbestände, Methoden und Praxisbereiche erfasst. Das entstandene Positionspapier war und ist für die Fachöffentlichkeit bestimmt. Es formulierte nicht nur einen aktuellen fachlichen Standort der Heilpädagogik zwecks Orientierung im Berufsbild, sondern markierte auch Ausgangspunkte für weitere Entwicklung der außerschulischen Heilpädagogik an Fachhochschulen in Theorie und Praxis. Die Erarbeitung dieses Positionspapiers erstreckte sich über ein Jahr und es wurde 1997 einstimmig vom Fachbereichstag Heilpädagogik verabschiedet. In den nachfolgenden Jahren wurde immer mal wieder über eine Neuformulierung nachgedacht, jedoch diese nicht als zwingend notwendig angesehen, sodass dieses Positionspapier zum Berufs- und Selbstverständnis von Diplom-Heilpädagoginnen nochmals unverändert im „Jahrbuch Heilpädagogik 2004" publiziert wurde (siehe dort S. 211–222).

In den 1990er-Jahren hatte bundesweit die Diskussion über allgemeine Diplom-Prüfungsordnungen an Fachhochschulen begonnen. Insbesondere in der Diskussion über eine Rahmenprüfungsordnung für das Diplomstudium der Sozialen Arbeit war betont worden, dass zwischen den Studiengängen der Sozialen Arbeit und der Heilpädagogik zwischenzeitlich fachliche Entwicklungen zu differierenden fachlichen Akzentsetzungen geführt haben, sodass auch unterschiedliche Rahmenprüfungsordnungen notwendig seien. Auf der 35. Sitzung der Gemeinsamen Kommission für die Koordinierung der Ordnung von Studium und Prüfungen im Sekretariat der Kultusministerkonferenz am 22./23. Februar 1996 in Bonn wurde die Einsetzung einer Fachkommission Heilpädagogik für die Erarbeitung einer Rahmenordnung für die Diplomprüfung im Studiengang Heilpädagogik an Fachhochschulen beschlossen und der entsprechende Arbeitsauftrag fixiert. Im Mai 1999 legte dann die Fachkommission Heilpädagogik den Entwurf einer Rahmenprüfungsordnung vor, der auf der 48. Sitzung der Gemeinsamen Kommission einstimmig ohne Änderungen oder Ergänzungen beschlossen und der Hochschulrektorenkonferenz (HRK) und der Kultusministerkonferenz (KMK) zur Beschlussfassung vorgelegt wurde. Erstere beschloss die vorgelegte Rahmenordnung am 8. November 1999, Letztere am 17. März 2000. Diese „Rahmenordnung für die Diplomprüfung im Studiengang Heilpädagogik an Fachhochschulen" kann insofern als bedeutsam angesehen werden, weil hier erstmals gemeinsame Grundstrukturen für ein Diplom-Studium fixiert werden konnten und es zudem in den Erläuterungen zur Rahmenordnung gelungen war, sich auf gewisse fachliche Standards zu einigen und somit auch spezifische Qualitätskriterien für ein Diplom-Studium der Heilpädagogik an Fachhochschulen vereinbart werden konnten.

Während des Prozesses der Erarbeitung dieser Rahmenordnung befassten sich verschiedene Konferenzen des Fachbereichstages Heilpädagogik mit der praktischen Umsetzung dieser Rahmenordnung. Jedoch in diesen Diskussionsprozessen wurde deutlich, dass bereits die nächsten Veränderungen anstanden. In der Erklärung von Bologna hatten sich am 19. Juni 1999 die Bildungsminister aus 31 europäischen Ländern darauf verständigt, einen europäischen Hochschulraum als Schlüssel zur Förderung der Mobilität und der arbeitsmarktbezogenen Qualifizierung seiner Bürger zu schaffen. Die beteiligten Staaten verpflichten sich, bis 2010 die Ziele der Bologna-Erklärung umzusetzen. Als Ziele wurden insbesondere ausgewiesen die Einführung eines zweigliedrigen Systems von Studiengängen mit leicht verständlichen und vergleichbaren Abschlüssen, die Einführung eines European Credit Transfer Systems, die Förderung der europäischen Zusammenarbeit, die Förderung der Mobilität der Studierenden und Lehrenden sowie die Förderung der Zusammenarbeit zwischen den Hochschulen, insbesondere in Bezug auf die Curriculum-Entwicklung. Mit der Bologna-Erklärung wurde ein Prozess eingeleitet – der Bologna-Prozess – dem sich auch die Heilpädagogik stellen musste.

Problem- und Erfahrungsfelder

Ausgelöst durch den Bologna-Prozess wandte sich der Fachbereichstag Heilpädagogik auch langsam den Fragen der Umstellung des Diplom-Studiums Heilpädagogik auf die Zweiphasigkeit von Bachelor- und Master-Abschlüssen zu. Gleichfalls wurde über Fragen der Modularisierung diskutiert, denn mit der Modularisierung wurde die Verständlichkeit und Vergleichbarkeit von Studiengängen verbunden. Diesbezügliche Schritte wurden beispielhaft an der Entwicklung des von der Hochschule Magdeburg/Stendal koordinierten Projekts der Entwicklung eines „European Master of Development Studies in Social and Educational Sciences" wie auch an Konzepten eines konsekutiven Bachelor- und Master-Studienganges „Integrative Heilpädagogik" der Evangelischen Fachhochschule Darmstadt diskutiert. Trotz dieser Diskussionen blieb es für eine Reihe von Mitgliedseinrichtungen bedeutsam und wichtig, sich nach wie vor an dem Konzept eines Diplom-Studienganges zu orientieren – zumal ja teilweise noch an der Umsetzung der „Rahmenordnung" gearbeitet wurde. Dennoch war die Bereitschaft vorhanden, darüber nachzudenken, wie auf der Grundlage der aktuellen fachlichen heilpädagogischen Vorstellungen ein Bachelor-Studiengang Heilpädagogik und ein darauf aufbauender Master-Studiengang aussehen könnten. Eine eingesetzte Arbeitsgruppe erarbeitete erste in Richtung Bachelor-/Master-Strukturen zielende Vorstellungen, die allgemein akzeptiert wurden, auch wenn mögliche Realisierungen noch in weiter Ferne lagen oder gar nicht gesehen wurden. Vorteile einer Umstellung konnten in den Möglichkeiten einer klareren Profilbildung der einzelnen Hochschulen, im besseren studentischen Austausch bzw. (zeitweiligen) Studienwechsel zwischen den Studiengängen Heilpädagogik und den günstigeren Promotionsmöglichkeiten für Absolventen eines Master-Studiums der Heilpädagogik gesehen werden. Letztendlich war aber mit all diesen Diskussionen die Aufgabe des Diplom-Studienganges Heilpädagogik verbunden und dies war in der Frühphase dieser Diskussion für viele Mitgliedseinrichtungen überhaupt nicht denkbar, insbesondere die eventuell notwendig werdende Festlegung auf einen sechssemestrigen Bachelor-Studiengang.

Mit den Diskussionen im Rahmen des Bologna-Prozesses trat auch die Frage der Beziehung zwischen den künftigen Bachelor-Studiengängen Heilpädagogik und den Ausbildungsgängen an Fachschulen mit neuen Akzenten versehen in den Blick. Bislang waren Fragen des Überganges von der Fachschulausbildung zum Fachhochschulstudium dann problematisch, wenn mit der Ausbildung an einer Fachschule nicht gleichzeitig die Fachhochschulreife erworben werden konnte. Des Weiteren gab es die von der „Ständigen Konferenz der Ausbildungsstätten für Heilpädagogen in Deutschland" vertretene Vorstellung, gewisse Teile der Fachschulausbildung auf das Studium der Heilpädagogik anzuerkennen. Dieses Begehren einer automatischen Anerkennung gewisser Ausbildungsteile wies der Fachbereichstag Heilpädagogik mehrmals zurück. Zudem ließen verschiedene Länderhochschulgesetze derartige Anerkennungen auch gar nicht zu, eröffneten aber einen entsprechenden Weg über Eingangsprüfungen. Dieser Weg wurde jedoch von Absolventinnen von Fachschulen in der zurückliegenden Zeit kaum beschritten. Da aber insgesamt große Unsicherheiten hinsichtlich des Fortbestehens der Fachschulausbildungen in einem sich angleichenden System von Berufsbildungsgängen und Studiengängen im erweiterten Europa bestehen, bleibt auch die Frage offen, wie künftige Übergänge zwischen dem Fachschul- und dem Hochschulsystem aussehen könnten.

Die Diskussionen über den Aufbau eines europäischen Hochschulraumes warf noch eine ganz andere Frage auf, nämlich wie Studiengänge der Heilpädagogik im europäischen Rahmen angemessen bezeichnet und wie eine internationale Angleichung von Studienabschlüssen möglich werden könnte. Hierauf bezogene Vorstellungen lagen so weit auseinander, dass ein umfänglicher Diskussionsprozess angezeigt schien. In der Heilpädagogik war bisher immer das Besondere gegenüber dem Allgemeinen akzentuiert worden. Viele Handlungsfelder der Heilpädagogik richten sich an diesem Besonderen aus und in der deutschen Sozialgesetzgebung ist die Finanzierung vieler Leistungen an eben dieses Besondere gebunden. Geht nicht bei einer Begriffsbildung – so die Frage –, die nicht mehr dieses Besondere, sondern mehr ein Allgemeines betont, das spezifisch Heilpädagogische verloren? Drücken zudem solche aus dem angelsächsischen Sprachraum kommende Begriffe wie „rehabilitation" „special education" bzw. „special needs education" das aus, was das spezifisch Heilpädagogische ausmacht? Oder könnte man das, was das aktuell spezifisch Heilpädagogische ist, nicht doch eher in einem Begriff wie „inclusive education" erfassen? Die Einsicht in die internationale Terminologie brachte jedoch keine befriedigenden diesbezüglichen Ergebnisse. Zudem verwendeten die Hochschule Magdeburg/Stendal und die Evangelische Fachhochschule Darmstadt bei ihren neu konzipierten Bachelor- bzw. Master-Studiengängen bereits den Begriff „Inclusion". Letztendlich konnte eine erste Orientierung dahingehend erzielt werden, dass im deutschsprachigen Raum der Begriff „Heilpädagogik" bestehen bleiben soll. In internationalen Zusammenhängen soll dem Fachbegriff Heilpädagogik der Begriff „inclusion education" bzw. „inclusion studies" (mit Schrägstrich ergänzt) beigefügt werden.

Mit den Umorientierungen im Hochschulwesen verbunden ist auch die Überlegung, neue Studiengänge künftig von so genannten Akkreditierungsagenturen zertifizieren zu lassen. Die Kultusministerkonferenz (KMK) hatte für diese Zwecke ein Verfahren entwickelt, in dem als zentrale Akkreditierungsstelle ein Akkreditierungsrat eingerichtet wurde. Die eigentliche Akkreditierung von Studiengängen sollte jedoch von Akkreditierungsagenturen erfolgen, die wiederum vom Akkreditierungsrat zu akkreditieren sind. Um in diesem Verfahren fachliche Vorgaben und Standards stärker zum Tragen kommen zu lassen, entschlossen sich die Fachbereichstage Heilpädagogik und Soziale Arbeit sowie die Dekanekonferenzen für Pflege- und Gesundheitswissenschaften gemeinsam eine eigene Akkreditierungsagentur zu gründen – die „Akkreditierungsagentur für Studiengänge im Bereich der Heilpädagogik, Pflegewissenschaften, Gesundheitswissenschaften und Soziale Arbeit" (AHPGS). Diese Akkreditierungsagentur wurde sodann auch vom Akkreditierungsrat bestätigt. Zwischenzeitlich konnten bereits eine ganze Reihe von Bachelor- und Master-Studiengängen im Bereich der Heilpädagogik über diese Agentur akkreditiert werden.

Neben den „großen" Themen, beschäftigten den Fachbereichstag auch andere wichtige Dinge, die jedoch nicht über mehrere Konferenzen hinweg die Aufmerksamkeit banden. Beispielhaft seien hier die Themen angeführt, die in den letzten Jahren eine Rolle spielten. So befasste sich der Fachbereichstag mit Abrechnungsmöglichkeiten für freie heilpädagogische Praxen, mit dem Psychotherapeutengesetz und der Weiterbildung von Diplom-Heilpädagogen zum Kinder- und Jugendlichen-Psychotherapeuten wie auch der diesbezüglichen Approbation. Erarbeitet wurden Standards für ein Studium der Heilpädagogik wie auch Kriterien für die Sicherung der Qualität des Studiums. Besprochen wurden Evaluationsverfahren in heilpädagogischen Studiengängen und Forschungsvorhaben. Methoden wurden kritisch auf die Frage hin diskutiert, was an ihnen als heilpädagogisch zu betrachten ist. Richtlinien für Auslandspraktika von Studierenden der Heilpädagogik wurden entworfen. Der Fachbereichstag Heilpädagogik versuchte auch herauszuarbeiten, wo Grenzziehungen zwischen künftigen Bachelor- bzw. Master-Studiengängen der Heilpädagogik liegen könnten. Er befasste sich mit den Ergebnissen von Absolventenbefragungen und versuchte, Folgerungen für das Studium zu ziehen. Der Fachbereichstag Heilpädagogik machte sich vertraut mit den rechtlichen Gegebenheiten hinsichtlich der Einführung des Sozialgesetzbuches IX bzw. XII.

Auch mit Fragen der Öffentlichkeitsarbeit setzte sich der Fachbereichtag Heilpädagogik wiederholt auseinander. Ein Ergebnis dieser Diskussionen mündete ein in den Beschluss, ein „Jahrbuch Heilpädagogik" herauszugeben. Hauptsächliches Ziel dabei sollte sein, die außerschulische Heilpädagogik stärker in der Fachöffentlichkeit präsent werden zu lassen. Das erste Jahrbuch erschien dann als „Jahrbuch Heilpädagogik 2001".

Aber auch organisatorisch-strukturelle Fragestellungen mussten bearbeitet werden, auch wenn an den ihnen zugrunde liegenden Beschlüssen durch den Fachbereichstag Heilpädagogik nichts Wesentliches verändert werden konnte. So hatte die Katholische Fachhochschule Nordrhein-Westfalen Ende der 1990er-Jahre beschlossen, den Studiengang Heilpädagogik an der Abteilung Köln aufzulösen und nur noch konzentriert an der Abteilung Münster einen Studiengang Heilpädagogik anzubieten. An der Hochschule Magdeburg/Stendal beschloss der Senat im Jahre 2004, den Studiengang Heilpädagogik ganz aus dem Studienangebot zu streichen. Mit diesen beiden Entscheidungen erhielt die sich in den 1990er-Jahren vollziehende Ausbreitung der Studiengänge Heilpädagogik an Fachhochschulen einen empfindlichen Dämpfer.

Ausblick

Mit der Einführung eines zweiphasigen Systems an Studienabschlüssen entstehen nicht nur neue Strukturen, sondern diese neuen Strukturen werden auch eine spezifische Inhaltlichkeit in sich tragen. Hatte die „Rahmenprüfungsordnung" eine allgemein akzeptierte Grundorientierung für das Diplomstudium Heilpädagogik dargestellt, wird es künftig ein derartiges Gerüst nicht mehr geben. Die einzelnen Studiengänge werden vor dem Hintergrund der personell möglichen Fachlichkeit an den einzelnen Hochschulen, den Möglichkeiten der jeweiligen Hochschule im Allgemeinen und den spezifischen Vorgaben des jeweiligen Bundeslandes Bachelor- und Master-Studiengänge entwerfen, die dann in jedem einzelnen Fall akkreditiert werden müssen. Schon jetzt ist ersichtlich, dass sich die künftigen Studiengänge „Heilpädagogik" an den Mitgliedseinrichtungen des Fachbereichstages Heilpädagogik inhaltlich wie auch organisatorisch deutlicher unterscheiden werden als zu Zeiten des Diplom-Studiums. Damit wird das Ziel des Bologna-Prozesses, Studienabschlüsse vergleichbarer werden zu lassen, auf jeden Fall nicht erreicht – und dies schon im Rahmen des „kleinen" Fachbereichstages Heilpädagogik. Immerhin versuchen vier Mitgliedseinrichtungen im Rahmen eines Sokrates-Programms in der Zusammenarbeit von zwölf Hochschulen aus acht europäischen Ländern diesem Prozess der Zerfaserung das Konzept eines „European Bachelors of Inclusive Studies" entgegenzustellen.

Trotz der sichtbaren Zerfaserung hat der Fachbereichstag Heilpädagogik noch einmal versucht, zu schauen, ob sich nicht doch aus den bisherigen Erfahrungen mit dem Diplomstudiengang Heilpädagogik und existierenden fachlichen Standards, Orientierungen für den Umstellungsprozess ableiten lassen, die als Empfehlung für künftige heilpädagogische Bachelor-Studiengänge gelten können. Als wichtig angesehen wird auf jeden Fall die Bewahrung des Praxisbezuges des Studiums und die Einbindung entsprechender Praxisphasen in die Studienstruktur.

Bei der Umstellung auf der Ebene von Master-Studiengängen wird es so sein, dass die Mitgliedseinrichtungen künftig keine vergleichbaren Studiengänge mehr anbieten werden.

In diesem Zusammenhang stellt sich die Frage insgesamt noch einmal neu, inwieweit die Bezeichnung „Heilpädagogik" in diesem Prozess der Umwandlung von Studiengängen bewahrt werden kann.

Kommentierter Literaturhinweis

Jahrbuch Heilpädagogik, Lambertus Verlag/BHP Verlag.
Dieses Jahrbuch wird seit 2001 vom Fachbereichstag Heilpädagogik jährlich herausgegeben. Mit diesem Jahrbuch verbindet sich der Anspruch, über aktuelle Entwicklungen und Tendenzen im Bereich der außerschulischen Heilpädagogik in Theorie und Praxis zu berichten und zu informieren. Darüber hinaus sollen hochschul- und studiengangsbezogene Reformen und Neuerungen einer größeren Öffentlichkeit zur Kenntnis gegeben werden, wie auch über Praxisprojekte, Tagungen und hochschulspezifische Veranstaltungen berichtet werden. Die bisher erschienen ersten drei Jahrbücher sind im Lambertus-Verlag in Freiburg erschienen, die letzten drei im BHP-Verlag (www.heilpaedagogik.de). In den vergangenen Jahren standen die Jahrbücher unter folgenden thematischen Schwerpunkten: 2001 – Impulse aus Theorie und Praxis; 2002 – Heilpädagogik an den Grenzen; 2003 – Das europäische Jahr der Menschen mit Behinderungen; 2004 – Aktuelle Entwicklungen und Tendenzen in der Heilpädagogik; 2005 – Heilpädagogik: Ein Blick zurück nach vorn. 20 Jahre Fachbereichstag Heilpädagogik in Deutschland; 2006 – „Heilpädagogik in Gegenwart und Zukunft".

Freizeit Reinhard Markowetz

Etymologie

Wer sich pragmatisch an einer Definition von Freizeit versucht, denkt rasch an Feierabend, Wochenende, Ferien und Urlaub sowie an viele schöne und angenehme Dinge des täglichen Lebens, denen man sich erst nach der Schule, der Arbeit und nach beruflichen wie privaten Verpflichtungen unbeschwert und affektiv gelockert hingeben kann. Beispiele sind gut essen, spielen, basteln, spazieren gehen, Sport treiben, musizieren, Hobbys pflegen, lesen, fernsehen, relaxen, träumen, flirten, lieben, schlafen, herumgammeln, klönen oder das vielseitige kulturelle Leben genießen. Naiv gedacht wäre Freizeit als individuell verhaltensbeliebige Lebenszeit und subjektiv bedeutsame Sphäre zu definieren, die frei von Auflagen, Zwängen und Verpflichtungen ist. Buddrus, Grabbe und Nahrstedt (1980, S. 9) bezeichnen diese Alltagstheorie als „Freiraum-Theorem". Das Klischee „Freizeit ist Freiheit" ist aber nur die halbe Wahrheit. Freizeit hat viele Gesichter und zeigt sich dispers, aber ineinander fließend auf einem Kontinuum zwischen zwei Polen, von denen der eine mit positiven (entformalisierte Freizeittätigkeiten) und der andere mit negativen Assoziationen zur Freizeit (formalisierte Freizeittätigkeiten) gekennzeichnet sind. Anlässe, Gelegenheiten, Orte genauso wie familiale soziale Kontakte und Abhängigkeiten und letztlich das Geld beeinflussen die Freiheits- und Unabhängigkeitsgrade der Freizeit wesentlich. Freizeit ist nicht nur rundum eine schöne Sache, sondern offensichtlich auch mit Problemen und Schwierigkeiten verbunden. Freizeit löst in uns psychische Konflikte aus, sorgt für soziale Spannungen und verändert Gesellschaft. Opaschowski (Freizeit, 1994, S. 933) hält zu Recht fest: „Zum Charakter der Freizeit gehört immer beides: Privates und Öffentliches, Zweckfreies und Nützliches, Lebenswertes und Lebensproblematisches." Solch ein dialektisches Problembewusstsein von Freizeit kann die durchaus komplexe, real existierende Freizeitsituation zunächst weitaus umfassender klären. Es deutet an, dass die Freizeit im Leben von Menschen mit Behinderungen zwischen Aussonderung und Integration soziale Ungleichheiten zum Ausdruck bringt und real existierende soziale Probleme im Mikro- wie Makrobereich abbildet (vgl. Markowetz, 2005, S. 164–171).

Das Substantiv „Freizeit" ist aus dem Eigenschaftswort „frei" und dem Hauptwort „Zeit" zusammengesetzt. Es geht auf die spätmittelalterlichen Rechtsbegriffe „freye-zeyt" und „frey zeit" zurück und bedeutete damals Marktfriedenszeit (vgl. Opaschowski, 1977, S. 21ff.). Dieser Frieden auf Zeit sollte den Menschen mehr Freiraum und mehr Marktfreiheit mit gesteigertem Rechtsschutz ermöglichen (vgl. Nahrstedt, 1972, S. 30f.). In der Brockhaus-Enzyklopädie ist zu lesen:

„Freizeit, bezeichnet als Komplementärbegriff zu ‚Arbeitszeit' jenen Teil der menschlichen Lebenszeit, der weder direkt den Anforderungen gesellschaftlich strukturierter Arbeit unterliegt noch der unmittelbar notwendigen Reproduktion der menschlichen Arbeitsfähigkeit (Schlaf/Essen) dient, sondern als Teil der arbeitsfreien Zeit stärker einer selbstbestimmten, selbstgestalteten individuellen Praxis zur Verfügung steht, gleichwohl aber seine Grenze und gegebenenfalls auch seine Inhalte und Struktur aus dem Bezugsverhältnis zur gesellschaftlichen Form der Arbeit gewinnt. Insofern ist Freizeit mehr als lediglich ‚freie' Zeit, worunter die Zeit zu verstehen ist, die nicht im Rahmen der gesellschaftlich organisierten Tätigkeiten zur Befriedung materieller und

ideeller Bedürfnisse verbraucht wird, und sie ist weniger als ‚Muse' zu verstehen, die eine dem Individuum zur Selbsterhaltung zur Verfügung stehende Zeit darstellt." (Brockhaus-Enzyklopädie, Bd. 7, 1988, S. 640f.)

Geschichte

In der „didacta magna" forderte Comenius Erholungspausen während der täglichen Schularbeit, eine sinnvolle Abwechslung von Arbeit und Ruhe, Betätigung und Freizeit ein. Der Pädagoge Fröbel, ein Schüler von Pestalozzi, spricht schon 1823 von Freizeit, indem er die Pausen zwischen den Lernzeiten als Zeiten definiert, in denen Kinder „frei gelassen" sind. Bis 1889 bleibt der Freizeitbegriff ausschließlich dem pädagogischen Bereich vorbehalten (vgl. Nahrstedt, 1972, S. 43). Bis heute hält die Bedeutung der Freizeit in der Pädagogik an. In Begriffen wie „Freistunde", „Freispiel" und „Freiarbeit" als Formen eines offen, individualisierten Unterrichts, aber auch in der Idee der „Freien Schulen" (vgl. z. B. Behr, 1990) spiegelt sich der Zeitgeist der pädagogischen Klassiker wider. Nahrstedts Verständnis von Freizeit resultiert aus der Zeit der Aufklärung. Die Ideale Freiheit, Gleichheit, Brüderlichkeit und damit auch der Genuss von Bildung sollten in der vom Obrigkeitsstaat freien Privatsphäre, also in der Freizeit, entfaltet werden. Damit wurde der Freizeit eine große Bedeutung im Hinblick auf die Verwandlung der gesellschaftlichen Verhältnisse (siehe Nahrstedt, 1972) beigemessen. Nahrstedt bringt zum Ausdruck:

„Freizeit meint im Kern eine Zeit größtmöglicher, individueller Freiheit. Sie ist der Handlungsraum [...], über den nach persönlichen Wünschen in individueller Disposition entschieden werden kann. Diese Zeit wird in der Regel rational rechenhaft von der Arbeitszeit abgegrenzt." (Nahrstedt, 1979, S. 25)

Demnach ist Freizeit eine von gesellschaftlichen Fremdbestimmungen befreite Zeit. Nach Nahrstedt muss „Freizeit [...] nicht nur an der individuellen Handlungsvielfalt, sondern auch an den kollektiven Verwirklichungsmöglichkeiten gemessen werden" (Nahrstedt, 1979, S. 25). Karl Marx nennt die freie Zeit „disponible Zeit" und misst ihr einen großen Wert für die Emanzipation des Menschen, für die Wiedergewinnung der Menschlichkeit aus der Entfremdung zu (siehe Marx, 1970). Der wirkliche, materielle Prozess der menschlichen Geschichte ist die Herausbildung der menschlichen Freiheit. Eine Gesellschaft, die es schafft, disponible Zeiten hervorzubringen, schafft auch Reichtum und zeigt unverkennbar die dialektischen Zusammenhänge von Arbeit und Freizeit. Freie Zeit ist von Arbeit befreite Zeit, in der sich jedes Individuum besonders gut entfalten kann, was sich unweigerlich positiv auf die Produktivkraft auswirkt. Freizeit und Arbeit sind Bestimmungsstücke desselben Ziels: Emanzipation (vgl. hierzu Nahrstedt, 1980, S. 38–44).

Opaschowski (1990, S. 13) beschreibt vier Phasen der Freizeitentwicklung in unserem Jahrhundert:

- Nach dem Krieg und bis in die 1950er-Jahre hinein galt die Freizeit fast ausschließlich der Erholung von getaner und noch zu erledigender Arbeit.
- Die 1960er- und 1970er-Jahre waren die Zeit des großen Konsumgenusses, der in der Freizeit in ganz besonderem Maße ausgelebt werden konnte und vordringlich im Geldausgeben und sozialer Selbstdarstellung seine Befriedung fand.

- In den 1980er-Jahren galt das Interesse der Bevölkerung nicht mehr so sehr der Bewältigung des Wohlstandskonsums, sondern verlagerte sich auf die Bedürfnisse des gemeinsamen Erlebens und der Entwicklung eines eigenen Lebensstils. In dieser dritten Phase stand die Erlebnissteigerung im Mittelpunkt.

- Diese hektische erlebnis- und aktionsorientierte Freizeitphase wurde von den eher museorientierten 1990er-Jahren abgelöst. Sie sind von dem Bedürfnis nach Ruhe und innerer Muse und, damit einhergehend, der Gefahr eines Selbstbestimmungsbooms geprägt.

Einen Überblick über die historischen Entwicklungen der Freizeit und der Freizeitproblematik geben Dumazedier (1974, S. 9–12, S. 43–64), Nahrstedt (1972, S. 17–71 und 1974), Opaschowski (1990, S. 100–118 und 1994, Freizeitwissenschaften, S. 25–31), Pohl (2002, S. 85-130), Scheuch (1969), Schmitz-Scherzer (1974) und Tokarski/Schmitz-Scherzer (1985, S. 52–57).

Aktuelle Relevanz und theoretische Ansätze

Bis heute sind zwei Hauptrichtungen auszumachen, die das Verständnis von Freizeit bestimmen. Die eine Richtung geht davon aus, dass Freizeit mehr oder weniger von der Arbeitswelt bestimmt ist, während die andere Richtung die Freizeit als einen eigenständigen Lebensbereich ansieht (vgl. Busch, 1979, S. 214). Giesecke (1971, S. 94f.) differenziert diese Einteilung und unterscheidet mit Blick auf das Verhältnis von Arbeit und Freizeit drei grundsätzliche Positionen.

- Erstens, dass es keine autonome, von der Berufswelt emanzipierte Freizeit mit eigenständigem Sinngehalt gibt und dass nur in Bezug auf sinnvolle Arbeit auch Freizeit sinnvoll sein kann.

- Zweitens, dass die Freizeit gegenüber der Arbeit in dem Maße autonom ist, wie die Arbeit selbst funktionalisiert ist und nur noch partielle menschliche Entfaltungsmöglichkeiten bietet und dass die menschliche Bildung fast ausschließlich auf die Freizeit verwiesen wird.

- Drittens, dass Freizeit und Arbeit sich zwar wechselseitig bedingen, aber dass Freizeit auch als Gegenkraft im Kampf gegen den modernen Arbeitsmythos, der Muse, Kultur und Kontemplation verschüttet, zu verstehen ist und dass Freizeit sich partiell emanzipatorisch von der Arbeit befreien kann.

Opaschowski (1990, S. 85–86) schlägt einen positiven Freizeitbegriff vor, der Freizeit nicht mehr in Abhängigkeit zur Arbeit versteht, sondern als „freie Zeit, die durch freie Wahlmöglichkeiten, bewusste Eigenentscheidung und soziales Handeln charakterisiert ist". Dabei reicht „der Hinweis auf den Gegensatz von Arbeit und Freizeit und die Einschätzung der Freizeit als arbeitsabhängige Rest-Zeit für die Kennzeichnung dieses Phänomens ebenso wenig aus wie die verkürzte Darstellung der Freizeit als eines bloßen Reproduktions-, Erholungs- und Konsumproblems". Dieser positive Freizeitbegriff zielt darauf ab, „die Spaltung der menschlichen Existenz in Arbeit und Freizeit tendenziell aufzuheben und zu einem ganzheitlichen Lebenskonzept zurückzufinden" (Opaschowski 1994, Freizeit, S. 943). Statt von Arbeit und von Freizeit spricht Opaschowski von

„[...] Lebenszeit, die durch mehr oder minder große Dispositionsfreiheit und Entscheidungskompetenz charakterisiert ist. Je nach vorhandenem Grad an freier Verfügbarkeit über Zeit und

entsprechender Wahl-, Entscheidungs- und Handlungsfreiheit lässt sich die gesamte Lebenszeit als Einheit von drei Zeitabschnitten kennzeichnen:

1. *Der frei verfügbaren, einteilbaren und selbstbestimmbaren Dispositionszeit (= ‚Freie Zeit' – Hauptkennzeichen: Selbstbestimmung);*
2. *der verpflichtenden, bindenden und verbindlichen Obligationszeit (= ‚Gebundene Zeit' – Hauptkennzeichen: Zweckbestimmung);*
3. *der festgelegten, fremdbestimmten und abhängigen Determinationszeit (= ‚Abhängige Zeit' – Hauptkennzeichen: Fremdbestimmung)."*

Opaschowski (1990, S. 86) geht davon aus, dass sein „positiver Freizeitbegriff [...] grundsätzlich auf alle Bevölkerungsgruppen übertragbar" ist. Insofern hat er vorbehaltlos auch Gültigkeit für die Gruppe der Menschen mit Behinderungen. An anderer Stelle (Opaschowski, 2001, S. 187) betont er, dass der Anspruch auf Freizeiterleben und Freizeitbildung als Bildung durch Freizeit grundsätzlich keinen Unterschied zwischen behinderten und nicht behinderten Menschen macht. Freizeit bedeutet Lebenszeit. Lebenszeit ist als Einheit der drei Zeitabschnitte Dispositionszeit, Obligationszeit und Determinationszeit aufzufassen und durch mehr oder minder große Dispositionsfreiheit und Entscheidungskompetenz in diesen drei Zeitabschnitten charakterisiert (s. folgende Abbildung).

Determinationszeit	**Obligationszeit**	**Dispositionszeit**
• fremdbestimmt • nicht freiwillig • *Bsp.:* Arbeit, Krankheit ...	• gebundene Zeit • benötigt für zweckbestimmte Tätigkeiten • *Bsp.:* Schlafen, Essen ...	• freie Zeit • selbstbestimmbar • *Bsp.:* Urlaub, Vereinsarbeit ...
Fremdbestimmung ←	→	**Selbstbestimmung**

Universalität des positiven Freizeitbegriffes

Für die Sonderpädagogik greift Theunissen (1997, S. 85) dieses Modell auf und erweitert es mit Blick auf Menschen mit geistiger Behinderung zu einem Modell der Lebenszeit, das von den „5 Zeiten" Arbeitszeit, Verpflichtungszeit, Bildungszeit, freie Dispositionszeit, Ruhe- und Schlafenszeit ausgeht. Freizeit ist für Theunissen
„*[...] jene freie Zeit, über die das Individuum frei verfügen soll und in der es selbst gestalten und eigene Initiativen verwirklichen kann. [...] Diese ‚freie Zeit' ist wesentlich bestimmt durch Subjektivität, Spontaneität, Zufall, Erholung, Unterhaltung, Intimität, (schützende) Privatheit, Spiel, Geselligkeit, Hobby, ästhetische Kulturbetätigung, Lebensfreude und Freiheit.*" (Theunissen, 1997, S. 89).

Opaschowski (1990, S. 92–95) benennt insgesamt acht Freizeitbedürfnisse, die mehr oder minder ausgeprägt auf alle Menschen zutreffen. Aus unterschiedlichen Gründen kann die Bedürfnisbefriedigung von Menschen mit Behinderungen eingeschränkt sein. Die folgende Tabelle weist diese acht Freizeitbedürfnisse aus und zeigt zugleich einige denkbar mögliche Einschränkungen und Benachteiligungen für Menschen mit Behinderungen auf:

Bedürfnisse	Bedürfnis nach ...	Benachteiligungen für Menschen mit Behinderungen
1. Rekreation	Erholung, Ruhe, Wohlbefinden, angenehmem Körpergefühl und sexueller Befriedigung	– Abhängigkeit von anderen Menschen (z. B. Rückzugsmöglichkeiten, Lageveränderung, Zeiteinteilung, Körperpflege etc.) – Ausleben sexueller Bedürfnisse
2. Kompensation	Ausgleich, Ablenkung und Vergnügen	– mangelnde Mobilität durch nicht behindertengerechte Umwelt – ungenügende Freizeitangebote
3. Edukation	Kennenlernen, Weiter- und Umlernen in verschiedenen sachlichen und sozialen Handlungsebenen	– geringe Auswahl an Bildungseinrichtungen – eingeschränkte Berufswahl
4. Kontemplation	Selbsterfahrung und Selbstfindung	– Abhängigkeit von oft zugeteilten Pflegepersonen, Bevormundung – Isolation von Menschen mit Behinderungen unter „ihresgleichen"
5. Kommunikation	Mitteilung, vielfältigen sozialen Beziehungen, Geselligkeit	– Rückgang des Kommunikationsbedürfnisses durch Frustration und „unverstanden fühlen" – eingeschränkte Erreichbarkeit und Auswahl von Kommunikationspartnern
6. Integration	Zusammensein, Gemeinschaftsbezug und sozialer Stabilität	– Wechsel der Bezugspersonen oder Bezugsgruppen ohne Berücksichtigung der persönlichen Interessen – Diskriminierung und Isolierung in der Gesellschaft
7. Partizipation	Beteiligung, Mitbestimmung und Engagement	– Fremdbestimmung durch andere Personen und Institutionen – Entscheidungen werden von Stellvertretern getroffen
8. Enkulturation	kreativer Entfaltung, produktiver Betätigung und Teilnahme am kulturellen Leben	– Möglichkeiten kreativer und produktiver Freizeitgestaltung müssen erst geschaffen werden – kulturelle Angebote sind häufig nicht behindertengerecht und nur schwer erreichbar

Freizeitbedürfnisse und Behinderung

Aus der Übersicht geht auch hervor, dass es sich bei den ersten vier Bedürfnissen um stark individuumsorientierte Bedürfnisse handelt, während die letzten vier Freizeitbedürfnisse gesellschaftsorientierte Bedürfnisse darstellen. Besonders gravierende Benachteiligungen ergeben sich aufgrund der vorherrschenden desintegrativen Verhältnisse im Bereich der sozialen Beziehungen zwischen Behinderten und Nichtbehinderten. Mit Kerkhoff (1982, S. 2f.) können wir deshalb die Freizeit behinderter Menschen als Aufgabe auffassen, die sich an den einzelnen Behinderten genauso wie und an seine soziale Umgebung zu richten hat.

Problem- und Erfahrungsfelder

Die Bedeutung des Lebensbereichs Freizeit hat in unserer postmodernen Gesellschaft zweifellos stark zugenommen. Freizeit als „Eigenzeit, Sozialzeit, Bildungszeit und Arbeitszeit" (Opaschowski, 1990, S. 17) ist nach dem Konzept der „Lebenszeit" (ebd., S. 86) für Menschen mit Behinderungen ein genauso wichtiges Anliegen wie für nicht behinderte Menschen. Freizeit ist ein unverzichtbarer Bestandteil menschlichen Lebens und leistet einen wertvollen Beitrag zur Persönlichkeitsentwicklung. Freizeit stellt ein großes Potenzial zur Entfaltung der persönlichen Lebensqualität dar. Die Freizeitqualität ist ein Spiegelbild der Lebensqualität. Unter bildungs-, sozial- und gesellschaftspolitischen wie integrationspädagogischen Gesichtspunkten betrachtet, rangiert das Anliegen der sozialen Rehabilitation behinderter Menschen im Lebensbereich Freizeit allerdings weit hinter dem der schulischen und der beruflichen Rehabilitation sowie der medizinischen Rehabilitation (vgl. Cloerkes, 2001, S. 34ff.). In der Vergangenheit zeichnete sich die Behindertenpädagogik durch eine erstaunliche Zurückhaltung gegenüber dem Forschungsfeld Freizeit und Behinderung aus. Aus behindertensoziologischer Perspektive befasst sich deshalb ein aktueller Sammelband (Markowetz/Cloerkes, 2000) mit dem Thema Freizeit als einem weitgehend vernachlässigten und zunehmend wichtigen Forschungsbereich in Theorie und Praxis des Zusammenlebens von Menschen mit und ohne Behinderungen. Das Buch mit dem Titel „Freizeit im Leben behinderter Menschen. Theoretische Grundlagen und sozialintegrative Praxis" fasst die nur spärlich vorhandenen und doch recht verstreuten wissenschaftlichen und praktischen Erkenntnisse zur Freizeit von Menschen mit Behinderungen zusammen und führt aus der Sicht unterschiedlicher Autorinnen und Autoren in die wesentlichen Bereiche des Themas „Freizeit und Integration von behinderten Menschen" ein. Es sei deshalb insbesondere denjenigen interessierten Lesern empfohlen, die einige der in diesem Beitrag skizzierten Zusammenhänge vertiefen wollen und an einem umfassenden Überblick über den gegenwärtigen Stand der Dinge interessiert sind.

Leider liegen zur Freizeitsituation und dem Freizeitverhalten von Menschen mit Behinderungen kaum empirische Befunde vor (vgl. Ebert, 2000, S. 57). In erster Linie hat man über Interviews und Befragungen im Rahmen von Zeitbudget-Untersuchungen herauszufinden versucht, was behinderte Menschen wann und wie zeitlich ausgedehnt in ihrer Freizeit machen (vgl. Bundesministerium für Jugend, Familie und Gesundheit 1976, S. 47–57). Befriedigende Antworten auf die Fragen, warum sich Behinderte so verhalten, welche äußeren und materiellen Bedingungen ihr Freizeitverhalten beeinflussen, einschränken oder erweitern und insgesamt prägen, werden kaum gegeben. Kerkhoff (1982, S. 4–6) nennt einige allgemeine und bis heute beachtenswerte Erschwernisse, die sich für Menschen mit einer Behinderung im Freizeitbereich ergeben und von Fall zu Fall unterschiedlich ausgeprägt und wirksam sein können:
– *„Unmittelbare Folgen der Schädigung, wie z. B. fehlende Mobilität, visuelle oder akustische Verkehrsbeeinträchtigungen, Sichtbarkeit der Behinderung, erforderliche Begleitperson.*
– *Zeitliche Ausdehnung der alltäglichen Versorgungs-, Hygiene- und Gesundheitsmaßnahmen: z. B. wird mehr Zeit bzw. Aufwand für Körperpflege, Nahrungszubereitung, Essen, Gehen usw. benötigt.*
– *Familiäre Bindung: z. B. durch Überbehütung oder Vereinnahmung durch einen Elternteil, was u. a. überstarke Gefühlsbindungen, geringe Verselbständigungsmöglichkeiten zur Folge haben kann.*
– *Rehabilitationsübermaß: Medizinische Beratung und Behandlung stehen z. B. in Gefahr, überschätzt zu werden, oder zu umfangreiche Rehabilitationsmaßnahmen überhaupt werden für den einzelnen anberaumt. Rehabilitationsmaßnahmen sind zwar legitimiert, da sie zur Inte-*

gration des Behinderten beitragen, dabei besteht jedoch die Gefahr, dass der offene Freizeitsektor mit solchen Rehabilitationsmaßnahmen völlig ausgefüllt wird.
- *Starke Kompensations- und Regenerationswünsche infolge Überbeanspruchung durch Arbeit, z. B. als Folge eines schlechten Gesundheitszustandes, eines frühen Altersabbaus, durch bestimmte eintönige oder statische Arbeitsaufgaben, durch geringe körperliche Belastbarkeit bzw. zu hoch angesetzte oder zu lang dauernde Konzentrationsanforderungen im Arbeitsprozess.*
- *Fehlende Kontaktstellen für Behinderte bzw. für Behinderte und Nichtbehinderte.*
- *Unzugänglichkeit von öffentlichen Verkehrsmitteln und Freizeiteinrichtungen.*
- *Erreichbarkeitsprobleme: z. B. Überwindung zu großer räumlicher Entfernungen, Fahrangebotsprobleme, Gefährdung durch Verkehr, Schwierigkeit bei der Selbstbeschaffung von Informationen über Freizeitangebote.*
- *Selbstisolierungstendenzen: Behinderte sehen sich z. B. als Hemmschuh bei einem Unternehmen und ziehen sich zurück, Vermeiden von unbekannten sozialen Strukturen [...], Nichtbehinderte lassen erkennen, dass der Behinderte ein Störfaktor ist.*
- *Unzureichende Ausbildung von Interessen- und Freizeitgewohnheiten." (Kerkhoff, 1982, S. 4–6)*

Es gibt eine ganze Reihe an plausiblen Zusammenhängen zwischen einer Behinderung und dem Freizeitverhalten eines Menschen mit einer Behinderung. Neben Art und Schweregrad der Behinderung spielen der Zeitpunkt des Erwerbs der Behinderung, die Sichtbarkeit der Behinderung, die Prognose des Verlaufs der Behinderung, die rehabilitativen Möglichkeiten, die Schulbildung, Berufsausbildung und -tätigkeit, die sozioökonomischen Verhältnisse der Ursprungsfamilie bzw. das eigene Vermögen und Einkommen, das soziale Netzwerk und die ökosystemischen Verhältnisse sowie das Ausmaß an subjektiv erlebten sozialen Vorurteilen und Stigmatisierungen der bisherigen Interaktionspartner eine Rolle. Die Soziologie der Behinderten (vgl. Markowetz, Freizeit, 2001, S. 267) geht heute von einem multifaktoriellen Wirkungszusammenhang aus, ohne dabei empirisch belegte Aussagen machen zu können, welche Variable das Freizeitverhalten behinderter Menschen mehr oder weniger oder gar nicht beeinflusst. Defizite im Freizeitverhalten ergeben sich zum einen durch eine Vielzahl an Erschwernissen, die unmittelbar mit der Behinderung zusammenhängen, und zum anderen aus den sozialen Reaktionen auf die Behinderung. Das Ausleben der Freizeitbedürfnisse behinderter Menschen korrespondiert aber auch mit den Möglichkeiten, die unsere Gesellschaft für Behinderte bereitstellt bzw. ihnen vorenthält. Grundsätzlich ist zu bedenken, dass ein unerfülltes Freizeit(er)leben nicht zwangsläufig die Folge einer Behinderung ist. Insbesondere kognitiv nicht beeinträchtigte Menschen sind trotz ihrer Behinderung genauso kompetente Akteure ihrer Freizeitgestaltung wie die Mehrheit der nicht behinderten Menschen. Menschen mit geistiger und mehrfacher Behinderung hingegen scheinen um ein Vielfaches mehr benachteiligt. Das bestätigen zumindest empirische Studien zur Freizeitsituation geistig behinderter Menschen (vgl. hierzu Ebert 2000; Markowetz, Integration, 2000, Freizeit, 2001, 2005). Die Freizeitsituation entspricht in vielen Fällen nicht den persönlichen Wünschen geistig behinderter Menschen. Viele durchaus angemessene und dem Zeitgeist entsprechende Hobbys und Freizeitgestaltungsmöglichkeiten bleiben Träume für sie. Das Freizeit(er)leben wird vielmehr von den Freizeitkonzepten in den Werkstätten und Wohneinrichtungen für behinderte Menschen und von speziellen Freizeitclubs bzw. Freizeitbereichen für Geistigbehinderte beeinflusst. Vorwiegend werden passiv-rezeptive Freizeittätigkeiten zu Hause und weniger gesellige, offene Aktivitäten mit Außenkontakten ausgeübt, die dann bisweilen mit Langeweile einhergehen und als wenig sinnerfüllt erlebt werden. Offen bleibt diesbezüglich allerdings die Frage, ob Geistigbehinderte nun nach dem

Autonomiekonzept (statt nach dem normierten Freizeitkonzept, das zur Bewertung, ob bzw. wann das Freizeiterleben stattfindet, qualitativ von allgemein gültigen Maßstäben ausgeht) so handeln. Oder müssen sie sich so verhalten, weil ihnen gar nichts anderes übrig bleibt, da sie keine Alternativen kennen, sich diese behinderungsbedingt nicht selbst erschließen können oder nicht vermittelnd angeboten bekommen. Wer die Vielfalt an Freizeitgestaltungsmöglichkeiten kennt, äußert häufiger Unzufriedenheit mit seiner eigenen Freizeitsituation. In einem erkennbaren Stadt-Land-Gefälle und in Abhängigkeit der Wohn- und Unterbringungsform lassen sich ausgeprägte und nachvollziehbare Wünsche nach mehr Autonomie, Partizipation und inklusiven Freizeitangeboten ausmachen, bei denen Menschen mit geistiger Behinderung nicht behinderte bzw. auch ‚neue' behinderte Freundinnen und Freunde gewinnen können und sich größere Chancen zur Freizeitgestaltung mit den gewünschten Freizeitpartnern ergeben. Auch Menschen mit geistigen Behinderungen wollen – trotz der auch bei ihnen deutlich spür- und feststellbaren geschlechterspezifischen Rollenzuschreibungen – frei wählen können und Entscheidungs- und Handlungsfreiheiten in Anspruch nehmen. Eine auf Selbst- und Mitbestimmung ausgerichtete Angebotsvielfalt, die solche Empowerment-Kompetenzen (z. B. mit Blick auf Selbsterfahrung, Selbstdarstellung, Selbstvertrauen, Selbstvertretung, Identität, Beziehungen, Freundschaften, Sexualität, Lebensgestaltung und -kontrolle) zulassen und die Emanzipation fördern, scheint deshalb zukünftig unumgänglich. Mit zunehmendem Schweregrad droht allerdings auch die soziale, elterliche, institutionelle wie infrastrukturelle Abhängigkeit im Sinne fremdbestimmter Elemente zu steigen, während die Möglichkeitsräume der Selbst- und Mitbestimmung sinken. Die Angebotsvielfalt muss deshalb zukünftig auch diese Menschen erreichen. Noch aber bestätigen die empirischen Befunde, dass eine geistige Behinderung mit Blick auf sehr unterschiedliche Kontextfaktoren die Partizipationsmöglichkeiten (vgl. WHO, 2002) von Menschen mit geistiger Behinderung im Lebensbereich Freizeit deutlich beeinträchtigt und es durchaus berechtigt erscheint, bis auf weiteres von einer „behinderten Freizeit" zu sprechen, derer sich die Integrationspädagogik genauso wie eine integrative Pädagogik und Didaktik der Freizeit (vgl. Markowetz, Konturen, 2000) und eine Pädagogik der freien Lebenszeit (vgl. Opaschowski, 1996) grundlegend theoretisch und praktisch noch zu stellen hat.

Die Freizeitbedürfnisse und das Freizeitverhalten von behinderten und nicht behinderten Menschen sind nahezu identisch. Da jeder Mensch Akteur seiner Freizeitgestaltung ist, erweist sich das Freizeitverhalten als Ausdruck der Befriedigung von Freizeitbedürfnissen hinsichtlich Intensität, Quantität, Qualität und freier Verfügbarkeit von Zeit und entsprechender Wahl-, Entscheidungs- und Handlungsfreiheit universell verschieden.

Es gibt eine Vielzahl an förderlichen und hemmenden Bedingungen und Parametern, die Einfluss auf die Freizeittätigkeit eines Individuums als Akteur haben. Das können sozio-ökonomische Bedingungen genauso sein wie familiäre, ökosystemische, gesellschafts- und bildungspolitische Gegebenheiten und Machtverhältnisse. Freizeit ist nicht per se ein Problem für Behinderte. Dennoch erleben Menschen mit Behinderungen ökonomische und soziale Benachteiligungen, welche die Partizipation an individuellen und gesellschaftlichen Freizeitgestaltungsmöglichkeiten erschweren. Das Freizeitverhalten von Behinderten hängt von einer Vielzahl an Variablen (z. B. Lebensalter, Geschlecht, Regionalfaktor, Wohnfaktor, Familienverhältnisse, Einkommen, Vermögen, „soziales Netzwerk", Zeitfaktor, Behinderungsfaktor, Sichtbarkeit der Behinderung, Qualität der materiellen und personellen Hilfen, Angebot, Schulzugehörigkeit) ab und vor allem davon, ob und in welchem Umfang diese Variablen vom Behinderten selbst bzw. von seiner Umwelt günstig beeinflusst und verändert werden können. Einschränkungen der Bewegung, der Mobilität und der Kommunikation wirken sich besonders auf das Freizeitverhalten behinderter Menschen aus. Sie können nur bis zu einem gewissen Maß kompensiert werden. Für Behinderte ist es deshalb mehr als notwendig, nicht ausschließlich nach technisch-apparativen (Barrierefreiheit), sondern nach sozialintegrativen Lösungen (Abbau der Barrieren im Kopf; Entstigmatisierung) zu suchen, damit sie in gleichem Umfang wie nicht behinderte Menschen auch ihren Freizeitbedürfnissen nachkommen können. Wir können also davon ausgehen, dass die Freizeitsituation als Lebenszeit für Menschen mit Behinderungen weder einheitlich positiv noch generell negativ eingeschätzt werden darf. Insofern ist Behinderung zwar keine zu vernachlässigende Größe, sie muss aber nicht automatisch zu einer unbefriedigenden, fremdbestimmten und von der Hilfe anderer abhängigen Freizeitsituation führen. Nicht behindert zu sein ist nicht per se ein Garant für sinnerfüllte, selbstbestimmte und qualitativ in unserer Gesellschaft hoch bewertete Freizeit.

Wie kaum ein anderer gesellschaftlicher Bereich kumuliert und verzahnt der Freizeitbereich im Spiegel des Lebenszyklus (Kindheit, Jugend, Erwachsene, Alte) höchst unterschiedliche und auf den ersten Blick miteinander nicht kompatible Bereiche wie Kultur bzw. kulturelle Bildung, Konsum und Unterhaltung, Medien, Sport, Reisen, Urlaub und Tourismus. Eine analytische Beschreibung der Freizeitangebote für Menschen mit Behinderungen ist deshalb nur sinnvoll, wenn sie das Spektrum der Freizeit als Ganzes im Blick behält. In dem Bewusstsein, dass die folgenden sechs Hauptbereiche der Freizeit im Leben behinderter Menschen fließend ineinander übergehen, sich wechselseitig bedingen und einen Schmelztiegel struktureller Gemeinsamkeiten darstellen, gilt es, diese interdisziplinär dennoch einzeln spektralwissenschaftlich zu erforschen und pädagogisch zu bewältigen:

- familiäres und außerfamiliäres Freizeitverhalten (in- und aushäusiger Konsum, Unterhaltung, Kommunikation, Medien; barrierefreies, wohnortnahes und stadtteilintegriertes Freizeit(er)leben);
- Freizeit in Vereinen (z. B. Behinderten- und Integrationssport, Körper und Gesundheit, Hobbys, kulturelle und soziale Aktivitäten, staatsbürgerliches Engagement);
- Freizeit und Freizeiterziehung im (Schul-)Kindergarten und in der (Sonder-)Schule;
- Freizeitsituation in Wohneinrichtungen und heilpädagogischen Heimen für Behinderte;
- Erwachsenenbildungsangebote für Menschen mit Behinderungen (Freizeitbildung) und
- Reisen, Urlaub und Tourismus für behinderte Menschen.

An dieser Stelle können zu diesen einzelnen Hauptbereichen der Freizeit keine Ausführungen gemacht werden. Der interessierte Leser findet in dem Lehrbuch zur Soziologie der Behinderten (siehe Markowetz, Freizeit, 2001, S. 280ff.) erste Informationen und Hinweise auf weiterführende Literatur.

Der Blick auf die Freizeitsituation von Menschen mit Behinderungen darf die anhaltende und sich weiter zuspitzende Krise der Arbeitsgesellschaft (siehe Giarini/Liedtke, 1998) nicht unberücksichtigt lassen. Die Arbeit verschwindet aus den Fabriken, verliert

„ihre Kraft zur Strukturierung des individuellen Lebens" (Dahrendorf, 2003, S. 63) und beschwert insbesondere behinderten Menschen immer häufiger ein Leben ohne Erwerbsarbeit (siehe Markowetz, 2002). Schon heute wirkt sich das Beschäftigungsdilemma nachhaltig auf das System der beruflichen Rehabilitation aus und definiert Berufsbildung und Arbeit als ein schwer lösbares soziales Problem (vgl. Grampp, 2004; Markowetz, 2005, S. 455ff.). Die Frage, ob überhaupt und ggf. wie Menschen mit Behinderungen zukünftig arbeiten werden, lässt vor dem Hintergrund der theoretisch diskutierten Zusammenhänge zwischen Arbeit und Freizeit, insbesondere der Kontrasttheorie und Komplementaritätstheorie (vgl. Markowetz, 2005, S. 280f.; Opaschowski, 1990, S. 82–83; Prahl, 2002, S. 145f.) die Forderung nach einem erfüllten Freizeit(er)leben als Gegenmodell für ein Leben ohne Arbeit immer lauter werden. Die soziale Eingliederung, Realisierung von Lebenschancen und Entfaltung von Identität würde so immer weniger über Arbeit und Beruf, sondern vermehrt über Freizeit erfolgen. Damit gewinnt Freizeit für eine sinnstiftende und strukturgebende Gestaltung der persönlichen und sozialen Lebenspraxis erheblich an Bedeutung. Das Recht auf berufliche Rehabilitation muss behinderten Menschen unabhängig von Art und Schweregrad ihrer Behinderung erhalten bleiben. Dies muss vor dem Hintergrund der gesetzlich verbrieften Gleichstellung und Gleichbehandlung unabhängig von gesellschaftlichen Entwicklungen geschehen. Der Behindertenpädagoge Bleidick (1998, S. 155–157) kritisiert deshalb zu Recht die „einseitige Orientierung am Arbeitsethos". Er möchte aus der Not, dass uns für die Behinderten und weitere, wirtschaftlich nicht effektiv und rentabel genug denkenden und handelnden Gruppen die Arbeit ausgeht, insofern eine Tugend machen als „die Selbstverwirklichung des Menschen auch ohne gesellschaftlich nützliche und verwertbare Arbeit möglich und erstrebenswert ist: für Kinder, für Frührentner, für Pensionäre, für Ausländer, für Aussteiger, für Hausfrauen – und für Behinderte". Solche Erwägungen, Sparzwänge oder die Ratlosigkeit im Umgang mit gesellschaftlichen Rand- und Problemgruppen rechtfertigen nicht, Arbeit durch Freizeit vollständig zu ersetzen und sich damit abzufinden. Tatsache aber ist, dass wir auf dem Weg in das 21. Jahrhundert über mehr Freizeit als Arbeit verfügen werden. Im postmodernen Leben wird der Freizeitbereich deshalb für Menschen mit und ohne Behinderung eine zentrale Rolle spielen.

Lösungen im materiellen Bereich und der uferlose Ausbau von immer vielfältigeren, weitgehend marktwirtschaftlich gesteuerten Freizeitangeboten allein werden weder die schlechte Arbeitsmarktlage und Massenarbeitslosigkeit lösen noch zu der gewünschten Lebensqualität und Zufriedenheit führen. Aufgabe zukünftiger Sozial- und Gesellschaftspolitik ist es, eine Freizeitinfrastruktur zu schaffen, die zu qualitativen sozialintegrativen und umweltverträglichen Freizeitentwicklungen führen und eine qualitative „integrative", multikulturelle Freizeitkultur hervorbringt. Hierzu muss die Freizeitpädagogik Freizeitkompetenzen vermitteln, die die Menschen nicht nur befähigen, mit ihrer „freien Zeit", der Angebotsvielfalt und dem Überfluss irgendwie zurechtzukommen, sondern die drohende Bewusstlosigkeit und das Ausgeliefertsein selbstreflexiv zugunsten einer sinnerfüllten, selbstbestimmten Freizeitgestaltung abwenden können. Eine solche Freizeitgestaltung wirkt bildend und beinhaltet soziales Lernen. Freizeit wird dann zu einem gewinnbringenden, identitätsstiftenden und die Persönlichkeit stärkenden Erlebnis, das Kultur, Bildung, vielfältige soziale Kontakte und soziales Engagement zur Gestaltung unserer Lebenszeit entdeckt und ein Bewusstsein für die Bewältigung „epochaltypischer Schlüsselprobleme" (vgl. Klafki, 1993, S. 56ff.) schaffen kann. Die Freizeitpädagogik der Zukunft fußt auf diesen Vorstellungen eines neuen Allgemeinbildungskonzepts, das Bildung für alle zulässt, selektive Faktoren abbaut, integrative Strukturen schafft, auf die Ausbildung zwischenmenschlicher Beziehungsmöglichkeiten Wert legt und die Sozialität des Menschen stärkt. Bildung wird zum „lebenszeitbegleitenden Lernen" (Opaschowski, 2001, S. 187), das gesellschaftliche Teilhabe garantiert und auf ein sozial verträgliches, solidarisches Leben zwischen Arbeit und Freizeit vorbereitet und qualifiziert.

Ausblick

Behinderte Menschen wollen mitten im Leben stehen, als gleichberechtigte Bürger am gesellschaftlichen Leben teilhaben und vermehrt Einfluss auf ihre Lebenszeitgestaltung nehmen. Sie wollen frei wählen können und Entscheidungs- und Handlungsfreiheiten in Anspruch nehmen. Selbstbestimmung, Autonomie, Emanzipation, Antidiskriminierung, Gleichstellung, Normalisierung, Demokratisierung und Humanisierung sowie umfassende Integration und gesellschaftliche Teilhabe sind dabei die zentralen pädagogischen, bildungs- und gesellschaftspolitischen Schlagworte (vgl. Markowetz, Soziale Integration, 1999, S. 13f.; 2001). Es geht darum, den Wechsel vom „Fürsorgeansatz" zum „Bürgerrechtsansatz" zu vollziehen. Hierzu müssen wir die traditionelle Kultur des Helfens in der Sonderpädagogik überwinden und Menschen mit einer Behinderung nicht länger als belieferungs-, anweisungs- und behandlungsbedürftiges Klientel, sondern als Experten in eigener Sache anerkennen.

Die Liste mit Forderungen für mehr Integration und Partizipation behinderter Menschen im Lebensbereich Freizeit ist lang (ausführlich hierzu Markowetz, Freizeit, 2000). An die Gemeinden, Kommunen, Städte, Bezirke, Landkreise, Regierungspräsidien, Landschafts- und Landeswohlfahrtsverbände sowie politische Gremien auf Länder- und Bundesebene muss die Forderung nach einer „Stadt für alle" gestellt werden, nach einem Wohn- und Lebensraum, der den individuellen Bedürfnissen entgegenkommt und behinderungsbedingte Nachteile so auszugleichen vermag, dass ein Leben in sozialer Integration und die Teilhabe am gesellschaftlichen und öffentlichen Leben grundsätzlich möglich ist. Soziale Integration (vgl. Markowetz, Soziale Integration, 2001) ist als ernstzunehmende und vordringlich praktisch zu realisierende Aufgabe in allen Verwaltungsbereichen aufzufassen. Stadtentwicklungspläne und kommunale Kinder- und Jugendpläne müssen darauf abgestimmt werden. In alle zentralen Verwaltungsbereiche, wie Sozial- und Kulturreferate, Kinder- und Jugendhilfeausschüsse etc., sind unabhängige Beauftragte für Integration zu bestellen, die fachkompetent für eine sukzessive Umsetzung Sorge tragen. Darüber hinaus brauchen wir ein Netz wohnortnaher Beratungsstellen, das sich schnell und unbürokratisch mit aktuellen Problemen bei der Freizeitgestaltung behinderter Menschen beschäftigt und diese kundenorientiert bearbeitet.

Besonders Spiel-, Kultur- und Freizeitangebote, ob in öffentlicher oder privater Hand verwaltet, müssen barrierefrei zugänglich und nutzbar werden. Doch es gibt nicht nur, Mobilitätsprobleme durch vorwiegend technisch-apparative Lösungen auszugleichen. Vielmehr müsste etwas gegen die Schranken im Kopf getan werden. Öffentlichkeitsarbeit allein wird hierzu nicht ausreichen. Es kommt darauf an, gelebte Kontakte zwischen behinderten und nicht behinderten Menschen zuzulassen und qualitativ auszubauen, damit die dabei gemachten Erfahrungen anhaltend positiv wirken und ein Entstigmatisierungsprozess (siehe Markowetz, 2005) in Gang kommt. Behindertenfreizeitarbeit im klassischen Sinn und Integrationsarbeit im Lebensbereich Freizeit müssen sich ergänzen. Spezielle Freizeitangebote für Behinderte mit nicht zwingend integrativem Charakter haben nach wie vor dort ihre Berechtigung, wo sie nachhaltig gewünscht und vorläufig nicht anders organisiert und finanziert werden können. Sie dürfen nicht eingestellt werden. Dennoch sollten weniger Sonderprogramme für Behinderte den Lebensbereich Freizeit bestimmen.

Es ist zu fragen, warum sich die Tourismusbranche mit behinderten Kunden so schwer tut. Damit behinderte und mobilitätseingeschränkte Menschen chancengleich reisen können, müssen zahlreiche Probleme im Tourismusbereich abgebaut werden. Vordringlich zu fordern wäre

- der Abbau vorhandener technischer, architektonischer und vorurteilsbedingter Barrieren,
- eine Verbesserung der Angebote durch die Tourismusindustrie selbst,
- die Anerkennung Behinderter als Zielgruppe und Kunden,
- ein ansprechendes Marketing mit entsprechenden Werbestrategien,
- der sukzessive Abbau von „Spezialanbietern" zugunsten einer Normalisierung durch integrative Angebote von „Regelanbietern",
- die Öffnung der Reisebüros und der Palette touristischer Angebote für Menschen mit Behinderungen,
- ein besserer Service mit Komplementärangeboten bis hin zur Vermittlung von kompetenten Reisebegleitern,
- eine solide Öffentlichkeitsarbeit,
- eine Ausbildungsneuordnung der touristischen Berufe, welche die besonderen Belange behinderter Reisender berücksichtigt.

Letztlich gilt es, Finanzierungsmöglichkeiten für innovative und integrationsstarke Ansätze und Angebotsformen im Freizeitbereich zu schaffen. Generell muss der Freizeitbereich als eigen- und nicht als randständiges Handlungs- und Erfahrungsfeld ernst genommen und als solches von der sozialpolitischen Gesetzgebung auf eine solide Finanzierungsgrundlage gestellt werden. Die Finanzierungsregelungen des Bundessozialhilfegesetzes für die Bereiche Wohnen und Arbeit könnten hier als Vorbild wirken. Insbesondere den Rechtsanspruch auf finanzielle Förderung von Freizeitangeboten gilt es zu stärken, um behinderten Menschen nach dem SGB IX (vgl. Bundesministerium für Gesundheit und Soziale Sicherung, 2004) die Möglichkeit zu geben, uneingeschränkt am Leben in der Gemeinschaft teilzunehmen. Außerdem müssen neue, verlässliche und unbürokratischere Regelungen für die Inanspruchnahme und Finanzierung von Assis-tenzdiensten zur individuellen Freizeitgestaltung und als „Schlüssel für ein selbstbestimmtes Leben Behinderter" (Miles-Paul/Frehse, 1994, S. 12) getroffen werden. Hierzu ist es aber auch notwendig, dass die Hilfssysteme für Behinderte vor Ort ein eigenes Profil für den Freizeitbereich entwickeln und entsprechende innovative und integrationsorientierte Dienste in ihr Programm aufnehmen.

Eine solche konzeptionelle Arbeit bedarf der Unterstützung der Spitzenverbände, der Selbsthilfezusammenschlüsse, der Politik, der Behinderten- und Integrationspädagogik. Außerdem muss der Mut vorhanden sein, unser Rehabilitationssystem strukturell zu erneuern. Nur so wird man auf Dauer dem hohen Stellenwert der Freizeit in unserer heutigen Gesellschaft gerecht werden und dafür Sorge tragen können, dass sich die Freizeitbedürfnisse von Menschen mit Behinderungen mit klarem Bezug auf integrative und emanzipatorische Zielsetzungen erfüllen. Es ist zu erwarten, dass die Entwicklungen im Lebensbereich Freizeit das Zusammenleben und Zusammenhandeln der

Menschen sowie die daraus resultierende soziale Wirklichkeit positiv verändern. Gelingt es in diesem Prozess, Vorurteile abzubauen, Einstellung und Verhaltensweisen gegenüber behinderten Menschen zu ändern und Möglichkeiten der Entstigmatisierung zu nutzen, dann sind wir sowohl auf dem Weg zu einer inklusiven Gesellschaft als auch zu einer Lebensgesellschaft, die sich vom Diktat der Erwerbsarbeit allmählich befreien und stärker der Freizeitbildung hinwenden kann.

Kommentierter Literaturhinweis

Markowetz, Reinhard/Cloerkes, Günther (Hrsg.): Freizeit im Leben behinderter Menschen. Theoretische Grundlagen und sozialintegrative Praxis. Heidelberg, Edition S. 2000.

Das Buch fasst die wissenschaftlichen und praktischen Erkenntnisse zur Freizeit von Menschen mit Behinderungen zusammen und führt aus der Sicht unterschiedlicher Autorinnen und Autoren in wesentliche Bereiche des Themas „Freizeit und Integration von behinderten Menschen" ein. In dem Sammelband wurde insbesondere versucht, solche theoretischen und praktischen Ansätze einzubeziehen, die sich einem integrativen Verständnis des Lebensbereichs Freizeit für behinderte wie für nichtbehinderte Menschen verpflichtet sehen. Das Buch selbst ist in vier Hauptteile gegliedert.

Im *ersten Teil* geht es um theoretische Grundlagen der behindertenspezifischen Freizeitforschung. *„Freizeit von Menschen mit Behinderungen"* ist ein ausführlicher Überblicksartikel zum Thema. Nach der Diskussion von Freizeitbegriff und Freizeittheorien werden verschiedene Aspekte der Freizeitsituation behinderter Menschen nach Behinderungskategorien und Lebensumfeld in Einrichtungen, Familie und außerfamiliären Bereichen dargestellt. *„Konturen einer integrativen Pädagogik und Didaktik der Freizeit"* steht unter der Leitfrage, welchen Stellenwert die pädagogische Gestaltung von Freizeit für die soziale Integration von Menschen mit Behinderungen haben kann. Hier handelt es sich um eine der oben genannten Forschungsfragen aus der Soziologie der Behinderten. Zugleich verdeutlicht der Beitrag die Notwendigkeit einer engen Kooperation zwischen Soziologie und Behindertenpädagogik auf theoretischer und praktischer Ebene.

Der *zweite Teil* enthält neun Beiträge zu einigen Aspekten der gegenwärtigen Freizeitdiskussion, von verschiedenen Autoren, zu unterschiedlichen Freizeitaktivitäten und behinderungsbedingten Problemstellungen, um so auch die Vielfalt des Themas zu dokumentieren. Andreas Hinz diskutiert, ausgehend von einem dialogischen Behinderungsbegriff, die integrativen Lebensbereiche Schule, Beruf, Wohnen und Freizeit. Reinhard Markowetz stellt das Konzept des Integrationspädagogischen Dienstes von PFiFF e. V. zur Förderung der sozialen Integration in wohnortnahen Freizeitvereinen vor. Wilhelm Reincke befasst sich kritisch mit der Integration von Menschen mit einer geistigen Behinderung im Sportbereich. Die Möglichkeiten kooperativer Freizeitgestaltung durch projektorientierten Unterricht hat Harald Ebert analysiert. Der Beitrag von Georg Theunissen rückt die Freizeitbedürfnisse schwerstbehinderter Menschen ins Blickfeld. Max Kreuzer untersucht die Freizeitarbeit in Wohneinrichtungen für Behinderte und Christian Lindmeier gibt eine Darstellung der Prinzipien integrativer Erwachsenenbildung. „Tourismus für behinderte Menschen" ist das Thema von Udo Wilken. Am Ende vom Teil II stehen Jürgen Danielowskis Denkanstöße zur integrativen kirchlichen Gemeindearbeit.

Der *dritte Teil* illustriert 24 exemplarisch ausgewählte und richtungweisende Praxisbeispiele für sozialintegrative Freizeitgestaltungsmöglichkeiten aus sechs Bereichen: Von der Familienunterstützung über Kooperation im schulnahen Raum, Spielen, Sport und Ferienfreizeiten bis zur Erwachsenenbildung.

Am Schluss des Sammelbandes stehen im *vierten Teil* eine kritische Zusammenfassung, ein Ausblick mit einem Katalog an weitreichenden Forderungen und Ratschlägen für Betroffene und Helfer sowie eine Übersicht von Freizeitgestaltungsmöglichkeiten für behinderte und nichtbehinderte Menschen mit hilfreichen Hinweisen und wichtigen Kontaktadressen.

Frühförderung   Armin Sohns

Etymologie

Der Begriff „Förderung" – abgeleitet aus dem Verb „fördern" – stammt aus dem mittelhochdeutschen „vürdern" bzw. dem mittelniederdeutschen „vörderen" und lässt sich bis ins 9. Jahrhundert zurückverfolgen. Aus den Worten „vürdern", „vurdern" und dem althochdeutschen „furd(i)ren" entwickelte sich „vorderen" mit dem Sinn „vorwärts bringen". Sinnerweiterung gab es im Mittelalter im Umfeld des Bergbaus mit dem Sinn „hervorholen, zu Tage bringen", abgeleitet wurden auch Erweiterungen wie „befördern" im Sinne von transportieren (Duden, 1997, S. 200 und siehe Kluge, 2004).

Das Wort „früh" lässt sich bis ins 8. Jahrhundert verfolgen als fruoi (vgl. Duden, 1997) bzw. frno (siehe Kluge, 2004) (althochdeutsch), welches im Mittelhochdeutschen zu vrno und später zu vrüe(je) wurde – konzentriert auf den deutschen und niederländischen Sprachraum als Wurzel für die Bedeutung „vorne", „früh", „erster". Eine Verwandtschaft besteht auch zu dem griechischen Stamm „proi" („früh") und „proios" („morgendlich"), aus dem die Vorsilbe „prä" (im Sinne von „zeitlich vorangestellt") entstand.

Als definierter Ansatz der sozialen Arbeit entwickelte sich der Begriff „Frühförderung" Anfang der 1970er-Jahre aus dem Fokus einer heilpädagogischen Sichtweise für eine gezielte Anregung und Behandlung von Kindern mit Behinderungen und Entwicklungsstörungen (Speck, 1977), lange Zeit heftig kritisiert von medizinischer und insbesondere sozialpädiatrischer Sichtweise, die dem Begriff „Frühförderung" den Terminus „Entwicklungsrehabilitation" entgegensetzte (siehe Hellbrügge, 1981). Erst der Gesetzgeber löste den Konflikt auf, indem er beiden Systemen und Ansätzen eine Rechtsgrundlage gab und die „Frühförderung" im IX. Sozialgesetzbuch unter der Kategorie „Rehabilitation" verankerte. In die heutige Zeit übersetzt lässt sich hieraus der Anspruch ableiten, mithilfe spezieller Maßnahmen etwas (in diesem Fall die Entwicklung von Vorschulkindern) besonders „früh voranzubringen".

Geschichte

Bereits vor der Etablierung von als solchen benannten Frühförder-Einrichtungen und deren Anerkennung durch den Gesetzgeber und die verschiedenen Kostenträger blickt die Frühförderung – trotz ihrer erst jüngsten Etablierung – auf eine lange Tradition zurück. Ihre pädagogisch-therapeutischen Konzepte gehen teilweise bis auf Einzelinitiativen im 19. Jahrhundert zurück (vgl. Weiß/Neuhäuser/Sohns, 2004, S. 140–152). Waren diese vielfältigen Vorläufer allesamt auf regional und professionell – und zumeist auch zeitlich – begrenztes Engagement zurückzuführen, kam es zu einem systematischen Aufbau von Ansätzen der Frühförderung in Deutschland zu Beginn der 1970er-Jahre. Der sozialpädiatrische Zweig der Frühförderung entstand in den 1960er-Jahren, eng verbunden mit dem Namen *Hellbrügge*, unter dessen Leitung 1968 das erste Sozialpädiatrische Zentrum in München eröffnet wurde. Erste Frühförderstellen entstanden seit 1970 (vgl. Sohns, 2000, S. 30). Sie wurden rechtlich bald abgesichert durch die Empfehlungen des Deutschen Bildungsrates (Speck, 1973) und das damit in Zusammenhang stehende 3. Änderungsgesetz des Bundessozialhilfegesetzes (BSHG) 1974. Beides führte in den beiden folgenden Jahrzehnten zu einer flächendeckenden Etablierung von regionalen Frühförderstellen, die in ihren konzeptionellen Grundlagen einerseits eine große Vielfalt zeigen, andererseits weitgehend auf den seinerzeitigen Empfehlungen des Deutschen Bildungsrates beruhen.

„Die Gesamtintention dieser Empfehlungen zielte darauf ab, mehr Möglichkeiten eines gemeinsamen Lernens behinderter und nicht behinderter Kinder im Sinne einer schulischen und außerschulischen Integration zu schaffen, und darüber hinaus bereits im Vorfeld der frühen Entwicklung die nötigen Hilfen bereitzustellen, um in dieser so wichtigen Phase einer Ausprägung von Behinderungen und damit möglicherweise einer schulischen Besonderung vorzubeugen. Frühförderung wurde demnach bereits im Ansatz als ein integrativer Dienst verstanden." (Speck, 1996, S. 16).

Dennoch blieb die Etablierung der Frühförderstellen nicht ohne fachliche und politische Auseinandersetzung. Die gesetzliche Grundlage im BSHG beschränkte sich im § 40 auf den Anspruch auf „Heilpädagogische Maßnahmen" und sah damit deren Finanzierung durch die örtlichen Sozialhilfeträger vor. Folgerichtig wurden die Frühförderstellen überwiegend mit (heil-)pädagogischen Fachpersonen besetzt. Insbesondere aus der Ärzteschaft wurde diese Entwicklung kritisch bis ablehnend begleitet. Selbst der deutsche Ärztetag wandte sich grundsätzlich gegen die Etablierung der Frühförderstellen:
„Im Gegensatz zu der vom Deutschen Bildungsrat empfohlenen Errichtung neuer Zentren mit pädagogischem Schwerpunkt empfiehlt der Deutsche Ärztetag die organisatorische Erweiterung bestehender medizinischer Einrichtungen. Damit wird eine zu einseitige Orientierung der Frühförderung vermieden und bei geringerem Kostenaufwand eine höhere Effektivität erzielt." (Der Kinderarzt 7, 1976, S. 846).

Demgegenüber wandten sich die (pädagogischen) Frühförderstellen gegen eine ärztlich-hierarchische Struktur, wie sie innerhalb der Sozialpädiatrischen Zentren durch eine obligatorische ärztliche Leitung vorgesehen ist. Der Gesetzgeber gab nach einer längeren Phase eines unkoordinierten Nebeneinanders beiden Systemen eine gesetzliche Grundlage, zunächst den pädagogischen Frühförderstellen (1974) und dann mit dem Gesundheitsreformgesetz (1988) auch den Sozialpädiatrischen Zentren, deren Verhältnis zu den Frühförderstellen bald darauf im Gesundheitsstrukturgesetz geklärt wurde. Demnach ist der Behandlungsauftrag auf „diejenigen Kinder auszurichten, die wegen der Schwere oder Dauer ihrer Krankheit oder einer drohenden Krankheit nicht von geeigneten Ärzten oder in geeigneten Frühförderstellen behandelt werden können. Die Zentren sollen mit den Ärzten und den Frühförderstellen eng zusammenarbeiten" (GStruktG Art.1, übernommen in § 119 SGB V und § 4 FrühV zum SGB IX). Das im Jahr 2001 verabschiedete Rehabilitationsgesetz (SGB IX) und die zur Spezifizierung im Jahr 2003 verabschiedete Frühförderungsverordnung (FrühV) geben erstmalig der „Frühförderung" insgesamt eine gesetzliche Grundlage (§ 30, SGB IX) und sehen als zentrale Einrichtungen der Frühförderung sowohl Sozialpädiatrische Zentren als auch interdisziplinäre Frühförderstellen vor – mit eben jener hierarchischen Aufgabenverteilung in spezialisierte überregionale Zentren (SPZ) und dezentralen Frühförderstellen, die nun ebenfalls interdisziplinär zu besetzen sind.

Neben dem historischen Bemühen um eine gesetzliche und damit finanzielle Absicherung der Frühfördereinrichtungen erfolgte in den vergangenen Jahrzehnten auch eine fachliche Weiterentwicklung der Frühförderung. Der Ursprung der Hilfen in den

1960er- und 1970er-Jahren des vorigen Jahrhunderts war fachlich gekennzeichnet von hohen Erwartungen an die Entwicklungsmöglichkeiten der Kinder und die Heilungschancen von Behinderungen (Rauh, 1985, S. 35 ff., S. 46; Schlack, 1989, S. 13). Zu deren Verwirklichung wurde eine Fülle von „technokratisch-funktionalistischen Therapieansätzen" entwickelt und eingesetzt (Weiß/Neuhäuser/Sohns, 2004, S. 149). In den 1980er-Jahren änderte sich zunehmend die Sichtweise der Fachpersonen und damit auch ihre fachlichen Ansätze.

Auslöser war ein immer größeres Unbehagen bei Fachleuten und Eltern über eine einseitige Rollenverteilung zwischen Fachpersonen als Experten und Eltern als Laien, die bestenfalls als Ko-Therapeuten in die therapeutischen Maßnahmen einbezogen und als Erfüllungsgehilfen der Experten angeleitet wurden (bspw. aus Elternsicht vgl. Holthaus, 1989). Hinzu kamen zunehmend Ergebnisse von Effektivitätsforschungen, die „ernüchternde" Resultate einer einseitigen therapeutischen Intervention beschreiben (vgl. z. B. Schlack, 1994, S. 181–183). Es zeigten sich jedoch umso signifikantere Auswirkungen, je umfeldbedingter die Auffälligkeiten waren und je umfeldorientierter die Hilfemaßnahmen (vgl. Weiß/Neuhäuser/Sohns, 2004, S. 102–108). In der Folge etablierte sich zunehmend für die gesamten Ansätze einer interdisziplinären Frühförderung ein ökologisch-systemischer Ansatz, der gerade im System der Frühförderstellen ein wirkungsvolles Fundament finden konnte, da dieses System seit den Anfängen nach den Empfehlungen des Deutschen Bildungsrates (1973) ein familienorientiertes Fördersystem aufgebaut hat, das primär auf mobilen Hilfeansätzen in den Familien (oder wahlweise in Kindertagesstätten) beruht.

Aktuelle Relevanz und theoretische Ansätze

Kernansatz dieses ökologisch-systemischen Ansatzes ist die Erkenntnis, wie wenig wirkungsvoll eine isolierte therapeutische Behandlung des Kindes ist, wird sie nicht gleichzeitig in das Lebensumfeld des Kindes integriert. Theorie und Praxis der Frühförderung haben diesen seit den 1980er-Jahren erweiterten Arbeitsansatz – wie andere Disziplinen der sozialen Arbeit auch – unter dem Schlagwort „ganzheitliche" Arbeit ausgestaltet. Die theoretischen Ansätze sind demnach geprägt von einer Familienorientierung mit dem Anspruch, das Umfeld des Kindes in die Betreuung einzubeziehen. Gerade in einer Phase, in der Eltern von einer Behinderung oder Entwicklungsstörung ihres Kindes erfahren, sind sie verunsichert, häufig schockiert, gekränkt und verletzt. Hinzu kommt eine verstärkte Alltagsbelastung, bspw. durch eine besondere Pflege- oder Aufsichtsbedürftigkeit des Kindes, Behördengänge oder häufige Therapie- und Diagnostiktermine. Zudem verändert sich zumeist das soziale Umfeld, der Freundes- und Bekanntenkreis wird häufig kleiner (Sohns, 2000, S. 84 ff.). Insgesamt haben die Familien einen erhöhten Hilfebedarf, gleichzeitig sinkt jedoch aus dem Kränkungs- und Schamgefühl heraus die Bereitschaft, externe Hilfen zu suchen und anzunehmen (ebd.). In dieser Situation bedarf im Interesse des Kindes die gesamte Familie – ggf. auch andere das Kind betreuende Personen – fachkompetenter Ansprechpartner, welche die Sorgen und Unsicherheiten aufnehmen und bei Bedarf Rat und weitere Informationen geben können.

Bei den historischen Ansätzen der Laien- oder Ko-Therapeutenmodelle sind die Fachpersonen den Eltern und Kindern gegenüber als Experten aufgetreten, die *Vorgaben* für eine Behandlung und Betreuung der Kinder machten. Dagegen respektieren aktuelle theoretische Ansätze die *Autonomie* des Kindes und seiner Familie, die Verantwortung für die Handlungen verbleibt in der Familie, sie bleibt Subjekt ihrer Aktivitäten. Ausgehend von der Erfahrung, dass eigeninitiiertes Handeln wesentlich produktiver und nachhaltiger ist als ein von außen genötigtes, ist professionelles Handeln immer auf die Eigenaktivität von Kind und Familie ausgerichtet und damit stets dem Prinzip „Hilfe zur Selbsthilfe" verpflichtet.

Diese Ansätze werden zunehmend gefordert durch Veränderungen der Diagnosen oder Anlässe, auf deren Grundlage die Frühförderkinder betreut werden. Standen ursprünglich klassische Behinderungen im Vordergrund (vgl. Sohns, 2000, S. 70 f.), sank deren Anteil an den durch Frühfördereinrichtungen betreuten Kinder zunehmend. Die jüngste Erhebung zur Epidemiologie in der Frühförderung im Jahre 2001, in dem flächendeckend in einem gesamten Bundesland (Mecklenburg-Vorpommern) alle durch Frühförderstellen betreute Kinder erfasst wurden, kann durchaus als repräsentativ für die Bundesrepublik gelten:

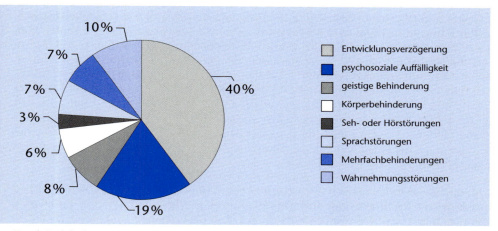

Durch Frühförderstellen betreute Kinder (Sohns, 2001, S. 15)

Während Kinder mit Körper-, geistigen und Mehrfachbehinderungen zusammen lediglich etwa ein Fünftel der Betreuungszahlen ausmachen, sind die Kinder mit Entwicklungsverzögerungen unklarer Genese die eindeutig größte Gruppe. Auch wenn diese Kinder (und ihre Familien) einen unstrittigen Betreuungsbedarf haben, lässt sich zu einem so frühen Zeitpunkt oftmals noch nicht feststellen, ob die Ursache ihrer verzögerten Entwicklung in einer organisch bedingten Störung, einer mentalen Retardierung oder in umfeldbedingten – z. B. anregungsarmen – Einflussfaktoren liegt. Der fachliche Ansatz, mit dem Frühförderung bei der Diagnostik ebenso wie bei dem Förderprozess wirkt, ist ein *ressourcenorientierter*, der sowohl die individuell-kindlichen Ressourcen für Entwicklungsfortschritte als auch die Möglichkeiten des gesamten Familiensystems für eine entwicklungsförderliche Alltagssituation des Kindes in den Mittelpunkt stellt.

Angesichts der Vielzahl an fachlichen Ansprüchen, die an die Leistungen herangetragen werden, besteht Übereinstimmung, dass das klassische System der schwerpunktmäßig heilpädagogischen Frühförderstellen der 1970er- und 1980er-Jahre sich zu einem interdisziplinären System verschiedener Berufsgruppen auszubauen hat (§ 3 FrühV zum SGB IX), das eine kontinuierliche Kooperation der verschiedenen Professionen (medizinisch, pädagogisch, psychologisch oder medizinisch-therapeutisch) gewährleistet. Der Gesetzgeber hat darüber hinaus mit der Verabschiedung des Rehabilitationsgesetzes (SGB IX) als neue Grundlage für Frühförderangebote weitere theoretische Ansätze verbindlich vorgegeben. Dies gilt sowohl für den Anspruch der Ganzheitlichkeit (§ 4 Abs.1 Satz 4) wie für das Prinzip der sozialen Integration (§ 4 Abs. 3), aber auch für den Vorrang präventiver Ansätze (§ 3).

Problem- und Erfahrungsfelder

Entsprechend dem umfangreichen (ganzheitlichen) Ansatz stehen die Fachpersonen der Frühförderung vor einer Vielzahl von Aufgabenfeldern, denen sie in der Praxis gerecht werden sollen. Dies beginnt mit dem Feld einer umfangreichen *Früherkennung* von Entwicklungsstörungen oder -risiken, das durch verschiedene Ansätze ausgefüllt wird. Am wirkungsvollsten ist (seit 1971) das Screening-System der Vorsorgeuntersuchungen durch niedergelassene Ärzte, die bei Bedarf an weiterführende Frühfördereinrichtungen (Frühförderstellen oder Sozialpädiatrische Zentren) weitervermitteln können. Aber auch diese sollten als *offene Anlaufstellen* fungieren, in denen besorgte Eltern ohne große bürokratische Vorleistungen ersten Rat und Diagnostik finden können. Diese *Diagnostik* fußt hierbei je nach individuellem Bedarf und Fragestellung auf den Erkenntnissen verschiedener Berufsgruppen, die von der federführenden Frühfördereinrichtung oder ärztlichen Praxis angeregt und (durch eine Bezugsperson für die Familie) zusammengetragen werden und schließlich in eine interdisziplinäre Abstimmung eines *Förder- und Behandlungsplanes* münden. In diesen fließen Kenntnisse der einzelnen Fachkräfte und die Wünsche und Bedürfnisse der Familie ein. Er ist bei bestehendem Bedarf verbindlich für die anschließende Förderung oder Behandlung des Kindes sowie die entsprechende Begleitung der Eltern und sonstigen Bezugspersonen (vgl. § 7 FrühV).

Um diesem Anspruch gerecht werden zu können, ist es notwendig, dass sich die Fachpersonen der Frühförderung und ihre Institutionen untereinander kooperativ zu einem gemeinsamen Netzwerk koordinieren und in ihren Angeboten konzeptionell abgestimmt ineinandergreifen. Die bestehenden umfangreichen Hilfesysteme mit ihrer flächendeckenden Verbreitung (sowohl an niedergelassenen Fachpersonen als auch an noch vorwiegend heilpädagogischen Frühförderstellen) stellen mit ihrer großen strukturellen Vielfalt eine Herausforderung dar, bei deren Verwirklichung auch eine fachlich motivierte Planung der jeweiligen Rehabilitationsträger (Kostenträger) hilfreich wäre.

Ausblick

Unter dem Stichwort „Komplexleistung" werden mit gesetzlicher Grundlage künftig in Deutschland moderne fachliche Ansätze auszubauen sein. Dies birgt große Chancen für eine effektivere Ausgestaltung und eine individuelle Anpassung an die neuen Herausforderungen durch die in den letzten Jahren stark gestiegene Zahl an Kindern mit Entwicklungsgefährdungen oder -störungen. Gleichzeitig drohen dem System der Frühförderung und vor allem den betroffenen Kindern und Eltern durch einen hohen Kostendruck oder fachlich nicht begründbare Konkurrenzgefühle Einschränkungen. Eine künftige fachliche Ausgestaltung wird sich neuen Anforderungen stellen müssen. Diese liegen neben einer steigenden Zahl an schwerstbehinderten Kindern nach Frühgeburten vor allem im Umgang mit entwicklungsgefährdeten Kindern mit aus so genannten sozialen Brennpunkten oder Armutsfamilien. Damit wird eine Annäherung des Systems der Frühförderung an den Bereich der Jugendhilfe notwendig. Die inhaltlichen Ansätze werden entsprechend um neue Erkenntnisse der Wissenschaft erweitert werden. Dies sind neben neuen medizinischen Erkenntnissen, z. B. aus der Hirnforschung, derzeit insbesondere solche im pädagogisch-psychologischen Bereich und in den Bereichen Resilienz und Vulnerabilität. Um auch künftig eine hohe Effektivität der Frühförderung zu gewährleisten, müssen auch solche Konzepte abgewogen werden, die (derzeit vielerorts noch als Multidisziplinarität praktizierte) interdisziplinär koordinierte Frühförderangebote weiterentwickeln zu einer Transdisziplinarität. Hier würden dann nicht alle indizierten Berufsgruppen selbst den Eltern und Kind regelmäßig zur Verfügung stehen, sondern wenige – dann aber sehr qualifizierte – Fachpersonen, die ihre für jede einzelne Betreuung spezifischen Kompetenzen durch eine Absprache, Vermittlung oder Anleitung mithilfe kooperierender Fachkräfte erweitern können.

Kommentierte Literaturhinweise

Sohns, Armin: Frühförderung entwicklungsauffälliger Kinder in Deutschland. Weinheim, Basel, Beltz-Verlag, 2000.
Als Handbuch ausgewiesenes Grundlagenwerk, das auf 368 Seiten sehr umfassend die Grundlagen des Systems Frühförderung und ihre fachlichen und organisatorischen Anforderungen sowie deren detaillierte Umsetzung in den einzelnen deutschen Bundesländern beschreibt.

Thurmair, Martin/Naggl, Monika: Praxis der Frühförderung. 2. überarb. Aufl., Stuttgart, UTB, 2003.
Umfangreiches Lehrbuch (281 Seiten), das vor allem mit Blick auf heil- und sozialpädagogische Fachkräfte praxisnah und anschaulich die Durchführung von Frühförderleistungen in ihren einzelnen Arbeitsschritten erläutert. Mit vielen illustrierenden Beispielen und fachlichen Vorarbeiten für die Praxis führen die Autoren durch die einzelnen Arbeitsschritte und erläutern ausführlich Ansätze und Hintergründe.

Weiß, Hans/Neuhäuser, Gerhard/Sohns, Armin: Soziale Arbeit in der Frühförderung und Sozialpädiatrie. München, Basel, Reinhardt, 2004.
Aktuellstes Grundlagenwerk (176 Seiten), das aus ärztlicher sowie sozial-, heil- und sonderpädagogischer Sicht Frühförderung in ihrem historischen und ethischen Selbstverständnis einordnet und die rechtlichen, fachlichen und organisatorischen Grundlagen aufarbeitet.

Gender/Geschlecht   Ulrike Schildmann

Etymologie

Im Begriff „Geschlecht" sind in der deutschen Sprache zwei Bedeutungsschichten enthalten: Einerseits weist dieser Begriff auf den natürlichen Genus hin, er definiert das Geschlecht im biologischen Sinne von männlich bzw. weiblich; andererseits aber kann er, insbesondere im historischen Kontext, Familienzugehörigkeit und Blutsverwandtschaft anzeigen. In ihrer Auseinandersetzung mit den sozialen Dimensionen des Begriffs Geschlecht macht Regina Becker-Schmidt folgende Ausführungen zur Begriffsgeschichte:

[…] ‚slahta' (ahd.) bezeichnet ebenso die Blutsverwandtschaft wie die Familie als soziale Einheit. ‚Geslehte' bezieht sich auf das Menschengeschlecht und es wird nicht unterschieden, ob menschliche Eigenschaften ererbt oder kulturell erworben sind. ‚Slahan' heißt einfach soviel wie: ‚Nach der Art schlagen, dieselbe Richtung einschlagen.' ‚Gesleht' (mhd.) steht als Kollektivum für verwandtschaftliche Einheiten und trennt die Generationen nicht in eine weibliche und eine männliche Hälfte. Das Wort verweist überdies auf historische Prozesse: auf Genealogien, Familiengeschichten. Erst im Spätmittelalter ist ‚Geschlecht' auch als Hinweis auf den natürlichen Genus in Gebrauch. Durch seine ganze Entwicklung hindurch behält der Begriff seine Vielschichtigkeit bei: er umfasst die Gesamtheit der Merkmale, die ein Lebewesen als männlich oder weiblich bestimmen, sowie: Familie, Generation, Art, Genus (vgl. hierzu auch: Götze, 1939, 126 ff.; Kluge, 1960, 250; Wasserzieher, 1966, 206; Mackensen, 1966, 143)." (Becker-Schmidt, 1993, S. 38)

Mit der Polarisierung der Geschlechtscharaktere in der Neuzeit wurden die Geschlechterunterschiede ab der zweiten Hälfte des 19. Jahrhunderts „als Ausdruck der von Natur aus unterschiedlichen Körperlichkeit der Geschlechter begründet" (Bublitz, 1993, S. 62).

In dieser Tradition steht auch noch das heutige Sprachverständnis von Geschlecht. Die neuere feministische Forschung versucht nun aber, die Einseitigkeit dieses Begriffsverständnisses bewusst zu machen und das biologische Geschlecht wieder in seinem gesellschaftlichen Zusammenhang zu verankern, ohne den es nicht existiert:

„*Körperlichkeit im Sinne ihrer anatomischen Phänomenologie […] samt den mit ihr verbundenen Vorstellungen von kreatürlicher Sexualität, organischen Ausstattungen und Potenzen spielt eine entscheidende Rolle in den Interpretationen, mit denen die beiden Geschlechter ihre Bedeutung für die generative Reproduktion der Menschheit begründen […] Die Selbst- und Fremddefinitionen des sexuellen Geschlechts sind immer Resultate von Körpererfahrungen einerseits, solchen am eigenen Leib und denen der gleich- wie gegengeschlechtlichen Bezugspersonen, und fantasmagorischen Verarbeitungen dieser sinnlichen Erfahrungen andererseits.*" (Becker-Schmidt, 1993, S. 40 f.)

Die hier dargestellte Auseinandersetzung spiegelt sich auch in der nordamerikanischen Debatte über „sex and gender" wider. Dabei soll auf eine letzte Differenzierung hingewiesen werden, die sich auch in der deutschen Frauenforschung etabliert hat. Mit dem Begriff „doing gender" weist Carol Hagemann-White darauf hin, dass das Geschlecht nicht etwas sei, das wir haben oder sind, sondern etwas, das wir tun, beeinflussen, produzieren. Das einzelne Individuum könne nicht für sich und nur nach eigenem Wunsch sein Geschlecht leben, „dies ist vielmehr ein interaktiver Vorgang, worin wir ganz unabdingbar auf die Mitwirkung unserer Gegenüber und so auf die mit ihnen geteilte unbewusste Alltagstheorie des Geschlechts in unserer Kultur angewiesen sind" (Hagemann-White, 1993, S. 68).

Für die Beschäftigung mit dem Thema „Gender/Geschlecht" in der Heilpädagogik bzw. Behindertenpädagogik sei an dieser Stelle hervorgehoben, dass – ähnlich wie Behinderung – das biologische Geschlecht immer in sozialen Zusammenhängen steht, ohne die es nicht denkbar ist.

Geschichte

Auf dem Gebiet der Heilpädagogik bzw. Behindertenpädagogik entstand die Forschungsperspektive „Gender/Geschlecht" Ende der 1970er-Jahre im Zuge der Frauenbewegung und der damit verbundenen feministischen Frauenforschung und der „Kritik der Sonderpädagogik" (vgl. exemplarisch Abé u. a., 1973; Jantzen, 1974) und hat sich seitdem als „Frauenforschung in der Behindertenpädagogik" etabliert (vgl. zusammenfassend Schildmann/Bretländer, 2000). Dieses Fachgebiet hat inzwischen drei Entwicklungsphasen durchlaufen, die im Folgenden charakterisiert werden sollen.

Die erste Phase ist als „Initiativphase" zu bezeichnen. Etwa zwischen 1978 und 1988 entstand eine wissenschaftliche und behindertenpolitische Auseinandersetzung über das Verhältnis zwischen Behinderung und weiblichem Geschlecht im Zusammenhang mit vier unterschiedlichen Personengruppen. Behinderte Frauen, behinderte Mädchen, Mütter behinderter Kinder und Frauen in sonderpädagogischen Berufen (Sonderschullehrerinnen) erhielten erstmals eine Aufmerksamkeit, die in größere Diskussionszusammenhänge eingebettet war und vielleicht deshalb nicht (mehr) als Randerscheinungen abgetan werden konnte. Eine erste wissenschaftliche Monographie über die „Lebensbedingungen behinderter Frauen" (Schildmann, 1983) orientierte sich an der feministischen Theoriebildung, insbesondere an weiblichen Arbeitsstrukturen und dem Verhältnis zwischen Erwerbsarbeit und familialer Reproduktionsarbeit. Eine weitere Publikation über die soziale Lage behinderter Frauen, unter dem Titel „Geschlecht: behindert, besonderes Merkmal: Frau", von betroffenen Frauen selbst verfasst (Ewinkel u. a., 1985), führte dazu, dass behinderten Frauen fortan eine spürbar erhöhte Aufmerksamkeit zuteil wurde. Eine zweite wissenschaftliche Arbeit lenkte den Blick auf Lebensbedingungen und Ausgrenzungsprozesse von lernbehinderten Mädchen/Sonderschülerinnen (Prengel, 1984). Auch Mütter behinderter Kinder wurden erstmals in ihrer eigenen Problematik (statt der ihrer Kinder) betrachtet und in ihren weiblichen Trauerprozessen ernst genommen (Jonas, 1988). Dem Arbeitsfeld der Sonderschullehrerinnen und ihrer geschlechterhierarchischen Einbindung wandte sich erstmals Barbara Rohr (Mädchen, 1984, Sexismus, 1984) zu.

In den folgenden Jahren (bis 1996/97) war eine Ausdifferenzierung der Inhalte und Etablierung des Fachgebietes der Frauenforschung in der Behindertenpädagogik zu verzeichnen. Entsprechend nenne ich die zweite Phase „Ausdifferenzierungs- und Etablierungsphase". Das Thema der familialen Reproduktionsarbeit wurde erweitert durch die Auseinandersetzung mit eugenischen Positionen gegenüber der biologischen Fortpflanzung behinderter Frauen, angestoßen durch die neue Eugenik-Diskussion (Singer, 1984), ebenso durch die politische Enthüllung massenhafter Zwangssterilisationen an geistig behinderten Frauen. Auch das Thema „sexueller Missbrauch/sexualisierte Gewalt" wurde in den Zusammenhang behindernder Lebensbedingungen gestellt und erforscht (vgl. Voss/Hallstein 1993; Zemp/Pircher 1996). Die Erwerbsarbeitsbedingungen behinderter Frauen und in Verbindung damit die Strukturen der beruflichen Rehabilitation wurden in dieser Phase differenzierter analysiert (vgl. Institut Frau und Gesellschaft, 1988; Braun/Niehaus, 1992; Degener, 1994), nicht zuletzt auch für geistig behinderte Frauen (vgl. Schön, 1993; Friske, 1995). Die zweite Entwicklungsphase wurde besiegelt durch die Gründung von Netzwerken behinderter Frauen in einigen Bundesländern sowie durch spezifische Fachtagungen: zum einen für behinderte und nicht behinderte Frauen (vgl. Barwig/Busch, 1993; Henschel, 1997) und zum anderen für Vertreter der Sonderpädagogik (vgl. Jantzen, 1997; Warzecha, 1997). Im Jahr 1996 wurde die erste und bis heute einzige Universitätsprofessur speziell für „Frauenforschung in der Behindertenpädagogik" eingerichtet.

Seit 1997/98 zeichnet sich eine dritte Entwicklungsphase ab, die auf eine wissenschaftliche Vertiefung und theoretische Fundierung dieses Fachgebietes hindeutet: Zu beobachten ist einerseits die Beeinflussung der Forschung durch die Ansätze des Konstruktivismus sowie der De-Konstruktion von Geschlecht und von Behinderung (vgl. exemplarisch Pohl, 1999; Kulmer, 2000; Tervooren, 2000; Nagode, 2002). Andererseits wurden Behinderung und Geschlecht als zwei zentrale gesellschaftliche Strukturkategorien in den Blick genommen und miteinander verglichen (vgl. insbesondere Moser, 1997): Welche soziale Ungleichheitslage erfasst die Kategorie Geschlecht, und welche Ungleichheitslage erfasst Behinderung? Welches sind die jeweils im Hintergrund liegenden gesellschaftlichen Maßstäbe, an denen gemessen und Hierarchien errichtet werden, die zu erheblichen sozialen Ungleichheitslagen führen können? Diese letzte Frage führte Ende der 1990er-Jahre zu einer Beteiligung der „Frauenforschung in der Behindertenpädagogik" an der interdisziplinären „Normalismusforschung". War schon in den 1970er- und 1980er-Jahren das Verhältnis zwischen Behinderung und Normalität kritisch reflektiert worden, allerdings ohne eindeutige theoretische Fundierungen auf der Seite der gesellschaftlichen Konstruktion von Normalität, so wurde nun im Rahmen eines groß angelegten interdisziplinären Forschungsschwerpunktes (vgl. Link, 1998) diese grundlegende Konstruktion von Normalität und Behinderung historisch und im Rahmen zweier Reformbewegungen – der Integrationspädagogik und der Frauenforschung in der Behindertenpädagogik – empirisch (per qualitativer Inhaltsanalyse bzw. Diskursanalyse) untersucht (vgl. Weinmann, 2003; Lingenauber, 2003; Schildmann, Frauenforschung 2004). Im letztgenannten Falle ist es gelungen, nicht nur das Verhältnis zwischen Normalität und Behinderung zu analysieren, sondern das fachlich interessierende Verhältnis zwischen Normalität, Behinderung und Geschlecht. Auf einen Vergleich zwischen den Strukturkategorien „Geschlecht" und „Behinderung" geht der folgende Abschnitt näher ein.

Aktuelle Relevanz und theoretische Ansätze

Soziale Ungleichheitslagen – nicht nur, aber vor allem zwischen den Geschlechtern – spiegeln sich auf allen Ebenen der Behindertenpolitik und Behindertenpädagogik wider. Das Thema „Gender/Geschlecht" ist ein höchst aktuelles, wie z. B. die politische Entscheidung der Europäischen Union zeigt, wonach zukünftig alle politischen Handlungsstrategien unter dem Leitsatz des Gender Mainstreaming „gegendert" werden müssen. In rechtlich verbindlicher Form wurde das Gender-Mainstreaming-Prinzip mit Inkrafttreten des Amsterdamer Vertrages am 1. Mai 1999 verankert. Die Gleichstellung der Geschlechter als durchgängiges Leitprinzip und ihre Förderung auf dem Wege des Gender Mainstreaming wurde vom deutschen Bundeskabinett im Jahr 2000 in die gemeinsame Geschäftsordnung der Bundesregierung (GGO, § 2) aufgenommen. Diese Entscheidung betrifft alle politischen Handlungsfelder und damit auch die Behindertenpolitik.

Während das Konzept des Gender Mainstreaming als eine aktuelle politische Maßnahmen- und Handlungsstrategie anzusehen ist, durchzieht der theoretische Diskurs über „Behinderung und Geschlecht" das Fachgebiet der „Frauenforschung in der Behindertenpädagogik" seit dessen Entstehen, manchmal praxisbezogener, manchmal theoretischer. Die im Folgenden dargelegte theoretische Reflexion orientiert sich am Diskurs der sozialwissenschaftlichen Frauenforschung. Geschlecht und Behinderung sind zwei Strukturkategorien, die der Sozialstrukturanalyse als Indikatoren gesellschaftlicher Ungleichheitslagen dienen. Sie sind durch sehr unterschiedliche Merkmale gekennzeichnet, worauf im Folgenden näher einzugehen ist. Grundlegend ist von folgendem Unterschied auszugehen: Das Geschlecht ist eine Kategorie, welche die Menschen sozial-strukturell (im Wesentlichen) in zwei etwa gleich große Gruppen einteilt, aber vor dem Hintergrund einer historisch gewachsenen, hierarchischen Geschlechterordnung dem Mann – insbesondere im Zuge der geschlechterspezifischen Arbeitsteilung – eine Vormachtstellung gegenüber der Frau einräumt. Im Vergleich zur Kategorie „Geschlecht" dient die Kategorie „Behinderung" dazu, eine bestimmte Art der Abweichung von der männlichen bzw. weiblichen Normalität zu definieren und zu klassifizieren. Damit gerät nicht die Hälfte der Gesamtbevölkerung, sondern eine abweichende Minderheit in den Blick, häufig auch „soziale Randgruppe" genannt. Wie hoch der Anteil dieser Minderheit an der Gesamtbevölkerung ist und welche Kriterien zur Definition dieser Gruppe herangezogen werden, ist abhängig von jeweiligen sozialpolitischen Erwägungen und Zwecken. Im Vergleich zur Kategorie „Geschlecht", welche als eine relativ stabile, historisch gefestigte Strukturkategorie angesehen werden kann, ist „Behinderung" eine flexiblere Strukturkategorie, gekennzeichnet durch kurz-/mittelfristige politische Handlungsnotwendigkeiten, wie auch die systematische historische Analyse der Behindertenstatistik in Deutschland und ihrer Geschlechterspezifik belegt (vgl. Schildmann, 2000).

Verdeutlicht werden kann der Vergleich zwischen den beiden Strukturkategorien auf dem gesellschaftlichen Feld der Leistung: In der modernen Leistungsgesellschaft werden wesentliche materielle und soziale Chancen, gegenseitige Anerkennung und Bewertung sowie soziale Positionen der Individuen nach Leistung vergeben. In ihrer allgemeinsten Form wird Leistung als der Quotient aus einer verrichteten Arbeit und der dazu benötigten Zeit definiert. Eine differenziertere Betrachtung zeigt jedoch schnell, dass bestimmte Leistungen wichtiger erscheinen und höher bewertet werden als andere und mit ihnen auch die Leistungsträger. Damit rückt die Struktur des gesellschaftlichen Basis-Normalfeldes Leistung (vgl. Link, 1998; Schildmann, 2002) in den Mittelpunkt des analytischen Interesses: Die moderne Industriegesellschaft basiert auf einer geschlechterspezifischen Arbeitsteilung, welche im historischen Prozess der Industrialisierung Männern und Frauen unterschiedliche Arbeitsbereiche zugewiesen hat: Männern die Erwerbsarbeit, Frauen die familiale Reproduktionsarbeit (Hausarbeit) und (ggf.) zusätzlich (zumeist reproduktionsbezogene) Erwerbsarbeit. Während die (männliche) Erwerbstätigkeit nach jeweiligem Marktwert entlohnt wurde/wird, wurde Vergleichbares für die familiale Reproduktionsarbeit nie eingeführt; der Aufwand für die Hausarbeit wurde stattdessen indirekt im Lohn des männlichen „Ernährers" verankert und die Leistung der Frau auf dieser Basis gegenüber der (männlichen) Erwerbsarbeit abgewertet. Diese Strukturen wurden im Rahmen der sozialwissenschaftlichen Frauenforschung der 1970er-Jahre ausführlich analysiert. Wenn auch die „Ernährernorm" des Mannes heute brüchig geworden ist (vgl. Ostner 1998, S. 219) und Frauen unterschiedliche Formen des „Spagats" zwischen familialer Reproduktionsarbeit und Erwerbsarbeit (insbesondere in Form von Teilzeitarbeit) praktizieren, sind finanzielles Ungleichgewicht und unterschiedliche Bewertungen geschlechterspezifischer Arbeit bis heute erhalten geblieben. Sie sind auch die Grundlage für die geschlechterspezifischen Unterschiede bei Reichtum und Armut. Strukturell gesehen ist das Verhältnis zwischen Geschlecht und Leistung aber anders gestaltet als das zwischen Behinderung und Leistung. Maßstab für die Klassifizierung eines Individuums als behindert ist dessen nicht erbrachte, an einem fiktiven gesellschaftlichen Durchschnitt gemessene Leistung. Behinderung als eine mögliche Form der Abweichung von der Normalität wird gemessen an einer Leistungsminderung aufgrund gesundheitlicher Schädigungen und/oder intellektueller Einschränkungen. Die formalen Kriterien für die Festlegung einer Behinderung, im Sinne des Gesetzes „Schwerbehinderung" genannt, orientierten sich historisch (bis 1974) an den Problemen kriegsbeschädigter Männer sowie (bis heute) an männlichen Erwerbstätigen (vgl. Schildmann, 2000). In dem Begriff der Minderung der Erwerbsfähigkeit, der bis 1985 die Definition von Schwerbeschädigung (ab 1974 Schwerbehinderung) bestimmte, wurde der Zusammenhang mit der industriellen, auf Erwerbsarbeit bezogenen Leistungsminderung deutlich. Reproduktionsbezogene Familienarbeit spielte dagegen nie eine wesentliche Rolle. Die ausgehandelten Nachteilsausgleiche für Behinderte waren und sind weitgehend orientiert an den Strukturen männlicher Erwerbsarbeit und Sozialversicherung und vernachlässigen weibliche Problemlagen, d. h., sie erklären diese zur „Besonderheit" im Vergleich zum „Allgemeinen". Die Problemlagen behinderter Frauen sind deshalb im Vergleich zu denen behinderter Männer als zugespitzt zu bezeichnen, wie weiter unter beispielhaft gezeigt werden soll. Auf dem Feld der Macht stellen sich die gesellschaftlichen Individuen dar als

„Träger verschiedener Formen individuellen Vermögens (kulturelles, ökonomisches, soziales Kapital), über das sie aufgrund ihrer bisherigen Entwicklung dispositionell (in ihrem Habitus) verfügen, und das ihnen zugleich von anderen Individuen in den jeweiligen sozialen Feldern zuerkannt wurde und wird." (Jantzen, 2002, S. 352, in Anlehnung an Pierre Bourdieu)

Hier erscheint also die geschlechterspezifische Arbeitsteilung als die zentrale Strukturgrundlage für die sozialen Ungleichheitslagen im Zusammenhang von Geschlecht und Behinderung.

Auf dieser strukturanalytischen Basis stellt sich nun für die Theorieentwicklung des Faches unter anderem die Frage, wie sich das Verhältnis zwischen Behinderung und Geschlecht in den Fachdiskursen der Behindertenpädagogik bzw. der Frauenforschung in der Behindertenpädagogik niederschlägt und welche konkrete Gestalt es erhält. Im Rahmen der „Normalismusforschung über Behinderung und Geschlecht" (Schildmann, Normalismusforschung 2004) wurde diese Frage für den Zeitraum von 1970 bis 2000 am Beispiel zweier Autorinnen – Barbara Rohr und Annedore Prengel – systematisch untersucht. Am Beispiel Annedore Prengels (siehe auch Schildmann, Verhältnisse 2004) seien die Ergebnisse dieser Analyse hier kurz zusammengefasst: In ihrem ersten Forschungsschwerpunkt, in dessen Zentrum die Analyse der Sonderschule und die Auseinandersetzung mit „Schulversagerinnen" (Prengel, 1984) stand, setzte sich die Autorin intensiv mit Strukturen sozialer Ausgrenzung auseinander und konzentrierte sich dabei vergleichend auf die Ausgrenzung des Weiblichen und des Un-Normalen. Der zweite Forschungsschwerpunkt, angesiedelt im Rahmen der Modellversuche der Integrationspädagogik, führte zu einem systematischen Vergleich der Reformstrategien der Frauenbewegung und der Behindertenpolitik und zwar auf der Ebene der Handlungsstrategien von Emanzipation und Normalisierung. Der dritte Forschungsschwerpunkt schließlich, als „Pädagogik der Vielfalt" (Prengel, 1993) weithin bekannt geworden, zielte auf eine radikale Demokratisierung der Erziehung durch ein Miteinander des Verschiedenen und widmete sich einem systematischen Vergleich der Reformstrategien der interkulturellen, feministischen und integrativen Pädagogik mit dem Ziel der Auslotung struktureller Gemeinsamkeiten bzw. Unterschiede.

Problem- und Erfahrungsfelder

Geschlechterdisparitäten ziehen sich durch alle Erfahrungsfelder von Behindertenpolitik und -pädagogik, weisen dabei aber keineswegs durchgängig vergleichbare Problemkonstellationen auf, wie in diesem Abschnitt exemplarisch an einer Kombination der Themenbereiche „Lebenslagen behinderter Frauen und Männer" und „Bildung" demonstriert werden soll:

In ihrem 2. Armuts- und Reichtumsbericht (Deutscher Bundestag, 2005) legt die Bundesregierung in Kapitel VIII eine Analyse der „Lebenslagen behinderter Menschen" vor. Dieser ist unter anderem zu entnehmen, dass behinderte Frauen – verglichen mit behinderten Männern, aber auch mit nicht behinderten Frauen – am stärksten von Armut bedroht oder betroffen sind. Zu lesen ist dort im Abschnitt „Finanzielle Situation behinderter Menschen":
„So haben z. B. bei den 25- bis unter 45-jährigen behinderten Menschen in 2-Personenhaushalten 36 Prozent ein Haushaltsnettoeinkommen von unter 1.700 Euro. Dieser Anteil beträgt bei den Nichtbehinderten hingegen 24 Prozent [...] Allerdings erzielen behinderte Frauen – auch bedingt durch ihre geringere Erwerbsbeteiligung – deutlich niedrigere persönliche Einkommen als behinderte Männer. So verfügten z. B. 28 Prozent der behinderten Männer von 25 bis unter 45 Jahren über ein persönliches Nettoeinkommen von unter 700 Euro, bei den behinderten Frauen waren es dagegen 42 Prozent." (Deutscher Bundestag, 2005, S. 123).

Zur „Teilhabe behinderter Menschen am Arbeitsleben" (ausschließlich auf den Erwerbsarbeitsmarkt hin gedacht) nennt der Bericht folgende Erwerbsquoten: nicht behinderte Männer 70,9 %, nicht behinderte Frauen 52,9 %, behinderte Männer 30 %, behinderte Frauen 21,3 % (Deutscher Bundestag, 2005, S. 121). Der Faktor Leistung wird hier also mit einem einseitig „männlichen Blick" erfasst, und Armut scheint sich zu potenzieren, sobald zwei oder mehrere leistungsbezogene soziale Ungleichheitslagen (hier: weibliches Geschlecht und Behinderung) zusammentreffen. In einem ebenfalls neuen „Bericht der Bundesregierung über die Lage behinderter Menschen und die Entwicklung ihrer Teilhabe" (Deutscher Bundestag, 2004) wird zur Erklärung der Schieflagen auf dem Arbeitsmarkt und der Einkommenssituation das Thema „Bildung" bemüht: Da heißt es:
„Mädchen wählen – trotz im Schnitt besserer Schulabschlüsse und Noten – noch immer ‚typisch weibliche' und häufig technikferne Berufsfelder oder Studienfächer und schöpfen damit ihre Berufsmöglichkeiten nicht voll aus [...] Für behinderte Mädchen ist es derzeit noch schwieriger als für nicht behinderte Mädchen, einen möglichst zukunftssicheren Ausbildungsplatz zu finden." (Deutscher Bundestag, 2004, S. 65)

Man könnte es auch umgekehrt sagen: „Der schulische Vorsprung der jungen Frauen bildet sich jedoch noch in gar keiner Weise in beruflichen Hierarchien ab." (Stürzer,

2003, S. 3) Was auch die PISA-Studie ans Licht gebracht bzw. bestätigt hat (vgl. Deutsches PISA-Konsortium, 2001, S. 258 u. S. 268), soll an dieser Stelle für die Schulform Sonderschule näher ausgeführt werden; denn nicht nur sind die Leistungen der Mädchen in allen Schulformen einschließlich der Sonderschulen besser als die der Jungen, sondern Mädchen werden auch nur halb so oft wie Jungen überhaupt an eine Sonderschule überwiesen:

Im Jahr 2002 hatten 495.244 Schülerinnen/Schüler und damit ca. 5 % der deutschen Schülerschaft einen amtlich festgestellten sonderpädagogischen Förderbedarf. Über 85 % von ihnen besuchten Sonderschulen, die übrigen Integrationsklassen an Regelschulen. Jedoch sind in allen Förderschwerpunkten erheblich mehr Jungen als Mädchen erfasst. Letztmals 1997 zur Verfügung gestellte Vergleichszahlen wiesen für alle Sonderschulen einen Jungenanteil von ca. zwei Dritteln gegenüber einem Mädchenanteil von ca. einem Drittel aus. Im Einzelnen waren die Jungenanteile an den Förderschwerpunkten – mit zwischen 55,9 % und 85,5 % – höchst unterschiedlich ausgeprägt: Lernen 62,2 %; geistige Entwicklung 59,2 %; Sprache 72,2 %; emotionale und soziale Entwicklung 85,5 %; körperliche und motorische Entwicklung 60,3 %; Hören 57,1 %; Sehen 55,9 %; Mehrfachbehinderte 57,8 % (Deutscher Bundestag, 1997, S. 5).

Geschlecht und Behinderung stellen also auf dieser Ebene der Betrachtung ein sehr unausgewogenes Verhältnis zuungunsten der Jungen dar. Auf dieser Basis könnte der Eindruck entstehen, Mädchen seien auf jeden Fall in der besseren Position. Bei genauerem Hinsehen aber werden Wirkzusammenhänge deutlich, die nicht unreflektiert bleiben sollten:

„Der Besuch einer Sonderschule wirkt sich erheblich benachteiligend auf die Lebensperspektiven aus: auf die Chancen eines selbstständigen Wohnens, auf Partnerschaft, soziale Bindungen und ein soziales Netzwerk, auf Beruf und Einkommen. Die schlechtesten Perspektiven knüpfen sich an folgende Merkmale: ‚Abgänger der Lern- und Geistigbehindertenschule‘, ‚Sonderschüler mit niedrigem Bildungsabschluss‘, ‚schwere Behinderung‘ und ‚weiblich‘. Behinderte Mädchen haben unabhängig vom in der Sonderschule erreichten Bildungsabschluss schlechtere Perspektiven. Mit dem Abschluss einer Regelschule verbessern sich die Chancen eindeutig, aber auch hier sind die Lebenslagen gekennzeichnet durch hohe Erwerbslosenquote, reduzierte soziale Netzwerke, finanzielle Belastungen, niedrigere Einkommen; auch hier sind die Mädchen stärker benachteiligt [...] Nach Auskunft der Bundesanstalt für Arbeit (Kohrt 2000) haben sich die Zahlen der Jugendlichen in Fördermaßnahmen wie Berufsvorbereitung und Benachteiligtenprogramm in den letzten fünf Jahren fast verdoppelt. Aber sehr viele behinderte Jugendliche verbleiben gänzlich ohne berufliche Ausbildung und ohne Rehabilitationsmaßnahmen. Eine selbstständige Lebensführung gelingt nur bei Vorhandensein eines supportiven Netzwerkes und psychischer Kraft, von Kompetenzen, hoher Durchsetzungsfähigkeit, Ausdauer und Ressourcen." (Beck, 2002, S. 283 f.)

Vor diesem Hintergrund zeigt sich, dass es nicht die Bildung im Allgemeinen und der Übergang von der Schule in den Beruf im Besonderen sind, mit denen die dokumentierte soziale Benachteiligung behinderter Frauen erklärt werden kann. Bei genauerer Betrachtung nämlich erscheint die Struktur der geschlechterspezifischen Arbeitsteilung als ursächlich:

- die Zuweisung der familialen Reproduktionsarbeit an Frauen (bei weitgehender Befreiung von Männern aus dieser gesellschaftlichen Pflicht),
- die gesellschaftliche Minderbewertung und Nichtbezahlung dieser Arbeit sowie

– der Versuch von Mädchen und Frauen, den beiden zentralen Lebens- und Arbeitsbereichen der Gesellschaft (Berufsarbeit und familiale Reproduktionsarbeit) gerecht zu werden, sie biographisch miteinander zu vereinbaren.

All dies führt bei Frauen im Allgemeinen und bei behinderten Frauen im Besonderen zu anderen sozialen Risiken als bei Männern.

Die bundesdeutschen geschlechtervergleichenden Daten machen eines klar: Es ist nicht (oder heute nicht mehr) ursächlich die Bildung, sondern die geschlechterspezifische Arbeitsteilung mit ihren hierarchischen Strukturen, die den hier untersuchten Zusammenhang zwischen Geschlecht und Behinderung maßgeblich beeinflusst.

Ausblick

Die Geschlechterperspektive in der Behindertenpolitik und -pädagogik ist noch nicht umfassend untersucht worden. Es konnte aber gezeigt werden, dass die „Frauenforschung in der Behindertenpädagogik" in ihrer bisher ca. 25-jährigen Entwicklungsgeschichte erste grundlegende theoretische und empirische Untersuchungen vorgelegt hat und sich mit diesen in den größeren Rahmen der sozialwissenschaftlichen Frauen- und Geschlechterforschung einbindet. Dagegen existiert noch keine vergleichbare systematische „Männerforschung in der Behindertenpädagogik". Zwar wurden einzelne wissenschaftliche Forschungsfelder eröffnet, wie z. B. „Väter schwerstbehinderter Kinder" durch Kurt Kallenbach (1997), aber sie stehen noch nicht in einem systematischen Zusammenhang mit jeweils angrenzenden bzw. ergänzenden Gebieten. Darüber hinaus entbehren sie einer theoretischen Fundierung im Rahmen der (kritischen) Männerforschung und ggf. einer theoretischen Abgrenzung gegenüber der (feministischen) Frauenforschung. Dabei käme es behinderten Jungen und Männern zweifellos zugute, wenn auch ihre sozialen Fragestellungen und Problemlagen im Rahmen von Arbeit, Partnerschaft, Sexualität und Bildung – möglichst verbunden mit einer entsprechenden Betroffenenperspektive – in eine geschlechterbewusste Reflexionskultur eingebunden würden.

Kommentierte Literaturhinweise

Jantzen, Wolfgang (Hrsg.): Geschlechterverhältnisse in der Behindertenpädagogik. Subjekt/Objekt-Verhältnisse in Wissenschaft und Praxis. Luzern, Schweizerische Zentralstelle für Heilpädagogik, 1997.
Dieses Buch versammelt ca. 30 Tagungsbeiträge, die unter anderem die Schwerpunkte der Frauenforschung in der Behindertenpädagogik dokumentieren und zu deren Ausdifferenzierung beitragen, daneben aber auch den Schwerpunkt „Gewalt in der Behindertenpädagogik" beleuchten.

Schildmann, Ulrike/Bretländer, Bettina (Hrsg.): Frauenforschung in der Behindertenpädagogik. Systematik – Vergleich – Geschichte – Bibliographie. Münster, LIT Verlag, 2000.
Dies ist ein Arbeitsbuch vor allem für Studierende, das sich mit den theoretischen Ansätzen und den Forschungsfeldern der Frauenforschung in der Behindertenpädagogik beschäftigt, das Fachgebiet im internationalen Vergleich mit anglo-amerikanischen Forschungsschwerpunkten betrachtet und einen ersten Versuch unternimmt, historische Zugänge zu markieren. Etwa die Hälfte des Buches (knapp 80 Seiten) ist mit einer thematisch geordneten Bibliographie bestückt.

Schildmann, Ulrike: Normalismusforschung über Behinderung und Geschlecht. Eine empirische Untersuchung der Werke von Barbara Rohr und Annedore Prengel, Opladen, Leske + Budrich, 2004.

Dieses Buch enthält eine systematische Auseinandersetzung mit den Strukturkategorien „Geschlecht" und „Behinderung" und führt auf dieser Basis in den Theorieansatz der Normalismusforschung nach Jürgen Link (1997) ein. Es folgen in zwei großen Kapiteln inhaltsanalytische Untersuchungen der Gesamtwerke (bis 2000) der beiden einzigen Autorinnen, die sich bereits seit den 1970er-Jahren durchgängig mit dem Verhältnis zwischen Geschlecht und Behinderung auseinander gesetzt haben. Dabei wird beleuchtet, welche Normalitätsvorstellungen in ihren Werken konstruiert, transportiert und weiterentwickelt wurden.

Warzecha, Birgit (Hrsg.): Geschlechterdifferenz in der Sonderpädagogik. Forschung – Praxis – Perspektiven, Hamburg. LIT Verlag, 1997.

Dieser Band enthält ca. 20 Tagungsbeiträge, konzentriert auf eine Analyse der Sonderpädagogik und ihrer fachspezifischen Ausprägung sowie auf die zentralen Personengruppen (behinderte Mädchen/Jungen, Frauen/Männer) der Disziplin.

Geschichte der Heilpädagogik   Norbert Störmer

Etymologie

Der Begriff „Heilpädagogik" lässt sich zurückführen auf Jan Daniel Georgens und Heinrich Marianus Deinhardt. In ihrem zweibändigen Werk „Die Heilpädagogik mit besonderer Berücksichtigung der Idiotie und der Idiotenanstalten" von 1861/1863 sahen sie die Heilpädagogik als einen „Zweig der Pädagogik" an, deren Aufgabe darin gesehen wurde, „der physischen, seelischen und sittlichen Entartung des Menschenwesens entgegenzuwirken" (Georgens/Deinhardt, 1979, S. 3). Denn die „allgemeine pädagogische Tätigkeitsregelung" müsse „als eine die Entartung in ihrem Grunde aufhebende, für die gesunde Entwicklung der Einzelnen und der Gesellschaft notwendige Tätigkeit" (ebd., S. 5) erkannt werden. Dort nun, wo ausgeprägte organische Hemmnisse oder tiefer liegende Entartungen vorliegen, kann eine besondere Erziehung erforderlich werden, nicht jedoch um diese Hemmnisse und Entartungen zu überwinden, sondern um sie zu umgehen und auszugleichen. Diese Aufgabe der Heilpädagogik fassten sie als eine „soziale" auf.

Der Begriff „Heilpädagogik" wurde in der Folgezeit jedoch immer auch unterschiedlich interpretiert. So ist eine Verbindung zum religiösen Begriff des „Heils" denkbar, die sich z. B. in der „Einführung in die Heilpädagogik" (1930) von Linus Bopp finden lässt. Auch lässt sich ein Bezug zur Medizin mit ihren Vorstellungen von „Heilung" herstellen. Hans Asperger stellt z. B. 1952 in der ersten Auflage seines Buches „Heilpädagogik" diesen Bezug so her, dass er die Heilpädagogik unmittelbar von der Kinder- und Jugendpsychiatrie her denkt. Aber auch Hermann Stutte unterstrich in seinem Beitrag „Kinder und Jugendpsychiatrie" (1960), dass Heilpädagogik angewandte Kinder- und Jugendpsychiatrie sei, eine von biologischen und psychologischen Einsichten durchdrungene Pädagogik für behinderte und psychisch auffällige Kinder. In den pädagogischen Diskussionen des 17., 18. und 19. Jahrhunderts stand der Aspekt des „Heilens" in enger Beziehung zu unerwünschten „Kinderfehlern". Diese sollte durch Erziehung (Belohnungen, Bestrafungen, Schlägen) geheilt werden und infolgedessen wurde auch von „Heilerziehung" gesprochen. In dieser Tradition stehend, versuchte Ludwig von Strümpell in seinem Buch „Die Pädagogische Pathologie oder die Lehre von den Fehlern der Kinder" (1890) eine in der Pädagogik wurzelnde Psychopathologie zu entwickeln.

Die Definition der Heilpädagogik von Otto Speck bezieht sich auf die in dem Begriff „heil" steckende semantische Bedeutung von „ganz" (griech. Holos). Und für ihn liegt „in der Wortzusammensetzung Heilpädagogik [...] die Chance und Aufgabe verdeutlicht, von Zerteilung (Dysfunktion, Isolation) bedrohtes Leben durch entsprechende Erziehung in sinnvolle Zusammenhänge zu führen" (Speck, Heilpädagogik, 2003, S. 19). In der Fortführung dieser Definition wird Heilpädagogik „demnach als Pädagogik unter dem Aspekt spezieller Erziehungserfordernisse beim Vorliegen von Lern- und Erziehungshindernissen (Behinderungen und sozialen Benachteiligungen) gesehen. Als spezielle oder spezialisierte Pädagogik bezieht sie sich auf alle Institutionen für Kinder, Jugendliche und Erwachsene mit speziellem Erziehungs- und Bildungsbedarf" (Speck, Heilpädagogik, 2003, S. 20).

Weit verbreitet ist heute eine Definition von „Heilpädagogik", die auf Paul Moor (1899–1977) zurückgeht. Dieser sah die Heilpädagogik als eine besondere Pädagogik an, deren Hauptaufgabe darin zu sehen sei, dann „nach Erziehungsmöglichkeiten zu suchen, wenn etwas medizinisch Unheilbares vorliegt. Gegenstand der Heilpädagogik sei die angemessene Erziehung für Kinder und Jugendliche, bei denen nicht die üblichen Bedingungen vorzufinden sind. Heilpädagogik sei somit nichts anderes als Pädagogik unter erschwerten Bedingungen" (zit. n. Haeberlin, 2002, S. 23).

Dieter Gröschke bindet bei seiner Definition alle „praktischen Bestrebungen der Erziehung und Förderung entwicklungsauffälliger, verwahrloster oder behinderter Kinder" unter dem „Traditionsbegriff" der Heilpädagogik zusammen (Gröschke, 1997, S. 13).

Letztendlich werfen all diese beispielhaft angeführten Definitionen immer auch weitere Fragen auf, ungelöst im Raum stehend bleibt aber auch eine schlüssige Grenzziehung zwischen allgemeiner Pädagogik und Heilpädagogik.

Geschichte

Auseinandersetzungen mit der Geschichte der Heilpädagogik beinhalten immer zwei Seiten. Zum einen lässt sich aufweisen, dass zu bestimmten Zeiten der Geschichte spezifische Erziehungs-, Bildungs- und Betreuungsstrukturen für Menschen mit spezifischen Lebenserschwernissen entstehen, die nach und nach eine Ausdifferenzierung erfahren oder aber auch wieder verworfen werden. Immer aber auch sind es zum anderen spezifische Ideen, die zur Entstehung solcher Strukturen führen. Derartige Ideen können sich zu Theorien entwickeln und ausgestalten, es können andere dazu kommen, aber andere wiederum auch verworfen werden. Sind jedoch überhaupt erst einmal stabile Strukturen eines spezifischen, Erziehungs-, Bildungs- und Betreuungssystems entstanden, spiegeln sich die praktischen Erfordernissen auch in den jeweiligen Theoriebildungen wider, drängen die Theorien aber auch zu einer ihnen gemäßen Ausgestaltung der Praxis.

Praktische Bestrebungen der Erziehung, Bildung und Betreuung entwicklungsauffälliger, verwahrloster oder behinderter Kinder lassen sich überhaupt erst im letzten Drittel des 18. Jahrhundert – beeinflusst von Impulsen der europäischen Aufklärung und der Französischen Revolution – finden. Erste Versuche dieser Art gingen immer von einzelnen Personen aus, blieben an das Wirken dieser Personen gebunden und führten nicht wie selbstverständlich zu einer Ausweitung und Systematisierung dieser Bemühungen.

Als eine der ersten Institutionen in diesem Entwicklungsprozess kann die Schule für gehörlose Kinder (damals als „taubstumm" bezeichnet) angesehen werden, die im Jahre 1770 durch den Abbé de l'Epée in Paris gegründet wird. Sieben Jahre später erfolgt die Gründung einer derartigen Schule durch Samuel Heinicke in Leipzig. Eine erste Schule für blinde Kinder entstand 1784 in Paris, gegründet von Valentin Haüy. In der Folgezeit kam es auch in Deutschland zu verschiedenen Versuchen, von blinde Kinder zu unterrichten, eine eigenständige Schule entstand jedoch erst 1804, gegründet von Johann Wilhelm Klein in Berlin. Eine erste Einrichtung für körperbehinderte Jugendliche (damals als „krüppelhaft" bezeichnet) gründete Johann Nepomuk Edler von Kurz 1833 in München. Erste Bemühungen, Kinder mit Lernschwierigkeiten (damals als

„idiotisch", später als „geistigbehindert" bezeichnet) zu erziehen, zu bilden und zu fördern, werden in den Bemühungen von Jean-Marc Caspar Itard um das in den Wäldern Südfrankreichs 1799 aufgegriffene Waldkind – Victor von Aveyron – deutlich. Eine erste Einrichtung für diese Gruppe von Kindern entstand 1816 in Hallein, gegründet durch Jakob Guggenbühl.

In dieser Zeit der ersten Versuche der Erziehung, Bildung und Betreuung von Kindern mit Lebenserschwernissen wurde bereits über eine Aufgliederung des Volksschulwesens nachgedacht – dies zu einer Zeit, wo es trotz bestehender Schulpflicht in allen deutschen Ländern noch nicht gelungen war, eine flächendeckende Struktur an Bildungseinrichtungen des Elementarbereiches zu schaffen. Die nach dem „Handbuch für das deutsche Volksschulwesen" vorgesehene Aufgliederung sollte sich an den „besonderen Lagen" der Kinder orientieren und folglich sollten Taubstummen- und Blindenschulen, Schulen für Verwahrloste und Verbrecher und Schulen für Blödsinnige entstehen. Aber auch theologische Erwägungen von der „Rettung" der Menschen im Allgemeinen führten zu der Vorstellung, dass auch Kindern mit Lernschwierigkeiten das Wort Gottes zu verkünden sei, da sie ja getauft und darum zum Reich Gottes berufen seien. Hierzu erschien es notwendig, die intellektuellen Fähigkeiten dieser Kinder durch und über Erziehung und Bildung zu entwickeln. Auch dort, wo die Medizin sie sich mit Fragen der Behinderung befasste (z. B. beim endemischen Kretinismus), wurde im Sinne einer allgemeinen Prophylaxe die systematische Erziehung und Bildung von Kindern als unabdingbar angesehen und gefordert. All diese Vorstellungen führten im engeren Sinne zu heilpädagogischen Bemühungen. Die entsprechenden diesbezüglichen Überlegungen richteten sich jedoch noch an den Konzepten der allgemeinen Pädagogik, speziell des Elementarunterrichts der Volksschule aus.

Die so entstehenden Institutionen verstanden sich als „Bildungs-" bzw. „Heilanstalten". Ihre Bemühungen waren darauf ausgerichtet, dass sich behinderte Kinder im bürgerlichen Leben nützlich machen, ihren eigenen Lebensunterhalt verdienen sollen. Kinder wurden jedoch nur dann in diese neuen „Bildungs-" und „Heilanstalten" aufgenommen, wenn ein Folgen des Unterrichtsganges als wahrscheinlich bzw. eine künftige Erwerbstätigkeit als möglich angesehen wurde. Bevor es also mit der Erziehung, Bildung und Betreuung von Kindern mit Lebenserschwernissen so recht begonnen hatte, wurden aus praktischen Erwägungen heraus bereits Grenzziehungen im Sinne von „bildungsfähig" und „bildungsunfähig" vorgenommen und praktiziert.

Eingebunden in diese Entwicklung differenzierten sich einige dieser „Bildungs-" bzw. „Heilanstalten" zu großen Institutionen (Anstalten) aus. Nun verblieben „nicht bildungsfähige" Kinder in der Anstalt, für sie wurden spezielle Pflegeabteilungen eingerichtet. Jugendliche, die nach der Schule nicht in Ausbildungs- oder Erwerbsverhältnisse vermittelt werden konnten, verblieben gleichfalls in der Einrichtung und wurden in den dort geschaffenen Arbeitsbereichen (Gärtnerei, Landwirtschaft, handwerkliche Abteilungen, Hauswirtschaft) beschäftigt. Wer in diesen Bereichen keiner Beschäftigung nachgehen konnte, wechselte in die parallel entstehenden Pflegeabteilungen für Erwachsene.

Ein weiterer wichtiger Impuls hinsichtlich der Ausdifferenzierung des Systems ging von den Überlegungen aus, „Nachhülfeunterricht" für Kinder mit Lernschwierigkeiten an den Regelschulen einzurichten, die bald in Forderungen nach spezifischen „Nachhülfeklassen" an besonderen Schulen gipfelte. Diese Entwicklungen wurden im letzten Drittel des 19. Jahrhunderts durch die Ausdehnung der Schulpflicht auf Kinder mit Lebenserschwernissen forciert. Dies führte zur Einrichtung „besonderer Schulen" neben den Regelschulen. Schulorganisatorisch gab es diese „besonderen Schulen" entweder in den größeren Städten oder aber als zentrale Schulen mit Internat für Kinder aus den ländlichen Bereichen.

All diese Bemühungen führten im Laufe des 19. Jahrhunderts zu einem differenzierten Erziehungs-, Bildungs- und Betreuungssystem für Menschen mit spezifischen Lebenserschwernissen, das in dieser gefundenen Struktur bis in die heutige Zeit dominant geblieben ist. Erste Ergänzungen dieses Systems resultieren aus den 60er-Jahren des 20. Jahrhunderts. Eine fundamentale Kritik an diesem System begann sich ab den 1970er-Jahren zu formieren und führte in der Folgezeit zur Entwicklung zahlreicher Alternativen, die über die klassischen schulischen und stationären Strukturen der Erziehung, Bildung und Betreuung von Kindern, Jugendlichen und Erwachsenen mit spezifischen Lebenserschwernissen hinausgehen.

Aktuelle Relevanz und theoretische Ansätze

Erste theoretische Überlegungen im Sinne heilpädagogischer Vorstellungen wurden deutlich in dem dokumentierten Erziehungsversuch von Jean-Marc Caspar Itard. Dieser sah das Problem des „wilden Zustandes" eines in den Wäldern Südfrankreichs aufgegriffenen Jungen in der vollständigen Isolierung von der Gesellschaft begründet liegend. Eine derartige Isolation beeinträchtige die Entwicklung der „Vorstellungskraft" und der „Seelentätigkeit (Wollen)". Folglich sah Itard die Entwicklung der Sinne, der intellektuellen Funktionen und der Gemütsfähigkeiten als zentral an. Ein schlüssiges theoretisches Konzept erwuchs aus diesen praktischen Bemühungen jedoch noch nicht.

Im Jahre 1846 veröffentlichte Edouard Séguin sein Buch „Traitement moral hygiène et éducation des idiots", das als erstes Lehrbuch der Heilpädagogik angesehen werden kann. Er entwickelte seine Vorstellungen aufbauend auf den Versuchen der Erziehung und Bildung der in der Pariser Irrenanstalt Bicêtre untergebrachten Kinder. Séguin geht von einer prinzipiellen Erzieh- und Sozialisierbarkeit behinderter Kinder aus, denn jedem Menschen seien ohne Ausnahme die Gattungsmerkmale des Menschen eigen und das Handeln des Menschen sei auf die ganze Menschheit ausgerichtet. Für ihn sollte am Ende des Erziehungsprozesses der sozial handelnde und sozial denkende Mensch stehen. Zwecks Gestaltung dieses Prozesses forderte er die „Wiederherstellung der Einheit unserer zusammenhangslos gewordenen Mittel und Werkzeuge der Erziehung", die ist eine bis heute aktuell gebliebene – noch immer nicht umgesetzte – Forderung. Das Problem von Kindern mit Lernschwierigkeiten sah Séguin in deren Zustand der Isolation. Sie können sich nicht selbst in Beziehung zur Umwelt setzen, von sich aus keine Verbindung mit der Welt bilden. Folglich seien sich die pädagogischen Bemühungen zum einen auf die Aufhebung der gesellschaftlichen sozialen Isolierung – der „Gesellschaftlichmachung" –, wie auch auf die Aufhebung des pathologischen Zustandes zu richten.

In den Jahren 1861/1863 erscheint dann der Entwurf einer Heilpädagogik von Georgens und Deinhardt. Nach ihren Vorstellungen können die einer besonderen Erziehung bedürfenden Kinder nicht als „krank" angesehen werden, bedürfen folglich auch keiner Therapie, sondern einer Erziehung im Sinne des Ausgleichs von Hemmnissen und Entartungen. Selbst dort, wo nach medizinischer Interpretation eine Unheilbarkeit vorliege, könne keinesfalls von einer pädagogischen Unbeeinflussbarkeit ausgegangen werden. Auch wenn Georgens und Deinhardt den Begriff „Heilpädagogik" in die Fachdiskussion eingeführt haben, stellen ihre Überlegungen doch einen in der Theorieentwicklung vorerst letzten Versuch dar, die Heilpädagogik von der Pädagogik aus, unter Berücksichtigung sozialer Aspekte zu denken. In der Folgezeit erlangte dieser Ansatz keine praktische Bedeutung und konnte auch die Fachdiskussion kaum noch wesentlich beeinflussen.

Dies ist darauf zurückzuführen, dass sich in den 60er-Jahren des 19. Jahrhunderts biologisierende und psychologisierende Betrachtungsweisen hinsichtlich sozialer Erscheinungen immer stärker durchsetzten. Diese Tendenz verband sich zudem mit konservativ-reaktionären und ordnungsstaatlichen Vorstellungen in der Politik. Auf der Grundlage dieser Entwicklungen bildete sich nach und nach eine am medizinischen Modell ausgerichtete Heilpädagogik aus. Damit setzten sich medizinische Betrachtungen hinsichtlich des Phänomens „Behinderung" immer mehr durch, pädagogische Betrachtungen begrenzten sich in der Regel immer mehr auf das pragmatische Unterrichtsgeschehen in den Einrichtungen. Mit dieser Entwicklung bettete sich die Heilpädagogik insgesamt in biologistisch-medizinische Erklärungsversuche ein, denen eine bedeutsame Rolle im Unsichtbarmachen sozialökonomischer und politischer Probleme zukam und bis in die heutige Zeit in der Heilpädagogik aufweisbar ist.

Im Übergang vom 19. zum 20. Jahrhundert banden sich in diese bestehenden biologisch-medizinischen Sichtweisen zudem sozialdarwinistische, eugenische wie auch rassistische Vorstellungen ein. Verbunden hiermit waren spezifische Umwertungen in der Betrachtung von Menschen mit Lebenserschwernissen. Dies fand sich wider in Begriffen wie z. B. „erziehungsunfähig", „bildungsunfähig", „minderwertig", „anormal", „nicht brauchbar", „therapieresistent". An die Stelle einer an den Lern- und Entwicklungsmöglichkeiten von Menschen orientierten Theoriebildung – wie sie bis Georgens und Deinhardt aufweisbar ist – trat nun der Begriff der „Minderwertigkeit" eines Menschen aufgrund defektiver Ausstattungsmerkmale. Dies lässt sich gut anhand der sich entwickelnden Hilfsschulpädagogik aufzeigen, da diese sich ab 1890 an einem Begriff von Schwachsinn orientierte, in dem sich eine angeborene oder erworbene Minderwertigkeit ausdrückt. Für Arno Fuchs (1869–1945) lässt sich das Schulversagen ausschließlich auf die verminderten intellektuellen Fähigkeiten zurückführen. Auch in dem „Grundriß der Heilpädagogik" von Theodor Heller von 1904, der ersten in diese Zeit fallende zusammenfassende Darstellung, wird diese Grundorientierung deutlich. So wird zwar der Gegenstandsbereich der Heilpädagogik im Grenzgebiet zwischen Pädagogik und Medizin liegend verortet, jedoch der Medizin eine zentrale Bedeutung zugewiesen, da sie sich mit den krankhaften Zuständen des Seelenlebens, der Intelligenz, mit „geistigen Abnormitäten" wie Schwachsinn und nervösen Störungen befasse.

Die 20er-Jahre des 20. Jahrhunderts bringen weitere negative Wendungen mit sich, die fatale Auswirkungen auf die Heilpädagogik in Theorie und Praxis hatten. Im Zusammenhang mit Vorstellungen einer „negativen Eugenik", mit der eine „Schwächung der Erbsubstanz" minimiert bzw. beseitigt werden sollte, finden Überlegungen zur Zurückdrängung von „minderwertigen Menschen" im sozialen Leben unter anderem bei Medizinern, Politikern, Theologen und (Heil-)Pädagogen immer mehr Beachtung. Die Unterbringung von Menschen in Anstalten – bislang die einzige Möglichkeit der Betreuung jenseits familiärer Strukturen – wird jetzt mit eugenischen Überlegungen der Fortpflanzungverhinderung verbunden. Die Zwangsasylierung von Menschen mit spezifischen Lebenserschwernissen und die damit einhergehende Trennung der Geschlechter in den Anstalten wird zu einem – von Psychiatrie und Heilpädagogik durchaus tolerierten und zu den eigenen Orientierungen passenden – ordnungsstaatlichen Instrument einer zweifelhaften Bevölkerungspolitik. Parallel hierzu entwickelten sich Überlegungen zur Fortpflanzungsverhinderung durch Zwangssterilisierung von als „minderwertig" erachteten Menschen. Erste vorgelegte gesetzliche Regelungen münden ein in das 1933 verabschiedete „Gesetz zur Verhütung erbkranken Nachwuchses". Aber auch über eine dritte Maßnahme wird in dieser Zeit nachgedacht: die Ermordung der als nicht brauchbar eingestuften – jetzt als „Ballastexistenzen" bezeichneten – Menschen. Diesbezügliche Überlegungen und konkrete Abwicklungsfragen hatten Binding und Hoche bereits 1920 vorgelegt, doch es sollte noch bis 1939 dauern, bis auch diese „eugenische Maßnahme" zur staatlich organisierten – aber in Psychiatrie und Heilpädagogik teilweise durchaus gutgeheißenen und mitgetragenen – Praxis wurde.

Nach 1945 entstand zunächst einmal in der Heilpädagogik ein ideologischer Leerraum, der dadurch gefüllt wurde, dass bis in die 1960er-Jahre hinein an den in der Weimarer Republik dominanten theoretischen Vorstellungen angeknüpft, diese in einem neuen Gewande präsentiert oder aber auch differenziert wurden.

1952 legte Hans Asperger sein Buch „Heilpädagogik" vor. Asperger versteht die Heilpädagogik als angewandte Kinder- und Jugendpsychiatrie. In der Kraepelinschen Tradition stehend, sieht er die Ursache für alle psychischen Auffälligkeiten in den ererbten, angeborenen oder danach zustande gekommenen Defekten. Die Bedeutung sozialer Gesetzmäßigkeiten wird verneint und damit werden auch die pädagogischen Möglichkeiten als gering eingeschätzt. Auch Hermann Stute betrachtet in seiner Verknüpfung von Psychiatrie und Sozialpädagogik die Heilpädagogik als angewandte Kinder- und Jugendpsychiatrie (siehe beispielhaft seinen Beitrag „Kinder und Jugendpsychiatrie" von 1960). Auch seine Überlegungen vollziehen sich eingebettet in der biologistischen und defizitorientierten psychiatrischen Tradition. Gerade dieser Ansatz beeinflusste in der damaligen Zeit die außerschulische Heilpädagogik außerordentlich, insbesondere auch hinsichtlich der Übernahme des „Unerziehbarkeitsdogmas". Auch in der Fortführung der Tradition der Hilfsschulpädagogik – z. B. in der defektspezifischen Pädagogik bei Klauer – dominieren die psychiatrischen Beschreibungen der Intelligenzschwäche nach Kraepelin. Derartigen Orientierungen eingebunden sind Vorstellungen, „lernbehinderte" Schüler auf einen beschränkten und besonders auf sie zugeschnitten Bildungskanon festzulegen. Eine objektive gesellschaftliche Bestimmtheit bezogen auf die schulischen Probleme der Betroffenen unterbleibt. Erst in den Untersuchungen von Begemann im Jahre 1970 (Begemann, 1970) wird erstmals wieder die Frage nach der sozialen Herkunft dieser Schülerinnen gestellt.

Aber es hat durchaus noch andere theoretische Ausrichtungen gegeben. So hatte Linus Bopp versucht, die Heilpädagogik als Theorie der Heilerziehung zu fassen. Ihr gehe es darum, „erziehungsgefährdende Defekte bzw. Minderwertigkeiten" durch erzieherische Maßnahmen zu beseitigen. Diese Maßnahmen sollen immer darauf ausgerichtet sein, eine „möglichst gesteigerte und normale Wertfähigkeit und Wertwilligkeit" zu erreichen. Soziale und erziehliche Übel gründen für ihn letztendlich im Verfall des religiösen Glaubens und infolgedessen werde in der „Wertsinnvermittlung", im individuellen Verstehen, in der Förderung der Religion der pädagogische Fortschritt markiert. Hingegen hatte Heinrich Hanselmann (1885–1960) in der Anknüpfung an den humanbiologischen und psychologischen Diskussionen versucht, die Heilpädagogik als „synthetische Humanwissenschaft" zu fassen. Zahlreiche Ergebnisse der bisherigen heilpädagogischen Theorieentwicklung versuchte er mit den Begriffen der „Entwicklungshemmung" (entstanden als Folge defektiver Einflüsse) und der „Entwicklungsstörung" (als Fehlentwicklung ohne biologische Determination) zu fassen. Eine ganz andere Orientierung bringt Paul Moor (1889–1977) in die Diskussion. Er versucht, eine existenzphilosophische „heilpädagogische Psychologie" zu schaffen. Da ihm das seelische Geschehen gegenüber dem organischen reichhaltiger erscheint, wird für ihn in der Negierung der Bedeutung medizinisch-naturwissenschaftlicher, sozialwissenschaftlicher und psychologischen Sichtweisen das Gefühl zur erkenntnistheoretischen Richtschnur und der „Halt" zum zentralen Begriff für ein erfülltes Leben. Haltlosigkeit hingegen verweise auf einen fehlenden Aufbau der Persönlichkeit. Bei Personen, wo der „innere" Halt fehle, müsse die Heilpädagogik somit einen „äußeren" Halt in Umwelt, Mitwelt und Heimat aufbauen.

Insbesondere ab den 1970er-Jahren begannen sich in der Auseinandersetzung mit den vorstehenden skizzierten Theoriesträngen neue Theoriestränge in der Heilpädagogik zu formieren. Verwiesen sei hier beispielhaft auf den psychoanalytischen Ansatz, der Erfahrungen der psychoanalytischen Pädagogik in der Weimarer Republik und den USA aufgreift und auf die Erklärung von „abweichendem Verhalten" zur Anwendung bringt. Im Aufgreifen der Arbeiten Piagets entwickelt sich ein strukturalistischer Ansatz, dem es insbesondere um eine subjekt- und handlungsorientierte Grundlegung pädagogischer Positionen jenseits defektspezifischer Zuschreibungen geht. Eine weitere subjektorientierte Orientierung lässt sich in dem materialistischen Ansatz finden, der die Entwicklung einer synthetischen Humanwissenschaft vertritt. Als Grundlage wird hier von der Tätigkeit von Kindern, Jugendlichen und Erwachsenen unter bestimmten Verhältnissen ausgegangen und dabei werden lern- und persönlichkeitstheoretische wie auch physiologische und neuropsychologische Grundfragen eingebunden.

All die vorgestellten theoretischen Modelle überschneiden sich vielfältig. Eine wichtige Trennungslinie verläuft hauptsächlich zwischen den verschiedenen subjekt- und integrationsbezogenen Ansätzen einerseits und den biologischen sowie kritisch-rationalistischen (positivistischen) Ansätzen andererseits (siehe Jantzen/Reichmann, 1984, S. 102).

Problem- und Erfahrungsfelder

Paul Moor hat die Aussage geprägt, Heilpädagogik sei Pädagogik und nichts anderes (siehe Haeberlin, 2002, S. 55). Dem lässt sich mit Georg Feuser entgegenhalten, „die Heilpädagogik ist bis heute nicht Pädagogik geworden", ja sie hat „schon vom Ursprung (größtenteils) aufgehört, Pädagogik zu sein" (Feuser, Handbuch, 1984, S. 264). Diese Aussage lässt sich dann verstehen, wenn ganz allgemein die Aufgabe der Pädagogik darin gesehen wird, Menschen zu unterstützen, sich in Beziehung setzen zu können zu anderen Menschen, zu sich selbst, zu der gegenständlichen und räumlich-zeitlich organisierten Welt sowie zum kulturellen Erbe. Gerade in diesem sich in Beziehung setzen können vollzieht und bildet sich das heraus, was wir als „Bildung" bezeichnen. Dabei muss die Pädagogik dem Anspruch gerecht werden, „allen Menschen alles [zu] lehren" (Comenius). Die Pädagogik müsste selbst dann in der Lage sein, diesen Ansprüchen gerecht zu werden, wenn spezifische Lebenserschwernisse bzw. charakteristische Besonderheiten den Möglichkeitsraum für Bildungsprozesse bei einer Person modifizieren oder aber enorm eingrenzen, ohne dabei aber diese Person dann aus ihren Bemühungen auszuschließen.

Die Heilpädagogik hat sich in ihrer Geschichte diesen allgemeinen Aufgaben der Pädagogik nicht immer gestellt, hat diesen Bezug in ihrer Praxis selbst oftmals sogar selbst beseitigt. Sie ist nicht den Überlegungen von Georgens und Deinhardt gefolgt, die verdeutlicht hatten, „dass wir die Möglichkeit der Heilpädagogik und das praktische Vorgehen auf ihrem Gebiete von der der so genannten ‚exacten' Kenntnis der Krankheitsursachen nicht abhängig machen oder machen lassen können" (Georgens/Deinhardt, 1861, S. 220) und auch „die sichere Bestimmung des organischen Grundes, den das Übel als solches hat, nicht nötig, wenigstens nur sehr bedingt" (Georgens/Deinhardt, 1861, S. 227) für die pädagogische Arbeit ansahen.

In der Umkehrung dieser Vorstellungen hat die Heilpädagogik sich immer mehr auf die vermeintlichen Defekte eines Menschen hin orientiert, hat damit den Menschen nicht mehr als bio-psycho-soziale Einheit sehen können, sondern nur noch in der defektspezifischen „Atomisierung". Die Feststellung von persönlichen bzw. sozialen Abweichungen von einer mehr oder weniger scharf fixierten Normalität orientierten sich schlicht an den auffälligen äußeren Merkmalen – Behinderung entsteht im Auge des Betrachters – je nach den Bezugssystemen der Zeit. Gemäß den wirksamen Deutungsmustern, den gesellschaftlichen Traditionen, dem Bild vom Menschen und dem praktischen Alltagswissen wurden derartige Abweichungen festgestellt und der Mensch entlang dieser beobachteten zentralen Abweichungen zu einer klassifizierbaren Erscheinung. Vorhandene Fähigkeiten und Möglichkeiten der Entwicklung des Menschen kamen bei einer derartigen Betrachtung gar nicht mehr in den Blick.

Mit diesen Klassifizierungen verbunden sind jedoch auch spezifische Bewertungen des jeweiligen Menschen, die an den gleichen normativen Vorstellungen orientiert zur Anwendung kamen und sich in Begriffen der „Andersartigkeit", der „Minderwertigkeit", des „inneren Fremden", der „Unerziehbarkeit", der „Bildungsunfähigkeit", der „Therapieresistenz", der „Ballastexistenz" unter anderem ausdrückten. Im so vorgenommenen Beschreibungs- und Bewertungsprozess wurden dann die beobachtbaren Abweichungen so umdefiniert, dass diese sich als das „innere Wesen" der betroffenen Person darstellten. Zudem verband sich mit dieser Kategorisierung die Vorstellung, dass diese Menschen einer besonderen Behandlung – dem Wesen ihres Defizits, ihres Defektes entsprechend – bedürfen. Eingebettet in dieses prozesshafte Geschehen insgesamt wird die Kategorisierung von Menschen mit Lebenserschwernissen zur Grundlage des heilpädagogischen Handelns bzw. findet überhaupt hier erst ihren Bezugspunkt. Auch heute erfolgt die heilpädagogische Arbeit größtenteils im Rahmen merkmalsorientierter Klassifikationen und darauf bezogener besonderer Institutionen.

Mit dieser Fixierung auf eine als defizitär wahrgenommene Gegenwärtigkeit eines Menschen, die zudem im Sinne biologistischer Orientierungen als statisch angesehen wurde, vollzog sich ein unausweichlicher Prozess der Etikettierung, Stigmatisierung und Diskriminierung von Menschen in der Heilpädagogik, der sich in einer historischen Negativierung der heilpädagogischen Semantik auszudrücken begann.

Spiegelt man diesen gesamten Prozess, der verkürzt als Prozess der Aussonderung, Besonderung und Verbesonderung bezeichnet werden kann, im Spektrum der allgemeinen Aufgabe der Pädagogik, dann gibt es keine Epoche der Heilpädagogik, „in der nicht die Ideologie der Segregation dominiert hätte" (Feuser, 1995, S. 47) und praktiziert wurde. Zudem trug die Heilpädagogik in diesen ideologischen wie strukturellen Zusammenhängen dazu bei, dass Entwicklungsprozesse von Kindern, Jugendlichen und Erwachsenen eher beschnitten wurden, als dass Bildungsprozesse für alle initiiert, ermöglicht, unterstützt und abgesichert worden wären.

Ausblick

Will nun die Heilpädagogik tatsächlich Pädagogik sein und nichts anderes, müsste sie sich in der Verschiebung ihres Bezugssystems den allgemeinen Vorstellungen der Pädagogik stärker annähern. Die Heilpädagogik als eine spezifische Pädagogik hätte sich stärker an den allgemeinen pädagogischen Vorstellungen zu orientieren, allen Menschen einen Bildungsprozess zu gewährleisten, anzubahnen, anzuregen, abzusichern und hierzu erforderliche Hilfen zur Gestaltung zu geben bzw. zu vermitteln. Dies ist jedoch nur dann möglich, wenn die immer noch gegebene Fixierung an eine in der psychiatrischen Diagnostik und Klassifizierung liegenden Defizitzuschreibung sowie die damit verbundenen Prozesse der Aussonderung, Besonderung und Verbesonderung im Sinne einer sozialen Ausgrenzung (vgl. Feuser, Behinderte, 1995, S. 47 f.) aufgegeben werden. Dies wiederum hätte zur Voraussetzung, dass die Heilpädagogik sich intensiver mit den konstruierten Klassifikationen auf der Grundlage ihrer allgemeinen pädagogischen Aufgabenstellung auseinander setzt. Zudem hätte die Heilpädagogik das ihr über weite Strecken immer noch eigene Fürsorgeprinzip und das damit einhergehende Bild vom Menschen zu verändern. Das neue Bild müsste von Prinzipien der Selbstbestimmung, Selbstbildung, Subjektorientierung, Empowerment und Assistenz geprägt sein und beinhalten, Menschen mit Lebenserschwernissen auch in der Heilpädagogik als Experten in eigener Sache anzusehen, die erwarten können, dass das heilpädagogische Handeln sich „nicht ohne uns über uns" vollzieht. Für die Heilpädagogik müsste es selbstverständlich werden, dass Lebenserschwernisse welcher Art und Schwere diese auch sind, keinen Grund für eine Ausgrenzung von Kindern, Jugendlichen und Erwachsenen aus ihren regulären Lebens- und Lernzusammenhängen mit ihren je spezifischen sozialen Gegebenheiten und Interaktions- und Kommunikationsstrukturen hinsichtlich der Realisierung ihrer Bildungsmöglichkeiten darstellen. Das Ziel der Heilpädagogik muss sein, dass es selbstverständlich ist, dass Leben, Spielen und Lernen in einer Kindertagesstätte für alle Kinder, in einer Schule für alle Kinder erfolgt und Leben, Lernen und Arbeiten in urbanen Gemeinden geschieht und nicht in spezifischen, an defizitären Merkmalen von Menschen ausgerichteten Sondereinrichtungen, die im Extremfall nur noch auf die Förderung spezifischer funktioneller Fähigkeiten abzielen. Letztendlich bedeutet dies einen grundsätzlichen Verzicht auf Selektion und Segregation in jeglicher Hinsicht.

Wenn davon ausgegangen werden kann, dass sich pädagogische Konzeptionen nur aus der eigenaktiv-selbstorganisierten Entwicklung der im Sinne von Selbstbestimmung, Mitbestimmung und Solidarfähigkeit auf Autonomie gerichtete Handlungskompetenzen der Kinder, Jugendlichen und Erwachsenen legitimieren (siehe Feuser, 1995, S. XI), sind weitere fachliche Veränderungen in der Heilpädagogik angezeigt. Zum einen kann es als notwendig und wichtig angesehen werden, die Trennung von allgemeiner Pädagogik und Heil- bzw. Sonderpädagogik insgesamt, wie auch die Trennung von eher außerschulischen Ansätzen der Heilpädagogik und der auf die jeweiligen Sonderschulen ausgerichteten Ansätze der Heilpädagogik zu überwinden – und dies nicht nur additiv, sondern im Sinne eines Verständnisses von Bildung für alle unter dem Aspekt von Inklusion. In diesem Zusammenhang muss zweitens auch eine intensive Auseinandersetzung mit an Defiziten ausgerichteten therapeutischen Konzepten und Verfahren erfolgen. Ziel dabei ist es, therapeutische Konzepte und Verfahren in ein Gesamtkonzept von Bildung und lebenslangem Lernen einzubinden. Letztendlich liegt es „in unseren Händen [...] so zu handeln, dass das gehörlose, das blinde und das schwachsinnige Kind nicht defektiv sind. Dann wird auch das Wort selbst verschwinden, das wahrhafte Zeichen für unseren eigenen Defekt" (Wygostki, 1971, S. 124).

Kommentierte Literaturhinweise

Feuser, Georg: Behinderte Kinder und Jugendliche – Zwischen Integration und Ausgrenzung. Darmstadt, Wissenschaftliche Buchgesellschaft, 1995.
In diesem Buch erfolgt eine kritische Auseinandersetzung mit der Heilpädagogik/Sonderpädagogik, insbesondere hinsichtlich des gemeinsamen Lebens, Spielens und Lernens aller Kinder im Kindergarten und in einer Schule für alle. Dabei wird insbesondere auf die Entwicklung der Heilpädagogik/Sonderpädagogik hinsichtlich ihres Weltbildes und Menschenbildes, ihres fachlichen Verständnisses eingegangen und ein reformpädagogisches Anliegen verdeutlicht.

Gröschke, Dieter: Praxiskonzepte der Heilpädagogik, 2. Aufl., München und Basel, Ernst Reinhardt Verlag, 1997.
Gröschke begründet in seinem Buch zunächst einmal, warum er fachlich an dem Begriff „Heilpädagogik" festhält. Sodann gibt er einen Überblick über historische und systematische Dimensionen der Heilpädagogik, stellt das Pädagogische der Heilpädagogik noch einmal heraus und setzt sich mit Konzepten der Heilpädagogik, insbesondere unter Berücksichtigung des Theorie-Praxis-Bezuges, auseinander.

Speck, Otto: System Heilpädagogik – Eine ökologisch reflexive Grundlegung, 5. Aufl., München und Basel, Ernst Reinhardt Verlag, 2003.
Speck geht in den ersten Kapiteln seines Buches auf die in der neueren Zeit erfolgten Entwicklungen in der Heilpädagogik ein, skizziert die Entwicklung eines besonderen Erziehungs-, Bildungs- und Betreuungssystems für Menschen mit Behinderungen und gibt zudem einen Überblick über die heilpädagogische Theoriebildung.

Gesprächsführung   Johannes Huisken

Etymologie

Der Begriff „Gesprächsführung" setzt sich aus den beiden Begriffen „Gespräch" und „Führung" zusammen. „Gespräch" seinerseits ist eine Kollektivbildung, die Begriffe wie „Sprechen", „Sprechvermögen", „Rede", „Unterredung" umfasst. Der Begriff „Sprache", der eine Substantivbildung des Verbs „sprechen" ist, bezeichnet die Fähigkeit, zu sprechen, und den Vorgang des Sprechens an sich. Das westgermanische Verb *„sprechen"* lautet im Althochdeutschen „sprehhan", im Niederländischen „spreken" und im Altenglischen „sprecan". Es wird angenommen, dass eine Verwandtschaft mit dem altisländischen und schwedischen *spraka* „knistern, prasseln" besteht und dass „sprechen" ein lautmalendes Wort war. Das altgermanische Verb „führen", das mittelhochdeutsch „vüeren" und althochdeutsch „foruen" lautet, meint ursprünglich etwas „in Bewegung setzen, fahren machen". Im Neuhochdeutschen besitzt es hauptsächlich die Bedeutung „leiten, die Richtung bestimmen" wie ein Kind an der Hand führen, eine Klasse zum Abschluss führen, ein Hotel bzw. Unternehmen führen (vgl. Duden, Etymologie, 2001, S. 242/S. 792/S. 793).
„Gesprächsführung" kann demnach mindestens in zweifacher Weise verstanden werden: Einerseits im Sinne einer allgemeinen Dialog- bzw. Kommunikationsfähigkeit, welche die Fähigkeit umfasst, Gespräche zu initiieren, zu gestalten und zu beenden. Andererseits kann „Gesprächsführung" auch aufgefasst werden als eine Kompetenz, Inhalte und Ziele vorzugeben, um Gesprächspartner zu beeinflussen bzw. sie zu überzeugen.

Geschichte

Das Gespräch ist eine grundlegende Tätigkeit der menschlichen Kommunikation. *„Gespräche bestehen aus Sprechakten und Redebeiträgen der Gesprächsteilnehmer, die sich aufeinander beziehen. Sie können in verschiedenen sozialen Situationen stattfinden, sich über sehr unterschiedliche Zeiträume erstrecken und unterschiedlichen Funktionen dienen."* (Legewie/Ehlers, 1992, S. 294)

Gespräche können grundsätzlich unterteilt werden in formelle und informelle Gespräche. Für die menschliche Kommunikation besitzt das Alltagsgespräch eine zentrale Bedeutung. Es existiert in sämtlichen Kulturen, findet in der Regel ungeplant statt und unterscheidet sich von anderen Gesprächen durch seine Offenheit; in der Regel werden weder Themen noch Teilnehmer vorab festgelegt. Formelle Gespräche unterscheiden sich von Alltagsgesprächen hinsichtlich der Gesprächsform und der Funktion. Während das Alltagsgespräch verschiedene Funktionen erfüllt, herrscht bei einem formellen Gespräch meist eine bestimmte Funktion vor. Dabei wird die Einhaltung von Regeln und Konventionen wechselseitig erwartet (siehe Legewie/Ehlers, 1992).

Für alle Gespräche jedoch gilt gleichermaßen, dass sie nicht nur der Vermittlung von Informationen und dem Ausdruck von Gedanken und Gefühlen dienen, sondern dass die beteiligten Gesprächspartner sich wechselseitig beeinflussen, denn „Kaum etwas wird ‚nur so' gesagt – fast alle Nachrichten haben die Funktion, auf den Empfänger Einfluss zu nehmen" (Schulz v. Thun, 1981, S. 29). Diese Tatsache ist so alt wie die Menschheit selbst. Moderne Führungs- und Kommunikationstrainings z. B. vermitteln kommunikative Kompetenzen, um Ziele eleganter und stressfreier zu erreichen. Je überzeugender und redegewandter ein Mensch seine Anliegen vorträgt, desto größer ist – so die Annahme – die Wahrscheinlichkeit, dass die Dinge wunschgemäß vom Zuhörer aufgenommen und umgesetzt werden.

Bereits in der **Antike** wurde die Kunst des Redens (griech. rhētoriké téchnē, lat. rhetorica ars) und der Gesprächsführung gelehrt bzw. entwickelt.

„Rhetoren hießen zunächst Leute, die reden konnten – insbesondere im Rahmen der ersten Demokratie im Athen des 5. Jh. v. Chr. Und bei Gerichtsreden, die hunderte von Geschworenen überzeugen mussten. Als diese rhetorische Kultur später in Rom übernommen wurde, hieß der Redner ‚orator'. Für Lehrer der rhetorischen Kunst (ars rhetorica) wurde dort Rhetor zur Berufsbezeichnung. In diesem Sinne wird auch heute der Begriff Rhetoriker/Rhetorikerin verwendet." (Bartsch/Marquardt, 1999, S. 43)

In Griechenland waren die Sophisten die ersten berufsmäßigen Lehrer der Redekunst. Ursprünglich bezeichnete der Begriff gelehrte oder sachkundige Männer (griech. sophistēs, Fachmann, Weiser), später im 5. und 4. Jh. v. Chr. dann reisende Lehrer, die ihren Lebensunterhalt damit verdienten, ihre Schüler gegen Bezahlung in Philosophie und Rhetorik zu unterweisen. Nach Meinung der Sophisten bestand die Hauptaufgabe der Rhetorik darin, die Zuhörer zu überzeugen bzw. zu überreden. Der griechische Philosoph Protagoras (ca. 487–420 v. Chr.) war einer der bedeutendsten Sophisten. Er schrieb über Rhetorik, Ethik und Rechtswissenschaft und hielt Vorträge, wie man den schwächeren Standpunkt als stärkeren erscheinen lassen, „das schwächere Argument das stärkere besiegen lassen" (Taylor, 2004, S. 16) könne.

Sokrates, Platon und Aristoteles stellten die philosophischen Überzeugungen der Sophisten in Frage. Sie hielten den Sophisten vor, dass der von ihnen vertretene Ansatz mehr Wert auf Überzeugungskraft und Scheinbeweise lege als auf die Suche nach Wahrheit. Besonders Platon verurteilte die Tatsache, dass die Sophisten für ihren Unterricht Geld verlangten. Sokrates (469–399 v. Chr.) stellte der **überredenden Dialektik** der Sophisten seine **überzeugende Dialektik** gegenüber. Die Kunst der dialogischen Gesprächsführung mittels Frage und Antwort diente Sokrates, die Wahrheit herauszufinden und andere zu überzeugen. Sokrates, verstand seine Tätigkeit bzw. Gesprächsführung als geistige Hebammenkunst (Mäeutik). Sokrates war der Überzeugung, dass wirkliche Erkenntnis nicht von außen herangetragen und aufgesetzt werden kann, sondern von innen kommen muss. Seine Form der Gesprächsführung sollte die Gedanken des Gesprächspartners zur Sprache bringen, sie prüfen, modifizieren und verbessern, um so der Wahrheit näher zu kommen. Sokrates leugnete den Besitz von Weisheit. Er war jemand, der argumentierte und fragte und aus einer Position der Unwissenheit („Ich weiß, dass ich nichts weiß.") heraus behauptetes Wissen so lange prüfte, bis seine Gesprächspartner sich in Widersprüche verwickelten. Hierauf aufbauend erarbeitete er im Dialog neue philosophische Erkenntnisse, indem er Rückschlüsse vom Einzelnen zum Allgemeinen zog (siehe Stavemann, 2005).

Im Mittelalter entstand aus diesem Ansatz die **Kunstlehre der Dialektik**. Sie gehörte zu jenen drei der sieben „freien Künste, die heute Schlüsselqualifikationen der Kommunikation sind; Sprechen (rhetorica), Schreiben (grammatica), Argumentieren (dialectica), sowie die **dialektische Denkfigur** (auf Platons Schüler Aristoteles zurückge-

führt, von Kant, Hegel und Marx wiederentdeckt):
- These = Behauptung
- Antithese = Gegenbehauptung
- Synthese = Kompromiss

(Bartsch/Marquardt, 1999, S. 43)

Heute wird die sokratische Gesprächsführung unter anderem von Psychotherapeuten angewendet. Besonders kognitiv ausgerichtete Therapeuten nutzen diese Form der Gesprächsführung als eine wichtige Interventionsstrategie.
„Wie im philosophischen Modell soll der Patient, von seinen Alltagserfahrungen ausgehend, durch geleitete, konkrete naive Fragen alte Sichtweisen reflektieren, Widersprüche und Mängel erkennen, selbstständig funktionale Erkenntnisse erarbeiten und alte, dysfunktionale Ansichten zu Gunsten der selbst neu erstellten aufgeben, um ein widerspruchfreies, selbst bestimmtes, eigenverantwortliches Leben führen zu lernen." (Stavemann, 2005, S. 270)

Während die Methoden der **Rhetorik** und **Dialektik** dem Wirkungsaspekt von Kommunikation zugeordnet werden können, können Gesprächsmethoden, deren Ursprünge in humanistischen Psychotherapiekonzepten liegen (C. Rogers, R. Cohn, F. Perls, Th. Gordon unter anderem), dem Ausdrucksaspekt zugeordnet werden. Besonders die Arbeiten von **Carl Rogers** (1902–1987) in den 50er- und 60er-Jahren des letzten Jahrhunderts sind von grundlegender Bedeutung. Seine Anforderungen an eine (psychotherapeutische) Gesprächsführung – nämlich die Beachtung der so genannten Basisvariablen (Akzeptanz, Empathie, Kongruenz) – sind weit über die Grenzen der Psychotherapie hinaus zu einem Gesprächsstandard geworden. Dies gilt nicht nur in den Bereichen Erziehung und Beratung, sondern auch in Arbeitsfeldern des Dienstleitungsbereiches und der Wirtschaft. In Deutschland wurde Rogers Ansatz besonders von **Reinhard** und **Anne-Marie Tausch** (1960) vertreten und weiterentwickelt.

Thomas Gordon (1970), ein Schüler von Carl Rogers, der durch sein Buch „Familienkonferenz" in Deutschland bekannt wurde, entwickelte Anfang der 1970er-Jahre in den USA die Methode des **aktiven Zuhörens**. Sie wurde zu einer wichtigen Methode, problematische Beziehungen zu klären und Konflikte zu lösen.

Mit der **Themenzentrierten Interaktion (TZI)** stellte **Ruth Cohn** ein Verfahren der Gruppenleitung und Gruppenarbeit vor, dessen Ziel es ist, lebendiges Lernen und Arbeiten in Gruppen durch angstfreie Interaktionen zu ermöglichen. Dieses geschieht, indem die Bedürfnisse des Individuums, der Gruppe und die Notwendigkeiten des (Arbeits-)Themas in eine Balance gebracht werden.

Friedemann Schulz von Thun präsentierte Anfang der 1980er-Jahre mit dem **Nachrichtenquadrat** (1981) ein kommunikationspsychologisches Modell, das als Basismodell mittlerweile in vielen Bereichen Einzug gefunden hat.

Aktuelle Relevanz und theoretische Ansätze

Der einfachste Weg, etwas über einen anderen Menschen zu erfahren, besteht darin, ihn selbst zu fragen. Ebenso, wie man selbst am besten über seine eigenen Bedürfnisse und Wünsche Auskunft geben kann, sollte man dies auch ganz selbstverständlich jedem anderen Menschen zugestehen (vgl. Schwarte/Oberste-Ufer, 2001, S. 64).

Erziehung, Beratung, Therapie, Supervision, Coaching etc. sind ohne Kommunikation undenkbar. Erziehungs- und/oder Förderplanung, Mitarbeiterführung, Personal- und Organisationsentwicklung, Elterngespräche, sind wesentliche Bestandteile der Arbeit in sozialen Einrichtungen und Institutionen. Sie basieren auf dem gegenseitigen (professionellen) Austausch von Wahrnehmungen, Beobachtungen, Meinungen, Gedanken, Vorstellungen, Zielen, Werten und Normen.

Eine hohe Kommunikations- bzw. Gesprächsführungskompetenz stellt daher – nicht nur in sozialen Einrichtungen – eine Schlüsselqualifikation dar. Sie ist der wichtigste Teil der Sozialkompetenz, die unter anderem auch Kritikfähigkeit, Kooperationsfähigkeit, Teamfähigkeit, Empathiefähigkeit umfasst. Allgemein gilt, dass eine gute Kommunikations- bzw. Gesprächskompetenz
- ein positives Arbeitsklima bewirkt,
- angemessene Problem- und Konfliktlösungen ermöglicht
- das Grundbedürfnis des Menschen nach Zughörigkeit befriedigt und
- die Zusammenarbeit fördert.

Mitarbeiter sozialer Einrichtungen müssen über eine hohe Kommunikations- und Gesprächsführungskompetenz verfügen, da sie in der Lage sein müssen, Gespräche mit sehr verschiedenen Menschen, in unterschiedlichen Situationen, zu vielfältigen Themen und sehr unterschiedlichen Anlässen zu führen. Eine Besonderheit stellen dabei die Objekte ihres Handelns dar. In Unternehmen oder Institutionen der Industrie und Wirtschaft hilft eine effektive Kommunikation, Wertschöpfung zu ermöglichen und/oder permanent zu steigern. Kommunikation in diesem Kontext zielt darauf ab, Produktions- und Organisationsabläufe zu planen, zu gestalten und zu optimieren.
„[...] in Unternehmen ist Kommunikation der ‚soziale Klebstoff', der eine Organisation zusammenhält. Erst der wechselseitige Austausch von Nachrichten ermöglicht das Funktionieren von Abteilungen und Organisationen." (Simon, 2004, S. 15).

Kommunikation in sozialen Einrichtungen und Organisationen hingegen dient nicht nur dazu, Vorgänge oder Abläufe zu ermöglichen oder zu optimieren, sondern sie schafft erst die Basis und den Gegenstand der Arbeit: Die Arbeit von professionellen Helfern und Erziehern ist nämlich immer (auch) **Beziehungsarbeit**. Kommunikations- und Gesprächsführungskompetenz ist notwendig, um Beziehungen herzustellen und zu gestalten. Erziehung, Förderung und Therapie setzen tragfähige Beziehungen voraus. Erziehung z. B. beginnt
„[...] mit dem Ansprechen, mit der mitmenschlichen Zuwendung und Antwort. Sie weckt und erschließt in einem immer differenzierter werdenden Wechselspiel Motivation, Aktivität und Kommunikation des Kindes und bringt es damit auf den Weg zu seiner Selbstverwirklichung in sozialer Integration." (Speck, 1999, S. 117).

Auf der anderen Seite stellt Beziehung selbst oftmals auch den Gegenstand der Kommunikation dar; denn für unser Wohlbefinden und unsere psychische Gesundheit ist die Bestätigung und Annahme unserer Sichtweise der zwischenmenschlichen Wirklichkeit durch unsere Kommunikationspartner von fundamentaler Bedeutung. Wir fühlen uns verstanden, wenn unsere Partner unsere Sicht teilen. Während in guten, funktionierenden Beziehungen die Kommunikationspartner hierüber ohne weiteres übereinstimmen, wehren sie sich in konfliktgeladenen Beziehungen gegen die Sichtweisen bzw. Beziehungsdefinitionen des jeweils anderen (siehe Watzlawick, 1998). Dieses gilt besonders für verhaltensgestörte Kinder und Jugendliche, die oft aus problembeladenen Familien stammen, in denen sie nur wenig Achtung und Wertschätzung erfahren konnten (siehe Petermann/Petermann, 1991). Aber auch behinderte Kinder und Jugendliche, die aufgrund ihrer Behinderungen vielfach ungünstige und negative Rückmeldungen erfahren (haben), sowie ihre Eltern kämpfen darum, verstanden zu werden (siehe Speck, Heilpädagogik, 1998).

Verstehen ist nicht nur ein sozialer Prozess zwischen einem Sprecher und einem Hörer. Verstehen ist immer auch ein Akt, in dem die Beteiligten durch ihr Sprechen und ihr Zuhören eine ihnen genehme Wirklichkeit konstruieren (Frindte, 2001, S. 52).

Mit Watzlawick/Nardone muss zwischen zwei verschiedenen Wirklichkeiten unterschieden werden, nämlich „zwischen dem Bild der Wirklichkeit, das wir durch unsere Sinne empfangen, und der Bedeutung, die wir diesen Wahrnehmungen zuschreiben" (Watzlawick/Nardone, 1999, S. 38). Diese Wirklichkeiten bezeichnet Watzlawick als Wirklichkeit erster und Wirklichkeit zweiter Ordnung. Während mit der Wirklichkeit erster Ordnung das Bild der Wirklichkeit gemeint ist, das wir mit den Sinnen aufnehmen (z. B. ein Glas, das zur Hälfte gefüllt ist), entsteht die Wirklichkeit zweiter Ordnung durch die Zuweisung von Bedeutungen (z. B. das Glas ist halb voll oder das Glas ist halb leer).

Bedeutungen sind interindividuell relativ übereinstimmende und stabile Begründungen, die Wirklichkeit zu erklären. Sie sind letzlich die Inhalte der Kommunikation (siehe Frindte, 2001). Planung und Realisierung von Erziehungs- und Fördermaßnahmen sowie therapeutischer Interventionen basieren auf den Bedeutungen, die dem Verhalten von Kindern, Jugendlichen oder Betreuten von Eltern oder Fachkräften zugeschrieben werden. Dysfunktionale Kommunikations- und Teamprozesse können dabei eine angemessene Befunderhebung verhindern oder gar unmöglich machen. Ein besonderes Problem entsteht zusätzlich dadurch, dass die vorgenommenen Zuschreibungen und geplanten Maßnahmen Etikettierungen darstellen, die als selbsterfüllende Prophezeiungen wirken (können) und paradoxe Effekte hervorrufen: „Maßnahmen, die darauf abzielen, etwas zu unterbinden, rufen die zu unterbindenden Phänomene erst hervor" (Schulz v. Thun, 1981, S. 192).

Gesprächsführung im sozialen Bereich erfordert oftmals, um Veränderungsprozesse einzuleiten und Lösungen zu finden, die Wirklichkeitskonstruktionen von Gesprächspartnern zu thematisieren oder sogar in Frage zu stellen. Dies gilt sowohl für Gespräche mit Kindern, Jugendlichen und Eltern als auch mit Kollegen, Vorgesetzten und Fachleuten. Eine erfolgreiche Gesprächsführung setzt daher nicht nur ein hohes Maß an Respekt und Achtung gegenüber dem Gesprächspartner voraus, sondern auch die Bereitschaft, eigene Sichtweisen zu überdenken, zu überprüfen und ggf. zu verändern. Dabei ist es offensichtlich, dass eine überredende Gesprächsführung nur wenig Einfluss auf die Wirklichkeitskonstruktionen der Gesprächspartner besitzen kann und kaum hilft, Probleme und Schwierigkeiten dauerhaft zu lösen. Eine dialogische Gesprächsführung hingegen eröffnet Möglichkeiten, gemeinsame Problemdefinitionen und Lösungswege zu finden. Sie erkennt an, dass es unterschiedliche Perspektiven gibt, die gleichberechtigt nebeneinander existieren können, nimmt Wünsche, Motive, Ziele und Pläne ernst und ist bemüht, rationale Entscheidungen herbeizuführen, denen alle Beteiligten zustimmen können.

Im Folgenden werden einige kommunikationspsychologische **Theorien** bzw. Ansätze kurz beschrieben, die aus dem klinisch-psychologischen bzw. therapeutischen Bereich stammen und einen erheblichen Einfluss auf die Entwicklung der Gesprächsführung hatten:

- Carl Rogers: „Klientenzentrierte Gesprächspsychotherapie"
- Thomas Gordon: „Aktives Zuhören"
- Ruth Cohn: „Themenzentrierte Interaktion"
- Eric Berne: „Transaktionsanalyse"
- Paul Watzlawick: „Axiome der Kommunikation"
- Friedemann Schulz v. Thun: „Nachrichtenquadrat"

Klientenzentrierte Gesprächspsychotherapie und Gesprächsführung

Die Gesprächspsychotherapie ist ein Behandlungsverfahren, das von Carl R. Rogers (1902–1987) um 1940 bis 1942 in den USA als neue klinisch-psychologische Forschungsrichtung begründet wurde. Das Neuartige des Forschungsansatzes lag in dem Versuch, Hypothesen zur Psychotherapie mithilfe der Methoden der empirisch-psychologischen Forschung zu überprüfen. Aus diesem Forschungsansatz entwickelte Rogers in den folgenden Jahren die klientenzentrierte Gesprächspsychotherapie. Rogers ging davon aus, dass jeder Mensch danach strebt, die eigenen psychischen Wachstumspotenziale zu entfalten und dass Bewertungen der eigenen Psyche und des eigenen Körpers die Richtung des Wachstums vorgeben. Ungünstige Lernerfahrungen veranlassen Menschen jedoch dazu, nicht die eigenen Bewertungen zu nutzen, sondern die von anderen zu übernehmen. Hierdurch bedingt kommt es zu einem – mitunter unbewussten – Konflikt zwischen dem eigenen, zunächst positiven Selbstbild und den negativen Rückmeldungen von außen. Gefühle der Unzulänglichkeit und Ängste entstehen. Die Aufgabe des Therapeuten besteht nach Rogers darin, Klienten zu befähigen, die Bewertung der eigenen Erfahrungen wieder selbst vorzunehmen, um die eigene Entwicklung in Richtung Selbstannahme und Selbstaktualisierung zu unterstützen. Die grundlegende Strategie des Therapeuten besteht darin, die Gefühle des Klienten wahrzunehmen, anzuerkennen und zu klären. Dieses wird durch eine Haltung des Therapeuten ermöglicht, die durch Akzeptanz, Empathie und Kongruenz gekennzeichnet ist. Die Bedeutung der klientenzentrierten Gesprächspsychotherapie für die Gesprächsführung liegt darin begründet, dass die von Rogers begründete Gesprächshaltung zu einem Standard in vielen Bereichen geworden ist. So bietet z. B. die Gesellschaft für wissenschaftliche Gesprächspsychotherapie e.V. (GwG) eine Weiterbildung in klientenzentrierter Gesprächsführung an, die sich an Personen richtet, die in psychosozialen, medizinischen und pädagogischen Praxisfeldern tätig sind.

Zu diesem Thema sind folgende Titel von Interesse:
- Carl R. Rogers: Die nicht-direktive Beratung, 1972 (Org. 1942);
- Carl R. Rogers: Die klientenbezogene Gesprächstherapie, 1972 (Org. 1951);
- Tausch, Reinhard/Tausch Anne-Marie: Gesprächspsychotherapie, 1979.

Aktives Zuhören

Die Methode des aktiven Zuhörens wurde von Thomas Gordon (1918–2002) Anfang der 1970er-Jahre in den USA entwickelt. Sie basiert auf der klientenzentrierten Gesprächsführung von C. Rogers. Beim aktiven Zuhören formuliert der Empfänger mit eigenen Worten das, was er vom Empfänger versteht (Empfindungen, Gedanken, Gefühle, Motive etc.) und meldet es zur Bestätigung an den Sender zurück. Der Empfänger hält sich mit eigenen Annahmen, Einschätzungen, Bewertungen, Urteilen, Ratschlägen etc. zurück. Er meldet nur das zurück, was nach seiner Vermutung die Aussage des Senders bedeutet. Dieses wird auch als „paraphrasierendes Verbalisieren" bezeichnet. Missverständnisse zwischen den Gesprächspartnern sind mithilfe dieser Gesprächsmethode leicht zu erkennen, so dass die Wahrscheinlichkeit für Irritationen und Konflikte gesenkt wird. Das aktive Zuhören wurde daher auch zu einer der Hauptmethoden, schwierige und problemgeladene (Partner-)Beziehungen zu lösen (vgl. Bartsch/Marquart, 1999).

Informationen zum aktiven Zuhören bieten folgende Titel:
- Gordon, Thomas: Familienkonferenz, 1970;
- Gordon, Thomas: Managerkonferenz, Effektives Führungstraining,1995;
- Gordon, Thomas: Die neue Beziehungskonferenz, 2002.

Themenzentrierte Interaktion (TZI)

Ruth Cohn (geboren 1912) hat mit der Themenzentrierten Interaktion ein Konzept für die Gruppenleitung und Gruppenarbeit entwickelt. Ziel der TZI ist es, lebendiges Lernen, kreatives Arbeiten und Problemlösen auch für nicht-therapeutischen Gruppen fruchtbar zu machen. In Gruppenprozessen müssen daher die Bedürfnisse des Einzelnen (Ich), das Gruppengeschehen (Wir) und die Aufgabe (Thema) ausbalanciert werden. Aufgabe des Gruppenleiters ist es, die drei Komponenten zu beachten und der Gruppe zu helfen, Verantwortung für den Gruppenprozess zu übernehmen. Dabei übernimmt er die Aufgabe, die TZI- Regeln s. u. für Gruppengespräche so zu vermitteln, dass die Teilnehmer sie zunehmend übernehmen.

TZI-Regeln für Gruppengespräche

- Vertritt dich selbst in deinen Aussagen.
- Wenn du eine Frage stellst, sage, warum du fragst und was deine Frage für dich bedeutet.
- Sei authentisch und selektiv bei Gesprächen.
- Halte dich mit Interpretationen so lange wie möglich zurück.
- Sei zurückhaltend mit Verallgemeinerungen.
- Wenn du etwas über das Benehmen oder auch den Charakter eines anderen Teilnehmers aussagst, sage auch, was es dir bedeutet, dass er so ist, wie du ihn siehst.
- Seitengespräche haben Vorrang.
- Nur einer zur gleichen Zeit (aus: Simon, W., 2004, S. 97 f.).

„Kunstgerecht" durchgeführt, ist die TZI eine vielseitige Methode psychologischer Gruppenarbeit. Darüber hinaus liefert dieser Ansatz allgemeine Leitlinien für gelingende Kommunikation und kann so zum Entstehen einer Kultur des „freundlichen Zusammenlebens" beitragen (Legewie/Ehlers, 1992, S. 311).

Folgender Titel führt in das Thema ein:
Cohn, Ruth: Von der Psychoanalyse zur themenzentrierten Interaktion, 1997.

Transaktionsaktionsanalyse (TA)

Die Transaktionsanalyse ist ein auf den amerikanischen Psychologen Eric Berne (1910–1970) zurückgehendes Konzept der Einzel- und Gruppentherapie. Verhalten und Erleben werden im Rahmen der Transaktionsanalyse als Ausdruck wechselnder Ich-Zustände betrachtet. Dabei geht die Transaktionsanalyse davon aus, dass in jedem Menschen drei Persönlichkeitsinstanzen vorhanden sind: Eltern-Ich (internalisierte Werte,

Ge- und Verbote), Kindheits-Ich (Gefühle und infantile Reaktionen aus der Kindheit) und Erwachsenen-Ich (kognitive Strukturen, die sachorientiert nur angemessene Verhaltensweisen zulassen).

Die TA analysiert unter anderem wiederkehrende Kommunikationsmuster, die als Ausdruck der Wechselbeziehungen zwischen den verschiedenen Ich-Zuständen von Sender und Empfänger entstehen. Grundsätzlich können drei Arten von Transaktionen unterschieden werden: komplementäre, Überkreuz- und verdeckte Transaktionen. Überkreuz-Transaktionen führen leicht zu Konflikten, da im Empfänger ein anderer Ich-Zustand aktiviert ist, als vom Sender angesprochen wird. In der so genannten Spielanalyse wird ein Verständnis für Beziehungsabläufe und erlernte Rollen-Spiele erarbeitet. Dabei werden drei Grundtypen unterschieden: Verfolger-, Opfer- und Retter-Spiele. Die Transaktionsanalyse eignet sich sehr gut zur Aufdeckung und Klärung von Kommunikationsstörungen. Sie ermöglicht eine erfolgreiche Gesprächsführung, da mit ihrer Hilfe nutzlose, störende und kränkende Transaktionen erkannt und vermieden werden können.

Folgende Literatur zum Thema ist empfehlenswert:
- Berne, Eric: Spiele der Erwachsenen, 1967;
- Harris, Thomas, A.: Ich bin o. k. – Du bist o. k., 1973;
- Gührs, Manfred/Nowak, Claus: Das konstruktive Gespräch, 2002.

Axiome der Kommunikation

Paul Watzlawick, Janet H. Beavin und Don D. Jackson formulierten einen der bekanntesten kommunikationspsychologischen Ansätze. Ihr Ansatz stellt keine vollständige Theorie dar, sondern ist ein Versuch, die Pragmatik interpersoneller Beziehungen zu beschreiben. Die von Watzlawick unter anderem postulierten Axiome der Kommunikation (s. u.) stellen den Kern des Ansatzes dar. Sie besitzen den Status von Grundannahmen, die nicht weiter begründet werden müssen.

Axiome der Kommunikation

- **1. Axiom:** Man kann nicht nicht kommunizieren
- **2. Axiom:** Jede Kommunikation hat einen Inhalts- und einen Beziehungsaspekt, derart, dass der Letztere den Ersteren bestimmt und daher eine Metakommunikation ist.
- **3. Axiom:** Die Natur der Beziehung ist durch die Interpunktion der Kommunikationsabläufe seitens der Partner bedingt.
- **4. Axiom:** Menschliche Kommunikation bedient sich digitaler und analoger Modalitäten. Digitale Kommunikationen habe eine komplexe und vielseitige logische Syntax, aber eine auf dem Gebiet der Beziehungen unzulängliche Semantik. Analoge Kommunikationen dagegen besitzen dieses semantische Potenzial, ermangeln aber die für eindeutige Kommunikationen erforderliche Syntax.
- **5. Axiom:** Zwischenmenschliche Kommunikationsabläufe sind entweder symmetrisch oder komplementär, je nachdem, ob die Beziehung zwischen Partnern auf Gleichheit oder Unterschiedlichkeit beruht. (aus: Watzlawick u. a., 1982, S. 50 ff.).

Folgende Titel führen in das Thema ein:
- Watzlawick, Paul u. a.: Menschliche Kommunikation, Formen, Störungen, Paradoxien, 1982;
- Watzlawick, Paul: Wie wirklich ist die Wirklichkeit, 1976;
- Watzlawick, Paul: Münchhausens Zopf, 2005.

Nachrichtenquadrat

Ein sehr bekanntes Kommunikationsmodell ist das Nachrichtenquadrat von Friedemann Schulz von Thun (geboren 1944). Sein Modell, das durch das Sprachmodell von Karl Bühler (1934) und durch Arbeiten von Watzlawick u. a. (1969) angeregt wurde, eignet sich sowohl zur Analyse konkreter Mitteilungen als auch zur Aufdeckung und Klärung von Kommunikationsstörungen. Nach Schulz v. Thun sind in jeder Nachricht viele verschiedene Botschaften enthalten, die vier psychisch bedeutsamen Seiten zugeordnet werden können:
- Inhaltsseite,
- Beziehungsseite,
- Selbstoffenbarungsseite,
- Appellseite.

Diesen vier Seiten entsprechen vier verschiedene Möglichkeiten, eine Nachricht aufzunehmen. Je nachdem, auf welche Seite der Empfänger besonders hört, empfängt er eine andere Botschaft. Schulz v. Thun bezeichnet die verschiedenen Empfangsmöglichkeiten als „Ohren": Sachohr, Selbstoffenbahrungsohr, Beziehungsohr, Appellohr. Während der Sender alle vier Seiten beherrschen muss, um die Voraussetzungen zu schaffen, angemessen verstanden zu werden, besitzt der Empfänger die freie Wahl, auf welche Botschaft er reagieren möchte. Diese Tatsache macht menschliche Kommunikation kompliziert und störanfällig.

Weiterführende Informationen bieten folgende Titel:
- Schulz v. Thun, Friedemann: Miteinander reden Bd. 1: Störungen und Klärungen, 1981,
- Schulz v. Thun, Friedemann: Praxisberatung in Gruppen, 1996;
- Schulz v. Thun, Friedemann u. a.: Miteinander reden: Führungskräfte, 2001.

Ausblick

Die Fähigkeit, Gespräche zu führen und zu leiten, stellt eine Schlüsselqualifikation für soziale Berufe dar. Ohne die Fähigkeit, sich auf Klienten, Angehörige, Kollegen und Vorgesetzte einzustellen und mit ihnen angemessen zu kommunizieren, ist eine Arbeit in diesem Bereich undenkbar, scheitern geplante Maßnahmen und/oder bleiben wirkungslos. Aufgrund des besonderen Gegenstandes der Tätigkeit, nämlich die Arbeit mit Menschen im Kontext von Erziehung, Beratung und Therapie, müssen Mitarbeiterinnen und Mitarbeiter besondere Gesprächskompetenzen besitzen, denn „in dem Maße, wie wir es mit Menschen zu tun bekommen, bekommen wir es auch verstärkt mit uns selbst zu tun" (Schulz v. Thun, u. a., 2001, S. 9). Dieses liegt unter anderem darin begründet, dass der Erfolg von Erziehung, Beratung und Therapie nicht allein durch die Anwendung erworbener Techniken erreicht werden kann. In all diesen Tätigkeiten, d. h. in der Art und Weise, wie wir uns mit den verschiedenen Gesprächspartnern auseinander setzen, mit ihnen umgehen und kommunizieren, drücken wir uns selbst aus. Die Haltung, die wir gegenüber unseren Gesprächspartner einnehmen, ist dabei mindestens von ebenso großer Bedeutung wie die Inhalte, die wir vermitteln wollen. Eine verantwortungsvolle Gesprächsführung erfordert daher stets, dass man sich mit dem eigenen Menschenbild, den eigenen Vorstellungen, Erwartungen, Normen, Wertmaßstäben, Wünschen und Motiven auseinander setzt und überprüft, ob sie noch angemessen sind. Dieses ist nicht selbstverständlich. Seminare zur Gesprächsführung werden häufig mit dem Ziel besucht, Techniken und Methoden zu erlernen, um eigene Ansichten und Positionen effektiver vertreten und durchsetzen zu können. In einer Zeit, in der finanzielle Mittel und Ressourcen knapp sind, ist dieses Ansinnen zwar verständlich, aber trotzdem nicht unproblematisch:

„Veränderung stößt auf Grenzen und benötigt Zeit. Mit der Vorstellung, an grundlegenden Punkten der menschlichen Persönlichkeit rasch und radikal etwa ändern zu wollen, leisten wir uns und anderen einen schlechten Dienst […] Es besteht die Gefahr, dass sich die Wünsche nach rascher, radikaler und möglichst müheloser Änderung der Persönlichkeit stärker an den vermeintlichen gesellschaftlichen Erfordernissen nach einem reibungslosen Funktionieren orientieren, als an den wirklichen Bedingungen menschlicher Entwicklung." (Gührs/Nowak, 2002, S. 307 f.)

Gührs und Nowak (2002) weisen darauf hin, dass Methoden und Strategien der Gesprächsführung zur Manipulation der Gesprächspartner missbraucht werden können und schlagen Prinzipien für eine ethische Grundhaltung in der Gesprächsführung vor:

1. Methoden der Gesprächführung sollten so genutzt werden, dass Gesprächspartner angeregt werden, ihre Potenziale zu nutzen.
2. In Beziehungen mit hierarchischen Abhängigkeitsstrukturen darf Gesprächsführung nicht zur Kontrolle anderer Menschen oder zur Verschleierung eigener Interessen eingesetzt werden.
3. Auswahl und Anwendung von Methoden sollten transparent gemacht werden (können).
4. Durch Feedback sollten Möglichkeiten geschaffen werden, die Beziehungen zwischen den Gesprächsteilnehmern (regelmäßig) zu klären.
5. Der Gesprächsvertrag sollte eingehalten werden. Es sollten zudem nur Themen angesprochen werden, für die die Beziehung, die Situation und die Rahmenbedingungen geeignet sind.
6. Die Gesprächsführung sollte sich danach richten, was für die Gesprächsteilnehmer nützlich und bearbeitbar ist. Dieses sollte besonders bei Beratungsgesprächen und bei der Moderation von Konflikten beachtet werden.
7. Eine verantwortungsvolle Gesprächsführung bedarf der regelmäßigen berufsbezogenen Supervision.

Eine verantwortungsvolle Gesprächsführung ist notwendig, denn
[…] Humanität und Effektivität […] Menschlichkeit und Professionalität [gehören] in einer lebenswerten Welt zusammen; auch und gerade für eine zweckrational ausgerichtete Führungskraft wird es unerlässlich, die kluge und sensible Gestaltung der menschlichen Beziehungsebene als Teil der professionellen Aufgabe zu begreifen." (Schulz v. Thun, u. a., 2001, S. 9)

Kommentierte Literaturhinweise

Gührs, Manfred/Nowak, Claus: Das konstruktive Gespräch. Ein Leitfaden für Beratung, Unterricht, und Mitarbeiterführung mit Konzepten der Transaktionsanalyse. 5. Aufl., Meezen, Christ Limmer-Verlag, 2002.
Die Autoren geben sehr praxisnah eine umfangreiche Einführung in die Gesprächsführung. Auf der Basis der Transaktionsanalyse stellt das Buch einen Leitfaden für die Praxis dar, Gespräche in sehr unterschiedlichen Kontexten effektiv zu führen. Gleichzeitig ist es eine Hilfe, die eigene Haltung in der Gesprächsführung zu klären, um Gespräche konstruktiver zu gestalten.

Gordon, Thomas: Die neue Beziehungskonferenz. Effektive Konfliktbewältigung in Familie und Beruf. 3. Aufl., München, Heyne, 2003.
Im vorliegenden Buch werden nachvollziehbare Strategien vorgestellt, mit denen Beziehungen zu Partnern, Freunden, Kindern, Vorgesetzten und Mitarbeitern verbessert werden können. Thomas Gordon geht dabei besonders auf Möglichkeiten ein, Kommunikationsstörungen und Konflikte zu lösen.

Satir, Virginia: Selbstwert und Kommunikation. Familientherapie für Berater und zur Selbsthilfe. 17. Aufl., Stuttgart, Klett-Cotta, 2002.
Die Autorin beschreibt in ihrem Buch die Bedeutung des Selbstwertgefühls für die Kommunikation mit anderen Menschen. Virginia Satir geht dabei insbesondere auf den Zusammenhang ein, der zwischen der Herkunftsfamilie, d. h. dem Familiensystem, dem Selbstwertgefühl und der Kommunikation mit anderen Menschen besteht.

Schulz von Thun, Friedemann: Miteinander reden, Bd. 1, Störungen und Klärungen. Reinbek bei Hamburg, Rowohlt, 1981.
Friedemann Schulz von Thun stellt in diesem Band sehr ausführlich und praxisnah das Nachrichtenquadrat vor. Anhand von vielen Beispielen macht der Autor deutlich, dass das Nachrichtenquadrat nicht nur ein Instrument zur Analyse konkreter Mitteilungen und Aufdeckung von Kommunikationsstörungen ist, sondern auch genutzt werden kann, um Ansatzpunke und Möglichkeiten für eine erfolgreiche Gesprächsführung zu finden.

Handlungstheorie Dieter Gröschke

Etymologie

Wenn man sich vergegenwärtigt, dass die Heilpädagogik historisch als pädagogisch motivierte *Praxis* der Behindertenhilfe entstanden ist, liegt es nahe, sie wissenschafts-theoretisch als Wissenschaft einer Praxis, als *Praxiswissenschaft*, aufzufassen. Als eine solche auf pädagogische Praxis bezogene Wissenschaft steht sie auch weiterhin im Dienste dieser Praxis, auf die sie mit ihren wissenschaftlichen Methoden reflektiert und zu deren Gelingen im Sinne einer humanen Daseinsgestaltung sie ihre Beiträge leistet (vgl. Gröschke, 1997). Der Gegenstand einer solchen sozial-pädagogischen Praxiswissenschaft, Praxis eben, ist ein Feld menschlichen Handelns, ein *Handlungsfeld*. Von daher kann man Heilpädagogik als Praxiswissenschaft dann näherhin als *Handlungswissenschaft* konzipieren und betreiben.

Geschichte

Praxis (zu griech. prássein, ein „Tun", „Handeln") ist seit Aristoteles (384–322 v. Chr.) ein philosophisch-anthropologischer Grundbegriff. Auf Aristoteles gehen bis heute maßgebliche Untersuchungen zur Bestimmung von Strukturen und Formen von Praxis zurück. Insofern allein der Mensch Urheber von Handlungen sein kann, die nicht auf strikter Kausalität und Naturnotwendigkeit beruhen, sondern auf freier Entscheidung, hat Praxis als Vollzugsform menschlichen Handelns immer auch eine ethische Dimension. Auch bei Kant (1724–1804) ist der Begriff der Praxis mit dem der menschlichen Freiheit und Selbstbestimmung verbunden. Alles Tun, das mit der freien Willensentscheidung und Selbstbestimmung zusammenhängt, die dem freien Willen seine Regeln gibt, wird von Kant *praktisch* genannt. Die praktische Vernunft (im Gegensatz zur theoretischen Vernunft, die sich auf Bedingungen der Möglichkeit von Erkenntnis bezieht) ist somit bei Kant Inbegriff der Prinzipien und Gesetze des Handelns. Vom philosophischen „Standpunkt der Subjektivität" entwickelt Hegel (1770–1831) seine Handlungstheorie: „Was das Subjekt ist, ist die Reihe seiner Handlungen [...]", denn „die Handlung ist die klarste Enthüllung des Individuums, in betreff seiner Gesinnung sowohl als auch seiner Zwecke" (Hegel, „Rechtsphilosophie", § 124). In der Philosophischen Anthropologie von Arnold Gehlen ist der Grundgedanke: Der Mensch ist ein *handelndes* Wesen, ein Wesen der Handlung. Diese Handlungsauszeichnung bestimmt den Menschen – „Seine Natur und seine Stellung in der Welt." (vgl. Gehlen 1940; vgl. Schilling, 2000). Der Mensch muss sein Leben führen, er erhält selbstständig handelnd sein Dasein.
„Zwischen die elementaren Bedürfnisse und ihre äußeren, nach unvorhersehbaren und zufälligen Bedingungen wechselnden Erfüllungen, ist eingeschaltet das ganze System der Weltorientierung und Handlung, also die Zwischenwelt der bewussten Praxis und Sacherfahrung, die über Hand, Auge, Tastsinn und Sprache läuft." (Gehlen, zit. in Schilling, 2000, S. 83).

Die semantische Verbindung von Handlung mit *Hand* als einem vom Auge gesteuerten aktiven Sinnesorgan und „Werkzeug aller Werkzeuge" (Aristoteles) ist hier ganz offensichtlich. Deshalb ist Handlung bzw. Handeln auch nur zusammen mit *Wahr-*

nehmung bzw. Wahrnehmen im umfassenden Sinne zu verstehen (s. Beitrag „Wahrnehmung" in Band 2). Für die Soziologie hat einer ihrer Begründer, Max Weber, Handeln, speziell „soziales Handeln", als ihre Grundkategorie eingeführt:
„*Handeln soll dabei ein menschliches Verhalten (einerlei, ob äußeres oder innerliches Tun, Unterlassen oder Dulden) heißen, wenn und insofern der oder die Handelnde mit ihm einen subjektiven Sinn verbindet. ‚Soziales' Handeln aber soll ein solches Handeln heißen, welches seinem von dem oder den Handelnden gemeinten Sinne nach auf das Verhalten anderer bezogen wird und daran in seinem Ablauf orientiert ist*" *(Weber 1922, zit. in Gröschke, Individuum, 2004, S. 87).*

Der Hinweis auf äußere oder innerliche Momente von Handeln bei Weber macht deutlich, dass Handeln an der Schnittstelle zwischen Innen- und Außenwelt anzusiedeln ist; Handeln verbindet die subjektive psychische Innenwelt des Individuums mit der sozialen Außenwelt, ähnlich wie die Wahrnehmung, die man deshalb auch schon als eine Form *leiblicher* Handlung bestimmen kann (s. Beitrag „Wahrnehmung").

Aktuelle Relevanz und theoretische Ansätze

Die Überkomplexität des Handlungsbegriffs, der ja ein kategorialer Grundbegriff aller Menschenwissenschaften ist, hat in der Philosophie und den Sozialwissenschaften zur Herausbildung ganz unterschiedlicher *Handlungstheorien* geführt. Wir können im Folgenden nur auf einige ausgewählte Aspekte dieser interdisziplinären Handlungstheorien eingehen, sofern sie für unsere Bestimmung der Heilpädagogik als Handlungswissenschaft und für ein Verständnis von professioneller heilpädagogischer Praxis als Handlungsfeld erhellend sein können. Wir legen dabei folgende Rahmendefinition von Handlung zugrunde:
„*Handlungen sind Interpretationskonstrukte. Handeln kann aufgefasst werden als situations-, kontext- und institutionsabhängiges, regelbezogenes, normen-, wert- oder zielorientiertes, systemhaft eingebettetes, wenigstens potenziell ablauf-kontrolliertes oder teilbewusstes motiviertes Verhalten eines personalen oder kollektiven Akteurs, das diesem als von ihm durchgeführt zugeschrieben wird*" *(Hans Lenk in seiner Gesamtdarstellung der verschiedenen Handlungstheorien, zit. in Schilling, 2000, S. 186)*

Handlungstheorien, vor allem in der Soziologie, stehen dabei theoriestrategisch in einem gewissen Gegensatz zu *Systemtheorien* (vor allem im Gefolge von Luhmann), deren Abstraktionsniveau und deren Systemfunktionalismus das konkrete *Individuum* „wie es leibt und lebt" zum Verschwinden bringt. Mit der Option für die Handlungstheorie und für das *Handeln* als anthropologisches Grundphänomen geht also auch eine ethische Entscheidung für das Prinzip *Personalität* und *Individualität* einher. Vom Standpunkt einer heilpädagogischen Ethik halten wir die kategoriale Unterscheidung zwischen „jemand" (Person) und „etwas" (Sache) für unaufgebbar (siehe Spaemann, 1996 und auch Gröschke, 1993, 1997, Greving/Gröschke, 2002).

Praxeologie und Handlungstheorie

Als *Praxiswissenschaft* ist Heilpädagogik Wissenschaft einer spezifischen gesellschaftlichen Praxis neben anderen gesellschaftlichen Teilbereichen (Praxen); im Rahmen des Ganzen der Gesellschaft ist die heilpädagogische Praxis als „Partialstruktur der Gesellschaftspraxis" zu bestimmen (Derbolav, zit. in Gröschke, 1997, S. 99). Ein *praxeologisches Modell* bestimmt „Heilpädagogik in Gesellschaft" (Gröschke, 1997, S. 100 ff.).

Im Anschluss an Derbolav hat Benner (2001) eine handlungsanthropologisch fundierte Praxeologie entwickelt, die von sechs universalen „Grundphänomenen menschlicher Koexistenz" ausgeht:

„Soweit wir Kenntnis von der Geschichte der Menschheit haben, ist das menschliche Zusammenleben, die menschliche „Koexistenz", durch sechs Grundphänomene bestimmt. Der Mensch muss durch Arbeit, durch Ausbeutung und Pflege der Natur seine Lebensgrundlage schaffen und erhalten (Ökonomie), er muss die Normen und Regeln menschlicher Verständigung problematisieren, weiterentwickeln und anerkennen (Ethik), er muss seine gesellschaftliche Zukunft entwerfen und gestalten (Politik), er transzendiert seine Gegenwart in ästhetischen Darstellungen (Kunst) und ist konfrontiert mit dem Problem der Endlichkeit seiner Mitmenschen und seines eigenen Todes (Religion). Zu Arbeit, Ethik, Politik, Kunst und Religion gehört als sechstes Grundphänomen das der Erziehung; der Mensch steht in einem Generationsverhältnis, er wird von den ihm vorausgehenden Generationen erzogen und erzieht die ihm nachfolgenden Generationen" (Benner, 1987, zit. in Gröschke, 1997, S. 100–101).

In den verschiedenen gesellschaftlichen Teilpraxen werden je verschiedene Zielsetzungen mit dem Einsatz je verschiedener Mittel bearbeitet. In seiner einflussreichen „Theorie kommunikativen Handelns" hat Habermas (1981) aus den beiden Dimensionen „Handlungssituation" (nicht-sozial/sozial) und „Handlungsorientierung" (erfolgsorientiert/verständigungsorientiert) drei verschiedene Handlungstypen bestimmt: Instrumentelles, strategisches und kommunikatives Handeln. *Instrumentelles* Handeln richtet sich auf die Manipulation von Objekten und technischen Zuständen und ist *erfolgsorientiert; soziales* Handeln, das sich intentional auf andere Personen bezieht, kann *strategisch* sein, d. h., die Manipulation oder Täuschung des anderen intendieren (offen oder verdeckt), oder es ist *kommunikatives* Handeln, in dem die Interaktionspartner nicht primär am eigenen Erfolg orientiert sind, sondern als Angehörige einer „gemeinsamen Lebenswelt" sich bemühen, über den offenen Austausch ihrer „Situationsdefinitionen" zu einer befriedigenden Handlungskoordinierung, Kooperation und gegenseitigem Verstehen zu kommen. Mit der Aufnahme des phänomenologischen Grundbegriffs der „Lebenswelt" bezieht Habermas kritisch Stellung gegen den Zweckrationalismus in der Systemtheorie von Luhmann.

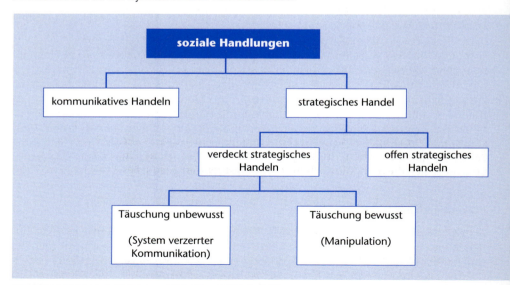

Handlungstypen nach Habermas (Gröschke, 1997, S. 143)

In der Heilpädagogik, und zwar in allen ihren Richtungen, ist es weitgehend Konsens, dass für ihre pädagogisch-therapeutische Praxis der Handlungstyp des verständigungsorientierten, *kommunikativen* Handelns ethisch verbindlich und maßgeblich ist – auch wenn reale Interaktionsformen in heilpädagogischen ‚Settings' diesem (Ideal-) Typ keineswegs immer entsprechen. Unter den ökonomischen und administrativen Vorgaben von Effizienzsteigerung, Qualitätskontrolle und Kostenreduktion besteht gegenwärtig vielmehr die Tendenz, dass zweckrationale, technokratisch an Effizienzkriterien erfolgsorientierte Handlungsmuster in der sozialen Praxis um sich greifen und die Möglichkeiten interpersonellen, verstehens- und verständigungsorientierten, kommunikativen Handelns einschränken. Es wäre fatal und letztlich inhuman, wenn auch pädagogische, pflegerische oder therapeutische Handlungsformen, die stets in interpersonale Beziehungsformen eingebettet und kommunikativ ausgerichtet sind, immer mehr zu einem rein funktionalen Zweck-Mittel-Schema würden.

In seiner kritischen Revision traditioneller *soziologischer* Handlungstheorien („rational choice": das Individuum als egoistischer Nutzenmaximierer oder „normatives" Handlungsmodell: das Individuum als Agent gesellschaftlich vorherrschender Werte und Normen) hat Hans Joas (1992) die *kreative* Dimension menschlichen Handelns herausgearbeitet. Handeln steht nicht nur im Dienste von Motiven und Interessen der Zweck-, Nutzen- und Wertoptimierung, sondern ist auch eine individuelle Form des *Selbstausdrucks,* der emotionalen Verbundenheit mit einer Gemeinschaft und der Solidarität füreinander. Alle diese *expressiven, emotionalen, ästhetischen* und *ethischen* Aspekte erfasst Joas in der Dimension der *Kreativität* des Handelns; sie betonen den offenen, nicht festgestellten, bestimmt-unbestimmten Charakter gemeinsamen menschlichen Handelns sowie – nicht zuletzt – seine Leibgebundenheit.
„Wo aber ist der Ort dieser Strebungen? Ihr Ort ist unser Körper: Seine Fertigkeiten, Gewohnheiten und Weisen des Bezugs auf die Umwelt stellen den Hintergrund aller bewussten Zwecksetzung, unserer Intentionalität, dar. Die Intentionalität selbst besteht dann in einer selbstreflexiven Steuerung unseres laufenden Verhaltens." (Joas, 1992, S. 232).

Die Betonung der Leibgebundenheit, der *leiblichen* Struktur menschlichen Handelns, macht diese Handlungstheorie anschlussfähig an das Thema „Wahrnehmung" als *Ästhetik,* als leibliches Spüren von Atmosphären und Situationen gemeinsamen Daseins (s. Beitrag „Wahrnehmung", Band 2). Sie ist weiterhin geeignet, *performative,* darstellende und gestalterische, ästhetisch-kreative Handlungsansätze heilpädagogischer Praxis zu begründen (s. Beitrag „Ästhetische Erziehung", Band 1).

Psychologische Handlungskonzepte

Seit der „kognitiven Wende" vom Behaviorismus mit seinem Reiz-Reaktions-Verhaltensmodell zum Kognitivismus, der absichtliches, willentliches und zielbezogenes Handeln als psychologischen Grundbegriff eingeführt hat (siehe Gröschke, 2005), konzentrieren sich die psychologischen Handlungstheorien auf die Beschreibung einzelner Teilelemente und Teilphasen des Handlungsprozesses und auf Fragen der individuellen *Handlungsregulation.*

In diesem Handlungsmodell der kognitiven Psychologie wird ein „idealer Handelnder" unterstellt.
„Der Mensch wird als selbstbestimmtes (autonomes) Subjekt gesehen, das sich selbst Ziele setzt. Handlungen sind ein Mittel zur Erreichung dieser Ziele. Sie werden willentlich und absichtlich eingesetzt. Sie sind grundsätzlich wählbar, d. h., es bestehen Handlungsalternativen, über die

Entscheidungen getroffen werden müssen. Dies macht den subjektiven Sinn der Handlung für den Handelnden aus. Die einzelnen Phasen seiner Handlung werden mit einem relativ hohen Ausmaß an Bewusstheit durchlaufen. Ein Handelnder ist verantwortlich für das, was er tut. Das Handlungskonzept ist eine Antizipation der späteren Aktivität. Die Durchführung der eigentlichen Handlung wird durch diesen Plan gesteuert. Die Handlungsfolgen werden rückgemeldet, d. h., der Handelnde erwirbt Wissen über die Welt und über erfolgreiche und nicht erfolgreiche Handlungspläne." (Edelmann, 2000, S. 194)

Allerdings wird eingeräumt, dass rationales, verantwortliches, flexibles und effizientes Handeln im menschlichen Leben „eher eine Seltenheit" ist (Edelmann, 2000, S. 194). Dieses Handlungsmodell lässt sich dann wie folgt darstellen:

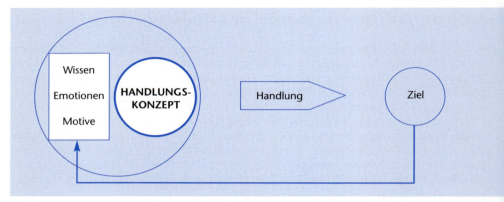

Schematische Darstellung einer Handlung (Edelmann, 2000, S. 199)

Handlungskompetenz ist die Verfügbarkeit von Handlungskonzepten, -plänen oder -schemata (im Sinne Piagets). Neben Motiven, Emotionen, Absichten, geht in Handlungskonzepte vor allem auch notwendiges *Handlungswissen* ein: Sachwissen (deklaratives Wissen) und prozedurales Wissen (wissen *was* und wissen *wie*). Handeln ist eine „Abfolge von Episoden in der Zeit" (Aebli, 1993, S. 83); es ist Element in einem ständigen „Verhaltensstrom" und „Aktivitätsfluss". In der Handlungspsychologie wird weiterhin zwischen Teilphasen der *Motivation* und der *Volition* unterschieden, so dass sich folgende Ablaufstruktur ergibt:
– Motivation prädezisional: *auswählen, entscheiden;*
– Volition präaktional: *planen;*
– Volition aktional: *ausführen;*
– Motivation postdezisional: *bewerten.*

„Handeln" wird als Teilkategorie in „Verhalten" und „Tätigkeit" eingebettet; der Handlungsablauf wird nochmals in „Operationen" (sensomotorische oder kognitive) und „Bewegungen" (Grob-, Fein- und Lokomotorik) unterteilt. Sensomotorische Funktionen sind die ontogenetisch frühesten basalen Grundeinheiten des Handeln (s. Beitrag „Entwicklung"). Ein solches Modell hierarchisch-sequenzieller Handlungsorganisation eignet sich auch für die Entwicklung einer heilpädagogischen Didaktik der *Handlungsfähigkeit* (siehe Pitsch, Entwicklung, 2002; Theorie, 2002).

In der kulturhistorischen Schule der russischen Psychologie (Wygotski, Leontjew, Galperin u. a.) ist „Tätigkeit" der handlungstheoretische Oberbegriff als „übergreifende Bezeichnung für alle Arten der weitgehend bewussten Wechselwirkung eines mensch-

lichen Individuums mit seinen Lebensbedingungen" (zit. in Pitsch, 2002, S. 24). Leontjew hat ein Konzept der ontogenetischen Entwicklung vorgelegt, wobei vom Kleinkindalter bis ins Erwachsenenalter in aufeinander aufbauenden Entwicklungsphasen sich jeweils eine „dominierende Tätigkeit" nachweisen lässt:
- *perzeptive* Tätigkeit (Wahrnehmung und Sensomotorik);
- *manipulative* Tätigkeit (Handgeschicklichkeit);
- *gegenständliche* Tätigkeit (Objektgebrauch);
- *Spiel*tätigkeit (So-tun-als-ob);
- *Lern*tätigkeit (kognitives, schulisches Lernen);
- *Arbeits*tätigkeit (Produktion).

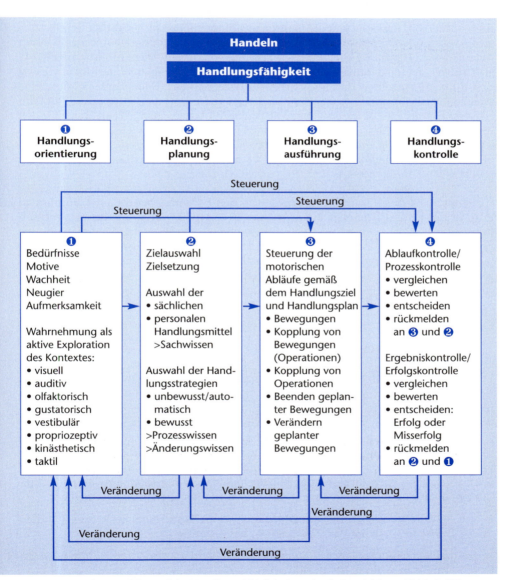

Komponenten des Handelns und der Handlungsfähigkeit (aus Pitsch, Entwicklung, 2002, S. 27)

Die Entwicklung der Handlungsfähigkeit wird als individuelle „Aneignung" dieser Tätigkeitsformen bestimmt, als Lernen in der aktiven Wechselwirkung zwischen Individuum und Umwelt durch diese Tätigkeiten und ihre Verinnerlichung (Interiorisation) und Entäußerung (Exteriorisation). Dieses materialistisch begründete Entwicklungskonzept der kulturhistorischen Schule weist enge Bezüge zu der kognitiven Entwicklungstheorie von Jean Piaget auf (s. Beitrag „Entwicklung").

Der Prozess der *Handlungsregulation* wird in vier Teilphasen unterteilt, die über Rückkoppelungsprozesse miteinander verbunden sind: Handlungsorientierung, Handlungsplanung, Handlungsausführung und Handlungskontrolle.

Allerdings muss man auch diesem psychologischen Handlungsmodell gegenüber kritisch anmerken, dass es – wie die meisten soziologischen Handlungstheorien (s. o.) – eine zweckrationale und kognitivistische Schlagseite hat. Das Modell unterstellt einen Akteur, dessen Handlung eine bewusste Planung vorausgeht. Diese nimmt unter Rückgriff auf Wissen (deklaratives und prozedurales) das Handlungsziel intentional vorweg und führt die einzelnen Handlungsschritte strategisch aus. Dabei findet ständig eine zweckrationale Erfolgskontrolle (Handlungsregulation) statt: Was muss ich wie tun, um ein bestimmtes Ziel X zu erreichen? (Ursache-Wirkungs- bzw. Wenn-Dann-Modell technischen Handelns). Demgegenüber muss man festhalten: „Vieles, was wir tun, geschieht ohne *Absicht* und *Überlegung.* Bedingt durch unsere *körperliche* Existenz, sind wir *Stimmungen, Empfindungen* und *Gefühlen* ausgesetzt, die uns fast unentwegt *tätig* sein lassen" (Herzog, 2004, S. 295; Hervorheb. D. G.).

Sozialität, der Bereich *sozialen* Handelns zwischen Personen, beruht auf Kommunikation, in der beide Partner die Subjektivität des jeweils anderen anerkennen müssen (Intersubjektivität), so dass ihr gemeinsames kooperatives Handeln einen offenen Ausgang behält und ein Moment spontaner und unberechenbarer Kreativität in sich birgt. Soziales, speziell pädagogisches Handeln in Alltagssituationen entspricht nur sehr eingeschränkt und episodisch dem Typus regelgeleiteter Routinehandlungen, deren Regelwerk man in einem Algorithmus formalisieren könnte – und wenn es „in Routine erstarrt", ist es schlechtes pädagogisches Handeln.

Problem- und Erfahrungsfelder

Existiert eine heilpädagogische Handlungstheorie? In der Wissenschaftssprache der Heilpädagogik gibt es einen regelmäßigen und umfangreichen Gebrauch von Handlungsbegriffen; von Handeln ist oft die Rede. Eine fachspezifische, konsistente und detailliert ausgearbeitete heilpädagogische Handlungstheorie existiert jedoch nicht; allenfalls hier und dort in Ansätzen. Eine solche Handlungstheorie ist nur als synthetische denkbar. Sie müsste synthetisierend geeignete philosophisch-anthropologische, psychologische und soziologische Handlungsbegriffe in eine Theorie heilpädagogischen Handelns integrieren. Eine umfassende heilpädagogische Handlungstheorie hätte die Aufgabe, heilpädagogisches Handeln auf drei verschiedenen Ebenen zu beschreiben:

- auf der *Interaktionsebene* (heilpädagogisches Handeln als Beziehungshandeln zwischen Personen in ihrer alltäglichen Lebenswelt);
- auf der *Organisationsebene* (berufliches Handeln im geregelten Rahmen von Organisationen und Institutionen);

– auf der *Gesellschaftsebene* (heilpädagogische Praxis als Teilpraxis im Zusammenhang anderer gesellschaftlicher Praxen).

Dieser große Gegenstandsbereich einer heilpädagogischen Handlungstheorie wirft zunächst die Frage nach Umfang und Reichweite einzelner Handlungen und Handlungsformen auf. Dieser Umfang reicht von einfachen, so genannten Basishandlungen (z. B. Griff nach der Massagebürste bei der Basalen Stimulation) über Formen von Routine- oder Gewohnheitshandeln im heilpädagogischen Alltag über die (mehr oder weniger explizite) Orientierung an didaktisch-methodischen *Handlungskonzepten* (s. Beitrag „Konzept" in Band 2) bis zur Gesamtstruktur der *Berufspraxis* einzelner Heilpädagoginnen (von der Ausbildungsphase bis zu den verschiedenen praktischen Einsatzfeldern), wobei diese *Berufsbiographie* wiederum integraler Bestandteil des gesamten Lebenszusammenhangs (Lebenslauf, Biographie) konkreter Einzelner in ihrer jeweiligen soziokulturellen *Lebenszeit* und *soziohistorischen* Weltzeit ist.

Einige ausgearbeitete Ansätze in Richtung einer solchen Handlungstheorie der Heilpädagogik gibt es allenfalls um heilpädagogisches Handeln als *professionelles Handeln zu bestimmen,* das sich an bestimmten berufsethischen, fachlichen und methodischen Standards „guter" und „gelingender" Praxis zu orientieren hat. Für die heilpädagogische Methodik als praktisch-pragmatische *Handlungslehre* kann man Handlungsbegriffe aus der allgemeinen Handlungstheorie aufgreifen. Mit diesen kann man handlungspädagogische *Handlungskonzepte* begründen, die als systematische Brückenelemente zwischen Theorie und Praxis vermitteln und das berufliche Handeln einzelner Heilpädagogen in verschiedenen „Settings" und Alltagssituationen orientieren, strukturieren und für sich und andere reflexiv verstehbar, erklärbar und begründbar machen (siehe Gröschke, 1997 und auch Beitrag „Konzept" in Bd. 2 dieses Kompendiums). Im aktuellen *Berufsbild Heilpädagoge/Heilpädagogin* des Berufsverbandes der Heilpädagogen (BHP e. V.) werden das professionelle Selbstverständnis, der Auftrag und die Tätigkeiten der Berufsangehörigen explizit als „Heilpädagogisches Handeln" im Rahmen von Praxis- und Handlungskonzepten bestimmt (s. „Berufsverband der Heilpädagogen").

Ausblick

Wenn im Sinne der philosophischen Anthropologie Handeln und Handlungsfähigkeit Phänomene sind, die nur dem Menschen zukommen (nicht den Tieren, die sich verhalten) und für den Menschen – alle und jeden – eigentümlich sind, dann muss eine heilpädagogische Handlungstheorie einen doppelten Fokus haben: Sie muss die Aktivitäten der einzelnen heilpädagogisch Tätigen als Formen von *Handlungen* beschreiben und bestimmen können. Sie muss aber auch für den anderen Pol der heilpädagogischen Beziehung gelten: Für den konkreten Menschen in und mit seiner jeweiligen „Behinderung", der in seiner Entwicklung „unter erschwerten Bedingungen" gefördert, unterstützt und begleitet werden soll. Auch dieser andere Mensch, der Adressat heilpädagogischer Angebote, muss prinzipiell als *handlungsfähig* anerkannt werden. Eine „Sonderanthropologie", gerade im Hinblick auf diese zentrale und universelle anthropologische Auszeichnung des Menschen als „handelndes Wesen", wäre ethisch und pädagogisch nicht zu rechtfertigen. Jeder Mensch als Person und unabhängig von Grad und Ausmaß seiner Behinderung muss als handlungsfähiges Subjekt gelten, so dass die heilpädagogische *Förderung der Handlungsfähigkeit* ein übergeordnetes, zentrales Ziel heilpädagogischer Erziehungs-, Bildungs- und Förderansätze wird. Für die heilpädagogische Arbeit mit erwachsenen Menschen mit Behinderungen impliziert Handlungsfähigkeit auch die rechtlichen Aspekte von Vertrags- und Geschäftsfähigkeit als Zielvariablen. Vor diesem Hintergrund ist es von entscheidender Bedeutung, dass es entwicklungswissenschaftlich (biopsychosozial) begründete und didaktisch-methodisch ausgearbeitete Konzepte gibt, die auch für Kinder, Jugendliche und Erwachsene mit schweren geistigen Behinderungen Handlungsfähigkeit als reale anthropologische *Ausgangsbedingung* und Förderung der Handlungsfähigkeit als pädagogisches *Telos* ausweisen können. Als ein überzeugendes Exempel für einen solchen pädagogisch-anthropologischen und methodisch-didaktischen Handlungsansatz sei an dieser Stelle auf den umfassenden Entwurf von H. J. Pitsch (Entwicklung 2002) hingewiesen.

Um einem aktionistischen, auf stete Veränderung, Verbesserung, Förderung drängenden Fehlverständnis heilpädagogischer Praxis entgegenzuwirken, muss abschließend dringend darauf hingewiesen werden, dass Praxis – als gemeinsames *Leben* und *Dasein* – nicht nur aus Handeln besteht und bestehen darf. Einen großen Teil des menschlichen Lebens machen *Widerfahrnisse* aus, die es hinzunehmen, zu erdulden und zu erleiden gilt. Sie unterliegen nicht unserer Bestimmung, unserem Willen und Tun, sondern einer äußeren Macht, ob man es Zufall, Schicksal oder Fügung nennt. Zugespitzt formuliert: „Wir Menschen sind stets mehr unsere Zufälle als unsere Wahl" (so der Philosoph Odo Marquard in „Apologie des Zufälligen", 1986, Vorwort). Es macht den Reiz, aber auch die Brisanz des Handlungsbegriffs aus, dass er mitten im Spannungsfeld steht zwischen menschlicher Macht und Ohnmacht, Autonomie und Heteronomie, Schicksal und Verantwortung.

Der Begriff der Handlung mit seiner impliziten *ethischen* Handlungs*aufforderung* an das Individuum als *Subjekt* ist ein Appell, den Philosophen Leibniz zu widerlegen, der behauptet hatte, wir Menschen funktionierten „in Dreivierteln unserer Aktionen als Automaten".

Kommentierte Literaturhinweise

Als nach wie vor empfehlenswerte Gesamtdarstellung der verschiedenen Handlungstheorien in Philosophie, Psychologie, Soziologie und anderen Humanwissenschaften:
Lenk, Hans (Hrsg.): Handlungstheorien interdisziplinär. 6 Bde.; München, Fink, 1977–1984.

Als Einblick in psychologische Modelle von Handlung und Handlungsregulation:
Edelmann, Walter: Lernpsychologie. 6. Aufl., Weinheim, Beltz PVU 2000.

Eine gründlich ausgearbeitete Konzeption, Didaktik und Methodik der heilpädagogischen Förderung von Handlungsfähigkeit geistig behinderter Personen stammt von:
Pitsch, Hans-Jürgen: Zur Entwicklung von Tätigkeit und Handeln Geistigbehinderter. Bd. 1 u. 2, Oberhausen, Athena, 2002.

Heilpädagogische Beziehungsgestaltung – Trainingskonzept für die Aus- und Weiterbildung   Peter Flosdorf

Etymologie

Der Begriff „Beziehung" findet bei Kluge, (Kluge, 1989) keine Berücksichtigung. Beziehung als soziale Beziehung gewinnt begrifflich zunächst in der Soziologie als Bedingung für Gesellschaft eine immer stärkere Beachtung. In der Psychoanalyse wird Beziehung implizit von Freud als Übertragung problematisiert und dann schließlich von Trüb für die Psychotherapie in der Auseinandersetzung mit C.G. Jung und in direkter Bezugnahme auf Martin Buber in seiner positiv strukturierenden und heilenden Bedeutung beschrieben (Trüb, 1971). Inzwischen ist „Beziehung" umgangssprachlich zu einem allgemeinen Beschreibungsbegriff für das Verhältnis eines Menschen zu seinem Mitmenschen geworden und meint im engeren Sinne ein erotisches Verhältnis zweier Menschen, die über eine Bekanntschaft hinausgeht.

Geschichte

In der mehr als 30-jährigen Praxis der Aus- und Weiterbildung zum Heilpädagogen hat sich das Training der heilpädagogischen Beziehungsgestaltung als ein die unterschiedlichen Theorien und Methoden der Psychologie und Psychotherapie integrierendes Konzept erwiesen und bewährt. Die Studierenden sollen befähigt werden, „mit behinderten und beeinträchtigten Menschen zielorientiert fördernde Beziehungen zu gestalten" (Bayer. Staatsministerium für Unterricht und Kultus, Lehrpläne für die Fachakademie für Heilpädagogik München 1993, S. 137 und 2001, S. 3 und S. 13). Das Training orientiert sich an den Erfahrungen und Erkenntnissen der Methoden eines prozessorientierten lebendigen Lernens und wird von einem Trainerteam jeweils im Hinblick auf eine konkrete Lerngruppe geplant, dann im Wechsel von Trainingsgruppe (vier bis sieben Teilnehmer) und mehr theorie- und ergebnissichernden Plenumsveranstaltungen durchgeführt. Der zeitliche Rahmen liegt in der Vollzeitausbildung bei ca. sechs bis acht Wochen mit jeweils ca. 20 bis 35 Wochenstunden, wobei im ersten Ausbildungsjahr das Training des Einzelbezuges und im zweiten Jahr das Training des Gruppenbezuges durchgeführt wird.

Auf der Basis des Trainings und mit den dabei vermittelten Kompetenzen und Selbsterfahrungsprozessen übernimmt dann der Studierende die Begleitung/Behandlung einer konkreten Aufgabe mit einem Kind oder Jugendlichen mit einem wenigstens einmal wöchentlichen Kontakt, der in einer Gruppe mit vier bis sechs Studierenden regelmäßig supervisiert wird. Dieser Behandlungsbezug mit Supervision erstreckt sich nach Beendigung des Trainings über einen Zeitraum von mindestens fünf Monaten mit ca. 20 Behandlungsstunden und ca. 40 Stunden Gruppensupervision.

Im Folgenden werden die im Training vermittelten theoretischen Grundlagen und methodischen Schwerpunkte skizziert (im Übrigen vgl. Flosdorf, 2004).

Aktuelle Relevanz und theoretische Ansätze

Das Konzept der heilpädagogischen Beziehungsgestaltung ist der Versuch, das von Martin Buber (Buber, Werke I., 1962) beschriebene personale Menschenbild auf ein zielorientiertes Handeln hin zu operationalisieren und damit für Aus- und Weiterbildung methodisch besser verfügbar zu machen.

In der heilpädagogischen Beziehungsgestaltung versteht sich der Erzieher in seiner eigenen Person und den dadurch als Voraussetzung gegebenen Bedingungen der Wirkungen, die in seinem Sosein und seinem Handeln gegeben sind, als ein Medium der heilpädagogischen Beeinflussung: er wirkt durch seine Person auf die Person des anderen und nimmt umgekehrt die Rückwirkungen dieser Person wahr. Die heilpädagogische Beziehungsgestaltung lebt und verwirklicht sich in der differenzierten Selbst- und Fremdwahrnehmung und der Vermittlung der in der Wechselseitigkeit sich erschließenden und potenzierenden Prozesse. Wahrnehmen und Mitteilen werden so zu den beiden Grundachsen, auf denen sich die Beziehungsgestaltung als Prozess aufbaut und entwickelt. „Der Mensch wird am Du zum Ich" (Buber, Werke I., 1962, S. 97). Erst im Miteinander, im sozialen Austausch oder wie Martin Buber sagt: „in der Begegnung", „in der Erfahrung der Gegenseitigkeit" wird der Mensch zum Menschen. „Beziehung ist Gegenseitigkeit". „Mein Du wirkt an mir, wie ich an ihm wirke." (ebd. S. 88) Diese personale Grundverfassung des Menschen zeigt sich auch in den empirischen Forschungsbefunden der Entwicklungspsychologie und insbesondere der Bindungsforschung, aus denen sich nachweisen lässt, dass die Voraussetzungen für eine gesunde seelische Entwicklung des Kindes in der akzeptierenden Zuwendung der Mutter bzw. einer entsprechenden Bezugsperson liegen (Bowlby, 1973, sowie Grossmann u. a., 1997). Der Mensch will „angesprochen" sein, und deshalb entfaltet sich die sprachliche Kompetenz auch erst im Dialog mit den Bindungspersonen (Jonas/Jonas, 1982). So kann Martin Buber vom „dialogischen Prinzip" sprechen, das letztlich in der liebenden Begegnung von Ich und Du seine Erfüllung findet. In unserer Sprache finden sich viele begriffliche Umschreibungen, in denen sich die personale Grundstruktur unseres menschlichen Wesens unmittelbar und eindrucksvoll ausdrückt – häufig in einer solch elementaren Dichte, dass schon hier die handelnde Umsetzung im Sinne einer heilpädagogischen Beziehungsgestaltung deutlich wird: aufeinander-zugehen; sich abwenden; zumachen; ansprechen; ich lasse mich berühren; wir sprechen uns aus; ich gehe auf ihn ein; ich gehe aus mir heraus; er geht mir aus dem Weg; ich übersehe ihn; er beachtet mich nicht; ich fasse ihn an der Hand; er begleitet mich. „Alles wirkliche Leben ist Begegnung" (Buber, Werke I., 1962, S. 85).

Von heilpädagogischer Beziehungsgestaltung sprechen wir über die berufliche Kompetenz des Heilpädagogen hinaus grundsätzlich im Sinne eines Ganzheit stiftenden zielorientierten Handelns (Heilen = holos (griech.) = Ganzheit stiften). So realisiert sich das, was Martin Buber mit der „Erfahrung der Gegenseite" meint und daraus folgert: „Beziehung ist Gegenseitigkeit" (Buber, Werke I., 1962, S. 88). Diese Gegenseitigkeit vollzieht sich nicht wie im Alltagsgeschehen als lediglich spontanes Reagieren oder als Fortschreibung gewohnter Interaktionsmuster, sondern diese Gegenseitigkeit wird von der Heilpädagogin im Wissen um die für ihr Gegenüber (Klient) zu erschließenden korrigierenden und erweiternden Lernerfahrungen im Medium ihrer eigenen Person und der sich in der Begegnung verdichtenden Interaktionen bewusst gestaltet. Dies setzt eine Einstellung voraus, die als „Achtsamkeit" beschrieben werden darf: eine sensible Offenheit und bewusste Aufmerksamkeit für das, was sich bei mir und dem anderen im Erleben und Verhalten, d. h. in der Interaktion zwischen beiden ereignet. Dies ist für

Martin Buber das Phänomen des „Zwischenmenschlichen": „Die Sphäre des Zwischenmenschlichen ist die des Einandergegenüber; ihre Entfaltung nennen wir das Dialogische." (Buber, Werke I, 1962, S. 272)

Methodisch-didaktische Konstrukte für den Aufbau einer Kompetenz der Beziehungsgestaltung

Das „Bewusstheitsrad"

Um Beziehungen in der Gegenseitigkeit bewusst gestalten zu können, muss der Erzieher, wenn er „heilpädagogisch" wirken will, die Spontaneität seiner in den Interaktionen sich ergebenden Reaktionen (re-agieren) in ihrer prozessualen Entstehung wahrnehmen und dann auch steuern lernen, um zielorientiert wirken zu können. Die dabei notwendige metakommunikative Kompetenz hat zur Voraussetzung, dass das im „Bewusstsein" zum Erleben kommende Reagieren sich zur „Bewusstheit" verdichtet. Bewusstheit ist der Zustand einer wachen Aufmerksamkeit, der fokussiert ist auf das, was ich im hier und jetzt der Situation an Wahrnehmungen, Gefühlen, Fantasien, Gedanken, Absichten, Bewertungen und Handlungen bei mir und in der Gegenseitigkeit der rückbezüglich ablaufenden seelischen Prozesse auch beim anderen wahrnehmen kann. Diese Abläufe sind gemäß der Eigenart des seelischen Erlebens prozesshaft fließend und entsprechen häufig mehr aktuellen Akzentuierungen als statisch überdauernden Zuständlichkeiten. Deshalb entziehen sich diese fließenden Akzentuierungen auch so schnell der eigenen reflektierenden Bewusstwerdung. In der Grundeinstellung der inneren (auf mich bezogen) und äußeren (auf den anderen bezogen) Achtsamkeit schaffe ich für dieses Bewusstwerden erst die nötigen und unverzichtbaren Voraussetzungen für einen dynamisierenden Prozess.

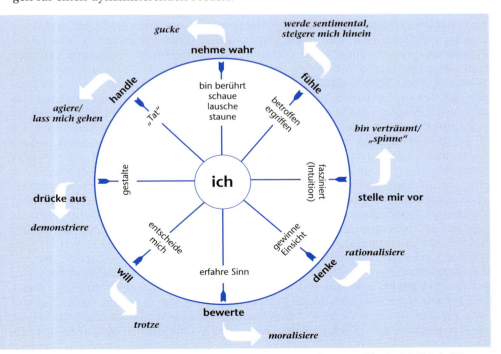

Prozessmodell eskalierender bzw. sich vertiefender Erlebnisakzentuierungen (Flosdorf, 2004, S. 21)

Die Beziehung im Vollzug der „Gegenseitigkeit" „läuft", wenn die Akzentuierungen meines seelischen Erlebens wahrnehmbar bleiben und sich als eine prozesshafte seelische Dynamik darstellen, die von einer Akzentuierung in die nächstfolgende führt. Dieser Prozess kann aber auch zu einer inneren Blockade führen: die seelische Befindlichkeit bleibt dann stehen, sie läuft sich fest – ein Zustand, der als „Durchdrehen", „Blockade" oder Spannung erlebt wird, und schließlich zur Handlungsunfähigkeit führt.

Das vorgestellte Konstrukt des fließend-runden Bewusstheitsrades ist idealtypisch. In der Realität des Erlebens kommt es umso mehr zu Sprüngen oder Auslassungen möglicher Akzentuierungen, je mehr eine konkrete Situation von Angst und Spannung determiniert ist. So kann es zu aktuellen Gefühlsüberschwemmungen kommen oder „ich weiß nicht mehr, was ich will" oder der Fluss des Erlebens verfestigt sich in der Haltung des „erst recht" oder des Trotzens. Die bewusste Registrierung solcher Über-Akzentuierungen ist ein erster Schritt in der Gegensteuerung und löst in der Regel die aufgetretene Stauung und ermöglicht dadurch einen erneuten Fluss des Erlebens – dann „geht es wieder". Ausgangspunkte und damit wichtigste Prozessvariable in diesem Gestaltungsvorgang ist die Wahrnehmung, die eine doppelte Richtung hat: was nehme ich in der Situation außen/beim anderen wahr und was nehme ich bei mir selbst wahr. Die Mitteilung des Wahrgenommenen induziert die Gegenseitigkeit und bringt so den Prozess der Beziehungsgestaltung in Gang. Wahrnehmen und Mitteilen sind deshalb die wichtigsten initiierenden und steuernden Variablen für die Beziehungsgestaltung (siehe Stadter, 1992).

Im Training oder in der Supervision ist auf die Bereitschaft zu individuell bevorzugten Erlebnisabläufen zu achten und diese sind bewusst zu machen, besonders wenn es sich um typische Prozessmuster, nicht selten beruflich „gelernt", handelt. So wenn „der Psychologe" diagnostiziert (beobachtend wahrnimmt), dann interpretiert (denkt), aber sich oder dem anderen vielleicht nicht klar macht, was er selbst denkt und will. Oder „der Erzieher", der weiß, was er will, und es handelnd durchsetzt, aber häufig nur die aktuellen Aspekte der Situation wahrnimmt und dabei mitunter den Zugang zu seinen Gefühlen verliert – nicht selten mit dem Erscheinungsbild von Aktionismus und sich überschlagender Betriebsamkeit. In der Beziehungssituation sind die „Bewusstheitsräder" der Beziehungspartner aufeinander bezogen: die Mitteilung der wahrgenommenen Befindlichkeit wirkt auf die des Partners. So können die von mir bei mir selbst wahrgenommenen Gefühle und deren Mitteilung analoge oder erweiternde Befindlichkeiten beim Partner auslösen und dynamisieren und zu korrigierenden und erweiternden Erfahrungen im Klienten führen. Die Angemessenheit des Konstruktes des Bewusstheitsrades zeigt sich auch darin, dass sich für jede der aufgezeigten Akzentuierung jeweils eine negativ-störende Übertreibungsform, aber auch eine vertiefende Verdichtungsform beschreiben lässt. Die negativ-störenden Übertreibungsformen können, wenn sie sich als immer wieder bevorzugte Verhaltensmuster nachweisen lassen, als typische Verhaltensstörungen bis hin zu psychotischen Eskalationen beschrieben werden.

Die Grundeinstellung der Achtsamkeit ist wohl auch die beste Voraussetzung dafür, die für die Steuerung der Interaktion wichtige Unterscheidung von Inhalts- und Beziehungsebene treffen zu können, die in ihrer Bedeutung von der Kommunikationswissenschaft (vgl. Watzlawick, 1982) herausgearbeitet wurde. Schulz von Thun (1981) hat für das Erlernen und das Training eines differenzierenden förderlichen Verhaltens von Menschen in helfenden Berufen ein verdichtetes Programm beschrieben, auf das hier ausdrücklich verwiesen wird.

Gleichzeitig – und das ist die Regel – wird dieser Informationsaustausch auf der Inhaltsebene durch hintergründig vorhandene und wirkende Emotionen, Einstellungen, Erwartungen und Gefühle mit beeinflusst oder sogar gesteuert – mit anderen Worten: Durch die sich gleichzeitig darstellende Beziehungsebene – die Eigenart der erlebten oder manipulierten Beziehung determiniert so den Austausch (oder den misslingenden Austausch) der Fakten oder Information.

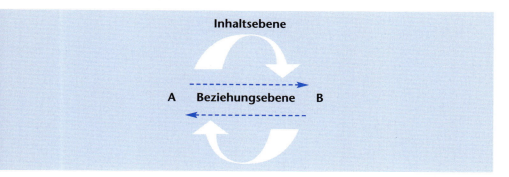

Während die Faktizität der Inhaltsebene rasch geklärt ist, bedarf die Klärung der Beziehungsebene oft eines längeren Reflektionsprozesses. So können z. B. in einer Supervisionsgruppe mögliche und durchaus unterschiedliche Interpretationen (deren direkte Formulierung für die Beziehungsebene jeweils sprachlich mit „Ich" oder mit „Du"/„Sie" beginnt) in dieses Schaubild eingetragen werden, um so anschaulich aus dem Vergleich heraus die treffendsten Beziehungsaussagen erschließen zu können.

Variablenkonzept der heilpädagogischen Beziehungsgestaltung

Für Martin Buber ist Erziehen „die gewusste und gewollte [...] Auslese der wirkenden Welt durch den Menschen" (Buber, Werke I., 1962, S. 794). Für diesen Prozess haben wir zunächst mithilfe der Anthropologie Martin Bubers grundlegende Einsichten benannt, die für die Einstellung und Haltung einer heilpädagogischen Beziehung unverzichtbar sind. Dem entspricht auch der Nachweis in der empirischen Therapieforschung für die Wirksamkeit einer Therapie (Grawe/Donati/Bernauer, 1994). Carl Rogers (Rogers, 1972) beschreibt als Basisvariablen eines förderlichen Verhaltens von Therapeuten im Konzept der klientenzentrierten bzw. personzentrierten Therapie die Echtheit (Kongruenz), die Empathie und die Offenheit. Goetze (Goetze, 1981) und Schmidtchen (Schmidtchen, 1974) haben diese Aussage auf die Konzepte der Spieltherapie übertragen und weitere differenzierende Variablen erarbeitet.

Ein Konzept heilpädagogischen Handelns muss auf sehr unterschiedliche Herausforderungen antworten können und lässt sich deshalb nicht artifiziell oder methodisch einschränken auf bevorzugte oder ausgelesene Variablen, wie dies zunächst z. B. methodisch inhärent im klientenzentrierten Therapiekonzept geschieht. Die Heilpädagogin muss für ihr vielfältiges Klientel (behinderte und gestörte, gehemmt-ängstliche und aggressiv-impulsive, bewegungseingeschränkte wie hyperaktive Kinder und Jugendliche) eine breite Palette von Verhaltensweisen verfügbar sein, die ich gerne mit der Registratur eines Orgelspielers vergleiche: je nach der gestellten Aufgabe muss der Heilpädagoge in der Lage sein, durch den Einsatz eines speziellen Registers eine von ihm gewollte Wirkung zu erzielen.

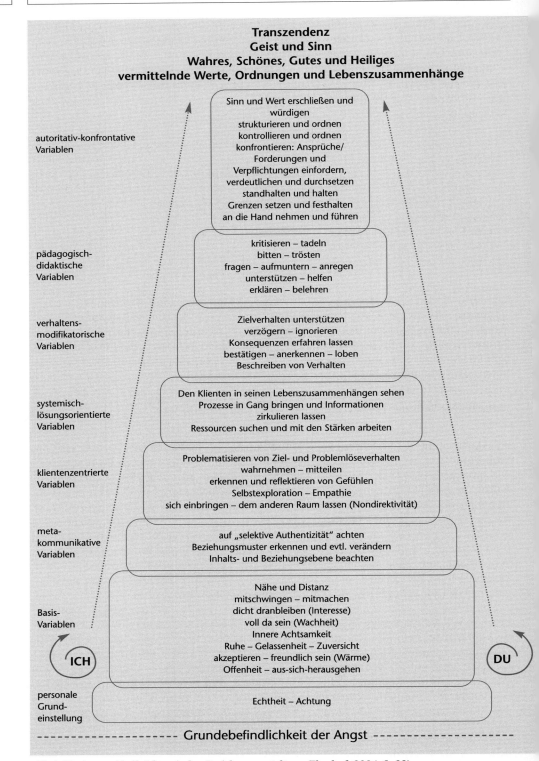

Variablenkonzept heilpädagogischer Beziehungsgestaltung (Flosdorf, 2004, S. 29)

In heute verfügbaren Konzepten heilpädagogischen Handelns, unter anderem der „heilpädagogischen Übungsbehandlung", dem „heilpädagogischen Spielsport", dem „heilpädagogischen Werken" (vgl. Flosdorf, 2003, S. 37 f.) oder der „Erlebnisgruppe" (Fürst, 1992) erfährt dabei diese Gewichtung der persönlichen Verhaltensakzentuierungen eine Ergänzung in der Verwendung bewährter räumlicher, zeitlicher, organisatorischer und instrumenteller Bedingungen, deren Verfügbarkeit eben das jeweilige Konzept beinhalten oder beschreiben.

Der Heilpädagoge soll die unterschiedlichen Variablen, die sein förderndes Verhalten beinhalten, nicht nur theoretisch kennen, sondern er soll deren Wirksamkeit in der Reflexion des eigenen Handelns in seinen Wirkungen erlebt haben. Man lernt Interventionen nur, wenn man sie selber ausführt und deren Wirkungen erkennt und reflektiert! Auf solch einer breiten Basis können besondere persönliche Kompetenzen die Wahl bevorzugter Konzepte und Arbeitsfelder mitbestimmen, die dann auch ein verlässliches Können und nicht nur Wissen möglich machen. Zur Kompetenz heilpädagogischen Handelns gehört auch, das Richtige zur rechten Zeit zu tun (Timing!).

Im nachfolgenden Schema auf S. 322 gehen wir von der Tatsache aus, dass Kommunikation, d. h. das Aufeinanderzugehen, das Sich-öffnen, der Aufbau von Vertrauen, grundsätzlich gefährdet ist in „der Grundbefindlichkeit der Angst" (Heidegger). Die Beziehung von Ich und Du erscheint deshalb im Bilde einander zugeordneter „Schnecken", einer Metapher für die immer wieder sich darstellende Ambivalenz zwischen Sich-öffnen und Sich-verschließen, zwischen Aufeinanderzugehen und Rückzug. Diese Dynamik ist im Training in entsprechenden nonverbalen Übungen eindrucksvoll nachvollziehbar und erlaubt tief greifende Erfahrungen zu dem, was heute schon fast umgangssprachlich als das Verhältnis von Nähe und Distanz beschrieben und erlebt wird.

Die Anerkennung der gleichrangigen Wechselseitigkeit des Zwischenmenschlichen und die humane Würde der Beteiligten sichert dann auch das Ethos der „Echtheit", deren psychologische Dimension von Rogers als „Kongruenz" beschrieben worden ist. Das zum Ausdruck kommende Verhalten soll und muss übereinstimmen mit den Motiven und Absichten, es soll angemessen sein und insofern frei von Heuchelei, Täuschung oder aufgesetzten Attitüden übertriebener Zuvorkommenheit, im Unterschied zu *Wärme* und *Freundlichsein*, die vor allem das noch abhängige Kind oder der durch Krankheit oder Behinderung beeinträchtigte Mensch als Ausgleich des vorhandenen Machtgefälles brauchen.

Die Basisvariablen und die metakommunikativen Variablen (Erkennen der Beziehungsebene und der Beziehungsmuster) und die daraus zu entwickelnden weiteren Variablen (wie z. B. Umgang mit Spannung, bewusst-kontrollierende Verhaltenssteuerung) sind konstitutiv für das heilpädagogische Handeln und seine Wirksamkeit. Sie werden durch Reflexion, Supervision, Fortbildung und vor allem auch durch eine vom fördernden Feed-back getragene Teamarbeit immer wieder neu genährt und gesichert. Sie sind insofern unverzichtbar für das, was man heute versucht, mit dem Begriff der Qualitätssicherung zu beschreiben. Zu den vom Verfasser hierzu beschriebenen Prozessphasen heilpädagogischer Beziehungsgestaltung vgl. Flosdorf, 2004, S. 9 f.

Organisation und zeitliche Struktur	Vorrangige thematische Gewichtung
1. Trainingsphase (ca. drei Tage)	– Zusammenhang ökonomischer Bedingungen, politischer Machtverhältnisse und Erziehungsprozesse – Erziehungsziele im gesellschaftlichen Kontext – Psychologie der Erziehungsstile – Erziehen heute
2. Trainingsphase (ca. vier Tage) Plenum Zeitweise Teilgruppen Übungen Rollenspiel und Video	– Lernen in der Gruppe: TZI-Regeln – Verstehen und Umsetzen heilpädagogischer Basiskompetenzen der Beziehungsgestaltung – Interaktions- und Kommunikationsmodelle (Watzlawick/Schulz v. Thun) – Struktur- und Prozessanalyse von Harmonie- und Konflikt-Modellen – Gewichtung der Basisvariablen im sozialen und institutionellen Kontext
3. Trainingsphase (ca. fünf Tage) Plenum Untergruppen Übungen Rollenspiel und Video	– Differenzierte Fremd- und Selbstwahrnehmung. Meditation und Körperarbeit – Feed-back – „Bewusstheitsrad" – Prozess der Bewusstheit – Prozessphasen des Einzelbezugs: Kontrakt etc. und dazugehörige Ziele, Inhalte, persönliche Kompetenzen, Intervention – Beziehungsmuster, Kollusionsmodell – Operantes Lernen
4. Trainingsphase (drei bis fünf Tage) Plenum Untergruppe (eventuell neue Zusammensetzung/Trainerwechsel)	– Minimale/maximale Strukturierung – Spielen – Üben und entsprechende Strukturierung – Entsprechende heilpädagogische Konzepte
5. Trainingsphase (drei bis fünf Tage) Einführung im Plenum Arbeitsgruppen je nach Zahl der gestellten Aufgaben Schlussplenum	– Einführung in die Aufgabenstellungen der Gruppenarbeit zur Integration von Theorie und Praxis – Bearbeitung der gestellten Aufgaben/Themen (Trainer sind zur Beratung verfügbar) – Vorbewertung der Ergebnispräsentation – Darstellung der Gruppenergebnisse und gemeinsame Diskussion
6. Trainingsphase (ca. drei bis fünf Tage) Einführung im Plenum Bildung von zwei Arbeitsgruppen (Einwegscheibe) Auswertungsplenum	– Vorbereitung und Gestaltung eines konkreten Einzelbezugs – Beobachtung und Auswertung der etwa drei aufeinander folgenden Kontakte im Einzelbezug – Prozessbeobachtung und Protokollierung – Auswertung und Klärung offener Fragen
7. Trainingsphase (eventuell auch zu einem früheren Zeitpunkt) Kleingruppen mit sechs bis acht Teilnehmern und einem Trainer	– Selbsterfahrung: vertiefte Bearbeitung persönlicher Einstellungen, Konflikte und Ängste

Übersicht der Organisation und der vorrangigen thematischen Gewichtungen im Training des Einzelbezugs (Flosdorf, 2004, S. 97 f.)

Heilpädagogische Beziehungsgestaltung im Gruppenbezug

Erzieherisches Handeln realisiert sich im Einzelbezug oder im Gruppenbezug. Gruppenbezüge können vorübergehende Gesellungen sein. Im beruflichen pädagogischen Geschehen realisiert sich der Gruppenbezug in der Regel in festen institutionalisierten Gruppen in Kindergarten, Hort, Heim oder Schule, aber auch in eigens für heilpädagogische oder therapeutische Aufgaben für eine bestimmte Zeit zusammengestellten Gruppen. Aufbauend auf den Erfahrungen in der Gestaltung eines Einzelbezuges vermittelt das mehrwöchige Training der Gestaltung des Gruppenbezuges – ausgehend von den Konzepten der klassischen Gruppenpädagogik und ihren Prinzipien (Schiller, 1966) – die Kompetenzen, mit den Faktoren einer Gruppe sowie den Kräften und der Dynamik, die sich in einer Gruppe entwickeln, konstruktiv und zielorientiert zu arbeiten.

Jeder hat seine eigenen Erfahrungen mit Gruppen. Die Komplexität solcher Erfahrungen und die sich daraus bildenden Erwartungen und Einstellungen gilt es, im Training und seiner Selbsterfahrungsgruppe bewusst zu machen und daraus Prinzipien für den leitenden Umgang mit Gruppen zu gewinnen und darüber hinaus die Initiierung und Steuerung von gewünschten erweiternden und korrigierenden Lernerfahrungen in Gruppen zu ermöglichen.

Unverzichtbare Erkenntnisse wurden dabei insbesondere für prozessorientierte Lerngruppen in den 1960-iger Jahren in den so genannten Sensitivity-Trainings (vgl. Däumling, 1968) gewonnen, durch die mehr und mehr auch praktisch handhabbar eine an der Gruppendynamik sich orientierende Arbeit mit Gruppen aufgebaut wurde und dann auf entsprechende Gruppen in der Bildungsarbeit, in Elternseminaren und vor allem auch in der Psychotherapie in und mit Gruppen übertragen bzw. weiterentwickelt wurde. Unser Trainingskonzept für den Gruppenbezug verzichtet auf die Zumutung eines in der Vergangenheit häufig für notwendig gehaltenen Initialschocks der totalen Führungsabstinenz der verantwortlichen Leiter und versucht stattdessen, relevante Themen und Inhalte im Medium der Gruppe zu bearbeiten. Dabei ist die von Ruth Cohn entwickelte themenzentrierte Interaktion (TZI) mit den von ihr beschriebenen Grundregeln der Kommunikation eine immer präsente Orientierung (Cohn, 1997).

Der in dieser Veröffentlichung gesetzte Rahmen zwingt dazu, die für das Gruppentraining unverzichtbaren Inhalte lediglich zu benennen, es sind unter anderem:

- Führen und Leiten,
- Aufgabe und Rolle,
- Rangstrukturen,
- Dependenzkonzepte,
- Entwicklungsstufen von Gruppen,
- Bilden und Strukturieren von Gruppen,
- Gruppenkonzepte.

Einige der hierfür bedeutsamen Faktoren und Zusammenhänge sind vom Verfasser für das Arbeitsfeld der Gruppenarbeit mit verhaltensauffälligen Kindern und Jugendlichen mit besonderer Berücksichtigung der Rahmenbedingungen stationärer und teilstationärer Behandlung beschrieben worden, auf die hier lediglich verwiesen werden muss: Flosdorf, Die Gruppe als soziales Lernfeld, in Heilpädagogische Beziehungsgestaltung, 2004, S. 39-88, und zu den Konzepten von Gruppenarbeit im Rahmen therapeutischer Heimerziehung: Flosdorf und Patzelt (Hrsg.), Therapeutische Heimerziehung, 2003.

Ausblick

Das Konzept heilpädagogischer Beziehungsgestaltung ist vom Verfasser und seinen Mitarbeitern über viele Jahre hin erarbeitet und weiter entwickelt worden. Es hat sich über einen Zeitraum von mehr als 30 Jahren in der Fort- und Weiterbildung bewährt. Das Trainingskonzept heilpädagogischer Beziehungsgestaltung wurde von den Studierenden immer wieder als der eigentliche Kern der Ausbildung bewertet. Das Training bewirkt und fördert über die intellektuell gewussten Inhalte und Fakten hinaus Handlungskompetenz, die in den selbst erlebten Erfahrungen und Prozessen lebendigen Lernens begründet und gefestigt ist. Es ist als solches offen für methodische und inhaltliche Erweiterungen und Fortschreibungen und geeignet, den heute geforderten Erwartungen an Qualitätsentwicklung für die Aus- und Weiterbildung zu entsprechen. Die personale Grundlegung in der Anthropologie Martin Bubers sichert dabei die für das heilpädagogische Handeln unverzichtbare Wertorientierung.

Kommentierte Literaturhinweise

Buber, Martin: Auf die Stimme hören. Ein Lesebuch. Ausgewählt und eingeleitet von Lorenz Wachinger, München, Kösel-Verlag, 1993.
Lorenz Wachinger, Dipl.-Psychologe und Eheberater, gelingt es in diesem Buch, für eine erste Orientierung insbesondere für das heilpädagogische Handeln wichtige Textauszüge aus den Werken Martin Bubers auszuwählen und zu ordnen. Die Bedeutung Martin Bubers als charismatische Persönlichkeit und seine Wegweisung für eine personalistische Anthropologie wird deutlich.

Schulz von Thun, Friedemann: Miteinander reden: Störungen und Klärungen, Reinbek, Rowohlt-Taschenbuchverlag, 1981.
Die von Watzlawick und seinen Mitarbeitern beschriebenen Erkenntnisse über die Kommunikation und ihre Störungen werden in diesem kleinen Büchlein in einer klaren Sprache und didaktisch überzeugend so vermittelt, dass der in der Praxis stehende Heilpädagoge für sein erzieherisches Handeln verlässliche und einprägsame Orientierungen gewinnt.

Grossmann, Karin/Grossmann, Klaus E./Becker-Stoll, Fabienne/Kindler, Heinz u. a.: Die Bindungstheorie, Modell, entwicklungspsychologische Forschung und Ergebnisse, in: Keller, H. ((Hrsg.): Handbuch der Kleinkindforschung. Bern/Göttingen/Toronto/Seattle, Verlag Hans Huber, 1997, S. 51–260.
Für das Kind verdichtet sich die Beziehung unter besonderen Bedingungen zu einer sicheren Bindung. Grossmann und seine Mitarbeiter haben das zuerst von John Bowlby beschriebene und psychoanalytisch interpretierte Phänomen der Bindung durch empirische Untersuchungen und Beobachtungen der Trennungssituation genauer differenziert und hierbei verschiedene Ausprägungsformen von Bindung nachweisen können. Diese Bindungsqualitäten dürfen in ihrer Bedeutung für die Psychohygiene und die gesunde Entwicklung von Kindern nicht übersehen werden. „Bindungserfahrungen legen die Grundlage dafür, wie viele andere zukünftige Erfahrungen während der individuellen Entwicklung qualitativ assimiliert und integriert werden." (S. 93) Die Ergebnisse der Bindungsforschung sollten die Bedeutung von Bindungen in der Entwicklung von Kindern gerade in den wechselnden Trends gesellschaftlicher und politischer Diskussionen sichern helfen.

Heilpädagogische Diagnostik Dieter Lotz

Etymologie

Das Wort „Diagnose" ist in seiner Begriffsgeschichte zunächst ein medizinischer Terminus und meint das Erkennen einer Krankheit im Sinne einer anomalen Erscheinung.
Die althippokratischen Ärzte setzen immer eine Erkrankung des *ganzen* Menschen voraus; insofern handelt es sich bei ihnen um eine Diagnose des Kranken und nicht der Krankheit. Symptome deuten sie als Wechselbeziehung von makrokosmischen und mikrokosmischen Erscheinungen. Zur Zeit des Hippokrates (460–370 v. Chr.) sind Diagnosen nahezu identisch mit Prognosen, also Voraussagungen.

Die hippokratischen Auffassungen behalten mindestens bis zur Renaissance (14. Jahrhundert) ihre Gültigkeit. Der darauf folgende Prozess von der Mutmaßung zur Messung dauert etwa vier Jahrhunderte. Seit dem Ende des 18. Jahrhunderts hat sich die Diagnose als Feststellung von Krankheiten durchgesetzt. Damit etablieren sich quantitative Analysen als maßgebend (siehe Ritter, 1972).

Im 18./19. Jahrhundert versteht man unter Diagnose eine „unterscheidende Beurteilung, Erkenntnis" (Duden, 1963). In Medizin und Psychologie wird eine Diagnose mittels Anamnese, Exploration und Untersuchung bis heute unter zwei Gesichtspunkten betrieben. Zum einen suchen Diagnostiker nach Ursachen (ätiologischer Aspekt) und/oder zum anderen nach zukünftigen, zu erwartenden Leistungen oder Zuständen (prognostischer Aspekt). Unter „Differenzialdiagnose" versteht man die Unterscheidung und Bestimmung einander ähnlicher Erscheinungen (siehe Häcker/Stapf, 1994).

Geschichte

Das vermutlich älteste Dokument, in dem der Begriff „Heilpädagogische Diagnostik" genannt ist, stammt aus dem Jahr *1934*. Im „Enzyklopädischen Handbuch der Heilpädagogik" heißt es: „Der Heilpädagoge muss ein klares Bild von der Leistungsfähigkeit der einzelnen psychischen Funktionen bzw. ihren Störungen und Abweichungen gewinnen, dass es ihm möglich wird, zweckmäßige, heilpädagogische Maßnahmen zu treffen." (Dannemann, 1934, S. 115). Schon hier wird deutlich, dass Erkennen und Handeln einander bedingen.

Eine andere Quelle geht auf das Jahr *1965* zurück. Damals hält der anthroposophische Arzt Karl König (1902–1966) in Berlin neun Vorträge zum Thema Heilpädagogische Diagnostik (König, 1983/84). Unter Diagnostik versteht er ein „Durch-und-durch-Wissen" und zwar nicht nur mit Blick auf die Abwegigkeiten eines Kindes, sondern auf den „gewaltigen Hintergrund einer umfassenden Anthropologie des Kindes". König grenzt zunächst die heilpädagogische Diagnostik von der medizinischen Diagnostik ab. Im Mittelpunkt einer medizinischen Diagnostik steht die Krankheit, die oft nur mit einem oder zwei Begriffen gekennzeichnet wird (z. B. Epilepsie oder „Down-Syndrom").

Die Aufgabe einer psychologischen Diagnostik sieht König darin, sich über das Verhalten eines Kindes ein Bild zu machen, um von dort aus Rückschlüsse zu ziehen auf seinen psychischen Zustand. Unter einer heilpädagogischen Diagnostik versteht Karl König etwas ganz anderes. Nicht das Objektivierbare steht für ihn im Mittelpunkt, sondern das sich gegenseitige, ganz und gar subjektive Erkennen in der jeweiligen Beziehung. Im Kind mit allen seinen Abwegigkeiten entdeckt König einen Spiegel seiner selbst. „Alles, was abwegig ist, habe auch ich in mir".

Ebenfalls im Jahre 1965 erscheint das Lehrbuch „Heilpädagogik" von Paul Moor (1899–1977). Er schreibt: „Die ärztliche Diagnose ist noch nicht die pädagogische oder heilpädagogische Diagnose; sie ist vielmehr nur eines der Materialien für die heilpädagogische Erfassung des Kindes." (Moor, 1974, S. 339) Die naturwissenschaftliche Exaktheit der Untersuchungsmethoden reicht aus Sicht Paul Moors nicht aus: „Nur wo ich dem anderen als der, der ich bin, wirklich begegne, verspüre ich etwas von derjenigen Wirklichkeit, um welche es in der Erziehung geht" (Moor, 1974, S. 493 – neu zu beziehen über http://www.szh.ch). Moor akzentuiert die Notwendigkeit einer Beziehung zwischen dem Heilpädagogen und einem anderen. Die Wirklichkeit eines Menschen erschließt sich erst in der Begegnung und nicht schon durch medizinische Befunde oder psychologische Testergebnisse. Die Beziehung, die Begegnung, ist eine konstitutive Voraussetzung der heilpädagogischen Diagnostik.

Aktuelle Relevanz und theoretische Ansätze

Seit 1998 bietet der Berufsverband der Heilpädagogen (BHP) Fortbildungen in heilpädagogischer Diagnostik an. Die Nachfrage ist kontinuierlich gut; Teilnehmer begründen ihr Interesse mit oft unzureichenden Angeboten zu diesem Thema während ihrer Ausbildung zur Heilpädagogin/zum Heilpädagogen (unabhängig von Fachschule, Fachakademie, Fachhochschule oder Universität).

Die Europäische Akademie für Heilpädagogik veranstaltete gemeinsam mit der Universität Stettin im Jahr 2002 ein internationales Symposium in Stettin, an dem Referenten aus über sieben Ländern teilnahmen.

Zahlreiche Kostenträger der Kinder-, Jugend- und Behindertenhilfe erwarten von Heilpädagoginnen eine dezidierte heilpädagogische Diagnostik, auch um die Finanzierung heilpädagogischer Leistungen zu rechtfertigen. In diesem Trend wird auch der Wunsch nach Operationalisierung und Quantifikation deutlich – das Nichtmessbare verliert im Sozialwesen unter Kosten-Nutzen-Faktoren an Bedeutung. Gleichzeitig bietet die heilpädagogische Diagnostik eine Chance, heilpädagogische Maßnahmen zu begründen und in die Wege zu leiten.

Zielgruppe der Heilpädagogen

Schon Anfang der 1980er-Jahre führte Hagel das Konstrukt der „heilpädagogischen Bedürftigkeit" ein (Hagel, 1981). In Abgrenzung zur Erziehungsbedürftigkeit, deren Notwendigkeit keine besondere Begründung braucht, bedürfen hingegen heilpädagogische Maßnahmen („Maßnahme" im Sinne von Beratung, Förderung, Begleitung) einer eigenen Indikation, das meint Veranlassung, Handlungsbegründung, Zielbestimmung. Denn nicht jeder Mensch etwa mit einer Behinderung braucht Heilpädagogik! Weder Krankheit, Behinderung noch ein Unfall oder andere Lebenskrisen rechtfertigen Heilpädagogik, vielmehr sind es deren mögliche *Folgen*, insofern sie zu Erziehungserschwernissen führen. Die heilpädagogische Klientel ist daher nicht in Kategorien einteilbar, sondern bestimmt sich aus der individuellen Lebenssituation heraus. Heterogenität und Individuallage sind Merkmale der heilpädagogischen Klientel. Folgerichtig muss die Indikation, die „heilpädagogische Bedürftigkeit" im Einzelfall begründet werden. Menschen, die an den Folgen einer Behinderung, einer Krankheit, einer Verhaltensauffälligkeit leiden, gehören zur Zielgruppe von Heilpädagogen. Die Forderung von Paul Moor: „Nicht nur das Kind, auch seine Umgebung ist zu erziehen!", verweist auf die notwendige Einbeziehung von Eltern und anderen Bezugspersonen in die Zielgruppe von Heilpädagoginnen. Insofern kann Paul Moor schon als systemischer Denker interpretiert werden.

Die Folgenabklärung, etwa einer Behinderung, ist ein konstitutives Merkmal der Heilpädagogischen Diagnostik.

Heilpädagogische Diagnostik

Die Folgenabklärung zielt im Wesentlichen auf drei zu untersuchende Bereiche: funktionale, soziale und existenzielle Folgen. In Anlehnung an die „Internationale Klassifikation der Funktionsfähigkeit, Behinderung und Gesundheit" (ICF, s. http://www.dimdi.de/static/de/klassi/ICF) sind hier beispielhaft zu nennen:

- Impairments: Verluste oder Schädigungen von Körper- und Sinnesfunktionen.
- Participation: Teilhabe bzw. Mitwirkung eines Individuums in seiner Lebenssituation.

Die Dimension existenzieller Folgen ist in der ICF nicht explizit genannt; sie bezieht sich auf den noogenen, das heißt „geistigen" Aspekt menschlichen Daseins. Kraft seines Geistes bewertet der Mensch Lebensereignisse als sinnlos oder sinnvoll. Diese Selbst- und Situationsattribuierungen herauszufinden und zu klären kann Teil der heilpädagogischen Diagnostik sein.

Seinem Ganzheitsanspruch entsprechend, hat der Heilpädagoge alle drei Bereiche zu beachten. Je nach Kompetenz („Kompetenz" im Sinne von Zuständigkeit *und* Fähigkeit) kann er selbstverantwortlich diagnostizieren, Fremdbefunde lesen und beurteilen oder weitere diagnostische Maßnahmen in die Wege leiten. Heilpädagogen sind Teil eines multidisziplinären Teams unterschiedlicher Diagnostiker. Diese müssen nicht Mitarbeiter einer Institution sein, sollten aber kooperativ im Austausch stehen. Der Wert verschiedener Professionen und deren Befunde sollte erkannt und genutzt werden. Auch Widersprüche haben eine diagnostische Relevanz. Zukünftig wird ein so genanntes Schnittmengenwissen über die Kompetenzen unmittelbarer Kooperationspartner außerhalb der eigenen Profession an Bedeutung gewinnen.

Klassischerweise unterscheidet man in der Diagnostik erklärende und verstehende Verfahren.

Erklären will man das *inter*personell vergleichbare und dadurch zähl- oder messbare Verhalten eines Menschen, bspw. ein Krankheitssymptom oder eine bestimmte Leis-tung. Eine ausgewählte Gruppe bildet nach einer Experimentierphase die so genannte Normierungsgruppe oder Eichpopulation. Die Symptome oder Leistungen nun folgender Probanden werden mit der Eichpopulation verglichen; auf diese Weise können statistisch durchschnittliche oder von der Norm abweichende Ergebnisse ermittelt werden.

Sie werden in Maß und Zahl ausgedrückt und schließen eine Messungenauigkeit (Standardabweichung) mit ein. Interpersonelle Vergleiche haben den Vorteil, Normabweichungen zu erkennen und eine Normanpassung so weit wie individuell möglich, anstreben zu können. Sie haben den Nachteil, dass Normabweichungen zu Stigmatisierung und Ausgrenzung führen können. Daher ist ein verantwortungsbewusster Umgang mit solchen Messverfahren geboten. Zudem sind Messverfahren per se reduktionistisch: sie erfassen nur einen Aspekt eines Menschen, und zwar unter bestimmten Bedingungen und in einem bestimmten Zeitausschnitt.

Verstehen will man das *intra*personell Einzigartige, das individuell Einmalige eines Menschen. Alles das, was sich nicht zählen und messen lässt, kann, wenn überhaupt, nur *verstanden* werden. Grundsatzfragen tauchen auf: kann ein Mensch überhaupt einen anderen Menschen verstehen? Wie können wir Menschen mit Behinderungen verstehen, die sich kaum oder gar nicht verbal mitteilen können?
Als Verstehende sind wir auf Hinweise, auf Informationen unseres Gegenübers angewiesen. Wir versuchen noch ohne Deutung und Interpretation den anderen so zu verstehen, wie er sich vermutlich selber verstanden wissen will. In diesem Prozess fallen uns Analogien ein zu Erfahrungen, die jeder für sich gemacht hat: Sagt jemand, er habe Zahnweh, so erinnern wir uns an eigenes Zahnweh.
Im professionellen Verstehen versuchen wir, Übertragungen oder Projektionen wahrzunehmen und zu begrenzen.
Je weniger uns ein anderer Mensch mitzuteilen vermag, was er wünscht, desto mehr sind wir in unseren Verstehensbemühungen auf Deutungen angewiesen – desto mehr müssen wir für den anderen Entscheidungen treffen.
Das heilpädagogische Ziel, Selbstbestimmung wann immer möglich zuzulassen und zu fördern, wendet sich bei schwersten Behinderungen hin zur bedingten Fremdbestimmung.
Der Verstehensprozess, trotz eingeschränkter Kommunikationsmöglichkeiten, ist ein weiteres konstitutives Merkmal der heilpädagogischen Diagnostik.

Das Erklärbare erkunden, das Verstehbare ergründen – fortlaufende Erkenntnisse in die Lebensgestaltung einbeziehen! Beide Verfahren, erklärende und verstehende, ergänzen sich in der heilpädagogischen Diagnostik, „indem das erstere die Beziehung des heilpädagogisch bedürftigen Menschen zum Allgemeinen ermisst, und das zweite die individuelle Besonderheit würdigt" (Klenner, 1998, unveröffentlichtes Skript). Das Gemeinsame beider Verfahren liegt darin begründet, dass ihre Ergebnisse jeweils *interpretiert* werden müssen. Schließlich müssen Maß und Zahl ebenso wie „Verstehens-Befunde" transformiert werden in zukunftsgerichtete Handlungsschritte, in heilpädagogische Maßnahmen.

Nun beginnt die Phase der Hypothesenbildung, immer begleitet von der Popperschen Erkenntnis, dass unser Wissen Vermutungswissen ist und Vorläufigkeitscharakter hat. Allerdings haben Hypothesen einen unterschiedlichen Plausibilitäts- und Wahrscheinlichkeitswert. Eine gut begründete Hypothesenvielfalt hilft im Austausch mit dem multidisziplinären Team, geeignete Maßnahmen in der Beratung, Förderung oder Begleitung eines Menschen zu finden.

Der allgemeine Anspruch der heilpädagogischen Diagnostik, einen Menschen in seinem Personsein und in seiner Lebenssituation zu verstehen und Erklärbares herauszufinden, umfasst im Besonderen folgende Vorgehensweisen: Anamnese, Beobachtung, Tests.

Anamnese

An-Amnese bedeutet, etwas von dem bereits Vergessenen wieder erinnern, ins Bewusstsein zurückholen. Was aber ist vergessen und was soll heute aktualisiert werden; was erscheint relevant zu sein? In der heilpädagogischen Diagnostik kommt es nicht nur darauf an, frühere Daten zu ermitteln, wie z. B. die Tatsache einer Zangengeburt, einer Trennung, eines Unfalls. Vielmehr interessieren uns die *Folgen* dieser Tatsachen für die Erziehung und für konkrete Lebenserschwernisse. Zudem verknüpfen wir biografisch relevante Ereignisse mit subjektiven und emotionalen Bedeutungen des Klienten, wie sie sich für ihn heute darstellen und wie er sie gegenwärtig zum Ausdruck bringt.

In die Anamnese unter heilpädagogischen Gesichtspunkten lassen sich Methoden der Franklschen Existenzanalyse (vgl. Frankl, 2005, S. 66) einbeziehen. In ihr geht es um Stellungnahmen gegenüber bedeutsamen biografischen Ereignissen, aber auch um die Wendung hin zu zukünftigen Lebensgestaltungen. Eine der existenzanalytischen Leitfragen ist diese: Wo bin ich in meinem Leben vor wichtigen Entscheidungen ausgewichen und für wen oder was will ich zukünftig Verantwortung übernehmen? Ziel der Existenzanalyse (und der Heilpädagogik) ist es Menschen zu helfen, Sinn in ihrem Leben zu finden trotz ihrer erschwerten Lebensbedingungen.

Die Anamnese unter heilpädagogischen Gesichtspunkten sucht nach den so genannten Knicken in der Lebenslinie, also nach kritischen Ereignissen oder Wendepunkten. Sie beginnt bereits mit der Exploration zu phylogenetischen Fragen: Aus welchen soziokulturellen Traditionen stammen die Eltern? Welches besondere Schicksal erfuhren die Eltern (Krankheit, Arbeitslosigkeit)? Es folgt die Exploration zu ontogenetischen Fragen: Aufwachsen als Halb- oder Vollwaise; angeborene oder erworbene Behinderung; Tod eines Elternteils; Trennung der Eltern; traumatisierende Erlebnisse; Entwicklungsakzeleration oder -retardation? Und schließlich interessieren uns aktualgenetische Aspekte, wie z. B. das gegenwärtige Erscheinungsbild und Verhalten oder die vom Klienten geäußerten Meinungen über Vergangenes, Gegenwärtiges und Zukünftiges.

Beobachtungen

In dem Begriff „Beobachtung" steckt das Wort „beachten". Der Beobachter richtet seine Aufmerksamkeit auf bestimmte Aspekte menschlichen Verhaltens. Er nimmt *mit allen Sinnen* wahr (nicht nur mit dem visuellen) – möglichst ohne zu frühe Interpretation oder Deutung. Die beobachtende Wahrnehmung reicht bis zur Intuition, als „eingebungsartiges geistiges Schauen, als eine unmittelbare, nicht durch Erfahrung oder verstandesmäßige Überlegung gewonnene Einsicht" (Buchka, 2000, S. 15). Hier schlägt die Kenntnis manchmal schlagartig um in Erkenntnis. Aus den beobachteten Informationen/Daten entsteht ein verinnerlichtes Wissen, eine Art Einverleibung, die Wesensentdeckung eines Menschen. Beobachtung ist letztlich Anschauung. Die Erkundung der Einzigartigkeit und Einmaligkeit eines Menschen führt schließlich zu einer bewussten personalen Akzeptanz: So bist du und wie du bist, bist du gut. Die personale Akzeptanz ist von der situativen Akzeptanz zu unterscheiden: Wir können Menschen ad personam annehmen und gleichzeitig ihre Handlungen missbilligen. Beobachtung als Anschauung bedingt den Verstehensprozess.

Beobachtung ist wechselseitig. Auch mein Klient beobachtet mich, schaut mich an. Er fragt mich: Wer bist du, bist du gut (zu mir)? Sieht er mich nur als jemand, der seine Daten sammelt? Erkennt der andere in mir ein Interesse an ihm, an seiner Person?

Wenn der Beobachter bereit ist, sich in diesem Sinne anschauen zu lassen, so entsteht die Chance einer menschlichen Begegnung; der Weg ist frei für eine heilpädagogische Beziehungsgestaltung (vgl. den Beitrag von Peter Flosdorf „Heilpädagogische Beziehungsgestaltung", S. 317–326).

In der heilpädagogischen Praxis empfiehlt sich der Einsatz mehrerer Beobachter, etwa zu Verhaltensproblemen, sofern sie eine systematische Beobachtung erfordern. Zudem können auf diese Weise blinde Flecke, die bei nur einem Beobachter auftreten können, minimiert werden (Beobachtung 2. Ordnung).

Beobachtungen unter heilpädagogischen Gesichtspunkten beziehen sich auch auf folgende drei Bereiche:

1. *Prädiagnostik:* Sind Auffälligkeiten erkennbar? Oft können Heilpädagoginnen bspw. Koordinationsprobleme, Hörbeeinträchtigungen oder Absencen beobachten und daraufhin fachspezifische Untersuchungen, etwa bei einem Pädaudiologen, in die Wege leiten.
2. *Interessenanalyse:* Welche Interessen hat dieses Kind? Diese Frage sollte nicht vorschnell beantwortet werden, denn manchmal zeigt ein Kind extrem hohes Interesse am Fernsehen oder an Computerspielen, wobei Interessen an weiteren Lebenserfahrungen verschüttet bleiben.
3. *Verstärkeranalyse:* Welches Verhalten wird (bspw. von Erziehern, von Eltern, von Lehrern) wahrgenommen und wie wird es verstärkt? Beobachtungen dieser Art zeigen oft, dass erwünschtes Verhalten unzureichend bekräftigt wird, und dass negative Sanktionen dominieren.

Tests

Eine häufig genannte *Kritik* gegenüber Tests bezieht sich auf die Veraltung mancher Verfahren. In der Tat sind viele Tests veraltet; allerdings muss man genauer sagen: ihre statistischen Normen sind veraltet. Die Aufgaben/Items mancher Tests sind oft zeitlos. Ein Beispiel ist der schon über 30 Jahre alte Körperkoordinationstest für Kinder (KTK), dessen Normierung wahrscheinlich längst überholt ist, aber dessen Übungen nach wie vor zeitlos sind und bleiben.

Viele unserer heilpädagogischen Klientel können gar keine Testverfahren bewältigen. So manche Voraussetzung, die für die Durchführung eines Tests notwendig wäre, erfüllen sie nicht. Dies sind z. B. motorische Fähigkeiten, Aufgabenverständnis, Ausdauer oder Aufmerksamkeit.

In der heilpädagogischen Praxis interessieren uns daher weniger Gesamtergebnisse von Tests als vielmehr Tendenzen oder Einzelergebnisse der Subtests. Diese sind meist aufschlussreicher als eine einzige Zahl in Form eines Intelligenzquotienten (IQ) oder Motorikquotienten (MQ).

Tests haben folglich innerhalb der heilpädagogischen Diagnostik eine nachrangige Bedeutung. Wozu sie dienlich sein können wird in folgenden Punkten skizziert:

– *Tests als Informationsquelle verdichteter Fähigkeitsprofile:*
  Testverfahren liefern Informationen darüber, was bspw. unter Intelligenz verstanden wird, was unter Körperkoordination oder was unter visueller Wahrnehmung.

Projektive Untersuchungsverfahren lassen Deutungen zu über psychische Befindlichkeiten und über emotionale Beziehungen aus der jeweiligen Lebenswelt. Die Kenntnis der jeweiligen Testtheorie, hier einmal ausgedrückt als „verdichtetes Fähigkeitsprofil", vermittelt gleichzeitig ein Wissen um deren Begrenztheiten. So ist Intelligenz sicher mehr als die Summe der Untertests eines Intelligenztests!

– *Tests als Beobachtungsgelegenheit:*
Viele Testverfahren lassen sich auch zur Beobachtung nutzen. Beispielsweise durch eine qualitative Analyse des Bearbeitungsprozesses von Aufgabenstellungen. Motivation, Ausdauer, Aufmerksamkeit können interessante Beobachtungsinhalte sein.

– *Tests können Übungsanregungen vermitteln:*
Die Spielzeugindustrie hat sich offensichtlich so manchen Test oder Subtest zunutze gemacht, indem sie ihn als Vorlage von (Übungs-)spielen übernommen hat. Auch wir können Übungs- oder Förderideen aus Testverfahren ableiten oder Testaufgaben sogar selbst als Übungsmaterial einsetzen – sofern sie nicht als Test im eigentlichen Sinne eingesetzt werden.

– *Tests zur Verifizierung (Bestätigung) oder Falsifizierung (Widerlegung) von Vermutungen (Hypothesen):*
Hier ist zunächst die Kontrolle eigener Annahmen etwa aus Beobachtungssituationen angesprochen. Ferner sind so genannte Fremdgutachten gemeint, die überprüft werden müssen, sofern sie schon älter und vielleicht nicht mehr gültig sind.

– *Tests zur weiteren Hypothesenbildung, Entscheidungsfindung (z. B. bei „Grenzfällen"; so genannten unklaren „Fällen"):*
Zum Beispiel bei der Abklärung des Leistungsniveaus bei Fragen der kognitiven Über- oder Unterforderung, wenn es bpsw. um die Wahl der geeigneten Schulform geht.

– *Testinformationen, um sich mit KollegInnen fachlich austauschen zu können:*
Kenntnisse von Testverfahren sind schon deshalb wichtig, um fachlich mitreden zu können. Fremdgutachten lassen sich besser verstehen und kritisch beurteilen. Nicht alle Testverfahren müssen von Heilpädagoginnen selbst durchgeführt werden!

– *Testinformationen, um gezielt weiterverweisen zu können (zwecks diagnostischer Abklärung durch Psychologen oder/und Ärzte):*
Testergebnisse geben Anlass zu weiteren diagnostischen Abklärungen, bspw. zu Untersuchungen der Seh- und Hörfähigkeit. Mancher Heilpädagoge hatte als erster die Vermutung, dass das von ihm betreute Kind eine Sehhilfe braucht oder die Schallverarbeitung des Gehörs überprüft werden muss. Symptombeobachtungen im Sinne einer Prädiagnostik sind ein wichtiger Teil der heilpädagogischen Diagnostik. Gleichzeitig machen sie die Notwendigkeit einer interdisziplinären Diagnostik deutlich.

Wagenrad

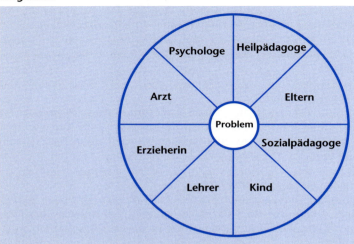

Das Wagenrad (Lotz, 1997, S. 38)

Das Wagenrad symbolisiert ein ins Stocken geratenes System. Jeder Beteiligte erhält einen „Speicherplatz". Visuell wird erkennbar, dass alle an einer Problemlösung beteiligt sein sollen, nicht nur der so genannte Symptomträger. Ziel ist, dass alle im System beteiligten Menschen ihre Verantwortung erkennen, damit das Wagenrad wieder in Bewegung kommt. Im Kontext der heilpädagogischen Diagnostik dient das Schaubild dazu, alle Problembeteiligten zunächst einmal festzustellen, vielleicht auch diejenigen Professionen oder Angehörigen, die bislang fehlen.

In einem zweiten Schritt wird die Frage der „Problemgewichtung" erörtert: Wie unterschiedlich schätzt jeder das Problem ein? Aus der jeweiligen Antwort kann die Motivation zur Problembeseitigung abgeleitet und diskutiert werden.
In einem dritten Schritt erklären die Beteiligten verbindlich, für was sie bereit sind, Verantwortung zu übernehmen. Gleichzeitig wird ersichtlich, dass Verantwortung zwar für jeden verbindlich ist, Verantwortung aber auf mehrere Schultern verteilt werden kann. Die Absichtserklärungen werden nun noch einmal mit Blick auf ihre Realisierbarkeit geprüft.
Nach einer gemeinsam vereinbarten Zeit trifft man sich wieder und reflektiert das Erreichte. Das Wagenrad dient auch dazu, wichtige, aber nicht präsente Personen (Verstorbene oder Verweigerer) sozusagen imaginär mit in den Veränderungsprozess einzubeziehen; oder festzustellen, dass ohne ihre Beteiligung eine Veränderung sehr erschwert ist.

Exkurs: Setting (am Beispiel von Testuntersuchungen)

Unter „Setting" sind Rahmenbedingungen zu verstehen, die insbesondere in der heilpädagogisch-diagnostischen Praxis optimal sein sollten. Misserfolge, Ausgrenzungen, persönliche Unsicherheiten gehören oft zu den Lebenserfahrungen unserer Klientel. Daher brauchen sie Untersuchungsbedingungen, unter denen sie *ihre* uneingeschränkten Fähigkeiten zeigen können. Leider sind zahlreiche Kinder auch durch Testerfahrungen „gefrustet", wenn nicht gar traumatisiert. Oft sind sie und ihre Eltern nur unzureichend über Untersuchungsergebnisse aufgeklärt worden.

Zu den optimalen Bedingungen gehört eine angstfreie Beziehung zum Testleiter; Testleiter und Proband sollten sich kennen, bevor ein Test durchgeführt wird. Ein Test erfolgt frühestens bei der zweiten Begegnung. So kann ein Testleiter schon im Vorfeld abschätzen, ob das Kind überhaupt in der Lage ist, einen bestimmten Test durchzuführen: kann es den Stift halten, kann sich sein Kurzzeitgedächtnis die Aufgabenstellung merken, zeigt es extrem hohe Ablenkbarkeit, sind die Sinnesfunktionen in Ordnung, reicht die Frustrationstoleranz aus, gibt es akute Traumen, Krankheiten oder Medikamentengaben? Bei unserer Klientel empfiehlt es sich, nur einen Test am Tag durchzuführen. Bei besonderer Belastung kann ein längerer Test auch auf Tage verteilt werden, um Erholungspausen zu ermöglichen.

Sofern keine gewichtigen Gründe dagegen sprechen, sollten Proband und Eltern über den Sinn der Untersuchung und später über deren Ergebnisse ausführlich informiert werden. Eine größtmögliche Transparenz liegt im heilpädagogischen Interesse. Es gehört zu den Aufgaben von Heilpädagoginnen, eine Sprache zu finden, die die betreffenden Menschen auch verstehen. Zudem müssen mit ihnen Konsequenzen aus den gewonnenen Ergebnissen erörtert werden (empfohlene Literatur: Manual des K-ABC, „Das Vorgehen bei der Untersuchung").

Ausblick

In der Praxis wird immer wieder die Frage gestellt, ob Heilpädagogen überhaupt testen dürfen. Darauf ist zu antworten, dass es kein Verbot gibt (Heilpädagogen mit staatlicher Anerkennung haben Bezugsmöglichkeiten für Testverfahren, etwa unter www.testzentrale.de); vielmehr ist in allen Ausbildungscurricula von „heilpädagogischer Diagnostik" die Rede. In heilpädagogischen Ausbildungsstätten muss eine gründliche *heilpädagogische* Diagnostik vermittelt werden.

In der Regel haben Diplom-Psychologen und Sonderschullehrer fundiertere *testtheoretische* Kenntnisse als Heilpädagogen. Kontinuierliche Praxiserfahrungen aber müssen sich alle Berufsgruppen aneignen, die diagnostische Aufgaben haben. Ziel ist hier eine ressentimentfreie multidisziplinäre Kooperation, wie sie in einigen anderen Ländern bereits selbstverständlich ist.

Testverfahren sind nur ein optionaler Teil der heilpädagogischen Diagnostik. Häufig sind ihre Ergebnisse aber differenzierter als bloßes Vermeinen im Sinne einer Türrahmendiagnostik. Diagnostische Befunde haben niemals einen absoluten oder objektiven Wahrheitswert. Sie zeigen bestenfalls Wahrscheinlichkeiten und Tendenzen auf und geben Hinweise für weitere Förderansätze. Ein Förderwissen bedeutet allerdings ein eigenes Know-how; diagnostische Kompetenz ist nicht zwangsläufig Förderkompetenz!

Kommentierte Literaturhinweise

Fachbereichstag Heilpädagogik (Hrsg.): Jahrbuch Heilpädagogik 2004. Berlin, BHP-Verlag, 2004.
Hinzuweisen ist auf den Beitrag von Dieter Gröschke: *Psychologische Mittel und heilpädagogische Zwecke? – Zur Diagnose der heilpädagogischen Diagnostik*. Gröschke stellt die Frage, was das Heilpädagogische an der heilpädagogischen Diagnostik sei. Seine Ausführungen bieten einen exzellenten Überblick zum Thema.

Kobi, Emil E.: Diagnostik in der heilpädagogischen Arbeit. 5. Aufl., Luzern, Ed SZH/SPC, 2003
Als Klassiker zu bezeichnendes Buch vom Altmeister Kobi bietet gewohnt kritische, aber durchweg informative Texte bspw. zur Prozess- und Förderdiagnostik mit Blick auf Menschen mit Behinderungen. Kobis Hinweise zum Übergang von der Diagnostik zur Förder*planung* sind bedenkenswert.

König, Karl: Heilpädagogische Diagnostik. 2. und 3. Aufl., Arlesheim, Natwa-Verlag, 1983/1984.
Dieser Band enthält Königs neun Vorträge aus dem Jahr 1965. Der Sammelband von 142 Seiten ist als historisch wichtig zu bezeichnen; die Lektüre ist allerdings nur anthroposophisch Vorgebildeten und Interessierten zu empfehlen.

Tietze-Fritz, Paula: Handbuch der heilpädagogischen Diagnostik. Konzepte zum Erkennen senso- und psychomotorischer Auffälligkeiten in der interdisziplinären Frühförderung. 3. Aufl., Dortmund, Verlag Modernes Lernen, 1996.
Das als Kompendium für „Frühförderer" gedachte Buch ist für alle mit diagnostischen Aufgaben betrauten Fachkräften eine brauchbare Arbeitshilfe und ein ergiebiges Nachschlagewerk.

Universität Stettin (Institut für Pädagogik) und Europäische Akademie für Heilpädagogik im Berufsverband der Heilpädagogen e. V. (Hrsg.): Heilpädagogische Diagnostik. Stettin, 2002.
Dieser Sammelband enthält alle Vorträge, die beim 1. internationalen Symposium zum Thema „Heilpädagogische Diagnostik" 2002 in der Universität Stettin gehalten wurden. Es verschafft einen Einblick zum jeweils aktuellen Stand der heilpädagogischen Diagnostik in über sieben europäischen Ländern.

Heilpädagogische Erziehungshilfe und Entwicklungsförderung (HpE) Wolfgang Köhn

Etymologie

Heilpädagogische Erziehungshilfe und Entwicklungsförderung (HpE) zeigt zugleich dreierlei auf: Es geht um *heilpädagogisches Handeln,* d. h. um „angemessene(n) Erziehung dort, wo erschwerende Bedingungen vorliegen" (Moor, 1994, S. 44). Es geht um *Erziehungshilfe,* d. h. um ein verbrieftes Recht auf Hilfe bei der Erziehung eines Kindes oder Jugendlichen, wenn eine dem Wohl des Kindes oder Jugendlichen entsprechende Erziehung nicht gewährleistet ist und die Hilfe für seine Entwicklung geeignet und notwendig ist (§§ 27 ff. SGB VIII, Kinder- und Jugendhilfe). Und es geht um *Entwicklungsförderung,* d. h. um eine zentrale Praxisaufgabe der Heilpädagogik, durch die versucht wird, mit *pädagogischen Methoden der Erziehung und Bildung* dem Ziel des Aufbaus, der Erhaltung oder Wiedergewinnung von *Handlungsfähigkeit* der heilpädagogisch bedürftigen jüngeren oder älteren Personen näher zu kommen (vgl. Gröschke, 1997, S. 268 ff.). Der Leitbegriff „HpE" umfasst demnach das Ganze aller heilpädagogischen Hilfen für jüngere und ältere Menschen, die aufgrund ihrer Beeinträchtigung nicht die Selbstentfaltung und Selbstverwirklichung erreichen, die ihnen optimal möglich wäre. Die HpE ist somit als grundlegendes, heilpädagogisches *Handlungskonzept* zu verstehen. Handlungskonzepte verbinden *Denken* und *Tun* bzw. Theorie *und* Praxis. Heilpädagogik ist eine *Handlungswissenschaft.* Mittels spezifischer Wahrnehmungsgerichtetheit und Methoden der Beobachtung werden – auf den Grundlagen theoretischer Kenntnisse und erlernter Erfahrungswerte – zielgerichtet diagnostische Schlussfolgerungen gezogen, um in alltäglichen und geplanten, auf Individuen oder Kleingruppen bezogenen sozialen Situationen Erziehungshilfe und Entwicklungsförderung leisten zu können. Dies geschieht sowohl auf aktionaler Ebene (Verhaltensbeobachtung, -analyse und -modifikation); rationaler Ebene (Wahrnehmen und Problemlösen) und emotionaler Ebene (Reflexion von Gefühlen, Einstellungen, Wertungen, Interessen, Wünschen). Dabei wirken aktuelle Gegebenheiten der jeweiligen Wechselbeziehung zwischen den beteiligten Personen sowie historische und gesellschaftliche Einflüsse gleichermaßen mit. Auf diese Weise fließen Informationen aus dem Wahrnehmungs-, Denk-, Gefühls- und Wertesystem und aus den Körperempfindungen der Personen – sowohl der Heilpädagogin wie auch des heilpädagogisch bedürftigen Menschen – ein.

Diese Informationen werden von Heilpädagogen auf der Basis wissenschaftstheoretischer wie handlungsbezogener Anteile allgemeiner und spezieller Heilpädagogik und ihrer Grundlagen- und Referenzwissenschaften, wie Erziehungswissenschaft/Pädagogik, Psychologie, Medizin, Diagnostik, Soziologie, Recht, Philosophie/Theologie, heilpädagogische Ethik/Berufsethik, Kulturpädagogik (Ästhetik und Kommunikation), Politikwissenschaft, Verwaltungswissenschaft, Sozialmanagement und Konzepte der Beratung, reflektiert. Deshalb nehmen *Praxiselemente und Praktika* (Fallseminare, Theorie-Praxis-Seminare) sowie Selbsterfahrung und Supervision, die *kritische Selbst-, Fremd- und System-Reflexion* fördern, sowohl in Studium wie Berufsausübung von Heilpädagoginnen einen bedeutsamen Platz ein. Auf dieser Basis entwickelt sich zwischen dem heilpädagogisch bedürftigen Menschen sowie dem Heilpädagogen und den jeweiligen Bezugssystemen eine gleichermaßen *personale* wie *fachliche Beziehung,* die als Grundvoraussetzung für heilpädagogisches Handeln gilt.

Geschichte

Der tragende Begriff der HpE, nämlich *„Heilpädagogik",* ist nur im deutschsprachigen Raum gebräuchlich und geht zurück auf die Gründer der „Heilpflege- und Erziehungsanstalt Levana"[1] (1856/57), Jan Daniel Georgens und Heinrich-Marianus Deinhardt. Beide wurden nicht unmaßgeblich beeinflusst von Jeanne-Marie von Gayette-Georgens, der Frau von J. D. Georgens. Sie war eine Verehrerin von Jean Paul, der 1807 das zweibändige Werk „Levana oder Erziehungslehre" herausgegeben hatte. Georgens und Deinhardt folgten 1861 mit dem ersten Lehrbuch: „Die Heilpädagogik. Mit besonderer Berücksichtigung der Idiotie und der Idiotenanstalten". Pädagoge und Arzt versuchten gemeinsam, pädagogisches und medizinisches Wirken unter Einbeziehung gesellschaftskritischer Aspekte gegenüber dem Umgang mit körperlich und geistig geschädigten und verwahrlosten Kindern und Jugendlichen in die Praxis umzusetzen. Heilpädagogik entwickelte sich also nicht aus einer übergeordneten wissenschaftlichen Disziplin (z. B. Medizin oder Pädagogik), sondern entstand in medico-pädagogischer Tradition aufgrund einer unmittelbar praktischen, durch „Behinderung" hervorgerufenen Notsituation von Menschen, die als „Außenseiter" stigmatisiert wurden. Man könnte dies als einen historischen Meilenstein in der Überwindung wissenschaftlicher Alleingänge und Abgrenzungen hin zu disziplinübergreifender Zusammenarbeit werten. Leider geschah das nicht und die Diskussion um die Begrifflichkeit, Ausdeutung und Relevanz von „Heilpädagogik" ist bis heute nicht beendet. Zeitweise überwog der Begriff „Heil" im Sinne medizinischer „Heilung" oder religiösen „Heils" im Angesicht der Unheilbarkeit menschlichen Leidens. Demgegenüber betonte bereits einer der ersten Kinderpsychiater der 50er-Jahre des 20. Jh., Heilpädagogik sei „das Bekenntnis, dass nur das Pädagogische, im weitesten Sinn freilich, imstande ist, einen Menschen wirklich zum Besseren zu verändern, aus den verschiedenen Entwicklungsmöglichkeiten des Kindes durch überlegene Menschenführung die beste auszuwählen" (Asperger, 1968, S. 317). Bei dieser Sichtweise kann *medizinische* „Heilung" kein Ziel heilpädagogischer Wissenschaft und Praxis, wohl aber eine mögliche Voraussetzung und Unterstützung für heilpädagogisches Handeln sein, bis zur heilpädagogischen Begleitung hin zum Tod, bspw. auf der onkologischen Station einer Kinderklinik oder im (Kinder-)Hospiz. Ebenso wenig ist Heilpädagogik gleichzusetzen mit „Therapie" im Sinne einer *psychologischen* Heilbehandlung. Eine solche „Therapeutisierung" bedeutet für das Selbstverständnis der Heilpädagogik stets eine Gefahr:

„Wenn sich Therapie nicht ursachenorientiert versteht, sondern störende Symptome durch den Aufbau von neuem Verhalten zu beseitigen versucht, ist Therapie immer auch Erziehung und darf nicht den Zielen der Erziehung entgegenwirken. Als Heilpädagoge oder Heilpädagogin mit pädagogischer Verantwortung für das anvertraute Kind sollte man sich deshalb davor hüten, Kinder einfach an Therapeuten abzugeben, ohne zu wissen, ob diese Spezialisten ebenfalls in der Richtung der eigenen erzieherischen Bemühungen arbeiten." (Haeberlin, 1996, S. 18)

---

[1] Römische Schutzgöttin der Kinder

Leider sind die Grenzen zwischen den Begriffen „Therapie" und „Pädagogik" modernistisch eingeebnet, vermarktet und damit verwischt, vor allem, wenn ursprünglich (heil-)pädagogische Angebote wie „Schwimmen, Spielen, Essen, Freizeitgestaltung, Ferienfreizeiten usw. [...] als Maltherapie, Spieltherapie, Schwimmtherapie, Esstherapie, Freizeittherapie, Reisetherapie bezeichnet und mit (pseudo-)wissenschaftlicher Dignität versehen" werden (Theunissen, 1991, S. 137). Ursachen dieser Verirrung sind ohne Zweifel auch die jahrelangen Begriffsdiskussionen über „außerschulische" Heilpädagogik, „schulische" Sonderpädagogik in Deutschland und unterschiedliche Begriffe wie „Rehabilitationspädagogik" (DDR), „Defektologie" (Russland) und „Orthopädagogik" (Niederlande, Frankreich).

Aktuelle Relevanz und theoretische Ansätze

Das Handlungskonzept der HpE basiert auf Grundlagen der allgemeinen Pädagogik und spezifiziert diese anwendungsbezogen auf Heilpädagogik. Heilpädagogisches Arbeiten ist um eine Gesamtförderung des in seiner Entwicklung und Lebensgestaltung beeinträchtigten Kindes, Jugendlichen, erwachsenen und alten Menschen bemüht und berücksichtigt sowohl sensomotorische wie intellektuelle, emotionale und soziale Fähigkeitsbereiche, um so zu größtmöglicher *Autonomie* und *Selbstverwirklichung* in *sozialer Mitverantwortung* beizutragen. Das Handlungskonzept der HpE beinhaltet *heilpädagogisch relevante Methoden,* im Wesentlichen basierend auf den fundamentalen Lebenssystemen von *Spiel* und *Übung,* die geeignet sind, den in seiner Entwicklung und in seinen Lebensbezügen beeinträchtigten Menschen bei der Bewältigung seines Lebensalltags zu unterstützen. Heilpädagogen *entwickeln solche Methoden in Zusammenarbeit mit ihrem Klientel,* sowohl nach der Akzeptanz und Wirksamkeit für die Klientel als auch nach *ihrer persönlichen Fähigkeit,* mit solchen Methoden im Rahmen eines *personalen Beziehungsangebotes sinnvoll arbeiten zu können.* Heilpädagogisch relevante Methoden sind daher keine punktuellen, isolierten vorgefertigten (Übungs- oder gar Trainings-)Angebote, sondern integraler Bestandteil eines umfassenden heilpädagogischen Handlungskonzeptes, in welchem die *Beziehungsgestaltung* zwischen Heilpädagogin und Klientel *in Zusammenarbeit mit einem interdisziplinären Team* von Fachleuten eine herausragende Bedeutung einnimmt. Für eine *interdisziplinäre* heilpädagogische Erziehungshilfe und Entwicklungsförderung (HpE) sind Forschungsergebnisse und Theorien aus verschiedenen Wissenschaftsbereichen wichtig: *Humanethologie* (vergleichende Verhaltensforschung zur Erklärung von Verhaltensabläufen und Handlungsbereitschaft (z. B. durch Untersuchungen von „erfahrungsfreien", taubblind-geborenen Kindern oder Kulturvergleich)). *Medizin:* Kinderheilkunde, Neuropädiatrie, (Kinder- und Jugend-)Psychiatrie, Neurologie und Geriatrie. *Psychologie:* Entwicklungs-, Lern-, Sozial- und klinische Psychologie. *Soziologie:* Bildungs-, Familien-, Organisationssoziologie und Interaktionsanalyse. *Wissenschaftliche Anthropologie, Philosophie* und *Ethik.* Das Handlungskonzept HpE betont in diesem interdisziplinären Kontext

- (a) *den prophylaktischen Charakter der Pädagogik,* die nicht von Schäden ausgeht, sondern positive Entwicklungsmöglichkeiten aufgreift, unterstützt und zur Entfaltung bringt, um auf diese Weise (weitere) Schäden zu verhüten oder zu vermeiden;
- (b) *die ökologische Orientierung* mit dem Ziel der Verbesserung von Lebensbedingungen in einer sich stets wandelnden Gesellschaft;

- (c) den *Ich-Du-Bezug* einer pädagogisch partnerschaftlich-kommunikativen, zwischenmenschlichen Begegnung;
- (d) die *Respektierung von Subjektivität* durch die Berücksichtigung der grundlegenden *Befindlichkeit,* des spezifischen „in der Welt Seins" (vgl. Heidegger, 1972) des Menschen aufgrund seiner entwicklungs- und lebenssituationsbedingten Wünsche, Bedürfnisse und Interessen, die zum Ausgangs- und/oder Zielpunkt heilpädagogischen Handelns werden;
- (e) *das dialektische Prinzip heilpädagogischen Handelns,* das zu einer Verschmelzung von Gegenwart und Zukunft, Wachsenlassen und Führen, „freiem" und „systematischem Lernen" sowie zum Behüten und Freigeben führt;
- (f) ein „ganzheitliches" *Menschenbild,* das auf die gesamte menschliche Situation und auf die leib-seelisch-geistige Einheit des Menschen in zwischenmenschlicher, gesellschaftlicher und ökologischer Relation bezogen ist;
- (g) *Bildsamkeit als grundlegende Disposition,* „die den Ausgangspunkt erzieherischer Aufforderung, Ermutigung und unterstützender Einflussnahme bildet."
- (h) *Emanzipation als Leitidee* der Heilpädagogik, den anvertrauten Menschen in die Lage zu versetzen, etwas aus sich selbst zu machen, sich allseitig zu entfalten und selbst *nach seinen Möglichkeiten* zu verwirklichen (vgl. Theunissen, 1991, S. 144–146).

Problem- und Erfahrungsfelder

Die *multifaktorielle Bedingtheit* heilpädagogischer Problemfelder in der Behinderten- und Jugendhilfe, im Gesundheitswesen und in der Altenhilfe erfordert ein *integrales Handlungskonzept* für sehr unterschiedliche heilpädagogische Praxis und Klientel. Heilpädagogen werden die dazu aussagekräftigen Theorien auf ihre Relevanz für ihr Handlungskonzept der HpE überprüfen und – in Zusammenarbeit mit anderen Professionen und den ihnen anvertrauten Menschen – im positiv gemeinten eklektischen Sinne diejenigen zum Einsatz bringen, die jeweils sinnvoll erscheinen. Dabei können akzentuiert unterschiedliche Teilkonzepte mit ihren entsprechenden methodischen Ansätzen für heilpädagogische Erziehungshilfe und Entwicklungsförderung (HpE) in Frage kommen. Dies sind z. B.:

- (a) *systemisch-ökologische Konzepte,* die insbesondere die Art der Anpassungs- und kommunikativen Austauschprozesse zwischen heilpädagogisch bedürftigen Menschen jeden Alters und ihrer Umwelt sowie die beziehungsreichen Wechselwirkungen in Familien und anderen Lebensgruppen zwischen Mikro-, Meso- und Exosystemen für die Lebensvollzüge nutzbar machen;
- (b) *psychoanalytische (tiefenpsychologische) Konzepte,* die insbesondere die innerseelischen dynamischen Faktoren im Hinblick auf (frühkindliche) Beziehungen und die unbewussten Erlebens- und Verhaltensprozesse berücksichtigen, deren Durcharbeit Wiederholungszwänge auflösen und zu neuen Orientierungsmustern hinführen;
- (c) *verhaltensorientierte Konzepte,* die insbesondere Lernvorgänge und das problematische Verhalten selbst mithilfe von Konditionierungsprozessen und Verhaltensmodifikation sowie der sozial-kognitiven Lerntheorie (Modelllernen) in den Blick nehmen.

In ihrer *individuumzentrierten* Heilpädagogik – Heilpädagoginnen sind „spezialisierte Generalisten" (Ondracek/Trost, 2004, S. 220) – die zugleich der transaktiven Beeinflussung von Individuum und Umwelt im Sinne von Austauschprozessen der Wirkung und Rückwirkung angemessene Beachtung beimessen, werden Heilpädagogen zuerst den menschlichen *Lebensweg* mit seinen Krisen und (Dauer-)Belastungen und die *biografische Situation* in ihrer *Lebensbedeutsamkeit* für den betroffenen Menschen in den Blick nehmen. Von diesem auf die *Befindlichkeit, das „in der Welt sein"* (vgl. Heidegger, 1972) ausgerichteten Blickwinkel aus gesehen werden Teilaspekte eines mehrdimensionalen Entwicklungsmodells, wie *Emotion, Kognition, Soziabilität, Sprache, Motorik, Sensorik*, relevant. Die Ergebnisse werden prozessdiagnostisch erfasst, von der *Vermutung* über die *Hypothese* hin zur *Verstehensdiagnose*. In der dialektischen Bezogenheit von diagnostischer Objektivität und Subjektivität wird die Heilpädagogin im Hinblick auf die Verstehensdiagnose fragen:

- (a) *subjektiv-objektivierend:* Welche *Lebensbedeutsamkeit* hat diese Beeinträchtigung, diese Behinderung, dieses Symptom für *diesen* Menschen im Kontext seines Lebensweges und seiner mitmenschlichen Beziehungen und wie erlebt er sich aufgrund dessen in seiner Befindlichkeit, in seinem „In-der-Welt-Sein" heute?
- (b) *intersubjektiv-dialogisierend:* Was bedeutet dieser Mensch in seinem Gewordensein, diese Beeinträchtigung, diese Behinderung, dieses Symptom *für uns* und unsere *heilpädagogische Beziehungsgestaltung?* Was kann einer für den anderen werden und tun, auf welche Weise können *wir* im wahrsten Sinn des Wortes *kommunizieren* (= einander „mit-teilen" und „ver-binden"), um den Lebensweg gemeinsam ein Stück weit – oder auch länger – in die oftmals ungewisse Zukunft hinein zu gehen?

Das heilpädagogisch-diagnostische *Verstehen* geht in diesem Sinne weit über das allgemeine Erfassen bzw. Begreifen von Sachverhalten und Zusammenhängen jeglicher Art hinaus und steht im Gegensatz zum rein naturwissenschaftlich-diagnostischen *Erklären*. Aufgrund dieser existenziellen Gegebenheit des Verstehens vermag die Heilpädagogin, aus der Annäherung im *gemeinsamen Erleben* heraus, gezielt Vergangenheits-, Gegenwarts- und Zukunftsbilder zu entwerfen, zu ‚malen', zu ‚beschreiben', zu imaginieren und mit dem beeinträchtigten Kind, Jugendlichen, erwachsenen und alten Menschen – auch mittels *Biografiearbeit* – weitere Methoden zu entwickeln, d.h., gemeinsame Wege zu beschreiben, die nur im Kontext dieses einmaligen Geschehens ihre besondere – eben *heilpädagogische* – Bedeutung für das Leben der Beteiligten gewinnen. In diesem grundlegenden Verstehen kann der Heilpädagoge vertrauensvoll darauf bauen, sowohl *diagnostische* wie auch *begleitende* und *beratende* Hilfestellungen zu entwickeln, die für die heilpädagogische Erziehungshilfe und Entwicklungsförderung (HpE) tragend sind.

Durch diese *Beziehungsgestaltung* entwickelt sich die HpE im Sinne eines lebendigen molekularen Ordnungsmusters, das durch drei *Struktur-* und *Prozesselemente* oder „Kerne" der *Befunderhebung, Begleitung* und *Beratung* zusammengehalten wird:

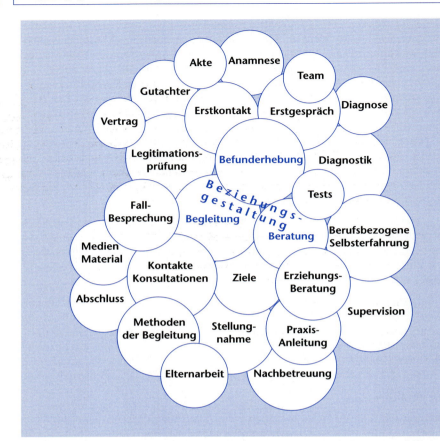

Molekulares Ordnungsmuster Heilpädagogischer Erziehungshilfe und Entwicklungsförderung (HpE) (Köhn, Erziehungshilfe, 2003, S. 64)

Praktisch bedeutet dies, dass die Heilpädagogin in ihrem Handeln nicht beliebig einzelne Teile aus der HpE herauslösen und sich willkürlich ihrer bedienen darf, wenn sie nicht riskieren will, *das Ganze* zu zerstören. Damit dies nicht geschieht, muss gewährleistet sein, dass die *Struktur,* d. h. der innere Aufbau des Bezugs- und Regelsystem dieser komplexen Einheit, in der alle Elemente innerhalb dieses Ganzen eine je eigenen Aufgabe erfüllen, erhalten bleibt. – Die HpE ist jedoch in ihrer so beschriebenen strukturellen Ganzheit immer auch ein *Prozess,* d. h., sie lebt durch die innere Dynamik der Teile mit dem Ganzen, durch die zugleich ein Verlauf, ein Fortgang im Sinne einer gezielten Handlungsweise in Gang gesetzt wird. Dies geschieht durch *Differenzierung,* d. h. Ausgliederung und Verfeinerung kognitiven und emotionalen Erlebens und Verstehens; durch *Integration,* d. h. die Fähigkeit, isoliert Erlebtes immer mehr miteinander in Beziehung zu setzen und im Zusammenhang verstehen zu können; durch *Zentralisation,* d. h. die Fähigkeit, sich weniger reaktiv zu verhalten, sondern vielmehr überlegend, nach bestimmten Merkmalen planend, Ziele zu setzen und darauf hin handeln zu können; durch *Selektivität,* d.h. zur (selbst-)kritischen Auseinandersetzung mit dem Reizangebot, den Anmutungs- und Wirkweisen im Umgang mit sich selbst, den Mitmenschen und der Welt fähig zu werden, um wertgeleitete Interessen zu entwickeln, damit Wertordnungen akzeptiert, mitgestaltet und sozial verantwortet werden können; durch *Ausformung von Strukturen* im Verlauf der individuellen Reifung; durch *Ein-*

übung und Verfestigung von Verhaltensweisen und Werthaltungen als Basis für kulturspezifisches Lebens- und Rechtsbewusstsein – soweit all dies im Einzelfall zu erreichen möglich erscheint.

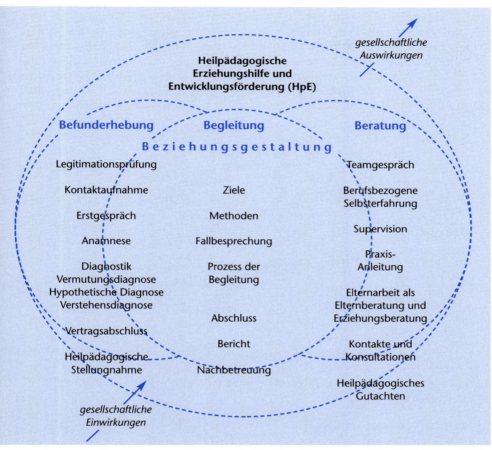

Zuordnung der Strukturkerne und -elemente im Handlungsprozess der HpE (Köhn, Erziehungshilfe, 2003, S. 90)

Auf diese Weise entsteht ein strukturelles Ordnungssystem, in dem die unterschiedlichen Teile des Ganzen den Kernelementen der *Befunderhebung, Begleitung* und *Beratung* zugeordnet werden. „Befunderhebung" wird in der HpE verstanden *als Suche nach Erkenntnissen und Verstehensmöglichkeiten über die Befindlichkeit* des heilpädagogisch bedürftigen Menschen in seinem Dasein, seinem Gewordensein und seinem Sosein in seinen Lebensbezügen, um gemeinsam bestmögliche Erziehungs- und Entwicklungshilfe entwickeln zu können. „Begleitung" wird in der HpE verstanden als *Begleitung auf dem Lebensweg* des Menschen, als mit vollzogene dialogische Situation einer personalen Begegnung. Aufgrund der „erschwerenden Bedingungen" bezieht die Heilpädagogin diagnostische und therapeutische Teilkonzepte in ihre pädagogischen Handlungen mit ein, die sowohl *Erleben* und *Verhalten, Bewusstes* und *Unbewusstes* sowie *körperliches, seelisches* und *geistiges* Befinden betreffen. Ziel ist die Erziehung zur Selbsterkenntnis und zur Selbstverwirklichung in allen Bereichen mitmenschlicher Bindung und dialogischer Bezogenheit, exemplarisch in Spiel und Arbeit, Lernen und Üben. „Beratung" wird in der HpE verstanden als interdisziplinäre Hilfe zur *Orientierung in Krisenzeiten*, als *Unterstützung bei der Verarbeitung von schweren Wirklichkeiten* sowie als *Anleitung* und *Hinführung zur immer selbstbewussteren und eigenständigeren Lösung von Problemen bei Lebensaufgaben*.

Um dieses Ziel zu erreichen, entwickeln Heilpädagogen, ausgehend von den Strukturkernen, den „roten Faden" der HpE in einem *Verlaufsplan zum Handlungsprozess*. Dieser Verlaufsplan ist ein *Flussdiagramm* mit 6 Schritten (vgl. Köhn, Erziehungshilfe, 2003, S. 87–116), der als *Regelkreis* der HpE zu verstehen ist. Er dient dem Studierenden wie dem Praktiker als Orientierungshilfe beim kontrollierten Vorgehen der ihnen übertragenen Aufgabe und als Reflexionsrahmen für ihre heilpädagogische Arbeit.

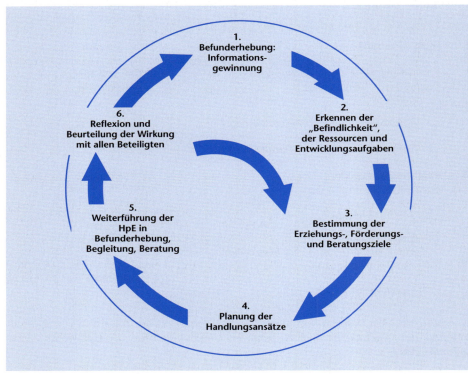

Regelkreis der HpE (Köhn, Erziehungshilfe, 2003, S. 87)

„Eine ständige individual-, alters- und umweltspezifische Anpassung des Förderkonzepts ist dabei eine wesentliche fachliche und ethische Maxime; d. h., für die sich durch Wachstum, Entwicklung oder krankhafte Einwirkungen ändernde Person muss kontinuierlich eine optimale Passung zwischen momentanem Entwicklungs- oder Befindlichkeitszustand, Umweltgegebenheiten und heilpädagogischen Förderangeboten gesucht werden. Was zu einer bestimmten Zeit förderlich gewesen war, kann durch zwischenzeitlich eingetretene personinterne oder umweltabhängige sowie interaktional bedingte Veränderung seine Wirksamkeit und Zuträglichkeit verloren haben. Der Dynamisierung personspezifischer Entwicklungs- und Veränderungsprozesse muss eine Flexibilisierung der Zielsetzungen, methodischen Ansätze und Medien des Förderkonzeptes entsprechen." (Gröschke, 1997, S. 269)

Ausblick

Die gesellschaftlichen Verhältnisse wandeln sich – die Rede ist von der „Krise des Sozialstaates", von Arbeitslosigkeit und Armut, mit bedingt durch den Globalisierungseffekt und daraus folgender soziomoralischer Verunsicherung. In Anbetracht dessen wird es darauf ankommen, dass sich Heilpädagogen in ihren Handlungskonzepten den berechtigten Ängsten vor dem sozialen Absturz und wachsenden Gefühlen der Ohnmacht bei den ihnen anvertrauten Menschen entgegenstellen. Es bedarf der persönlichen, politischen und gesellschaftlichen Wachsamkeit, um Gedanken- und Wortspielen, die Menschenverachtung zeigen, identifiziert im Unwort des Jahres 2004 „Humankapital" (man erinnere sich an das „Menschenmaterial" des so genannten Dritten Reiches), Einhalt zu gebieten. Hier gilt es, Freiheit *und* Verantwortung unüberhörbar zu vertreten, damit sich das ursprüngliche Prinzip unserer demokratischen Grundordnung: *Subsidiarität* plus *Solidarität* wieder gegenüber „Versorgungsstaat" oder „globaler Ausbeutung" durchsetzen kann. Heilpädagoginnen leihen dazu ihre Stimme den Menschen, die sich ihnen in ihrer Arbeit anvertrauen, und ermutigen sie zugleich, nach ihren Möglichkeiten *Mitbestimmung* zu leben, um der Gesellschaft die Beziehungen zu ihren Minderheiten und Randgruppen zu reflektieren und deren humane Rechte einzufordern und einzulösen.

Kommentierte Literaturhinweise

Gröschke, Dieter: Praxiskonzepte der Heilpädagogik, 2. neubearb. Aufl., München, Reinhardt, 1997.
In diesem Buch werden auf der Grundlage des Leitbegriffs „Heilpädagogik" historische und systematische Dimensionen der heilpädagogischen Disziplin beschrieben, aus denen Konzepte der Heilpädagogik als Brücken zwischen Theorie und Praxis (alltäglicher Lebenswelt und Berufspraxis) entwickelt werden. Diese Konzepte zielen auf die Grundphänomene menschlicher Existenz: Leiblichkeit, Bewegung, Entwicklung, Spielen, Lernen u. a. Vor diesem Hintergrund wird die Systematik heilpädagogischer Handlungskonzepte entwickelt.

Haeberlin, Urs: Heilpädagogik als wertgeleitete Wissenschaft. Ein propädeutisches Einführungsbuch in Grundfragen einer Pädagogik für Benachteiligte und Ausgegrenzte. Stuttgart, Paul Haupt, 1996.
Hier wird Heilpädagogik als wertgeleitete und parteinehmende Pädagogik vorgestellt, die kritisch mit dem Behinderungsbegriff und Vorurteilen umgeht und auf dem Hintergrund der europäischen Erziehungsgeschichte die Grundlagen für eine heilpädagogische Berufsethik herausarbeitet, die kritisch und auf ihre Effizienz hin überprüft wird.

Kobi, Emil E.: Grundfragen der Heilpädagogik: Eine Einführung in heilpädagogisches Denken. 6. bearbeitete und ergänzte Auflage, Berlin, BMP-Verlag, 2004.
Das ausgewiesene Standardwerk zeigt heilpädagogische Grundfragen, ihre Fragerichtung und ihre Fragebeantwortung auf, wobei sowohl objekt- wie subjektbezogene Fragestellungen dialektisch aufeinander bezogen werden. Daraus wird eine Synthese des gegenwärtigen Forschungsstandes für die Heilpädagogik entwickelt, in der kritisch gegen ein missbräuchliches pädagogisches Verständnis des Prinzips „Hilfe" Stellung bezogen wird.

Köhn, Wolfgang: Heilpädagogische Erziehungshilfe und Entwicklungsförderung (HpE) – ein Handlungskonzept. 3. aktual. Aufl., Heidelberg, Universitätsverlag Winter, 2003.
Hier wird ein heilpädagogisches Handlungskonzept vorgestellt, das auf der Basis seiner Kernelemente „Befunderhebung", „Begleitung" und „Beratung" in einem Flussdiagramm den Prozess heilpädagogischen Handelns entwickelt und in über 40 Artikeln – von *Abschluss* bis *Ziele* – heilpädagogische Erziehungshilfe und Entwicklungsförderung in der Zusammengehörigkeit und Interdependenz ihrer verschiedenen Elemente darstellt.

Köhn, Wolfgang: Heilpädagogische Begleitung im Spiel – Ein Übungsbuch zur heilpädagogischen Erziehungshilfe und Entwicklungsförderung (HpE). Universitätsverlag C. Winter, Heidelberg. 2002.
Vor dem Hintergrund pädagogischer und weltanschaulicher Grundlagen wird die kommunikative Beziehungsgestaltung in der heilpädagogischen Begleitung im Spiel anhand von Übungseinheiten als individuumzentrierte, pädagogisch-fördernde Methode differenziert dargestellt.

Speck, Otto: System Heilpädagogik: eine ökologisch reflexive Grundlegung. 5. neu bearb. Aufl., München, Basel, Reinhardt, 2003.
Das Standardwerk beschreibt Heilpädagogik als Handeln in speziellen erzieherischen Bedürfnissen auf anthropologischer und ökologisch reflexiver Grundlage, die versucht, einer drohenden personalen und sozialen Desintegration zu begegnen und Lebenssinn zu erschließen. Dies erfolgt in kooperativer Ergänzungsbedürftigkeit zwischen spezieller Pädagogik und ihren Nachbardisziplinen.

Heilpädagogik, geisteswissenschaftliche

Emil E. Kobi

Etymologie

Begriffliche Einordnung

Die Aufgabe, geisteswissenschaftliche Heilpädagogik (gwHp) definierend (abgrenzend) zu charakterisieren, ist zunächst irritierend: zum einen ist die Bezeichnung wenig geläufig und zum andern ist Heilpädagogik, die sich integral mit Normen, Werten, Sinnstiftungen und kulturellen Referenzen zu befassen hat, *per se* auf geisteswissenschaftliche Perspektiven angewiesen, was dem Begriff gwHp daher einen pleonastischen Anstrich gibt. Theoretisch deswegen vielleicht verzichtbar, ist das Etikett aber doch von praktischer Bedeutung, wie dies im Folgenden aufgezeigt werden soll.

Das Prädikat „geisteswissenschaftlich" impliziert zunächst, dass auch andere als die geisteswissenschaftlichen Heilpädagogiken existieren. Auch diesbezüglich entsteht eine gewisse Verlegenheit, da diese sich kaum entsprechend etikettieren, sondern unter den geläufigen Generalnennern (z. B. Behinderten-, Sonder-, Heil-, Rehabilitations-Pädagogik) firmieren. Erst die favorisierten Inhalte, Zielsetzungen, Adressen sowie die Terminologie machen bei näherem Zusehen deutlich, dass – bezüglich Fundierung und Begründung, Perspektiven und Referenzen – von verschiedenen „Heilpädagogiken" (im Sinne von Positionen und Ausgangsbasen) gesprochen werden kann, so z. B. von:

- *biologisch-medizinischer* Heilpädagogik, wie sie von ärztlich-kinderpsychiatrischer und neuropädiatrischer Seite sowie aus Bereichen paramedizinisch-funktioneller Therapeutik vertreten wird (Beispiele: *Hans Asperger; Maria Montessori*);
- *religiös-theologischer* Heilpädagogik, wie sie sich in kirchlich-konfessioneller Tradition findet (Beispiele: *Linus Bopp; Eduard Montalta);*
- *spirituell-deduktiver* Heilpädagogik, deren Ausgangspunkt ebenfalls transzendentaler Art ist (Beispiel: die durch *Rudolf Steiner* begründete anthroposophische Heilpädagogik);
- *soziologisch-sozialpolitischer* Heilpädagogik, die teils in Verbindung mit Behindertensoziologie und auch mit Disblility Studies die gesellschaftliche Relevanz des Behindertseins fokussiert (Beispiele: *Walter Thimm; Günther Cloerkes);*
- *psychologisch-empiristischer* Heilpädagogik, welche teils in Verbindung mit Rehabilitationsfachdisziplinen vorzugsweise „pädagogische Tatsachenforschung" betreibt (Beispiele: *Helmut v. Bracken; Karl Klauer);*
- *psychologisch-psychotherapeutischer* Heilpädagogik, die hauptsächlich im Bereich der Verhaltensauffälligenpädagogik Verknüpfungen pädagogischer und psycho-herapeutischer Umgangsformen und Methoden anstrebt (Beispiele: *Hans Zulliger; Alois Leber; Wilfried Datler);*

- *polit-ideologischer* Heilpädagogik, welche primär (behindernde) gesellschaftspolitische Verhältnisse ins Auge fasst und in deren Sanierung ihr Haupanliegen sieht: so in sozialistisch-materialistisch-marxistischer Richtung (bspw. *Wolfgang Jantzen; Georg Feuser* sowie die seinerzeit in der DDR federführenden Rehabilitationspädagogen um *Karl-Heinz Becker*);
- *personalistisch-kulturanthropologische* Heilpädagogik, die ihren Augenpunkt in der Person und deren aktuellem kulturhistorischen Kontext hat (bspw. in der Schweizer Tradition von *Paul Moor; Urs Haeberlin; Emil E. Kobi*).

Man hat sich allerdings davor zu hüten, um einer Klassifikation willen die Differenzen zu überzeichnen. Letztere liegen nicht in prinzipiellen Unvereinbarkeiten, sondern in unterschiedlichen Gewichtungen und Bedeutungsakzentuierungen, die ihrerseits dann auch zu unterschiedlichen methodischen Präferenzen führen können. Die triviale Redensart, wonach letztlich alle mit Wasser kochen, ist hier jedoch durchaus zutreffend: spätestens beim Umgang mit schwerstmehrfachbehinderten Menschen.

Geschichte

Eine Annäherung an den Begriff gwHp hat ferner über einige historische Entwicklungslinien zu erfolgen.
Der Begriff „Geisteswissenschaften" kam im 19. Jahrhundert auf in Abgrenzung zu den Naturwissenschaften. Geisteswissenschaften befassen sich mit Phänomenen, Fragestellungen, Themen und Bezügen, die mit den objektivierenden Methoden der Naturwissenschaften nicht angegangen werden können. Dies kommt auch in den teils synonym verwendeten Titeln Kultur-, Wert-, Historische Wissenschaften zum Ausdruck.

Richtungweisend wurde die von *Wilhelm Dilthey* (1833–1911) getroffene Unterscheidung von erklärenden Naturwissenschaften und verstehenden Geisteswissenschaften (1883; 1968). Zu den Geisteswissenschaften zählen nach *Dilthey* jene, die sich mit dem Menschen, der Gesellschaft und der Geschichte befassen. Sie distanzieren sich von normativer Apriorik und deren Deduktionen und orientieren sich anthropozentrisch, indem sie den/die *Menschen* zum Ausgangs- und Zielpunkt ihrer Forschungen machen unter Berücksichtigung ferner der jeweiligen historischen, kulturellen und epochalen Lebensumstände (Daseinsgestaltung) sowie der immanenten und transzendenten Bedürfnisse und Interessen. Mit Letzteren eröffnet sich zwar auch eine metaphysische Perspektive, die jedoch im *Menschen* als dem über sich hinaus strebenden Wesen ihren Ursprung hat. Leben und Erleben des Menschen bilden die Ausgangsbasen für Kosmologien und Weltanschauungen (-hörungen, -empfindungen).

Dies machte auch eine entsprechende Psychologie erforderlich, zumal die seinerzeit physikalistisch-biologische „Vermögenspsychologie" den Menschen als selbstreflexives Subjekt und handelnde Person nicht zu erreichen vermochte. Hier lagen für *Dilthey* und seine Nachfolge denn auch die Ansätze zu einer gw Pädagogik *s. u.*

In Bezug auf die Gegenwart weist *Odo Marquard,* (2001) auf die kompensatorische Unverzichtbarkeit der Geisteswissenschaft gegenüber den Naturwissenschaften hin. Die Geisteswissenschaften, die sich als „erzählende Wissenschaften" mit Geschichte und Geschichten befassen, geht es um personale Vernehmlassung: Bei den „Sensibilisierungsgeschichten" geht es – kompensatorisch zu gräulicher Einheits-Szientifik – um den „lebensweltlichen Farbigkeitsbedarf", in „Bewahrungsgeschichten" – kompensatorisch zu gesichts- und geschichtslos entfremdeter Materie – um den „lebensweltlichen Vertrautheitsbedarf" und in „Orientierungsgeschichten" – kompensatorisch zu gesellschaftlicher Orientierungslosigkeit und Intransparenz – um „lebensweltlichen Sinnbedarf". Die Geisteswissenschaften stehen somit für Gewaltentrennung (auch innerhalb des Wissenschaftsbetriebes) und eine „Kultur der Vieldeutigkeit".

In einer solchen kann konsequenterweise denn auch – was heilpädagogisch von existenzieller Bedeutung ist – Wertwidriges, Ab-Artiges, Absurdes, Unverständliches ein Refugium zur Daseinsgestaltung finden (siehe Kobi, 2004).

Aktuelle Relevanz und theoretische Ansätze

Um die Spezifika einer gwHp deutlich werden zu lassen, ist es unumgänglich, zunächst wenigstens skizzenhaft die Hauptanliegen geisteswissenschaften Pädagogik (gwP) aus dem Geiste einer verstehenden Kulturanthropologie in Erinnerung zu rufen:

- Ihre theoretische Fundierung und Ausgestaltung verdankt die gwP hauptsächlich *Wilhelm Dilthey* und dessen Schülerschaft und somit vorab professoralen Kreisen akademischer Pädagogik.
- GwP ist keine in sich geschlossene Einheit, Schule oder Ideologie, sondern eine vielgestaltige Bewegung/Bewegtheit, welche ihre Dynamik in ihren Anfängen wesentlich aus der deutschen Jugendbewegung und der Reformpädagogik der Jahrhundertwende gewann.
- Es ging dabei weniger um einen revolutionären Ausbruch, als vielmehr um einen renovativen Aufbruch im Rückgriff auf idealistische und (natur-)romantische Epochen deutscher Kulturgeschichte. GwP war und blieb denn auch stark auf den deutschen Kulturraum beschränkt.
- Getragen wurde die Bewegung im Wesentlichen durch sozial-liberal gesinnte jugendliche Eliten aus dem Bildungsbürgertum. Trotz der darin zum Ausdruck gelangenden Generationenkonflikte, blieb die gwP in Bezug auf den bürgerlichen Referenzrahmen affirmativen Charakters.
- Die gwP erreichte ihre Kulminationspunkte in der Zeit kurz vor der Jahrhundertwende bis zum Ersten Weltkrieg und erneu(er)t in der Zwischenkriegszeit. Ihre universitären Vertreter (*Herman Nohl, Eduard Spranger, Theodor Litt, Wilhelm Flitner* u. a.) profilierten sich als herausragende Handbuch-Autoritäten mit lexikonalem Gewicht. Umso schmerzlicher wurde später ihr „stillschweigendes Versagen" in innerer Emigration gegenüber dem Faschismus empfunden. GwP fand nach dem Zweiten Weltkrieg in der jüngeren Generation zunächst kein großes Interesse mehr und wurde in der BRD von US-amerikanisch inspirierten empiristischen Trends und in der DDR von sowjetisch vorgezeichneten marxistisch-sozialistischen Polit-Perspektiven in den Hintergrund gedrängt und beidseitig oft auch als „unwissenschaftlich" diskreditiert.
- Eine gewisse Renaissance erfuhr die gwP teils über direkte Anknüpfungsversuche ihrer traditionellen Vertreter (*Nohl, Flitner, Spranger*), vor allem dann aber auch über den Miteinbezug bzw. die pädagogische Fruchtbarmachung der Existenzphilosophie (*Otto F. Bollnow*) und das pädagogische Denken von *Martin Buber*. Dessen Dialogik fand nach einem halben Jahrhundert durchaus eine Entsprechung in der Aussage von *Dilthey* (1910; 1968): „Verstehen ist ein Wiederfinden im Du".

- Zentralbegriff auch der gwP ist das Verstehen: dies sowohl in einem kulturgeschichtlichen, epochalen als auch in einem individualen, biografischen (den Zögling betreffenden) Sinne. Dazu korrespondierend spielen hermeneutische Methoden eine herausragende Rolle.

- GwP ist dementsprechend beschreibend, betrachtend, deutend, will erhellen, aufklären, den Einzelnen Sinn erschließend zu sich selber führen, ihn zum selbstverantwortlichen Handeln befähigen.

- Einen weiteren Orientierungspunkt bildet die Kulturanthropologie – zu Beginn noch in der spezifisch deutschen Unterscheidung von (geistbestimmter, hochwertig-tiefgründiger) Kultur und (oberflächlich-konventioneller, technischer, insgesamt minder gewerteter) Zivilisation.

- Der Erzieher ist Bildungsbeauftragter des Volkes und als solcher Vermittler abendländischer Kultur.

- GwP ist dem Großen, Edlen, Hehren zugetan. Romantische und idealistische Elemente finden in einem gewissen Pathos ihren Ausdruck sowie in elaborierter Sprache und kultiviertem Sprachstil. In der Nachkriegszeit wird der Ton etwas bescheidener und nähert sich einer Sprache der Innerlichkeit.

- GwP distanziert sich von transzendental verabsolutierten, allgemein verbindlich fixierten Menschenbildern. Ihr Anthopozentrismus und liberaler Individualismus findet im Appell: „Vom Kinde aus!" seinen prägnanten Ausdruck. Daher auch die Betonung des personalen Bezuges zwischen Erzieher und Zögling und die Achtung des kindlichen Eigenrechts, dem mit „pädagogischem Takt" zu begegnen ist.

- GwP verfolgt neben sittlichen auch ausgeprägt ästhetische Perspektiven in Ausrichtung auf das Bildungsideal des Kalokagathos (des schön-guten Menschen). Der *Spranger*'sche Jüngling (1924; 1955 in 24. Auflage!) erscheint als dessen epochaltypischer Repräsentant: Gesund und rein, edel und schön, gepflegtem Bildungsbürgertum entstammend, von Idealen erfüllt, nach Höherem strebend, kulturbeflissen, geistvoll, mit tiefen Gefühlen, naturverbunden das Unverfälschte und Wahre suchend, phasenhaft selbstquälerisch und rebellisch zwar, doch nicht revolutionär, insgesamt hoffnungsfroher Nachwuchs der und für die völkische Elite.

- GwP waltete denn auch bevorzugt in „scholastischen" Gefilden und Bildungstempeln und war daselbst im Kerngehäuse des (humanistisch *Humboldt*'schen) Gymnasiums beheimatet, das über dem (humanitär *Pestalozzi*nischen) „Eigengeist der Volksschule" (Spranger, 1955) schwebte.

- „Gemeinschaft" gehört zwar mit zu den zentralen Anliegen gwP, dies jedoch in einem akzentuiert privaten, auf Empathie, dem „pädagogischen Eros", beruhenden Sinne. (Gesellschafts-)politisch traten die gelehrten Vertreter der gwP weniger in Erscheinung. Eine naive (?) Zuversicht in die Geisteskraft des Menschen, seine Vernunft, sein Ethos, übersah zu lange, was sich in den Niederungen des Ungeistes und der Geistlosigkeit an Geistfeindlichkeit zusammenballte und hatte diesem denn auch wenig Handfestes, Handlungswirksames, Pragmatisches entgegenzusetzen.

Problem- und Erfahrungsfelder

Der Einfluss gwP auf die Heilpädagogik ist nun allerdings erheblich geringer, als formaliter zu erwarten wäre, zumal die Heilpädagogik nicht auf Grund einer Spezialisierung aus einem umfassenden Ganzen (der Pädagogik) hervorging, sondern um die Mitte des 19. Jh. aus unterschiedlich motivierten (caritativ, prohibitiv, purgatorisch, segregativ, sekuritär etc.) motivierten und ausdifferenzierten Besorgungen um behinderte Menschen zu einem lockeren Konglomerat zusammengefunden hatte (Kobi, 1994; 2004).

Die Entwicklung der Heilpädagogik erfolgte jedenfalls *nicht* im Gleichschritt mit der Pädagogik und verlief zur Hoch-Zeit der gwP im Gegenteil oft dispers und ließ sie sogar verschiedentlich in Apartheid-Situationen und existenzielle Bedrängnis geraten. Dies insofern, als

- ihr Verhältnis zur allgemeinen Pädagogik generell – bis hin zu den Integrationsbemühungen der Gegenwart – distanziert bzw. asymmetrisch blieb: Heilpädagogik versteht sich zwar dezidiert als Pädagogik, versucht sich permanent als solche auszuweisen und der „Regel-Pädagogik" anzudienen, stößt daselbst jedoch relativ selten auf ein genuines Interesse, das über freundliches Wohlwollen gegenüber ihrem „relief working" hinaus reicht.

- auch die gwP sich nur ausnahmsweise und randlich-abgrenzend für pädagogische Belange Behinderter interessierte oder sich hierfür als nicht zuständig erklärte.

- die Heilpädagogik somit nicht viel Handreichung zu erwarten hatte aus dem idealistischem Überschwang und humanistischem Elitarismus und daher ihre Rückendeckung und handfeste Anleitungen vorzugsweise in speziellen Sparten der Medizin suchte.

- Heilpädagogik auch noch vergleichsweise lange ihre ideelle Überwölbung durch das Kirchendach beibehielt (vor allem im kirchlich-caritativ gepflegten Anstaltswesen). Die Säkularisierung bzw. Verstaatlichung heilpädagogischer Domänen, verbunden mit einer Ausdünnung des geistlichen und diakonischen Personals, fand (in Deutschland weniger noch als in der Schweiz) teilbereichlich mit mehr als einem Jahrhundert Verspätung auf die Normal-/Regel-(schul)pädagogik statt.

- heilpädagogische Bemühungen stets von volkspolitischen Nützlichkeitserwägungen und Ermessensfragen begleitet sind, was die Heilpädagogik – im Unterschied zu Pädagogik und allgemeinem Schul- und Erziehungswesen – verschiedentlich nicht nur in ideelle, sondern auch in existenzielle Bedrängnis brachte und bringt.

Heinrich Hanselmann (1885–1960) blieb mit seinem Versuch zur Grundlegung einer Allgemeinen Heilpädagogik (1930) in der ideellen Ausrichtung noch dem christlichen Gedanken der Gotteskindschaft und Gottebenbildlichkeit sowie säkularisierter Caritas verbunden und stützte sich in praxeologischen Belangen auf den psycho-physiologischen Empirismus seiner Zeit ab. Erst sein Schüler *Paul Moor* (1899–1977) legte wesentliche Grundsteine zu dem, was späterhin mit dem Etikett gwHp versehen werden konnte.
Moor musste unter den (auch ideell) desolaten Verhältnissen der Nachkriegszeit so etwas wie eine gwHp erst neu erfinden. Seine Hauptschriften (1958;1960) sind hin-

sichtlich ihres ausgeprägten Eklektizismus daher durchaus in Parallele zu setzen mit der so genannten „Trümmerliteratur" in der epochalen Belletristik.

Ausgangspunkt war für ihn nicht eine Spiritualität, eine Idee, ein Ideal, eine Ideologie gar, sondern – diesbezüglich bereits in existenzphilosophischer Ausrichtung – die terra incognita des Soseins *dieses* (behinderten) *Kindes*, das von Seiten der Regelpädagogik oft *wegen*
- seiner *Nicht*-Verstehbarkeit,
- seiner Unkultiviertheit/Verwahrlostheit,
- seiner Sprachlosigkeit/Dialogunfähigkeit,
- seiner stagnationsbedingten Geschichtslosigkeit,
- seiner kaum fassbaren/brüchigen Identität,
- seiner scholastischen Untauglichkeit/beschränkten Bildsamkeit,
- seines – zumal geistig behinderten/behindernden – Behindertseins,
- seiner mangelhaften Wertempfänglichkeit/Gemeinschaftswidrigkeit und
- damit generell auf Grund unzureichend erfüllbarer Kernanliegen (s. o.) gwP

der Hp überantwortet wird.

Als zentrale Frage ergab sich für *Moor* damit die nach der Tauglichkeit, und zwar *nicht* des „Erziehungsmaterials" und dessen pädagogischer Verfügbarkeit, sondern jener zeitgenössischer Philosophien, Pädagogiken und Psychologien zur Bewältigung der Erziehungs- und Bildungsaufgaben *diesem Kind* gegenüber. Er verfuhr dabei nach seinen eigenen Worten (Kobi, 1985), „wie die Türken auf der Akropolis", indem er aus verschiedenen Lehrgebäuden zur Daseinsgestaltung Behinderter hilfreich und passend Erscheinendes herausbrach und zu seinem Konzept des „innern Halts" (1958;1960) zusammenfügte. Es sind durchaus Anleihen an die gwP zu erkennen in Aussagen wie: *„Wir müssen das Kind verstehen, bevor wir es erziehen" [...] „Wo immer ein Kind versagt, haben wir nicht nur zu fragen: Was tut man dagegen? – Pädagogisch wichtiger ist die Frage: Was tut man dafür ... nämlich für das, was werden sollte, soweit es werden kann", „Wir haben nie nur das entwicklungsgehemmte Kind als solches zu erziehen, sondern immer auch seine Umgebung." (Moor, 1994, S. 13–35).*

Hier sind zwar durchaus Anleihen an die gwP zu erkennen, und Moor räumt denn auch insbesondere der „Verstehenden Psychologie" (z. B. von Spranger,) viel Platz ein.

Bereits in seinen frühen Schriften stößt *Moor* jedoch auch auf heilpädagogische Unzulänglichkeiten des für die gwP grundlegenden Verstehens: Ein solches verführt – im Sinne des ‚Tout comprendre c'est tout excuser!' – leicht „zum liebenden Bejahen" (Moor, 1947, S. 138), was sodann das Ausbleiben eines pädagogischen Impetus zu Folge haben kann. (Ein Vorwurf, der von pädagogischer Seite hie und da an psychologische Adressen gerichtet wird, wenn dortselbst rekursives „Verständnis" folgenlos ruminiert wird). Ein Nicht-Verstehen kann demgegenüber Anreiz sein für ein fortgesetztes Engagement (vgl. Moor, 1947, S. 138). Verständnis/Verstehen erweist sich für die Heilpädagogik als ambivalente und kontingente Angelegenheit. Heilpädagogen haben sich jedenfalls angelegentlich vor einem Pseudoverständnis – z. B. auf Grund von Analogieschlüssen und ichmaßstäblichem introspektivem Nachvollzug, emotionaler Inflation und Anbiederung – zu hüten.– Ähnliches gilt für jenen „pädagogischen Eros", der gwP als tragendes Element des „pädagogischen Bezuges" gilt. Liebe ist per se „konservativ": bewahrend im Verlangen, dass „es ewig so bleiben" möge, bangend, dass ein Wandel das Herausfallen aus der unio mystica des „liebenden Miteinanderseins" (Binswanger, 1953, S. 58) zur Folge haben könnte.

Ausblick

Die gegenwärtige Situation gwHp ist vor allem dadurch gekennzeichnet, dass sie oft kaum noch als solche zu kennzeichnen und hervorzuheben ist. Dies hat vor allem damit zu tun, dass

- das Gedankengut gwHp sich neuzeitlich vermischte mit anderen Denkweisen und gegenseitige Annäherungsprozesse stattfanden zwischen ursprünglich stärker konkurrierenden Grundauffassungen. Die Unterschiede verwischten sich teils bis zur Bedeutungslosigkeit.
- heutzutage auch generell eine diffuse Gemengelage vorherrscht bzgl. einstmals deutlicher konturierter und auch explizit abgegrenzter „Schulen" und „Meisterzirkel", „Konfessionen" und „Ideologien". Die Zeit der großen Persönlichkeiten und Namen, der umfassenden Konzepte und Systematiken wich auch in der Heilpädagogik einer solchen kleinräumig-kurzfristiger Patchwork-Aktivitäten
- ein aufgeklärter Skeptizismus moderierend auf geistige Höhenflüge, Erlösungs- und Heilsversprechen (aktuell teils noch integrationistischer oder förderungsaktivistischer Art) einwirkt.
- an die Stelle normativer bzw. ideologischer Ausgangspositionen mit verabsolutierend verpflichtenden Menschenbildern und Gesellschaftsvisionen vermehrt die Beachtung existenzieller Bedürfnisse und Handlungsmöglichkeiten im hier und jetzt tritt.
- sich der Heilpädagogik verstärkt – neuzeitlich ausgelöst durch die so genannte Singer-Debatte in den 1980er-Jahren und fortgesetzt durch bio-ethische Diskussionen um Lebenswert und -recht Behinderter – ein apologetisches Mandat ins Bewusstsein drängt: Heilpädagogik ist nach wie vor weder in ihrer Praxis noch in ihren theoretischen Konzepten keine unbezweifelt-unangefochtene Selbstverständlichkeit.
- in diesem Zusammenhang sowie in Anbetracht der Diskrepanzen zwischen forcierten (Konsum-)Ansprüchen und beschränkten Ressourcen Fragen der Ökonomie und der Handlungstransparenz vermehrt Beachtung zu finden haben und dadurch pragmatischer Optimalismus idealistischen Maximalismus verdrängt.
- systemische und konstruktivistische Sichtweisen, Verortungen und Interpretationen Komplexitätsgrade aufzeigen, die es verunmöglichen, „Behinderung" kurzschlüssig als negative Eigenschaft an der Person des Behinderten festzumachen.
- – kompensatorisch hierzu – wesenhafte Elemente gwP sich zu personalistischen Signaturen verdichten, über die zunehmend eine (Wieder-)Annäherung an personale Eigenkonzepte Behinderter und mithin auch an eine personale Pädagogik mit ihren Konstituenten von Selbstverantwortung, -tätigkeit, -bestimmung etc. stattfindet.
- – unter dem Einfluss soziologischer und ethnologischer Erkenntnisse – schließlich auch das Thema Kultur/Kultivation für die Heilpädagogik neu entdeckt wird (*Greving u. a.*, 2004). Dies nachdem Teile der Sonderpädagogik sich während Jahrzehnten ruminierend-missionierend in Integrationsdebatten um sich selbst gedreht, vereinzelt sogar skrupulöse (Selbst-)Auflösungstendenzen ent-

wickelt oder ihr Heil in ausufernder Therapeutik gesucht hatten und darob das Kerngeschäft der qualifizierten und spezialisierten Erziehung und Bildung behinderter Kinder zeitweise zu vernachlässigen drohten.

Heilpädagogik hat ihren gesellschaftspolitisch zugewiesenen Ausgangspunkt zunächst zwar in einer Teratologie, d. h. einer Lehre vom Missgestalten, Normabweichenden, Unerwünschten. Sie beschäftigt sich sodann aber *positiv* mit der Frage, wie eine konkrete Gesellschaft und Epoche das aus deren Sicht Erwartungs-, Norm- und Wertwidrige, das Unzweckmäßige, Gestörte und Unproduktive ... zu kultivieren, d. h., sich damit in ein integrales Verhältnis zu setzen vermag. Behinderung und Leiden werden da zu einem Kulturfaktor, wo sie *als solche* kultiviert („gepflegt", formiert) und in die gemeinsame Daseinsgestaltung eingebaut werden.

GwHp ist somit durchaus – zugleich zeitgeistig entschlackt und angereichert – existent: zwar nicht (mehr) als kompakte Lehre, sondern in einem Patch-work-Gebilde, das die Identität weniger in den Inhalten als in der Struktur bewahrt hat.

Kommentierte Literaturhinweise

Haeberlin, Urs: Heilpädagogik als wertgeleitete Wissenschaft. Bern, Stuttgart, Wien, Paul Haupt Verlag. 1996.
Der Autor thematisiert von einem expressis verbis parteiergreifenden Standpunkt und der Orientierung am Grundwert der Solidarität aus Fragen des Menschenbildes und der Menschenwürde im Umgang mit Behinderten in Geschichte und Gegenwart sowie im Umfeld verschiedener Anthropologien. Ethische Kategorien und moralische Standards sind in Theorie und Praxis für die Heilpädagogik von zentraler und für Behinderte von existenzieller Bedeutung.

Kobi, Emil E.: Grundfragen der Heilpädagogik. 6. bearb. u. erg. Aufl., Berlin BHP-Verlag, 2004.
Die kulturantrhropologische Vielfalt der Sicht und Umgangsweisen von und mit Behinderung und Behinderten wird aufgezeigt in Ausrichtung auf die Fragen nach dem Selbstverständnis der Heilpädagogik als Wissenschaft und Praxis, nach ihren geschichtlichen Entwicklungen, Begründungen und Paradigmen, Zielen und Methoden, sowie nach ihren situativen und temporalen Kontextverflechtungen. Damit wird die personale Verantwortlichkeit (je) des Einzelnen akzentuiert.

Heilpädagogische Kunsttherapie

Karl-Heinz Menzen

Etymologie

Heilpädagogische Kunsttherapie – diese Bezeichnung verweist auf ein Fach, das seinen Namen aus einer Amalgierung zweier in ihren Interessen gegenläufiger Instrumente des sozialen, hier: spezifisch heilpädagogischen Handelns bezieht. Die Bezeichnung ist ein Konstrukt der 90er-Jahre des 20. Jahrhunderts.

Kunsttherapie, das ist ein künstliches Wort, das holt begrifflich etwas zusammen, was eigentlich nicht zusammengehört. Auf der einen Seite das Wort „Kunst", das uns verspricht, in einer Art des bildlogischen Widerspruchs eine Alternative aus den festgefahrenen Situationen des Lebens zu bieten. Auf der anderen Seite das Wort „Therapie", das dieses Versprechen unter der Not eines Einzelnen oder einer Gruppe dabei ist einzulösen. Die Ambivalenz der beiden Worte – das ist die Stärke des Verfahrens: Kunsttherapie will freiheitliches und notwendiges Begehren zusammenbringen, will dem, der leidend ist, einen Ausweg zeigen; wie mit dem, dessen Verhaltensmuster versteinert sind, flexiblere Umgangsweisen versuchen. Wenn Kunst die imitierenden und irritierenden Kodes einer Gesellschaftsverfassung in eigenwilligen Material- und Verfahrensweisen entwirft, um eben diese Verfassung aufzubrechen und zu verändern, – dann will Therapie das Gegenteil: Menschen, die leidvoll aus ihren sozialen Kontexten herausgefallen sind, wieder dorthin zurückführen, wo sie sich geborgen fühlen. Wenn innere wie äußere Lebensbilder erstarrt, nicht mehr kommunizierbar sind, bieten sich künstlerische Therapieverfahren an, um kreativ und fantasievoll andere Bilder des Lebens zu erschließen. Wenn Kunst sich die therapeutischen Handlungsfelder erschließt, lassen sich die ästhetischen Einbahnstraßen des Lebens differenzieren, sodass individuelles Leben facettenreicher, in seinen gesellschaftlichen Bezügen wieder flexibel wird. Im Feld des heilpädagogischen Handelns ist das Amalgam von Kunst und Therapie nutzbar geworden.

Definition: Heilpädagogische Kunsttherapie – das ist ein innerpsychischer und sich sensu- wie psychomotorisch auswirkender Formbildungs- und Gestaltungsvorgang, der sich in der bildnerischen Formdynamik eines ästhetischen Mediums spiegelt und der dazu innere wie äußere Lebensverhältnisse so abbildet, dass sie im heilpädagogischen Behandlungsprozess bearbeitbar und neu zentrierbar werden. Ihr Zweck besteht darin, die Orientierung zu restituieren und Leiden zu bewältigen; ihr Mittel darin, jenen innerpsychischen und psychomotorischen Prozessen, die Leiden verursachen, ein anderes Ziel zu geben. Im Ergebnis sollen die Bewusstseins- und Erlebnisweisen, aber auch die Verhaltensabläufe so konstelliert werden, dass es möglich wird, das Alltagsleben zu bewältigen.

Geschichte

Vier paradigmatische Hinsichten kennzeichnen die Geschichte der Heilpädagogischen Kunsttherapie:

Paradigma 1: Seelische Erschütterung und Gleichgewicht der Seelenkräfte

Bildnerisch therapeutisches Arbeiten, angesiedelt um 1800 im Rahmen beschäftigungs- und ergotherapeutischer Behandlung in französischen und deutschen psychiatrischen Kliniken, wurde eingeführt, eines der ersten therapeutischen Paradigma, die Erschütterung des Patienten, abzulösen durch ein neues Paradigma, dasjenige des inneren Gleichgewichts. Die Wiederherstellung des Gleichgewichts der Seelenkräfte, das bedeutete im heilpädagogischen Zusammenhang seit 1860 auch, diejenigen Seelenkräfte, über die die Patienten, die so genannten „Wilden Kinder" oder die älteren so genannten „Crétins" nicht verfügten, wieder anzutrainieren.

In heilpädagogischen Anstalten, wie in der Anstalt Levana in Baden bei Wien, entstanden beschäftigungs- als kunsttherapeutische Ateliers, die solche Kompetenzprogramme mithilfe von ästhetischen Materialien einübten.

Paradigma 2: Gestaltung des inneren psychischen Ausdrucks

Wie sollte aber die Medizin der Zeit erkennen, worum es sich im bislang nicht codifizierten verhaltensauffälligen Ausdruck der Patienten handelte? Die Lösung wurde angedeutet, als ein neues Paradigma, die gestalterische Dokumentation des inneren Ausdrucks, gegen Ende des 19. Jahrhunderts gebräuchlich wurde. Mithilfe von Entspannungs-, Hypnose- und Suggestionsverfahren wurde den Patienten ermöglicht, sich gestalterisch, auch bildnerisch assoziativ auszudrücken. Zuerst wurde dieses Verfahren an den psychiatrischen Abteilungen ausprobiert. Später wurde es Mode in den entstehenden privaten psychoanalytischen Praxen. Das Paradigma wurde ergänzt durch dasjenige der Beziehungsübertragung und gilt bis heute.

Paradigma 3: Bildnerische Gestaltung der psychischen Beziehung

Die psychoanalytischen Praktiken der Zeit von Beginn bis zum Ende des 20. Jahrhunderts waren darauf aus, Beziehung in der Art eines Containments, in der Art eines persönlich gesicherten Raums anzubieten, um subjektiv-projektive Übertragungen zu ermöglichen, der Psychodynamik der inneren Bezüge ein bildnerisches Gesicht zu verleihen. Mithilfe des ästhetischen Ausdrucks sollte sich die Beziehung von Patient und Therapeut solchermaßen ausdrücken, dass sich das Leiden des Patienten interaktionell dokumentierte. Das Containement, Rahmen und Halt gebend durch das förmliche und persönliche Setting des Therapeuten, wurde so wichtig, dass es nach Ansicht von Kritikern der Psychotherapieverfahren zu Beginn des 21. Jahrhunderts zum wichtigsten Paradigma jeder Therapie avancierte.

Paradigma 4: Wiederherstellung der mentalen und kontextualen Orientierung

Die auf der Wissenschaft der Neurologie basierenden Paradigmen der neueren Zeit haben die zurückliegenden Paradigmen der letzten 200 Jahre nicht vergessen. Die persönliche Beziehung zwischen Patient und Therapeut steht im Mittelpunkt der therapeutischen Behandlung.

Angesichts der Wichtigkeit, die der vernünftige und verstandesmäßig richtige Ausdruck im Zeitalter der Informationsgewinnung und -erkennung erhält, geraten aber ähnlich wie vor 200 Jahren diejenigen Menschen, die sich ihrer mentalen Ausstattung nicht mehr angemessenen bedienen können, wieder an den Rand der Gesellschaft. Sie werden in Pflege- und Behindertenheimen untergebracht und europaweit nicht selten schlecht betreut.

Ähnlich wie vor 200 Jahren gerät wieder ein Menschenbild in die Kritik, das Einstellungen, Denkweisen und Handlungen außerhalb des vernünftigen gesellschaftlichen Konsenses aus der Öffentlichkeit ausschließen möchte. In dieser Situation werden jene Therapeuten wichtig, die an neurologischen und gerontopsychiatrischen Abteilungen wie in Pflegeeinrichtungen alles daransetzen, mithilfe der verbliebenen Bildmuster die betroffenen Patienten in ihrem gesellschaftlichen Kontext wieder zu orientieren. In heilpädagogischen Einrichtungen der neueren Zeit hat dieses Paradigma eine hohe Relevanz erhalten.

Aktuelle Relevanz und theoretische Ansätze

Nach ihrer historischen Herkunft und aktuellen Relevanz lassen sich vier Ansätze in der Kunsttherapie differenzieren, von denen wir im Folgenden die heilpädagogischen Ansätze besonders erörtern wollen:
– eine präventiv orientierte Kunsttherapie,
– eine heilpädagogisch-neurologische Kunsttherapie,
– ein psychiatrisch orientierte Kunsttherapie,
– eine psychotherapeutisch orientierte Kunsttherapie.

Anmerkung zur einer psychotherapeutisch orientierten Kunsttherapie:
Das Psychotherapeutengesetz bedeutet für die kunsttherapeutisch Tätigen, im ambulatorisch- und klinisch-therapeutischen Zusammenhang adjuvant, d. h. die zur Psychotherapie Ermächtigten begleitend und unterstützend tätig zu sein. Sie arbeiten damit, innerpsychische Einstellungen und sich ausdrückende Verhaltensmuster in der bildnerischen Formgebung und Dynamik eines ästhetischen Mediums zu spiegeln und neu zentrierbar zu machen, so dass sich neue Lebensperspektiven bieten. Sie zielen darauf, die Ausdrucksformen eines gehemmten, gestörten soziokulturellen Austauschs wieder sozial zugänglich machen.

Problem- und Erfahrungsfelder

Die heilpädagogische Kunsttherapie hat sich praktisch-methodisch in den Feldern von Sinneskompensation und Sinnesförderung, von Formwahrnehmung und Gestaltrekonstruktion, von Entwicklungskompensation im Hinblick auf die jeweilige ästhetische Sozialisation und von tiefenpsychologisch orientierter Biografiearbeit bewährt.

Die sinneskompensierende, -fördernde, basal-stimulative Methode der heilpädagogischen Kunsttherapie

In Österreich, genauer in Baden bei Wien, errichten das Ehepaar J. D. Georgens und J. M. v. Gayette-Georgens sowie Heinrich M. Deinhardt Mitte des 19. Jahrhunderts die Behindertenanstalt Levana mit dem Ziel, gegen den herrschenden Zeitgeist die prinzipiell abgesonderte Erziehung der so genannten idiotischen Kinder (griech. idiotes = eigen, fremd) als unprofessionell nachzuweisen. Sie wollen beweisen, dass die pädagogische Behandlung in der Kindheit am wirksamsten sei und dass man in dieser Zeit den entwicklungsgemäßen „Entartungen" noch am ehesten entgegenwirken könne. Nur ein Pädagoge, sie nennen ihn Heilpädagoge, könne dies leisten. Die betreffenden Kinder seien einer speziellen pädagogische Behandlung, eben der Heilpädagogik (1858,

S. 34), zu unterziehen, und diese sei medizinisch zu begleiten. Angesprochen von der Schillerschen Idee einer Harmonisierung des industriell zerrissenen Menschen mittels ästhetischer Materialien und Techniken, schlagen sie vor, in ihren Ateliers die „ästhetisch [...] notwendigen Heilmittel" (1863, S. 363) zur Behandlung einzusetzen. Die heilpädagogische Kunsttherapie ist geboren.

Nach dem Vorbild der Psychiater Pinel (Paris 1801) und Reil (Halle 1803) und in der Tradition von Friedrich Fröbel sollen in einer reizarmen Umgebung und in reizstimulierenden Unterrichtseinheiten bspw. „eine unbestimmte Anzahl von Bauklötzen, verschieden in Größe, Form und Farbe, vor dem Kinde, das zum Bauen veranlasst werden soll, liegen". (1858, S. 68) Ein erster Ansatz einer heilpädagogischen Arbeit mit bildnerischen Mitteln ist getan. Hatte nicht schon Fröbel gesagt, dass „der Erzieher das Kind kunstgemäß erregen muss" (Heiland 1982, S. 62)?

Georgens und Deinhardt weisen immer wieder darauf hin, dass es ihnen in der „ästhetischen Erziehung" (1863, S. 4 u. 9) um das Zusammenwirken und Zusammengreifen der Sinne und der Bewegungsorgane, um die Ausbildung der Wahrnehmungs- und Beobachtungsfähigkeit, der Bewegungs- und Empfindungsfähigkeit, um die Entfaltung des Vorstellungsvermögens und der Kombinationsfähigkeit, der praktisch-ästhetischen Produktivität, des ästhetischen Darstellungsvermögens und der Genuss- und Arbeitsfähigkeit gehe. Dabei sehen sie dieses immer wieder auf den Gemeinschaftssinn bezogen. Sie zielen auf die „Erregbarkeit der Sinne, [...] dass man verschiedene aber nicht zu mannigfaltige Eindrücke auf dieselben hervorbringt und derbei eine Tätigkeit derselben in Anspruch nimmt, was immer schon in das Spiel oder die Beschäftigung übergeht" (vgl. S. 1858, S. 83, S. 245; 1863, S. 353 f., S. 411, S. 421).

In den letzten Jahrzehnten unserer Tage haben Jean Ayres (1975; 1984), Andreas Fröhlich (1983), Felicia D. Affolter (1987) u. a. in der Tradition von Jean Piagets Entwicklungspsychologie die modalen, d. h. artspezifisch-sinnesausdrücklichen Störungen des heranwachsenden Kindes analysiert. Anneliese Augustin (1977/1986) untersuchte die Störungen des taktil-kinästhetischen Wahrnehmens (der Tast- und Bewegungsempfindungen), des vestibulären Systems (der Gleichgewichtsempfindung), der visuellen oder optischen Wahrnehmung (der Gesichtsempfindung), der akustischen oder auditiven Wahrnehmung (der Gehörsempfindung), der gustatorischen Wahrnehmung (der Geschmacksempfindung) und der osmischen Wahrnehmung (der Geruchsempfindung). Sie beobachtete diese sinnesspezifischen Leistungen in den ersten Lebenswochen; stellte fest, wie ab dem vierten Monat Sinnesverbindungen intermodal verschaltet werden (bspw. Augen-Hand-Koordinationen); sah ab dem neunten bis elften Monat so genannte seriale Leistungen auf seiten des Kindes, bei welchen Einzelleistungen in die richtige raum-zeitliche Reihenfolge gebracht und integriert werden entsprechend der sich ausweitenden Experimentierphasen des Kindes; beobachtete, wie Kinder mit 18 Lebensmonaten Dinge in Bezug zueinander, Handlungen zum Abschluss bringen, Dinge benennen und ihr Spiel mit Lautäußerungen zu begleiten vermögen. Jean Ayres (1975; 1984) schließlich legte in Entsprechung und für den Fall gestörter Sinnesverschaltungen ein Konzept der „sensorischen Integration" vor. All diese Bemühungen stehen in einer Tradition, die ihre Grundlagen bei Georgens und Deinhardt haben, und zwar ausdrücklich als ein ästhetisch-therapeutisches Projekt, mit dem die heilpädagogische Kunsttherapie begann.

Immer wieder wird die Frage gestellt, welche Materialien sich zur Stimulation des gestörten taktilen, kinästhetischen, optischen, vestibulären etc. Bereichs eignen. Immer wieder werden die sinnesempfindungsgemäßen Lernfortschritte des Kindes angesichts von Materialien, wie wir sie auch aus der Fröbel- und Montessori-Spielpädagogik teilweise kennen, analysiert: Anneliese Augustin hat immer wieder nachgefragt, wie die unterschiedlichsten Materialeigenschaften das Empfindungsvermögen des Kindes differenzieren.

Anhand so unterschiedlicher Materialien wie Holz, Sand, Wasser, Creme, Erbsen, Linsen, Steine, Ton, Plastik sollten Kinder über die Materialhaftigkeit des Vorgelegten (Oberflächen-, Form-, Größen-, Gewicht-, Temperatur-, Konsistenz-Qualität) das bislang nicht erfahrene Sinnesmodale erleben und unterschiedlich dosiert (Intensität, Reizdauer, Tempo, Struktur, Zeitlichkeit) kennen lernen, haptisch-taktile und kinästhetische Sinnesstimulationen unterschiedlicher Art mit unterschiedlichsten ästhetischen Mitteln differenzieren lernen und darüber bisher unentwickelte Sinnesvermögen anbahnen und synthetisieren.

Wie erfolgreich eine basal-ästhetische Stimulierung von Menschen mit Behinderung mit den unterschiedlichsten Sinnesmaterialien ist; wie sie zu einer verbesserten Wahrnehmung, Konzentration, zu einem besseren Durchhalten im gegenwärtigen Tun anleiten, berichten W. Mall (1982), H.-G. Richter (1984), L. Malaguzzi (1984), A. Lichtenberg (1987), U. Kombrink (1987), A. Augustin (1988), M. Aissen-Crewett (1988), K.-H. Menzen (Umgang, 1990), G. Theunissen (1991), A. Fröhlich (Stimulation, 1991), W. Praschak (1992) u. a. m. Ein breites Repertoire bislang nicht ausreichend ausgeschöpfter basaler Wahrnehmungsförderung mit bildnerischen Mitteln scheint sich anzubieten.

Die form- und gestaltrekonstruktive Methode der heilpädagogischen Kunsttherapie

Um 1900, 40 Jahre nach den kurzlebigen Versuchen von Georgens und Deinhardt, entsteht im Bann der Lebensreformbewegung eine Kunsterziehung, die sich abkehrt von der seit Pestalozzi geltenden Lehre bloßer zeichnerischer Naturimitation. Wahrnehmung soll nunmehr mit Gefühl, nicht nach Abmalregeln erfolgen. Die schulisch-erzieherisch anzueignenden Gegenstände, die Gestalten, Formen der Welt sollen den unverstellten Regeln einer individuell geprägten Psyche geschuldet sein.

Um 1900 tragen die beiden aufkommenden Lehren der Psychoanalyse und Gestalttheorie dazu bei, die Gesetze der innerpsychischen Bild-, Muster-, Gestaltbildung zu erklären. Besonders die Gestalt- und Ganzheitstheorien leiten die Erklärungen an; sie lassen sich wie folgt zusammenfassen:

Die Lehre von der Gestalt besagt, dass das unserer Empfindung unmittelbar Gegebene eine Qualität besitzt, nicht so chaotisch ist, dass es erst durch unser Vorstellen strukturiert werden muss. Im Leiblich-Habhaften ist das Geistige präsent (und umgekehrt), trägt sich geistige Strukturiertheit zur Schau. Erkenntnistheoretisch heißt dies: Das primär Gegebene ist ein bereits Geformtes, bildet die Einheit des Bewusstseins, das in diesem Vorgang selbst-reflektierend zur Einheit seiner selbst gelangt.

Die Lehre vom Ganzen deutet jenen dialogischen Reflex an. Sie wird konsequent zunächst nur von der so genannten Leipziger Schule eingebracht, um einen komplexhaft-erlebten Zusammenhang zu spiegeln. Ganzheit ist hiernach ein erlebnismäßiges, dinghaft-bewusstes Korrelat der Bildung von Gestalt. Ganzheits- und Gestaltbegriff sind nicht deckungsgleich, wie die Ganzheitstheoretiker der Leipziger Schule betonen. Das aus den beurteilten Gegenständen geformte Ganze ist zwar im Erlebnisvorgang phänomenologischerseits seiner selbst bewusst, ist konkrete Form eines konkret-empfindenden und jene Empfindung zeitlich bzw. sprachlich vermittelnden Subjekts, der Gestaltbegriff erscheint dennoch allzu häufig als logischer Notbehelf als Hilfsbegriff, der so tut, als beschreibe er Sachen. Er wird als inhaltliche Kategorie benutzt, wo er doch nur in der Funktion eines formalen Schematismus steht, nämlich Wahrnehmungsgegebenheit als eines zusammenzufassen.

Exkurs zur Geschichte der Ganzheits- und Gestaltpsychologie

Der Rausch der die Welt erforschenden Aufklärung, die Vielzahl der Welthinsichten, der Umfang der die neuen Einsichten dokumentierenden Dictionaires, die seit 1750 entstehen – das alles macht es in den entstehenden psychosozialen Wissenschaften, aber auch in der jene Rationalität hinterfragenden Malerei des 18. und 19. Jahrhunderts erforderlich, die künstlerische und wissenschaftliche Betrachtung der Welt zu einem einbildungskräftig-wohlproportionierten Ganzen zusammenzufügen. Am Ende des 19. Jahrhunderts wird zum ersten Mal eine systemtheoretische Betrachtung der Wissenschaftskomplexe ganzheits- und gestalttheoretisch versucht. Der Physiker Ernst Mach untersucht komplexe unmittelbare Empfindungen (z. B. Raumgestalten, Tongestalten). Er fragt nach einer Art funktionaler Beziehungssysteme, die die noch als sensualistisch zersplittert erfahrene Eindrücklichkeit in ihrer Komplexualität zusammenfassen, zu qualifizieren suchen. Sein Kollege Christian von Ehrenfels geht in der Folge der Frage nach, ob bestimmte Vorstellungsgebilde wie etwa Melodien Zusammenfassungen von Elementen (Komplexionen) oder etwas „Neues" (Gestaltqualitäten) seien; er weist in seinem Beitrag auf die „Übersummenhaftigkeit" der Gestaltqualitäten und deren „Transponierbarkeit" hin: Eine Melodie sei gegenüber der Summe der Einzeltöne ein „Mehr", ein „Neues"; sie bleibe dieselbe, wenn auch jeder Einzelton ein anderer werde (bspw. Transponierung von C-Dur nach A-Dur). Das ist der Anfang einer Ganzheitstheorie, die sehr bald eine Unzahl von wissenschaftlichen Hinsichten erfasst (vgl. Menzen, 1991).

Eine Gruppe von Psychologen analysiert jene Vorstellungsgebilde, die man bisher philosophiesystematisch als „Gefühl" bezeichnet (Gefühle rangieren in den Philosophiebüchern des 19. Jahrhunderts als unterste Gruppierung so genannter Vorstellungen). Was sich bekanntermaßen unmittelbar und erlebnismäßig als Gefühl herstelle, sei eine solche Gestalt, deren so genannte Gestaltqualität in ihrem jeweiligen Gesamtbewusstseinsinhalt als Komplex zu ermitteln sei. Unzählige psychologische Untersuchungen haben zum Ziel, die Qualität von Gefühlserlebnissen wie von sinnlichen Empfindungen ganzheitlich, d. h. in ihren Facetten – und nunmehr heißt es auch zunehmend: systemisch – zu begreifen.

Im ersten Drittel des 20. Jahrhunderts ergibt sich in der Folge der Psychoanalyse auch der Versuch, ein integriert-erlebtes Körpergefühl als „Gestalt" zu begreifen (Fritz Perls). Und das, was das Körpergefühl sinnlich-bildnerisch auszudrücken vermag, nennt man kunsterzieherisch „Gestaltung" (Franz Cizek). Standardisierte Gestaltungen in den plastisch-geometrischen Formgebungen von Fröbels so genannten Gaben (Kugel, Quader, Säulen etc.) finden Eingang in Schulreife- bzw. Leistungsuntersuchungen, bei denen sie besonders Form-Auffassung und -wiedergabe anhand von Bildvorlagen prüfen (vgl. Lotte Hoffmann, 1944). Über das bisher vorliegende testdiagnostische Instrumentarium hinaus werden direkte Ausdrucksgebungen von behinderten, gestörten, psychisch erkrankten Menschen anhand ihres „Gestalt-Ausdrucks" zu diskutieren möglich. In den

1960er- und 1970er-Jahren trainiert eine gestaltorientierte Mengendidaktik die in ihren logischen Möglichkeiten entdeckten Gestalt- und Ganzheits-Versionen mithilfe von bildgestalthaften Form-Vorlagen. Vorschulkindgenerationen lernen diese in Fernsehserien wie „Sesamstraße" oder „Roter Panther". „Ganzheit" und „Gestalt" – mittels dieser Begriffe ist eine erfahrbare Einheit des Bewusstseins zu denken möglich geworden. Im Ganzheits- wie im Gestaltbegriff handelt es sich um einen Begriff des kognitiven und emotiven Komplexes bzw. Systems, der auf alle Formen des menschlichen Ausdrucks angewendet werden kann.

Im Übergang vom 20. ins 21. Jahrhundert wird es aufgrund der Entwicklung der neurologischen Forschung möglich, die ganzheits- und gestalttheoretischen Erkenntnisse in der Diagnostik wie der Behandlung von Menschen nicht nur im Falle einer unspezifiziert so genannten geistigen Behinderung anzuwenden, sondern auch im Falle anderweitiger mentaler Einschränkungen nutzbar zu machen. Ein durch das Sozialgesetzbuch SGB IX veränderter Begriff von Behinderung, der in § 2 Abs. 1 SGB IX „Behinderung" neu definiert, hat solches mit ermöglicht: „Menschen sind behindert", heißt es da, „wenn ihre körperliche Funktion, geistige Fähigkeit oder seelische Gesundheit mit hoher Wahrscheinlichkeit länger als sechs Monate von dem für das Lebensalter typischen Zustand abweichen und daher ihre Teilnahme am Leben in der Gesellschaft beeinträchtigt ist". Die neue Zuschreibung erfasst als behindert auch den chronisch erkrankten Menschen, auch den mit neuronaler Beeinträchtigung. Und gerade auf dem Feld der Neurologie wird präzisiert, wie Form- und/als Gestalt-Bildung geschieht und ggf. beeinträchtigt wird.

Eine neue Sicht auf Behinderung bricht sich Bahn. Und eine spezifische Methode der heilpädagogischen Kunsttherapie, die mit mental behinderten Menschen umgeht, findet ihre wissenschaftlich angewandte Legitimation. Die vielfältigen Orientierungs-, Sprach-, Bedeutungs- und Handlungsbrüche, die bis zu jenem Zeitpunkt beim Menschen mit geistiger Behinderung erfahrbar sind, werden seit Mitte der 90er-Jahre des 20. Jahrhunderts unter Forschungsaspekten bei Menschen mit anderweitiger mentaler Behinderung wieder erlebt. Wo es sich neurologisch gesehen um die Beschädigung und den anschließenden Ausfall von Verschaltungen der Nervenzellen des Gehirns handelt, die offenbar nicht mehr so verfügbar sind, dass die Betroffenen ihren Alltag ohne Schwierigkeiten meistern können, sind nunmehr Vergleiche zwischen den Gruppen unterschiedlich erworbener Formen von Behinderung erlaubt, die keineswegs die unterschiedlichen biografischen Muster und Kompetenzgeschichten der Betroffenen leugnen wollen.

Wolf Singer (1990) und Ernst Pöppel (1993), zwei Neurologen, kommen zu gleichen Ergebnissen: dass wir beim Erkennen der Dinge über die Schwelle einer natürlich uns mitgegebenen Rezeptionsstruktur gehen müssen. Pöppel nennt diese „Ordnungsschwelle". Er fragt der zeitlichen Reihenfolge von Wahrnehmungsreizen nach und kommt zu einem bemerkenswerten Ergebnis: Wir benötigen zum Erkennen von Reizen etwa 30 bis 40 Millisekunden. Von einem Reiz zum nächsten, der für sich als eigenständig erkannt wird und möglicherweise mit einem anderen in Zusammenhang gebracht werden soll, benötigen wir die Zeit von insgesamt drei Sekunden. Pöppel und Singer finden heraus, dass in diesem Vorgang Nervenzellen-Areale in Schwingung versetzt werden und Entladungen in den stimulierten Nervenzellen stattfinden – Pöppel nennt sie „oszillatorische Entladungen". Diese vergleichen sich mit anderen Entladungen in anderen Arealen in diesem selbigen Augenblick und verbinden sich zu einem Komplex, sie gehen sozusagen eine Synthese ein. Die beide Neurologen nennen das „Gestaltbildung". Als ein weiteres Forschungsergebnis bekannt wird, ist es deutlicher, wie solche Gestaltbildung verhindert wird.

Die Neuropsychologen A. K. Braun und J. Bock (2003) stellen in einem Beitrag mit dem Titel „Die Narben der Kindheit" dar, dass die Nervenzellen des Gehirns aufgrund eines sozusagen inneren Suchlaufs, der sein Objekt nicht zu erkennen vermag, zwar hochaktiv aber schließlich ohne Resultat der Objekterkennung, des so genannten Gestaltschlusses bleiben. Aufgrund emotionaler Deprivation, hier: Trennung von der Mutter, kommen sie infolge Überladung nicht zur Erkenntnis ihres Gegenstandes. A. C. Neubauer (2002) hat dies kurz vorher erklärt, als sie nach langer Forschung zu dem Ergebnis kommt, dass Menschen mit kognitiver und/oder psychischer Behinderung, also auch im Zustand der Deprivation, einen vergleichsweise überladenen, hochverschalteten neuronalen Zustand aufweisen. Sie sind dem Menschen, der im Laufe der ersten zehn Jahre seines Lebens die nicht benötigten Hirnzellverbindungen abstößt, hoffnungslos unterlegen, erscheinen als behindert. Die Forschungsergebnisse von Neubauer bis Singer lassen die so genannten Gestalt-Störungen in einem ungewohnten Licht erscheinen. Sie formulieren die form- und gestalt-rekonstruktiven Maßnahmen heilpädagogischer Kunsttherapie neu.

Heilpädagogisch form- und gestaltrekonstruktive Kunsttherapie gestaltet, d. h. zeichnet, malt, plastiziert, stellt gestalthaft-theatralisch mit Lust dar etc. die Reizgegebenheiten des Wahrnehmbaren, bringt diese ungeahnt, d. h. wie vordem oder wie noch nie erfahren, in einem synthetischen Akt zusammen. Der Mensch mit Behinderung lernt, seine Wahrnehmungsgegebenheiten nicht als disparat, sondern als kohärent zu erleben. In vielfältigen bildnerischen Aktionen, denen gemeinsam ist, zeitlich und örtlich überschaubar, lustvoll nachvollziehbar, dieseswegs erlebnishaft-verstärkend zu sein, kommt die alltägliche Gegenstands- und Prozess-Erfahrung zu sich, wird begreifbar.

Die ästhetisch-bildnerische Methode heilpädagogischer Kunsttherapie angesichts genetisch oder sozialisatorisch bedingter Einschränkung

Der Weg der ästhetischen Erfahrung verläuft über einen erzieherisch und bildungsgemäß vorgegebenen, aber zunehmend kognitiv simulierten Prozess. Dessen Entwicklungsschritte lassen sich in den von Piaget formulierten sensomotorischen, präoperationalen, konkret-operationalen und formal-operationalen Stadien als Näherungsweisen an die Welt fassen. Wir erfahren, wie wir uns ästhetisch und formal auf eine Bildwelt beziehen. Und auch der geistig behinderte Mensch unterliegt der hier angedeuteten Verregelung der Prozesse des angeeigneten Wissens. Auch der geistig behinderte Mensch hat den Anforderungen einer logisch-verregelten Welt zu genügen. Das erfährt er nicht nur in den Alltagsprozessen, sondern auch in den für ihn konzipierten Behandlungen.

Gelernt werden hier einfachste bis komplexeste logisch aufgebaute Materialbeschaffenheiten wie Umgehensweisen mit dem Material, wie von Fröbel und Montessori vorgestellt, aber entschieden systematischer angelegt und aufgebaut. Sie finden sich neu aufgelegt in den Förderbereichen der heilpädagogischen Trainingsmaßnahmen nach den Maßgaben Piagetscher Entwicklungslogik wieder. Der Entwurf Jean Piagets spricht von Gestalt- und Organisationsgesetzen, denen die Erkenntnisgewinnung des Kindes in seinen gestalthaften Strukturbildungen interaktiv und empirisch-konstruktiv unterliegt. Es ist ein Prozess phylogenetisch-kognitiver Vergesellschaftung, der nach Piaget den Menschen nötigt, höhere operative Erkenntnis- und Handlungsformen zur Bewältigung seines Alltags zu erlernen.

Wir wollen die von Piaget angenommene gestalthafte Entwicklung in einer Tabelle illustrieren:

Alter	Entwicklungsstufe
0 bis 1	sensumotorische Phase; zunächst reflexhaft, nicht zielgerichtet koordiniert; dann zufällig; schließlich zweckhaft; Objektpermanenz
1 bis 2	verinnerlichte und experimentelle Handlungsschemata; Anwendung auf neue Situationen; Konstruktion neuer Schemata
2 bis 4	von egozentrischer Orientierung zu Autonomie; symbolisches Denken, Sprechen, Handeln; in-sich-selbst-befangen
4 bis 7	präoperationale Phase; subjektives, innervorstellungshaftes, merkmals- und motiv-orientiertes Erleben; intuitives Denken; anfängliche Dezentrierung
7 bis 12	konkret-operationale Phase; zunehmende logische Orientierung; Umkehrbarkeit und Internalisierung der Aktion; Transformationen
ab 12	formal-operationale Phase; Entwicklung von Hypothesen bei Problemlösung; komplexere Denkschemata

Die psychische Entwicklung des heranwachsenden Kindes (Alter ist in Jahren angegeben)

Im Folgenden versuchen wir, uns die Schritte des kindlich-bildnerischen Gestaltens auf dem Weg der als notwendig beschriebenen Aneignung von Welt zu verdeutlichen. Wir können, wie gesagt, vier Stadien der kindlichen und jugendlichen bildnerischen Entwicklung erkennen. Wir wollen in den folgenden Schemata andeuten, was in diesen Stadien, Lebensabschnitten geschieht und wozu die jeweils neu gewonnenen Fähigkeiten des heranwachsenden Kindes dienen.

1. Eine mehrjährige und sich immer mehr komplizierende Kritzel- und Spuren-Phase, in der das Kind seine ersten sensomotorischen Erfahrungen und Fähigkeiten in der Art von Bewegungsspuren dokumentiert;
2. eine ab dem fünften Lebensjahr sich andeutende, aber noch nicht ausgeprägte schematisch-realistische Phase, in der die zufälligen Funktionsäußerungen abgelöst werden durch relativ stabile Ordnungs- und ikonische Zeichenmuster, durch ein richtungs-, flächen-, raum- und farb-orientiertes Darstellungssystem, das zwar noch nicht den Gegenstandsbezügen entspricht (eher intellektuell-schematisch ist), aber in den ersten Schuljahren sich nach den emotional besetzten Erlebniseindrücken präzisiert und auch schon von den Triebkonflikten berichtet;
3. eine ab dem siebten, achten Lebensjahr sich äußernde visuell-realistische und zunehmend gegenstandsadäquate Phase, in der das – bald vorpubertäre Kind – sichtbar gegenstands- und weltangemessener sich ausdrückt;
4. eine ab der mittleren Pubertät sich anschließende weltkritische und sich aus den bloß darstellerischen Bezügen lösende Phase, in welcher der Jugendliche nicht mehr bloß zeichnet, malt (als den typischen gegenstandswiedergebenden Mitteln), sondern bspw. die Mittel des Collagierens, des ästhetisch kritischen Reflektierens wählt; auch zunehmend an den foto- und videotechnischen Kompilierungskünsten Gefallen findet (siehe Bachmann, 1985 und Richter, 1987).

Es ist wichtig für den Erzieher, um die Entwicklungsschritte des bildnerischen und ästhetischen Darstellens zu wissen, damit er altersangemessene Forderungen an das Kind, den Jugendlichen stellen kann, um ggfs. die Entwicklung des behinderten Heranwachsenden richtig einzuschätzen. Die vorgestellten Entwicklungsschritte können in dem vorgelegten Schema allenfalls als sehr verallgemeinert betrachtet werden. Sie wollen nicht normativ gesehen sein, d. h., Kinder müssen nicht auf jeden Fall zu einem bestimmten Zeitpunkt den hier gezeigten Standard erreichen. Die kindlichen Ausdrucksformen zeigen große individuelle und lebensgeschichtlich unterschiedlich auftretende Schwankungen in den dargestellten Proportionen und Dimensionen.

Eine Methode und die aus ihr resultierende Praxis:
In der Folge der vorgelegten Methode sind ästhetisch-didaktische Fördermaßnahmen wahrnehmungsbehinderter Kinder, Jugendlicher, Erwachsener entwickelt worden. H.-G. Richters „Pädagogische Kunsttherapie" (1984), G. Theunissens „Wege aus der Hospitalisierung" (1989), M. Aissen-Crewetts „Kunst und Therapie mit Gruppen" (1988), A. Lichtenbergs „Bildnerisches Gestalten von schwerst- und mehrfach behinderten Menschen" (1987) oder Menzens „Kunsttherapie" mit wahrnehmungsgestörten und geistigbehinderten Menschen (1990) haben Ziele der Förderung benannt.

Eine bildnerisch-therapeutische, heilpädagogische Arbeit mit wahrnehmungsgestörten und/oder geistigbehinderten Kindern und Jugendlichen, die darauf zielt, cortikal nie entwickelte, verkümmerte Funktionen kompensatorisch neu zu organisieren, ist gehalten, in der Art einer heuristischen, d. h. prozesshaft-suchenden Diagnostik, die neuropsychologisch umschreibbare Schädigung zu beobachten, um die verbleibend aufbaubaren Kompetenzen richtig einzuschätzen.

Wir können die Mühsal und Freude der Kinder in den ersten Jahren ihres Lebens verfolgen, wenn sie Kritzel und geometrische Kreise – wie Widlöcher 1974 sagt: zunächst aus der mittleren Körperachse heraus, dann aus den Arm-/Gelenk-/Handwurzel-Punkten heraus – zu entwerfen, zu malen suchen. Wir sehen, wie wichtig solch bildnerisches Gestalten für die Entwicklung der Motorik, des Bewegungsausdrucks des Körpers sein kann. Wir sehen vor uns jene Schemata, welche Piaget beschrieben hat, welche im kindlichen Ausdrucksgeschehen die Grundlage dafür sind, reale Gegenstände und Geschichten weltaneignend zu gestalten. Solche kindlichen, jugendlichen Ausdrücke sind Mittel und Methode dafür, als Heranwachsende die Welt gegenständlich anzueignen, zu begreifen. Und hier eröffnet sich der Arbeitsbereich einer ästhetisch-sozialisatorischen Förderung.

Wenn sich Jugendliche selber darstellen, dann scheint es so, als ob sich einige wie erstaunt und darauf mit Distanz selbst zur Kenntnis nehmen. Die einen Jugendlichen zeichnen, malen, sprühen u. U. graffitiartig mit Abstand, karikierend sich selbst; geben fantasievolle, spaßige Vorstellungen, innere Bilder verfremdet von sich wieder. Die Linienführung ist den Inhalten entsprechend klar, ungebrochen, konturiert. Für Jugendliche, welche in vielen Umbrüchen sind, sind selbst solche verfremdeten Selbstausdrücke nicht selbstverständlich. Sie demonstrieren, wie schwer es ist, welche Wege der Verstellung und Ironie es erfordert, Selbstständigkeit zu erlangen.

Wenn es den Kindern und Heranwachsenden gelingt, ihre Welt trotz widriger Umstände, der flüssigen Farbe, der nicht handbaren Stifte bspw. gegenständlich einzuengen, zu begrenzen, dann ist sicher ein wichtiger Schritt nicht nur in der Handhabung, sondern der Perspektive der Welt erreicht. Und wir sind entsprechend dabei, Kindern zu helfen, die frühen kindlichen Wahrnehmungsmuster in visuell-realistische, d. h. gegenstandsadäquate Wahrnehmungsformen, später in fantasievolle Entwürfe von der Welt zu wandeln.

Die psychoanalytische und biografisch-erzählerische Methode heilpädagogischer Kunsttherapie

Sigmund Freuds Bild- und speziell Symbol-Auffassung hatte sich bekanntlich an einer abgewehrten und analytisch zu erarbeitenden Triebrealität orientiert. Sein Bild- und sein Symbol-Begriff standen zeichenhaft für elementare Triebvorgänge. Dieses Verständnis fragte danach, welchen Sinn, welche Richtung das individuelle Triebschicksal im menschlichen Zeichen-, Symbol-Ausdruck offenbare; welche unbewusst seelisch-konflikthaften Sachverhalte sich hierin manifestierten? Das ästhetisch-bildnerische Produkt schien deutbar als konflikt-ersatzweiser Interpretationsversuch. Das symbolisch Manifeste schien hinzudeuten auf ein Leidens-Symptom. „Zerrbild einer Kunstschöpfung" hieß nach Freud beispielgebend dieses Symptom, welches er „Hysterie" nannte; welches ihm in seiner Bildhaftigkeit, in seinem „Als-ob-Charakter" zu entzerren, aufzulösen war. Welches – so die Tochter Freuds, Anna, neu zu zentrieren war – insofern es im symbolischen Ausdruck seine innere, umgeleitete Erregung dokumentierte.

In der Arbeit am symbolischen Ausdruck das noch gänzlich Unbekannte und Werdende analogisch zu verdeutlichen; jenes Unbewusst-bewusst-Synthetisierende zu erarbeiten, das die Möglichkeiten der bewussten psychischen Tätigkeit sprenge; das nicht persönlich erlebte Vor-Bild zur Untersuchung zu bringen und das persönlich mit diesem Verklammerte ins Bild zu setzen, – solches unternahm auch Carl Gustav Jung. Dieser sucht die psychoanalytisch bzw. tiefenpsychologisch orientierte Verwendung von Bildern zunächst bildsprachlich auf, sucht deren so genannte facultas praeformandi, also deren apriori gegebene Möglichkeit zu übersetzen: Es seien kollektive Erfahrungen, so C. G. Jung, welche sich individuell wiederholten; grundlegende, archetypische Bilder seien es, welche einen je individuellen Sinn vorgäben, welche geradezu formkräftig, ästhetisch-formhaft allen Äußerungsweisen vorhergingen: Diese gelte es in therapeutischem Aufarbeitungsprozess, bspw. in tiefenpsychologisch angeleiteter Therapie mit Bildmaterial zu analysieren.

Schließlich war es Donald Winnicott (1896–1971), der in der Auseinandersetzung des jung'schen prospektiv sinnhaft-suchenden und des freud'schen biografisch-rückwärtsgewandten, zeichenhaften Symbolverständnisses auf den Symbol-Objekt-Charakter des symbolisch-bildnerisch Produzierten als eines im Übergang von vorgefundenem zu vorgestelltem Objekthaften hinwies. Und auch René Arpad Spitz (1887–1974) vermittelte seine Auffassung von den frühen kindlichen Sinnes-Gestalten in deren Übergang. Otto Kernbergs Erkenntnis von den ojektbeziehungshaften Zuschreibungen, die der Mensch im Laufe seiner Entwicklung vollzieht, legitimierte letztlich die psychoanalytische Arbeit mit den fantasmatisch sich im Laufe des Lebens umcodierenden inneren Bildern (siehe Kernberg, 1978).

Und Jacques Lacan (1901–1981), der die Geschichte des symbolisch sich Zeigenden, den Kontext deren Geschehens rekonstruierte, fasste zusammen: Vor dem Subjekt, so Lacan, sei das Bild. Das Kind nehme wahr, es erkenne, es identifiziere sich als das, was es noch nicht sei; es identifiziere sich im Vorgang des sich imaginativ-repräsentierenden Subjektiven. Es erkenne sich bspw. in der Mutter als einer Bild-Gestalt: Worin es sich spiegele; worin es sein fragmentiertes Sein, sein restringiertes Repräsentatives erlebe. Insofern sei imaginär-symbolhafte Bezüglichkeit vorgegeben, wie in einer Bilder-Schrift, deren Zeichen zu lesen wären. Da sei ein Wunsch, „le désir d'autre chose", Wunsch also, des An- nach dem Abwesenden, das ein anderes sei – „bis ich das Bild finde, das, unter tausend anderen, meinem Verlangen entspricht". (Barthes, 1984, S. 39). Und Lacan verweist auf Freud, der gesagt hatte:

„Der (manifeste) Trauminhalt ist gleichsam in einer Bilderschrift gegeben, deren Zeichen einzeln in die Sprache der Traumgedanken zu übertragen sind. Man würde offenbar in die Irre geführt, wenn man diese Zeichen nach ihrem Bilderwert anstatt nach ihrer Zeichenbeziehung lesen wollte." (vgl. Lang, 1973, S. 114).

Jacques Lacan hatte etwas entdeckt: Dass die Bedeutung eines Zeichens kontextuell zu lesen sei, Sinn also in der Bewegung von Kontextualität zu begreifen sei (vgl. Weber 1978, S. 49). Solch ein Zeichen, Bild, wie es als Phänomen irgendwo und irgendwie erscheine, sei kaum in seiner Zeichensetzung selbst zu lesen: Das symbolhaft Angezeigte gehe ohne seinen Hintergrund seiner symbolischen Ordnung seines Sinns verloren; bedürfe allerdings eines vorgängigen Bedeutungsanzeigenden, welches sich im Akte des Zeichen-Setzens gestalthaft entberge; welches das zeichensetzende Subjekt als Leerstelle, Ungeschriebenes, Ungesagtes zeige, welches zu füllen, zu bestimmen, zu definieren sei. Jacques Lacan entwirft das menschliche Subjekt nicht als Resultat eines reinen Apperzeptionsprozesses, sondern als Vermittlung des Bildes als eines mit seinem zu begreifenden Ähnlichen.

Selbstfindung, Fähigkeit zur Selbst-Heilung, – dies hat Gertraud Schottenloher (1989, S. 11) gesagt; sie will „die Möglichkeit geben, sich von affektiven Stauungen und blockierenden Gefühlen zu ‚entleeren' und sich gleichzeitig bewusst werden", was im Patienten vorgeht:

„Die Bedrängnis sichtbar werden zu lassen, zum Beispiel durch Malen, unterstützt diesen Prozess. Vor allem Kinder, die unter seelischen und emotionalen Schwierigkeiten leiden, sind bis zum Platzen voll mit widersprüchlichen Regungen, für die sich, gerade wegen ihrer Unausgewogenheit, entweder keine Ausdrucksform finden oder mehr eine so genannte unangepasste. Beide ‚Lösungen' führen in einen Teufelskreis." (Schottenloher, 1989, S. 42)

Die Kunst- und Gestaltungstherapeutin schlägt vor, dem Menschen, der nicht herauslassen kann, der nicht herauslassen will, dem ich dies ermöglichen muss, einatmend-ausatmend und spontan „sich im Malen zu befreien". Was hier spontan und großmotorisch bis zur Erschöpfung herausgeschmiert wird, ist eine Form der „Materialisierung"; zeichnerisch, malerisch wird Unbewusstes aufs Papier gebannt; aufgestaute und ungelöste Affekte, die bislang gefangennehmen, können als „projizierte" angeschaut, in den Worten Ehrenzweigs (1974) „integriert" und solchermaßen „reintrojiziert" werden.

C. G. Jung hatte in seinem Traktat „Die transzendente Funktion" (1916) diesen Vorgang beschrieben: Hiernach schien es offensichtlich, dass Unbewusstes, das zum Bewusstsein drängt, diesen Weg in Etappen durchläuft und unterschiedliche Formen des Ausdrucks benutzt. Nicht ganz reibungslos, Spuren hinterlassend, so die These, offenbare sich ein Prozess des Seelischen, welches nur im Kontext des individual- und kollektivgeschichtlich Konstellierten und nur im Maße des ihm psychoenergetisch Möglichen zu sich komme.

Der Entzerrungs-, der Entstrukturierungsprozess, so Anna Freud, gehe auf eine neue Zentrierung des bewussten Lebens hin, in welchem Vorgang das sich äußernde Subjekt und das geäußerte Objektive eine Wandlung vollzögen, in welchem Entwicklungsverlauf Abgespaltenes integriert, versöhnt werde und der Abspaltende die Restitutionsleistung des Psychischen übernehme. Es gehört zu den großen Leistungen der frühen Psychologie, den Versöhnungs-, Integrationsprozess genau analysiert und beschrieben zu haben: Assoziation (Freud) und Amplifikation (Jung) waren als die Verfahren beschrieben, die die emotionalen bzw. kognitiven Neuzentrierungen zu bewerkstelligen in der Lage seien, – immer vor dem Hintergrund einer gelungenen Beziehung zwischen dem Patienten und dem Therapeuten.

In der Tradition der psychologischen Würzburger Schule (Külpe, Marbe) waren die Verläufe der Umstrukturierungs-, Umzentrierungsvorgänge interessant. Die Ansätze von experimenteller Psychologie, Psychoanalyse und Gestaltpsychologie, ja sogar von ersten behaviouristischen Fragestellungen waren darin übereingekommen: Von Interesse war die Spur, dieses Dokument eines inneren Prozesses. Was lag näher, als solche Formen von Veräußerlichung mit den Mitteln des Ästhetischen zu begreifen?

Jolande Jacobi, Jungianerin der ersten Generation, zählte auf: Das Material, das die Aussage benutze; die Technik ihrer Darstellung; Farbe, Form, Perspektive, Proportion –, um nur einige der Zugriffsweisen zu nennen (siehe Jacobi, 1969). Das war so revolutionär wie die methodisch-assoziative/amplifikatorische Ergründung des Psychischen. Das war nur verstehbar auf der Basis von C. G. Jungs Grunderfahrung von dem Symbol als einer bewusst-unbewussten Vermittlungsinstanz; das war nur als Forschungsansatz ermöglicht durch C. G. Jungs, auch Erich Fromms (1974) Hypothese von der synthetischen Kraft des Symbols, welche „die Gegensätze in einem Bild vereinigt" (Dieckmann, 1972, S. 36).

In der symbolisch-bildnerischen Manifestation – so vor allem die frühe Tiefenanalyse – drückten sich mitunter fantasievolle als neurotische Interpretationsversuche aus. Die psychoanalytische Erkenntnis Freuds, dass sich im Vorgang des Symbolisierens seelisch-konflikthafte Sachverhalte zeigten, dass solch konflikthafte Sachverhalte durch ästhetisch-bildnerische Produkte ersetzt werden könnten, blieb durchweg gewahrt.

Unterschiedlich bezeichnet waren aber die ästhetisch-produktiv erreichbaren Ziele: Regressionen würden angeregt, d. h., es würde hingelenkt auf eine unzentriertere, emotionalere Stufe (siehe Kris, 1977); ichhafte Denk- und Bewusstseinsstrukturen würden entdifferenziert (siehe Müller-Braunschweig, 1974; Ehrenzweig, 1974); verdrängte Affekte freigesetzt; auch könne der bildnerische Prozess zur Bewältigung von Konfliktspannungen auf dem Wege der Reduktion und der Abfuhr von Triebenergie (Kartharsis) dienen; angstbesetzte Vorstellungen würden in eine äußere bildnerische Realität überführt; und bei Beibehaltung der Triebziele könne das Triebobjekt ausgetauscht werden, dadurch nicht-sozialisierte Impulse bewältigt sein; schließlich sei im Sinne narzisstischer Regulation eine Möglichkeit zum affektiven Selbstgleichgewicht, zur Erweiterung der Ich-Grenzen gegeben; zu den Zielen des ästhetischen Produzierens (vgl. Menzen 1990, S. 213).

Ausblick

Wir haben Anmerkungen zur sinnesstimulativen, erlebnis-, ausdrucks- und gestaltungstherapeutischen Form kunsttherapeutischen Arbeitens in dem Gebiet der Heilpädagogik gemacht. Finden erwähnenswert, dass ein solches Arbeiten im Kontext der Kreativitätsorientierung der letzten Jahrzehnte zu sehen ist (vgl. Petzold/Orth, 1990). Kreativität als das Vermögen, Dinge neu zu ordnen, Dinge neu zu sehen (siehe die Kreativitätstheorie), ging in ihrer theoretischen Fundierung mit Erlebnistherapie einher. Hiernach wollte das festgefahren Erstarrte, das emotional Fixierte spontan neu erlebt, unvermittelt ausgedrückt, individualgeschichtlich vertreten und bearbeitet werden. Eine heilpädagogische Kunsttherapie hat vielfache Beiträge hierzu geliefert und vermag, den Kanon heilpädagogischer Methoden nutzbringend zu erweitern.

Kommentierte Literaturhinweise

Zur Vertiefung der einzelnen Methoden in Theorie und Praxis wird hinsichtlich eines allgemeinen Überblicks verwiesen auf:
Menzen, Karl-Heinz: Grundlagen der Kunsttherapie. 2. Aufl., München UTB/Ernst Reinhardt, 2004.
Petzold, Hilarien/Orth, Ilse (Hrsg.): Die neuen Kreativitätstherapien: Handbuch der Kunsttherapie. 2 Bde. Paderborn Junfermann, 1990.

Hinsichtlich einer ästhetisch-basal stimulierenden Methode wird verwiesen auf:
Egger, Bettina: Malen als Lernhilfe: Malen und bildnerisches Gestalten in der Schule und mit geistig und körperlich behinderten Kindern. Bern, Zyglotte, 1982.

Hinsichtlich eines bildnerischen Arbeitens mit schwerstbehinderten und verhaltensauffälligen Menschen wird verwiesen auf:
Theunissen, Georg: Wege aus der Hospitalisierung: Ästhetische Erziehung mit schwerstbehinderten Erwachsenen. Bonn, Psychiatrie-Verlag, 1989.

Hinsichtlich eines bildnerisch-therapeutischen Arbeitens im neurologischen und Altenpflegebereich wird verwiesen auf:
Menzen, Karl-Heinz: Kunsttherapie mit altersverwirrten Menschen. München, Ernst Reinhardt, 2004.

Hinsichtlich einer entwicklungsmäßig einschätzenden Haltung wird verwiesen auf:
Bachmann, Helen J.: Malen als Lebensspur. Die Entwicklung kreativer bildlicher Darstellung. Ein Vergleich mit den frühkindlichen Lösungs- und Individuationspro-zessen. Stuttgart, Klett-Cotta, 1985.
Richter, Hans-Günter: Pädagogische Kunsttherapie. Düsseldorf, Pädagogischer Verlag Schwann, 1984.

Hinsichtlich einer gestaltungsorientierten Methode wird verwiesen auf:
Schottenloher, Gertraud: Kunst- und Gestaltungstherapie. 2. Aufl., München, Don Bosco, 1989.
Winnicott, Donald W.: Die therapeutische Arbeit mit Kindern. Stuttgart, Klett-Cotta, 1973.

Hinsichtlich einer bildnerisch-psychotherapeutischen Arbeit wird verwiesen auf:
Schmeer, Gisela: Kunsttherapie in der Gruppe. Stuttgart, Klett-Cotta, 2003.
Schrode, Helena: Klinische Kunst- und Gestaltungstherapie. Regression und Progression im Verlauf einer tiefenpsychologisch fundierten Therapie. Stuttgart, Klett-Cotta, 1995.

Heilpädagogische Übungsbehandlung

Barbara Schroer

Etymologie

Der Begriff der heilpädagogischen Übungsbehandlung (HPÜ) beinhaltet „die methodische Kombination eines geplanten pädagogischen Lernprozesses (Prinzip Übung) mit fallspezifisch definierten Entwicklungszielen (Prinzip Förderung)" (Gröschke, Praxiskonzepte 1997, S. 294). Unterteilt in „Übung und Behandlung" kann diese Begrifflichkeit noch differenzierter betrachtet werden. Üben, „üeben" aus dem mittelhochdeutschen oder „uoben" aus dem althochdeutschen erscheint im 15. Jahrhundert mit der heutigen Hauptbedeutung dieses Verbs, „etwas zum Erwerben einer Fähigkeit wiederholt tun" (Duden, 2001, S. 874). Zur Einübung bestimmter Fertigkeiten werden in der HPÜ die Übungen bewusst eingesetzt. Übungen sind jedoch nicht nur „auf den Erwerb eines bestimmten Könnens ausgerichtet, sondern sie bewirken zugleich eine innere Wandlung im Menschen" (von Oy/Sagi, 1997, S. 77). Das Üben ergibt sich im kindlichen Spiel von selbst, wenn das Kind mit voller Hingabe darin vertieft ist (vgl. Bollnow, 1978, S. 38, S. 102 ff.). Eine gezielte und systematisch geplante Übung im Spiel wird dort notwendig, wo das Kind zur Spielfähigkeit hin gelenkt und angeregt werden muss (vgl. von Oy/Sagi, 1997, S. 74–80). Die beiden Pole Übung und/oder Spiel bilden hierbei keine Gegensätze, sondern „sind im kindlichen Spiel bereits dialektisch-dialogisch vermittelt" (Gröschke, 1997, S. 296). Das Wort „Behandlung" aus dem 17. Jahrhundert meint mit jemanden zu verfahren, einen zu behandeln und sich mit etwas zu beschäftigen (vgl. Duden, 2001, S. 315). Da dieser Begriff häufig in der Medizin verwendet wird, erweckt er den Anschein einer medico-pädagogisch ausgerichteten Methode, der bei einer näheren Betrachtung, Begegnung und Auseinandersetzung mit der HPÜ nicht zutrifft. Clara Maria von Oy, die Mitbegründerin der HPÜ, hat in ihrer heilpädagogischen Tätigkeit stets die pädagogische Ausrichtung betont, um die Heilpädagogik in Anlehnung an die Schweizer Tradition im Sinne von Paul Moor: „Heilpädagogik ist Pädagogik und nichts anderes" voranzutreiben (vgl. von Oy, 2002, S. 82). Die Bezeichnung der heilpädagogischen Übungsbehandlung ist im Sinne der philosophischen und pädagogischen Anthropologie zu verstehen.

Geschichte

Die HPÜ ist eine Methode, die aus den langjährigen Praxis-Erfahrungen von Clara Maria von Oy im heilpädagogischen Arbeitsfeld hervorgegangen ist. Die Anfänge gehen auf ihre Tätigkeit als Heilpädagogin in einem Heim für Menschen mit geistiger Behinderung zurück. Ihre Begegnungen mit den Kindern, die ihr anvertraut wurden, waren für v. Oy eine große Herausforderung. Die erste Aufgabe bestand für sie darin, jedes Kind durch eine regelmäßige und persönliche Ansprache kennen zu lernen und eine tragfähige Beziehung zu ihm aufzubauen. Ein wesentliches Ziel lag am Anfang in der Vermittlung von Ausdrucksmöglichkeiten für die Kinder, die nicht dazu in der Lage waren, ihre Empfindungen zu verbalisieren. In Form von systematisch geplanten und gezielten Anregungen in einer liebevollen, akzeptierenden Atmosphäre gelang es ihr, die Selbsttätigkeit des Kindes zu fördern. Ermutigt durch die positiven Reaktionen der Kinder setzte sie weitere Spiel- und Übungsmaterialien ein. In diesem Prozess gelang es v. Oy, unter Berücksichtigung der individuellen Möglichkeiten des Kindes und auf der Grundlage einer aufmerksamen Beobachtung im Spiel und durch Spiel neue Spielkompetenzen gezielt und systematisch zu wecken, aufzubauen und zu stabilisieren, um so die Persönlichkeit des Kindes zu stärken (vgl. von Oy/Sagi, 1997, S. 67 ff.; von Oy, 2002, S. 22). Aus dieser Förder-Praxis heraus entstand eine heilpädagogische Methode, ein heilpädagogisches Handlungskonzept, das sie in Zusammenarbeit mit Alexander Sagi konzipierte und theoretisch fundiert überarbeitete. In Form eines Lehrbuches wurde die HPÜ 1975 erstmals veröffentlicht. Den Begriff der HPÜ übernahmen daraufhin auch W. Klenner und D. Lotz, die parallel zu der Freiburger Tradition von C. M. von Oy und A. Sagi im Bielefelder Institut eine Übungsbehandlung für die heilpädagogische Praxis mit dem gleichen Ziel aber mit anderer Konzeption entwickelten (vgl. Klenner, 1996, S. 69). In dieser Konzeption liefert das Sechsfelder-Schema der psychischen Grundfunktionen ein Orientierungs- und Handlungssystem im Rahmen der HPÜ (vgl. Lotz, 1993, S. 11). Die von C. M. von Oy geprägte HPÜ, auf die ich mich im Weiteren beziehen werde, ist eine „Methode mit Herz" (von Oy, 2002, S. 40). Ihre Erfahrungen aus der Zeit des Nationalsozialismus prägten ihre Einstellung zu ihren Mitmenschen und führten sie in die heilpädagogische Berufung: alles daran zu setzen, Leben zu hüten, zu achten und jedem zu sagen: „Es ist gut, dass es dich gibt!" (vgl. von Oy, 2002, S. 17 u. S. 87). Die auf der persönlichen Begegnung mit dem Kind aufbauende HPÜ wurde von C. M. von Oy mit fachwissenschaftlichen Theorien untermauert. Im Laufe der letzten 30 Jahren hat das Lehrbuch mit rund 50.000 Exemplaren „eine weite Verbreitung gefunden" (von Oy, 2002, S. 81). In einem engen Theorie-Praxis-Bezug durch die Lehre von C. M. von Oy und ihrer Praxisanleitung an der Katholischen Fachhochschule in Freiburg (1969–1989) wurde das Lehrbuch mit jeder weiteren Auflage überarbeitet, erweitert und aktualisiert. Die ergänzenden Werkhefte zur HPÜ, für die sie kompetente Mitarbeiter gewinnen konnte, zeigen eine vertiefende Darstellung unterschiedlicher Aspekte im Rahmen der HPÜ auf (von Oy, 1978; Klein Jäger, 1978; Konietzko, 1978; Schwarting, 1979; Kaufhold, 1979; Krimm-von Fischer, 1979; Morgenstern, 1979; Biene, 1981; Broedel, 1981). Die in den Lehrbüchern aufgezeigten Fallbeispiele sind Zeitzeichen, ein Streifzug durch die Geschichte der HPÜ. Alle Begleitungen verdeutlichen das charakteristische Wesensmerkmal dieser Methode, gefüllt mit einer individuellen „Note", die sich aus den Bedürfnissen des jeweiligen Kindes und der Persönlichkeit des Heilpädagogen ergab. In den letzten Jahren ihrer heilpädagogischen Tätigkeit hat C. M. von Oy vor allem in der Begegnung mit dem erwachsen gewordenen Menschen mit geistiger Behinderung zusammen „gelebt" und gearbeitet (vgl. von Oy, 2002, S. 87). Auch bezogen auf diesen Personenkreis konnte sie ihr inneres Anliegen der HPÜ verorten. Der hier kurz dargestellte geschichtliche Verlauf zeigt auf, dass sich die HPÜ als ein fester Bestandteil der Lehre in der Praxis etablieren konnte und zum methodischen Repertoire der Heilpädagogin gehört. Trotz kritischer Stimmen (vgl. Heimlich, 1995, S. 186 ff.; Theunissen, 1995, S. 76, S. 107, S. 123) hat die HPÜ, mit der C. M. von Oy und A. Sagi eine Pionierarbeit in der Heilpädagogik geleistet haben, in ihrer Kern-Aussage an aktueller Relevanz nicht verloren. Auch ist bis heute die Freude von C. M. von Oy über die Weitergabe ihrer Methode in Theorie und Praxis erhalten geblieben (vgl. von Oy, 2002, S. 40). An ihrer lebendigen, ansteckenden Begeisterung möchte ich anknüpfen und in ihrem Sinne in diesem Beitrag dem Leser einen Zugang zur HPÜ eröffnen.

Aktuelle Relevanz und theoretische Ansätze

Die aktuelle Bedeutung liegt darin, dass die HPÜ aufbauend auf einer heilpädagogischen Beziehung einen zeitlosen Orientierungsrahmen bietet. Durch ihre offene, aber doch charakteristische Struktur können unterschiedliche theoretische Modelle und Föderansätze in das Konzept eingebunden werden, um unter förderdiagnostischen Gesichtspunkten eine individualisierte Hilfe zu realisieren. Das innere zeitlose Anliegen der HPÜ ist Folgendes:
„[...] das Spiel des Kindes als seine Sprache zu verstehen, das heißt, sie wahrzunehmen und zu entschlüsseln, um dann entscheiden zu können ob dieses Kind seine ihm eigene Sprache nur mit gezielter Anleitung erlernt oder ob es Anregungen braucht, diese seine Sprache lustvoll zu differenzieren, um sich mit ‚Welt' konstruktiv auseinander setzen zu können." (von Oy, 2002, S. 10).
Für E. Biene-Deißler ist die ressourcenorientierte HPÜ auch heute noch „ein überzeugender, methodisch einzusetzender Arbeitsansatz bei Kindern mit Beeinträchtigungen und Behinderungen" (von Oy, 2002, S. 10).

Die grundlegende Voraussetzung aller Begegnungen in der HPÜ ist die Kontaktaufnahme mit dem Kind, zu dem die Heilpädagogin einen verstehenden Zugang finden muss, um eine tragfähige durchgängige Beziehung aufzubauen (vgl. von Oy/Sagi, 1997, S. 116). In dieser heilpädagogischen Beziehung zum Kind spiegelt sich die innere Einstellung, die Haltung des Heilpädagogen wider, der sich darum bemüht, das Kind in seinem „So-geworden-Sein" zu akzeptieren und anzunehmen (vgl. von Oy/Sagi, 1997, S. 117). Die Einstimmung auf das Kind, ein immer neues Sich-aufeinander-Einstellen und -Einlassen, ein konzentriertes Aufeinander-Hinhören und die gegenseitige Bejahung in der persönlichen Begegnung im Spiel, nicht nur als Förderung, sondern als Interaktion zwischen dem Kind und der Heilpädagogin, zeichnen die Qualität dieser Beziehung aus (vgl. von Oy/Sagi, 1997, S. 116 ff.). Hier kommt ein Menschenbild zum Tragen, das jedes Kind als eine einzigartige Persönlichkeit wertschätzt und von einer prinzipiellen Lernfähigkeit des Kindes bzw. des Menschen mit Behinderung ausgeht (vgl. von Oy/Sagi, 1997, S. 116). Das beziehungsstiftende, personale Angebot in der HPÜ gilt als das Kern-Element für eine wirkungsvolle, effektive heilpädagogische Hilfe, unabhängig von der methodischen Vorgehensweise im konkreten Einzelfall. Die „Heilpädagogik als personale Beziehung fordert die Person (der Heilpädagogin) in einem umfassenden und ganzheitlichen Sinne" (Gröschke, 1997, S. 119). Auch in der HPÜ spielt die Persönlichkeit des Heilpädagogen eine zentrale Rolle, so dass es nicht nur auf sein Fachwissen oder die Beherrschung effizienter Methoden-Techniken ankommt. Sich und seine Arbeit stetig kritisch zu reflektieren ist hierbei ein wesentliches Anliegen (vgl. Biene, Zusammenarbeit 1988, S. 18). Die Fachlichkeit des Heilpädagogen verstanden als ein „von der Person zu integrierendes Muster aus instrumenteller, sozialer und reflexiver Kompetenz" (Geißler/Hege, Konzepte sozialpädagogischen Handelns 1985, S. 242 ff.) muss, um überzeugend wirken zu können in der HPÜ transparent werden (vgl. Biene, 1988, S. 29).

Das Charakteristische der HPÜ verwirklicht sich in ihrer Grundhaltung: Im dialogischen Prozess, im gemeinsamen Spiel ist die HPÜ für die Heilpädagogin handlungsbegleitend und reflexionsanleitend, das methodische Vorgehen aber richtet sich nach dem Kind als Partner, wobei nicht erwartet wird, dass es sich einer vorgegebenen Struktur entsprechend verhalten muss. Die HPÜ ist ein lebendiges Miteinander im Zusammenspiel zwischen Kind und Heilpädagogen, der durch seine interessierte, aufmerksame Anteilnahme eine Weiterentwicklung der Persönlichkeit des Kindes ermöglicht (vgl. von Oy/Sagi, 1997, S. 115 ff.).

Die grundlegende Zielsetzung in der HPÜ ist, die Persönlichkeit zu stärken. Dies soll auf der Grundlage einer heilpädagogischen Beziehung unter Berücksichtigung der individuellen Möglichkeiten durch eine systematische und ganzheitliche Förderung erreicht werden (vgl. von Oy, 2002, S. 22). Im Spiel als gelenktes Spiel im Spannungsverhältnis zwischen Spiel und Förderung (Übung) werden gezielte und systematische Angebote mit freien, sich selbst entfaltenden Einheiten kreativ miteinander verbunden, um das Kind mit Entwicklungsbeeinträchtigung im Spiel zur Selbstverwirklichung zu befähigen (vgl. von Oy/Sagi, 1997, S. 115 ff.).

Die Persönlichkeitsentwicklung des Kindes im Spiel möchte ich durch eine Kordel symbolisieren:

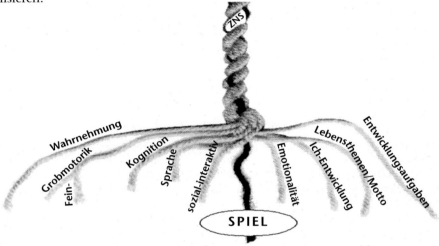

Das Zusammenspiel der Entwicklungsstränge in der Persönlichkeitsentfaltung des Kindes (Schroer, 2005, S. 57)

In der Kordel werden die unterschiedlichen Dimensionen, Entwicklungslinien oder -stränge miteinander verknüpft und bilden ein einheitliches, aber in sich vielschichtiges, verschlungenes Gebilde. Das Spiel stellt dabei einen Kordelstrang dar, der alle Dimensionen vereint und miteinander verbindet. Somit kann das Spiel als der zentrale, rote Faden in der kindlichen Entwicklung gesehen werden. Alle weiteren Stränge, die aus der Kordel hervorgehen, können wiederum in einzelne Bereiche unterteilt und differenziert werden. Auf der einen Seite zeigt sich die aktive Auseinandersetzung des Kindes mit seiner Umwelt in seinem Spielverhalten. Auf der anderen Seite drückt das Kind sein Erleben, seine Ich-Befindlichkeit im Spiel aus. Eine übergreifende Funktion nimmt in dieser Kordel das zentrale Nervensystem (ZNS) ein. Das Spiel als Fundamentalphänomen (vgl. Gröschke, 1997, S. 229) ist die bedeutendste Entwicklungsdimension in der frühen Kindheit. Für das Kind ist sein Spiel eine fundamentale Lebensform, die sämtliche menschliche Aktivitäten enthält (vgl. Köhn, HpE, 2001, S. 146). Die Persönlichkeitsentwicklung im Spiel wird durch unterschiedliche Entwicklungsbedingungen, wie das emotionale Klima, die individuellen Lebensverhältnissen im familiären Umfeld und die gemachten Erfahrungen in der Interaktion mit der materiellen, personalen und sozial-kulturellen Umwelt, beeinflusst (vgl. Mogel, 1994, S. 52). Vergangene Erfahrungen, gegenwärtige Bedingungen und zukünftige Möglichkeiten fließen im Spiel zusammen. Durch eine innere Organisation bisheriger Erfahrungen und durch eine innere Bewertung der gegenwärtigen Umwelt erfolgen die Veränderungen.

Die Beziehung des Kindes zu seiner Wirklichkeit wird durch diese beiden Prozesse gesteuert, die ein inneres System, das Bezugssystem bilden (vgl. Mogel, 1994, S. 52). Im Spiel als intermediären Bereich fließen laut D. Winnicott die äußere Realität (die Auseinandersetzung mit der Umwelt) und die innere psychische Realität (das subjektive Erleben, die Ich-Befindlichkeit) in der gleichen Weise ein (vgl. Winnicott, 1987, S. 24, S. 52, S. 119). Das von mir in der Kordel dargestellte Spiel kann auch auf die von E. Kobi benannte objektbezogene und subjektbezogene Fragestellung angewendet werden (vgl. Kobi, 1993, S. 34 ff.). Im Spiel zeigt das Kind bestimmte Verhaltensweisen, die von der objektiven Ebene aus beobachtet werden können. Das Spielverhalten hat aber auch eine subjektive Ebene, da das Kind zum einen seinem Spiel eine subjektive, persönliche Bedeutung gibt und da zum anderen die Heilpädagogin das Spiel auf seine subjektive Bedeutung für das Kind hin interpretieren und entschlüsseln kann. Auf der objektiven Seite lassen sich entwicklungspsychologisch relevante Fähigkeitsbereiche im Sinne einer Entwicklungshierarchie aufzeigen. Auf der subjektiven Seite können psychoanalytische Interpretationsebenen genannt werden (vgl. Schroer, 2005, S. 57 f.).

Ausgehend von der grundlegenden Bedingung und der übergeordneten Zielsetzung der HPÜ möchte ich kurz den Aufbau des Konzeptes skizzieren und dann einige Aspekte vertiefen.

Die diagnostischen Voraussetzungen beinhalten die Anamnese und eine gezielte Spiel-Beobachtung im gelenkten und freien Spiel sowohl in der Institution als auch im häuslichen Umfeld. Davon ausgehend können das Spielentwicklungsniveau und die darin liegenden Spielkompetenzen des Kindes ermittelt und Hypothesen zur emotionalen Befindlichkeit des Kindes, seinen aktuellen im Spiel dargestellten Lebensthemen und Bedürfnissen gebildet werden. Die verschiedenen Entwicklungsdimensionen im Spiel kommen hier zum Tragen. Zu der diagnostischen Informationssammlung gehören auch die Hospitationen bei weiteren therapeutisch-medizinischen Maßnahmen (wie Ergo- und Physiotherapie und/oder Logopädie), die beim Kind durchgeführt werden, und der Austausch mit den Therapeuten sowie die Gutachten verschiedener Fachdisziplinen. Alle Aspekte fließen in die mehrdimensionale interdisziplinäre Diagnose und die vorläufige Analyse der Gesamtsituation mit ein. Auf dieser Grundlage werden die Ziele (Erziehungs-, Förder- und Lernziele) formuliert und der individuelle (Be-)Handlungsplan (Förderkonzept) wird abgeleitet. Entsprechend der Zielformulierung gestalten sich die ersten methodischen Schritte und das weitere methodische Vorgehen im Prozess. Im Sinne einer Förderdiagnostik werden die Ziele und die Maßnahmen durch eine fortschreitende Beobachtung und Auswertung im Verlauf, der in Protokoll-Form festgehalten wird, überprüft und ggf. modifiziert. Die zunächst auf die Einzelsituation ausgerichtete HPÜ kann auf die Gruppe erweitert werden. Die Zusammenarbeit mit den Eltern ist ein integrierter Bestandteil (vgl. von Oy/Sagi, 1997, S. 117, S. 241 ff.).

Für eine gezielte Spiel-Beobachtung im gelenkten und freien Spiel im Rahmen der HPÜ stehen Beobachtungskriterien, ein ausführlicher Beobachtungsbogen und reflektierende Fragen für die Beobachtung im Spiel zwischen Eltern und Kind als Hilfsmittel zur Verfügung (vgl. von Oy/Sagi, 1997, S. 224, S. 228; Biene, 1988, S. 35 ff.). Das Spielverhalten des Kindes mit Entwicklungsbeeinträchtigungen wird unter entwicklungspsychologischen Aspekten an der normalen Spiel-Entwicklung orientiert eingeschätzt (vgl. von Oy/Sagi, 1997, S. 117; von Oy, 2002, S. 81). Den theoretischen Bezugsrahmen hierfür liefern die unterschiedlichen Spielformen, die sich im Laufe der kindlichen Entwicklung abzeichnen, ausdifferenzieren, auseinander hervorgehen, aufeinander aufbauen und sich vielfach in ihrer Interdependenz überschneiden. Als Orientierungsschema wird in der HPÜ die Einteilung von L. Schenk-Danzinger: Funktionsspiele, Rollenspiele, Konstruktionsspiele und Regelspiele unter Berücksichtigung der kognitiven Entwicklungstheorie von J. Piaget gewählt (vgl. von Oy/Sagi, 1997, S. 99 ff.). Die Wahrnehmungsentwicklung nach F. Affolter und J. Prekop, die eine hierarchisch-sequenzielle Entwicklung von der modalen, über die intermodale und seriale bis hin zur intentionalen und symbolischen Stufe beschreiben, stellt ein weiteres Grundlagenmodell für die HPÜ zur Verfügung (vgl. von Oy/Sagi, 1997, S. 37 ff.).

Aus der Analyse der Gesamtsituation, der mehrdimensionalen Betrachtung des Kindes und seinen Bezugspersonen im sozialen Umfeld unter Berücksichtigung aller Informationen kann der Ist-Zustand erkannt und beschrieben werden. „Daraus ergibt sich die Definition des Soll-Zustandes, eine Arbeitshypothese, die sich an den realen Möglichkeiten des Kindes und seiner Familie orientiert" (von Oy/Sagi, 1997, S. 242). Die Arbeitshypothese wird in Form von sinnvollen und erreichbaren Richt-, Nah- und Lernzielen formuliert, die „im weiteren Verlauf der HPÜ dauernd überprüft, ständig ergänzt, geändert und differenziert werden müssen" (von Oy/Sagi, 1997, S. 242). In der HPÜ müssen die Ziele jederzeit fallen gelassen werden, „wenn darüber der positive Kontakt mit dem Kind verloren gehen könnte" (Morgenstern, 1973, S. 30).

Um die angestrebten Ziele zu erreichen, ist eine entsprechende methodische Vorgehensweise erforderlich. Bei der Handlungsplanung, Durchführung und Auswertung ist die Raum-, Material- und Personen-Orientierung in der HPÜ zu berücksichtigen (vgl. von Oy/Sagi, 1997, S. 247 ff.). Die methodisch-didaktischen Überlegungen richten sich nach dem jeweiligen Kind, das über die Auswahl verschiedener Methoden, Materialien und Mittel entscheidet (vgl. von Oy/Sagi, 1997, S. 250 f.). Ausgehend von der Spiel-Beobachtung werden die Auswahl und der Einsatz des Spielmaterials getroffen (vgl. von Oy/Sagi, 1997, S. 251). In dem individuell vorbereiteten Spiel-Raum wird das Kontakt-Material für die jeweiligen Spiel-Übungen angeordnet und in der geeigneten Situation mit dem Kind zusammen erkundet (vgl. von Oy/Sagi, 1997, S. 249). Die Heilpädagogin muss hierbei über eine *rasche* Materialassoziation und Werkzeuggeschicklichkeit verfügen (vgl. von Oy/Sagi, 1997, S. 97 f.; Morgenstern, 1973, S. 30). Im gemeinsamen Spiel führt und folgt der Heilpädagoge, der im gelenkten Spiel dem Kind mit Entwicklungsbeeinträchtigungen eine Hilfe zur Selbstentfaltung anbietet (vgl. von Oy/Sagi, 1997, S. 116). Dort, wo das Kind nicht aus eigenem Antrieb heraus spielen kann, werden ihm gezielte und systematische Hilfen angeboten, um seine Spielkompetenzen zu entwickeln. Die dafür erforderlichen Materialangebote und Spielanregungen werden unter motivations- und lernpsychologischen Aspekten im Spiel mit eingebracht. Die Aufgaben sollten einem dosierten, mittleren Diskrepanzerlebnis entsprechen, damit das Kind sie bewältigen kann und ein bestätigendes Erfolgserlebnis hat. Die neu hinzugewonnenen Fähigkeiten werden wiederholt ausgeführt und angewendet, also geübt, um stabilisiert zu werden. Produktiv werden die erworbenen Kompetenzen dann, wenn sie mit einer Transferleitung verbunden sind (vgl. von Oy/Sagi, 1975, S. 40 f.; von Oy/Sagi, 1997, S. 117; Roth, 1976, S. 179 ff.; Gröschke, 2005, S. 237 ff.). „Die geplanten Übungen müssen geändert werden, wenn das Kind unruhig oder gereizt wird. Die emotionale Sicherung des Kindes ist wichtiger als jeder Übungseffekt" (von Oy/Sagi, 1997, S. 118). Über den Wert einer Übungseinheit kann niemals allein der Inhalt und die Methode entscheiden, „vielmehr die im günstigen gewählten Augenblick begründete Wirksamkeit" (von Oy/Sagi, 1997, S. 120). Die HPÜ ist grundsätzlich auf eine Gesamtförderung des Kindes mit Entwicklungsbeeinträchtigungen ausgerichtet und kann nicht als isoliertes Training technischer Fertigkeiten verstanden werden. Das Prinzip Übung ist keine Dressur (vgl. Köhn, HpE, 2001, S. 762), sondern eine mit dem Spiel verbundene Übung, eine Wiederholung und Ritualisierung, die nach R. Oerter Wesensmerkmale des Spiels sind, angefangen bei den primären Kreisreaktionen nach J. Piaget im Funktionsspiel (vgl. Oerter, 1993, S. 15 ff.; Gröschke, 1997, S. 296). Die Funktion der Übung und Erweiterung des Gelernten kommt im Rahmen der sensomotorischen Entwicklung im Spiel zum Tragen (vgl. Gröschke, 1997, S. 297). Wenn Spiel das Mittel ist und Übung die Methode darstellt, können Spiel und Übung in Einklang gebracht werden, sofern sie keine Extremformen darstellen (vgl. von Oy/Sagi, 1984, S. 40). Bei Kindern mit Entwicklungsbeeinträchtigungen ist das spielerisch initiierte Üben eine wichtige heilpädagogische Aufgabe, bei der die Gefahr einer Lernzielüberfrachtung im gemeinsamen Spiel im Auge behalten werden muss (vgl. Gröschke, 1997, S. 296 f.). Für die Übungen in der HPÜ wird im Lehrbuch eine große Auswahl an Anregungen für die einzelnen Spielformen aufgezeigt (vgl. von Oy/Sagi, 1997, S. 279 ff.). Aus der breiten Skala von unterschiedlichen Spielmöglichkeiten muss die Heilpädagogin eine Auswahl treffen, die sich nach der Persönlichkeit des Kindes, seinen Kompetenzen und Bedürfnissen sowie seiner augenblicklichen situativen Lernbereitschaft richtet. Bei der Planung und im Verlauf der Übungsstunde bzw. Spielstunde „ist auf den sinnvollen Wechsel von Anspannung und Entspannung zu achten" (von Oy/Sagi, 1997, S. 118). Die Aufgabe des Heilpädagogen ist es, das Spiel als die Sprache des Kindes zu verstehen, dem Spiel und Entwicklungsverlauf des Kindes mit Entwicklungsbeeinträchtigungen nachzuspüren, seinen einzig- oder andersartigen Verlauf zu beachten und darin seine individuelle Lebensäußerung zu entdecken (vgl. von Oy/Sagi, 1997, S. 117).

Im Rahmen der HPÜ können Elemente unterschiedlicher Methoden, wie der Basalen Stimulation, der heilpädagogischen Rhythmik, der heilpädagogischen Spieltherapie etc. berücksichtigt und integriert werden. Die systematische Einbindung von Montessori- und Fröbel-Material unter anderem in das Konzept der HPÜ wird in den ergänzenden Werkheften aufgezeigt. Aus der spielpädagogischen Tradition von F. Fröbel, J. Itard, E. Séguin, M. Montessori und M. Morgenstern, mit der sich C. M. von Oy kritisch auseinander gesetzt hat, ergaben sich viele Erkenntnisse und wichtige Hinweise. Die Prinzipien von M. Morgenstern gelten auch in der HPÜ (vgl. von Oy/Sagi, 1997, S. 81 ff.). Diese eklektische Entnahme bietet die Möglichkeit in der HPÜ eine kindspezifische Vorgehensweise im Einzelfall zu entwickeln, die eine optimale Hilfe für das Kind mit Entwicklungsbeeinträchtigungen und seiner Familie anstrebt.

Die Zusammenarbeit mit den Eltern ist ein integrierter Bestandteil der HPÜ, da sie eine „unabdingbare Voraussetzung einer dauerhaften effektiven Hilfe für die gesamte Familie (ist)" (Biene, 1988, S. 31). In den Gesprächen mit den Eltern sollte durch aktives Zuhören eine verstehende Annahme signalisiert werden, um eine Vertrauensbasis und eine tragfähige Beziehung aufzubauen, die eine effektive Zusammenarbeit ermöglicht (vgl. von Oy/Sagi, 1997, S. 267; Biene, 1988, S. 35). Der Heilpädagoge versteht sich als Partner, der neben den Eltern des Kindes mit Entwicklungsbeeinträchtigungen steht und geht (vgl. Biene, 1988, S. 19). Ausgehend von der Anamneseerhebung, der diagnostischen Einschätzung des Kindes und der Interaktionsbeobachtung im Spiel zwischen den Eltern und ihrem Kind werden eine Gesamtanalyse erstellt und die Arbeitsaufträge formuliert. Das weitere Vorgehen richtet sich nach den Besonderheiten der jeweiligen Familie, für die entsprechende Methoden, Arbeitsformen und -schritte ausgewählt werden (vgl. Biene, 1988, S. 22, S. 54). Die Zielsetzung, die Bedingungen und die Durchführung der HPÜ werden den Eltern im Gespräch transparent gemacht und mit ihnen gemeinsam erarbeitet und reflektiert (vgl. Biene, 1988, S. 57, S. 63). Inwieweit die Eltern praktisch in die HPÜ mit einbezogen werden und ein häuslicher

„Übungsplan" erstellt wird, hängt vom Einzelfall ab (vgl. Biene, 1988, S. 61 ff.). Alle gewählten Methodenansätze müssen unter Berücksichtigung der individuellen Möglichkeiten des Kindes und der jeweiligen Familienkonstellation aufeinander bezogen sein und ein organisches Ganzes bilden (vgl. Biene, 1988, S. 54). *„Der Heilpädagoge muss oft ein Künstler sein, der über den rationalen, technisch-mechanischen Bereich hinaus Fähigkeiten entwickelt, um auch beim behinderten Kind positive Möglichkeiten wahrzunehmen und diese den Eltern begreiflich zu machen versteht"* (Biene, 1988, S. 89 f.).

Problem- und Erfahrungsfelder

Um die HPÜ in ihrer praktischen Durchführung möglichst konkret und nachvollziehbar darzustellen, sind in jeder Auflage des Lehrbuches andere Fallbeispiele aufgezeigt. Die verschiedenartigen Verläufe der Begegnungen in der HPÜ mit Franz, Veronika, Peter und all den anderen werden anhand der Protokolle und Berichte deutlich. Ein aktuelles Fallbeispiel, das ein Erfahrungsfeld der HPÜ aufzeigen soll, stellt die heilpädagogische Begleitung von J. in meinem Praxissemester im Studienjahr 2003/2004 in Praxisanleitung von E. Biene-Deißler im Fachbereich Heilpädagogik an der Katholischen Fachhochschule NW, Abteilung Münster dar. Hier beziehe ich mich auf die von mir erstellten Protokolle und Berichte, wobei ich die Zusammenarbeit mit den Eltern in diesem Beitrag ausblenden werde.

Die Vorstellung von J. (3;8 J.) im sozialpädiatrischen Zentrum erfolgte durch seine Mutter zur weiteren Abklärung und Beratung bei aggressiven Verhaltensweisen. Aus der Erstvorstellung, die eine geringe Frustrationstoleranz und fremd-aggressive Verhaltensweisen in Verbindung mit Schwierigkeiten in der Körperkoordination und Feinmotorik ergab, und der sozialpädiatrischen Untersuchung erfolgte die Diagnose einer psychomotorischen Koordinationsstörung und der Verdacht auf eine Störung des Sozialverhaltens, beschränkt auf den familiären Rahmen.

Aus den anamnestischen Erhebungen und den im Prozess weiter fortgeführten Spiel-Beobachtungen im freien und im gelenkten Spiel konnte die Gesamtsituation analysiert werden (heilpädagogische Verstehensdiagnose). Aufgrund der Bedürftigkeit (Befindlichkeit, Ressourcen und Entwicklungsaufgaben) aller Beteiligten konnten die Förder- und Beratungsziele bestimmt werden und die Handlungsplanung erfolgen. Die grundlegende Zielsetzung der heilpädagogischen Begleitung von J. war es, ihm im Rahmen eines personalen Angebotes die Sicherheit (auf der Beziehungsebene und auf der strukturellen Ebene) zu geben, die er brauchte, um in seiner Persönlichkeitsentwicklung gestärkt zu werden und mehr Ich-Identität zu erlangen. Die für ihn anstehenden Entwicklungsaufgaben sollte er lösen, um die notwendige Autonomie zu erwerben. Die dabei zu entwickelnde Selbstbeherrschung diente der Affektregulierung, die es ihm ermöglichen sollte, seine aggressiven Impulse zu kontrollieren und in sozial akzeptierte Bahnen zu lenken. Aufbauend auf seine Ressourcen im Funktions- und Konstruktionsspiel sollte J. durch gezielte Spielanregungen seine Fähigkeiten weiter ausbauen und im Rollenspiel seine Kompetenzen entwickeln. Die Wahrnehmung sowie auch die Motorik sollten durch gezielte, ins Spiel integrierte Elemente gefördert werden. Abgeleitet aus dem aktuellen Entwicklungsstand wurden die Lernziele formuliert, auf deren Hintergrund der weitere Prozess reflektiert, überprüft und modelliert werden konnte. Einen kleinen Ausschnitt der Lernzieloperationalisierung möchte ich hier exemplarisch für den Bereich der Spielentwicklung aufzeigen:

- Richtziel: J. soll lernen, seine Fähigkeiten im Funktions-, Konstruktions- und Rollenspiel auszubauen (Weiterentwicklung).
- Nahziele: J. soll lernen, zunächst einfache Handlungen und dann komplexere Abläufe nachzuahmen (Imitationsspiele zur Übung von Rollenspielen).
  J. soll lernen, im Rollenspiel soziales Verhalten einzuüben und seine persönliche Befindlichkeit auszudrücken.
  J. soll lernen, Rollen über längere Zeit auszufüllen.
  J. soll lernen, eigene Verhaltensweisen in der Spielsituation darzustellen und diese dann auf Figuren (Stofftiere) zu übertragen (Lernen am Modell).
  J. soll lernen, nach eigenen Vorstellungen und/oder Vorlage werkgerecht zu bauen.

Wie schon bei der Kontaktaufnahme, bei der ich über die Spielautos, die einen Aufforderungscharakter für J. hatten, einen Zugang zu ihm finden konnte, trat er auch im weiteren Verlauf über das Spielmaterial mit mir in Kontakt. Die Spielstunden waren durch einen Dialog zwischen J. und mir, einem durchgängig positiven Bezug und der Freude im gemeinsamen Spiel gekennzeichnet. Die von mir gezielt eingebrachten Spiel-Angebote und Materialien waren zunächst auf körperbezogene Erfahrungen im Rahmen von Bewegungsspielen ausgerichtet. Im Verlauf konnte J. seine Körperkoordination und Kraftdosierung zunehmend ausdifferenzieren. Wenn er innerlich unter Druck stand und sozial-emotional angespannt schien, äußerte sich dies durch einen vermehrten Bewegungsdrang in Form von Hüpfen, Springen, Sich-fallen-lassen, um sich über die propriozeptiven Reize zu spüren. Die Anspannung von J. griff ich auf, indem ich gezielt ein Bewegungsspiel einsetzte. Hierüber wurde sein Tonus reguliert und sein Körper ausbalanciert, wodurch auch eine innerliche Stabilität angestrebt wurde. Über meine an seinen Bedürfnissen angepassten Handlungen (direkte Spielanleitung) bekam J. auch das Gefühl vermittelt, in seiner Anspannung angenommen zu sein. Die ihm bekannten Inhalte aus den Bewegungsspielen stellte er in kurzen Wiederholungen anfänglich in seinem freien Spiel dar. Dadurch, dass er die gelernten Bewegungsabläufe in seinem Spiel reproduzierte, holte er sich Selbstbestätigung durch das Erleben: Ich kann was, also bin ich gut. Die in den Bewegungsspielen mit angesprochenen serialen Leistungen wurden im Verlauf der Begleitung in der von J. eigenständig gestalteten Stundenplanung deutlich. Er konnte nun seine erworbenen serialen Leistungen gezielt einsetzen und auf abstrakter Ebene (Kognition) anwenden, indem er Handlungen über mehrere Schritte hinweg gedanklich plante. Diese Fähigkeit weitete sich auch auf den Bereich der Sprache aus, die er zunehmend in das Spiel einbrachte. Darin, dass er seine Spielstunde zunehmend für sich nutzen und mit Inhalt füllen konnte, zeigte sich auch seine weitere Persönlichkeitsentwicklung und gewonnene Ich-Stärke. In seinem Verhalten und Auftreten wurde seine Selbst- und Eigenständigkeit sichtbar. Es entwickelte sich eine stabile Beziehung zwischen J. und mir, in der er unterschiedliche Gefühlsqualitäten zulassen und ausleben und korrigierende emotionale Beziehungserfahrungen machen konnte. Vor allem in Konfliktsituationen, in denen er durch sein Verhalten seine Grenzen austestete, erlebte er mich als stark, klar und deutlich. So entstand ein sicherheitsgebendes und entwicklungsförderliches Klima. In diesem Spiel-Raum konnte J. seine Kompetenzen im Konstruktionsspiel, Bau-Materialien adäquat und zielgerichtet einzusetzen, einbringen, um eine Höhle zu bauen und so einen Schutzraum für sich zu schaffen. Auf seine Regieanweisung hin bauten wir seine Höhle im gemeinsamen Spiel-Dialog. Als er in seiner Ausführung aufgrund seiner Brüche im werkgerechten Bauen nicht mehr weiterwusste, griff ich lenkend in sein Spiel ein und gab ihm die notwendige Spielhilfe, die er brauchte, um seine Höhle zu errichten. Meine Anregungen nahm er offen und freudig auf. Sobald die Höhle fertig gestellt war, zog ich mich zurück und überließ ihm wieder die Spielführung. Sein weiteres Spiel begleitete ich, indem ich seine emotionalen Erlebnisinhalte aufgriff und reflektierend verbalisierte. Im Rollenspiel zeigte sich zu Beginn der Begleitung seine eingeschränkte Symbolisierungsfähigkeit. Auf die von mir im gelenkten Spiel eingebrachten Rollenspielimpulse zum Thema Essenkochen konnte J. sich mitspielend einlassen. Nachdem ich dieses Rollenspiel über mehrere Stunden mit neuen Varianten wiederholte (Übung), konnte J. von sich aus den Spielinhalt aufgreifen und die von mir (als Modell) eingebrachten Inhalte im Symbolspiel (so-tun-als-ob) imitieren. Dass J. mich als Modell annahm, spiegelte auch die Beziehungsqualität wider. Die von J. nun gewählten und inszenierten Rollenspielszenen konnte er immer komplexer und ausdauernder gestalten. Seine erworbene Rollenspiel-Kompetenz ermöglichte es J., seine Lebensthemen im Spiel differenzierter darzustellen. Durch meine einfühlende und reflektierende Spielbegleitung konnte er die Fähigkeit entwickeln, seine eigenen Gefühle wahrzunehmen. Darauf aufbauend konnte J. nicht nur Handlungen, sondern auch emotionale Befindlichkeiten auf Spielfiguren übertragen, diese verbalisieren und sich einfühlen bzw. sozial-emotional miterleben. Seine hinzugewonnenen Rollenspielkompetenzen spiegelten sich auch in seiner weiter fortgeschrittenen sozialen Entwicklung wider. Im Rahmen der Spielstunden konnte J. seine aggressiven Impulsausbrüche immer mehr beherrschen und seine Wut in sozial akzeptierte Bahnen lenken, d. h., in alternative Handlungsweisen umsetzen (Affektkontrolle).

Der Wechsel vom gelenkten zum freien Spiel wird in dem Fallbeispiel von J. dadurch deutlich, dass er in den von mir geplanten und gezielt eingesetzten Spielangeboten die Kompetenzen erwerben konnte, die es ihm dann ermöglichten, im freien Spiel seine Lebensthemen und Konflikte auszuspielen. In der Begegnung mit J. im gemeinsamen Spiel-Dialog lag meine wesentliche Aufgabe darin, situativ und flexibel das, was er mit ins Spiel einbrachte, aufzugreifen und entsprechend der Zielsetzung zu beantworten. Dies geschah entweder dadurch, dass ich, wenn es notwendig war, eine direkte Spielführung übernahm oder ihm die Regieanweisung übergab und sein Spiel reflektierend begleitete. In der heilpädagogischen Begleitung von J. war es aufgrund seiner Bedürftigkeit erforderlich, auf der Basis einer heilpädagogischen Beziehung in der HPÜ ergänzende pädagogisch-therapeutische Elemente einzubeziehen. Diese, häufig in der Praxis anzutreffende, Methoden-Verknüpfung (vgl. Rösnick, 1998, S. 41 ff.; von Oy/Sagi, 1997, S. 161 f.) habe ich in meiner Diplomarbeit vertiefend bearbeitet.

Alle Begegnungen in der HPÜ mit den Kindern und ihren Bezugspersonen sind im Sinne von Oy eine geschenkte Zeit
[...] bemerkenswerte Begegnungen, die unvergesslich sind [...] uns verbindet mit jedem Einzelnen eine unverwechselbare Lebensgeschichte [...] ein freudiges, lebendiges Miteinander im gemeinsamen Spiel [...] Materialangebote als Eröffnung zur Welt [...] Erfahrungen, die sich Franz, Veronika, Peter und andere nicht allein einholen und nicht allein erkunden konnten (vgl. von Oy, 2002, S. 44 ff.).

Ausblick

Das Projekt Heilpädagogik (vgl. Gröschke, 1997, S. 75 ff.) ist nicht abgeschlossen, sondern „das Vorhandene muss ergänzt und weiterentwickelt werden, es ist eine Herausforderung an alle, die in der Heilpädagogik tätig sind" (von Oy/Sagi, 1975, S. 55). Auch die HPÜ als eine originäre heilpädagogische Methode ist auf Veränderung und Entwicklung ausgerichtet. In ihrer charakteristischen Kernaussage hat sie nicht an aktuellem Wert für die Heilpädagogik verloren. Ihre offene Struktur zeigt die Möglichkeit auf, aktuelle theoretische Erkenntnisse in das Konzept der HPÜ zu verorten und sich den derzeitigen Bedingungen in der Praxis anzupassen. Die Begrifflichkeit der „Behandlung" kann, wie sich eingangs schon zeigte, zu Irritationen führen und wird in der gängigen Literatur meist umgangen. So zeigt D. Gröschke unter dem Leitkonzept der Entwicklungsförderung die HPÜ im Rahmen der Spielförderung auf (vgl. Gröschke, 1997, S. 293 ff.). In der HpE von W. Köhn ist die heilpädagogische Begleitung in Spiel und Übung ein Kernelement, das in Bezug auf Übung als heilpädagogische Übungsbegleitung dargestellt wird (vgl. Köhn, HpE, 2001, S. 760 ff.). Auch P. Tietze-Fritz geht auf die HPÜ ein, die aus ihrer Sicht als heilpädagogische Entwicklungsförderung bezeichnet werden kann (vgl. Tietze-Fritz, 1995, S. 128). Eine andere Bezeichnung erscheint nahe liegend und sinnvoll zu sein. Das hier vorgestellte Handlungskonzept wird auch zukünftig aus der Praxis und für die Praxis den Heilpädagogen in der Begegnung mit dem Kind auf deren gemeinsamen Weg begleiten und immer wieder neue Möglichkeiten eröffnen.

Kommentierte Literaturhinweise

Oy, Clara Maria von/Sagi, Alexander: Lehrbuch der heilpädagogischen Übungsbehandlung. 11. Aufl., Heidelberg, Edition Schindele, 1997.
Das Lehrbuch ist eine vertiefende Einführung in die Theorie und Praxis der heilpädagogischen Übungsbehandlung.

Oy, Clara Maria von: Erinnerungen an eine geschenkte Zeit. Heidelberg, Edition S, 2002.
Die ergänzenden Gedanken von Clare Maria von Oy zum Lehrbuch veranschaulichen ihren Weg in die heilpädagogische Berufung.

Hilfebegriff   Ernst Wüllenweber

Etymologie

Der Terminus „Hilfe" findet in der Alltagssprache allein und in diversen Wortkombinationen wie z. B. Hilferuf, Hilfeleistung, Hilfestellung, Soforthilfe, Lebenshilfe, Hilflosigkeit, Hilfsbedürftigkeit häufige Verwendung. Auch werden mitunter medizinische, pflegende und pädagogische Tätigkeiten als „helfende Berufe" bezeichnet.

Hilfe verweist darauf, dass eine Person oder Gruppe einer anderen Person oder Gruppe Unterstützung, Förderung, Begleitung, Beistand zu deren Vorteil gewährt. Hierbei hat der Terminus auch eine bedeutende politische Tradition als Entwicklungshilfe.

Marotzki u. a. (2005, S. 160) beziehen die Historie des Hilfebegriffs auf die Professionalisierung pädagogischer Tätigkeit. Sie verweisen z. B. darauf, dass sowohl Almosen als auch die Tätigkeit von beruflich spezifisch ausgebildetem Personal als Hilfe überschrieben werden kann und sich auch eine zunehmende Deinstitutionalisierung von sozialpädagogischen Hilfen in informellen Lernräumen, wie z. B. dem Internet oder in Selbsthilfegruppen, beobachten lässt.

Geschichte

Als Fachterminus nimmt der Hilfebegriff nur in der Disziplin und Praxis der sozialen Arbeit und Sozialpädagogik eine zentrale Position ein, der Begriff wird hier nicht selten als Selbsthilfe bzw. Hilfe zur Selbsthilfe präzisiert. Über die Sozialpädagogik hinaus konstatieren Marotzki u. a. (2005, S. 159) für die Erziehungswissenschaft allgemein sogar eine relative Dominanz des Hilfebegriffs.

In der Fachdiskussion der Heilpädagogik hat der Begriff bisher nur geringe Bedeutung erlangt und wird unter anderem unter dem Stichwort „Hilfebedarf" einbezogen, worauf später näher eingegangen wird. Der anscheinend einzige Versuch, Hilfe als heilpädagogischen Grundbegriff zu definieren, liegt durch Rössel im Jahre 1931 lange zurück. Neuere Diskussionen haben es kaum vermocht den Hilfebegriff für heilpädagogische Zwecke zu konkretisieren. So ist am Beispiel der weit gefassten Definition von Antor zu fragen, welchen Beitrag der Hilfebegriff zu leisten vermag:
„*Auf die Behindertenpädagogik übertragen [...], bedeutet dies, dass Helfen eine übergreifende Verweisungsfunktion auf das Zusammenwirken unterschiedlicher Teilbereiche sozialen Handelns im Lebenslauf Behinderter erhält.*" (Antor, 2001, S. 25)

Aktuelle Relevanz und theoretische Ansätze

Um den Hilfebegriff zu präzisieren, hilft die entsprechende Diskussion in der Sozialpädagogik weiter. Hier definiert Buchkremer/Hulfe (1996, S. 281) Hilfe altruistisch: „Unter Hilfe verstehen wir solche Interaktionsformen, durch die ein oder mehrere Handlungspartner einen oder mehrere andere unterstützen, Ziele zu erreichen. Dabei dominiert das Interesse an den hilfsbedürftigen Partnern und deren Zielen vor dem eventuell erreichbaren Eigennutz (z. B. Bezahlung) der Helfer (Altruismus)."

Hilfe kann sich in Einzelsituationen und als vorübergehende Hilfe bzw. umgekehrt als dauerhafte Hilfe darstellen. Bei letzterer Form ergibt sich das Problem, dass aus Dauerhaftigkeit eine Generalisierung erwachsen kann, unter anderem aufgrund zunehmender Routinisierung der Hilfe. Gängler (2001, S. 772) spricht hierbei von der Gefahr einer „Entmündigung des Hilfesuchenden".

Neben der Unterscheidung zwischen punktueller und dauerhafter Hilfe ist der Hilfebegriff auf der individuellen Ebene, z. B. als Einzelfallhilfe, der Gruppenebene, z. B. Selbsthilfegruppen, und der sozialpolitisch-gesellschaftlichen Ebene, z. B. als Behindertenhilfe oder als Sozialhilfe, angesiedelt.

In der Sozialpädagogik wird auch der noch zu erwähnende Zusammenhang zwischen Hilfe und Erziehung diskutiert, z. B. bei Gängler (2001, S. 776), der von einer „Kombination von Hilfe- und Erziehungsbegriff" spricht. Dabei lassen sich zwei unterschiedliche Akzentuierungen unterscheiden: In einer engeren Perspektive stellt Hilfe einen Teil von Erziehung dar. In einer allgemeinen Perspektive ist Hilfe Erziehung schlechthin. So schreibt z. B. Mollenhauer (1972) (zitiert nach Buchkremer/Hulfe (1996, S. 283): „Alles Erziehen ist in irgendeinem Sinn Hilfe [...]". Gängler differenziert den Zusammenhang zwischen Hilfe- und Erziehungsbegriff weiter aus und stellt unter anderem fest, *„[...] dass die Verbindung von Hilfebegriff und Erziehungsbegriff vor allem durch die Betonung einer spezifischen Interaktionsform möglich war: Wie bei der erzieherischen handelt es sich auch bei der helfenden Beziehung um eine asymmetrische Interaktion mit normativen Intentionen." (Gängler, 2001, S. 779)*

In der Heilpädagogik zeigt sich neben dem angesprochenen Problem einer weit **gefassten** Definition die Schwierigkeit den Hilfebegriff pädagogisch zu präzisieren. So bespricht Antor (2001) den Hilfebegriff als Konkurrenz zu den klassischen Grundbegriffen der (Behinderten-)Pädagogik wie Bildung und Erziehung, verweist jedoch darauf, dass der Hilfebegriff im Vergleich zum Erziehungsbegriff die Einflussnahme unterbetont. Umgekehrt unterstreichen Hoffmann/Theunissen die Einflussnahme gerade im Zusammenhang mit Hilfe:
„So wird häufig aus einer Hilfebedürftigkeit eine Hilflosigkeit gefolgert, was zu Bevormundung und Fremdbestimmung behinderter oder kranker Menschen führen kann. Wird eine solche (angenommene) Hilflosigkeit dem Helfen zugrunde gelegt, entscheiden Helfer darüber, was für die betroffene Person gut und richtig ist." (Hoffmann/Theunissen, 2002, S. 131)

Die Autoren beschreiben das Machtgefälle zwischen Professionellen und Klienten und formulieren als Alternative das Empowerment-Konzept, damit Menschen mit Behinderungen „ihre Angelegenheiten selbst in die Hand nehmen und schwierige Lebenssituationen wie auch alltägliche Belastungen und Anforderungen selbstbestimmt bewältigen können" (Hoffmann/Theunissen, 2002, S. 132).

B. Müller wiederum bezieht Empowerment und Hilfe anders aufeinander. Empowerment bestimmt er als Fähigkeit des Pädagogen, so zu handeln, dass die Klienten zum Aktivitätszentrum werden und formuliert auf dieser Basis:
„Indem jene lernen, dass ihre Abhängigkeit von Hilfe zwar kränkend, aber doch zur Bewältigung eigener Alltagsprobleme auch nutzbar ist, und lernen, weder an den Grenzen dieser Hilfe aufzulaufen noch mit größerer Abhängigkeit auf anderer Ebene zu bezahlen." (B. Müller, 2002, S. 87)

In der Fachdiskussion der Heilpädagogik tritt der Hilfeaspekt auch zu Tage, wenn eine übergreifende Funktion gemeint ist. So im Ansatz von M. Hahn (1981) zur sozialen Abhängigkeit von Menschen mit geistiger Behinderung, die Angewiesenheit auf andere Menschen bzw. die Hilfebedürftigkeit wird betont. Dementsprechend spricht F. Dieckmann (2002, S. 19) im Zusammenhang mit sozialer Abhängigkeit von „hilfreiche(n) Bezugspersonen".

In der Praxis der Behindertenhilfe wird dem Anschein nach häufig diffus von Hilfe gesprochen. So bezeichnen sich in vielen Einrichtungen die Mitarbeiter als Helfer, und in anthroposophischen Einrichtungen der Behindertenhilfe heißt es nicht mehr wie früher „Seelenpflegebedürftigkeit" sondern häufig „Menschen mit Hilfebedarf".

Auch fußt die Qualitätsdiskussion in der Behindertenhilfe wesentlich auf dem Terminus „Hilfebedarf" (Metzler, 1997). Hier wird z. B. von „Menschen mit erhöhtem Hilfebedarf" gesprochen, und es werden „Gruppen mit vergleichbarem Hilfebedarf" gebildet. Schließlich kann leicht begründet werden, dass sich Arbeit mit behinderten Menschen grundlegend auf Hilfe konstituiert: Behinderte Menschen, die keine Hilfe benötigen, haben keinen Anspruch auf professionelle Unterstützung. Schließlich verweist Haisch (1995, S. 30) darauf, dass „der Hilfebedarf der behinderten Menschen im Rahmen der Ökonomisierung ‚tendenziell als Aufwand' erscheinen (kann; E. W.), als Hindernis im Bestreben, mit der Knappheit zurechtzukommen".

Problem- und Erfahrungsfelder

Der Hilfebegriff ist sowohl zielorientiert wie entwicklungsorientiert. Die Zielorientierung beinhaltet das individuelle vom Klienten gewünschte Maß der Hilfe, z. B. Hilfe im pflegerischen Bereich, und verweist damit auf eine bestimmte Lebenslage. Die Entwicklungsorientierung definiert eher das professionell definierte Unterstützungspotenzial hinsichtlich der Entfaltung individueller Entwicklungsressourcen.

Hilfe stellt sich auch als eine sozialrechtliche Kategorie dar. Auf der Grundlage des § 93 BSHG soll versucht werden, normativ die Wünsche von Hilfebedürftigen bzw. Leistungsempfängern mit dem sozialstaatlichen Modell von Chancengleichheit und Eingliederung zu verbinden. Hierbei wird ein Verständnis von Hilfe auf der Basis von Gerechtigkeit unterstellt, welches auf statistischer Grundlage das Erwartbare und Übliche definiert, mit dem Ziel, dass jeder das Gleiche bei gleichem Bedarf bekommen soll. Im Mittelpunkt steht die Fiktion eines objektiven Bedarfs, der gleiche und einheitliche Zuteilungsregelungen vorsieht und erlaubt. Neben diesem normativen Aspekt steht der Begriff des Hilfebedarfs deskriptiv als Oberbegriff für Assistenz- und Unterstützungsbedarf mit konkreten Leistungen in pädagogischer-, pflegerischer-, medizinischer und individueller Hinsicht.

In der Praxis der Behindertenhilfe definieren die pädagogischen Fachkräfte ihre Tätigkeit anscheinend nicht zentral mit pädagogischen Grundbegriffen, wie Bildung, Erziehung oder Beratung, sondern sehen ihre Tätigkeit vor allem als Hilfe für den einzelnen Klienten. Die Reflexion von Unterstützung und Hilfe erscheint in der Praxis damit als Alternative zum Erziehungsbegriff, pädagogische Tätigkeiten in der Behindertenhilfe, z. B. für Menschen mit geistiger Behinderung, werden als Hilfe, als Einsatz und Unterstützung für die Klienten gesehen. Fachliche Präzisierungen, die z. B. bei einer Betonung von Erziehung notwendig würden, können auf diesem Wege umgangen werden. Insofern kann die Verwendung des Terminus „Hilfe" auch als Pauschalbegriff zur Vermeidung von pädagogisch-therapeutischen Differenzierungen gesehen werden.

Ausblick

Insgesamt betrachtet zeigt sich in der Heilpädagogik kein großes Interesse hinsichtlich der Bestimmung und Operationalisierung des Hilfebegriffs. Dies wird sich wahrscheinlich auch nicht ändern (müssen). Denn der Hilfebegriff ist alltagssprachlich dominiert, eine Präzisierung als Fachbegriff würde sich dieser Dominanz vermutlich nicht entziehen können. Zudem könnte sich der Hilfebegriff angesichts genügend etablierter Fachbegriffe kaum behaupten oder überhaupt Platz finden.

Kommentierte Literaturhinweise

Gängler, Herbert: Hilfe. In: Otto, Hans-Uwe/Thiersch, Hans: Handbuch der Sozialarbeit/Sozialpädagogik. 2. völlig neu überarb. u. aktualisierte Aufl., Neuwied, Luchterhand Verlag, 2001, S. 772–786.
In diesem Aufsatz wird der Hilfebegriff prägnant, aber dennoch umfassend beschrieben.

Metzler, Heidrun: Hilfebedarf und Selbstbestimmung. Eckpunkte des Lebens im Heim für Menschen mit Behinderung. In: Z. f. Heilpädagogik, 1997, S. 406–411.
Auch dieser Beitrag stellt eine gute Einführung in das Thema dar.

Hospitalisierung/Enthospitalisierung
Georg Theunissen

Etymologie

Der Begriff der *„Enthospitalisierung"* ist weithin nur im deutschsprachigen Raum geläufig. Er bezieht sich *im weiteren Sinne* auf die Ausgliederung nicht stationär behandlungsbedürftiger Menschen mit Behinderungen oder chronisch psychisch Kranken aus hospitalisierenden Einrichtungen. *Im engeren Sinne* steht er für die „Wiederherstellung normalisierter Lebensumstände für Menschen mit Behinderungen nach langdauerndem Aufenthalt in psychiatrischen Krankenhäusern" (Egli, 1998, S. 82). *Hospitalisierung* gilt in dem Zusammenhang als ein psychisch und physisch schädigender Faktor und erstreckt sich auf Lebensbedingungen, unter denen Bedürfnisse, Interessen und Rechte betroffener Menschen keine ausreichende Berücksichtigung finden. Das Phänomen der Hospitalisierung hat Jervis treffend beschrieben:

„Der Aufenthalt in der Irrenanstalt (oder einer vergleichbaren ‚totalen Institution', G. T.) bewirkt fast ausnahmslos nach einigen Jahren, und manchmal nach einigen Monaten, eine charakteristische Art von Verhalten, die ‚institutionelle Neurose' ‚institutionelle Regression' oder richtiger ‚institutionelle Psychose' (‚Anstaltspsychose') genannt wird. Der Patient (oder hospitalisierte behinderte Mensch, G. T.) verschließt sich langsam immer mehr in sich selbst, wird energielos, abhängig, gleichgültig, träge, schmutzig, oft widerspenstig, regrediert auf infantile Verhaltensweisen, entwickelt starre Haltungen und sonderbare stereotype ‚Tics', passt sich einer extrem beschränkten und armseligen Lebensroutine an, aus der er nicht einmal mehr ausbrechen möchte, und baut sich oft als eine Art Tröstung Wahnvorstellungen auf (die so genannten ‚institutionellen Delirien'). Die geschichts- und zeitlose Welt der Abteilungen für Langzeitpatienten ist verantwortlich für diese Symptome, die auch in Konzentrationslagern festgestellt worden sind." (Jervis, 1978, S. 129)

Folgerichtig umfasst Enthospitalisierung neben strukturellen Veränderungen immer auch ein breites Spektrum sozialer, pädagogischer und therapeutischer Maßnahmen, um hospitalisationsbedingte Verhaltensauffälligkeiten oder psychische Störungen abzubauen und die psychosoziale Lebenslage betroffener Menschen zu verbessern (siehe Theunissen, Wege, 2000; Dalferth, 2000; Theunissen, Pädagogik, 2005). Im angloamerikanischen Sprachraum wird im Unterschied zu den deutschsprachigen Ländern nicht von „Enthospitalisierung", sondern von *„Deinstitutionalisierung"* gesprochen. Dieser Begriff steht sowohl für den Prozess der Abschaffung von Heimen als auch für die Überwindung typischer Strukturmerkmale einer Institution (z. B. Zentralversorgung, Systemzwänge). Im Lichte dieser Betrachtung erscheint der Begriff der *Institutionalisierung* als eine *negative Kategorie*. Ihm werden mit Blick auf das Wohnen *gemeindeorientierte, häusliche Lebensmilieus* gegenübergestellt, in denen Betroffene ihr Leben selbst gestalten und selbst bestimmen können (siehe Theunissen/Schirbort, 2006). Enthospitalisierung und Deinstitutionalisierung sind im Prinzip zwei Seiten einer Medaille. Während der Begriff der Deinstitutionalisierung schwerpunktmäßig auf die Überwindung institutioneller Strukturen und Systeme zielt, fokussiert der Begriff der Enthospitalisierung die Aufhebung von Hospitalisierungsschäden durch am *Normalisierungsprinzip* orientierte Maßnahmen.

Geschichte

Bis vor wenigen Jahren war es weltweit Gepflogenheit, Menschen mit Behinderungen sozial auszugrenzen und in (großen) Anstalten oder Heimen zu versorgen. Damit war die Auffassung verknüpft, die Gesellschaft vor behinderten Menschen wie auch behinderte Menschen vor der Gesellschaft zu schützen (vgl. Theunissen, Wege, 2000, S. 45 f.). Zudem wurde davon ausgegangen, dass den Bedürfnissen der Betroffenen am besten entsprochen werden könne, wenn sie von anderen Personen isoliert und in großen Gruppen zusammengefasst würden. Aufgrund fehlender Plätze in Behinderteneinrichtungen kam es hierzulande in der Nachkriegszeit zu einer vermehrten Unterbringung insbesondere geistig behinderter Menschen in staatlichen psychiatrischen Krankenhäusern, die alsbald unter einer Überbelegung und mangelnder Personalausstattung zu leiden hatten. Zudem war das Interesse an einer angemessenen Hilfe für Menschen mit geistiger Behinderung ausgesprochen gering (siehe Theunissen, Wege, 2000). Mit dem Bekanntwerden menschenunwürdiger Zustände in psychiatrischen Anstalten geriet das System „Psychiatrie" Ende der 1960er-Jahre ins Kreuzfeuer heftiger Kritik, was in Westdeutschland zu einer fachlichen Neubestimmung und zu Veränderungen führte.

Die wohl wichtigste Schrift, die einen dringenden Veränderungsbedarf dokumentierte, war die Psychiatrie-Enquete (1975). Ihr zufolge galten ca. 18.000 Menschen mit geistiger Behinderung in psychiatrischen Einrichtungen als „fehlplatziert".

Aktuelle Relevanz und theoretische Ansätze[1]

Nordrhein-Westfalen mit einer Fehlbelegung von 7.418 geistig behinderten Personen in psychiatrischen Krankenhäusern war eines der ersten Bundesländer, die auf diese Empfehlung reagierten. Mit der Bildung der *Heilpädagogischen Heime* im Rheinland (HPH) und der Bildung der *heilpädagogischen Abteilungen* in Westfalen-Lippe wurden um 1980 zwei flächendeckende Reformen vollzogen, an denen sich später andere Bundesländer orientierten. Die *Heilpädagogischen Heime*, die unter staatlicher Trägerschaft als organisatorisch unabhängige, eigenständige Einheiten aus den Behindertenabteilungen der psychiatrischen Landeskrankenhäuser hervorgegangen waren, verfolgen bis heute das Ziel, ihren „Kernbereich" (Heim als Komplexeinrichtung) aufzulösen, indem sie ein dezentralisiertes und regionalisiertes Netz an differenzierten Wohnformen für eine bis acht Personen schaffen. Damit versuchen sie ein zeitgemäßes Wohnkonzept für Menschen mit geistiger Behinderung umzusetzen (vgl. Theunissen/Schirbort, 2006). Zurzeit (2004) leben ca. 80 % aller Bewohnerinnen und Bewohner der HPH außerhalb der „Kernbereiche" in urbanen oder gemeindenahen Wohnungen. Dabei dominieren Wohngruppen mit acht Personen, die aufgrund schwerer kognitiver, sozialer oder mehrfacher Beeinträchtigungen zumeist eine 24-stündige Unterstützung durch ein festes Mitarbeiterteam erhalten. Zudem erhalten die Wohngruppen und Mitarbeiter durch einen gemeinsam von den Heimen organisierten *Consulentendienst* psychosoziale Beratung und Praxisbegleitung (vgl. Braun/Ströbele, 2003). Dadurch sollen Krisen vermieden oder bewältigt sowie der Umgang mit Personen, die als verhaltensauffällig erlebt werden, verbessert werden.

---

[1] Die Angaben zum aktuellen Stand der Enthospitalisierung beruhen weithin auf Informationen, die wir im Jahre 2003 aufgrund von bundesweiten Nachfragen und/oder Gesprächen mit zuständigen Behörden (Sozialministerien, Wohlfahrtsverbände, Kostenträgern) erhalten haben.

Im Gegensatz zum Rheinland wurde in *Westfalen-Lippe* auf die Übergangslösung „Heilpädagogisches Heim" verzichtet; stattdessen waren die Kliniken mit der Bildung so genannter heilpädagogischer Abteilungen aufgefordert, durch selbstinitiierte Enthospitalisierungsmaßnahmen alle fehlplatzierten Menschen mit geistiger Behinderung möglichst in Wohneinrichtungen freier oder privater Träger zu (re-)integrieren. Zwei Landeskliniken (Gütersloh; Lengerich) waren diesbezüglich sehr erfolgreich und konnten vor einiger Zeit ihre heilpädagogischen Abteilungen gänzlich auflösen. In den übrigen Landeskrankenhäusern existieren weiterhin Bereiche für Menschen mit geistiger Behinderung, die inzwischen in *Förderzentren* als staatliche Einrichtungen der Eingliederungshilfe „umgewandelt" worden sind. Dort lebten laut Stichtag vom 15. Januar 2003 737 Menschen mit geistiger Behinderung. Eine weitere Reform wurde in *Bremen* vollzogen, wo es gegen Ende 1988 zur völligen *Auflösung der Klinik Kloster Blankenburg* kam. Diesem Auflösungsprozess ging eine Vereinbarung der Hansestadt Bremen mit drei gemeinnützigen Trägern der Behindertenhilfe voraus, die sich bereit erklärt hatten, einen *regionalen Versorgungsauftrag* mit differenzierten Wohn- und tagesstrukturierenden Angeboten für jeweils 50 geistig (schwer) behinderte Menschen aus Blankenburg in Bremer Stadtbezirken zu übernehmen. 1988 wurden ebenso in *Hessen* die Behindertenabteilungen der staatlichen psychiatrischen Krankenhäuser als *Heilpädagogische Einrichtungen* (HPE) aus den Kliniken herausgelöst und beauftragt, sich innerhalb der nächsten 15 Jahre weithin überflüssig zu machen. In den ersten Jahren der Reform konnte etwa die Hälfte der einst psychiatrisch untergebrachten Personen in gemeindenahe Wohnformen, vor allem in Einrichtungen in freier Trägerschaft, eingegliedert werden. 1996 wurde der Übergangscharakter der Heilpädagogischen Einrichtungen aufgehoben. Seitdem gelten sie als Dauereinrichtungen in der Trägerschaft des Landeswohlfahrtsverbandes. Offiziell gilt der Prozess der Enthospitalisierung als weitgehend abgeschlossen. Im Jahre 2003 lebten von ursprünglich etwa 2.000 „psychiatrisch fehlplatzierten" Personen 492 behinderte Menschen in den Heilpädagogischen Einrichtungen, davon 291 Personen in weithin „kleinen Einheiten" auf dem so genannten Kerngelände und 201 Personen in dezentralen, gemeindeintegrierten Außenwohngruppen. Erst in den 1990er-Jahren fand im *Saarland* und in *Bayern* eine systematische Ausgliederung fehlplatzierter Menschen mit geistiger Behinderung aus den psychiatrischen Landeskliniken statt. Nach der Psychiatrie-Enquete (1975) galten im Saarland 291 und in Bayern 2.122 geistig behinderte Personen als fehlplatziert, von denen nicht wenige mit schwerer geistiger Behinderung in Pflegeheimen *umhospitalisiert* wurden (vgl. C. Hoffmann, 1999, S. 21 ff.). Ähnlich wie in Bremen bestand im *Saarland* das Ziel, das staatliche psychiatrische Krankenhaus (Merzig) aufzulösen. In einem ersten Schritt wurden hierzu hospitalisierte Menschen mit Behinderungen in bestehende Einrichtungen freier Träger (z. B. Saarländischer Schwesternverband) überführt. Diese Heime waren in der Regel pflegerisch dimensioniert, so dass diese Ausgliederungsmaßnahme für die Betroffenen kaum eine Verbesserung ihrer Lebensbedingungen bedeutete. Der zweite Schritt bestand darin, alle übrigen behinderten Personen, denen zum Teil schwere Hospitalisierungsschäden (Verhaltensauffälligkeiten) nachgesagt wurden, in ein regionales Wohnverbundsystem zu integrieren. Zu diesem Zweck wurden im Saarland spezielle *therapeutische oder sozialpädagogische Wohngruppen* (unter anderem unter Trägerschaft der Lebenshilfe oder AWO) geschaffen. Begleitstudien zur Enthospitalisierung in *Bayern* zeigen auf, dass ein Großteil der ehemals psychiatrisch untergebrachten behinderten Menschen heute in Alten- und Pflegeheimen (ca. 36 %), Wohnpflegeheimen mit angegliederten Förderstätten (ca. 32 %) oder in Komplexeinrichtungen (ca. 20 %) leben. Nur sehr wenige Personen (unter anderem mit Verhaltensauffälligkeiten oder autistischer Entwicklungsstörung) konnten in kleinen, gemeindeintegrierten Wohnformen (z. B. unter Trägerschaft der Dr. Loew'schen

Einrichtungen) ein neues Zuhause finden (siehe Theunissen, 1998 und Dalferth, 2000). In *Baden-Württemberg*, wo Ende der 1970er-Jahre etwa 1.000 geistig behinderte Menschen als psychiatrisch fehlplatziert galten, gab es bereits in den 1980er-Jahren vereinzelte Ausgliederungsprojekte und Bestrebungen, ehemals psychiatrisch untergebrachte Personen mit Behinderungen in bestehenden Einrichtungen freier Träger unterzubringen. Heute leben nur noch sehr wenige Menschen mit geistiger Behinderung auf dem Gelände der psychiatrischen Kliniken. Hierzu wurden die ehemaligen Langzeitstationen in *heilpädagogische Wohnheime* umetikettiert. Auch in *Rheinland-Pfalz, Niedersachsen* und *Schleswig-Holstein* wurde erst spät auf die Psychiatrie-Enquete reagiert. In *Rheinland-Pfalz* mit einer Fehlbelegungszahl von ca. 800 geistig behinderten Menschen wurden die Langzeitbereiche der Landeskrankenhäuser ähnlich wie im Rheinland (NRW) zu *heilpädagogischen Heimen* (in Landeck mit der Bezeichnung „Betreuen-Fördern-Wohnen") umgestaltet und verselbstständigt. Gleichzeitig wurden Anstrengungen unternommen, möglichst viele Menschen mit geistiger Behinderung in dezentralen, komplementären Wohneinrichtungen zu vermitteln. Derzeit werden *regionale Hilfeplankonferenzen* unter Federführung von Psychiatrie-Koordinatoren eingerichtet, um personenzentrierte Hilfen zu bestimmen, die unter anderem Grundlage für die Vereinbarung eines *persönlichen Budgets* sein können. Davon profitieren allerdings kaum Menschen mit schweren intellektuellen Beeinträchtigungen und mehrfacher Behinderung. Sowohl in *Schleswig-Holstein*, wo laut Psychiatrie-Enquete 1.283, als auch in *Niedersachsen*, wo 1.699 geistig behinderte Menschen als fehlplatziert galten, begegnen wir mit der Bildung heilpädagogischer Bereiche auf dem Gelände der Kliniken sowie mit der Ausgliederung einzelner Wohngruppen oder Personen zum Teil vergleichbaren Maßnahmen wie in Westfalen-Lippe. Heute leben bspw. in Niedersachsen 53 Menschen mit geistiger und seelischer Behinderung in fünf Wohngruppen eines so genannten *Heilpädagogischen Zentrums* auf dem Gelände des Landeskrankenhauses Lüneburg. Dieses Zentrum bietet, ähnlich wie die zuvor genannten Einrichtungen, die aus den länderspezifischen Enthospitalisierungsreformen hervorgegangen sind und sich heute noch auf dem Gelände einer Klinik befinden, differenzierte tagesstrukturierende Beschäftigungs-, Therapie- und Freizeitangebote. In der Regel hängt es von äußeren Bedingungen ab (personell, räumlich), in welchem zeitlichen Umfang Betroffene davon profitieren können. In *Hamburg* spielte die Psychiatrie als Versorgungssystem für Menschen mit geistiger Behinderung kaum eine Rolle. Dort gab und gibt es bis heute die *Alsterdorfer Anstalten*, die vor etwa 30 Jahren als „totale Institution" mit klinisch kontrollierten Systemen (z. B. psychiatrischen Krankenhäusern) vergleichbar waren, mittlerweile jedoch ein modernes Profil aufweisen und mit gemeindeintegrierten Wohn- und Lebensformen als Bestandteil eines Netzwerkes im Sinne von *Community Care* (vgl. Maas, 2006) imponieren. Was die *neuen Bundesländer* betrifft, so galten 1990 über 9.000 Menschen mit geistiger und seelischer Behinderung in psychiatrischen Einrichtungen, Krankenhäusern, Pflege-, Alten- oder Feierabendheimen als fehlplatziert. Heute gehen wir noch von etwa 3.000 fehlplatzierten Personen in den neuen Ländern aus. Vor dem Hintergrund spektakulärer (Zeitungs-)Berichte über inhumane Zustände in diesen Einrichtungen wurde schon kurz nach der Wende ein *Gutachten über die Lage der Psychiatrie* in Auftrag gegeben, welches unmissverständlich die Enthospitalisierung und gesellschaftliche Integration aller fehlplatzierten Menschen mit geistiger und seelischer Behinderung nahe legt. Kernstück der Empfehlung ist die regionale Versorgung in möglichst kleinen, differenzierten Wohneinrichtungen, die in einem *rehabilitativen Verbundsystem* netzwerkartig zusammengeschlossen sein sollen.

Betrachten wir die Enthospitalisierung in den neuen Ländern, so stellen wir fest, dass sich bis vor kurzem nur *Brandenburg* mit Blick auf die Reformen in NRW, Hessen und

Bremen dem Regionalisierungsgedanken verschrieben hatte. Bis zur Mitte des Jahres 1997 konnten in Brandenburg über 50 % der betroffenen Menschen ausgegliedert werden, so dass zu diesem Zeitpunkt nur noch 670 Personen als fehlplatziert galten. Die Mehrzahl der ausgegliederten Personen lebt nunmehr in Wohnhäusern mit bis zu 40 Plätzen, einige leben im so genannten betreuten Wohnen. Auch die Länder *Sachsen* und *Sachsen-Anhalt* sind bestrebt, den Empfehlungen zu folgen. Angesichts unzureichender finanzieller Ressourcen ist jedoch die Enthospitalisierung vor allem in *Sachsen* in den Anfängen stecken geblieben. Hier begegnen wir einem eklatanten Widerspruch zwischen dem sozialpolitischen Anspruch und der Wirklichkeit vor Ort. Ebenso zeigt in *Sachsen-Anhalt*, das Anfang der 1990er-Jahre ca. 2.800 behinderte Menschen als fehlplatziert angegeben hatte, die Enthospitalisierung kein einheitliches Gepräge, indem sowohl gemeindeintegrierte kleine Wohnformen als auch neue Heime mit krankenhausähnlichen Strukturen geschaffen wurden. Wenngleich die Gründe dafür vielschichtig sind, lassen sich nicht selten Trägerinteressen für diese Umhospitalisierung haftbar machen. Die Länder *Thüringen* und *Mecklenburg-Vorpommern* haben bis heute keine konsequente Enthospitalisierung in den Blick genommen, und sie scheinen ebenso wenig die Absicht zu haben, den o. g. Empfehlungen mit notwendiger Stringenz zu folgen. Da die Entwicklung in beiden Ländern sehr ähnlich verlaufen ist, genügen nur Anmerkungen zum Land Mecklenburg-Vorpommern. Dort bestanden bis 1990 an drei psychiatrischen Landeskrankenhäusern so genannte Langzeitbereiche, in denen psychisch und geistig behinderte Menschen lebten. Diese Langzeitbereiche wurden zu Beginn der 1990er-Jahre für die Versorgung geistig und seelisch behinderter Menschen getrennt, organisatorisch aus den Kliniken herausgelöst und in GmbHs überführt, deren Konzeptionen sich in Bahnen eines Etikettenschwindels bewegen. Das wird z. B. in Mecklenburg-Vorpommern an der Konzeption deutlich, die für das „Kloster Dobbertin" bzw. den ehemaligen Langzeitbereich des psychiatrischen Krankenhauses Schwerin entwickelt wurde. Diesbezüglich fasste 1997 die Landesregierung den Beschluss, in den nächsten zehn bis zwölf Jahren für ca. 280 Menschen mit geistiger Behinderung Wohnheimplätze in zu sanierenden Gebäuden oder auch neu zu bauenden Häusern auf dem Klostergelände zu schaffen. In dem Bericht zur Lage der Psychiatrie in den neuen Ländern wurde dagegen empfohlen, auf derartige Maßnahmen gänzlich zu verzichten und statt dessen unmittelbar in den Städten oder Gemeinden entweder durch Neubauten oder Anmieten neue Wohnmöglichkeiten für die betroffenen Personen zu schaffen. Derzeit leben in Dobbertin etwa 345 Personen, von denen soeben 60 so genannte schwerstpflegebedürftige Menschen in ein neues Pflegeheim umgezogen sind. In dem Zusammenhang ist erwähnenswert, dass die Schaffung gesonderter Einrichtungen für pflegebedürftige Menschen mit geistiger Behinderung mit einem Versorgungsvertrag gemäß SGB XI mit den Pflegekassen als ein Reformschritt im Zuge der Enthospitalisierung betrachtet wird. Im Unterschied hierzu hat sich – wie die meisten anderen Länder – gleichfalls *Berlin gemeindeintegrierten Wohnformen* verschrieben. Daher wurden in den letzten 15 Jahren für psychiatrisch untergebrachte Menschen mit geistiger Behinderung neue Wohnangebote geschaffen oder bestehende Träger der Behindertenhilfe sensibilisiert und unterstützt, sich hospitalisierten Personen anzunehmen. 1991 lebten nach offiziellen Angaben noch ca. 300 Menschen mit geistiger Behinderung fehlplatziert in psychiatrischen oder anderen Krankenhäusern, von denen bis 1997 ca. 260 Personen ausgegliedert wurden. Ähnlich wie in Sachsen-Anhalt zeigt die Enthospitalisierung in Berlin kein einheitliches Gepräge auf, was der Vielzahl von Trägern und ihren Interessen geschuldet ist. Zudem wurde bis 1990 oft nur eine Umhospitalisierung oder eine *Verlegung in andere Bundesländer* vollzogen. Neben den staatlichen Institutionen gab es sehr wohl auch *Einrichtungen unter privater, freier oder kirchlicher Trägerschaft*, in denen Menschen mit geistiger Behinderung viele Jahre vernachlässigt wurden; und manche dieser Heime, die vielfach ein klinisch-pflegerisches Gepräge aufweisen, nicht selten in eher dünn besiedelten Gebieten liegen und wenig Kontakte nach außen pflegen, stehen bis heute in der Gefahr, eine (Re-)Hospitalisierung zu befördern und zu Stätten einer Dehumanisierung zu gerinnen.

Problem- und Erfahrungsfelder

Die dokumentierten Entwicklungen auf dem Gebiete der Enthospitalisierung sollten nicht darüber hinwegtäuschen, dass oftmals nur eine „Umplatzierung" behinderter Menschen anstelle einer gesellschaftlichen Integration, Inklusion oder Partizipation stattgefunden hatte. Nicht selten wurde die Frage vernachlässigt, ob sich die Betroffenen in ihren neuen Wohnformen auch sozial integriert erleben. Zudem wurde eine Implementierung der neuen Wohnformen in die urbanen Settings oder Gemeinden oft nur unzureichend in den Blick genommen. Derlei Probleme, die mitunter eine neue soziale Isolierung hervorbrachten, sind inzwischen deutlich erkannt worden. Durch Konzepte, denen es um die eine regionale Vernetzung neuer Wohnformen, Nutzung vorhandener komplementärer Dienstleistungssysteme (z. B. Krisendienst, Beratung) und anderer sozialer Ressourcen (Kirchengemeinde), Öffentlichkeits- und Netzwerkarbeit, Förderung eines bürgerschaftlichen Engagements, Aufbau sozialer Netze und informeller sozialer Unterstützung zu tun ist, lassen sich solche isolierenden oder exkludierenden Momente vermeiden (vgl. Theunissen/Schirbort, 2006). Reformen unter dem Stichwort „Community Care" (vgl. Maas, 2006) gehen diesbezüglich in die richtige Richtung.

Ausblick

Wenngleich in den letzten 25 Jahren vieles auf dem Gebiete der Enthospitalisierung in Bewegung geraten ist, kann dieser Reformprozess längst noch nicht als abgeschlossen gelten. In mehreren Bundesländern wurde anstelle einer Enthospitalisierung eine Umhospitalisierung betrieben. Das aber ist ein Etikettenschwindel, den es mit einer konsequenten *Deinstitutionalisierung* zu überwinden gilt.

Kommentierte Literaturhinweise

Dalferth, Matthias: Enthospitalisierung konkret. Heidelberg Ed S Verlag, 2000. Auf dem Hintergrund der bayrischen Enthospitalisierungsreform wird eine spezielle Ausgliederungsmaßnahme unter der Regie der Dr. Loew'schen Einrichtungen vorgestellt und für den Zeitraum von zwei Jahren wissenschaftlich untersucht. Matthias Dalferth ist es gelungen, ein plastisches Bild über Erfahrungen einer Ausgliederung zu vermitteln und dabei wichtige Anregungen für die konkrete Praxis zu geben.

Theunissen, Georg: Wege aus der Hospitalisierung. Empowerment mit schwerstbehinderten Menschen. (2. Aufl. der Neuausgabe von 1999); Bonn, Psychiatrie-Verlag, 2000.
Dieses Buch liegt nunmehr in der 4. aktualisierten Auflage vor (1. Aufl. 1989) und gilt als der „Klassiker" der „Enthospitalisierungsliteratur". Eine herausragende Bedeutung hat die Auseinadersetzung mit dem traditionellen psychiatrischen Modell, an dem sich jahrzehntelang die Heilpädagogik orientiert hatte. Favorisiert wird demgegenüber eine am Empowerment-Ansatz orientierte, lebensweltbezogene Behindertenarbeit (Heilpädagogik), die durch faszinierende Beispiele aus der Praxis verifiziert wird.

Theunissen, Georg (Hrsg.): Enthospitalisierung ein Etikettenschwindel? Bad Heilbrunn, Klinkhardt, 1998.
Dieser Sammelband enthält wichtige Grundlagentexte aus sozialpolitischer, sozialpsychiatrischer, psychologischer und behindertenpädagogischer Sicht. Zudem werden wegweisende Ausgliederungsprojekte vorgestellt und Enthospitalisierungskonzepte in den neuen Ländern dokumentiert.

Theunissen, Georg/Lingg, Albert: Leben und Wohnen nach der Enthospitalisierung. Bad Heilbrunn, Klinkhardt, 1999.
Dieser Sammelband bietet einen Überblick über den Stand der Enthospitalisierung in Österreich und der Schweiz. Zudem fokussiert er Konzepte und Perspektiven zukünftigen Arbeitens mit älteren behinderten und ehemals hospitalisierten Menschen. Dabei wird auf Erhebungen zur Lebenssituation älterer geistig behinderter Menschen in den neuen Ländern und Österreich Bezug genommen.

Theunissen, Georg: Pädagogik bei geistiger Behinderung und Verhaltensauffälligkeiten. 4. stark erw. u. völlig überarb. Aufl., Bad Heilbrunn, Klinkhardt, 2005.
Diese Schrift versteht sich als eine praxisnahe Einführung in die Arbeit mit geistig behinderten und verhaltensauffälligen Menschen. Sie enthält und reflektiert die wichtigsten heilpädagogischen Methoden und zeigt auf, wie ein an den Stärken und der Lebenswelt orientierter Ansatz zur Prävention und zum Abbau von (nicht selten hospitalisationsbedingten) Verhaltensauffälligkeiten beitragen kann.

Hörbehinderung Fritz-Helmut Wisch

Etymologie

Der Begriff „Hörbehinderung" verweist auf eine Beeinträchtigung des Hörens, die durch vielfältige Ursachen hervorgerufen werden kann. Je nach Intensität der Hörbeeinträchtigung unterscheiden wir zwischen leicht-, mittel- und hochgradiger Schwerhörigkeit, Letztere wird im Extremfall als „Gehörlosigkeit" oder „praktische Taubheit" bezeichnet. Gehörlose, schwerhörige, ertaubte Menschen und Cochlea-Implantat-Träger bilden die Gruppe der Hörgeschädigten. Hörgeschädigte Menschen verständigen sich untereinander und in der Kommunikation mit Hörenden in Lautsprache oder Gebärdensprache; durch Lippenlesen oder schriftlich.

Zur Anatomie des Ohres und der Physiologie des Hörens

Das Ohr besteht aus drei Teilen, dem Außen-, Mittel- und Innenohr (vgl. folgende Abbildung). Außen- und Mittelohr leiten den Schall zum Innenohr, wo durch Modulation mechanische Schwingungen in Nervenreize transformiert werden.

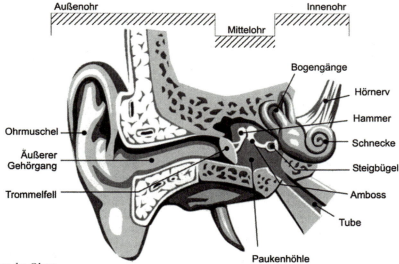

Aufbau des Ohres

Ohrmuschel und äußerer Gehörgang fangen den Schall trichterförmig auf und führen ihn zum Trommelfell, wo die Schwingungen der Luft in mechanische Schwingungen gewandelt werden, die im Mittelohr über die Gehörknöchelchenkette zum Innenohr weitergeleitet werden, wo sie die Schneckenflüssigkeit in wellenartige Bewegungen versetzen. Diese wiederum beugen die kleinen Sinneshaare der Sinneszellen, was eine Spannungsänderung bzw. die Entstehung eines kurzfristigen Stromstoßes bewirkt, der über Synapsen an die Fasern des Hörnervs weitergeführt wird. Die durch Schallschwingungen ausgelösten Nervenpotenziale werden schließlich über den Hörnerv zum Hörzentrum in der Hirnrinde geleitet. Dort findet das eigentliche Hören (Wahrnehmen/Bewerten/Identifizieren von Gehörtem) statt. So bewirkt eine große Schallintensität eine starke Stimulation der Sinneszellen und damit des Hörnervs. Hohe Frequenzen führen an der Basis, tiefe Frequenzen an der Spitze der Schnecke zu einer Erregung der Sinneszellen. Diese Zellen werden am ehesten zerstört im Bereich der Schneckenbasis, welche von allen Schwingungen durchlaufen wird, Daher treten Hörverluste im Hochtonbereich häufiger auf als im Tieftonspektrum. Diese Zusammenhänge gelten auch in der Regel bei Altersschwerhörigkeit.

Ursachen von Hörbehinderungen sind äußerst vielfältig, wobei nach Biesalski und Collo (1991) deren Ätiologie bei etwa 40 % der hörbehinderten Kinder unbekannt bleibt. Die folgende Tabelle vermittelt eine Übersicht prä-, peri- oder postnataler Ursachen:

pränatale Ursachen	perinatale Ursachen	postnatale Ursachen
erblich bedingt (selten) Syndrome (Wardenburg-, Alpert-, Franceschetti-, Pendred-, Usher-) Erkrankungen der Mutter während der Schwangerschaft (Röteln, Masern, Keuchhusten, Zytomegalie, Toxoplasmose, konnatale Lues, schwere Diabetis), toxische Schäden (Drogen-, Alkohol-, Nikotinmissbrauch, Antibiotika) craniofaciale Anomalien (Kiefer-Gaumen-Spalten)	Geburtsgewicht unter 1.500 g, Frühgeburt, Hypoxie, Neugeborenenasphyxie, Schädelverletzungen, Sepsis, Meningitis, Neugeborenengelbsucht	Meningitis, Encephalitis, Zoster oticus, Dystrophie, Mumps, Masern, Scharlach, Diphterie, Otosklerose, Lues, HIV-Infektion, Knall- und Explosionstrauma, Hörsturz, Morbus Menière, Prsbyakusis, Umwelteinflüsse (z. B. Lärm), Lärmschwerhörigkeit, Altersschwerhörigkeit

Ursachen von Hörbehinderungen

Arten und Ausmaß von Hörschädigungen

Funktionsstörungen im Bereich des Hörorgans, der Hörbahnen oder des Hörzentrums bewirken Schwerhörigkeit oder Taubheit, wobei Hörbeeinträchtigungen unterteilt werden in **Schallleitungsschwerhörigkeit**, **Schallempfindungsschwerhörigkeit** oder sensorineurale Schwerhörigkeit, kombinierte Schallleitungs- und Schallempfindungsschwerhörigkeit sowie **Gehörlosigkeit** und **Ertaubung**.

Schallleitungsschwerhörigkeit

Schallleitungsschwerhörigkeit besteht, wenn durch eine Funktionsstörung des Gehörgangs, des Trommelfells oder des Mittelohrs die Übertragung des Schalls auf dem Weg zum Innenohr beeinträchtigt ist. Diese auch als „Mittelohrschwerhörigkeit" bezeichnete Hörbeeinträchtigung ist zumeist eine Folge von Mittelohrentzündungen oder Infektionskrankheiten, die auf das Mittelohr übergegriffen haben, was einen gleichmäßigen Hörverlust in allen Frequenzbereichen bewirkt. Dieser kann entweder durch Hörgeräte gut ausgeglichen oder durch operative Eingriffe behoben werden. Das Tonaudiogramm bei Schallleitungsschwerhörigkeit (vgl. die Abbildung des Audiogramms zur Schallleitungsschwerhörigkeit) weist für die Knochenleitung[1] eine Kurve im Norm-

---

[1] Knochenleitung: Schallübertragung direkt über den Schädelknochen zum Innenohr.

bereich (bei geringen Abweichungen um die Nulllinie) auf, während für die Luftleitungskurve[1] ein weitgehend linear verlaufender Hörverlust auszumachen ist (Luftleitungs-Knochenleitungs-Differenz).

Schallempfindungsschwerhörigkeit

Schallempfindungsschwerhörigkeit oder sensorineurale Schwerhörigkeit (auch Innenohrschwerhörigkeit) bezeichnet entweder die sensorische (cochleäre) oder die neurale (retrocochläre) Schwerhörigkeit, die auch gepaart auftreten können. Sie beruht auf pathologischen Veränderungen des Cortischen Organs oder der nervalen Hörbahn. Das Tonaudiogramm bei Schallempfindungsschwerhörigkeit (vgl. die Abbildung des Audiogramms bei Schallempfindungsschwerhörigkeit) weist sowohl für die Luft- als auch für die Knochenleitung den gleichen Hörverlust auf; es besteht also keine Luftleitungs-Knochenleitungs-Differenz.

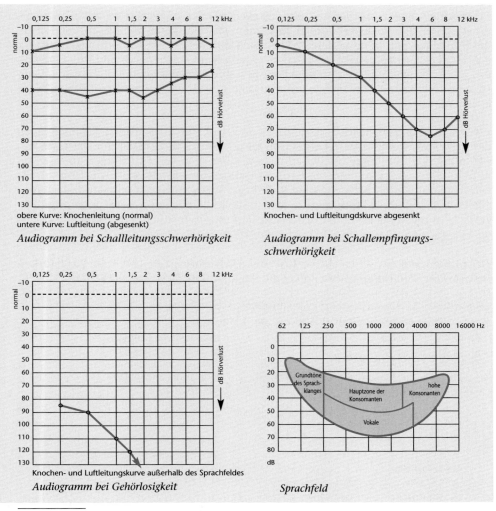

obere Kurve: Knochenleitung (normal)
untere Kurve: Luftleitung (abgesenkt)
Audiogramm bei Schallleitungsschwerhörigkeit

Knochen- und Luftleitungskurve abgesenkt
Audiogramm bei Schallempfingungs-schwerhörigkeit

Knochen- und Luftleitungskurve außerhalb des Sprachfeldes
Audiogramm bei Gehörlosigkeit

Sprachfeld

---

[1] Luftleitung: natürliche Schallübertragung über Gehörgang und Trommelfell ins Mittelohr, von dort zum Innenohr.

Gehörlosigkeit

Gehörlosigkeit oder Taubheit ist eigentlich als Extremfall hochgradiger Schallempfindungsschwerhörigkeit bzw. Innenohrschwerhörigkeit zu verstehen. Absolute Taubheit, bei der keinerlei Hörreste vorhanden sind, ist sehr selten und tritt nur dann auf, wenn Hörnerv oder Hörzentrum zerstört sind. Auch gehörlose Menschen verfügen über Hörreste, die jedoch so gering sind, dass Lautsprache auf natürlichem Wege, auch unter Verwendung elektronischer Hörhilfen in der Regel nicht erlernt werden kann. Da gesprochene Sprache bzw. das Sprachfeld (vgl. die Abbildung zum Sprachfeld) hauptsächlich im Frequenzbereich zwischen 500 und 4.000 Hz und im Lautstärkebereich von 20 bis 65 dB liegt, gilt als Faustregel für einen Hörkurvenverlauf gehörloser Menschen: Hörverlust im Hauptsprachbereich größer als 90 dB (vgl. die Abbildung des Audiogramms bei Gehörlosigkeit).

Ertaubung

Ertaubung gilt als postlinguale Gehörlosigkeit. Kinder, Jugendliche und Erwachsene, die nach dem Spracherwerb infolge Krankheit oder Unfall das Gehör verloren haben, unterscheiden sich in besonderer Weise von Menschen, deren Gehörlosigkeit (prälingual) von Geburt an besteht bzw. in der Zeit vor dem Spracherwerb (im Alter bis zu ca. drei Jahren) eingetreten ist. Ertaubte Personen sind weitgehend im Vollbesitz der Lautsprache und müssen diese nicht wie die meisten gehörlosen Kinder auf mühsame Weise erlernen.

Zur Beschreibung einer Hörbehinderung wird sowohl die Art des Hörschadens als auch die Höhe des Hörverlustes (gemessen in Dezibel <dB> als Maß der für die Tonwahrnehmung oder das Sprachverstehen notwendigen relativen Lautstärkeerhöhung) ermittelt. Mittels eines Audiometers wird ein Audiogramm erstellt, wobei die Hörschwelle bei normalhörenden Menschen bei 0 dB liegt. Schwerhörigkeit wird in dieser Weise auch nach Hörverlust bestimmt. Da jedoch die individuellen Auswirkungen und Folgeerscheinungen bei gleichem Hörverlust sehr unterschiedlich sein können, darf dieser Kategorisierung nur ein sehr begrenzter Wert zuerkannt werden.

Zusammenhänge zwischen **Hörverlust und Schwerhörigkeit** sowie den **Lautstärken bestimmter Schallereignisse** vermag die folgende Tabelle zu verdeutlichen:

Hörverlust	Schwerhörigkeit	Lautstärke	Schallereignis
		0 dB	Hörschwelle normalhörender Menschen
20–40 dB	leicht	30 dB	Rauschen von Bäumen
40–60 dB	mittel	40 dB	gedämpfte Unterhaltung
60–90 dB	hochgradig	60 dB	Staubsauger, Radiomusik
		80 dB	erheblicher Straßenlärm
> 90 dB	Gehörlosigkeit	100 dB	laute Autohupe
		120 dB	Flugzeugmotor – 3 m Abstand
		130 dB	schmerzender Lärm

Geschichte

In der Antike und bis ins Mittelalter galten hörgeschädigte Menschen als praktisch bildungsunfähig. Im 16. Jahrhundert erkannten italienische Wissenschaftler (Cardanus, Mercurialis) die Zusammenhänge zwischen Taubheit und Stummheit und die

Bildungsmöglichkeiten gehörloser Schüler. Mitte des 16. Jahrhunderts setzte der Spanier Ponce de León diese Erkenntnisse erstmalig um und unterrichtete gehörlose Kinder. Aber erst seit fast zeitgleich Abbé de l´Epée 1771 in Paris und Samuel Heinicke 1769 in Hamburg und nach seiner Umsiedlung 1778 in Leipzig erste Schulen gegründet hatten, kann von einer systematischen Bildung und Erziehung gehörloser Kinder gesprochen werden. De l´Epée bemühte sich um Visualisierung der Sprache durch Handalphabet und Gebärden. Der Begründer der „französischen Methode" hielt also Gebärden für das natürliche Verständigungsmittel für gehörlose Menschen und sah in der Schrift das Bindeglied zur hörenden Umwelt. Dagegen versuchte Heinicke, der Vater der „deutschen Methode", gehörlose Schüler vor allem das Sprechen zu lehren, da Heinicke davon ausging, dass seine Schüler nur als sprechende und in der Lautsprache denkende Menschen eine Chance hätten, mit ihren Mitmenschen in Kontakt zu treten. Mit diesen unterschiedlichen methodischen Ansätzen, bahnte sich ein Methodenstreit (Lautsprache vs. Gebärdensprache) an, der über Jahrhunderte die Geschichte der Bildung gehörloser Schüler bewegte und weltweit bis in die Gegenwart anhält.

Nach den Gründungen der Gehörlosenschulen in Paris und Leipzig entstanden in rascher Folge zahlreiche neue Schulen in Deutschland und Europa, die methodisch zunächst dem gebärdensprachlich orientierten Ansatz folgten. Eine historische Wendung zur Lautsprachmethode in Europa erfolgte 1880 auf dem Taubstummenlehrerkongress in Mailand, nachdem sich die Mehrheit der anwesenden europäischen Pädagogen für die „deutsche Methode" ausgesprochen hatte.

Aktuelle Relevanz und theoretische Ansätze

Die aktuelle Diskussion im Bereich der Hörgeschädigten- und hier wiederum vor allem auf dem Gebiet der Gehörlosenpädagogik ist geprägt von einem neuerlichen Entflammen des Methodenstreits um die angemessenen Förderkonzepte: Auf der einen Seite bemühen sich die Vertreter der „reinen Lautsprachmethode" unter weitgehendem Verzicht auf manuelle Kommunikationshilfen um eine konsequente auditiv-verbale Erziehung im Sinne eines **„hörgerichteten Spracherwerbs"**, wobei engagierte Fürsprecher davon ausgehen, dass bei konsequenter Lautsprachförderung Gehörlosigkeit vermieden werden kann (siehe Diller, 1989). Die Optimierung technischer Hörhilfen (Miniaturisierung der Hörgeräte und Cochlea-Implantate[1]) scheint die Entwicklung der auch aural-oral genannten Methode zu begünstigen. Auf der anderen Seite versuchen die Befürworter der Gebärdensprachbewegung mit ihrer Forderung nach einer bilingualen Erziehung, die Erkenntnisse der Zweisprachigkeitsforschung in die Bildungs- und Erziehungsprozesse hörgeschädigter Kinder einzubeziehen. Wenn Gebärdensprache als Erstsprache erworben wird, lässt sich auf dieser Basis eine gute Gebärden- und Schriftsprach- sowie eine gewisse Lautsprachkompetenz erwerben. Linguisten und Pädagogen begründen ihr Vorgehen mit den überzeugenden Ergebnissen erster bilingualer Schulversuche (siehe Günther, 1999).

---

[1] Voraussetzung für eine Cochlea-Implantation ist, dass Hörnerv und Hörzentrum intakt sind. Ausführlich über das Cochlea-Implantat informiert Leonhardt, 1999, S. 108–138.

Problem-Erfahrungsfelder

Vorschul-, Schul- und Berufsausbildung

Hörschädigungen werden durch audiometrische Verfahren wie Ton-, Sprach-, Kinder-, Neugeborenen-, Impedanz- und elektrische Reaktions-Audiometrie (ERA) diagnostiziert. Nach der medizinischen Diagnose bieten päd(o)audiologische Beratungsstellen intensive Elternberatung und individuelle hörprothetische Versorgung des Kindes an. Pädaudiologische Beratungsstellen sind eigenständige Einrichtungen in HNO-Kliniken oder Abteilungen für Phoniatrie bzw. Pädaudiologie.

Pädoaudiologische Beratungsstellen dagegen sind als Frühfördereinrichtungen an Schwerhörigen- und/oder Gehörlosenschulen angesiedelt. Zu den Aufgabengebieten dieser Förderstätten zählen unter anderem: Früherfassung hörgeschädigter Kinder, interdisziplinäre Kooperation mit Eltern, Medizinern, Pädagogen, Psychologen und Hörgeräteakustikern, Anpassung, Erprobung und Verordnung individueller Hörhilfen, Information über technische Hilfsmittel, Hörgeräte und Cochlea-Implantate, Anleitung der Eltern hinsichtlich der kommunikativen Situation des hörgeschädigten Kindes, Information über Gebärdenkommunikation, Auskunft über integrative oder segregative Angebote in Kindergärten und Schulen, Kontaktvermittlung zu anderen Familien mit hörgeschädigten Kindern sowie zu schwerhörigen/gehörlosen Jugendlichen und Erwachsenen.

Als **Vorschuleinrichtungen für hörgeschädigte Kinder** im Alter von drei bis sechs Jahren gelten **integrative Kindergärten** oder **Sonderkindergärten** bzw. schulvorbereitende Einrichtungen etc. an Schulen für Gehörlose und Schwerhörige. In diesen werden die in der Frühförderung begonnenen behinderungsspezifischen Maßnahmen fortgesetzt und intensiviert. In jüngster Zeit besuchen schwerhörige, frühzeitig mit Cochlea-Implantaten versorgte und in Ausnahmefällen auch gehörlose Kinder verstärkt Regelkindergärten. Integrationserfahrungen scheinen sich auch in diesem Sektor durchzusetzen. Sowohl im Regelkindergarten als auch im Sonderkindergarten lernen die hörgeschädigten Vorschulkinder unter anderem, sich am Gruppengeschehen zu beteiligen, werden kommunikative Kompetenzen erweitert, welche den Kindern vielfältige Interaktionen und ungestörte emotionale Entwicklungsprozesse ermöglichen können.

Als **Schulen für hörgeschädigte Schüler** bieten sich neben Regelschulen vor allem Sonderschulen für gehörlose und schwerhörige Kinder und Jugendliche an. Die integrative Beschulung hörgeschädigter Schüler gewinnt zunehmend an Bedeutung, häufiger handelt es sich um Einzelfall- als um Gruppenintegration, wobei den Schülern durch den Ausbau eines Begleitsystems (Integrations- bzw. Stützlehrer, mobile Hörgeschädigtenhilfe) zusätzlich Unterstützung zuteil wird. Mit In-Kraft-Treten des Sozialgesetzbuches IX wird der integrativen Form von Bildung allgemein größeres Gewicht verliehen, deren schulische Umsetzungen werden durch die entsprechenden Landesgesetzgebungen geregelt. Besuchen hörgeschädigte Kinder Gehörlosen- oder Schwerhörigenschulen, sind die Schüler gemäß der Schul- und Sonderschulgesetze der Bundesländer so zu fördern, dass ihre Schulabschlüsse denen der allgemeinen Schulen entsprechen. Wie Regelschulen verfügen auch die Schulen für Hörgeschädigte über eine Primar-/Grundschulstufe, eine Sekundar-/Hauptschulstufe und mitunter auch über einen Realschulzweig. Somit haben hörgeschädigte Kinder, die in Regelschulen aufgrund der Auswirkungen ihrer Hörschädigung nicht hinreichend gefördert werden, die Möglichkeit, den allgemeinen Schulabschluss in Schwerhörigen- und Gehörlosenschulen zu erreichen. Auf diese Weise kommt auch diesen Sonderschultypen vermehrt die Rolle von Angebotsschulen zu, in denen im Schuljahr 1996/97 über 10.000 hörgeschädigte Schüler beschult wurden (vgl. Leonhardt, 1999, S. 103). Selbst höhere Bildungsabschlüsse stehen hörgeschädigten Jugendlichen an Regel- oder Sonderschulen offen, was auch an einer zunehmenden Anzahl hörgeschädigter Studierwilliger sichtbar wird.

Gehörlose und schwerhörige Kinder, Jugendliche und Erwachsene mit zusätzlichen Beeinträchtigungen (so genannte mehrfachbehinderte Hörgeschädigte) werden in Sonderabteilungen der Schulen für Hörgeschädigte oder in eigenständigen Institutionen, z. B. Schule für Taubblinde in Hannover, unterwiesen bzw. begleitet.

Die **Schule für Gehörlose** nimmt Schüler auf, die aufgrund ihrer erheblichen Hörschädigung Lautsprache auch mit Unterstützung durch technische Hörhilfen auf natürlichem Weg nicht erlernen und nur visuell-auditiv perzipieren können. Da Lautsprache trotz Hörhilfen nur rudimentär wahrgenommen wird und nur etwa ein Drittel der gesprochenen deutschen Sprache vom Mund abgesehen oder abgelesen werden kann, kommt neben der in Deutschland derzeit weitverbreiteten Lautsprachmethode im Sinne eines „hörgerichteten Spracherwerbs" dem Einsatz visueller Kommunikationsmittel besondere Bedeutung zu. Zusätzlich zur Verwendung „lautsprachbegleitender Gebärden" wenden sich nach der Anerkennung der Deutschen Gebärdensprache (DGS) gegenwärtig Bildungseinrichtungen auch der Einbeziehung der „Muttersprache der Gehörlosen" in den Unterricht zu. Gehörlose Schüler lernen zwar in der Gehörlosenschule, lautsprachlich zu kommunizieren, die Sprechweise Gehörloser bleibt aber selbst bei guter Förderung auffällig, da ihnen die Möglichkeiten auditiver Eigenkontrolle weitestgehend verschlossen bleibt.

Die **Schule für Schwerhörige** wendet sich an Kinder und Jugendliche, die aufgrund ihrer Hörschädigung dem Unterricht in der Regelschule nicht in ausreichender Weise folgen bzw. dort nicht ihren Fähigkeiten entsprechend gefördert werden können. Mit technischen Hörhilfen vermögen schwerhörige Schüler, Lautsprache unterschiedlich gut zu erlernen und diese auch weitgehend auditiv zu perzipieren. Zur Minderung oder Überwindung ihre Hörbehinderung bedürfen sie besonderer sozial-kommunikativer und sprachpädagogischer Verfahren bzw. erzieherischer Maßnahmen, welche die Sonderschule bereithält. So sitzen bspw. ebenso wie in der Gehörlosenschule auch in der Schwerhörigenschule die Lernenden im Halbkreis, um sicherzustellen, dass jeder Schüler sowohl vom Lehrer als auch von seinen Mitschülern ablesen kann. Kleine Klassenstärken (sechs bis acht Lernende in der Gehörlosenklasse, zehn bis zwölf in der Lerngruppe schwerhöriger Schüler) dienen ebenso wie zusätzliche Klassenhörhilfen (Hör-Sprech-Anlage, Mikroport, Mikrolink) dazu, die Kommunikation zu optimieren,.

Berufliche und gesellschaftliche Eingliederung

Hörgeschädigte Jugendliche können zum Teil mit zusätzlicher Unterstützung (Berufsschulklassen für Hörgeschädigte, Gebärdensprachdolmetscher) gemeinsam mit hörenden Schulabsolventen einer **Berufsausbildung** im dualen System nachgehen. Zusätzliche Angebote zur Berufsbildung bieten zentrale Berufsschulen und Berufsbildungswerke für Hörgeschädigte, die sowohl die praktische als auch die theoretische Ausbildung durchführen. So können in Berufsbildungswerken derzeit etwa 40 Berufe erlernt werden, die größte zentrale Berufsschule der Bundesrepublik, das Rheinisch-Westfälische Berufskolleg für Hörgeschädigte in Essen, erteilt Berufsschulunterricht in über 140 anerkannten Ausbildungsberufen.

Nach erfolgreicher Berufsausbildung bemühen sich die meisten hörgeschädigten Ausbildungsabsolventen um Eingliederung in den ersten Arbeitsmarkt, während für hörgeschädigte Erwachsene ohne Schul- bzw. Ausbildungsabschluss die Möglichkeit besteht, in Werkstätten für behinderte Menschen einer beruflichen Tätigkeit nachzugehen. In Zeiten der Massenarbeitslosigkeit werden auch hörgeschädigte Jugendliche und Erwachsene ebenso wie zahlreiche ehemalige Sonderschüler zunehmend aus ihren Arbeitsbereichen gedrängt bzw. finden erst gar keinen Zugang zum ersten Arbeitsmarkt. Auch für Vermittlungsdienste wie Integrationsämter, Arbeitsagenturen oder Arbeitsassistenz ist es angesichts der Überzahl nichtbehinderter Arbeitssuchender kaum noch möglich, hörgeschädigte Arbeitswillige einer angemessenen Tätigkeit zuzuführen.

Hinsichtlich der **gesellschaftlichen Eingliederung** gilt, dass die überwiegende Anzahl hörgeschädigter Kinder (ca. 90 %) hörende Eltern hat, demnach in einer hörenden Umgebung aufwächst. Allein diese Tatsache belegt, dass die meisten Kinder mit Hörbeeinträchtigungen per se in eine nichtbehinderte Umgebung „in die Welt der Hörenden" integriert sind. Dennoch suchen weltweit Kinder, Jugendliche und Erwachsene mit gravierenden Hörschädigungen den Kontakt zu Ihresgleichen. Auch wenn sie im so genannten hörenden Umfeld leben und es später in der Arbeitswelt fast ausschließlich mit hörenden Kollegen zu tun haben, favorisieren viele hochgradig schwerhörige und die allermeisten gehörlosen Menschen unbeschwerte Gebärdenkommunikation mit hörgeschädigten Freunden. Diese Gebärdensprachgemeinschaft finden sie „in der Welt der Gehörlosen".

Ausblick

Die Diskussion um die zukünftige Entwicklung bleibt im pädagogischen Bereich geprägt von den Auseinandersetzungen der beiden methodischen Lager um die bestmögliche Förderung hörgeschädigter Kinder und Jugendlicher, wobei die Befürworter der Lautsprachmethode für eine umfassende medizinische Implantatversorgung[1] gehörloser Kinder und ertaubter Menschen eintreten. Das hat Auswirkungen auf die Beschulung hörgeschädigter Kinder: Auf der einen Seite besuchen gehörlose, mit Cochlea-Implantaten versorgte Kinder vermehrt Schwerhörigen-, vereinzelt auch Regelschulen, während in Gehörlosenschulen zunehmend hörgeschädigte Kinder aus Zuwandererfamilien, deren Bezugspersonen die deutsche Sprache nur bedingt beherrschen, und Kinder mit zusätzlichen Behinderungen beschult werden. Auf der anderen Seite finden immer mehr schwerhörige Kinder und Jugendliche Zugang zu allgemeinbildenden Schulen, sodass heute nicht mehr von klassischen Schwerhörigen- und Gehörlosenschulen gesprochen werden kann. Das pädagogische Leitbild der Individualisierung prägt auch das methodisch-didaktische Vorgehen der Sonderschulen für Hörgeschädigte, in denen die Kinder nicht mehr aufgrund ihrer medizinischen Diagnose bestimmten Lerngruppen zugewiesen werden. Vielmehr findet eine Gruppen- bzw. Klassenzuordnung nach einer differenzierten pädagogischen Diagnose entsprechend der persönlichen Fähigkeiten und Fertigkeiten sowie der individuellen Lernbedürfnisse und -voraussetzungen statt.

---

[1] Hier ist die jüngste Entwicklung der Hirnstammimplantate zu nennen, die dann zum Einsatz kommen, wenn der Hörnerv zerstört, das zentrale Hörsystem jedoch noch funktionsfähig ist.

Vor diesem Hintergrund relativieren sich die traditionellen Unterteilungen bzw. Aufspaltungen in (homogene) lautsprachlich und gebärdensprachlich zu fördernde Lerngruppen. Die Zukunft wird zeigen, in welcher Weise es der Hörgeschädigtenpädagogik gelingt, diese Trennungen bzw. Barrieren (zwischen gehörlosen und schwerhörigen Kindern und Jugendlichen) zu überwinden, die, künstlich aufgebaut von Hörgeschädigtenpädagogen, in der Lebenswirklichkeit hörgeschädigter Menschen keine Entsprechung findet.

Diese ist geprägt von der kommunikativen Situation hochgradig schwerhöriger und gehörloser Menschen, die weltweit diese Gruppe zusammenführt und zusammenhält. Für (gebärdensprachlich oder lautsprachlich erzogene) hörgeschädigte Menschen bleibt auch trotz optimaler Förderung die Kommunikation mit Hörenden so erschwert, dass sie sich privater oder professioneller Übersetzungshilfen bedienen müssen. Vor diesem Hintergrund gewinnt die Einbeziehung von Gebärdensprach- und Oraldolmetschern für der Kommunikation zwischen hörenden und hörgeschädigten Gesprächspartnern zunehmend an Bedeutung.

Das weltweit engagierte Eintreten gehörloser Menschen für ihre Sprache spricht für eine weitere wissenschaftliche Erforschung der nationalen Gebärdensprachen und deren Implementierung in die Bildungsprozesse der Schulen für Hörgeschädigte. Nach dem Verständnis der Gebärdensprachgemeinschaft kann sich ein hörgeschädigter Mensch, der sich dieser Gruppe zugehörig fühlt, unabhängig vom Ausmaß seiner Hörschädigung, selbst als gehörlos definieren. Damit kommt der Identitätsfindung und -bildung gehörloser Menschen eine besondere Rolle zu. Gebärdensprache ist identitätsstiftend, sie trägt zur Teilhabe an der Gehörlosengemeinschaft bei, die sich als sprachliche und kulturelle Minderheit versteht. Da gehörlose Menschen sich aufgrund ihrer Kommunikationsbehinderung häufig isoliert sehen, pflegen sie die Gemeinschaft mit Gleichbetroffenen, was im privaten und außerberuflichen Bereich zur Entwicklung einer eigenen Kultur und zur Herausbildung einer eigenen Sportbewegung mit nationalen und internationalen Wettkämpfen (Deaflympics) führte. Zur Gehörlosenkultur zählt neben der Gebärdensprache die Besonderheit, dass es Vereine, eigene Klubheime und Gottesdienste gibt, in denen gehörlose Menschen unter anderem Gebärdentheater spielen, Gebärdenchöre einüben oder Gebärdenpoesie pflegen. Höhepunkte sind jährliche nationale und internationale Kulturtage der Gehörlosen, zu denen die multinationale Gemeinschaft hörgeschädigter Menschen zusammentrifft, um kulturelle Erfahrungen und Experimente auszutauschen.

Kommentierte Literaturhinweise

Biesalski, Peter/Collo, Detlef: Hals-Nasen-Ohren-Krankheiten im Kindesalter. Stuttgart/New York, Thune, 1991.
Gilt als Standardwerk der Hals-Nasen-Ohren-Medizin und ist damit sowohl für Mediziner als auch für Hörgeschädigtenpädagogen und Hörgeräteakustiker die unverzichtbare Grundlegung in anatomischen und physiologischen Fragen auf diesem Gebiet.

Jussen, Heribert/Claussen, Hartwig (Hrsg.): Chancen für Hörgeschädigte. Hilfen aus internationaler Perspektive. München/Basel, Reinhardt Verlag, 1991.
Versteht sich als eine Informationsschrift für hörgeschädigte Menschen, deren Angehörige und die mit ihnen pädagogisch, therapeutisch und verwaltungsmäßig befassten Fachleute.

Leonhardt, Annette: Einführung in die Hörgeschädigtenpädagogik. München/Basel, Reinhardt Verlag, 1999.
Bietet als Lehrbuch einen grundlegenden und systematischen Überblick über die Aufgaben und Ziele der Hörgeschädigtenpädagogik, die Arten von Hörschäden und deren Auswirkungen sowie Diagnostik und Fördermöglichkeiten.

Wisch, Fritz-Helmut: Lautsprache und Gebärdensprache. Die Wende zur Zweisprachigkeit in Erziehung und Bildung Gehörloser. Hamburg, Signum Verlag, 1990.
Der Autor vermittelt eine Übersicht über linguistische Grundlagen von Lautsprache und Gebärdensprache. Informationen über Ergebnisse der Spracherwerbsforschung bei hörenden und gehörlosen Kindern werden abgerundet mit dem Entwurf eines bilingualen Konzeptes für die Gehörlosenschule.

Humanistische Psychologie   Petr Ondracek

Etymologie

Der Begriff „humanistisch" weist eine Bedeutungsvielfalt auf. Etymologisch gesehen stammt er ab von „human": menschlich, menschenfreundlich, menschenwürdig. Aber auch: irdisch, von Humus, Erde, Erdboden. Er kann bedeuten: humanitär/menschlich, also auf das Wohl des Menschen gerichtet, in der Nähe von hilfsbereit, gemeinnützig, wohltätig. Der Gegenbegriff wäre „inhuman".

Der Begriff „Humanismus" (von lateinisch humanitas: Menschlichkeit) bezeichnet eine Haltung in der Philosophie, die die Würde und den Wert des Individuums betont. Demnach bedeutet Humanismus (Streben nach) Menschlichkeit sowie (Achtung der) Menschenwürde. Als Humanismus werden auch alle Bestrebungen bezeichnet, die von der Idealvorstellung einer unbegrenzten Entwicklungs- und Bildungsfähigkeit des Menschen ausgehen und folglich die Höherentwicklung und Vervollkommnung der Menschheit zum Ziel haben – insbesondere handelt es sich um das an der antiken Kultur orientiertes Bildungsideal des späten Mittelalters (vgl. Microsoft, 2004).

Im Sinne der Philosophie des Humanismus (dritte der großen Geistesbewegungen neben Renaissance und Reformation) geht es um das Studium des Menschen, welches sich mit spezifisch menschlichen Aspekten der Existenz beschäftigt: mit Bedingtheiten, Werten, Errungenschaften, Zielen, sowie Themen wie Liebe, Selbstbewusstheit, Selbstreflexivität, persönliche Freiheit, Verlangen, Macht, Moral, Ethik, Kunst, Philosophie, Religion, Literatur, Kultur, Musik, Glück, Freiheit.

Die Bezeichnung „humanistische Psychologie" haben die Begründer selbst für ihre Sichtweise und den Zugang zum Menschen gewählt. Sie wurde also dieser Psychologieausrichtung nicht von außen zugeschrieben.

Geschichte

Humanistische Psychologie stellt einen Verbund mehrerer Ansätze dar, die nicht so viel eine gemeinsame Theorie als ein gemeinsames Menschenbild sowie einige Übereinstimmungen in den Prinzipien der psychotherapeutischen Arbeit aufweisen. Sie ist chronologisch gesehen „jünger" als die Psychoanalyse und der Behaviorismus. Bei ihrer Entstehung gab es weder sanften Übergang noch friedliche Parallelentwicklung bzw. Weiterentwicklung dieser „älteren" Ausrichtungen. Vielmehr war die humanistische Psychologie im Jahr 1961 (Gründungsjahr der AHP – Association for Humanistic Psychology) in Amerika eine Protestbewegung, weil sie sich von den beiden vorherigen Richtungen deutlich abgrenzte. Sie verstand sich als „dritte Kraft" der Psychologie.

Sowohl die Psychoanalyse als auch Behaviorismus hatten zwar ursprünglich gegen die Überbetonung des Bewusstseins in der Psychologie des 19. Jahrhunderts andere Zugänge zum Menschen in den Vordergrund gestellt (das Unbewusste bzw. das Handeln und Verhalten), damit jedoch auch je eine Variante des Determinismus geschaffen (den psychogenetischen bzw. den umweltbedingten). Deshalb gab es in ihrer Betrachtung des Menschen wenig Raum für die Spontanität, Kreativität, Freiheit und Verantwortung. Die Vertreter der humanistischen Psychologie, obwohl die meisten von ihnen in diesen Denkrichtungen selber geschult waren, wendeten sich gegen mechanistische Verfahren, gegen die Reduktion auf naturwissenschaftliche experimentelle Techniken und gegen kausal-deterministische Auffassungen vom Menschen (vgl. Universität St. Gallen, 2005, S. 4 f.).

Maslow warf dem orthodoxen Behaviorismus vor, zu theoretisch zu sein. Die Psychoanalyse kritisierte er wegen zu einseitiger Ausrichtung auf Störungen und Krankheiten. Er entwickelte eine Motivationstheorie, in der er den Prozess beschrieb, den ein Individuum von der Erfüllung seiner Grundbedürfnisse wie Essen, Trinken und Wohnen bis hin zur Selbstverwirklichung (Verwirklichung des gesamten Potenzials einer Person) als höchstes Bedürfnis durchläuft. Die Motive sind eng mit menschlichen Bedürfnissen verbunden. Maslow ordnete sie in hierarchisch strukturierten Kategorien ein: Voraussetzungen (Ordnung, Freiheit), Grundbedürfnisse (Hunger, Durst, Sexualität, Liebe, Selbstachtung, Prestige u. Ä.), Wachstumsbedürfnisse (Sinn, Ordnung, Gerechtigkeit etc.) sowie Selbstverwirklichung (seiner eigenen Natur treu bleiben) und Neugier (Bedürfnis zu verstehen). Die humanistische Psychotherapie ist darauf angelegt, das individuelle Durchlaufen dieser Phasen zu unterstützen (vgl. Microsoft, 2004). Rogers begründete aus der Unzufriedenheit mit dem psychoanalytischen bzw. behavioristischen Inventar an diagnostischen und therapeutischen Methoden die klientenzentrierte Psychotherapie. Das Wort „Klient" soll verdeutlichen, dass die Behandlung weder manipulativ noch medizinisch verordnet ist. Wichtig ist die Beziehung zwischen dem Therapeuten und dem Klienten: sie ermöglicht es dem Klienten, sich selbst zu erforschen und vor dem Hintergrund der erreichten Selbsterkenntnis die eigene Entwicklung zu steuern (vgl. Groddeck, 2002, S. 89 ff.).

Die AHP gab eine Zeitschrift heraus (Journal of Humanistic Psychology) und ist schnell gewachsen (in den 1970-Jahren hatte sie an die 6.000 Mitglieder). Es entstanden Wachstumszentren (Esalen), der Psycho-Boom, die Human Potenzial Bewegung und das New Age, die sich ausbreiteten und von der AHP anfangs unkritisch und großzügig (je nach Sichtweise) unterstützt wurden.

Als wichtige Personen, die sich bei der Entstehung und Entwicklung der humanistischen Psychologie engagiert haben, gelten vor allem Charlotte Bühler, Abraham Maslow (Motivation und „Bedürfnispyramide"), Fritz und Laura Perls (Gestalttherapie), Carl R. Rogers (klientenzentrierte Therapie, personzentrierter Ansatz) Eugene Gendlin (Focusing), Jakob L. Moreno (Psychodrama), Viktor Frankl und Alfred Längle (Logotherapie, Existenzanalyse). Auch Wilhelm Reich (körperbezogene Therapie als Grundlage der später von A. Lowen entwickelten Bioenergetik) gehört dazu, obwohl er zum Teil psychoanalytisch dachte. Diese Mannigfaltigkeit der Ansätze dokumentiert die Tatsache, dass humanistische Psychologie von Anfang an interdisziplinär und fächerübergreifend dachte und offen für Neues war (vgl. Kriz, 2000). Aus Europa nach Amerika immigrierte Vertreter der Gestaltpsychologie waren psychologische Wegbereiter. Die philosophischen Grundlagen hat die humanistische Psychologie insbesondere aus folgenden Bereichen übernommen: Humanismus, Existenzphilosophie bzw. französischer Existenzialismus und Phänomenologie.

Theoretischer Hintergrund

Die Forderung der humanistischen Psychologie, den Menschen und seine Lebenswelt nicht voneinander getrennt, sondern als aufeinander bezogene Bestandteile eines ganzheitlichen, organisch-dynamischen Geschehens zu begreifen, stützt sich auf die Auffassung des Menschen als bio-psycho-sozialer Organismus sowie die Sichtweise der Gestaltpsychologie der Berliner Schule (Wertheimer, Köhler, Koffka, Lewin, Goldstein).

Insbesondere die holistische Sichtweise (aus Griechischem „holos" = ganz, vollständig) ist für die humanistische Psychologie charakteristisch. Sie ist auch heute noch aktuell – die naturwissenschaftlich fundierte Systemtheorie ist sehr ähnlich positioniert. Ganzheit, Autonomie, soziale Interdependenz sowie die Ziel- und Sinnorientierung charakterisieren den Menschen genauso wie seine Fähigkeit zur „Selbst-Aktualisierung" im Sinne einer selbst organisierten Entfaltung der Potenziale, ohne dafür einen externen „Organisator" zu brauchen – dafür ist vor allem ein erfahrungsoffenes und unverstelltes Selbstkonzept erforderlich. Laut humanistischer Psychologie ist also der Mensch ein lebendiger, mit Wachstums- und Entwicklungskraft ausgestatteter Organismus, der sich in einem ständigen Prozess der Selbstregulation befindet und bestrebt ist, ein Gleichgewicht sowohl physisch wie auch psychisch und sozial aufrechtzuerhalten.

Der philosophische Hintergrund der humanistischen Psychologie bezieht sich auf folgende Ausrichtungen:

- **Existenzphilosophie:** Der Mensch ist ein Wesen, welches sich immer im Prozess des Selbstwerdens befindet und nur von seiner inneren Welt her in seiner Zeitlichkeit und Endlichkeit begriffen werden kann (Martin Buber, Sören Kierkegaard, Friedrich Nietzsche). Die französische Strömung der Existenzphilosophie – als „Existenzialismus" bekannt – betrachtet das Individuum vom Blickwinkel seiner Subjektivität, Wahl und Verantwortung sowie der Erfahrung existenzieller Angst (Jean-Paul Sartre).

- **Phänomenologie:** Lehre von Erscheinungen (Edmund Husserl, Max Scheler). Sie befasst sich vor allem mit Erfahrung und untersucht ihre verschiedenen Aspekte, darunter die Erinnerung, das Wünschen und die Wahrnehmung. Geht davon aus, dass mit diesen Prozessen jeweils abstrakte Inhalte (Bedeutungen) verbunden sind, die das intentionale Handeln begründen (Kette Erfahrung – Bedeutung – Intention – Verhalten).

- **Klassischer Humanismus:** Der Mensch ist ein einmaliges, sich selbst verwirklichendes Individuum (Herder). In diesem Kontext sind besonders wichtig spezifisch menschliche Bedingtheiten, Werte und Errungenschaften sowie Themen wie Liebe, Selbstbewusstheit, Selbstreflexivität, persönliche Freiheit, Verlangen, Macht, Moral, Ethik, Kunst, Philosophie, Religion, Literatur, Kultur, Musik, Glück u. Ä. (Merleau-Ponty, Jean-Paul Sartre, Albert Camus).

Das Menschenbild der humanistischen Psychologie spiegelt die o. g. psychologischen und philosophischen Aspekte wieder und dient den humanistisch-psychologischen Ansätzen als Verstehens- und (Be)Handlungsgrundlage. In Anlehnung an ausgewählte Grundpostulate der humanistischen Psychologie aus der Präambel der AHP, verfasst 1964 von ihrem ersten Präsidenten, Bugental, werden hier kurz charakteristische Merkmale des humanistisch-psychologischen Menschenbildes beschrieben (vgl. Universität St. Gallen, 2005, S. 6 f.):

Das menschliche Wesen ist mehr als die Summe seiner Teile. Diese Formulierung stammt aus der Gestaltpsychologie. Es bedeutet, dass trotz der Wichtigkeit der Kenntnis seiner Einzelfunktionen die Einzigartigkeit des Menschen als Ganzheit und Organismus Vorrang hat. Der Mensch (wie jedes lebendige Wesen, jeder Organismus, heute würden wir sagen: wie jedes lebendige System) ist eine bio-psycho-soziale Einheit. Deshalb arbeiten die humanistisch-psychologischen Psychotherapien immer „integrativ", verstehen die Person immer als Ganzheit in ihren Lebensbezügen und beziehen alle Lebensäußerungen des Gesamtorganismus mit ein (sprechen, denken, fühlen, körperlich empfinden etc.).

Menschliche Existenz vollzieht sich immer in zwischenmenschlichen Beziehungen, im zwischenmenschlichen Feld, weil Menschen unauflösbar in soziale Bezüge, in das Spannungsfeld zwischen Individualität und Beziehungsangewiesenheit eingebunden sind. Deshalb wird der Mensch in den humanistisch-psychologischen Psychotherapien vor allem als ein soziales Wesen und nicht isoliert von seinen sozialen Bezügen erfasst und angesprochen. Ein deutliches Gewicht liegt dabei auf Beziehung und Begegnung, auf dem Miteinander im Dialog, in der Gruppe, im Encounter.

Ein Wesensmerkmal des Menschen ist die Fähigkeit des bewussten Erlebens sowie die Möglichkeit, dass er Bewusstheit über sich selbst (Selbstbesinnung) erreichen kann. Dieses Merkmal stellt die Voraussetzung dafür dar, menschliche Erfahrungen (sowohl eigene als auch fremde) überhaupt verstehen zu können. Deshalb gehören Erleben und Erfahrung in Bewusstheit zu den wichtigen Konzepten der humanistisch-psychologischen Psychotherapien. Dabei wird immer von dem ausgegangen, was da ist, statt nach etwas Verborgenem, d. h. nach unbewussten oder verdrängten Inhalten zu suchen. Im Mittelpunkt steht subjektives Erleben und subjektive Bedeutungsbildung der Person, denn es kann kein objektives Wissen einer Person über jemand anderen geben.

Der Mensch wird als Gestalter seiner eigenen Existenz betrachtet, weil er in der Lage ist, zu wählen und zu entscheiden. Unabhängig von der Diskussion, ob der menschliche Wille frei ist, ist die Möglichkeit der Wahl ein phänomenologisches Faktum. Vor allem durch Wahl und Entscheidung kann der Mensch seinen aktuellen Zustand überschreiten und sich wandeln. In diesem Aspekt ist die optimistische Positionierung des humanistisch-psychologischen Menschenbildes begründet: der Mensch kann sich ändern. Er kann erkennen, was er tut, Alternativen entwerfen, sich entschieden, auf sein Leben einwirken und seine Potenziale nutzen. Deshalb sehen die humanistisch-psychologischen Therapien den Klienten nicht als hilfloses Opfer anderer Menschen oder Umstände, sondern als Person mit Wahlfreiheit und Spielraum. Daraus ergibt sich auch das Anliegen, ihn zu ermutigen, selbstverantwortlich zu wählen, wohin er will und was er dazu lernen kann – nur so kommen Wandel und Entwicklung zustande.

Der Mensch lebt ausgerichtet auf Ziele und Werte, d. h., er hat eine gerichtete Orientierung, die einen Teil seiner Identität bildet. Diese Gerichtetheit – wie auch immer sie sein kann, ob klar, komplex oder paradox – stellt ein spezifisch menschliches Merkmal dar. Es handelt sich um eine Kraft, eine Tendenz zu wachsen und sich zu entfalten, die auf etwas zu leben will. Sie ist allen lebendigen Systemen eigen. Weil diese Tendenz auf Entfaltung im zwischenmenschlichen Feld ausgerichtet und folglich grundsätzlich vertrauenswürdig ist, muss der Mensch nicht erzogen, reglementiert oder sozialisiert werden. Die Umwelt kann den Einfluss zwar dieser Tendenz fördernd oder hindernd beeinflussen, kann sie jedoch – so lange der Organismus lebt – nicht gänzlich ausschalten. In den humanistisch-psychologischen Therapien wird sie als die einzige Antriebs- und Motivationsquelle der menschlichen Entwicklung betrachtet und folglich besteht ihr Hauptanliegen darin, ihr Freiraum zu geben.

Aktuelle Relevanz und theoretische Ansätze

Das durch humanistische Psychologie entstandene „Human Potential Movement" hat in seinem Variantenreichtum auch verzerrte Kreationen entstehen lassen. Die starke Nachfrage nach Selbsterfahrung und Wachstum hat viele Ansätze hervorgebracht, unter denen vieles zu finden ist – von ernsthafter Selbsterfahrung bis zu Scharlatanerie. Die charakteristische Offenheit für Neues ist also nicht nur vorteilhaft, denn sie wurde manchmal für „private Prestigezwecke" missbraucht. Dies kann man sich anhand von folgenden falschen Auslegungen der charakteristischen Begriffe der humanistischen Psychologie bewusst machen:

- Missverstandene Kongruenz/Authentizität kann zu distanzloser Selbstdarstellung (unsinnige Selbstentblößung), zu einem Ehrlichkeitstrip („Hauptsache, ich sage die, d. h. meine, Wahrheit ...") oder zu einer Rechtfertigung des eigenen Entwicklungsstillstandes („Ich bin nun mal so, und so bleibe ich auch!") führen.
- Das eigenständige Individuum als Entwicklungsziel kann gründlich missverstanden werden, wenn es als Grund zur Verweigerung einer Anteilnahme benutzt wird („Das ist dein Problem, nicht meins!") – dies negiert die soziale Beziehungsangewiesenheit des Menschen.
- Wer auf dem „Selbstverwirklichungstrip" ist und narzisstische Nabelschau veranstaltet, steuert gründlich an der ursprünglich formulierten und angestrebten Verwirklichung der Potenziale vorbei.
- In hier und jetzt zu leben heißt nicht, die Vergangenheit und Zukunft restlos zu streichen und alle Verbindlichkeiten und Pläne aufzugeben. Das hier und jetzt ist an der Schnittstelle zwischen vorher und danach positioniert und darin zu leben heißt, „in den zeitlichen Kontext eingebunden" zu leben.
- Nach dem wahren Selbst zu suchen bedeutet nicht, den Opferstatus des „inneren Kindes" heraufzubeschwören und auf einem Recht auf Wiedergutmachung zu bestehen. Vielmehr geht es darum, das Selbstkonzept mit allen seinen positiven und negativen Aspekten zu erforschen und es von Verzerrungen zu befreien.

Weiterer Kritikpunkt bezieht sich auf die Tatsache, dass die humanistisch-psychologische Therapieformen – vor allem in ihrer Ursprungszeit – auf die gebildete amerikanische Mittelschicht „zugeschnitten" waren, also auf alle, die sich eine „Selbsterforschung" leisten konnten. Andere Schichten und Kulturen, die ebenfalls in der Gesellschaft vorhanden sind, wurden nicht fokussiert. Der in den USA existierende pragmatische Individualismus betont die Einzigartigkeit und Eigenverantwortlichkeit des Individuums. Der „Preis" dieser Sichtweise besteht darin, dass die Umwelt (samt Beziehungen und gesellschaftlichen Umfelds) lediglich die Rolle eines günstigen oder aber ungünstigen Nährbodens für die Entwicklung der Einzelperson zugewiesen bekommt. In diesem Kontext steht auch die Äußerung von Martin Buber, dass die humanistische Psychologie den Menschen individualisiert, ohne ihn zu humanisieren (vgl. Universität St. Gallen, 2005, S. 8 f.).

Die humanistische Psychotherapie wird in der Gegenwart kritisch betrachtet. Geld- und Anerkennungsfragen sowie Zulassungsreglementierungen und Ausbildungseingrenzungen belasten die Praktiker, humanistische Therapierichtungen fallen häufig aus dem Gesetz heraus und ihr Weiterbestehen ist ernsthaft in Frage gestellt. Die humanistische

Psychologie steht unter dem Verdacht, zu wenig wissenschaftlich und nicht abgegrenzt genug gegenüber der transpersonalen Psychologie bzw. Esoterik (der so genannten „vierten Kraft") zu sein.

Trotz aller Verwechslungen, Missverständnisse, falscher Auslegungen und anderer Kritik bietet die humanistisch-psychologische Perspektive der heutigen Fachwelt auch heute noch durchaus wichtige Anregungen. Insbesondere folgende Aspekte sind immer noch aktuell (vgl. Universität St. Gallen, 2005, S. 10):

- **Transdisziplinarität:** Humanistische Psychologie war immer schon interdisziplinär – alternative Sichtweisen wurden zugelassen, psychosoziale, psychosomatische und sogar psychospirituelle Zugänge wurden erforscht und erprobt, das fächerübergreifende Denken war geradezu charakteristisch.

- **Holistisches Denken:** Humanistische Psychologie ist sehr nahe bei systemtheoretischen Anliegen positioniert – bei der Annahme, dass etwas immer ein Teil von etwas ist und gleichzeitig ein Ganzes, sowie bei der Überzeugung, dass das Selbstkonzept durch Integration abgespaltener Teile erweitert werden kann.

- **Demokratisierung:** Für humanistische Psychologie war die wichtigste Voraussetzung für professionelles Handeln die Fähigkeit, dem Klienten wachstumsfördernde Erfahrungen zu vermitteln und die Entfaltung seiner Potenziale zu unterstützen. Nicht also nur Zertifikate, Lizenzen und Diplome sollten zählen! Die Therapie und Selbsterfahrung waren neben den Menschen mit psychischen Problemen auch für die so genannten Gesunden vorgesehen (jeder Mensch ist doch an Entfaltung seiner Potenziale interessiert und will sich selbst sowie die Rolle verstehen, die er in Gesellschaft und Universum spielen kann). Demnach sah sich die humanistische Psychologie unabhängig von der Medizin, verfolgte salutogenetisches und aufklärerisches Anliegen und hatte durchaus eine emanzipatorische Ausrichtung – weg von ausschließlicher therapeutischen „Gesundmachung" und hin zu einem Bildungsauftrag.

Im Laufe der Zeit haben einige Ansätze der behavioristischen und tiefenpsychologischen Psychotherapie insbesondere die von der humanistischen Psychologie verdeutlichte Beziehungsebene sowie die Existenz von Potenzialen mit ihrer Aktualisierungskraft als methodisch hilfreich erkannt und in ihre Sicht- und Vorgehensweise aufgenommen.

Im außentherapeutischen Kontext gehören die Ansichten und Handlungsprinzipien der humanistischen Psychologie längst zur theoretischen und methodischen Grundausstattung der Berufe auf dem Gebiet der sozialen Arbeit mit ihren mannigfaltigen Spezifikationen. Vor allem Elemente und Aspekte des personzentrierten Ansatzes nach C. R. Rogers, des Gestaltansatzes nach F. S. Perls und der themenzentrierten Interaktion (TZI) nach R. C. Cohn stellen heute in den sowohl Ausbildungs- und Studiengängen wie auch in Weiter- und Fortbildungsangeboten für Erzieherinnen, Sozialpädagogen, Sozialarbeiterinnen, Heilpädagogen, Altenpflegerinnen, Sonderpädagogen etc. einen festen Bestandteil des Qualifikationsangebots dar.

Fazit: Die humanistische Psychologie hat sich trotz aller Kritik als befruchtend erwiesen: sie steht eindeutig im Hintergrund der Konzepte „Ganzheitlichkeit", „Beziehungsorientierung", „Ressourcenorientierung", „Prozessorientierung" und „Interdisziplinarität", welche heute aus der Theorie und Praxis sowohl der Psychotherapie wie auch der sozialen Arbeit nicht mehr wegzudenken sind.

Heilpädagogischer Kontext

Die Heilpädagogik geht von einem anthropologisch-ethischen Menschenbild aus: Als Schöpfung und Ebenbild Gottes ist die Würde des Menschen unantastbar. Demnach ist jeder Mensch ohne Rücksicht auf seine biologische, organische und psychische Ausstattung an sich wertvoll. Das Hauptanliegen der Heilpädagogik ist primär nicht auf die Beseitigung von Fehlern oder Schädigungen bei einer Person ausgerichtet. Vielmehr versucht sie, die beeinträchtigenden Reaktionen des sozialen Umfeldes auf die unüblichen Merkmale des Erscheinungsbildes und Verhaltens dieser Person positiv zu beeinflussen. In diesem Sinne sieht sie den Menschen in seinem gesamten Lebensrahmen, also ganzheitlich. Basis des heilpädagogischen Handelns ist die Beziehung und der durch sie erst ermöglichte fördernde Dialog. Diese Tatsache verlangt von dem Heilpädagogen eine Beziehungsbereitschaft sowie die Kultivierung der Beziehungsfähigkeit. Soll die Beziehungsgestaltung positiv wirken, sind seitens der Heilpädagogin Annahme und Wertschätzung des Gegenübers sowie echtes Interesse, Bemühen ums Verstehen seiner Lage und ermutigendes Zutrauen „conditio sine qua non". Weiterhin ist eine Verhaltensklarheit gefragt, die eine Orientierung des Heilpädagogen sowohl in laufender Situation als auch in der eigenen Erlebens-, Denk- und Handlungsweise offenbart.

Vom Blickwinkel der genannten Grundaspekte heilpädagogischer Sichtweise lassen sich in der Theorie und Methodik humanistisch-psychologischer Ansätze folgende Relevanzen finden:

Heilpädagogische Relevanz der humanistischen Psychologie

Die in der Mindmap angegebenen Aspekte stellen Schnittpunkte zwischen der Heilpädagogik und der humanistischen Psychologie dar. Sie verdeutlichen die Tatsache, dass die humanistische Psychologie zwar ursprünglich dem psychotherapeutischen Anliegen diente, jedoch in ihrer grundsätzlichen Sichtweise den Menschen als bio-psychosoziale Einheit auffasst. Darin begründet ist ihre gute Transferfähigkeit in die Theorie und Praxis der sozialen Arbeit (also auch der Heilpädagogik), denn auch dort wird der Mensch so gesehen.

Fazit: Der gemeinsame Nenner beider Disziplinen kann wie folgt formuliert werden: Wo Menschen mit Menschen professionell arbeiten, kommt es nicht so sehr auf eine bestimmte Technik oder Verfahren an, sondern auf die „mitmenschliche" Art der Kommunikation und Interaktion seitens der professionellen Helfer. Diese Erkenntnis hat die humanistische Psychologie in Theorie und Praxis explizit hervorgehoben und empirisch bestätigt[1]. Sie deckt sich mit dem Selbstverständnis der Heilpädagogik und bestätigt sich täglich dort, wo sie im Handeln berücksichtigt wird.

Im Folgenden wird dies an einem Beispiel verdeutlicht:

Der 13-jährige Paul lebt seit einigen Jahren in einem Kinderheim. Seine Mutter hat Suizid begangen als er fünf Jahre alt war, der Vater ist alkoholkrank und außerstande, Paul zu versorgen und zu erziehen. Die Verwandten (eine Tante mütterlicherseits und ein Onkel väterlicherseits) haben die Aufnahme des Neffen in die eigene Familie abgelehnt.

Paul ist ein kräftiger Junge, der andere Kinder in seiner Gruppe oft unter Druck setzt, um von ihnen Vorteile in Form von Geld, Zigaretten oder Essen zu bekommen. Dabei scheint er gefühllos zu sein, weil er auf die Schmerzen und emotionale Reaktionen anderer keine Rücksicht nimmt. Die Gruppenregeln befolgt Paul nur, wenn er mit deutlich belastenden Folgen für deren Nichteinhaltung zu rechnen hat. Auf Zureden, Appelle oder Aufforderungen von den Erziehern zum „vernünftigen" Verhalten gegenüber schwächeren Kindern reagiert Paul nicht.

Eine Beziehung zu einem anderen Menschen lässt Paul nicht entstehen. Die Aufmerksamkeit und das Interesse an seiner Person seitens eines Erziehers hat er durch extrem belastendes Verhalten diesem gegenüber indirekt abgelehnt. Daraufhin hat sich der Erzieher zurückgezogen und seine Kolleginnen versuchen ihr „Beziehungsglück" bei Paul erst gar nicht. So ist die alltägliche Kommunikation und Interaktion zwischen Paul und seiner sozialen Umwelt von aggressivem Druck, Angst, Kampf, Enttäuschung und Resignation geprägt. Er tritt zwar wie ein „Boss" auf, aber andere haben Angst vor ihm, meiden seine Nähe und im Grunde ist er ein Außenseiter.

Auf den ersten Blick ist sein Verhalten nicht verständlich, weil Paul seinen „Lebensort Heim" dermaßen belastet, dass die Erzieher seine Verlegung in eine andere Einrichtung in Erwägung ziehen. Dabei hat er keinen anderen Lebensort, wo er einen hilfreichen „Beziehungsalltag" in Gemeinschaft mit anderen erleben könnte – zumindest für die weiteren vier Jahre, bis er volljährig und ins selbstständige Leben entlassen wird. Warum zerstört Paul mit seinem Verhalten das, was ihm helfen könnte, seine beeinträchtigte Lebenslage zu überwinden?

Die humanistische Psychologie bietet hier folgende Hinweise auf mögliche Zusammenhänge des belastenden bzw. störenden Verhaltens von Paul:

- (A) Paul ist (bedingt durch seine Lebensgeschichte) misstrauisch zu Erwachsenen und deren Beziehungsangeboten, weil ihm seine eigenbewertete Erfahrung sagt: „Schütze dich vor Beziehung – bisher waren alle verletzend!" Zugleich hat er ein allgemein menschliches existenzielles Bedürfnis nach Sicherheit, Liebe und Geborgenheit, welches nur durch bzw. in Beziehung befriedigt werden kann.

---

[1] Um die wissenschaftliche Erforschung der Wirksamkeit dieser Erkenntnis hat sich insbesondere Carl R. Rogers verdient gemacht.

Kommentar: Bleibt dieses Bedürfnis frustriert, kann Paul sein Potenzial zum Leben in Beziehung (Liebe, Partnerschaft) nicht entfalten und seine Entwicklung zum „Mitmenschen" wird sich nicht vollziehen. Im Sinne der humanistischen Psychologie führt aus diesem Zwiespalt ein Weg vor allem durch neue, von Paul positiv erlebte und bewertete Beziehungserfahrung. Hier sind die Gruppenpädagogen als professionelle Bezugspersonen gefragt, wie diese Aufgabe zu erfüllen ist.

- (B) Paul hat erlebt, dass die wichtigen Personen ihn verlassen (Mutter), vernachlässigen (Vater), abgelehnen (Verwandte) oder sich von ihm zurückziehen (Erzieher, andere Kinder). So erlebt er, dass die Fremdbewertungen seiner Person überwiegend negativ sind, er stellt die Bemühungen um positive Bewertung offensichtlich ein und verhält sich dementsprechend. Dabei hat Paul ein allgemein menschliches wichtiges Bedürfnis nach Beachtung, welches nur im Kontext positiver Bestätigung aus dem sozialen Umfeld befriedigt werden kann.
  Kommentar: Bleibt dieses Bedürfnis unbefriedigt, kann Paul sein Potenzial zum konstruktiv-kooperativen Leben unter anderen (Dazugehörigkeit und Teilhabe) nicht entfalten und seine Entwicklung zum „Bestandteil des sozialen Ganzen" wird sich nicht vollziehen. Im Sinne der humanistischen Psychologie können diesen Zwiespalt die Gruppenpädagogen als wichtige Personen vor allem durch Annahme und positive Bestätigung von Paul auflösen.

- (C) Durch die o. g. lebensgeschichtlichen Gegebenheiten hat Paul sowohl zu sich selbst eine negative innere Überzeugung („Ich muss schlecht sein, wenn mich keiner haben will und wenn mich alle negativ bewerten") als auch eine kompensierende Verhaltensstrategie („Ich komme nur dann zur Geltung, wenn ich stark, unempfindlich und hart zu anderen bin") entwickelt. Dieses Verhalten befriedigt zwar bei Paul das allgemein menschliche wichtige Bedürfnis nach Selbstachtung, allerdings in einer kontraproduktiven Art und Weise: die Reaktionen der sozialen Umwelt bleiben negativ und verstärken nur Pauls Selbstzweifel.
  Kommentar: Wie bei jedem Menschen strebt das Selbstkonzept von Paul nach Verwirklichung und veranlasst ihn, sich kompensierend zur negativen Ausprägung des Selbstwertgefühls zu verhalten. Bleibt sein Selbstbild so, wie es ist, kann Paul sein Potenzial zum erfahrungsoffenen, freien und sozial verantwortlichen Individuum nicht entfalten und seine Entwicklung zu einer „voll funktionierenden Person" wird sich nicht vollziehen. Im Sinne der humanistischen Psychologie kann dieser Zwiespalt vor allem durch eine positive Ausrichtung des Selbstkonzepts aufgelöst werden. Hierzu müsste die soziale Umwelt von Paul sowohl in alltäglicher Interaktion sein Selbstwertgefühl stärken als auch ihm auf die Bewältigung alltäglicher Aufgaben bezogene Wege zur Geltung aufzeigen.

Fazit: Die Sichtweise der humanistischen Psychologie ist hilfreich sowohl bei der Orientierung in der Lebenslage und im Verhalten eines Menschen als auch bei der Überlegung, was könnte für eine positive Einflussnahme auf die beeinträchtigenden Erfahrungen, Überzeugungen und Prozesse sinnvollerweise getan werden. In diesem Sinne erhöht die Anwendung humanistisch-psychologischer Erkenntnisse durchaus die Handlungschancen der Heilpädagogin.

Bemerkung: Auch der Heilpädagoge selbst kann diese Erkenntnisse nutzen, um sich des eigenen Selbstkonzepts, der Zusammenhänge seines Entstehens sowie seiner verhaltenssteuernden Kraft gewahr zu werden. Das ermöglicht ihm, eigene Verhaltenstendenzen im Umgang mit den zu betreuenden Menschen zu erkennen und sich in der Interaktion mit ihm bewusst zum Zwecke positiver Einflussnahme zu steuern.

Ausblick

Eine Studentin fragte vor einiger Zeit den Autor, ob er mit dem Thema „humanistische Psychologie" nicht veraltetes Wissen verbreite. Grund für diese Frage war die Reaktion eines ihrer Bekannten – eines Psychologiestudenten – auf ihre Aussage, dass sie sich im Moment mit dem personzentrierten Ansatz nach Carl Rogers beschäftige und diesen interessant finde. Daraufhin sagte er: „Was lernt ihr denn an deiner Hochschule? Rogers ist doch mega-out!" In dieser Äußerung spiegelt sich eine Sichtweise, die von der Kurzlebigkeit insbesondere psychotherapeutischer Schulen und Ansätze gekennzeichnet ist: was älter als zehn Jahre ist, wird verworfen. Neues muss her, um dem Vorwurf der Rückständigkeit zu entkommen. Diese Haltung hängt offensichtlich mit dem an sich verständlichen Streben der Wissenschaft nach Fortschritt und Entwicklung zusammen. Zugleich weist sie allerdings eine Kurzsichtigkeit auf – nicht alles, was alt ist, muss automatisch auch falsch sein. Das wissen alle, die sich auf das Grundsätzliche der humanistisch-psychologischen Sichtweise beziehen, um es in andere Fachgebiete zu übertragen.

In der Tat hat die humanistische Psychologie heute in der wissenschaftlichen Welt einen schweren Stand. Ihre bisherige Entwicklung lässt im gesellschaftlich-politischen Kontext einiges zu wünschen übrig: z. B. hat sie eines ihrer wichtigen Anliegen nicht umgesetzt, nämlich eine beständige Kultur der Begegnung zu erzeugen, die sich in das gesellschaftliche Leben eingefügt hätte. Fachlich gesehen endete ihre Rebellion gegen den behavioristischen und psychoanalytischen Reduktionismus in ebenfalls einseitiger Hervorhebung des individuellen Wachstums (Selbstverwirklichung). Auch vermisst man bei der humanistischen Psychologie eine (heute selbstverständliche) Sensibilität für die dingliche bzw. nicht-menschliche Welt: sie ignoriert, dass die individuelle psychische Welt immer von ökologischer Realität umgeben ist. Psychische Stabilität des Einzelnen erreichen und sichern zu wollen, während die Biosphäre zusammenbricht, ist ein nur eingeschränkt erreichbares Ziel (vgl. Universität St. Gallen, 2005, S. 9).

Für die berufliche Praxis der zwischenmenschlichen Kommunikation und Interaktion sind die Erkenntnisse und Ansichten der humanistischen Psychologie jedoch von einem überdauernden Wert. Sie beziehen sich auf die grundlegend-menschlichen Existenzaspekte und deshalb ist es durchaus sinnvoll sowie auch gut möglich, sie auf dem Gebiet der professionellen Arbeit mit Menschen zu „domestizieren" und praktisch zu nutzen. Dort werden sie i. d. R. noch durch diejenigen Aspekte ergänzt, die von der humanistischen Psychologie selbst nicht erarbeitet wurden und erst später entstanden sind. In dieser Nutzbarkeit ist die optimistische Einstellung zur humanistischen Psychologie sowohl heute als auch in der Zukunft begründet – es lohnt sich auf jeden Fall für Fachleute aller sozialen Berufe, sich mit ihr explizit zu beschäftigen.

Hinweis: Ein Beispiel für die Befruchtung der heilpädagogischen Methodik durch die humanistische Psychologie stellt der Konzept des personzentrierten Arbeitens dar. Näheres siehe den Beitrag „**Personzentriertheit**" in Band 2.

Kommentierter Literaturhinweis

Kollbrunner, Jürg: Das Buch der humanistischen Psychologie: eine ausführliche einführende Darstellung und Kritik des Fühlens, Denkens und Handelns in der humanistischen Psychologie. 3. Aufl., Eschborn bei Frankfurt am Main, Klotz, 1995.

Kollbrunner schreibt nicht nur engagiert und sachkundig über die humanistische Psychologie, sondern geht auch auf die umstrittenen und kritischen Gesichtspunkte ein. Das macht sein Buch lesenswert – es ist kein euphorisches Plädoyer für die humanistische Psychologie, sondern eine dezidierte Auseinandersetzung mit ihr. Die Darstellung erfolgt in strukturierter Form, die keinen relevanten Aspekt auslässt, sodass der Leser in alle denkbaren Zusammenhänge eingeführt wird. Die Ausführungen sind sachlich geführt, mit vielen Zitaten aus Originalliteratur untermauert und mit Beispielen veranschaulicht. Die kritische Betrachtung beschönigt nichts und weist auf die Einseitigkeiten und Probleme in Theorie und Praxis der humanistischen Psychologie hin. In diesem Sinne ist Kollbrunners Werk kein Lehrbuch, sondern eine umfassende wissenschaftliche Darstellung dieser wichtigen Psychologieausrichtung. Wer die Facetten der humanistischen Psychologie kennen lernen will, hat mit diesem Buch eine ergiebige Informationsquelle.

Literaturverzeichnis

o. A.: Art. Etymologie, in: Wörterbuch der phänomenologischen Begriffe, hrsg. v. Helmuth Vetter Hamburg, Felix Meiner Verlag, 2004, S. 175-177.

o. A.: Art. Arbeit, in: Brockhaus Lexikon, Mannheim, Brockhaus-Verlag, 1995, S. 95-96.

o. A.: Art. Institution, online unter http://de.wikipedia.org/wiki/Institution. [08.07.2005]

o. A.: Art. Autismus, online unter http://de.wikipedia.org/w/index.php?title=Autismus&oldid=11144165 [04.12.05].

Aab, Johanna u.a.: Sonderschule zwischen Ideologie und Wirklichkeit. Für eine Revision der Sonderpädagogik, München, Juventa, 1974.

Abé, Ilse (Hrsg.) u.a. : Kritik der Sonderpädagogik, Gießen, Achenbach, 1973.

Accordino, Michael P./Porter, Dion F./Morse, Torrey: Deinstitutionalization of persons with severe mental illness: Context and consequences, in: Journal of Rehabilitation, H. 2, 67 Jg., 2001, S. 16–21.

Achutina, Tatiana: Foundations of Neuropsychology, in: Voices within Vygotsky's non-classical psychology. Past, present, future. Hrsg. von Robbins, Dorothy/Stetsenko, Anna, New York, Nova Science, 2002, S. 27–44.

Adam, Albert/Peters, Monique: Störungen der Persönlichkeitsentwicklung bei Kindern und Jugendlichen. Ein integrativer Ansatz für die psychotherapeutische und sozialpädagogische Praxis, Stuttgart, Kohlhammer, 2003.

Adam, Heidemarie: Das Normalisierungsprinzip und seine Bedeutung für die Behindertenpädagogik, in: Behindertenpädagogik, Heft 16, 1977, S. 73–91.

Adorno, Theodor W.: Zur Logik der Sozialwissenschaften, in: Der Positivismusstreit in der deutschen Soziologie, hrsg. von Theodor W. Adorno u. a., 1. Auflage, Neuwied, Luchterhand, 1969, S. 113-123.

Aebli, Hans: Denken: Das Ordnen des Tuns, 2 Bde., Stuttgart, Klett, 1993.

AFET (Arbeitsgemeinschaft für Erziehungshilfe e. V.): Herausforderung zum heilpädagogischen Handeln. Situation und Perspektiven heilpädagogischer Ausbildung und Praxis in der Bundesrepublik Deutschland, Hannover, Oktober 1991.

Affolter, Felicie D. : Wahrnehmung, Wirklichkeit und Sprache, Villingen, Neckar-Verlag, 1987.

Agamben, Giorgio: Kindheit und Geschichte. Zerstörung der Erfahrung und Ursprung der Geschichte, übersetzt v. Davide Giuriato, Frankfurt a. M., Suhrkamp, 2004.

Agamben, Giorgio: Homo sacer. Die souveräne Macht und das nackte Leben, übersetzt v. Hans Hubert Thüring, Frankfurt a. M., Suhrkamp, 2002.

Aguilera, Donna C.: Krisenintervention. Grundlagen, Methoden, Anwendung, Bern, 2000.

Aguilera, Donna C./Messik, Janice M.: Grundlagen der Krisenintervention. Einführung und Anleitung für helfende Berufe, Freiburg im Breisgau, Lambertus, 1977.

Ahrbeck Bernd: Gehörlosigkeit und Identität – Probleme der Identitätsbildung Gehörloser aus der Sicht soziologischer und psychoanalytischer Theorien, Hamburg, Signum, 1992.

Ahrbeck, Bernd: Die innere und die äußere Realität – Geschlechtsspezifische Aspekte der Entwicklung, Erziehung und Förderung verhaltensgestörter Kinder und Jugendlicher, in: Sonderpädagogik, Heft 3, 1994, S. 128–34.

Aissen-Crewett, Meike: Kinderzeichnungen verstehen, München, Don Bosco, 1988.

Aissen-Crewett, Meike: Kunst und Therapie mit Gruppen: Aktivitäten, Themen und Anregungen für die Praxis, Dormund, Modernes Lernen, 2002.

Aktion Psychisch Kranke (APK): Grundlagen und Gestaltungsmöglichkeiten der Versorgung psychisch Kranker und Behinderter in der Bundesrepublik und auf dem Gebiet der ehemaligen DDR, Bd. 19, Tagung am 29./30. und 1.12.1990 in Berlin, Bonn, 1991.

Albert, Hans: Theorie, Verstehen und Geschichte. Zur Kritik des methodologischen Autonomieanspruchs in den sogenannten Geisteswissenschaften, in: Zeitschrift für allgemeine Wissenschaftstheorie, 1, 1970, S. 3–23.

Albrecht, Gary/Seelman, Katherine/Bury, Michael (Hrsg.): Handbook of Disability Studies, Thousand Oaks, Ca./London/New Dehli, Sage Publications, 2001.

Alexander, Leo: Medical Science under Dictatorship, in: The New England Journal of Medicine, 1949, S. 39-47.

Allensbacher Archiv: IfD – Umfrage 7004, Februar/März 2001

Althusser, Louis: Ideologie und ideologische Staatsapparate, Berlin, Argument, 1977.

Altmeyer-Baumann, Sabine/Herzer, Manfred: Familiale Übergänge im Wandel. Modelle und Hilfsangebote zur Bewältigung familialer Krisen. Wiesbaden, 1992.

Amft, Hartmut: Die ADS-Problematik aus der Perspektive einer kritischen Medizin, in: Hartmut Amft, Manfred Gerspach und Dieter Mattner: Kinder mit gestörter Aufmerksamkeit, Stuttgart, Kohlhammer, 2002, S. 37–121.

Andersen, Tom: Das reflektierende Team. Dialoge und Dialoge über die Dialoge, Dortmund, Borgmann, 1990.

Anochin, Pjotr K.: Beiträge zur allgemeinen Theorie des funktionellen Systems, Jena, Fischer, 1978.

Anochin, Pjotr K.: Biology and neurophysiology of the conditioned reflex and its role in adaptive behaviour, Oxford, Pergamon, 1974.

Antonowsky, Aaron.: Salutogenese. Zur Entmystifizierung der Gesundheit. Dt. Erw. Hrsg. Von Alexa Franke. Deutsche Gesellschaft für Verhaltenstherapie, Tübingen, 1997

Antor, Georg: Lebenswelt – ein neuer Begriff und seine Bedeutung in der Sonderpädagogik, in: Vierteljahresschrift für Heilpädagogik, Heft 58, 1989, S. 243–254.

Antor, Georg: Helfen, Hilfe, in: Bleidick, U. & Antor, G. (Hrsg.): Handlexikon der Behindertenpädagogik. Schlüsselbegriffe aus Theorie und Praxis, hrsg. von Antor, Georg/Bleidick, Ulrich, Stuttgart, Kohlhammer 2001, S. 25-27. 2001.

Antor, Georg/Bleidick, Ulrich: Recht auf Leben, Recht auf Bildung, Heidelberg, Schindele, 1995.

Antor, Georg/Bleidick, Ulrich: Behindertenpädagogik als angewandte Wissenschaft, Bern, Stuttgart und Wien, Kohlhammer, 2000.

Antor, Georg/Bleidick, Ulrich (Hrsg.): Handlexikon der Behindertenpädagogik, Stuttgart, Kohlhammer, 2001.

Appel, Maria/Kleine Schaars, Willem: Anleitung zur Selbständigkeit. Wie Menschen mit geistiger Behinderung Verantwortung für sich übernehmen, Weinheim und Basel, Beltz-Verlag, 1999.

Arnold, Rolf/Siebert, Horst: Konstruktivistische Erwachsenenbildung, Hohengehren, Schneider, 1997.

Arnold, Ulli/Maelicke, Bernd: Lehrbuch der Sozialwirtschaft, 1. Auflage, Baden-Baden, Nomos Verlagsgesellschaft, 1998.

Asperger, Hans: Die Autistischen Psychopathen im Kindesalter, in: Archiv für Psychiatrie und Nervenkrankheiten, 117, 1944, S. 73-136.

Asperger, Hans: Heilpädagogik. Einführung in die Psychopathologie des Kindes für Ärzte, Lehrer, Psychologen, Richter und Fürsorgerinnen, 5. Auflage, Wien/New York, Springer Verlag, 1968.

Attwood, Tony: Das Asperger-Syndrom: Ein Ratgeber für Eltern, Stuttgart, Trias, 2000.

Augustin, Anneliese: Ergotherapie bei überaktiven Kindern, in: Aggressive und hyperaktive Kinder in der Therapie, hrsg. v. Ulrike Franke / Anneliese Augustin, Berlin, Springer, 1988.

Ayres, A. Jean: Bausteine kindlicher Entwicklung, 1. Auflage, Berlin/Heidelberg/New York/Tokio, Springer, 1984.

Bach, Heinz: Sonderpädagogik im Grundriß. 1. Auflage, Berlin, Marhold, 1975.

Bachmann, Helen: Malen als Lebensspur. Die Entwicklung kreativer bildlicher Darstellung. Ein Vergleich mit den frühkindlichen Lösungs- und Individuationsprozessen, Stuttgart, Klett-Cotta, 1985.

Bachmann, Walter (Hrsg.): Gießener Dokumentationsreihe Heil- und Sonderpädagogik Band 3, „Die Heilpädagogik mit besonderer Berücksichtigung der Idiotie und der Idiotenanstalten" von Dr. Georges und H. Deinhardt. Reprint der Edition Leipzig 1861, Gießen, 1979.

Bachmann, Walter: Bausteine zu einer europäischen Geschichte der Heilpädagogik, in: Zeitschrift für Heilpädagogik, Nr. 5, 1992, S. 290-298.

Bachtin, Michail M.: Untersuchungen zur Poetik und zur Theorie des Romans, Berlin, Aufbau, 1986.

Backes, Gertrud, M./Clemens, Wolfgang: Lebensphase Alter. Eine Einführung in die sozialwissenschaftliche Alternsforschung, Weinheim/München, Juventa, 1998.

Baechtold, Andreas: Gemeindenahe Hilfe für Behinderte. Ein Spannungsfeld zwischen System und Lebenswelt, in: Handbuch der Sonderpädagogik, Bd. 10, Sonderpädagogik und Sozialarbeit, hrsg. von Heinz Bach, Ulrich Bleidick, Gustav O. Kantner, Klaus-Rainer Martin und Otto Speck, Berlin, Wissenschaftsverlag Spiess, 1990.

Baecker, Jochen/Borg-Laufs, Michael, Duda, Lothar/Matthies, Ellen: Sozialer Konstruktivismus – eine neue Perspektive in der Psychologie, in: Kognition und Gesellschaft, 4. Auflage, hrsg. von Siegfried Schmidt, Frankfurt a. M., Suhrkamp, 1992, S. 116-145.

Baldus, Marion: Von der Diagnose zur Entscheidung. Entscheidungsprozesse von Frauen im Kontext pränataler Diagnostik, Literatur-Expertise. Heidelberg.

Balgo, Rolf: Vom Defizit zum Profizit – oder: von Lern- und Verhaltensproblemen zu möglichen Lösungen, in: System Schule, Zeitschrift für innovative Schulpraxis, 1997, 1. Jg., Heft 3, S. 90-93.

Balgo, Rolf/Werning, Rolf, (Hrsg.): Lernen und Lernprobleme im systemischen Diskurs, Dortmund, Borgmann, 2003.

Ballew, Julius R./ Mink, George: Was ist Case Management?, in: Wendt, Wolf Rainer: Unterstützung fallweise. Case Management in der Sozialarbeit, 2. Auflage, Freiburg im Breisgau, Lambertus, 1995, S. 56-83. (Original erschienen in: Ballew, Julius R./Mink, George: Case Management in the Human Services, Springfield, Illinois, 1986, S. 3-31).

Baltes, Paul B./Baltes, Margret, M.: Erfolgreiches Altern. Mehr Jahre und mehr Leben, in: Erfolgreiches Altern, Bedingungen und Variationen, hrsg. von Margret, M. Baltes/Martin Kohli/Karl Sames, Bern, Hans Huber, S. 5-10.

Baltes, Paul B./Montada, Leo (Hrsg.): Produktives Leben im Alter. Frankfurt a. M./New York, Campus, 1996.

Balzer, Brigitte/Rolli, Susanne: Sozialpädagogik und Krisenintervention. Argumente für ein psychosoziales Versorgungssystem, Neuwied, Luchterhand, 1981.

Barnes, Colin/Mercer, Geof/Shakespeare, Tom: Exploring Disability. A Sociological Introduction, Cambridge, Polity Press, 1999.

Barthes, Roland: Das semiologische Abenteuer, Frankfurt a. M., Suhrkamp, 1988.

Barthes, Roland: Elemente der Semiologie, Frankfurt a. M., Suhrkamp, 1979.

Barthes, Roland: Fragmente einer Sprache der Liebe, Frankfurt a. M., Suhrkamp, 1984.

Bartsch, Elmar/Marquart, Tobias: Grundwissen Kommunikation, 3. Auflage, hrsg. von Richard Geisen, Stuttgart, Klett, 1999.

Barwig, Gerlinde/Busch, Christiane: Unbeschreiblich weiblich. Frauen unterwegs zu einem selbstbestimmten Leben mit Behinderung, München, AG SPAK, 1993.

Basaglia, Franco: Die negierte Institution oder die Gemeinschaft der Ausgeschlossenen. Ein Experiment der Psychiatrischen Klinik in Görz, übersetzt v. Anneheide Ascheri-Osterlow, Frankfurt a. M., Suhrkamp, 1973.

Basaglia, Franco (Hrsg.): Was ist Psychiatrie? Übersetzt v. Anneheide Ascheri-Osterlow, Frankfurt a. M., Suhrkamp, 1974.

Basaglia, Franco/Basaglia-Ongaro, Franca: Befriedungsverbrechen. Über die Dienstbarkeit der Intellektuellen, übersetzt v. Claudia Honegger, Frankfurt a. M., EVA, 1980.

Bateson, Gregory: Ökologie des Geistes, Anthropologische, psychologische, biologische und epistemologische Perspektiven, 6. Auflage, Frankfurt a. M., Suhrkamp, 1996.

Baudisch, Winfried/Schulze, Marion/Wüllenweber, Ernst: Einführung in die Rehabilitationspädagogik, Stuttgart, Kohlhammer, 2004.

Bauer, Joachim: Warum ich fühle, was du fühlst. Intuitive Kommunikation und das Geheimnis der Spiegelneurone, Hamburg, Hoffmann und Campe, 2005.

Bauman, Zygmunt: Dialektik der Ordnung. Die Moderne und der Holocaust, Hamburg, EVA, 1992.

Bauman, Zygmunt: Postmoderne Ethik. Hamburg, Hamburger Edition HIS Verlagsgesellschaft, 1995.

Baumert, Jürgen (Hrsg.): PISA 2000 – Basiskompetenzen von Schülerinnen und Schülern im internationalen Vergleich, 1. Auflage, Opladen, Leske + Budrich, 2001.

Baumgarten, Alexander Gottlieb: Aesthetica, Hildesheim, Olms, 1961. Unveränderter reprografischer Nachdruck aus dem Jahr 1750.

Baumgartner, Edgar: Assistenzdienste für behinderte Personen. Sozialpolitische Folgerungen aus einem Pilotprojekt, Bern, Peter Lang, 2002.

Bauriedl, Thea: Psychoanalyse ohne Couch. Zur Theorie und Praxis der Angewandten Psychoanalyse, München, BeltzPVU, 1985.

Bayerisches Staatsministerium für Unterricht und Kultus: Lehrpläne für die Fachakademie für Heilpädagogik, Hrsg: Staatsinstitut für Schulpädagogik, München, Hintermaier-Verlag, 1993, S. 137 und 2001, S. 3 und 13.

Bundesverband Evangelische Behindertenhilfe e.V. (BEB): Gesundheit und Behinderung. Expertise zu bedarfsgerechten gesundheitsbezogenen Leistungen für Menschen mit geistiger und mehrfacher Behinderung als notwendiger Beitrag zur Verbesserung ihrer Lebensqualität und zur Förderung ihrer Partizipationschancen, Reutlingen, Diakonie-Verlag, 2001.

Beck, Iris: Norm, Identität, Interaktion: zur theoretischen Rekonstruktion und Begründung eines pädagogischen und sozialen Reformkonzeptes. In: Normalisierung. Behindertenpädagogische und sozialpolitische Perspektiven eines Reformkonzeptes, hrsg. von Iris Beck, Willi Düe und Heinz Wieland, Heidelberg, Winter, 1996, S. 19-43.

Beck, Iris: Die Lebenslagen von Kindern und Jugendlichen mit Behinderung und ihrer Familien in Deutschland: soziale und strukturelle Dimensionen, in: Gesundheit und Behinderung im Leben von Kindern und Jugendlichen, hrsg. v. d. Sachverständigenkommission 11. Kinder- und Jugendbericht, Band 4, München, DJI, 2002, S. 175-315.

Beck, Manfred/Meyer, Barbara (Hrsg): Krisenintervention. Konzepte und Realität. Dgvt- Verlag, Tübingen, 1994

Becker, Roman/Edrissi, Alice: Studie: Aktuelle Herausforderungen in der Verbandswelt, in: Verbändereport, Heft 7, 2002, S. 14-17.

Becker, Susanne/Veelken, Ludger/Wallraven, Klaus Peter (Hrsg.): Handbuch Altenbildung. Theorien und Konzepte für Gegenwart und Zukunft, Opladen, Leske + Budrich Verlag, 2000.

Becker-Schmidt, Regina: Geschlecht, in: Etymologisches Wörterbuch des Deutschen, hrsg. v. Wolfgang Pfeifer, Berlin, Akademie Verlag, 1989, S. 211-212.

Becker-Schmidt, Regina: Geschlechterdifferenz. Geschlechterverhältnis. Soziale Dimensionen des Begriffs Geschlecht, in: Zeitschrift für Frauenforschung, 11. Jg., Heft 1/2, 1993, S. 37-46.

Begemann, Ernst: Die Erziehung der sozio-kulturell benachteiligten Schüler, Hannover, Schroedel, 1970.

Begemann, Ernst: Die Bildungsfähigkeit der Hilfsschüler, 3. Auflage, Berlin, Marhold, 1975

Behr, Michael: Freie Schulen und Internate. Pädagogische Programme und rechtliche Stellung, Düsseldorf/München, Econ, 1990.

Belardi, Nando/Akgün, Lale/Gregor, Brigitte/Pütz, Thomas/Neef, Reinhold/Sonnen, Fritz R.: Beratung. Eine sozialpädagogische Einführung, 3. Auflage, Weinheim/Basel, Juventa, 2001.

Benecke, Georg Friedrich/Müller, Wilhelm/Zarnke, Friedrich: Mittelhochdeutsches Wörterbuch, Universität Trier, online unter http://germazope.uni-trier.de/Projects/WBB/woerterbuecher/bmz/wbgui?lemid=BS04930, 1990 [16.06.2005].

Benkmann, Rainer: Entwicklungspädagogik und Kooperation, 1. Auflage, Weinheim, Beltz, 1998.

Benner, Ditrich: Allgemeine Pädagogik. Eine systematisch-problemgeschichtliche Einführung in die Grundstruktur pädagogischen Denkens und Handelns, 5. Auflage, Weinheim, Juventa, 2001.

Bensch, Camilla/Klicpera, Christian: Dialogische Entwicklungsplanung. Ein Modell für die Arbeit von Behindertenpädagog(inn)en mit erwachsenen Menschen mit Behinderung, Heidelberg, Winter, 2000.

Bentele, Günter/Bystrina, Ivan: Semiotik, Stuttgart, Kohlhammer, 1978.

Bergeest, Harry: Körperbehindertenpädagogik. Prevention, Integration, Rehabilitation. Bad Heilbrunn, Klinkhardt, 2000.

Bergeest, Harry/Hansen Gerd: Theorien der Körperbehindertenpädagogik, Bad Heilbrunn, Klinkhardt, 1999.

Bergeest, Harry/Hansen, Gerd: Sozialisation körperbehinderter Menschen, in: Theorien der Körperbehindertenpädagogik, Bad Heilbrunn, Klinkhardt 1999.

Berger, Peter/Luckmann, Thomas: Die gesellschaftliche Konstruktion der Wirklichkeit, Frankfurt a. M., Fischer, 1969.

Bernheim, J.: Euthanasia in Europe, in: The Lancet, Heft 9261, Jg. 357, 2001, S. 1038.
Bernstein, Nikolai A.: Bewegungsphysiologie. 2. Aufl, Leipzig, Barth, 1987.
Beugen, Marinus van: Agogische Intervention. Planung und Strategie, Freiburg i. B., Lanbertus, 1972.
BGHSt: Entscheidungen des Bundesgerichtshofs in Strafsachen Band 40, 1995, S. 257-272.
BHP e.V. (Hrsg.): Heilpädagogen in Europa – Ziele und Methoden heilpädagogischer Arbeit/4. Symposium, Berlin, April 2000, BHP-Verlag, Kiel, 2000.
BHP e.V. (Hrsg.), BHP-Berufsbild: Heilpädagogin/Heilpädagoge, Kiel, 2001.
BHP e.V. (Hrsg.), Entwurf der Statuten für eine Internationale Gesellschaft heilpädagogischer Berufsverbände, unveröffentlichtes Manuscript, BHP-Geschäftsstelle, Berlin 2005.
BHP e.V. (Hrsg.), Vereinssatzung, Büdelsdorf, 1985 (mit allen späteren Änderungen bis 2002).
Bieber, Käthi/Burgener, Andrea/Jeltsch-Schudel, Barbara/Lang, Béatrice/Mösle-Hüppi, Susann/Schlienger, Ines: Früherziehung ökologisch. Aspekte, 31 Edition, SZH Luzern, 1989.
Biene, Elke: Zusammenarbeit mit den Eltern, Arbeitshefte zur heilpädagogischen Übungsbehandlung, Band 5, 1. Auflage, Heidelberg, Edition Schindele, 1988
Bienstein, Christer/Fröhlich, Andreas: Basale Stimulation in der Pflege – die Grundlagen, Seelze-Velber, 2003.
Biermann, Anette: Gestützte Kommunikation im Widerstreit, Berlin, 1999.
Biesalski, Konrad: Was ist ein Krüppel? In: Zeitschrift für Krüppelfürsorge, Heft 1, 1908, S. 11-15.
Biesalski, Peter/Collo, Detlef: Hals-Nasen-Ohren-Krankheiten im Kindesalter, Stuttgart/New York, Thieme, 1991.
Biesold, Horst: Hörschädigung, in Reichmann, Erwin (Hrsg.): Handbuch der kritischen und materialistischen Behindertenpädagogik. Solms-Oberbiel, Jarick Oberbiel, 1984.
Binding, Karl/Hoche, Alfred E.: Die Freigabe der Vernichtung lebensunwerten Lebens – ihr Maß und ihre Form, Leipzig, Felix Meiner, 1920.
Binswanger, Ludwig: Grundlagen und Erkenntnis menschlichen Daseins, 2. Auflage, Zürich, Niehans, 1953.
Bittner Günther: Behinderung oder beschädigte Identität? In: Heese Gerhard; Reinartz Anton (Hrsg.): Aktuelle Beiträge zur Sozialpädagogik und Verhaltensgestörtenpädagogik. Marhold Berlin 1973, S. 7-15
Bleeksma, Marjan: Mit geistiger Behinderung alt werden, Weinheim/Basel, Beltz, 1998.
Bleidick, Ulrich: Pädagogik der Behinderten, 1. Auflage, Berlin, Marhold, 1972.
Bleidick, Ulrich: Lernbehinderte gibt es doch eigentlich gar nicht. Oder: wie man das Kind mit dem Bade ausschüttet in: Zeitschrift für Heilpädagogik, Heft 2 (31), 1980, S. 127-143.
Bleidick, Ulrich: Pädagogik der Behinderten. Grundzüge einer Theorie der Erziehung behinderter Kinder und Jugendlicher, 5. Auflage, Berlin, Marhold, 1984.
Bleidick, Ulrich: Wissenschaftssystematik der Behindertenpädagogik, in: Theorie der Behindertenpädagogik, hrsg. von Ulrich Bleidick, Berlin, Marhold, 1985, S. 48-86.
Bleidick, Ulrich: Individualpsychologie, Lernbehinderungen und Verhaltensstörungen. Hilfen für Erziehung und Unterricht, Berlin, 1985
Bleidick, Ulrich: Lernbehindertenpädagogik in: Einführung in die Behindertenpädagogik, hrsg. von Bleidick, Ulrich/Hagemeister, Ursula/Rath Waldtraut, Stuttgart, Kohlhammer, 1997, Band II, S. 93
Bleidick, Ulrich: Nachdenken über Heilpädagogik – Ein Plädoyer für Kontingenz, in: Vierteljahresschrift für Heilpädagogik und ihre Nachbargebiete, in: VHN 2/1997, S. 140-162.
Bleidick, Ulrich: Die Förderung Schwerstbehinderter durch Arbeit. In: Leben ohne Beruf? Alternative Lebensgestaltung junger Behinderter ohne berufliche Perspektive, hrsg. v. Fritz Butzke und Rudolf Bordel, Heidelberg, 1998, S. 149-173.
Bleidick, Ulrich: Behinderung als pädagogische Aufgabe. Stuttgart, Kohlhammer, 1999.
Bleidick, Ulrich: Konstruktion und Perspektivität behindertenpsychologischer Theoriebildung in: Handbuch der Sonderpädagogischen Psychologie, hrsg. von Borchert, Johann, Göttingen, Hogrefe, 2000, S. 127-134
Bleidick, Ulrich: Behindertenpädagogik, in: Handlexikon der Behindertenpädagogik, hrsg. von Georg Antor und Ulrich Bleidick, Stuttgart, Kohlhammer, 2001, S. 60-63.
Bless, Gérard: Theoriebildung und Theorieprüfung durch Methoden empirischer Forschung, in: Grundfragen der Sonderpädagogik, hrsg. von Annette Leonhardt und Franz B. Wember, 1. Auflage, Weinheim, Beltz, 2003, S. 81-100.
Bless, Gérard: Zur Wirksamkeit der Integration. 1. Auflage, Bern, Haupt, 1995.
Bleuler, Eugen: Dementia praecox oder Gruppe der Schizophrenien, Tübingen, Ed. Diskord 1988. Nachdruck der Ausgabe Leipzig/Wien, Deuticke, 1911.
Bock, Gisela: Zwangssterilisationen im Nationalsozialismus. Studien zur Rassenpolitik und Frauenpolitik, Opladen, Westdeutscher Verlag, 1986.
Böhme, Gernot: Aisthetik. Vorlesungen über Ästhetik als allgemeine Wahrnehmungslehre. München, Fink, 2001.
Bollag, Esther: Assistenz statt Betreuung – was bedeutet das?, in: Zur Orientierung, Heft 1, 1999, S. 16-18.
Böllert, Karin/Gogolin, I.: Stichwort: Professionalisierung. In: Zeitschrift für Erziehungswissenschaft, 2/2002, S. 367-383.
Bollnow, Otto F.: Existenzphilosophie und Pädagogik. Versuch über unstetige Formen der Erziehung. Stuttgart, 1959.
Bollnow, Otto F.: Mensch und Raum, Stuttgart, 1963.
Bollnow, Otto F.: Die pädagogische Atmosphäre, Heidelberg, Die Blaue Eule, 1964.
Bollnow, Otto F.: Sprache und Erziehung, Stuttgart, 1966.
Bollnow, Otto F.: Krise und neuer Anfang. Beiträge zur pädagogischen Anthropologie, Heidelberg, Quelle & Meyer, 1966.

Bollnow, Otto F.: Vom Geist des Übens, Stäfa, Kuglerich Rothhäusler, 1978.
Bollnow, Otto F.: Anthropologische Pädagogik, Bern, 1983.
Bollnow, Otto F.: Vom Geist des Übens, 3. Auflage, Stäfa, Kuglerich Rothhäusler, 1991.
Bollnow, Otto F.: Mensch und Raum. 10. Auflage, Stuttgart, Kohlhammer, 2004.
Book, Karl-Heinz: Rezepte als Konzepte? – Entwicklungsmöglichkeiten konzeptueller Arbeit in der Schule für Erziehungshilfe, in: Erziehungshilfe bei Verhaltensstörungen. Pädagogisch-therapeutische Hilfen bei Verhaltensstörungen, hrsg. v. Sandra Rolus-Borgward und Ulrich Tänzer, Oldenburg, 1999, S. 133-145.
Bopp, Linus: Allgemeine Heilpädagogik in systematischer Grundlegung und mit Erziehungspraktischer Einstellung, Freiburg, Herder, 1930.
Bopp, Linus: Heilerziehung aus dem Glauben, Freiburg, Herder, 1958.
Bos, Wilfried/ Lankes, Eva-Maria/ Prenzel, Manfred/ Schwippert, Knut/ Walther, Gerd/ Valtin, Renate: Erste Ergebnisse aus IGLU – Schülerleistungen am Ende des vierten Jahrganges im internationalen Vergleich, 1. Auflage, Münster, Waxmann, 2003.
Bosshardt, Georg/Fischer, Susanne/Bär, Walter: Open regulations and practice in assisted dying- how Switzerland compares with the Netherlands and Oregon, in: swiss medical weekly, Heft 47-38, Jg. 132, 2002, S. 527-534.
Bourdieu, Pierre: Sozialer Sinn – Kritik der theoretischen Vernunft. Frankfurt a. M., Suhrkamp, 1987.
Bourdieu, Pierre: Der Tote packt den Lebenden. Schriften zu Politik & Kultur, 2. Auflage, Hamburg, VSA, 1997.
Bourdieu, Pierre: Die verborgenen Mechanismen der Macht. Schriften zu Politik und Kultur 1. Auflage, Hamburg, VSA, 1997.
Bourdieu, Pierre: Praktische Vernunft. Zur Theorie des Handelns. Frankfurt a. M., Suhrkamp, 1998.
Bourquin, Catherine/Lambert, Jean-Luc: Trisomie 21 et vieillissement. Aspekte 72, Edition SZH Luzern 1998.
Bowlby, John: Bindung. Eine Analyse der Mutter-Kind-Beziehung, München, Kindler-Verlag, 1975.
Bowlby, John: Das Glück und die Trauer. Herstellung und Lösung affektiver Bindungen, Stuttgart, Klett-Cotta, 1982.
Bowlby, John: Mütterliche Zuwendung und geistige Gesundheit, München, Kindler, 1973.
Bracken, Helmut von: Methodologie der Heilpädagogik, in: Heilpädagogische Forschung, 1/1964, S. 3-12.
Brasser, Martin (Hrsg.): Person. Philosophische Texte von der Antike bis zur Gegenwart, Stuttgart, Reclam, 1999.
Braun, Hans/Niehaus, Mathilde: Lebenslagen behinderter Frauen. Eine empirische Studie in Rheinland-Pfalz, Idstein, Schulz-Kirchner, 1992.
Braun, Katharina/Bock, Jörgen: Die Narben der Kindheit, in: Gehirn & Geist, 1, 2003, S. 50-53.
Braun, Reinhold/Ströbele, Thomas: Consulentenarbeit in den Niederlanden und beim Landschaftsverband Rheinland, in: Krisen und Verhaltensauffälligkeiten bei geistiger Behinderung und Autismus, hrsg. v. Georg Theunissen, Stuttgart, Kohlhammer, 2003, S. 101-109.
Brecht, Berthold: Die Dreigroschenoper. Lied von der Unzulänglichkeit menschlichen Strebens, Frankfurt a. M., Suhrkamp, 1968.
Breitenbach, Erwin: Förderdiagnostik. Theoretische Grundlagen und Konsequenzen für die Praxis. Edition Bentheim, Würzburg, 2003.
Brockhaus: Die Enzyklopädie, Band 1, 20. Auflage, Leipzig/Mannheim, Brockhaus-Verlag, 1996.
Brockhaus: Enzyklopädie, Band 7. Mannheim, Brockhaus-Verlag 1988.
Brockhaus: Lexikon, Mannheim, Brockhaus-Verlag 1995/2002.
Bröcher, Joachim: Lebenswelt und Didaktik, Heidelberg, Universitätsverlag Winter, 1997.
Broedel, Wolfgang: Religiöse Erziehung zur Förderung des entwicklungsgestörten und behinderten Kindes, 1. Auflage, Otto Maier Verlag Ravensburg, 1981
Brög, Hans (Hrsg.): Probleme der Semiotik unter schulischem Aspekt, Ravensburg, Maier, 1977.
Bronfenbrenner, Urie: Die Ökologie der menschlichen Entwicklung, Stuttgart, Klett, 1981
Bronfenbrenner, Urie: Die Ökologie der menschlichen Entwicklung, Frankfurt a. M., Fischer Taschenbuchverlag, 1989.
Buber, Martin: Werke I, Heidelberg, Kösel-Verlag, 1962.
Buber, Martin: Das Dialogische Prinzip, Heidelberg, Schneider, 1962.
Buber, Martin: Reden über Erziehung, Heidelberg, Lambert Schneider, 1962.
Buber, Martin: Das Dialogische Prinzip, Heidelberg, 1965
Buber, Martin: Reden über Erziehung, 9. Auflage, Heidelberg, Schneider, 1969.
Buber, Martin: Urdistanz und Beziehung, 4. Auflage, Heidelberg, Schneider, 1978.
Buber, Martin: Auf die Stimme hören. Ein Lesebuch. Ausgewählt und eingeleitet von Lorenz Wachinger, München, Kösel-Verlag, 1993.
Buber, Martin: Das dialogische Prinzip. 9. Auflage, Gütersloh, Gütersloher Verlagshaus, 2002.
Bublitz, Hannelore: Macht – Diskurs – Körper – Leben. Über die Möglichkeiten weiblicher Gegen-Diskurse im Rahmen der strukturalistischen Theorie, Frankfurt a. M., Suhrkamp, 1993.
Buboltz-Lutz, Elisabeth: Bildung im Alter. Eine Analyse geragogischer und psychologisch-therapeutischer Grundmodelle, 2. Auflage, Freiburg/Br., Lambertus Verlag, 1984.
Buchka, Maximilian: Intuition als individuelle Erkenntnis- und Handlungsfähigkeit in der Heilpädagogik, Luzern, 2000.
Buchka, Maximilian: Ältere Menschen mit geistiger Behinderung. Bildung, Begleitung, Sozialtherapie, München/Basel, Reinhardt, 2003.
Buchka, Maximilian: Geistige Behinderung aus anthroposophischer Sicht. In: Pädagogik für Menschen mit geistiger Behinderung. hrsg. v. Fischer, E. Oberhausen, 2003, S. 229-258.

Buchkremer, Hansjosef: Hilfe, in: Wörterbuch soziale Arbeit: Aufgaben, Praxisfelder, Begriffe und Methoden der Sozialarbeit und Sozialpädagogik, hrsg. von Dieter Kreft, Weinheim, 1996, S. 281-284.

Buddrus, Volker/Grabbe, Holger/Nahrstedt, Wolfgang: Freizeit in der Kritik. Alternative Konzepte zur Freizeit- und Kulturpolitik, Köln, Pahl-Rugenstein, 1980.

Bühl, Walter L.: Krisentheorien. Politik, Wirtschaft und Gesellschaft im Übergang. Darmstadt, 1984.

Bundesamt für Statistik: Schwerbehinderte 2003. www.destatis.de

Bundesanstalt für Arbeit (Hrsg): Teilhabe durch berufliche Rehabilitation: Beratung, Förderung, Aus- und Weiterbildung, Nürnberg, 2002.

Bundesanstalt für Arbeit: Art. Case Management. In: Bundesanstalt für Arbeit (Hrsg.): Teilhabe durch berufliche Rehabilitation, Nürnberg, 2002, S. 360-362.

Bundesärztekammer (Hrsg.): Weiterbildungsordnung 2003, Berlin, 2003.

Bundesarbeitsgemeinschaft der Werkstätten für behinderte Menschen (BAG – WfbM): Statistik, Frankfurt a. M., Oktober 2004.

Bundesministerium für Familie, Senioren, Frauen und Jugend (BMFSFJ): Elfter Kinder- und Jugendbericht. Bericht über die Lebenssituation junger Menschen und die Leistungen der Kinder- und Jugendhilfe in Deutschland, Februar 2002.

Bundesministerium für Familie, Senioren, Frauen und Jugend (BMFSFJ): Die Politik der frühkindlichen Betreuung, Bildung und Erziehung in der Bundesrepublik Deutschland. Ein Länderbericht der Organisation für wirtschaftliche Zusammenarbeit und Entwicklung (OECD) – Kurzfassung, Berlin, November 2004.

Bundesministerium für Gesundheit und Soziale Sicherung (Hrsg.): Bericht der Bundesregierung über die Lage der Behinderten und die Entwicklung ihrer Teilhabe. Deutscher Bundestag, 15. Wahlperiode, Drucksache 15/4575 vom 16.12.2004.

Bundesministerium für Gesundheit und Soziale Sicherung (Hrsg.): Rehabilitation und Teilhabe behinderter Menschen, Bonn, 2004

Bundesministerium für Gesundheit und Soziale Sicherung (Hrsg.): Übersicht über das Sozialrecht; Nürnberg, 2. Auflage, 2005

Bundesminister für Jugend, Familie und Gesundheit (Hrsg.): Materialsammlung III zur Enquête über die Lage der Psychiatrie in der BRD. Stuttgart, Kohlhammer-Verlag, 1974.

Bundesministerium für Jugend, Familie und Gesundheit (Hrsg.): Freizeit und Behinderung. Schriftenreihe des Bundesministeriums für Jugend, Familie und Gesundheit. Band 47, Stuttgart/Berlin/Köln/Mainz, 1976.

Bundesministerium für Jugend, Familie, Frauen und Gesundheit (Hrsg.): Wohnen Behinderter. Berichtsband. Schriftenreihe des Bundesministeriums für Jugend, Familie, Frauen und Gesundheit Band 245/2. Kohlhammer-Verlag, 1990.

Bundesvereinigung Lebenshilfe (Hrsg.): Alt und geistig behindert. Ein europäisches Symposium 1992, Marburg, Lebenshilfe-Verlag, 1993.

Bundesvereinigung Lebenshilfe (Hrsg.): Materialien zu Wohnstättenfragen, Marburg, Lebenshilfe-Verlag, 1975.

Bundesvereinigung Lebenshilfe (Hrsg.): Altwerden von Menschen mit geistiger Behinderung. Internationaler Workshop 1981, Marburg, Lebenshilfe-Verlag, 1983.

Bundesvereinigung Lebenshilfe (Hrsg.): Normalisierung – eine Chance für Menschen mit geistiger Behinderung. Bericht des Ersten europäischen Kongresses der Internationalen Liga von Vereinigungen für Menschen mit geistiger Behinderung 1985 in Hamburg, Marburg, Lebenshilfe-Verlag, 1986.

Bundesvereinigung Lebenshilfe (Hrsg.): Hilfen für alte und alternde geistig behinderte Menschen. Symposium 1984, 2. Auflage, Marburg, Lebenshilfe-Verlag, 1988.

Bundesvereinigung Lebenshilfe (Hrsg.): Persönlichkeit und Hilfe im Alter. Zum Alterungsprozeß bei Menschen mit geistiger Behinderung. Fachtagung 1998, 2. Auflage, Marburg, Lebenshilfe-Verlag, 2000.

Bunge, Mario: Epistemologie: aktuelle Fragen der Wissenschaftstheorie, 1. Auflage, Mannheim, Bibliographisches Institut, 1983.

Bürli, Alois: Berufliche Identität und Professionalisierung in der Heilpädagogik. Luzern, 1993.

Bürli, Alois: Sonderpädagogik in Europa oder europäische Sonderpädagogik? – Zu einem Vergleich des Unvergleichbaren. In: VHN, Nr. 2/1994, S. 235-252.

Bürli, Alois: Internationaler Stellenwert der Heilpädagogik in der Lehrerbildung. In: Beiträge zur Lehrerbildung. Zeitschrift zu Theorie und Praxis der Grundausbildung, Fort- und Weiterbildung von Lehrerinnen und Lehrern, Nr. 2/1995, S. 131-138.

Bürli, Alois: Heilpädagogik neue definieren oder abschaffen? In: Schweizerische Zeitschrift für Heilpädagogik, Nr. 11/ 2001, S. 18-24.

Bürli, Alois: Bildungserschwernisse in Zahlen und Vergleichen. In: Schweizerische Zeitschrift für Heilpädagogik, Nr. 1, 2001, S. 18-24.

Bürli, Alois: Normalisierung und Integration aus internationaler Sicht. In: Grundfragen der Sonderpädagogik. Bildung, Erziehung, Behinderung. Ein Handbuch, hrsg. v. Annette Leonhardt und Franz B. Wember, Weinheim/Basel/Berlin, Beltz, 2003.

Bürli, Alois: Anspruch und Wirklichkeit. Schulische Förderung von Schülern mit sonderpädagogischem Förderbedarf in Europa. In: Heilpädagogik. Fachzeitschrift der Heilpädagogischen Gesellschaft Österreichs, Nr. 4, 2003, S. 1-16.

Bürli, Alois: Sonderpädagogik in Europa: Anspruch und Wirklichkeit. In: Integrations- und Sonderpädagogik in Europa. Professionelle und disziplinäre Perspektiven, hrsg. von Ada Sasse, Marie Vitková, Norbert Störmer, Bad Heilbronn, Klinkhardt 2004, S. 34-60.

Bürli, Alois/Forrer, Barbara: Europäische Gemeinschaft – behindertenfreundlich? Luzern, Reihe Aspekte Nr. 48, Edition SZH, 1993.

Busch, Friedrich W./Nave-Herz, Rosemarie (Hrsg.): Ehe und Familie in Krisensituationen. Oldenburg, Isensee Verlag, 1996.

Busch, H.: Freizeitforschung. In: Becker, Christoph u. a.: Freizeitverhalten in verschiedenen Raumkategorien. Trier, 1979.

Busemann, Adolf: Psychologie der Intelligenzdefekte. München/Basel, Reinhardt, 1959f.

Canova, R./Scazza, C./de Marco, F./Lupo, C.: Der systemische Ansatz in Krisenfällen. In: Zeitschrift für systemische Therapie, 8(4)/1990, S. 257-263.

Cassidy, Jude; Shaver, Phillip R. (Hrsg.): Handbook of attachment. New York, Guilford Press, 2002.

Cassirer, Ernst: Substanzbegriff und Funktionsbegriff. Untersuchungen über die Grundfragen der Erkenntniskritik, Berlin, 1923.

Cassirer, Ernst: Philosophie der symbolischen Formen. Erster Teil: Die Sprache. Darmstadt, WBG, 1994.

Cassirer, Ernst: Substanzbegriff und Funktionsbegriff. Untersuchungen über die Grundfragen der Erkenntniskritik. Darmstadt, WBG, 1980.

Castell, Rolf / Nedoschill, Jan / Rupps, Madeleine/ Bussik, D.: Geschichte der Kinder- und Jugendpsychiatrie in Deutschland in den Jahren 1937 bis 1961. Vandenhoeck & Ruprecht, Göttingen

Chaiklin, Seth: The Zone of Proximal Development in Vygotsky's Theory of Learning and Instruction, in: Vygotsky's Educational Theory in Cultural Context, hrsg. v. Kozulin, Alex u. a., Cambridge, UP, 2003, S. 39-64.

Chaney, R. H.: Psychological Stress in People with Profound Mental Retardation, in: Journal of Intellectual Disability Research, Heft 4, 40. Jg., 1996, S. 305-310.

Chauvet, G.A.: Theoretical Systems in Biology. Vol. I-III. New York, Pergamon-Press, 1996.

Christoph, Franz: Behindertenstandpunkt, in: Sozialmagazin, März 1980, S. 56-59.

Ciompi, Luc: Affektlogik. Über die Strukturen der Psyche und ihre Entwicklung, 1. Auflage, Stuttgart, Klett, 1998.

Ciompi, Luc: Krisentheorien heute – eine Übersicht. In: Krisenintervention in der Psychiatrie, hrsg. v. Schnyder,Ulrich/Sauvant, Jean-Daniel, Bern, Hans Huber, 1996, S. 13-26.

Cloerkes, Günther: Soziologie der Behinderten. Eine Einführung, Heidelberg, Edition Schindele, 1997.

Cloerkes, Günther: Soziologie der Behinderten. Eine Einführung. 2. Auflage, Heidelberg, Universitätsverlag Winter, 2001.

Cohn, Ruth: Von der Psychoanalyse zur themenzentrierten Interaktion, Stuttgart, Klett-Verlag, 1997

Combe, Arno/Helsper, Werner: Pädagogische Professionalität: Untersuchungen zum Typus pädagogischen Handelns, Suhrkamp Frankfurt a. M., 1996.

Report of the Committee of Enquiry into the Education of Handicapped Children and Young People: Special Education Needs, London, Her Majesty's Stationery Office, 1978.

Conen, Marie-Luise: Anforderungen an die Elternarbeit in der Heimerziehung. Soziale Arbeit 1990, 7, 246-252

Corn, Anne L.: Visual Function. A Theoretical Model for Individuals with Low Vision, in: Journal of Visual Impairment & Blindness, Jg. 77, 1983, S. 373-377. (Deutsche Übersetzung: Denninghaus, E./Wendt, K., in: Blind – sehbehindert. Zeitschrift für das Sehgeschädigten-Bildungswesen 105, 1985, S. 2-11).

Cumming, Elaine/Henry, William E.: Growing Old, the Process of Disengagement. New York, Basic Books Verlag, 1961.

Cvetkova, Ljubov' S.: Neuropsychologie und Rehabilitation von Sprache und intellektueller Tätigkeit. Münster, LIT, 1996.

Csocsán, Emmy: Mathematik mit sehbehinderten Kindern. In: Didaktik für den Unterricht mit sehbehinderten Schülern. Krug, Franz-Karl, München, Basel, Reinhardt, 2001.

Dannemann, Adolf (Hrsg.): Enzyklopädisches Handbuch der Heilpädagogik, 2. Auflage, Halle, Marhold, 1934.

Degenhardt, Sven: Qualität sehgeschädigtenspezifischer Prozesse in der Umklammerung sächlicher und personeller Rahmenbedingungen?, In: Kongressbericht zum 33. Kongress der Blinden- und Sehbehindertenpädagogen, hrsg. v. Verband der Blinden- und Sehbehindertenpädagogen, Hannover, 2004, S. 310-327.

Drave, Wolfgang: Die Zukunft der Blinden- und Sehbehindertenpädagogik – die Zukunft eines Auslaufmodells? In: Kongressbericht zum 33. Kongress der Blinden- und Sehbehindertenpädagogen, hrsg. v. Verband der Blinden- und Sehbehindertenpädagogen, Hannover, 2004, S. 272-277.

Crossley, Rosemarie: Gestützte Kommunikation, Weinheim, Beltz, 1997.

Dahrendorf, Ralf: Der moderne soziale Konflikt, Stuttgart, Deutsche Verlags-Anstalt, 1992.

Dahrendorf, Ralf: Auf der Suche nach Ordnung, München, Beck, 2003.

Dalferth, Matthias.: Enthospitalisierung konkret: soziale Eingliederung von lang hospitalisierten, schwer geistig behinderten Menschen mit autistischen in eine heilpädagogische Einrichtung, Heidelberg, Universitätsverlag Winter, 2000.

Damasio, Antonio R.: Der Spinoza-Effekt. Berlin, List, 2005.

Damasio, Antonio R.: Descartes „Irrtum". Fühlen, Denken und das menschliche Gehirn. München, List, 1999.

Damasio, Antonio R.: Ich fühle, also bin ich: Entschlüsselung des Bewusstseins. München, List, 2002.

Damus, Martin: Kunst im 20. Jahrhundert, Reinbek bei Hamburg, Rowohlt, 2000.

Däumling, Adolf M.: Sensitivity-Training, in: Gruppenpsychotherapie und Gruppendynamik, Heft 2, 1968, S. 113-123.

Davis, Lennard J. (Hrsg.): The Disability Studies Reader, New York/London, Routledge, 1997.

Davis, Lennard J.: Enforcing Normalcy: Disability, Deafness and the Body, London/New York, Verso, 1995.

De Saussure, Ferdinand: Grundfragen der allgemeinen Sprachwissenschaft, Berlin, De Gruyter, 1967.

Dederich, Markus (Hrsg.): Behinderung und Bioethik, Bad Heilbrunn, Klinkhardt, 2003.

Dederich, Markus: Behinderung – Medizin – Ethik, Behindertenpädagogische Reflexionen zu Grenzsituationen am Anfang und Ende des Lebens, Bad Heilbrunn, Klinkhardt, 2000.

Dederich, Markus: Menschen mit Behinderungen zwischen Ausschluß und Anerkennung, Bad Heilbrunn, Klinkhardt, 2001.

Degener, Theresia: Behinderte Frauen im Recht der beruflichen Rehabilitation, Kassel, BIFOS, 1994.

Deliens, Luc/Mortier, Freddy/Bilsen, Johan/Cosyns, Marc/Vander Stichele, Robert/Vanoverloop, Johan/Ingels Koen: End-of-life decisions in medical practice in Flanders, Belgium: a national wide survey, in: The Lancet, Heft 9244, Jg. 356, 2000, S. 1806-1811.

Deupmann, Ulrich: Die Macht der Kinder, Frankfurt a. M., S. Fischer, 2005.

Deutsche Gesellschaft für Kinder- und Jugendpsychiatrie und Psychotherapie, Bundesarbeitsgemeinschaft leitender Klinikärzte für Kinder- Jugendpsychiatrie und Psychotherapie und Berufsverband der Ärzte für Kinder- und Jugendpsychiatrie und Psychotherapie (Hrsg.): Leitlinien zu Diagnostik und Therapie von psychischen Störungen im Säuglings-, Kindes- und Jugendalter, 2. Auflage, Deutscher Ärzte-Verlag, Köln, 2003.

Deutsche Gesellschaft zur Förderung der Gehörlosen und Schwerhörigen e.V.: Hörgeschädigte Kinder – gehörlose Erwachsene, Hamburg, Signum, 1989.

Deutsche Heilpädagogische Gesellschaft (DHG): Hilfe nach Maß?! Hilfebedarf – Individuelle Hilfeplanung – Assistenz – Persönliches Budget, Mainz und Düren, Eigenverlag, 2001.

Deutsche Heilpädagogische Gesellschaft (DHG): Individuelle Hilfeplanung. Anforderungen an die Behindertenhilfe. Von Andrea Lübbe und Iris Beck, Bonn, Eigenverlag, 2002a.

Deutsche Heilpädagogische Gesellschaft (DHG): Persönliche Assistenz, Assistierende Begleitung. Veränderungsanforderungen für professionelle Betreuung und für Einrichtungen der Behindertenhilfe. Von Erik Weber; Köln/Düren, Eigenverlag, 2002b.

Deutscher Bildungsrat: Zur pädagogischen Förderung behinderter und von Behinderung bedrohter Kinder und Jugendlicher. (= Empfehlungen der Bildungskommission) Bonn, Deutscher Bildungsrat, 1973.

Deutscher Bundestag: Bericht über die Lage in der Bundesrepublik Deutschland zur psychiatrischen und psychotherapeutisch/psychosomatischen Versorgung der Bevölkerung (Psychiatrie-Enquete), Bundesdrucksache 7/4200, Bonn, 1975.

Deutscher Bundestag, 13. Wahlperiode: Lebenssituation behinderter Mädchen und Frauen, Berlin, Bundestagsdrucksache 13/1508 vom 18.12.1997.

Deutscher Bundestag, 15. Wahlperiode: Unterrichtung durch die Bundesregierung. Bericht der Bundesregierung über die Lage behinderter Menschen und die Entwicklung ihrer Teilhabe, Berlin, Drucksache 15/4575 vom 16.12.2004.

Deutscher Bundestag, 15. Wahlperiode: Unterrichtung durch die Bundesregierung. Bericht der Bundesregierung. Lebenslagen in Deutschland – Zweiter Armuts- und Reichtumsbericht, Berlin, Drucksache 15/5015 vom 03.03.2005.

Deutsches PISA-Konsortium (Hrsg.): PISA 2000. Basiskompetenzen von Schülerinnen und Sonderpädagogische Schülern im internationalen Vergleich, Opladen, Leske + Budrich, 2001.

Dewe, Bernd/Ferchhoff, Wilfried/Radtke, Frank-Olaf: Auf dem Wege zu einer aufgabenzentrierten Professionstheorie pädagogischen Handelns, in: Erziehen als Profession. Zur Logik professionellen Handelns in pädagogischen Feldern, hrsg. v. Bernd Dewe, Wilfried Ferchhoff und Frank-Olaf Radke, Opladen, Leske + Budrich, 1992, S. 7-20.

Dewe, Bernd/Ferchhoff, Wilfried/Scherr, Albert/Stüwe, Gerd: Professionelles soziales Handeln. Weinheim, Juventa, 1993.

Dieckmann, Friedrich: Wohnalltag und Kontaktchancen schwer geistig behinderter Erwachsener. Heidelberg, Asanger, 2002.

Dieckmann, Hans: Träume als Sprache der Seele: Eine Einführung in die Traumdeutung der Analytischen Psychologie C.G. Jungs, Stuttgart, Bonz, 1972.

DiLeo, Joseph H.: Die Deutung von Kinderzeichnungen, Karlsruhe, 1992.

Dilthey, Wilhelm: Einleitung in die Geisteswissenschaften, Leipzig, 1883.

Dilthey, Wilhelm: Der Aufbau der geschichtlichen Welt in den Geisteswissenschaften, Frankfurt a. M., 1910; 1968.

Dittmann, Werner/Klatte-Reiber, Monika: Zur veränderten Lebenssituation von Familien nach der Geburt eines Kindes mit Down-Syndrom. In: Frühförderung interdisziplinär, Jg. 12, Heft 4, 1993, S. 165-175.

Dittrich, Gisela/Dörfler, Mechthild/Schneider, Kornelia: Wenn Kinder in Konflikt geraten. Eine Beobachtungsstudie in Kindertagesstätten, Neuwied/Kriftel/Berlin, Luchterhand, 2001.

Dlugosch, Andrea: Sonderpädagogisches Fallverstehen als Baustein pädagogischer Professionalität? In: Sonderpädagogische Förderung, 49. Jg., Heft 3, 2004, S. 284-300.

Doering, Waltraut/Doering, Winfried: Von der Sensorischen Integration zur Entwicklungsbegleitung, 2. Auflage, Dortmund, Borgmann Publishing, 2002.

Dolto, Francoise: Alles ist Sprache. Kindern mit Worten helfen, Weinheim, 1989.

Doose, Stefan/Göbel, Susanne (Hrsg.): „I want my dream!" Persönliche Zukunftsplanung – Neue Perspektiven und Methoden einer individuellen Hilfeplanung mit Menschen mit Behinderungen – Materialien zur Persönlichen Zukunftsplanung, 7. Auflage, Kassel, Netzwerk People First Deutschland e.V., 2004.

Döpfner, Manfred: Soziale Kompetenztrainings bei selbstunsicheren Kindern, in: Kindertherapie – interdisziplinäre Beiträge aus Forschung und Praxis, hrsg. v. Otto Speck, München/Basel, Reinhardt, 1987.

Dörner, Klaus: Bürger und Irre, Frankfurt a. M., EVA, 1969.

Dörner, Klaus: Tödliches Mitleid. Zur Frage der Unerträglichkeit des Lebens, Gütersloh, Jakob van Hoddis, 1988.

Dörner, Klaus: Wir verstehen die Geschichte der Moderne nur mit den Behinderten vollständig. In: Levithan, Zeitschrift für Sozialwissenschaft, Heft 3, 1994, S. 367-390.

Dörner, Klaus: Ärztliche Ethik als Beziehungsethik, in: Wege zum Menschen, Heft 8, 50. Jg., 1998, S. 512-519.

Dörner, Klaus: Ende der Veranstaltung, 2. Auflage, Gütersloh, Jakob van Hoddis, 1998.

Dörner, Klaus: Gegen die Schutzhaft der Nächstenliebe. Umgang mit Kranken und Behinderten, in: Publik-Forum, 1999. Online abrufbar unter http://bidok.uibk.ac.at/texte/doerner-schutzhaft.html.

Dörner, Klaus/Plog, Ursula: Irren ist menschlich. Lehrbuch Psychiatrie / Psychotherapie. 7. Auflage, Bonn, Psychiatrie-Verlag, 1992.

Douglas, Mary: Wie Institutionen denken, Frankfurt a. M., Suhrkamp, 1991.

Down-Langdon, John, H.: Beobachtungen zu einer ethnischen Klassifizierung von Schwachsinnigen, in: Schriften zur Sonderpädagogik, hrsg. von Erich Beschel, Dortmund, 1968.

Drave, Wolfgang/Rumpler, Franz/Wachtel, Peter (Hrsg): Empfehlungen zur Sonderpädagogischen Förderung. Allgemeine Grundlagen und Förderschwerpunkte (KMK) mit Kommentaren, Würzburg, Ed. Bentheim, 2000.

Dreyer Petra: Ungeliebtes Wunschkind. Eine Mutter lernt ihr behindertes Kind anzunehmen, Frankfurt a. M., Fischer, 1988.

Dudel, Josef/Menzel, Randolf/Schmidt, Robert F. (Hrsg): Neurowissenschaft. Vom Molekül zur Kognition. Berlin/Heidelberg/New York, Springer, 1996.

Duden: Deutsches Universalwörterbuch. CD-ROM-Ausgabe, Mannheim: Duden-Verlag, 2001

Duden: Bd. 5, Fremdwörterbuch, 6. Auflage, Mannheim/Leipzig/Wien, Zürich, Duden-Verlag, 1997.

Duden: Das große Wörterbuch der deutschen Sprache, Band 6, Mannheim, Dudenverlag, 1999.

Duden: Das große Wörterbuch der deutschen Sprache, Band 10, Mannheim, Dudenverlag, 1999.

Duden: Das große Wörterbuch der deutschen Sprache, hrsg. von Günther Drosdowski, Band 1, 2. Auflage, Mannheim, Dudenverlag, 1993.

Duden: Das Herkunftswörterbuch. Etymologie der deutschen Sprache, Band 7, Mannheim, Dudenverlag, 1963.

Duden: Das Herkunftswörterbuch. Etymologie der deutschen Sprache, Band 7, 2. Auflage, Mannheim, 1997.

Duden: Das Herkunftswörterbuch. Etymologie der deutschen Sprache, Band 7, 3. Auflage, Mannheim, Dudenverlag, 2001.

Duden: Das Herkunftswörterbuch. Etymologie der deutschen Sprache, Band 7, 4. Auflage, Mannheim, Dudenverlag, 2006.

Dumazedier, Joffre: Sociology of Leisure, Amsterdam/Oxford/New York, 1974

Durkheim, Emile: Erziehung, Moral und Gesellschaft, Frankfurt a. M., Suhrkamp, 1984.

Dutschmann, Andreas: Aggressivität und Gewalt bei Kindern und Jugendlichen. Steuerung fremdgefährdenden Verhaltens. Tübingen, Dgvt-Verlag, 1999.

Dutschmann, Andreas: Aggressionen und Konflikte unter emotionaler Erregung. Deeskalation und Problemlösung. Tübingen Dgvt-Verlag, 2000.

Dutschmann, Andreas: Verhaltenssteuerung bei aggressiven Kindern und Jugendlichen. Der Umgang mit gezielten – instrumentellen – Aggressionen. Tübingen, Dgvt-Verlag, 2000.

Ebert, Harald: Menschen mit geistiger Behinderung in der Freizeit. Bad Heilbrunn, Klinkhardt-Verlag, 2000.

Ebbinghaus, Angelika/Dörner, Klaus (Hrsg.): Vernichten und Heulen. Der Nürnberger Ärzteprozess und seine Folgen, Berlin, 2001.

Eberwein, Hans: Zur Kritik des sonderpädagogischen Paradigmas und des Behinderungsbegriffs, in: Zeitschrift für Heilpädagogik, 46 (10), 1995, S. 468-476.

Eckert, Roland: Aggressive Gruppen, in: Mehrfachauffällige – Mehrfachbetroffene Erlebnisweisen und Reaktionsweisen, hrsg. v. der Deutschen Vereinigung für Jugendgerichte und Jugendgerichtshilfen e.V., Bonn, 1990, S. 190-201.

Eco, Umberto: Zeichen, 1. Auflage, übersetzt v. Günter Memmert, Frankfurt a. M., Suhrkamp, 1977.

Eco, Umberto: Was es bedeutet, zwei Sprachen zu sprechen, in: Jeder spricht anders, Normen und Vielfalt in Sprache und Schrift, Faude, hrsg. v. Heiko Balhorn und Hans Brügelmann, Konstanz, Faude, 1989.

Edelman, Gerald, M.: Unser Gehirn. Ein dynamisches System, Piper, München/Zürich, 1993.

Edelman, Gerald M./Tononi, Giulio: Gehirn und Geist. Wie aus Materie Bewusstsein entsteht, München, dtv, 2004.

Edelman, Gerald M: Topobiology. An Introduction to Molecular Embryology, New York, Basic Books, 1988.

Edelmann, Walter: Lernpsychologie, 6. Auflage, Weinheim, PVU, 2000.

Egger, Bettina: Malen als Lernhilfe: Malen und bildnerisches Gestalten in der Schule und mit geistig und körperlich behinderten Kindern, Zyglotte, Bern, 1982.

Eggers, Christian/Fegert, Jörg M./Resch, Franz (Hrsg.): Psychiatrie und Psychotherapie des Kindes- und Jugendalters, Berlin-Heidelberg-New York, Springer Verlag, 2005.

Eggert, Dietrich: Theorie und Praxis der psychomotorischen Förderung. Textband, Arbeitsbuch u. Inventare. Dortmund, Borgmann, 1994.

Eggert, Dietrich: Psychologische Theorien der geistigen Behinderung, in: Geistige Behinderung, Grundlagen, Klinische Syndrome, Behandlung und Rehabilitation, 2. Auflage, hrsg. v. Gerhard Neuheuser und Hans-Christoph Steinhausen, Stuttgart, Kohlhammer, 1999, S. 42-59.

Eggert, Dietrich, unter Mitarbeit von Ratschinski, Günter: DMB – Diagnostisches Inventar motorischer Basiskompetenzen bei lern- und entwicklungsauffälligen Kindern im Grundschulalter, 3. Auflage, borgmann publishing, 2000.

Eggert, Dietrich: Von den Stärken ausgehen. Individuelle Entwicklungspläne (IEP) in der Lernförderungsdiagnostik, Dortmund, Borgmann, 2000.

Eggert, Dietrich / Reichenbach, Christina: Was kann Psychomotorik heute leisten? – Eine öko-systemische Sicht auf Theorie und Praxis, in: Praxis der Psychomotorik, 29. Jhrg., 2004, H. 2, S. 99-108.

Egli, Jakob: Enthospitalisierung, in: Lexikon Wissenswertes zur Erwachsenenbildung unter besonderer Berücksichtigung von geistiger Behinderung, Neuwied, Luchterhand, 1998.

Ehrenzweig, Anton: Ordnung im Chaos. Das Unbewusste in der Kunst. München, Kindler, 1974.

Eichel, Elisabeth: Gestützte Kommunikation bei Menschen mit autistischen Störungen, Dortmund, borgmann publishing, 1996.

Eidgenössisches Departement des Innern (EDI): Familienbericht 2004. Strukturelle Anforderungen an eine bedürfnisgerechte Familienpolitik, Bern, 2004. Online abrufbar unter http://www.bsv.admin.ch/forschung/publikationen/familienbericht_d.pdf

Eisenburger, Marianne: Zuerst muss die Seele bewegt werden... Psychomotorik im Pflegeheim, in: Praxis der Psychomotorik, Heft 1, 29. Jg., 2004, S. 4-11.

Eisenburger, Marianne: Psychomotorik im Alter, in: Psychomotorik, hrsg. v. Köckenberger, Helmut/ Hammer, Richard, 2004, S. 531-570.

Eisenstadt, Shmuel Noah: Die Antinomien der Moderne. Die jakobinischen Grundzüge der Moderne und des Fundamentalismus. Heterodoxien, Utopismus und Jakobinismus in der Konstitution fundamentalistischer Bewegungen, übersetzt v. Georg Stauth, Frankfurt a. M., Suhrkamp, 1998.

Elias, Norbert: Die höfische Gesellschaft, Frankfurt a. M., Suhrkamp, 1983.

Eliot, Lise: Was geht da drinnen vor? Die Gehirnentwicklung in den ersten fünf Lebensjahren. Berlin, Berlin-Verlag, 2001.

Enquete-Kommission Recht und Ethik der modernen Medizin: Zwischenbericht „Verbesserung der Versorgung Schwerstkranker und Sterbender in Deutschland durch Palliativmedizin und Hospizarbeit", Bundestagsdrucksache 15/5858, 22.6.2005.

Enzensberger, Hans Magnus: Kursbuch 20, Frankfurt a. M., Suhrkamp, 1970.

Ericsson, Kent: Der Normalisierungsgedanke. Entstehung und Erfahrungen in skandinavischen Ländern. In: Bundesvereinigung Lebenshilfe (Hrsg.), 1986, S. 33-44.

Erikson, Erik H.: Identität und Lebenszyklus. Ex libris Zürich 1978

Erpenbeck, John /Heyse, Volker: Die Kompetenzbiographie, Münster, Waxmann, 1999.

Ettrich, Christine / Herbst, Monika / Nürnberger, Hannelore: Förderschule für Erziehungshilfe. Ort integrativer Bemühungen von Pädagogik und Kinder- und Jugendpsychiatrie, in: Zeitschrift für Heilpädagogik, Heft 6, 1999, S. 285-293.

Etymologisches Wörterbuch der deutschen Sprache, 23. Auflage, Berlin, New York, Walter de Gryter, 1995.

Europäischer Leitfaden für empfehlenswerte Praktiken. Auf den Weg zur Chancengleichheit für behinderte Menschen. HELIOS II, hrsg. v. der Europäischen Kommission, Brüssel, 1996.

Everstine, Diana S./Everstine, Louis: Krisentherapie. People in crisis. Stuttgart, Klett-Cotta, 1985.

Ewinkel, Carola/Hermes, Gisela (Hrsg.): Geschlecht: behindert – besonderes Merkmal: Frau, München, AG SPAK, 1985.

Eysenck, Hans-Jürgen: Wege und Abwege der Psychologie, Reinbek bei Hamburg, rororo, 1956.

Faby, Susanne: Theoretische Grundlagen der Rehabilitation nach Hirnschädigung. Münster, LIT, 2001.

Fachbereichstag Heilpädagogik (Hrsg.): Berufs- und Selbstverständnis von Diplom-Heilpädagogen/-innen, in: Jahrbuch Heilpädagogik 2004, Berlin, BHP-Verlag, 2004, S. 211-222.

Falt, Theodor: unveröff. Brief der STK an die KMK vom 10. Feb.1979.

Faulstich, Werner: Medien zwischen Herrschaft und Revolte, Göttingen, Vandenhoeck & Ruprecht 1998.

Fegert, Jörgen M.: Was ist seelische Behinderung? Anspruchsgrundlage und kooperative Umsetzung von Hilfen nach § 35a KJHG, 3. Auflage, Münster, Votum, 1999.

Fegert, Jörgen M./Schrapper, Christian (Hrsg.): Handbuch Jugendhilfe – Jugendpsychiatrie. Interdisziplinäre Kooperation, Weinheim-München, Juventa, 2004.

Feigenberg, Josef: Wahrscheinlichkeitsprognostizierung im System der zielgerichteten Aktivität. Butzbach-Griedel, AFRA, 2000.

Fend, Helmut: Theorie der Schule, 1. Auflage, München, Urban & Schwarzenberg, 1980.

Fengler, Christa/Fengler, Thomas (Hrsg.): Alltag in der Anstalt. Bonn, Psychiatrie-Verlag, 1994.

Ferber, Christian/Thimm, Walter: Integration geistig Behinderter durch Normalisierung der Hilfen. Oldenburg, BIS-Verlag, 1982.

Ferring, Dieter: Krankheit als Krise des Erwachsenenalters. Zur Rolle wahrgenommener Kausalität und Kontrolle in der Befindlichkeitsregulation. Regensburg, Roderer, 1987.

Fetterman, David M.: Foundation of Empowerment Evaluation, Thousand Oaks, Sage, 2001.

Feudel, Elfriede: Durchbruch zum Rhythmischen in der Erziehung, 2. Auflage, Stuttgart, Klett, 1965.

Feuser, Georg: Grundlagen zur Pädagogik autistischer Kinder, Weinheim, Beltz, 1979.

Feuser, Georg: Autistische Kinder: Gesamtsituation, Persönlichkeitsentwicklung, schulische Förderung Solms-Oberbiel, Jarick Oberbiel, 1980.

Feuser, Georg: Heilpädagogik/Psychiatrie, in: Handbuch der kritischen und Materialistischen Behindertenpädagogik und ihrer Nebenwissenschaften, hrsg. v. Erwin Reichmann, Solms-Oberbiel, Jarick Oberbiel, 1984, S. 263-270

Feuser, Georg: Zwischenbericht: Gemeinsame Erziehung behinderter und nichtbehinderter Kinder im Kindertagesheim. Bremen, Diak. Werk Bremen e.V., 1984.

Feuser, Georg: Allgemeine integrative Pädagogik und entwicklungslogische Didaktik, in: Behindertenpädagogik, Heft 1, 28. Jg., 1989, S. 4-48.

Feuser, Georg: Wider die Unvernunft der Euthanasie. Grundlagen einer Ethik der Heil- und Sonderpädagogik. Luzern, Edition SZH, 1992.

Feuser, Georg: Behinderte Kinder und Jugendliche zwischen Integration und Aussonderung. Darmstadt, WBG, 1995.

Feuser, Georg: Ich bin, also denke ich! Allgemeine und fallbezogene Hinweise zur Arbeit im Konzept der SDKHT, in: Behindertenpädagogik, Heft 3, 2001, S. 268-350.

Feuser, Georg: „Austherapiert" und „gemeinschaftsunfähig" gibt es nicht! Die „Substituierend Dialogisch-Kooperative Handlungs-Therapie SDKHT". Eine Basistherapie, in: Erkennen und Handeln. Momente einer kulturhistorischen (Behinderten-) Pädagogik und Therapie, hrsg. v. Georg Feuser/Ernst Berger, Berlin, Pro-Business, 2002, S. 349-378.

Feuser, Georg: Erkennen und Handeln – Integration – eine conditio sine qua non humaner menschlicher Existenz; in: Behindertenpädagogik, Heft 2, 2004, S. 115-139.

Feuser, Georg/Berger, Ernst (Hrsg.): Erkennen und Handeln. Momente einer kulturhistorischen (Behinderten-) Pädagogik und Therapie. Berlin, Pro-Business, 2002.

Feuser, Georg/Jantzen, Wolfgang: Die Entstehung des Sinns in der Weltgeschichte, in: Am Anfang war der Sinn, hrsg. v. Jantzen, Wolfgang, Marburg, BdWi, 1994, S. 79-113.

Feuser, Georg / Meyer, Heike: Integrativer Unterricht in der Grundschule – Ein Zwischenbericht. Solms/Lahn, Jarick-Oberbiel, 1987.

Feyerabend, Paul: Widerstreit und Harmonie, Trentiner Vorlesungen, Wien, Passagen Verlag, 1998.

Field, Tiffany: Attachment and separation in young children, in: Annual Review of Psychology, 47. Jg., 1996, S. 541-561.

Filipp, Sigrun-Heide: Krisenprävention, in: Entwicklungspsychologie, hrsg. v. Rolf Oerter und Leo Montada, München, Urban & Schwarzberg, 1983, S. 220-230.

Fingerle, Michael/Freytag, Andreas/Julius, Henri: Ergebnisse der Resilienzforschung und ihre Implikationen für die (heil)pädagogische Gestaltung von schulischen Lern- und Lebenswelten, in: Zeitschrift für Heilpädagogik, Heft 6, 1999, S. 302-309.

Fink, Eugen: Grundphänomene des menschlichen Daseins, Freiburg i. Br., Alber, 1979.

Finkielkraut, Alain: Verlust der Menschlichkeit, Stuttgart, Klett-Cotta, 1998.

Fischer, Klaus: Der Beitrag der Psychomotorik zur aktuellen Bildungs- und Förderdiskussion – eine Hefteinführung, in: motorik, 26. Jg., Heft 4, 2003.

Fisher, Anne/Murray, Elizabeth/Bundy, Anita: Sensorische Integrationstherapie. Theorie und Praxis. Berlin, Springer, 1998.

Fisseni, Hermann J.: Persönlichkeitspsychologie, Göttingen, Hogrefe, 1998.

Flitner, Andreas: Spielen-Lernen. Praxis und Deutung des Kinderspiels, 7. Auflage, München, Piper, 1982.

Flosdorf, Peter/Patzelt, Harald (Hrsg.): Therapeutische Heimerziehung, in: Europäische Studien zur Jugendhilfe, Band 5, Mainz,Eigenverlag des Instituts für Kinder- und Jugendhilfe – Bundesverband katholischer Einrichtungen und Dienste der Erziehungshilfen e.V. (BVkE), 2003.

Flosdorf, Peter: Heilpädagoge/Heilpädagogin, in: Blätter zur Berufskunde, 3. Aufl., hrsg. v. der Bundesanstalt für Arbeit, Nürnberg, 1982.

Flosdorf, Peter: Heilpädagogische Beziehungsgestaltung, Freiburg, Lambertus, Freiburg, 2004.

Flynn, Robert J./Lemay, Raymond A.: A Quarter-Century of Normaliszation and Social Role Valorization: Evolution and Impact. Ottawa, University of Ottawa Press, 1999.

Flynn, Robert J./Nitsch, Kathleen E. (Hrsg.): Normalization, Social Integration, and Human Services. Baltimore, Univ. Park Press, 1980.

Foerster, Heinz von: Entdecken oder Erfinden – Wie lässt sich Verstehen verstehen? In: Erziehung und Therapie in systemischer Sicht, hrsg. v. Wilhelm Rotthaus, Dortmund, Verlag modernes Lernen, 1987, S. 22-60.

Foerster, Heinz von: Wissen und Gewissen, 4. Auflage, Frankfurt a. M., Suhrkamp, 1997.

Foerster, Heinz von: Das Konstruieren einer Wirklichkeit, in: Die erfundene Wirklichkeit, Wie wissen wir, was wir zu wissen glauben? Beiträge zum Konstruktivismus, hrsg. v. Paul Watzlawick, München, Piper, 2000, S. 39-60.

Foerster, Heinz von/Pörksen, Bernd: Wahrheit ist die Erfindung eines Lügners, Gespräche für Skeptiker, Heidelberg, Carl Auer, 1998.

Forum! GmbH, Mitgliederforum Deutschland, in: Verbändereport, Heft 4, 2002, S. 20-33.

Foucault, Michel: Wahnsinn und Gesellschaft. Frankfurt a. M., Suhrkamp, 1969.

Foucault, Michel: Die Geburt der Klinik. Eine Archäologie des ärztlichen Blicks. Frankfurt a. M., Fischer, 1988.

Foucault, Michel: In Verteidigung der Gesellschaft, Frankfurt a. M., Suhrkamp, 2001

Franke, Ulrike/Augustin, Anneliese: Aggressive und hyperaktive Kinder in der Therapie, Berlin, Springer, 1988.

Frankl, Victor E.: Ärztliche Seelsorge, 11. Auflage, Wien, Deuticke im Paul Zsolnay Verlag, 2005.

Franz, D.: De-Institutionalisierung in der Behindertenpädagogik. Zum Problem asymmetrischer Beziehungen in Wohneinrichtungen für Menschen mit geistiger Behinderung. Diplomarbeit Universität Hamburg, Inst. f. Behindertenpäd., 2004.

Frehe, Horst: Persönliche Assistenz. Eine neue Qualität ambulanter Hilfen, in: Qualitätssicherung und Deinstitutionalisierung, hrsg. von Wolfgang Jantzen u. a., Berlin, Edition Marhold, 1999, S. 271-284.

Frehe, Horst: Persönliche Assistenz. Politik in der Verantwortung. Aussonderung behinderter Menschen oder Leben in Gleichberechtigung? Vortrag, gehalten am 01.02.2001 in Würzburg, 2001, http://www.forsea.de/in_11_5_b.html (26.06.2005).

Frerichs, Hajo/Neppert, Joachim: Grundlagen und Modelle für den Hörgerichteten Spracherwerb. Villingen-Schwenningen, Neckar, 1995.

Frewer, Andreas/Eickhoff, Clemens (Hrsg.): Euthanasie und die Aktuelle Sterbehilfe-Debatte. Die historischen Hintergründe medizinischer Ethik, Frankfurt a. M., Campus-Verlag, 2000.

Frey, Hans-Peter: Stigma und Identität – Eine empirische Untersuchung zur Genese und Änderung krimineller Identität bei Jugendlichen, Weinheim, Beltz, 1983.

Frey, Hans-Peter/Haußer, Karl (Hrsg.): Interaktion und Erziehung – Entwicklungen psychologischer und soziologischer Forschung, Enke, Stuttgart, 1987.

Freytag, Regula: Podiumsdiskussion: Krisenintervention – Kooperation und/oder Konkurrenz? In: Grenzgänge zwischen Selbstzerstörung und Selbstbewahrung. Suizidprävention als Hilfe in Lebenskrisen, hrsg. v. Regula Freytag, Hildesheim, 1990, S. 198-213.

Frindte, Wolfgang: Einführung in die Kommunikationspsychologie, Weinheim/ Basel, Beltz- Verlag, 2001.

Friske, Andrea: Als Frau geistig behindert sein, München, Reinhardt, 1995.

Frith, Uta/Hill, Elisabeth: Autism. Mind and Brain, Oxford, 2004.

Frith, Uta: Autism. Explaining the Enigma, Malden, Oxford, Carlton, 2003.

Fröhlich, Andreas D.: Probleme der Förderung von Schwerst- und Mehrfachbehinderten. In: Beiträge zur Pädagogik der Schwerstbehinderten, Hartmann, Nikolaus, Heidelberg, Schindele, 1983.

Fröhlich, Andreas D.: Pädagogik bei schwerster Behinderung, Berlin, Ed. Marhold im Wissenschaftsverlag Spiess, 1991.

Fröhlich, Andreas D.: Basale Stimulation, Düsseldorf, Verlag Selbstbestimmtes Leben, 1991.

Fröhlich, Andreas D.: Basale Stimulation: Das Konzept. Düsseldorf: Verlag selbstbestimmtes Lernen, 1998

Fröhlich, Andreas D.: Die Entstehung eines Konzeptes. Basale Stimulation, in: Schwere Behinderung in Praxis und Theorie. Ein Blick zurück nach vorn, hrsg. v. Andreas Fröhlich, Norbert Heinen/Wolfgang Lamers, Düsseldorf, Verlag Selbstbestimmtes Leben, 2001, S. 5-21.

Frohne-Hagemann, Isabelle: Rhythmisches Prinzip, in: Lexikon Musiktherapie, hrsg. v. Hans-Helmut Decker-Voigt, Göttingen, 1996, S. 328-341.

Fromm, Erich: Anatomie der menschlichen Destruktivität, Stuttgart, DVA, 1974.

Fthenakis, Wassilios E.: Der Bildungsauftrag in Kindertageseinrichtungen. Ein umstrittenes Terrain? Online unter http://www.familienhandbuch.de/cmain/f_Aktuelles/a_Kindertagesbetreuung/s_739.html, 2004 [16.05.2005].

Fuchs, Arno: Schwachsinnige Kinder: ihre sittlich-religiöse, intellektuelle und wirtschaftliche Rettung; Versuch einer Hilfsschulpädagogik. 3. Auflage, Gütersloh, Bertelsmann, 1922.

Fuchs, Marianne: Funktionelle Entspannung: Theorie und Praxis einer organismischen Entspannung über den rhythmisierten Atem. 4. Auflage, Stuttgart, Hippokrates, 1989.

Fuchs, Peter/Göbel, Andreas (Hrsg.): Der Mensch – das Medium der Gesellschaft?, Frankfurt a. M., 1994.

Fuchs, Peter: Die Form beratender Kommunikation. Zur Struktur einer kommunikativen Gattung; in: Beratungsgesellschaft, hrsg. v. Peter Fuchs und Eckart Pankoke, Schwerte, 1994, S. 13-25.

Fuchs, Thomas: Leib, Raum, Person. Entwurf einer phänomenologischen Anthropologie. Stuttgart, Klett-Cotta, 2000.

Fuerst, Kurt A.: Die psychologische Intervention, Stuttgart, Enke, 1982.

Fukuyama, Francis: Our posthuman future. Consequences of the biotechnology revolution, London, 2002.

Fürst, Walter: Die Erlebnisgruppe, Freiburg, Lambertus-Verlag, 1992

Gablers Wirtschaftslexikon, Wiesbaden, Betriebswirtschaftlicher Verlag Dr. Th. Gabler, 2004.

Gaebel, Wolfgang/Möller, Hans-Jürgen/Rössler, Wulf (Hrsg.): Stigma – Diskriminierung – Bewältigung. Der Umgang mit sozialer Ausgrenzung psychisch Kranker, Stuttgart, Verlag W. Kohlhammer, 2005.

Gaedt, Christian: Einrichtungen für Ausgeschlossene der „Orte zum Leben" – Überlegungen zur Betreuung geistig Behinderter, in: Jahrbuch für Kritische Medizin, 7. Jg., 1981, S. 96-109.

Galtung, Johan: Gewalt, in: Vom Menschen. Handbuch Historische Anthropologie, hrsg. v. Christoph Wulf, Weinheim, Beltz, 1997, S. 913-926.

Galtung, Johan: Die Zukunft der Menschenrechte. Frankfurt a. M., Verlag, 2000

Gängler, Herbert: Hilfe, in: Einführung in Grundbegriffe und Grundfragen der Erziehungswissenschaft, hrsg. v. Heinz-Hermann Krüger und Werner Helsper, 4. Auflage, Opladen, Leske + Budrich, 2000, S. 131-138.

Gängler, Herbert: Hilfe, in: Handbuch der Sozialarbeit/Sozialpädagogig, hrsg. v. Hans-Uwe Otto und Hans Thiersch, 2. Auflage, Neuwied, Luchterhand, 2001, S. 772-786.

Garbe, Herbert: Grundlinien einer Theorie der Blindenpädagogik. Dissertation, Göttingen, 1959.

Gastpar, Markus T./Kasper, S./Linden, M.: Psychiatrie und Psychotherapie, 2. Auflage, Wien/New York, Springer, 2003.

Gehlen, Arnold: Der Mensch. Seine Natur und seine Stellung in der Welt, Berlin, 1940.

Gehrmann, Petra: Die Allgemeine Schule als Lernort für alle Kinder und Jugendlichen, in: Grundfragen der Sonderpädagogik, 1. Auflage, hrsg. von Annette Leonhardt und Franz B. Wember, Weinheim, Beltz, 2003, S. 711-742.

Geiser, Christiane: Die Perspektive der Humanistischen Psychologie. Skript eines Vortrags an der Universität St. Gallen im Wintersemester 1998/99 im Rahmen der Vortragsreihe „Psychotherapie: Die Vielfalt der therapeutischen Konzepte", in: GFK Texte 4, 1999, S. 1-8, online abrufbar unter http://gfk.freepage.de/Texte/hum.html [14.01.2005].

Geislinger, Rosa (Hrsg.): Experten in eigener Sache – Psychiatrie, Selbsthilfe und Modelle der Teilhabe, München, Zenit-Verlag, 1998.

Geißler, Karlheinz/Hege, Marianne: Konzepte Sozialpädagogischen Handelns, 3. Auflage Stuttgart, Kohlhammer, 1985.

Georgens, Jan-Daniel /Deinhardt, Heinrich Marianus: Die Heilpädagogik mit besonderer Berücksichtigung der Idiotie und der Idiotenanstalten, 2 Bände, Leipzig, Friedrich Fleischer, 1861/1863.

Gergen, Kenneth: Das übersättigte Selbst. Identitätsprobleme im heutigen Leben, Heidelberg, Carl Auer, 1996.

Gergen, Kenneth: Konstruierte Wirklichkeiten, Eine Hinführung zum sozialen Konstruktionismus, Stuttgart, Kohlhammer, 2002.

Gerlach, Manfred/Warnke, Andreas/Wewetzer, Cnristoph (Hrsg.): Neuro-Psychopharmaka im Kindes- und Jugendalter – Grundlagen und Therapie, Wien/New York, Springer, 2004.

Gerner, Berthold (Hrsg.): Personale Erziehung, Darmstadt, WBG, 1965.

Gerspach, Manfred: Kritische Heilpädagogik: Überlegungen zu einer Neuorientierung aus psychoanalytischer Sicht, Frankfurt a. M., Fachbuchhandlung für Psychologie, 1981.

Gerspach, Manfred: Wohin mit den Störern? Zur Sozialpädagogik der Verhaltensauffälligen, Stuttgart, Kohlhammer, 1998.

Giarini, Orio/Liedtke, Patrick M.: Wie wir arbeiten werden. Der neue Bericht an den Club of Rome, Hamburg, Hoffmann und Campe, 1998.

Giesecke, Hermann: Arbeit, Freizeit und Emanzipation, Göttingen, 1971.

Gieseke, Wiltrud: Professionalität und Professionalisierung. Bad Heilbrunn, Klinkhardt, 1988.

Girgensohn-Marchand, Bettina: Der Mythos Watzlawick und die Folgen, Weinheim, Deutscher Studien Verlag, 1994.

Glaeser, Fridrich: Existenzielle Erziehung, München, Reinhardt-Verlag, 1963.

Glaeske, Gerd/Janhsen, Katrin: Ritalin für Kinder, in: Dr. med. Mabuse, 142. Jg., Heft 3-4, 2003, S. 51-54.

Glaser, Barney G./Strauss, Anselm L.: Grounded Theory Strategien qualitativer Forschung, Bern, Hans Huber, 1998.

Glasersfeld, Ernst von: Radikaler Konstruktivismus. Ideen, Ergebnisse, Probleme, Frankfurt a. M., Suhrkamp, 1997.

Glasersfeld, Ernst von: Radikaler Konstruktivismus. Ideen, Ergebnisse, Probleme, 2. Auflage, Frankfurt a. M., Suhrkamp, 1998.

Glasersfeld, Ernst von: Einführung in den radikalen Konstruktivismus, in: Die erfundene Wirklichkeit, Wie wissen wir, was wir zu wissen glauben? Beiträge zum Konstruktivismus, hrsg. v. Paul Watzlawick, München, Piper, 2000, S. 16-38.

Glasersfeld, Ernst von: „Was im Kopf eines anderen vorgeht können wir nie wissen", Ernst von Glasersfeld über Wahrheit und Viabilität, Sprache und Erkenntnis und die Prä‚issen einer konstruktivistischen Pädagogik, in: Abschied vom Absoluten, Gespräche zum Konstruktivismus, hrsg. v. Pörksen, Bernd, Heidelberg, Carl Auer, 2001, S. 46-69.

Glasersfeld, Ernst von: Abschied von der Objektivität, in: Das Auge des Betrachters, Beiträge zum Konstruktivismus, hrsg. v. Peter Krieg und Paul Watzlawick, Heidelberg, Carl Auer, 2002, S. 17-30.

Glathe, Brita/Krause-Wichert, Hannelore (Hrsg.): Rhythmik. Grundlagen und Praxis. Seelze-Velber, Kallmeyer, 1989.

Glatzer, Wolfgang/Zapf, Wolfgang: Lebensqualität in der Bundesrepublik. Objektive Lebensbedingungen und subjektives Wohlbefinden, Frankfurt a. M./New York, Campus, 1984.

Goergens, Jan-Daniel/Deinhardt, Heinrich Marius/von Gayette, Jeanne-Marie (Hrsg.): Medizinisch-pädagogisches Jahrbuch der Levana für das Jahr 1858, Bd. 1, Wien, 1858.

Goetze, Herbert: Personenzentrierte Spieltherapie, Göttingen, Hogrefe, 1981.

Goetze, Herbert: Verhaltensgestörte in Integrationsklassen – Fiktionen und Fakten. In: Zeitschrift für Heilpädagogik 41/1990, S. 832-840.

Goetze, Herbert/Neukäter Heinz: Zur Geschichte der Pädagogik bei Verhaltensstörungen, in: Handbuch der Sonderpädagogik. Pädagogik bei Verhaltensstörungen, Bd. 6, 1. Auflage, hrsg. v. Herbert Goetze und Heinz Neukäter, Berlin, Wissenschaftsverlag Volker Spiess (Edition Marhold), 1989.

Goetze, Herbert/Neukäter, Heinz (Hrsg.): Handbuch der Sonderpädagogik Bd. 6: Pädagogik bei Verhaltensstörungen, 3. Auflage, Berlin, Marhold, 1993.

Goffman, Erving: Stigma. Über Techniken der Bewältigung beschädigter Identität, Frankfurt a. M., Suhrkamp, 1967.

Goffman, Erving: Asyle. Über die soziale Situation psychiatrischer Patienten und anderer Insassen, Frankfurt a. M., Suhrkamp, 1972.

Goffman, Erving: Asyle. Über die soziale Situation psychiatrischer Patienten und anderer Insassen, Frankfurt a. M., Suhrkamp, 1973.

Goffman, Erving: Stigma. Über Techniken der Bewältigung beschädigter Identität, Frankfurt a. M., Suhrkamp, 1975.

Goffman, Erving: Stigma. Über Techniken der Bewältigung beschädigter Identität, 4. Auflage, Frankfurt a. M., Suhrkamp, 1980.

Golan, Naomi: Krisenintervention: Strategien psychosozialer Hilfen, Freiburg i. B., Lambertus, 1983.

Göppel, Rolf: Eltern, Kinder und Konflikte, Stuttgart, Kohlhammer, 1997.

Grampp, Gerd: Berufsbildung und Arbeit als soziales Problem von Menschen mit geistiger Behinderung. In: Soziale Probleme von Menschen mit geistiger Behinderung. Fremdbestimmung, Benachteiligung, Ausgrenzung und soziale Abwertung, hrsg. v. Ernst Wüllenweber, Stuttgart, Kohlhammer, 2004, S. 335-344.

Graumann, Sigrid/Grüber, Katrin/Nicklas-Faust, Jeanne/ Schmidt, Susanna/Wagner-Kern, Michael (Hrsg.): Ethik und Behinderung. Ein Perspektivenwechsel, Frankfurt a. M., Campus, 2004.

Grawe, Klaus: Psychologische Therapie, Göttingen, Hogrefe, 1998.

Grawe, Klaus/Donati, Ruth/Bernauer, Friederike: Psychotherapie im Wandel, Göttingen/Bern/Toronto/Seattle, Hogrefe, 1994.
Greenfield, Susan A.: Reiseführer Gehirn, Heidelberg/Berlin, Spektrum Akademischer Verlag, 2003.
Greisbach, Michaela / Kullik, Udo / Souvignier, Elmar: Von der Lernbehindertenpädagogik zur Praxis schulischer Lernförderung, 1. Auflage, Lengerich, Pabst, 1998.
Greuel, Norbert/Berka, Gabriele: Vernetzung von Schul- und Werkstattunterricht. Das Schulprogramm der Martin-Luther-King-Schule – Schule für Erziehungshilfe Sekundarstufe I in Aachen in: Erziehungshilfe bei Verhaltensstörungen. Pädagogisch-therapeutische Hilfen bei Verhaltensstörungen, hrsg. v. Sandra Rolus-Borgward und Ulrich Tänzer, Oldenburg, 1999, S. 163-170.
Greving, Heinrich: Heilpädagogische Organisationen im Wandel. Organisationsanalyse – Beratung – Qualitätsmanagement, Freiburg, Lambertus, 2000.
Greving, Heinrich: Heilpädagogische Organisationen. Eine Grundlegung. Freiburg, Lambertus, 2000.
Greving, Heinrich (Red.): Heilpädagogik an den Grenzen, hrsg. v. Fachbereichstag der Heilpädagogik, Freiburg im Breisgau, Lambertus 2002.
Greving, Heinrich/Gröschke, Dieter (Hrsg.): Geistige Behinderung – Reflexionen zu einem Phantom. Ein interdisziplinärer Diskurs um einen Problembegriff, Bad Heilbrunn, Klinkhardt, 2000.
Greving, Heinrich/Gröschke, Dieter (Hrsg.): Das Sisyphos-Prinzip: Gesellschaftsanalytische und gesellschaftskritische Dimensionen der Heilpädagogik. Bad Heilbrunn / OBB, Klinkhardt, 2002.
Greving, Heinrich/Mürner, Christian/Rödler, Peter (Hrsg.): Zeichen und Gesten – Heilpädagogik als Kulturthema, Gießen, Psychosozial-Verlag, 2004.
Griebel, Wilfried/Niesel, Renate: Transitionen. Fähigkeiten von Kindern in Tageseinrichtungen fördern, Veränderungen erfolgreich zu bewältigen, Weinheim, Basel, Beltz Verlag, 2004.
Grimm, Jacob/Grimm, Wilhelm: Deutsches Wörterbuch, Band 1, München, Deutscher Taschenbuch-Verlag, 1984. (Nachdruck der 1. Auflage von 1854)
Grimm, Jacob/Grimm, Wilhelm: Deutsches Wörterbuch, Der digitale Grimm, Frankfurt a. M., 2005.
Grimm, Rüdiger: Perspektiven der Therapeutischen Gemeinschaft in der Heilpädagogik. Ein Ort gemeinsamer Entwicklung, Bad Heilbrunn, Klinkhardt, 1995.
Grimm, Rüdiger: Wo stehen wir in der Zusammenarbeit von Eltern und Mitarbeitern? Seelenpflege in Heilpädagogik und Sozialtherapie, Heft 2, 17. Jg., 1998, S. 2-11 und Heft 3, 17. Jg., 1998, S. 3-20.
Grimm, Rüdiger: Erstaunen, Mitgefühl und Gewissen. Chancen und Gefährdungen der Alltagsethik in den helfenden Berufen, in: Spirituelle Ethik, hrsg. v. Michaela Glöckler, Dornach, Goetheanum, 2002.
Grimm, Rüdiger: Sozialtherapeutische Gemeinschaft. Normalisierung, Salutogenese und Individualisierung in der Lebensgestaltung, in: Seelenpflege, 23. Jg., 2004, S. 5-20.
Grimm, Rüdiger: Der innere Dialog mit dem Kind, in: Beiträge zu einer Pädagogik der Achtung, hrsg. v. Hartmut Sautter, Heidelberg, 2004, S. 77-82.
Grimm, Rüdiger: Phänomene des Wandels. Anthroposophische Heilpädagogik in acht Jahrzehnten, in: Phänomene des Wandels, hrsg. v. Angelika Gäch, Luzern, Edition SZH, 2004, S. 31-42.
Groddek, Norbert: Carl Rogers. Wegbereiter der modernen Psychotherapie, Darmstadt, Primus, 2002.
Grohnfeldt, Manfred (Hrsg.): Lehrbuch der Sprachheilpädagogik und Logopädie, Bd. 1 Selbstverständnis und theoretische Grundlagen, Stuttgart, Kohlhammer, 2003.
Gromann-Richter, Petra (Hrsg.): Was heißt hier Auflösung? Die Schließung der Klinik Blankenburg. Bonn, Psychiatrie-Verlag, 1991.
Grond, Jörg: Früherziehung behinderter Kinder. SZH Luzern, 1977.
Grond, Erich: Sozialmedizin. Handbuch für soziale Berufe. Hilfen für Behinderte und Kranke in ihrer Umwelt, Band 1, Dortmund, Verlag modernes lernen, 1984.
Gröschke, Dieter: Praktische Ethik der Heilpädagogik, Individual- und sozialethische Reflexionen zu Grundfragen der Behindertenhilfe, Bad Heilbrunn, Klinkhardt, 1993.
Gröschke, Dieter: Praxiskonzepte der Heilpädagogik. Anthropologische, ethische und pragmatische Dimensionen. 2. Auflage, München/Basel, Reinhardt, UTB, 1997.
Gröschke, Dieter: Das Normalisierungsprinzip: Zwischen Gerechtigkeit und gutem Leben. Eine Betrachtung aus ethischer Sicht. In: Z. f. Heilpäd. 4, 2000, S. 134-140.
Gröschke, Dieter: Geistige Behinderung – Unbegrifflichkeit oder Unbegreiflichkeit? In: Geistige Behinderung – Reflexionen zu einem Phantom. Ein interdisziplinärer Diskurs um einen Problembegriff. hrsg. v. Heinrich Greving und Dieter Gröschke, Bad Heilbrunn, Klinkhardt, 2000, S. 104-125.
Gröschke, Dieter: Die Heilpädagogik und einige ihrer Prinzipien. In: Jahrbuch Heilpädagogik. Freiburg, Lambertus, 2001, S. 13-25.
Gröschke, Dieter: Leiblichkeit und Zwischenleiblichkeit. Grund heilpädagogischer Ethik und Grenze menschlicher Machenschaften, in: Fachbereichstag Heilpädagogik (Hrsg.): Jahrbuch Heilpädagogik, Bd. 2, Freiburg, Lambertus, 2002, S. 22-36.
Gröschke, Dieter: Entwicklungsdiagnostik im Überblick: Befragen, Beobachten, Inventarisieren und Testen kindlicher Entwicklungsprozesse. In: Deutsche Gesellschaft für Sprachheilpädagogik (Hrsg.): Sprache für alle! Neue Möglichkeiten der Sprachheilpädagogik. Karlsruhe, Loeper, 2003, S. 108-123.
Gröschke, Dieter: Individuum, Gemeinschaft oder Gesellschaft? Heilpädagogik zwischen individualistischer Subjekt- und kollektivistischer Gesellschaftswissenschaft, in: Soziologie im Kontext von Behinderung. Theoriebildung, Theorieansätze und singuläre Phänomene, hrsg.v. Rudolf Förster, Bad Heilbrunn, Klinkhardt, 2004, S. 80-102.
Gröschke, Dieter: Psychologische Mittel und heilpädagogische Zwecke? Zur Diagnose der heilpädago-

gischen Diagnostik; in: Jahrbuch Heilpädagogik, 2004, S. 9-31.

Gröschke, Dieter: Psychologische Grundlagen für Sozial- und Heilpädagogik. Ein Lehrbuch zur Orientierung für Heil-, Sonder- und Sozialpädagogen, 3. Auflage, Bad Heilbrunn, Klinkhardt, 2005.

Grossmann, Karin/Grossmann, Klaus E.: Bindungen, in: Wenn aus Partnern Eltern werden. Handbuch Elternbildung, Bd. 1, hrsg. v. Deutschen Familienverband, Leske+Budrich, Opladen, 1999, S. 507-532.

Grossmann, Karin/Grossmann, Klaus E./Becker-Stoll, Fabienne/Kindler, Heinz: Die Bindungstheorie, Modell, entwicklungspsychologische Forschung und Ergebnisse, in: Handbuch der Kleinkindforschung, Keller, Heidi, Bern/Göttingen/Toronto/Seattle, Hans Huber, 1997, S. 51-260.

Grunewald, Karl: Der Abbau der Anstalten für Behinderte in Schweden, in: Geistige Behinderung; Heft 3, 41. Jg., 2002, S. 243-254.

Gruntz-Stoll, Johannes: Erziehung, Unterricht, Widerspruch. Pädagogische Antinomien und Paradoxe, Bern, 1999

Gührs, Manfred/Nowak, Claus: Das konstruktive Gespräch. Ein Leitfaden für Beratung, Unterricht und Mitarbeiterführung mit Konzepten der Transaktionsanalyse, 5. Auflage, Meezen, Christa Limmer-Verlag, 2002.

Günther, Klaus-Burkhard (Hrsg.): Bilingualer Unterricht mit gehörlosen Grundschülern. Zwischenbereicht zum Hamburger bilingualen Schulversuch, Hamburg, Verlag hörgeschädigte Kinder, 1999.

Haas, Ruth: Spiel- und Dialogräume für erwachsene Menschen, eine theoretische und praxeologische Betrachtung, in: motorik, Heft 1, 26. Jg., 2003, S. 2-11.

Haaser, Albrecht: Wohnstätten für geistig behinderte Erwachsene im Literaturüberblick, in: Richtlinien für die Einrichtung von Wohnstätten für erwachsene geistig Behinderte, hrsg. v. Institut für Sozialrecht der Ruhr-Universität Bochum, Bochum, 1975.

Habermas, Jürgen: Arbeit, Erkenntnis, Fortschritt. Aufsätze 1954-1970, de Munter, Amsterdam, 1970.

Habermas, Jürgen: Legitimationsprobleme im Spätkapitalismus. Frankfurt a. M., Suhrkamp, 1973.

Habermas, Jürgen: Theorie des kommunikativen Handelns, Bd. 1, Frankfurt a. M., Suhrkamp, 1981.

Habermas, Jürgen: Theorie des kommunikativen Handelns, Bd. 2, Frankfurt a. M., Suhrkamp, 1981.

Habermas, Jürgen: Moralbewusstsein und kommunikatives handeln, Frankfurt a. M., Suhrkamp, 1983.

Habermas, Jürgen: Die Zukunft der menschlichen Natur – auf dem Wege zu einer liberalen Eugenik, Frankfurt a. M., Suhrkamp, 2001.

Hackenberg, Waltraud: Die psychosoziale Situation von Geschwistern behinderter Kinder, Heidelberg, Edition Schindele, 1983.

Hackenberg, Waltraud: Die psychosoziale Situation von Geschwistern behinderter Kinder, 2. Auflage, Heidelberg, Edition Schindele, 1987.

Haeberlin,Urs: Das Menschenbild für die Heilpädagogik; Bern/Stuttgart, Paul Haupt, 1985.

Haeberlin, Urs: Die Verantwortung der Heilpädagogik als Wissenschaft, in: Zeitschrift für Heilpädagogik, 44, 1993, S. 170-182.

Haeberlin, Urs: Heilpädagogik als wertgeleitete Wissenschaft. Ein propädeutisches Einführungsbuch in Grundfragen einer Pädagogik für Benachteiligte und Ausgegrenzte, 1. Auflage, Bern/Stuttgart/Wien, Paul Haupt, 1996.

Haeberlin Urs: Identität, in: Handlexikon der Behindertenpädagogik, Schlüsselbegriffe aus Theorie und Praxis, hrsg. v. Georg Antor und Ulrich Bleidick, Stuttgart, Kohlhammer, 2001, S. 191-193.

Haeberlin, Urs: Allgemeine Heilpädagogik, 6. Auflage, Bern/Stuttgart/Wien, Paul Haupt, 2002.

Haeberlin, Urs: Wissenschaftstheorie für die Heil- und Sonderpädagogik, in: Grundfragen der Sonderpädagogik, hrsg. von Annette Leonhardt und Franz B. Wember, 1. Auflage, Weinheim, Beltz, 2003, S. 58-80.

Häcker, Hartmut u. Stapf, Kurt H. (Hrsg.): Dorsch. Psychologisches Wörterbuch, Bern, 1994.

Haefele, Bettina/Wolf-Filsinger, Maria: Aller Kindergarten-Anfang ist schwer. Hilfen für Eltern und Erzieher, 5. Auflage, München, Don Bosco, 1994.

Häfner, Heinz: Psychiatrie. Ein Lesebuch für Fortgeschrittene, Stuttgart/Jena, Fischer, 1991.

Hähner, Ulrich (Hg.): Vom Betreuer zum Begleiter, Lebenshilfe-Verlag, Marburg, 1999.

Hagel, Hans-Jürgen: Zum Problem des gegenwärtigen Verständnisses der Heilpädagogik als Handlungswissenschaft. In: Evangelische Fachhochschule Rheinland-Westfalen-Lippe [Hrsg.], Bochum, 1981.

Hagemann-White, Carol: Die Konstrukteure des Geschlechts auf frischer Tat ertappen? Methodische Konsequenzen einer theoretischen Einsicht, in: Feministische Studien, Jg. 11, Heft 2, 1993, S. 68-78.

Hagen, Jutta: Ansprüche an und von Menschen mit geistiger oder mehrfacher Behinderung in Tagesstätten. Aspekte der Begründung und Anwendung lebensweltorientierter pädagogischer Forschung, Marburg, Lebenshilfe-Verlag, 2001.

Hahn, Martin: Behinderung als soziale Abhängigkeit, München, Reinhardt, 1981.

Hahn, Martin: Selbstbestimmung im Leben, auch für Menschen mit geistiger Behinderung, in: Geistige Behinderung, Heft 2, 1994, S. 81-94.

Hahn, Martin/Fischer, Ute/Klingmüller, Bernhard/Lindmeier, Christian/Reimann, Bernd/Seifert, Monika (Hrsg.): Warum sollen sie nicht mit uns leben? Stadtteilintegriertes Wohnen von Erwachsenen mit schwerer geistiger Behinderung und ihre Situation in Wohnheimen, Reutlingen, Diakonie-Verlag, 2004.

Hahn,Victor F.: Handlungsorientierung als didaktischer Kern der Anschauung im Mathematikunterricht mit blinden Kindern – ein Theorie-Praxis-Exemplar. In: Lebensperspektiven. Kongressbericht zum 32. Kongress der Blinden- und Sehbehindertenpädagogen, Hrsg. Verband der Blinden- und Sehbehindertenpädagogen, Hannover, 1999, S. 336-345.

Haiden, Martin: Spiel und Mimicry (Seminararbeit), Institut für Publizistik und Kommunikationswissenschaft, Hochschule der Universität Wien, Archivnummer V4926, Wien, 2002.

Haisch, Werner: Verhaltensauffälligkeiten und strukturelle Bedingungen in der Betreuung, in: Behindert und verhaltensauffällig. Zur Wirkung von Systemen und Strukturen, hrsg. v. Werner Strubel und Horst Weichselgartner, Freiburg i. Br., Lambertus, 1995, S. 28-68.

Hamm, Margret (Hrsg.): Lebensunwert zerstörte Leben. Zwangssterilisation und „Euthanasie", Frankfurt a. M., VAS, 2005.

Hanselmann, Heinrich: Einführung in die Heilpädagogik, Zürich, Rotapfel, 1930.

Hanselmann, Heinrich: Grundlinien zu einer Theorie der Sondererziehung (Heilpädagogik). Zürich, Rotapfel, 1941.

Hanselmann, Heinrich: Wer ist normal? In: Schweizerische pädagogische Zeitschrift, 38. Jg., Heft 18 und 20, 1928, S. 251-259 und 283-287.

Hanselmann, Heinrich: Einführung in die Heilpädagogik. Praktischer Teil für Eltern, Lehrer, Anstaltserzieher, Jugendfürsorger, Richter und Ärzte, 4. Auflage, Zürich, Rotapfel, 1953.

Hanselmann, Heinrich: Die psychologischen Grundlagen der Heilpädagogik (1923). Histor. Beiträge zu Behinderung und Rehabilitation, Bd. 1, Berlin, 1997.

Hanswille, Reinert: Familientherapie, in: Lexikon der Sozialpädagogik und der Sozialarbeit, hrsg. v. Franz Stimmer, München, Oldenbourg, 2000, S. 230-235.

Hartwig, Helmut/Menzen, Karl-Heinz (Hrsg.): Kunst-Therapie, Berlin, Verl. Ästhetik u. Kommunikation, 1984.

Hauck, Karl/Haines, Hartmut: SGB – Kommentar/Loseblattwerk; Berlin 1976 ff.;

Haupt, Ursula: Kinder mit cerebralen Bewegungsstörungen im Spannungsfeld von eigenen Entwicklungsimpulsen und fremdbestimmter Anleitung, in: Neue Perspektiven in der Sonderpädagogik, hrsg. v. Günther Dörr, Verlag selbstbestimmt lernen Düsseldorf, 1998, S. 95-116.

Hausotter, Annette: Die Förderung von Schülerinnen und Schülern mit sonderpädagogischem Forderbedarf in Europa. In: Gemeinsam leben, Nr. 4, 1998, S. 152-156.

Hausser, Karl: Identitätsentwicklung, New York, UTB Harper & Row Publishers, 1983.

Häußler, Anne: Der TEACCH Ansatz zur Förderung von Menschen mit Autismus, Dortmund, Borgmann Media, 2005.

Havemann, Meindert/Stöppler, Reinhilde: Altern mit geistiger Behinderung. Grundlagen und Perspektiven für Begleitung, Bildung und Rehabilitation, Stuttgart, Kohlhammer, 2004.

Havighurst, Robert J.: Ansichten über erfolgreiches Altern, in: Altern – Probleme und Tatsachen, hrsg. von Hans Thomae/Ursula Lehr, Frankfurt a. M., Akademische Verlagsanstalt, S. 567-571.

Hedderich, Ingeborg: Schulische Situation und kommunikative Förderung Schwerstkörperbehinderter. Regionale Totalerfassung und kritische Situationsanalyse aufgrund empirischer Erhebungen bei Kindern und Jugendlichen mit schwersten cerebralen Bewegungsstörungen und Dys- oder Anarthrie. Berlin, Wissenschaftsverlag Spiess, 1991.

Hedderich, Ingeborg: Schulische Situation und kommunikative Förderung schwerstbehinderter Kinder und Jugendlicher, in: Zeitschrift für Heilpädagogik, Jg. 46, Heft 4, 1995, S. 182 ff.

Hedderich, Ingeborg: Burnout bei Sonderschullehrerinnen und Sonderschullehrern. Eine vergleichende empirische Untersuchung, durchgeführt in Schulen für Körperbehinderte und in Hauptschulen, auf der Grundlage des Maslach-Burnout-Inventory, Berlin, Edition Marhold, 1997.

Hedderich, Ingeborg: Burnout bei Sonderschullehrerinnen und Sonderschullehrern, Berlin, Wissenschaftsverlag Spiess, 2002.

Hedderich, Ingeborg: Einführung in die Montessori-Pädagogik: theoretische Grundlagen und praktische Anwendung, 2. Auflage, München; Basell, E Reinhardt, 2005.

Hedderich, Ingeborg: Einführung in die Körperbehindertenpädagogik, 2. Auflage, München, Reinhardt/UTB, 2006.

Hedderich, Ingeborg/Loer, Helga: Körperbehinderte Menschen im Alter. Lebenswelt und Lebensweg, Bad Heilbrunn, Klinkhardt, 2003.

Heekerens, Hans-Peter: Familientherapie, Wartezeit und Krisenintervention in der Erziehungsberatungsstelle, in: Familie in der Krise. Sozialer Wandel, Familie und Erziehungsberatung, hrsg. v. Klaus Menne und Knud Alter, Weinheim, Juventa-Verlag, 1988, S. 174-190.

Hegel, Georg Friedrich Wilhem: Phänomenologie des Geistes. HW 3. Frankfurt a. M., Ullstein, 1970.

Hegel, Georg Friedrich Wilhem: Vorlesungen über die Ästhetik II. HW 15. Frankfurt a. M., Suhrkamp, 1970.

Hegel, Georg Friedrich Wilhem: Werke in 20 Bänden und Register, Suhrkamp, Frankfurt a. M., 1986.

Hegel, Georg Friedrich Wilhelm: Werke in 20 Bänden und Register, Bd.7, Grundlinien der Philosophie des Rechts oder Naturrecht und Staatswissenschaft im Grundrisse, 8. Auflage, Suhrkamp, Frankfurt a. M., 2000.

Heidegger, Martin: Sein und Zeit, 12. Auflage, Tübingen, Niemeyer, 1972.

Heidegger, Martin: Sein und Zeit, 15. Auflage, Tübingen, Mohr, 1984 (1927).

Heiden, H.-Günter: Unsere Zukunft. Selbstbestimmung durch Unterstützung und Assistenz. Ein Film über die People First Tagung vom 21.-24. September 2000 in Frankfurt a. M., realisiert v. JoB.-Medienbüro, Kassel, „Wir vertreten uns selbst!", 2000.

Heiland, Helmut: Friedrich Fröbel in Selbstzeugnissen und Bilddokumenten, Reinbek, Rowohlt, 1982.

Heilbrügge, Theodor: Klinische Sozialpädiatrie, Berlin, Springer, 1981.

Heim, Ernst: Der Bewältigungsprozeß in Krise und Krisenintervention. In: Krisenintervention in der Psychiatrie, hrsg. v. Ulrich Schnyder, Jean-Daniel Sauvant, Bern, Hans Huber, 1996, S. 27-44.

Heimlich, Ulrich: Behinderte und nichtbehinderte Kinder spielen gemeinsam, Konzept und Praxis integrativer Spielförderung, 1. Auflage, Bad Heilbrunn, Klinkardt, 1995.

Heiner, Maja: Professionalität in der sozialen Arbeit. Theoretische Konzepte, Modelle und empirische Perspektiven. Stuttgart, Kohlhammer, 2004.

Heller, Max: Rudolf Virchow und der Gänsehirte Paulus Friedel. Zur deutschsprachigen Erstbeschreibung, zur Aetiologie und zum Namen des Downsyndroms, in: Vierteljahresschrift für Heilpädagogik, 64, 1995, 4, S. 381-385.

Henschel, Angelika (Hrsg.): Weiblich – /un/beschreiblich. Zur Lebenssituation von Frauen mit Behinderung, Bad Segeberg, C.H. Wäser, 1997.

Hentig, Hartmut von: Spielraum und Ernstfall, Stuttgart, Klett, 1969.

Hentig, Hartmut von: Systemzwang und Selbstbestimmung, Stuttgart, Klett, 1970.

Herbart, Johann F.: Systematische Pädagogik. Johann Friederich Herbart. Eingeleitet, ausgewählt und interpretiert von D. Benner, Stuttgart, Dt. Studien-Verlag, 1986.

Hermes, Gisela/Köbsell, Swantje (Hrsg.): Disability Studies in Deutschland. Behinderung neu denken! Dokumentation der Sommeruni 2003, Kassel, Bifos, 2003.

Herpertz-Dahlmann, Beate (Hrsg.): Entwicklungspsychiatrie. Biopsychologische Grundlagen und die Entwicklung psychischer Störungen, Stuttgart/New York, Schattauer, 2003.

Herriger, Norbert: Empowerment in der Sozialen Arbeit, 2. Auflage, Stuttgart, 2002.

Herzog, Walter: Praxis und Subjektivität. Handeln als kreativer Prozeß, in: Psychologie als Humanwissenschaft. Ein Handbuch, hrsg. v. Gerd Jüttemann, Göttingen, Vandenhoeck & Ruprecht, 2004, S. 289-301.

Hesse, Hans A.: Berufe im Wandel. Ein Beitrag zum Problem der Professionalisierung, Stuttgart, Enke, 1986.

Hessl, David u. a.: Cortisol and Behavior in Fragile X Syndrome, in: Psychoneuroimmunlogy, Heft 7, 27. Jg., 2002, S. 855.

Hessl, David u. a.: The Influence of Environmental and Genetic Factors on Behavior Problems and Autistic Symptoms in Boys and Girls with Fragile X Syndrome, in: Pediatrics, Heft 5, 108. Jg., 2001, S. E88.

Hiebel, Heinz H.: Kleine Medienchronik, München, Beck, 1997.

Hillenbrand, Clemens: Integration bei Verhaltensstörungen in Bayern – Organisation und Konzeption der Mobilen Erziehungshilfe, in: Erziehungshilfe bei Verhaltensstörungen. Pädagogisch-therapeutische Hilfen bei Verhaltensstörungen, hrsg. v. Sandra Rolus-Borgward und Ulrich Tänzer, Oldenburg, 1999, S. 223-231.

Hillenbrand, Clemens: Paradigmenwechsel in der Sonderpädagogik? Eine wissenschaftstheoretische Kritik, in: Zeitschrift für Heilpädagogik, Heft 5, 50. Jg., 1999, S. 240-246.

Hillenbrand, Clemens: Verhaltensstörung, Verhaltensgestörte, Verhaltensgestörtenpädagogik, in: Handlexikon der Behindertenpädagogik, hrsg. v. Georg Antor und Ulrich Bleidick, Stuttgart, Kohlhammer, 2001, S. 144-148.

Hillenbrand, Clemens: Einführung in die Verhaltensgestörtenpädagogik, 2. Auflage, München/Basel, Reinhardt, 2002.

Hinz, Andreas: Von der Integration zur Inklusion – terminologisches Spiel oder konzeptionelle Weiterentwicklung? In: Zeitschrift für Heilpädagogik, Nr. 9, 2002, S. 354-361

Hinze, Dieter: Väter und Mütter behinderter Kinder, Heidelberg, Edition Schindele, 1992.

Hobbes, Thomas: Leviathan, Stuttgart, Reclam, 1970.

Hobsbawn, Eric J.: Das Zeitalter der Extreme. Weltgeschichte des 20. Jahrhunderts, dtv, München, 1998.

Hochschulrektorenkonferenz (Hrsg.): Bologna-Reader. Texte und Hilfestellungen zur Umsetzung der Ziele des Bologna-Prozesses an deutschen Hochschulen, 2. Auflage, Bonn, 2004.

Höffe, Otfried: Lexikon der Ethik, 4. Auflage, München, Beck, 1992.

Hoffman, Donald D.: Visuelle Intelligenz. Stuttgart, Klett-Cotta, 2000.

Hoffmann, Bernward: Medienpädagogik, Paderborn, Schöningh, 2003.

Hoffmann, Claudia/Theunissen, Georg: Helfen, in: Wörterbuch Heilpädagogik, hrsg. v. Konrad Bundschuh, Ulrich Heimlich und Rudi Krawitz, Bad Heilbrunn, Klinkhardt, 2002, S. 131-133.

Hoffmann, Claudia: Enthospitalisierung oder Umhospitalisierung? Am Beispiel der Neuen Länder, in: Enthospitalisierung – ein Etikettenschwindel? Hrsg. v. Georg Theunissen, Bad Heilbrunn, Klinkhardt, 1998, S. 109-153.

Hoffmann, Claudia: Enthospitalisierung und Deinstitutionalisierung – Einführung in die Leitterminologie, in: Wohnen und Leben nach der Enthospitalisierung, hrsg. v. Georg Theunissen, und Albert Lingg, Bad Heilbrunn, Klinkhardt, 1999, S. 16-27.

Hoffmann, Lotte: Vom schöpferischen Primitivganzen zur Gestalt, München, Beck, 1944.

Hofmann, Wilhelm: Besondere Fragen der Hilfsschule, in: Handbuch für Lehrer, Band 2, hrsg. von Alfred Blumenthal/Johannes Guthmann, Walter Horney, Franz Seilnacht und Karl Stöcker, 1. Auflage, Gütersloh, Bertelsmann, 1961, S. 673-688.

Höhne, Gisela: Theater trotz Therapie, in: Kunst, ästhetische Praxis und geistige Behinderung, hrsg. v. Georg Theunissen, Bad Heilbrunn, Klinkhardt, 1997, S. 234-250.

Holenstein, Elmar: Linguistik, Semiotik, Hermeneutik, Frankfurt a. M., Suhrkamp, 1976.

Hölter, Gerd (Hrsg.): Mototherapie mit Erwachsenen – Sport, Spiel und Bewegung in Psychiatrie, Psychosomatik und Suchtbehandlung, Schondorf, Verlag Karl Hofmann, 1993.

Holthaus, Hanni: Brief einer Mutter, in: Frühförderung mit den Eltern, hrsg. v. Otto Speck und Andreas Warnke, 2. Auflage, München/Basel, Reinhardt, 1989.

Honneth, Alex: Kampf um Anerkennung. Zur moralischen Grammatik sozialer Konflikte, Frankfurt a. M., Suhrkamp, 1994.

Hörisch, Jochen: Der Sinn und die Sinne: eine Geschichte der Medien, Frankfurt a. M., Eichborn, 2001.

Hörisch, Jochen: Theorie-Apotheke, Frankfurt a. M., Eichborn, 2004.

Hörmann, Georg / Nestmann, Frank (Hrsg): Handbuch der psychosozialen Intervention, Opladen, Westdt. Verlag, 1988.

Hörmann, Georg: Psychosoziale Aspekte medizinischer Intervention, in: Handbuch der psychosozialen Intervention, hrsg. v. Georg Hörmann und Frank Nestmann, Opladen, Westdt. Verlag, 1988.

Hornstein, Wolfgang/Lüders, Christian: Professionalisierungstheorie und pädagogische Theorie. Verberuflichung erzieherischer Aufgaben und pädagogische Professionalität, in: Zeitschrift für Pädagogik, 6, 1989, S. 749-769.

Hornung, Claudia/Wacker, Elisabeth/Wetzler, Rainer/Metzler, Heidrun: Wohn- und Betreuungseinrichtungen der Behindertenhilfe. Strukturergebnisse einer bundesweiten Stichprobenerhebung. Untersuchung im Auftrag des BMFSFJ Tübingen, Univ. Forschungsst. Lebenswelten, 1995.

Horster, Detlef: Postchristliche Moral. Eine sozialphilosophische Begründung, Hamburg, Junius, 1999.

Huber, Günter L./Schlottke, Peter F.: Prävention und Intervention, in: Pädagogische Psychologie, hrsg. v. Andreas Krapp und Bernd Wiedenmann, 3. Auflage, Weinheim, 1993, S. 667-702.

Hughes, Bill/Paterson, Kevin: The Social Model of Disability and the Disappearing Body: Towards a Sociology of Impairment, in: Disability & Society, 12. Jg., Nr. 3, 1997, S. 325-340.

Hülshoff, Thomas: Sinneswelten. Die Förderung sensorischer Wahrnehmung im Wohn- und Freizeitbereich von Menschen mit Sinnes- und geistiger Behinderung, Münster, Selbstverlag, 2001.

Hülshoff, Thomas: Wut im Bauch. Was in uns vorgeht, wenn wir vor Ärger kochen, in: Gehirn und Geist/Spektrum der Wissenschaft, Heft 2, 2002, S. 28-32.

Hülshoff, Thomas: Das Gehirn. Funktionen und Funktionseinbußen, Bern/Göttingen, Hans Huber, 2002.

Hülshoff, Thomas: Kindliche Entwicklungsstörungen, in: Lehrbuch der Sozialmedizin für Sozialarbeit, Sozial- und Heilpädagogik, hrsg. v. Wolfgang Schwarzer, Dortmund, Modernes Leben, 2002, S. 85-124.

Hülshoff, Thomas: Neue Erfahrungen. Bildungs- und Freizeitangebote für Menschen mit Behinderung, Freiburg, Lambertus, 2004.

Hülshoff, Thomas: Biologische Grundlagen der Psychiatrie, in: Psychiatrie und Psychotherapie für psycho-soziale und pädagogische Berufe, hrsg. v. Alexander Trost und Wolfgang Schwarzer, Dortmund, Borgmann, 2004.

Hülshoff, Thomas: Medizinische Grundlagen der Heilpädagogik, München, Reinhardt, 2005.

Hülshoff, Thomas: Emotionen. Eine Einführung für beratende, therapeutische, pädagogische und soziale Berufe, 3. Auflage, München/Basel, Reinhardt, 2006.

Hülshoff, Thomas/Pöhler, Stefan (Hrsg.): Der Weg entsteht im Gehen. Praktische Projektarbeit in der Behindertenpädagogik. Freiburg, Lambertus, 2002.

Humboldt, Wilhelm von: Bildung und Sprache, Paderborn, Schöningh, 1985.

Humphrey, Jill C.: Researching Disability Politics. Or Some Problems with the Social Model in Practice, in: Disability & Society, 15. Jg., Nr. 1, 2000, S. 63-85.

Hurrelmann, Klaus/Ulich, Dieter (Hrsg.): Neues Handbuch der Sozialisationsforschung, Weinheim/Basel, Beltz, 1991.

Husserl, Edmund:, Phänomenologie der Lebenswelt. Ausgewählte Texte, Ditzingen, Reclam, (1936) 2002.

Hüther, Gerald: Bedienungsanleitung für ein menschliches Gehirn, Göttingen, Vandenhoeck & Ruprecht, 2001.

Hüther, Gerald: Biologie der Angst. Wie aus Stress Gefühle werden. Göttingen, Vandenhoeck & Ruprecht, 2001.

Hüwe, Birgit/Roebke, Christa/Rosenberger, Manfred: Leben ohne Aussonderung. Eltern kämpfen für Kinder mit Beeinträchtigungen, 1. Auflage, Neuwied, Luchterhand, 2000.

Iben, Gerd (Hrsg.): Das Dialogische in der Heilpädagogik, Mainz, Matthias Grünewald Verlag, 1988.

Iben, Gerd: Armut als Thema der Sonderpädagogik in: Zeitschrift für Heilpädagogik, Heft 11, 1996, S. 450-454.

ICF: Internationale Klassifikation der Funktionsfähigkeit, Behinderung und Gesundheit (ICF) der Weltgesundheitsorganisation (WHO), hrsg. v. Deutschen Institut für medizinische Dokumentation und Information, DIMDI, Februar 2002.

Included in Society: Ergebnisse und Empfehlungen der europäischen Studie für gemeindenahe Wohnangebote für Menschen mit Behinderungen. o. O., 2003, online unter http://ec.europa.eu/employment_social/index/socinc_de.pdf

Institut Frau und Gesellschaft: Frauen in der beruflichen Rehabilitation. Eine empirische Untersuchung zur Partizipation von Frauen an beruflichen Rehabilitationsmaßnahmen, hrsg. v. Bundesministerium für Arbeit, Bonn, 1988.

Irblich, Dieter / Stahl, Burkhard (Hrsg.): Menschen mit geistiger Behinderung. Psychologische Grundlagen, Konzepte und Tätigkeitsfelder. Göttingen, Hogrefe, 2003.

Izard, Carroll E.: Die Emotionen des Menschen, Weinheim/Basel, Beltz, 1999.

Jackman, Mary: The velvet glove. Paternalism and conflict in gender, class and race relations. Berkeley, Univ. of California Press, 1996.

Jacobi, Jolande: Vom Bilderreich der Seele: Wege und Umwege zu sich selbst, Olten, Walter Verlag, 1969.

Jakobs, Hajo: Heilpädagogik zwischen Anthropologie und Ethik, Bern/Stuttgart/Wien, Haupt Verlag, 1997.

Jänicke, Martin (Hrsg): Herrschaft und Krise. Opladen, Westd. Verlag, 1973.

Jänicke, Martin: Krisenbegriff und Krisenforschung, in: Herrschaft und Krise, hrsg. v. Martin Jänicke, Opladen, Westd. Verlag, 1973, S. 10-23.

Jansen, Bernd/Jung, Christian/Schrapper, Christian/Thiesmeier, Monika (Hrsg.): Krisen und Gewalt: Ursachen, Konzepte und Handlungsstrategien in der Jugendhilfe. Münster, Votum-Verlag, 1993.

Jantzen, Wolfgang: Aufbewahrung oder Therapie? In: Zeitschrift für Heilpädagogik, Heft 4, 23. Jg., 1972, S. 267-271.

Jantzen, Wolfgang: Behinderung und Gesellschaft, in: Behindertenpädagogik in Hessen, Heft 1, 12. Jg., 1973, S. 2-5.

Jantzen, Wolfgang: Sozialisation und Behinderung. Studien zu sozialwissenschaftlichen Grundfragen der Behindertenpädagogik, Gießen, Focus Verlag, 1974.

Jantzen, Wolfgang: Materialistische Erkenntnistheorie, Behindertenpädagogik und Didaktik, in: Demokratische Erziehung, Heft 1, 2. Jg., 1976, S. 15-29.

Jantzen, Wolfgang: Zur begrifflichen Fassung von Behinderung aus der Sicht des historischen und dialektischen Materialismus, in: Zeitschrift für Heilpädagogik, Heft 7, 27. Jg., 1976, S. 428-436.

Jantzen, Wolfgang: Grundriss einer allgemeinen Psychopathologie und Psychotherapie, Köln, Pahl-Rugenstein, 1979.

Jantzen, Wolfgang: Schafft die Sonderschule ab! In: Demokratische Erziehung, Heft 2, 7. Jg., 1981, S. 96-103.

Jantzen, Wolfgang: Sozialgeschichte des Behindertenbetreuungswesens, München, DJI Verlag, 1982.

Jantzen, Wolfgang: Materialistische Theorie der Behindertenpädagogik, in: Theorie der Behindertenpädagogik, hrsg. von Ulrich Bleidick, Berlin, Marhold, 1985, S. 322-342.

Jantzen, Wolfgang: Allgemeine Behindertenpädagogik, Bd. 1, Sozialwissenschaftliche und psychologische Grundlagen, Weinheim, Beltz, 1987.

Jantzen, Wolfgang: Allgemeine Behindertenpädagogik, Bd. 2, Neurowissenschaftliche Grundlagen, Diagnostik, Pädagogik und Therapie, Weinheim, Beltz, 1990.

Jantzen, Wolfgang: Mensch, in: Europäische Enzyklopädie zu Philosophie und Wissenschaften, Bd. 3, hrsg. v. Hans J. Sandkühler, Hamburg, Meiner, 1990, S. 336-358.

Jantzen, Wolfgang: Psychologischer Materialismus, Tätigkeitstheorie, Marxistische Anthropologie. Berlin, Argument Verlag, 1991.

Jantzen, Wolfgang: Das Ganze muß verändert werden... Zum Verhältnis von Behinderung, Ethik und Gewalt. Berlin, Edition Marhold, 1993.

Jantzen, Wolfgang: Am Anfang war der Sinn. Zur Naturgeschichte, Psychologie und Philosophie von Tätigkeit, Sinn und Dialog, Marburg, BdWi, 1994.

Jantzen, Wolfgang (Hrsg): Geschlechterverhältnisse in der Behindertenpädagogik. Subjekt/Objekt-Verhältnisse in Wissenschaft und Praxis, Luzern, Schweizerische Zentralstelle für Heilpädagogik, 1997.

Jantzen, Wolfgang: Die Zeit ist aus den Fugen... Behinderung und postmoderne Ethik. Aspekte einer Philosophie der Praxis. Marburg, BdWi, 1998.

Jantzen, Wolfgang: Zur Neubewertung des Down-Syndroms, in: Geistige Behinderung, Heft 3, 1998, S. 224-238.

Jantzen, Wolfgang: Die Zeit ist aus den Fugen, Marburg, BdWi, 1998.

Jantzen, Wolfgang: Behinderung und Feld der Macht. Bemerkungen zur Methodologie einer Soziologie der Behinderung, in: Perspektiven der Sonderpädagogik. Disziplin- und professionsbezogene Standortbestimmungen, hrsg. v. Friedrich Albrecht u. a., Neuwied/Berlin, Luchterhand, 2000, S. 58-73.

Jantzen, Wolfgang: Unterdrückung mit Samthandschuhen. Über paternalistische Gewaltausübung (in) der Behindertenpädagogik, in: Sonderpädagogik provokant, hrsg. v. Armin Müller, Luzern, Ed SZH/SPC, 2001, S. 57-68.

Jantzen, Wolfgang: Vygotskij und das Problem der elementaren Einheit der psychischen Prozesse, in: Jeder Mensch kann lernen – Perspektiven einer kulturhistorischen (Behinderten-)Pädagogik, hrsg. v. Wolfgang Jantzen, Neuwied/Berlin, Luchterhand, 2001, S. 221-243.

Jantzen, Wolfgang: Über die soziale Konstruktion von Verhaltensstörungen. Das Beispiel „Aufmerksamkeitsdefizitsyndrom" (ADS), in: Zeitschrift für Heilpädagogik, 6, 2001, S. 222-231.

Jantzen, Wolfgang: Nelly – oder die freie Entwicklung eines jeden. Zum Problem der „Nichttherapierbarkeit", in: Geistige Behinderung, Heft 4, 40. Jg., 2001, S. 325-338.

Jantzen, Wolfgang: Schwerste Beeinträchtigung und die „Zone der nächsten Entwicklung", in: Es gibt keinen Rest! Hrsg. v. Peter Rödler/Ernst Berger und Wolfgang Jantzen, Neuwied/Berlin, Luchterhand, 2001, S. 102-126.

Jantzen, Wolfgang: Identitätsentwicklung und pädagogische Situation behinderter Kinder und Jugendlicher, in: Gesundheit und Behinderung im Leben von Kindern und Jugendlichen. Materialien zum 11. Kinder und Jugendbericht, Bd. 4, hrsg. v. d. Sachverständigenkommission des 11. Kinder- und Jugendberichts, München, DJI, 2002, S. 317-394.

Jantzen, Wolfgang: A.N. Leont'ev und das Problem der Raumzeit in den psychischen Prozessen, in: Ein Diamant schleift den anderen – Evald Vasil'evic Il'enkov und die Tätigkeitstheorie, hrsg. v. Wolfgang Jantzen und Birger Siebert, Berlin, Lehmanns Media, 2003, S. 400- 462.

Jantzen, Wolfgang: Materialistische Behindertenpädagogik als basale und allgemeine Pädagogik, in: Kritische Erziehungswissenschaft und Bildungsreform. Programmatik – Brüche – Neuansätze. Bd. 1: Theoretische Grundlagen und Widersprüche, hrsg. v. Armin Bernard, Baltmannsweiler, Schneider Verlag Hohenegehren, 2003, S. 104-125.

Jantzen, Wolfgang: „... die da dürstet nach der Gerechtigkeit" – Deinstitutionalisierung in einer Großeinrichtung der Behindertenhilfe. Berlin, Edition Marhold, 2003.

Jantzen, Wolfgang: Die soziale Konstruktion von schwerer Behinderung durch die Schule, in: Alle Kinder alles lehren ..., Grundlagen der Pädagogik für Menschen mit schwerer und mehrfacher Behinderung, hrsg. v. Theo Klauß und Wolfgang Lamers, Heidelberg, Univ.-Verlag Winter, 2003, S. 51-72.

Jantzen, Wolfgang: Überlegungen zur Zukunft der Behindertenhilfe und Psychiatrie, in: Marxistische Blätter, Heft 4, 42 Jg., 2004, S. 60-68.

Jantzen, Wolfgang: Soziologie der Behinderung und soziologische Systemtheorie. Kritische Anmerkungen zur Systemtheorie von Niklas Luhmann und ihrer Rezeption in der Behindertenpädagogik, in: Soziologie im Kontext von Behinderung, hrsg. v. Rudolf Forster, Bad Heilbrunn, Klinkhardt, 2004, S. 49-77.

Jantzen, Wolfgang: Behinderung, Identität und Entwicklung – Humanwissenschaftliche Grundlagen eines Neuverständnisses von Resilienz und Integration, in: Behindertenpädagogik, Heft 3, 43. Jg., 2004, S. 280-298.

Jantzen, Wolfgang: Materialistische Anthropologie und postmoderne Ethik. Methodologische Studien, Bonn, Pahl-Rugenstein-Nachfolger, 2004.

Jantzen, Wolfgang: Maik: vier Perspektiven, in: AGL-Bulletin, Heft 4, 2004, S. 21-23.

Jantzen, Wolfgang: Die Dominante und das Problem der „niederen psychischen Funktionen" im Werk von Vygotskij. Mitteilungen der Luria Gesellschaft 11, 2004, 1/2, S. 62-79.

Jantzen, Wolfgang: „Es kommt darauf an, sich zu verändern ..." – Zur Methodologie und Praxis rehistorisierender Diagnostik und Intervention. Gießen, Psychosozial-Verlag, 2005.

Jantzen, Wolfgang: Die „Zone der nächsten Entwicklung" – neu betrachtet, in: Der kritisch-konstruktive Beitrag der Sonderpädagogik zu den Ergebnissen der PISA-Studi, hrsg. v. Christiane Hofmann und Elisabeth von Stechow, Bad Heilbrunn, Klinkhardt, 2005.

Jantzen, Wolfgang: Genesis und Zerfall von sozialem Sinn, in: Philosophie und Politik. Festschrift für Robert Steigerwald, hrsg. v. Willi Gerns u. a., Essen, Neue Impulse, 2005, S. 163-180.

Jantzen, Wolfgang: Methodologische Aspekte der Behindertenpädagogik als synthetische Humanwissenschaft, in: Sonderpädagogische Professionalität. Beiträge zur Entwicklung der Sonderpädagogik als Disziplin und Profession, hrsg. v. Detlef Horster u. a., Wiesbaden, VS Verlag für Sozialwissenschaften, 2005, S. 69-85.

Jantzen, Wolfgang/Hütter, Eva/Kondering, Agnes: Schulische Integration in der Sekundarstufe I: Sozialer Kredit als Grundlage entwickelnden Unterrichts, in: Sonderpädagogik in der Regelschule, hrsg. v. Stephan Ellinger und Manfred Wittrock, Oberhausen, Athena-Verlag, 2005.

Jantzen, Wolfgang/Lanwer-Koppelin, Willehad (Hrsg.): Diagnostik als Rehistorisierung. Methodologie und Praxis einer verstehenden Diagnostik am Beispiel schwer behinderter Menschen, Berlin, Edition Marhold, 1996.

Jantzen, Wolfgang/Lanwer-Koppelin, Willehad/ Schulz, Kristina (Hrsg.): Qualitätssicherung und Deinstitutionalisierung – Niemand darf wegen seiner Behinderung benachteiligt werden. Berlin, Edition Marhold, 1999.

Jantzen, Wolfgang/Reichmann, Erwin: Behindertenpädagogik – Theorien, in: Handbuch der kritischen und Materialistischen Behindertenpädagogik und ihrer Nebenwissenschaften, hrsg. v. Erwin Reichmann, Solms-Oberbiel, Jarick Oberbiel Verlag, 1984, S. 88-103.

Jeltsch-Schudel, Barbara: Erschwerte Erziehungssituationen: Aspekte der Zusammenarbeit zwischen Eltern und Fachleuten. Jahresbericht 1990 des Instituts für Heilpädagogik Luzern, Stans, 1991.

Jeltsch-Schudel, Barbara: Genetische Beratung von Eltern mit „positivem Befund" nach pränataler Diagnostik. Anregungen aus sonderpädagogischer Sicht, in: Ethik, Genetik, Behinderung – Kritische Beiträge aus der Schweiz, hrsg. v. Christian Mürner, Edition SZH Luzern, 1991, S. 149-170.

Jeltsch-Schudel, Barbara: Zur Situation von Menschen mit Down-Syndrom in der deutschsprachigen Schweiz. In: Vierteljahresschr. für Heilpäd. und ihre Nachbargebiete, 1, 1999, S. 48-65.

Jeltsch-Schudel, Barbara: Zwischen Auszeichnung und Abtreibung. Einige Anmerkungen zur Situation von Menschen mit Down-Syndrom, besonders in der deutschsprachigen Schweiz aus sonderpädagogischer Sicht, in: Die Verbesserung des Menschen. Von der Heilpädagogik zur Humangenetik. Kritische Sichtweisen aus der Schweiz, hrsg. v. Christian Mürner, Luzern, Edition SZH, 2002, S. 91-112.

Jeltsch-Schudel, Barbara: Doppeldiagnose Down-Syndrom und autistische Störungen, in: Leben mit Down-Syndrom, Heft 44, 2003, S. 30-36.

Jeltsch-Schudel, Barbara: Elternschaft von Menschen mit geistiger Behinderung in der deutschsprachigen Schweiz. Vierteljahreschr.für Heilpäd., 3, 2003, S. 266-272.

Jeltsch-Schudel, Barbara: Zusammenarbeit von Eltern und Fachleuten – zur Erkennung vom Down-Syndrom-Plus. In: Eltern behinderter Kinder: Empowerment – Kooperation – Beratung, hrsg. v. Udo Wilken und Barbara Jeltsch-Schudel, Stuttgart, Kohlhammer, 2003, S. 102-116.

Jeltsch-Schudel, Barbara: Die Identität von Menschen mit einer Seh-, Hör- oder Körperbehinderung – Betroffene erwachsene Menschen blicken auf die eigene Biographie unter dem Aspekt der Identitätsentwicklung zurück. Habilitationsschrift zur Erlangung der Venia Legendi der Philosophischen Fakultät der Universität Freiburg/Schweiz, Mai 2004.

Jeltsch-Schudel, Barbara: Down-Syndrom-Plus: Zu den Elternberichten. In: Leben mit Down-Syndrom, Heft 46, 2004, S. 40-42.

Jervis, Giovanni: Kritisches Handbuch der Psychiatrie, Frankfurt a. M., Syndikat, 1978.

Jetter, Karlheinz: Gedanken zu einer Theorie der kognitiven Entwicklung bei körperbehinderten Kindern, in: Theorien der Körperbehindertenpädagogik, hrsg. v. Harry Bergeest und Gerd Hansen, Bad Heilbrunn, Klinkhardt, 1999, S. 165-178.

Joas, Hans: Die Kreativität des Handelns. Frankfurt a. M., Suhrkamp, 1992.

Jochheim, Kurt-Alphons/ Lucke, Ch./Andre, G. (Hrsg.): Alte Menschen mit Behinderungen – behinderte Menschen im Alter. Bericht über die Arbeitstagung der Deutschen Vereinigung für die Rehabilitation Behinderter e.V. 1987 in Düsseldorf, Heidelberg, Selbstverlag, 1988.

Johannes Paulus (Papst Johannes Paul II): Enzyklika Laborem exercens Seiner Heiligkeit Papst Johannes Paul II. an die verehrten Mitbrüder im Bischofsamt, die Priester und Ordensleute, die Söhne und Töchter der Kirche und an alle Menschen guten Willens „Über die menschliche Arbeit" zum neunzigsten Jahrestag der Enzyklika Rerum novarum am 14. September 1981, Bonn, Sekretariat d. Dt. Bischofskonferenz, 1981.

Jödecke, Manfred: Die „offene Entwicklungsperspektive" als kulturhistorischer Ausgangspunkt sonderpädagogischer Aus-, Fort- und Weiterbildung, in: Behindertenpädagogik, Heft 1, 1994, S. 88-93.

Jonas, Monika: Behinderte Kinder – behinderte Mütter? Frankfurt a. M., Fischer, 1990.

Jonas, Monika: Trauer und Autonomie bei Müttern schwerstbehinderter Kinder. Ein feministischer Beitrag, Mainz, Matthias Grünewald, 1988.

Jonas, Doris F./Jonas, David A.: Das erste Wort. Wie die Menschen sprechen lernten, Frankfurt a. M./Berlin/Wien, Ullstein, 1982.

Jouhy, Ernest: Bleiche Herrschaft – dunkle Kulturen, Frankfurt a. M., Suhrkamp, 1985.

Jugendministerkonferenz: Integrative Erziehung in Kindertageseinrichtungen unter Einbeziehung der Problematik der ambulanten Frühförderung, Beschluss vom 6./7. Juni 2002, TOP 13, online abrufbar unter http://www.kindergartenpaedagogik.de/827.html [17.06.05].

Julius, Henri/Schlosser, Ralf W./Goetze, Herbert: Kontrollierte Einzelfallstudien, 1. Auflage, Göttingen, Hogrefe, 2000.

Jung, Carl Gustav: Die transzendente Funktion, in: Geist und Werk, 1916, S. 182-211.

Jussen, Heribert/Claussen, Hartwig (Hrsg.): Chancen für Hörgeschädigte. Hilfen aus internationaler Perspektive, München/Basel, Reinhardt, 1991.

Jüttemann, Gerd (Hrsg): Psychologie als Humanwissenschaft. Ein Handbuch, Göttingen, Vandenhoeck & Ruprecht, 2004.

Kaas, Susanne: Persönliches Budget für behinderte Menschen. Evaluation des Modellprojektes „Selbst bestimmen – Hilfe nach Maß für behinderte Menschen in Rheinland-Pfalz", Baden Baden, Nomos, 2002.

Kaiser, Joseph H.: Crisis Management, in: Planung, hrsg. v. Helmut Coing und Joseph Kaiser, Baden-Baden, 1971, S. 347 ff.

Kallenbach, Kurt: Väter schwerstbehinderter Kinder, Münster, Waxmann, 1997.

Kanner, Leo/Eisenberg, Leon, Early Infantile Autism 1943-1955, in: American Journal of Orthopsychiatry, 26, 1956, S. 55-65.

Kant, Immanuel: Anthropologie in pragmatischer Hinsicht, Werke Bd. 10, Darmstadt, WBG, 1975.

Kant, Immanuel: Kritik der reinen Vernunft, Felix Meiner Verlag, Hamburg, 2003.

Kanter, Gustav O.: Sonderpädagogik auf dem Wege vom Heurismus zur Realwissenschaft, in: Interaktionskompetenz als didaktische Dimension, hrsg. von Gustav O. Kanter und Friedrich Masendorf, Berlin, Marhold, 1979, S. 4-18.

Kanter, Gustav O.: Lernbehinderung und die Personengruppe der Lernbehinderten, in: Pädagogik der Lernbehinderten. Handbuch der Sonderpädagogik, hrsg. von Gustav Kanter und Otto Speck, Bd. IV, Berlin, Marhold, 1980, S. 34-75

Kanter, Gustav O.: In Zusammenhängen denken und handeln. Zu Schlüsselqualifikationen für sonderpädagogisches Arbeiten. In: Heilpädagogische Forschung, Heft 1, 1997, S. 3-10.

Kanter, Gustav O.: Lernbehinderung, Lernbehinderte, Lernbehindertenpädagogik in: Handbuch der Behindertenpädagogik, hrsg. v. Georg Antor und Ulrich Bleidick, 1. Auflage, Stuttgart, Kohlhammer, 2001, S. 119-124.

Kardoff, Ernst von: Soziale Netzwerke und gemeindebezogene Strategien zur gesellschaftlichen Eingliederung von Menschen mit geistiger Behinderung, in: Das Normalisierungsprinzip, vier Jahrzehnte danach. Veränderungsprozesse stationärer Einrichtungen für Menschen mit geistiger Behinderung, hrsg. v. Martin Hahn, u. a., Reutlingen, Diakonie-Verlag, 1999, S. 264-288.

Kardoff, Ernst von: Intervention: Kritik und Perspektiven, in: Handbuch der psychosozialen Intervention, hrsg. v. Georg Hörmann und Frank Nestmann, Opladen, Westdt. Verlag, 1988.

Karmiloff-Smith, Annette: Beyond Modularity. A Developmental Perspective on Cognitive Science, Cambridge/Mass., MIT-Press, 1993.

Kastl, Jörg / Metzler, Heidrun: Modellprojekt Persönliches Budget für Menschen mit Behinderung in Baden-Württemberg. Sachstandsbericht der wissenschaftlichen Begleitforschung zum 31.3.2004, online unter http://sozialministerium.baden-wuerttemberg.de [30.06.2005].

Katzenbach, Dieter: Das Problem des Fremdverstehens. Psychoanalytische Reflexion als Beitrag zur Professionalisierung geistigbehindertenpädagogischen Handelns, in: Soziale Probleme von Menschen mit geistiger Behinderung, hrsg. v. Ernst Wüllenweber, Stuttgart, Kohlhammer, 2004, S. 322-334.

Kaufhold, Trudlinde: Bildnerisches Gestalten, zur Förderung des entwicklungsgestörten und des behinderten Kindes, 1. Auflage, Ravensburg, Otto Maier Verlag, 1979.

Kautter, Hansjürg/Klein, Gerhard/Laupheimer, Werner/Wiegand, Hans/Breuniger, Ina: Das Kind als Akteur seiner Entwicklung – Idee und Praxis der Selbstgestaltung in der Frühförderung, Heidelberg, Ed. Schindele, 1988.

Keck, Anette/Pethes, Nicolas (Hrsg.): Mediale Anatomien. Menschenbilder als Medienprojektionen, Bielefeld, Transcript, 2001.

Kerkhoff, Winfried: Behindert in die Freizeit, in: Freizeitchancen und Freizeitlernen für behinderte Kinder und Jugendliche, hrsg. v. Winfried Kerkhoff, Berlin, Marhold, 1982, S. 1-14.

Kerlen, Dietrich: Einführung in die Medienkunde, Stuttgart, Reclam, 2003.

Kernberg, Otto F.: Borderline Störungen und pathologischer Narzissmus, Frankfurt a. M., Suhrkamp, 1978.

Keupp, Heiner: Riskante Chancen, Heidelberg, Asanger, 1988.

Keupp, Heiner/Ahbe, Thomas/Gmür, Wolfgang: Identitätskonstruktionen. Das Patchwork der Identitäten in der Spätmoderne, Rowohlt, Reinbek b. Hamburg, 1999.

Keys, Christopher B./Dowrick, Peter W. (Hrsg.): People with Disabilities: Empowerment and Community Action, New York, Haworth, 2001.

Kiefl, Walter/Kummer, Ingeborg: Paare in der Krise, Wiesbaden, Bundesinstitut für Bevölkerungsforschung, 1992.

Kiphard, Ernst J.: Psychomotorik in Praxis und Theorie – Ausgewählte Themen der Motopädagogik und Mototherapie, Gütersloh, Flöttmann, 1989.

Kiphard, Ernst J.: Wie weit ist ein Kind entwickelt. Eine Anleitung zur Entwicklungsüberprüfung, 11. Auflage, Dortmund, Modernes Leben, 2002.

Kiphard, Ernst J.: Entstehung der Psychomotorik in Deutschland, in: Psychomotorik, hrsg. v. Köckenberger, Helmut/ Hammer, Richard, 2004, S. 27-43.

Kiphard, Ernst J./Schulling, Friedhelm: Körperkoordinationstest für Kinder (KTK), Weinheim, Beltz, 1974.

Kirkpatrick, Lee A.: Attachment, evolution, and the psychology of religion, New York, Guilford Press, 2005.

Kißgen, Rüdiger/Drechsler Julia/Fleck, Stefan/Lechmann, Claus/Schleiffer, Roland: Autismus, Theory of Mind und figurative Sprache, in: Heilpädagogische Forschung, Heft 2, 2005, S. 81.

Kitwood, Tom: Demenz. Der person-zentrierte Ansatz im Umgang mit verwirrten Menschen. übersetzt v. Michael Herrmann, Bern/Göttingen/Toronto/ Seattle, Hans Huber, 2000.

Klafki, Wolfgang: Neue Studien zur Bildungstheorie und Didaktik. Zeitgemäße Allgemeinbildung und kritisch-konstruktive Didaktik, Weinheim/Basel, Beltz Verlag, 1993.

Klafki, Wolfgang: Neue Studien zur Bildungstheorie und Didaktik. Zeitgemäße Allgemeinbildung und kritisch-konstruktive Didaktik, 4. Auflage, Weinheim/Basel, Beltz, 1994.

Klauer, Karl J.: Das Experiment in der pädagogischen Forschung, 1. Auflage, Düsseldorf, Schwann, 1973.

Klauer, Karl J.: Erkenntnismethoden der Lernbehindertenpädagogik, in: Pädagogik der Lernbehinderten, Handbuch der Sonderpädagogik, Bd. 4, hrsg. v. Gustav O. Kanter/Otto Speck, 1. Auflage, Berlin, Marhold, 1977, S. 76-89.

Klauer, Karl J.: Experimentelle Unterrichtsforschung, in: Unterrichtswissenschaft, 8, 1980, S. 61-72.

Klauer, Karl J.: Erzieherische Einwirkung und Selbstbestimmung. Wie haben wir uns vorzustellen, dass pädagogische Einflüsse wirksam werden? In: Deutsche Pädagogen der Gegenwart, Band 1, hrsg. v. Rainer Winkel, Düsseldorf, Schwann, 1984, S. 163-185.

Klauer, Karl J.: Denktraining für Jugendliche. 1. Auflage, Göttingen, Hogrefe, 1993.

Klee, Ernst: Was sie taten – was sie wurden, Frankfurt, Fischer, 1986.

Kleiber, Anne: Kleine Datensammlung Altenhilfe. Ausgewählte Zahlen und Fakten zu Alter, Altern und Alten, Köln, Kuratorium Deutsche Altershilfe e.V., 2003.

Klein, Gerhard: Kritische Analyse gegenwärtiger Konzeptionen der Sonderschule für Lernbehinderte, in: Sonderpädagogik, Heft 1, 1971, S. 1-13.

Klein, Gerhard: Die Schule für Lernbehinderte im Rahmen des Schulsystems, in: Die Schule für Lernbehinderte, hrsg. von Herwig Baier und Gerhard Klein, 1. Auflage, Berlin, Marhold, 1980, S. 1-24.

Klein, Gerhard: Sozialer Hintergrund und Schullaufbahn in: Zeitschrift für Heilpädagogik, Heft 2, 2001, S. 51-61.

Klein, Joachim/Knab, Eckhard/Fischer, Klaus: Forschungsbericht zur Evaluation Psychomotorischer Effekte, in: motorik, 28. Jg., 2005, Heft 1, S. 64-66.

Klein, Johann W.: Lehrbuch zum Unterrichte der Blinden, um ihnen ihren Zustand zu erleichtern, sie nützlich zu beschäftigen und sie zur bürgerlichen Brauchbarkeit zu bilden. Wien, 1819.

Klein Jäger, Wilma: Fröbel Material, Arbeitshefte zur Heilpädagogischen Übungsbehandlung, Band 4, 1. Auflage, Heidelberg, Edition Schindele, 1987.

Kluge, Friedrich: Etymologisches Wörterbuch der deutschen Sprache. Berlin/New York, De Gruyter, 1999.

Konietzko, Christa: Sing-, Kreis-, Finger- und Bewegungsspiele, Universitätsverlag Winter, Edition Schindele, 1978.

Köckenberger, Helmut/Hammer, Richard (Hrsg.): Psychomotorik. Ansätze und Arbeitsfelder, Dortmund, 2004.

Kleine Schaars, Willem: Anleitung zur Selbständigkeit. Eine Methodik aus den Niederlanden zur Begleitung von Menschen mit geistiger Behinderung in Wohneinrichtungen, in: Geistige Behinderung, Heft 1, 2000, S. 49-55.

Klenner, Wolfgang: Heilpädagogische Ausbildung, AFET-Mitglieder-Rundbrief 4, Hannover, 1983.

Klenner, Wolfgang: Heilpädagogische Übungsbehandlung, in: Methodensuche – Methodensucht in der Heilpädagogik? Eine Standortbestimmung, hrsg. v. BHP Berufsverband der Heilpädagogen e.V., Rendsburg, 1996.

Klingenberger, Hans Hubert: Ganzheitliche Geragogik. Ansatz und Thematik einer Disziplin zwischen Sozialpädagogik und Erwachsenenbildung. Bad Heilbrunn/Obb., Klinkhardt, 1992.

Klingenberger, Hans Hubert: Handbuch Altenpädagogik. Aufgaben und Handlungsfelder der ganzheitlichen Geragogik, Bad Heilbrunn/Obb., Klinkhardt, 1996.

Klostermann, Bernd (Hrsg.): Hand in Hand – Unterricht, Erziehung, Förderung und Therapie mit mehrfachbehindert-sehgeschädigten Kindern, Würzburg, Ed. Bentheim, 1996.

Kluge, Friedrich: Etymologisches Wörterbuch der deutschen Sprache, 20. Auflage, Berlin/New York, De Gruyter, 1989.

Kluge, Friedrich: Etymologisches Wörterbuch der deutschen Sprache, 21. Auflage, Berlin/New York, De Gruyter, 1995.

Kluge, Friedrich, Etymologisches Wörterbuch der deutschen Sprache, 22. Auflage, Berlin/New York, De Gruyter, 1999.

Kluge, Fridrich/Seebold, Elmar: Etymologisches Wörterbuch der deutschen Sprache, 25. Auflage, Berlin/New York, De Gruyter, 2004.

Knop, Jürgen: Lasst mich wie ich bin, Bonn, Reha Verlag, 1988.

Knorr-Cetina, Karin: Die Fabrikation von Erkenntnis, Zur Anthropologie der Naturwissenschaft, Frankfurt a. M., Suhrkamp, 1984.

Kobi, Emil E.: Personorientierte Modelle in der Heilpädagogik, in: Theorie der Behindertenpädagogik. Handbuch der Sonderpädagogik Bd. 1, hrsg. v. Ulrich Bleidick, Berlin, Marhold, 1985.

Kobi, Emil E.: Überlegungen zu einer holistisch-subjektorientierten Beziehungswissenschaft. Dargestellt am Beispiel der Heilpädagogik. In: Fremdverstehen sozialer Randgruppen, hrsg. v. Hans Eberwein, Berlin, Marhold, 1987, S. 57-81.

Kobi, Emil E.: Heilpädagogische Daseinsgestaltung, Luzern, Ed. SZH, 1988.

Kobi, Emil E.: Grundfragen der Heilpädagogik: Eine Einführung in heilpädagogisches Denken, 5. Auflage, Stuttgart/Bern, Haupt, 1993.

Kobi, Emil E.: Art. Person, in: Handlexikon der Behindertenpädagogik, hrsg. v. Georg Antor und Ulrich Bleidick, Stuttgart, Kohlhammer, 2001, S. 210-214.

Kobi, Emil E.: Grundfragen der Heilpädagogik: Eine Einführung in heilpädagogisches Denken, Berlin, BHP, 2003.

Kobi, Emil E.: Pädagogische Vor- und Rücksichten auf fort schreitende Fortschritte einer materialisierten Menschenbildung, in: Bioethik und Behinderung, hrsg. v. Markus Dederich, Bad Heilbrunn, Klinkhardt, 2003.

Kobi, Emil E.: Diagnostik in der heilpädagogischen Arbeit; 5. Auflage, Luzern, Ed. SZH/SPC, 2003.

Kobi, Emil E.: Grundfragen der Heilpädagogik. Eine Einführung in heilpädagogisches Denken, 6. Auflage, Berlin, BHP-Verlag, 2004.

Kobi, Emil E.: Kulturhindernde Existenzen und Leiden als kultureller Stimulus in: Zeichen und Gesten – Heilpädagogik als Kulturthema, hrsg. v. Heinrich Greving/Christian Mürner/Peter Rödler, Gießen, Psychosozial-Verlag, 2004.

Kobi, Emil E.: Sinn, Wert und Zweck als Konstituenten heilerzieherischer Daseinsgestaltung. In: Verhalten als subjektiv-sinnhafte Ausdrucksform, hrsg. v. Sybille Kannewischer, Bad Heilbrunn, Klinkhardt, 2004, S. 29-44.

Koch, Katja/Ellinger, Stephan: Milieu- und Lebensstilkonzepte als Grundlage pädagogischer Interventionen bei Lernbehinderung – Kann die Resilienzforschung einen Beitrag liefern? In: Sonder- und Heilpädagogik in der modernen Leistungsgesellschaft. Krise oder Chance, hrsg. v. Bundschuh, Konrad, Bad Heilbrunn, Klinkhardt, 2002, S. 151-160.

Kohl, Marvin (Hrsg.): Beneficient Euthanasia, New York, Prometheus Books, 1975.

Köhn, Wolfgang: Heilpädagogische Erziehungshilfe und Entwicklungsförderung, 2. Auflage, Heidelberg, Universitätsverlag C. Winter, 2001.

Köhn, Wolfgang: Heilpädagogische Begleitung im Spiel – Ein Übungsbuch zur heilpädagogischen Erziehungshilfe und Entwicklungsförderung (HpE), Heidelberg, Universitätsverlag C. Winter, 2003.

Köhn, Wolfgang: Heilpädagogische Erziehungshilfe und Entwicklungsförderung (HpE) – Ein Handlungskonzept, 3. Auflage, Heidelberg, Universitätsverlag Winter Edition Schindele, 2003.

Köhn, Wolfgang: 20 Jahre Fachbereichstag Heilpädagogik (FBT-HP), Konferenz der Studiengänge Heilpädagogik an Fachhochschulen in Deutschland … eine unvollständige Gesichte …, in: Jahrbuch Heilpädagogik 2005, hrsg. v. Fachbereichstag Heilpädagogik, Berlin, BHP-Verlag, 2005, S. 9-27.

Kollbrunner, Jürg: Das Buch der humanistischen Psychologie: eine ausführliche einführende Darstellung und Kritik des Fühlens, Denkens und Handelns in der humanistischen Psychologie, 3. Auflage, Eschborn bei Frankfurt a. M., Klotz, 1995.

Kombrink, Ursula: Bildnerisches Gestalten als Entwicklungsförderung bei geistig Behinderten, Giessen, 1987.

Kommunale Gemeinschaftsstelle für Verwaltungsvereinfachung (KGSt): Das neue Steuerungsmodell. Begründung, Konturen, Umsetzung, Köln, 1993.

Konferenz für Heilpädagogik und Sozialtherapie: Internationales Verzeichnis der Einrichtungen, 2005 (erhältlich bei der Konferenz für Heilpädagogik und Sozialtherapie, Ruchti-Weg 9, CH-4143 Dornach).

König, Karl: Heilpädagogische Diagnostik, 2./3. Auflage, Arlesheim, Natura-Verlag, 1983/1984.

König, Rene: Soziologie. Fischer Lexikon Bd. 10, Frankfurt a. M., Fischer, 1958.

Königswieser, Roswitha/Exner, Alexander: Systemische Interventionen, Architekturen und Designs für Berater und Veränderungsmanager, Stuttgart, Klett-Cotta, 1998.

Koring, Bernhard: Die Professionalisierungsfrage der Erwachsenenbildung, in: Erziehen als Profession. Zur Logik professionellen Handelns in pädagischen Feldern, hrsg. v. Bernd Dewe/Wilfried Ferchhoff/Frank-Olaf Radtke, Opladen, Leske + Budrich, 1992, S. 171-199.

Kornbeck, Jakob: Sozialpädagogische Inhalte, unterschiedliche Formen. Drei Ansätze zum Standort der Sozialpädagogik in Europa, in: Standpunkt Sozial, 3, 2001, S. 80-88.

Kornmann, Reimer: Menschen mit Lernbehinderungen in: Handbuch der heilpädagogischen Psychologie, hrsg. v. Jörg Fengler und Gerd Jansen, 1. Auflage, Stuttgart, Kohlhammer, 1987, S. 99-130.

Kornmann, Reimer: Zur Überrepräsentation von ausländischen Kindern und Jugendlichen in Schulen für Lernbehinderte in: Zeitschrift für Heilpädagogik, Heft 3, 1999, S. 106-109.

Kösel, Edmund: Die Modellierung von Lernwelten, Elztal, Laub, 1993.

Kowietzko, Christa: Sing-, Kreis-, Finger- und Bewegungsspiele: Material zur Förderung des entwicklungsgestörten und des behinderten Kindes, 1. Auflage Heidelberg, Schindele, 1985.

Kozljanic, Robert J.: Lebensphilosophie. Eine Einführung, Stuttgart, Kohlhammer, 2004.

Krämer, Sybille: Erfüllen Medien eine Konstitutionsleistung? In: Medienphilosophie, hrsg. v. Stean Münker u. a., Frankfurt a. M., Fischer, 2003.

Krappmann, Lothar: Neuere Rollenkonzepte als Erklärungsmöglichkeit für Sozialisationsprozesse. In

Seminar: Kommunikation, Interaktion, Identität, hrsg. v. Manfred Auwärter/ Edit Kirsch und Klaus Schröter, Frankfurt a. M., Suhrkamp, 1976, S. 307-331.

Krappmann, Lothar: Soziologische Dimensionen der Identität, 7. Auflage, Stuttgart, Klett, 1988.

Krause, Christina/Fittkau, Bernd/Fuhr, Reinhard/Thiel, Heinz-Ulrich (Hrsg.): Pädagogische Beratung. Grundlagen und Praxisanwendung, Paderborn/München/Wien, Schöningh, 2003.

Krawitz, Rudi: Pädagogik statt Therapie. Vom Sinn individualpädagogischen Sehens, Denkens und Handelns, Bad Heilbrunn/OBB, Klinkhardt, 1992.

Krawitz, Rudi: Pädagogik statt Therapie. Vom Sinn individualpädagogischen Sehens, Denkens und Handelns, Bad Heilbrunn/OBB, Klinkhardt, 1997.

Kretschmer, Ernst: Medizinische Psychologie, Leipzig, Thieme, 1925.

Kreuzer, Max: Aspekte aus der europäischen Geschichte der Heilpädagogik und der Behindertenhilfe. Ein Beitrag zum Europäischen Jahr von Menschen mit Behinderungen, in: Gemeinsam leben, Heft 2, 2003, S. 56-65.

Krimm-von Fischer, Catherine: Rhythmik und Sprachanbahnung, Arbeitshefte zur heilpädagogischen Übungsbehandlung, Band 2, Heidelberg, Edition Schindele, 1986.

Kris, Ernst: Die ästhetische Illusion: Phänomene der Kunst in der Sicht der Psychoanalyse, Frankfurt a. M., Suhrkamp, 1977.

Kristen, Ursi: Praxis Unterstützte Kommunikation. Eine Einführung, Düsseldorf, 1994.

Kriz, Jürgen: Humanistische Psychologie, in: Das Lexikon der Psychologie auf CD-ROM, Heidelberg, Berlin, Spektrum Akademischer Verlag, 2000.

Kriz, Jürgen: Konzepte der Psychotherapie, Weinheim, Beltz/PVU, 2001 .

Krug, Franz-Karl: Didaktik für den Unterricht mit sehbehinderten Schülern. München, Basel, Reinhardt, 2001.

Kruckenberg, Peter/Fabian, Agnes S./Henning, Jörg: Modellprojekt Integration von Patienten einer psychiatrischen Langzeitklinik in dezentrale gemeindenahe Versorgungseinrichtungen, Baden-Baden, Nomos, 1995.

Kruse, Christiane: Bild- und Medienanthropologie, in: Positionen der Kulturanthropologie, hrsg. v. Aleida Assmann/Ulrich Gaier und Gisela Trommsdorff, Frankfurt a. M., Suhrkamp, 2004.

Krystek, Ulrich: Unternehmungskrisen, Wiesbaden, Gabler, 1987.

Kryzhanovsky, G. N.: Central Nervous System Pathology. New York, Consultants Bureau, 1986.

Kübler-Ross, Elisabeth: Interviews mit Sterbenden, Stuttgart, Kreuz-Verlag, 1971.

Küenzelen, Gottfried: Person. In: Lexikon der Sekten, Sondergruppen und Weltanschauungen, hrsg. v. Hans Gasper, Joachim Müller und Friederike Valentin, Freiburg, Herder, 1994.

Kugel, Robert B./Wolfensberger, Wolf (Hrsg.): Geistig Behinderte. Eingliederung oder Bewahrung? Stuttgart, Thieme, 1974. (Originaltitel: Changing Patterns in Residental Services for the Mentally Retarded, Washington D.C, 1969)

Kuhn, Thomas: Die Struktur wissenschaftlicher Revolutionen, Frankfurt a. M., Suhrkamp, 1967.

Kuhse, Helga/Singer, Peter: Muss dieses Kind am Leben bleiben? Erlangen, Fischer, 1993.

Kuklau, Horst: unveröffentl. Arbeitsbericht, November 1982.

Kulmer, Ursula: Erfolgskonstruktionen – Strategie-Interviews mit körperbehinderten Frauen, Münster, LIT, 2000.

KMK: Empfehlungen zur sonderpädagogischen Förderung. Allgemeine Grundlagen und Förderschwerpunkte, Würzburg, 2000.

KMK: Rahmenprüfungsordnung für die Diplomprüfung im Studiengang Heilpädagogik an Fachhochschulen, hrsg. v. Sekretariat der Ständigen Konferenz der Kultusminister der Länder in der Bundesrepublik Deutschland (KMK), Bonn, 2000. **Beschluss der Kultusministerkonferenz** vom 5./6. Mai 1994. Empfehlungen der Kultusministerkonferenz zur sonderpädagogischen Förderung in den Ländern in der Bundesrepublik Deutschland, in: Zeitschrift für Heilpädagogik, 44, 1994, S. 484-494. Wiederabdruck in: Empfehlungen zur sonderpädagogischen Förderung: Allgemeine Grundlagen und Förderschwerpunkte (KMK) mit Kommentaren, hrsg. von Wolfgang Drave, Franz Rumpler und Peter Wachtel, 1. Auflage, Würzburg, edition bentheim, 2000, S. 25-39.

Ständige Konferenz der Kultusminister der Länder in der Bundesrepublik Deutschland (KMK): Sonderpädagogische Förderung in Schulen 1993 bis 2002. Statistische Veröffentlichungen der Kultusministerkonferenz, Dokumentation Nr. 170, Bonn, 2003.

Ständige Konferenz der Kultusminister der Länder der Bundesrepublik (KMK): Empfehlungen zur sonderpädagogischen Förderung in den Schulen der Bundesrepublik Deutschland. Beschluss der Kultusministerkonferenz vom 6. Mai 1994, Bonn. Online abrufbar unter http://www.kmk.org/doc/beschl/sopae94.pdf

Ständige Konferenz der Kultusminister der Länder der Bundesrepublik (KMK): Empfehlungen zum Förderschwerpunkt Lernen. Beschluss der Kultusministerkonferenz vom 1. Oktober 1999, in Ergänzung zu den Empfehlungen zur sonderpädagogischen Förderung in den Schulen in der Bundesrepublik Deutschland. Online abrufbar unter http://www.kmk.org/doc/beschl/sopale.pdf

Ständige Konferenz von Ausbildungsstätten für Heilpädagogik in der Bundesrepublik Deutschland (Hrsg.): unveröffentl. Handbuch 4/1997, Dortmund/Würzburg/Großburgwedel/Kassel, 1997.

Ständigen Konferenz der Kultusminister der Länder in der Bundesrepublik Deutschland (KMK): Rahmenvereinbarung über Fachschulen (Beschluss der Kultusministerkonferenz vom 07.11.2002) Beschlusssammlung der KMK, Beschluss-Nr. 429.

Ständige Konferenz von Ausbildungsstätten für Heilpädagogik in der Bundesrepublik Deutschland (Hrsg.): Dialog, Dortmund/Würzburg/Großburgwedel/Kassel, 2003.

Kultusministerkonferenz: Empfehlungen zum Förderschwerpunkt: „körperliche und motorische Entwicklung", Bonn, 2002.
Laake, van Maria: Erfahrungen mit einem Casemanagement-Projekt. In: Multiprofessionelle Zusammenarbeit in der Geistigbehindertenhilfe. Projekte und Konzepte, hrsg. v. Detlef Petry und Christian Bradl, Bonn, Psychiatrie-Verlag, 1999, S. 205-222.
Labisch, Alfons: Homo Hygienicus. Gesundheit und Medizin in der Neuzeit, Frankfurt a. M., Campus, 1992.
Lachwitz, Klaus: 50 Years of Human Rights, Marburg, Lebenshilfe, 1998.
Lambert, Jean-Luc: Altern und Depression bei Menschen mit einem Down-Syndrom, in: Vierteljahresschr.f. Heilpäd., 2, 2000, S. 145-58.
Lambert, Jean-Luc: Persönliche Mitteilung, Freiburg, 2003.
Lamers, Wolfgang/Klauß, Theo (Hrsg.): ...Alle Kinder alles lehren! – Aber wie? Theoriegeleitete Praxis bei schwer- und mehrfachbehinderten Menschen, Düsseldorf, Verlag Selbstbestimmtes Leben, 2003.
Lang, Hermann: Die Sprache und das Unbewußte: Jacques Lacans Grundlegung der Psychoanalyse. Frankfurt a. M., Suhrkamp, 1973.
Lang, Markus: Haptische Wahrnehmungsförderung mit blinden Kindern. Möglichkeiten der Hinführung zur Brailleschrift, Regensburg, 2003.
Lanwer, Willehad: Assistenz und Unterstützung zwischen Teilhabe und Ausgrenzung – Überlegungen zur Klärung dieser Begriffe aus pädagogischer Sicht und zu deren Relevanz für Menschen, die als behindert bezeichnet werden; in: Behindertenpädagogik, Heft 1, 2005, S. 23-37.
Lanwer-Koppelin, Willehad/Vierheilig, Jutta: Martin Buber. Anachronismus oder neue Chance für die Pädagogik, Butzbach, 1996.
Laszlo, Ervin: Die inneren Grenzen der Menschheit, Rosenheim, Horizonte, 1988.
Latash, Mark L.: Control of Human Movement, Champaign, Illinois, Human Kinetic Publ., 1993.
Laucht, M. u.a.: Risikokinder. Zur Bedeutung biologischer und psychosozialer Risiken für die kindliche Entwicklung in den beiden ersten Lebensjahren, in: Praxis der Kinderpsychologie und Kinderpsychiatrie, 41, 1992, S. 274-285.
Laucken, Miriam/Bruysten, Frauke/Wüllenweber, Ernst: Krisen, Krisenprävention und Krisenintervention im Prozeß der Enthospitalisierung. In: Handbuch Krisenintervention, Bd. 1., Theorie, Praxis Vernetzung, hrsg. v. Ernst Wüllenweber und Georg Theunissen, Stuttgart, Kohlhammer, 2001, S. 295-313.
Lauth, Gerhard W.: Ein Mediatorenprogramm zur Verminderung sozialer Isolierung in der Schule: In: Pädagogik: Theorie und Menschlichkeit, hrsg. v. Wiebke Ammann, Klaus Klattenhoff und Heinz Neukäter, Oldenburg, Bis Verlag, 1986, S. 417-436.
Lauth, Gerhard/Grünke, Matthias/Brunstein, Joachim (Hrsg.): Interventionen bei Lernstörungen, 1. Auflage, Göttingen, Hogrefe, 2004.

Lauth, Gerhard/Schlottke, Peter: Training mit aufmerksamkeitsgestörten Kindern, 1. Auflage, Weinheim, PVU, 1993.
Lazarus, Richard S.: Stress und Stressbewältigung – ein Paradigma; in: Kritische Lebensereignisse, 3. Auflage, hrsg. v. Sigrun-Heide Filipp, Weinheim, Beltz, 1995, S. 198-232.
Legewie, Heiner/Ehlers, Wolfram: Knaurs moderne Psychologie, München, Droemer Knauer, 1992.
Lehmbruch, Gerhard: Dilemmata verbandlicher Einflusslogik im Prozess der deutschen Vereinigung, in: Staat und Verbände, hrsg. v. Wolfgang Steeck, Opladen, Westdeutscher Verlag, 1994.
Lehr, Ursula: Psychologie des Alterns, 8. Auflage, Heidelberg/Wiesbaden, Quelle&Meyer Verlag, 1996.
Leinhofer, Gerhard: Verhalten als Botschaft. Auffälliges Verhalten von Kindern als Problem und Appell, 2. Auflage, Donauwörth, 1992.
Leiris, Michel: Die eigene und die fremde Kultur, Frankfurt a. M., Suhrkamp, 1977.
Lenz, Karl/Rudolph, Martin/Sickendiek, Ursel: Alter und Altern aus sozialgerontologischer Sicht, in: Die alternde Gesellschaft. Problemfelder gesellschaftlichen Umgangs mit Altern und Alter, hrsg. v. Karl Lenz,Martin Rudolph,Ursel Sickendiek, Weinheim/München, Juventa Verlag, 1999, S. 7-96.
Leo, Alexander: Medical Science under Dictatorship, in: The New England Journal of Medicine, 331. Jg., Heft 3, 1994, S. 44.
Leonhardt, Annette/Wember, Franz B.: Grundbegriffe der Sonderpädagogik. Bildung, Erziehung, Behinderung, 1. Auflage, Weinheim, Beltz Verlag, 2003.
Leonhardt, Annette: Einführung in die Hörgeschädigtenpädagogik. München/Basel, Reinhardt, 1999.
Leontjew, Alexej Nikolajewitscb: Sprache, Sprechen, Sprechtätigkeit, Stuttgart, 1971.
Leontjew, Alexej Nikolajewitscb: Tätigkeit, Bewußtsein, Persönlichkeit. Berlin, Volk und Wissen, 1979.
Leppla, Hans Georg: Erfahrungsbericht des Teilnehmers der Weiterbildungsmassnahme Personzentriertes Arbeiten mit Elementen der Prä-Therapie bei Menschen mit geistiger Behinderung und/oder Altersdemenz, Glanbrücken, 2004 (unveröffentlicht).
Leutner-Ramme, Sibylla/Schaack, Ernst: Medien, in: Handlexikon der Behindertenpädagogik, hrsg. v. Georg Antor und Ulrich Bleidick, Stuttgart, Kohlhammer, 2001, S. 182-184.
Leyendecker, Christoph: Motorische Behinderungen. Grundlagen, Zusammenhänge, Fördermöglichkeiten, Stuttgart, Kohlhammer, 2005.
Leyendecker, Christoph/Kallenbach, Karl-Heinz: Studienbrief: Motorische Störungen, Tübingen, DIFF, 1989.
Lichtenberg, Andreas: Bildnerisches Gestalten von schwerst- und mehrfach behinderten Menschen in der Kunsttherapie, in: Zur Orientierung, 1, 1987, S. 24-25.
Lilienthal, Georg: Der „Lebensborn e.V.". Ein Instrument nationalsozialistischer Rasenpolitik, Frankfurt a. M., Fischer, 2003.

Lindemann, Holger/Vossler, Nicole: Die Behinderung liegt im Auge des Betrachters, Konstruktivistisches Denken für die pädagogische Praxis, Luchterhand, Neuwied, 1999

Lindmeier, Christian: Behinderung – Phänomen oder Faktum? Bad Heilbrunn, Klinkhardt, 1993.

Lindmeier, Christian: Heilpädagogische Professionalität, in: Sonderpädagogik, 2000, Heft 3, S. 166-180.

Lingenauber, Sabine: Integration, Normalität und Behinderung. Eine normalismustheoretische Analyse der Werke (1970-2000) von Hans Eberwein und Georg Feuser, Opladen, Leske + Budrich, 2003.

Link, Jürgen: Versuch über den Normalismus. Wie Normalität produziert wird, 2. Auflage, Opladen, Westdeutscher Verlag, 1998.

Linton, Simi: Claiming Disability: Knowledge and Identity. New York, N.Y. University Press, 1998.

Löckenhoff, Uta: Der Beitrag der Sozialpädagog/innen in der Altenbildung, in: Handbuch Altenbildung. Theorien und Konzepte für Gegenwart und Zukunft, hrsg. von Susanne Becker/Veelken, Ludger/Wallraven, Klaus P., Opladen, Leske+Budrich, 2000, S. 61-73.

Loos, Gertrud Katja: Vorwort, in: Musiktherapeutische Umschau, Band 3, Göttingen, 1982.

Lotz, Dieter: Heilpädagogische Übungsbehandlung als Suche nach Sinn, 1. Auflage, Bielefeld, Kleine, 1993.

Lotz, Dieter: Heilpädagogische Übungsbehandlung, in: Methodensuche – Methodensucht in der Heilpädagogik? Eine Standortbestimmung, hrsg. v. BHP Berufsverband der Heilpädagogen e.V., Rendsburg, 1996, S. 66 ff.

Lotz, Dieter: Heilpädagogische Übungsbehandlung als Suche nach Sinn, Bielefeld, Kleine, 1997.

Luder, Reto: Medienkompetenz im sonderpädagogischen Unterricht, in: Schweizerische Zeitschrift für Heilpädagogik, Heft 4, 2004, S. 16-22.

Luhmann, Niklas: Soziale Systeme. Grundriss einer allgemeinen Theorie, 1. Auflage, Frankfurt a. M., Suhrkamp, 1987.

Luhmann, Niklas: Die Realität der Massenmedien, Opladen, Westdeutscher Verlag, 1996.

Luhmann, Niklas: Die Gesellschaft der Gesellschaft, Frankfurt a. M., Suhrkamp, 1997.

Luhmann, Niklas/Schorr, Karl Eberhard: Reflexionsprobleme im Erziehungssystem, 1. Auflage, Stuttgart, Klett-Cotta, 1979.

Lurija, Alexander R.: Reduktionismus in der Psychologie, in: Lernen und Verhalten. Bd. 1: Lerntheorien, hrsg. v. Hans Zeier, in: Kindlers Psychologie des 20. Jahrhunderts, Weinheim, Beltz, 1984, S. 606-614.

Lurija, Alexander R.: Der Mann, dessen Welt in Scherben ging. Reinbek, Rowohlt, 1991.

Lurija, Alexander R./Artëm'eva, E. J.: Zwei Zugänge zur Bewertung der Reliabilität psychologischer Untersuchungen (Reliabilität eines Tatbestands und Syndromanalyse) in: Kulturhistorische Humanwissenschaft, Ausgewählte Schriften, hrsg. v. Wolfgang Jantzen und Alexandr R. Luria, Berlin, Pro Business, 2002, S. 186-196.

Lurija, Alexander R./Lurija, F. Ja.: Die Funktion der Sprache in der geistigen Entwicklung des Kindes, Frankfurt a. M., 1982.

Lutz, Petra/Macho, Thomas/Staupe, Gisela/Zirden, Heike (Hrsg.): Der (im-)perfekte Mensch. Metamorphosen von Normalität und Abweichung, Köln/Weimar, Böhlau, 2003.

Maas, Thodorus: Community Care in der Evangelischen Anstalt Alsterdorf, in: Inklusion von Menschen mit geistiger Behinderung, hrsg. v. Georg Theunissen und Kerstin Schirbort, Kohlhammer, Stuttgart, 2006, S. 141-169.

Maas van der, P.J./Van der Wal, G./Haverkate I./de Graaff, C.L./Kester, J.G./Onwuteaka-Philipsen, B.D./Van der Heide, A./Bosma, J.M./Willems, D.L.: Euthanasia, physician assisted suicide, and othermedical practices involving the end of life in the Netherlands, 1990-1995, in: The New England Journal of Medicine, Heft 22, Jg. 335, 1996, S. 1699-1705.

Mackensen, Lutz: Ursprung der Wörter, Wiesbaden, VMA-Verlag, 2004.

Maisch, Günter/Wisch, Fritz-Helmut: Gebärdenlexikon (Bde. I/II/II/IV). Hamburg, hörgeschädigte Kinder, 1987-1994.

Malaguzzi, Loris: 16 Thesen zum pädagogischen Konzept der Ausstellung, Berlin, 1984.

Mall, Winfried: Entspannungstherapie mit Thomas – erste Schritte auf einem neuen Weg, in: Praxis der Kinderpsychologie und Kinderpsychiatrie, Heft 8, 29. Jg., 1980, S. 298-301.

Mall, Winfried: Fragebogen zur Erfassung von Lücken in der sensomotorischen Wahrnehmungsentwicklung. Manuskript. Mühlheim, vgl. Veröff. Schindele Verlag, 1982.

Mall, Winfried: Sensomotorische Lebensweisen, 2. Auflage, Heidelberg, Universitätsverlag Edition Schindele, 2003.

Margreiter, Reinhard: Medien/Philosophie, in: Medienphilosophie, hrsg. v. Stefan Münker u. a., Frankfurt a. M., Fischer, 2003.

Markowetz, Reinhard/Cloerkes, Günter: Freizeit in Leben behinderter Menschen. Theoretische Grundlagen und sozialintegrative Praxis, Heidelberg, Winter, Programm Ed. Schindele, 2000.

Markowetz, Reinhard: „Integration" und „Freizeit". Behindertensoziologische Überlegungen zu zwei Begriffen der Heilpädagogik, in: Forum Freizeit, 2, 1999, S. 3-14.

Markowetz, Reinhard: Freizeit von Menschen mit Behinderungen. In: Freizeit in Leben behinderter Menschen. Theoretische Grundlagen und sozialintegrative Praxis, hrsg. v. Reinhard Markowetz und Günter Cloerkes, Heidelberg, Winter, 2000, S. 9-38.

Markowetz, Reinhard: Freizeit im Leben behinderter Menschen – Zusammenfassung, Ausblick und Forderungen. In: Freizeit in Leben behinderter Menschen. Theoretische Grundlagen und sozialintegrative Praxis, hrsg. v. Reinhard Markowetz und Günter Cloerkes, Heidelberg, Winter, 2000, S. 363-374.

Markowetz, Reinhard: Konturen einer integrativen Pädagogik und Didaktik der Freizeit. In: Freizeit in Leben behinderter Menschen. Theoretische

Grundlagen und sozialintegrative Praxis, hrsg. v. Reinhard Markowetz und Günter Cloerkes, Heidelberg, Winter, 2000, S. 39-66.

Markowetz, Reinhard: Soziale Integration von Menschen mit Behinderungen, in: Soziologie der Behinderten. Eine Einführung. Unter Mitwirkung von Reinhard Markowetz, 2. Auflage, hrsg. v. Günter Cloerkes, Heidelberg, Winter, 2001, S. 171-232.

Markowetz, Reinhard: Freizeit behinderter Menschen. In: Soziologie der Behinderten. Eine Einführung, 2. Auflage, hrsg. v. Günter Cloerkes, Heidelberg, Winter, 2001, S. 259-334.

Markowetz, Reinhard: Die Werkstätten für Behinderte neu denken und neu machen! In: Behindertenpädagogik 41, 2002, S. 134-161.

Markowetz, Reinhard: Soziale Integration, Identität und Entstigmatisierung. Behindertensoziologische Aspekte und Beiträge zur Theorieentwicklung in der Integrationspädagogik, Heidelberg, 2005.

Marotzki, Winfried/Nohl, Arnd-Michael/Ortlepp, Wolfgang: Einführung in die Erziehungswissenschaft. Wiesbaden, VS Verlag für Sozialwiss., 2005.

Marotzki, Winfried: Allgemeine Erziehungswissenschaft: Wissenslagerung und professionstheoretische Bezüge. In: Bildung und Erziehung 4/2004, S. 403–414.

Marquard, Odo: Apologie des Zufälligen, Stuttgart, Reclam, 1986.

Marquard, Odo: Abschied vom Prinzipiellen, Stuttgart, Reclam, 1991.

Marquard, Odo: Apologie des Zufälligen, Stuttgart, Reclam, 2001.

Martin, Klaus Rainer: Zum Selbstverständnis des Heilpädagogen im Hinblick auf die Uneinheitlichkeiten in Lehre und Praxis, in 25 Jahre heilpädagogische Ausbildung in der Bundesrepublik Deutschland. Neue Schriftenreihe AFET e.V., Hannover, Heft 42, 1988, S. 54-56.

Marx, Karl: Das Kapital. MEW Band 23., Berlin, Dietz, 1970.

Marx, Rita: Sonderpädagogik, in: Pädagogische Grundbegriffe, Band 2, hrsg. von Dieter Lenzen, 1. Auflage, Reinbek, Rowohlt, 1989, S. 1342-1356.

Masendorf, Friedrich: Experimentelle Sonderpädagogik, 1. Auflage, Weinheim, Deutscher Studien Verlag, 1997.

Maskos, Rebecca: Der Versuch zur Enthinderung der Wissenschaft. Ein Überblick über die Disability Studies in den USA aus der Sicht einer Gaststudentin, in: Psychologie & Gesellschaftskritik, 29. Jg., Heft 1, 2005, S. 127-139.

Maturana, Humberto: Was ist Erkennen? 2. Auflage, Scherz/Bern/München/Wien, Piper, 1997.

Maturana, Humberto: Biologie der Realität, Frankfurt a. M., Suhrkamp, 1998.

Maturana, Humberto/Pörksen, Bernhard: Vom Sein zum Tun, Die Ursprünge der Biologie der Erkenntnis, Heidelberg, Carl Auer, 2002.

Maturana, Humberto/Varela, Francesco: Der Baum der Erkenntnis. Die biologischen Wurzeln menschlichen Erkennens, 1. Auflage, Bern/München, Goldmann, 1987.

Mayer, Otto: Hilfsschulen für Schwachbefähigte, in: Encyklopädisches Handbuch der Pädagogik, Band 4, 2. Auflage, hrsg. von Wilhelm Rein, Langensalza, Beyer, 1906, S. 385-395.

Mayntz, Renate: Policy-Netzwerke und die Logik von Verhandlungssystemen, in: Politische Vierteljahresschrift, Sonderheft 24, 1993.

Mead, George H.: Geist, Identität und Gesellschaft, Frankfurt a. M., Suhrkamp, 1991.

Meadow, Dennis: Die Grenzen des Wachstums, Reinbek, Rowohlt, 1973

Meier-Oeser, Stephan: Zeichen, in: Historisches Wörterbuch der Philosophie, in: Morris, Charles W.: Grundlagen der Zeichentheorie, Basel/Frankfurt a. M., 1979, S. 423-424.

Meijer, Cor J. W./Soriano, Victoria/Watkins, Amanda (Hrsg.): Sonderpädagogische Förderung in Europa. Thematische Publikation. Hrsg. v. Europäische Agentur für Entwicklungen in der Sonderpädagogischen Förderung, in Zusammenarbeit mit EURYDICE, das Informationsnetz zum Bildungswesen in Europa, 2003.

Meijer, Cor J. W./Watkins, Amanda (Hrsg.): Special Needs Education: European Perspectives. Proceedings on the International Conference, organized by the European Agency for Development in Special Needs Education, Brussels 25-26 October 2001, eReport European Agency, 2001.

Meixner, Johanna/Müller, Klaus (Hrsg.): Konstruktivistische Schulpraxis, Beispiele für den Unterricht, Neuwied, Luchterhand, 2001.

Menge, Hermann (Hrsg.): Langenscheidts Taschenwörterbuch Latein, 5. Auflage, Berlin, Langenscheidt, 2003.

Mennemann, Hugo: Sozialpädagogik als theoriestiftende Disziplin für die soziale Altenarbeit – subjekttheoretische Überlegungen, in: Alter und Soziale Arbeit. Theoretische Zusammenhänge, Aufgaben und Arbeitsfelder, Hohengehren, Schneider, 2005, S. 47-63.

Menzen, Karl-Heinz: Der ganzheitliche Ansatz in der Heilpädagogik, in: Auf der Suche nach dem Verbindenden in der Heilpädagogik, hrsg. v. Wolfgang Köhn, Köln, 1991.

Menzen, Karl-Heinz: Eine kleine illustrierte Geschichte der Kunsttherapie, Butzbach-Griedel, Afra, 2000.

Menzen, Karl-Heinz: Grundlagen der Kunsttherapie. 2. Auflage, München, Reinhardt UTB, 2004.

Menzen, Karl-Heinz: Kunsttherapie mit altersverwirrten Menschen, München, Reinhardt, 2004.

Menzen, Karl-Heinz: Kunsttherapie mit wahrnehmungsgestörten und geistig behinderten Menschen. In: Die neuen Kreativitätstherapien, Bd. 1, hrsg. v. Hilarion Petzold und Ilse Orth, Paderborn, Junfermann, 1990, S. 499-514.

Menzen, Karl-Heinz: Vom Umgang mit Bildern. Wie ästhetische Erfahrung pädagogisch und therapeutisch nutzbar wurde, Köln, Richter, 1990.

Merchel, Joachim: Qualität in der Jugendhilfe. Kriterien und Bewertungsmöglichkeiten, 2. Auflage, Münster, Votum, 1999.

Merkens, Hans: Tatsachenforschung, pädagogische, in: Enzyklopädie Erziehungswissenschaft, Band 1, hrsg. v. Dieter Lenzen und Klaus Mollenhauer, 1. Auflage, Stuttgart, Klett-Cotta, 1983, S. 564-568.

Merkens, Luise: Fürsorge und Erziehung bei Körperbehinderten. Eine historische Grundlegung zu Körperbehindertenpädagogik bis zu 1920, Berlin, Marhold, 1981.

Merleau-Ponty, Maurice: Phänomenologie der Wahrnehmung. Berlin, De Gruyter, 1974.

Mersi, Franz: Geschichte der Erziehung Sehbehinderter, in: Handbuch der Sonderpädagogik II. Pädagogik der Blinden und Sehbehinderten, hrsg. v. Waltraud Rath und Dieter Hudelmayer, Berlin, Marhold Verlag, 1985, S. 36-46.

Merten, Roland/Olk, Thomas: Sozialpädagogik als Profession. Historische Entwicklung und künftige Perspektiven. In: Pädagogische Professionalität, hrsg. v. Arno Combe und Werner Helsper, Frankfurt a. M., Suhrkamp, 1996, S. 570-613.

Merz, Friedrich: Die Eliten müssen Vorbild sein, in: Rheinischer Merkur, 13.01.2005.

Metzler, Heidrun: Hilfebedarf und Selbstbestimmung. Eckpunkte des Lebens im Heim für Menschen mit Behinderung, in: Zeitschrift für Heilpädagogik, 1997, S. 406-411.

Meumann, Ernst: Abriss der experimentellen Pädagogik. 1. Auflage, Leipzig, Engelmann, 1914.

Meyers Großes Konversations-Lexikon, 6. Auflage, Erster Band, Leipzig/Wien, 1904.

Microsoft: Encarta Enzyklopädie Professional, Microsoft Corporation, 2004.

Mieskes, Hans: Geragogik – Pädagogik des Alters und des alten Menschen, in: Pädagogische Rundschau, 24, S. 90-101.

Miles-Paul, Otmar/Frehse, Ulrich: Persönliche Assistenz. Ein Schlüssel zum selbstbestimmten Leben Behinderter, in: Gemeinsam Leben, Heft 2, 1994, S. 12-16.

Miller, Nancy B.: Mein Kind ist fast ganz normal, Stuttgart, Trias im Thieme, 1997.

Ministerium für Arbeit, Soziales, Frauen und Gesundheit des Landes Rheinland-Pfalz (MASFG): Bericht an den Landtag, 2004, online abrufbar unter http://www.masfg.rlp.de/Soziales/Dokumente/Bericht_HilfenachMaß.pdf [30.06.2005].

Mittag, Oskar: Sterbende begleiten. Ratgeber und praktische Hilfen, Stuttgart, 1994.

Mitchell, David T. / Snyder, Sharon L. (Hrsg.): The Body and Physical Difference. Discourses of Disability in the Humanities. Ann Arbor, The University of Michigan Press, 1997.

Mitscherlich, Alexander/Mielke, Fred: Medizin ohne Menschlichkeit, Frankfurt a. M., 1960.

Mittelstraß, Jürgen: Erfahrung, in: Enzyklopädie Philosophie und Wissenschaftstheorie, Band 1, 1. Auflage, hrsg. v. Jürgen Mittelstraß, Stuttgart, Metzlersche Verlagsbuchhandlung, 1995, S. 568-571.

Möckel, Andreas: Geschichte der Heilpädagogik. Stuttgart, Klett-Cotta 1988.

Möckel, Andreas: Geschichte der Behindertenpädagogik, in: Handlexikon der Behindertenpädagogik. Schlüsselbegriffe aus Theorie und Praxis, hrsg. v. Georg Antor, Ulrich Bleidick, Stuttgart, Kohlhammer, 2001, S. 68-71.

Möckel, Andreas: Geschichte der besonderen Grund- und Hauptschule, 4. Auflage, Heidelberg, Winter, 2001.

Möckel, Andreas/Adam, Heidemarie/Adam, Gottfried (Hrsg.): Quellen zur Erziehung von Kindern mit geistiger Behinderung, 19. Jahrhundert, Bd. 1, Würzburg, Bentheim, 1997.

Mogel, Hans: Psychologie des Kinderspiels, 2. Auflage, Berlin, Springer, 1994.

Mogel, Hans: Spiel- ein Fundamentales Lebenssystem des Kindes, in: Personzentrierte Psychotherapie mit Kindern und Jugendlichen, Bd.1, 2. Auflage, hrsg. v. Claudia Boeck-Singelmann, Beate Ehlers, Thomas Hensel, Franz Kemper und Christiane Monden-Engelhardt, Göttingen, Hogrefe, 2002, S. 237-257.

Mollenhauer, Klaus: Theorien zum Erziehungsprozess, München, Juventa, 1972.

Möllers, Josef: Psychomotorik, Methoden in Heilerziehungspflege und Heilpädagogik, 2. Auflage, Troisdorf, Bildungsverlag EINS, 2006.

Moor, Paul: Erziehung der Erzieher, in: Lobpreisung der Musik, Nr. 80, Zürich, Oktober 1947, S. 50-62.

Moor, Paul: Umwelt, Mitwelt, Heimat, Hausen a.A., Morgarten, 1947.

Moor, Paul: Heilpädagogische Psychologie, Bd. 1 und 2, Bern, Hans Huber, 1960.

Moor, Paul: Heilpädagogik. Ein pädagogisches Lehrbuch. Bern/Stuttgart, Hans Huber, 1965.

Moor, Paul: Heilpädagogik: ein pädagogisches Lehrbuch, Studienausgabe, Luzern, Ed. SZH, 1994.

Morgenstern, Bernhard: Feste und ihre Gestaltung zur Förderung des entwicklungsgestörten und des behinderten Kindes, 1. Auflage, Ravensburg, Otto Maier, 1979.

Morgenstern, Milan/Löwe Beer, Helena/Morgenstern, Franz: Heilpädagogische Praxis, 1. Auflage, München, Reinhardt, 1973.

Morris, Charles W.: Grundlagen der Zeichentheorie, Basel/Frankfurt a. M., 1979.

Mosen, Günter/Scheibner, Ulrich (Hrsg): aus „Arbeit, Erwerbsarbeit, Werkstattarbeit" der Bundesarbeitsgemeinschaft Werkstätten für behinderte Menschen e.V., Frankfurt a. M., Ausg. 2003, „Die Arbeit – Mythos und Geschichte, S. 13-17.

Moser, Vera: Geschlecht: behindert? Geschlechterdifferenz aus sonderpädagogischer Perspektive, in: Behindertenpädagogik, Jg. 36, Heft 2, 1997, S. 138-149.

Moser, Vera: Konstruktion und Kritik. Sonderpädagogik als Disziplin, Opladen, Leske + Budrich, 2003.

Moser, Vera: Konstruktion und Kritik. Sonderpädagogik als Disziplin, Opladen, Leske + Budrich, 2004.

Moser, Vera: Sonderpädagogik als Profession: Funktionalistische, system- und strukturtheoretische Aspekte. In: Forster, R. (Hrsg.): Soziologie im Kontext von Behinderung. Theoriebildung, Theorieansätze und singuläre Phänomene. Bad Heilbrunn, 2004, S. 302-314.

Mrozynski, Peter: SGB IX Teil 1 – Regelungen für behinderte und von Behinderung bedrohte Menschen –, Kommentar; München, 2002.

Müllensiefen, Dietmar: Intervention, in: Fachlexikon der Sozialen Arbeit, 4. Auflage, hrsg. v. Deutscher Verein für öffentliche und private Fürsorge, Frankfurt a. M., Deutscher Verlag für Öffentliche und Private Fürsorge, 1997, S. 506-507.

Müller, Albert: unveröffent. Protokoll der Mitgliederversammlung der STK in Mainz 20.04.2005.
Müller, Burkhard: Sozialpädagogische Interaktions- und Klientenarbeit, in: Erziehungswissenschaft. Professionalität und Kompetenz, hrsg. v. Hans-Uwe Otto, Opladen, Leske+Budrich, 2002, S. 79-90.
Müller, Hildegard: Das Gutachten und die Stellungnahme, in: System Schule, Systemische Pädagogik in der Schulpraxis, 2004, S. 42-49.
Müller, Markus: Denkansätze in der Heilpädagogik. Eine systematische Darstellung heilpädagogischen Denkens und der Versuch einer Überwindung der ‚unreflektierten Paradigmenkonkurrenz'. Heidelberg, HVA/Ed. Schindele, 1991.
Müller, Siegfried (Hrsg.): Handlungskompetenz in der Sozialarbeit/Sozialpädagogik. 2 Bände. Bielefeld, AJZ-Druck-u.-Verlag, 1984.
Müller-Braunschweig, Hans: Aspekte einer psychoanalytischen Kreativitätstheorie, in: Psyche, 9, 1977, S. 821-843.
Müller-Wiedemann, Hans: Heilpädagogik und Sozialtherapie. Idee und Auftrag, in: Menschenbild und Menschenbildung. Aufsätze und Vorträge zur Heilpädagogik, Menschenkunde und zum sozialen Leben, Stuttgart, Freies Geistesleben, 1994.
Mürner, Christian (Hrsg.): Die Verbesserung des Menschen. Von der Heilpädagogik zur Humangenetik, Luzern, Ed. SZH, 2002.
Mürner, Christian: Normalität und Behinderung, Weinheim, Beltz, 1982.
Mürner, Christian: Pädagogik und Semiotik. Semiotische Probleme in der Pädagogik beim Zusammenziehen von Lernen und Behinderung, unveröffentlichtes Manuskript, Hamburg 1983.
Mürner, Christian: Philosophische Bedrohungen. Kommentare zur Bewertung der Behinderung, Frankfurt a. M., Peter Lang Verlag, 1996.
Mürner, Christian: Medien- und Kulturgeschichte behinderter Menschen, Weinheim, Beltz Verlag, 2003.
Mürner, Christian: Malerische Kompetenz, Herzogenrath, Murken-Altrogge Verlag, 2005.
Mutzeck, Wolfgang: Kooperative Beratung. Grundlagen und Methoden der Beratung und Supervision im Berufsalltag; Weinheim/Basel, Beltz Verlag, 1999.
Myschker, Norbert: Lernbehindertenpädagogik, in: Geschichte der Sonderpädagogik, 1. Auflage, hrsg. v. Svetluse Solarovà, Stuttgart, Kohlhammer, 1983, S. 120-166.
Myschker, Norbert: Verhaltensstörungen bei Kindern und Jugendlichen. Erscheinungsformen Ursachen Hilfreiche Maßnahmen, Stuttgart, 1993.
Myschker, Norbert: Verhaltensstörungen bei Kindern und Jugendlichen. Erscheinungsformen Ursachen Hilfreiche Maßnahmen. 3. Auflage, Stuttgart, 1999.
Myschker, Norbert: Verhaltensstörungen bei Kindern und Jugendlichen. Erscheinungsformen Ursachen Hilfreiche Maßnahmen, 4. Auflage, Stuttgart, 2002.
Myschker, Norbert: Verhaltensstörungen bei Kindern und Jugendlichen. Erscheinungsformen Ursachen Hilfreiche Maßnahmen, 5. Auflage, Stuttgart, 2005.

Nagode, Claudia: Grenzenlose Konstruktionen – konstruierte Grenzen? Behinderung und Geschlecht aus Sicht von Lehrerinnen in der Integrationspädagogik, Münster, LIT, 2002.
Nahrstedt, Wolfgang: Die Entstehung der Freizeit. Dargestellt am Beispiel Hamburg. Ein Beitrag zur Strukturgeschichte und zur strukturgeschichtlichen Grundlegung der Freizeitpädagogik. Göttingen, Vandenhoeck & Ruprecht, 1972.
Nahrstedt, Wolfgang: Freizeitpädagogik in der nachindustriellen Gesellschaft, Band 1, Neuwied/Darmstadt, Luchterhand, 1974.
Nahrstedt, Wolfgang: Freizeitpädagogik in der nachindustriellen Gesellschaft, Band 2, Neuwied/Darmstadt, Luchterhand, 1974.
Nahrstedt, Wolfgang: Über die „Freizeitgesellschaft" zu einer „Freien Gesellschaft"? Grundlagen für eine neue Gesellschaftstheorie – Zur Kritik eines forschungsrelevanten gesellschaftlichen Tabus, in: Freizeit in der Kritik. Alternative Konzepte zur Freizeit- und Kulturpoliti, hrsg. v. Volker Buddrus, Köln, Pahl-Rugenstein, 1980, S. 21-54.
Nahrstedt, Wolfgang u. a.: Freizeit als Thema der Schulen, Bielefeld, Bielefelder Hochschulschriften, 1979.
Neubauer, Aljoscha C.: Jäten im Gehirn, in: Gehirn & Geist 2, 2002, S. 44-46.
Neubert, Dieter / Cloerkes, Günther: Behinderung und Behinderte in verschiedenen Kulturen, Eine vergleichende Analyse ethnologischer Studien, 2. Auflage, Heidelberg, Schindele, 1994.
Neuhäuser, Gerhard, Steinhausen, Hans-Christoph (Hrsg.): Geistige Behinderung. Grundlagen, klinische Syndrome, Behandlung und Rehabilitation, 3. Auflage, Stuttgart, W. Kohlhammer, 2003.
Neuhäuser, Gerhard: Syndrome bei Menschen mit geistiger Behinderung. Ursachen, Erscheinungsformen und Folgen. Marburg, Lebenshilfe, 2004.
Neukäter, Heinz (Hrsg.): Verhaltensstörungen. Vernetzung der sozialen, pädagogischen und medizinischen Dienste, Oldenburg, 1996.
Neukäter, Heinz/Wittrock, Manfred: Verhaltensstörungen, in: Teilhabe durch berufliche Rehabilitation. Handbuch für Beratung, Förderung, Aus- und Weiterbildung, hrsg. v. d. Bundesanstalt für Arbeit, Nürnberg, BW, 2002, S. 254-265.
Neumann, Franz: Demokratischer und autoritärer Staat. Frankfurt a. M., Fischer, 1986.
Neumann, Klaus: Körperbehindertenpädagogik als empirische Wissenschaft, in: Theorien der Körperbehindertenpädagogik, hrsg. v. Harry Bergeest und Gerd Hansen, Bad Heilbrunn, Klinkhardt, 1999, S. 131-151.
Niedecken, Dietmut: Namenlos. Geistig Behinderte verstehen, Neuwied/Berlin, Luchterhand Verlag, 1998. Leitlinien und Empfehlungen zur Behindertenpolitik in Niedersachsen. Bericht der Fachkommission, hrsg. vom **Niedersächsischen Sozialministerium**, Hannover, 1993.
Niemejer, M./Bars, E. Bildgestaltende Diagnostik der Kindlichen Konstitution. Ein Messinstrument, Driebergen, Louis Bolk Instituut, 2004.
Nippert, Irmgard: Was kann aus der bisherigen Entwicklung der Pränataldiagnostik für die Entwick-

lung von Qualitätsstandards für die Einführung neuer Verfahren wie der Präimplantationsdiagnostik gelernt werden? In: Fortpflanzungsmedizin in Deutschland. Referate und wissenschaftliche Vorträge, Podiums- und Plenumsdiskussionen, wissenschaftliches Symposium des Bundesministeriums für Gesundheit in Zusammenarbeit mit dem Robert-Koch-Institut vom 24. bis 26. Mai 2000 in Berlin, hrsg. v. Arndt Dietrich, Baden-Baden, Nomos, 2001, S. 293-321.

Nippert Irmgard: Die Geburt eines behinderten Kindes. Belastung und Bewältigung aus der Sicht betroffener Mütter und ihrer Familien, Stuttgart, Enke, 1988.

Nippert, Irmgard/Horst, Jürgen: Die Anwendungsproblematik der pränatalen Diagnose aus der Sicht von Beratenen und Beratern – unter besonderer Berücksichtigung der derzeitigen und zukünftig möglichen Nutzung der Genomanalyse. Gutachten im Auftrag des Büros für Technikfolgenabschätzung beim Deutschen Bundestag, TAB-Hintergrundpapier Nr. 2, 1994.

Nirje, Bengt: The Normalization Principle and its Human Management Implication, In: Changing Patterns in Residential Services for the Mentally Retarded, hrsg. v. Kugel, Robert/Wolfensberger, Wolf, 1969, S. 179-195.

Nissen, Gerhard/Fritze, Jürgen U./Trott, Götz E.: Psychopharmaka im Kinde- und Jugendalter, Ulm/Stuttgart/Jena/Lübeck, Gustav Fischer, 1998.

Nittel, Dieter: Von der Mission zur Profession? Stand und Perspektiven der Verberuflichung in der Erwachsenenbildung, Bielefeld, Bertelsmann, 2000.

Nittel, Dieter: Professionalität ohne Profession? „Gekonnte Beruflichkeit" in der Erwachsenenbildung im Medium narrativer Interviews mit Zeitzeugen, in: Biographie und Profession, hrsg. v. Margret Kraul, Winfried Marotzki und Cornelia Schweppe, Bad Heilbrunn, Klinkhardt, 2002, S. 253-286.

Nolan, Ann/Regan, Colm: Direct payments schemes for people with disabilities. A new and innovative policy approach tp providing services to disabled people in Ireland, Bray Partnership, Disability Research Steering Committee, 2003.

Nolting, Hans P.: Lernfall Aggression. Wie sie entsteht, wie sie zu verhindern ist, Reinbek, Rowohlt, 1979.

Nüse, Rolf u.a.: Über die Erfindungen des Radikalen Konstruktivismus, Kritische Gegenargumente aus psychologischer Sicht, 2. Auflage, Weinheim, Deutscher Studien Verlag, 1995.

OECD: Early Childhood. Policy Review 2002-2004. Hintergrundbericht Deutschland, Fassung vom 22.11.2004, online abrufbar unter http://www.bmfsfj.de/RedaktionBMFSFJ/Abteilung5/Pdf-Anlagen/oecd-hintergrundbericht,property=pdf.pdf [17.06.2005]

Oelschlägel, Dieter: Ambulante soziale Dienste, in: Handbuch der Sonderpädagogik, Bd. 10, hrsg. v. Heinz Bach, Berlin, Marhold, 1990, S. 223 ff.

Oerter, Rolf: Psychologie des Spiels: ein handlungstheoretischer Ansatz, 1. Auflage München, Quintessenz, 1993.

Oerter, Rolf: Spieltherapie. Ein handlungstheoretischer Ansatz, in: Entwicklung und Risiko. Perspektiven einer Klinischen Entwicklungspsychologie, hrsg. v. Gisela Röper, Cornelia von Hagen und Gil Noam, Stuttgart, Kohlhammer, 2001, S. 118-138.

Oerter, Rolf/Montada, Leo (Hrsg.): Entwicklungspsychologie, 5. Auflage, Weinheim, Beltz PVU, 2002.

Oevermann, Ulrich: Theoretische Skizze einer revidierten Theorie professionalisierten Handelns, in: Pädagogische Professionalität, hrsg. v. Arno Combe und Werner Helsper, Frankfurt a. M., Suhrkamp, 1996, S. 70-182.

Ogden, Charles K./Richards, Ivor A.: Die Bedeutung der Bedeutung, Frankfurt a. M., Suhrkamp, 1974.

Ohlmeier, Gertrud: Frühförderung behinderter Kinder, 3. Auflage, Dortmund, Modernes Leben, 1997.

Oliver, Michael: The Politics of Disablement. A Sociological Approach, New York, St. Martin's Press, 1990.

Ondracek, Petr: Personzentriertes Arbeiten und Kontaktförderung – Ansatz zur Wirksamkeitserfassung. In: Jahrbuch Heilpädagogik 2004. Aktuelle Entwicklungen und Tendenzen in der Heilpädagogik, hrsg. v. Fachbereichstag Heilpädagogik, Berlin, BHP-Verlag, S. 2004, S. 75-124.

Ondracec, Petr/Trost, Alexander: Berufs- und Selbstverständnis von Diplom-HeilpädagogInnen (FH); in: Jahrbuch Heilpädagogik 2004. Aktuelle Entwicklungen und Tendenzen in der Heilpädagogik, Berlin, hrsg. v. Fachbereichstag Heilpädagogik, Bundesgeschäftsstelle des Berufsverband der Heilpädagogen e. V.

Ondracek, Petr/Trost, Alexander: Berufsidentität und Berufsfeld von Diplom-Heilpädagogen. Ein Beitrag zum Selbstverständis der Heilpädagogik, in: Sonderpädagogik, 28, 3, 1998, S.132-139.

Ongaro Basaglia, Franca: Gesundheit. Krankheit. Das Elend der Medizin, Frankfurt a. M., Fischer, 1985.

Onwuteaka-Philipsen, Bregje D./van der Heide, Agnes/ Koper, Dirk/Keij-Deerenberg, Ingeborg/ Rietjens, Judith A. C./ Rurup, Mette L./Vrakking Astrid M./Georges, Jean Jacques/Muller Martien T./Van der Wal, Gerrit/Van der Maas, Paul J.: Euthanasia and other end-of-life decisions in the Netherlands in 1990,1995 and 2001, in: The Lancet, Heft 9381, Jg. 362, 2003, S. 395-399

Opaschowski, Horst W.: Freizeitpädagogik in der Leistungsgesellschaft, Bad Heilbrunn, Klinkhard, 1977.

Opaschowski, Horst W.: Pädagogik und Didaktik der Freizeit, Opladen, Leske + Budrich, 1990.

Opaschowski, Horst W.: Einführung in die Freizeitwissenschaften, Opladen, Leske + Budrich, 1994.

Opaschowski, Horst W.: Freizeit und Pädagogik. In: Pädagogik. Handbuch für Studium und Praxis, hrsg. v. Roth, Leo, Studienausgabe, München, Ehrenwirth Verlag, 1991, S. 933-945.

Opaschowski, Horst W.: Pädagogik der freien Lebenszeit. Opladen, Leske + Budrich, 1996.

Opaschowski, Horst W.: Freizeiterziehung und Freizeitbildung. In: Handlexikon der Behindertenpädagogik. Schlüsselbegriffe aus Theorie und Praxis,

hrsg. v. Georg Antor, und Ulrich Bleidick, Stuttgart, Kohlhammer, 2001, S.186-188.
Opp, Günther/Peterander, Franz (Hrsg.): Focus Heilpädagogik – „Projekt Zukunft", München, Reinhardt, 1996.
Ostermann, Jürgen: Ist „Verhaltensstörung" ein spezifischer Fachbegriff? Subjektive Definitionen von Lehrern, in: Sonderpädagogik, 1, 1997, S. 20-28.
Ostner, Ilona: Frauen, in: Handwörterbuch zur Gesellschaft Deutschlands, hrsg. v. Bernhard Schäfers und Wolfgang Zapf, Opladen, Leske + Budrich, 1998, S. 210-221.
Otto, Hans-Uwe/Rauschenbach, Thomas/Vogel, Peter: Zur Einführung, in: Erziehungswissenschaft: Professionalität und Kompetenz, hrsg. v. Hans-Uwe Otto/ Thomas Rauschenbach, und Peter Vogel, Opladen, Leske + Budrich, 2002, S. 7-10.
Otto, Hans-Uwe/Thiersch, Hans (Hrsg.): Handbuch Sozialarbeit Sozialpädagogik, Neuwied, Luchterhand, 2001.
Oy, Clara Maria von: Montessori-Material, Arbeitshefte zur heilpädagogischen Übungsbehandlung, Band 3, 2. Auflage, Heidelberg, Edition Schindele, 1993.
Oy, Clara Maria von: Erinnerungen an eine geschenkte Zeit, Ergänzende Gedanken zum Lehrbuch der heilpädagogischen Übungsbehandlung, Heidelberg, Edition S, 2002.
Oy, Clara Maria von/Sagi, Alexander: Lehrbuch der heilpädagogischen Übungsbehandlung, Hilfe für das geistig behinderte Kind, 1. Auflage, Ravensburg, Otto Maier Verlag, 1975.
Oy, Clara Maria von/Sagi, Alexander: Lehrbuch der heilpädagogischen Übungsbehandlung, Hilfe für das geistig behinderte Kind, 5. Auflage, Heidelberg, Edition Schindele, 1984.
Oy, Clara Maria von/Sagi, Alexander: Lehrbuch der heilpädagogischen Übungsbehandlung, Hilfe für das behinderte und entwicklungsgestörte Kind, 11. Auflage, Heidelberg, Edition Schindele, 1997.
Padden, Carol/Humphries, Tom: Eine Kultur bringt sich zur Sprache. Hamburg, Signum, 1991.
Palmowski, Winfried: Behinderung ist eine Kategorie des Beobachters, in: Sonderpädagogik, Heft 3, 1997, S. 147-157.
Palmowski, Winfried: Sonderpädagogik als Dialog, in: ZfH, Heft 11, 52. Jg., 2001, S. 450-455.
Palmowski, Winfried: Der Anstoß des Steines, Systemische Beratung im schulischen Kontext, 5. Auflage, Dortmund, Borgmann, 2002.
Palmowski, Winfried: Anders Handeln. Lehrerverhalten in Konfliktsituationen, 4. Auflage, Dortmund, Borgmann, 2003.
Palmowski, Winfried/Heuwinkel, Matthias: Normal bin ich nicht behindert. Wirklichkeitskonstruktionen bei Menschen die behindert werden. Unterschiede, die Welten machen, 2. Auflage, Dortmund, Borgmann, 2002.
Papousek, Mechthild/Schieche, Michael/Wurmser, Harald (Hrsg.): Regulationsstörungen der frühen Kindheit, Bern, Hans Huber, 2004.
Pattison, E. M.: The experience of dying, in: Am. J. Psychotherapie, 21, 1967, S. 32-43.
Pawel, Barbara von: Körperbehindertenpädagogik, Stuttgart/Berlin/Köln, Kohlhammer, 1984.
Payk, Theo R.: Psychiater. Forscher im Labyrinth der Seele, Stuttgart, Kohlhammer, 2000.
Peccei, Aurelio: Die Zukunft in unserer Hand. Gedanken und Reflexionen des Präsidenten des Club of Rome, 4. Auflage, Wien, Molden, 1981, S.78-80
Peirce, Charles S.: Phänomen und Logik der Zeichen, Frankfurt a. M., Suhrkamp, 1983.
Peirce, Charles S.: Über die Klarheit unserer Gedanken, Frankfurt a. M., Suhrkamp, 1985.
Perrez, Meinrad (Hrsg.): Krisen der Kleinfamilie? Bern, Hans Huber, 1979.
Petermann, Franz (Hrsg.): Lehrbuch der Klinischen Kinderpsychologie und –psychotherapie. 5. Auflage, Göttingen/Bern/Toronto/Seattle, Hogrefe, 2002.
Petermann, Franz/Niebank, Kay/Scheithauer, Herbert: Entwicklungswissenschaft. Entwicklungspsychologie – Genetik – Neuropsychologie, Berlin/ Heidelberg/New York, Springer, 2004.
Petermann, Franz/Petermann, Ulrike: Training mit aggressiven Kindern, 5. Auflage, Weinheim, PVU, 1991.
Petermann, Franz/Petermann, Ulrike: Training mit aggressiven Kindern, 6. Auflage, Weinheim, PVU, 1993.
Petersen, Peter/Petersen, Else: Die pädagogische Tatsachenforschung, Paderborn, Schöningh, 1965.
Petry, Detlef/Bradl, Christian (Hrsg.): Multiprofessionelle Zusammenarbeit in der Geistigbehindertenhilfe. Projekte und Konzepte. Bonn, 1999.
Petry, Detlef/Faarts, H.: Erfolgreiche Kooperation von Psychiatrie und Behindertenhilfe. In: Multiprofessionelle Zusammenarbeit in der Geistigbehindertenhilfe. Projekte und Konzepte, hrsg. v. Detlef Petry und Christian Bradl, Bonn, 1999, S. 178- 204.
Petschel-Held, Gerhard/Reusswig, Fritz: Syndrome des Globalen Wandels. Ergebnisse und Strukturen einer transdisziplinären Erfolgsgeschichte, in: Nachhaltigkeit und Transdisziplinarität – Forschungstheoretische Erfahrungen, Modelle und wissenschaftspolitische Erfordernisse, hrsg. v. K.W. Brandt, Berlin, Analytica, 2000, S. 37-58.
Petzold, Hilarion/Orth, Ilse (Hrsg.): Die neuen Kreativitätstherapien. Handbuch der Kunsttherapie, 2 Bde., Paderborn, Junfermann, 1990.
Pfeifer, Wolfgang (Hrsg.): Etymologisches Wörterbuch des Deutschen, Berlin, Akademie Verlag, 1989.
Piaget, Jean: Das Erwachen der Intelligenz beim Kinde. Gesammelte Werke 1, Studienausgabe, Stuttgart, Klett, 1975.
Piaget, Jean: La construction du reel chez l'enfant, Neuchatel, 1937, Deutsch: Der Aufbau der Wirklichkeit beim Kinde, Stuttgart, Klett, 1975.
Piaget, Jean: Nachahmung, Spiel und Traum, Stuttgart, Klett, 1969.
Pieda, B./Schulz, S.: Wohnformen und ihre Wohnumwelten, in: Wohnen Behinderter – Literaturstudie. Schriftenreihe des Bundesministers für Jugend, Familie, Frauen und Gesundheit, hrsg. v. R. Mackensen, B. Pieda und S. Schulz, Stuttgart/Berlin/Köln, Kohlhammer, 1990, S. 19-24.

Pieper, Annemarie: Einführung in die philosophische Ethik, Studienbrief der Fernuniversität Hagen, Hagen, 1980.
Pinel, Ph.: Philosophisch-Medizinische Abhandlungen über Geistesverwirrungen oder Manie. Wien, 1801.
Pirella, Agnostino: Sozialisation der Ausgeschlossenen. Praxis einer neuen Psychiatrie. Reinbek, Rowohlt, 1975.
Pitsch, Hans-Jürgen: Zur Entwicklung von Tätigkeit und Handeln Geistigbehinderter. Oberhausen, Athena, 2002.
Pitsch, Hans-Jürgen: Zur Theorie und Didaktik des Handelns Geistigbehinderter, Oberhausen, Athena, 2002.
Pixa-Kettner, Ursula u. a. (Hrsg): Dann waren sie sauer auf mich, dass ich das Kind haben wollte ... Eine Untersuchung zur Lebenssituation geistigbehinderter Menschen mit Kindern in der BRD, Baden, Nomos, 1996.
Pohl, Annet: Frausein mit Behinderung. Identität und postmoderne Denkfiguren, Butzbach-Griedel, AFRA, 1999.
Pohl, Herbert: Krisen in Organisationen, Mannheim, 1977.
Polivanova, K. N.: Psychological analysis of the crises in mental development, in: Journal of Russian and East European Psychology, Heft 4, 39. Jg., 2001, S. 47-65.
Pöppel, Ernst: Wo bin ich? Orientierung in Zeit und Raum. In: Funkkolleg „Der Mensch. Anthropologie heute". Studienbrief 7,Studieneinheit 20, 5-41.DIFF, Tübingen, 1993.
Popper, Karl R.: Logik der Forschung. Tübingen, Mohr, 1934.
Popper, Karl R.: Logik der Forschung. Tübingen, Mohr, 1935.
Popper, Karl R.: Die Logik der Sozialwissenschaften, in: Der Positivismusstreit in der deutschen Soziologie, hrsg. von Adorno Theodor W. u. a., 1. Auflage, Neuwied, Luchterhand, 1969, S. 113-123.
Popper, Karl R.: Logik der Forschung, 8. Auflage, Tübingen, Mohr, 1984.
Portmann, Adolf: Geist und Werk. Aus der Werkstatt unserer Autoren. Zum 75. Geburtstag von D. Brody., Zürich, Rhein-Verlag, 1958, S. 139-173.
Pörtner, Marlis: Ernstnehmen, zutrauen, verstehen. Personzentrierte Haltung im Umgang mit geistig behinderten und pflegebedürftigen Menschen, Stuttgart, Klett-Cotta, 1996.
Poustka, Fritz/Bölte, Sven/Feineis-Matthews, Sabine/Schmötzer, Gabriele: Autistische Störungen, Göttingen/Bern/Toronto/Seattle, Hogrefe, 2004.
Prahl, Hans-Werner: Soziologie der Freizeit, Paderborn, Schöningh, 2002.
Praschak, Wolfgang: Sensumotorische Kooperation mit Schwerstbehinderten, in: Behinderte in Familie, Schule und Gesellschaft, 2, 1992, S. 13-22.
Prengel, Annedore: Pädagogik der Vielfalt. Verschiedenheit und Gleichberechtigung in Interkultureller, Feministischer und Integrativer Pädagogik, Opladen, Leske + Budrich, 1993.
Prengel, Annedore: Schulversagerinnen. Versuch über diskursive, sozialhistorische und pädagogische Ausgrenzungen des Weiblichen, Gießen, Focus, 1984.
Prenzel, Manfred u. a.: PISA 2003, Der Bildungsstandard der Jugendlichen in Deutschland – Ergebnisse des zweiten internationalen Vergleichs, Münster, Waxmann, 2004.
Priestley, Mark: Worum geht es bei den Disability Studies? Eine britische Sichtweise, in: Kulturwissenschaftliche Perspektiven der Disability Studies, hrsg. v. Anne Waldschmidt, Kassel, Bifos, 2003, S. 23-35.
Prillwitz, Siegmund (Hrsg.): Zeig mir beide Sprachen. Elternbuch Teil II, Vorschulische Erziehung gehörloser Kinder in Laut- und Gebärdensprache. Hamburg, Signum, 1991.
Prillwitz, Siegmund/Wisch, Fritz-Helmut/Wudtke, Hans Hubert: Zeig mir Deine Sprache. Elternbuch Teil I, Früherziehung gehörloser Kinder in Lautsprache und Gebärden. Hamburg, Verlag Hörgeschädigte Kinder, 1991.
Prisching, Manfred: Krisen. Eine soziologische Untersuchung, Wien/Köln/Graz, Böhlau Verlag, 1986.
Pritchard, D.C.: Foundations of Developmental Genetics. London, Taylor & Francis, 1986.
Pschyrembel. Klinisches Wörterbuch, bearb. Von der Wörperbuch-Red. des Verl. unter Leitung von Helmuth Hildebrandt, 258. Auflage, Berlin, de Gruyter, 1998.
Pudzich, Volker/Stahlmann, Martin: Auf dem Bildungsweg begleiten, Kiel, BHP Verlag, 2003.
Pueschel, Siegfried M./Sustrova Maria (Hrsg): Thema Down-Syndrom: Erwachsenwerden, Zirndorf, Edition 21, 2002.
Quack-Klemm, Monika / Kersting-Wilmsmeyer, Andreas / Klemm, Michael, (Hrsg.): Lebenskandidaten, Wir lassen uns nicht begraben, ehe wir tot sind, 3. Auflage, Tübingen, Attempto, 1994.
Quante, Michael (Hrsg): Personale Identität, Paderborn, Schöningh, 1999.
Quine, Willard V.: Unterwegs zur Wahrheit. Paderborn, Schöningh, 1995.
Quint, Josef/Meister Eckehart: Deutsche Predigten und Traktate, Zürich, Diogenes, 1979.
Radtke Peter: Heilpädagogik und Selbstbestimmung – Ergänzung oder Widerspruch? In: Voneinander lernen – Hauptreferate des Schweizer Heilpädagogik-Kongresses 1999, hrsg. v. Alois Bürli, Luzern, Edition SZH, 2000, S. 9-18.
Radtke, Dinah: Unsere Normalität ist anders – Behinderte Frauen und Sexualität, in: Sexualität und Behinderung, Umgang mit einem Tabu, hrsg. v. Hans-Peter Färber, Wolfgang Lipps und Thomas Seyfarth, Tübingen, Attempto, 1998, 2000, 2. Auflage, S. 104-111.
Ramcharan, Paul/Roberts, Gwyneth/Grant, Gordon/Borland, John: Empowerment in Everyday Life. Learning Disability, London, Kingsley, 2002.
Rapp, Norbert / Strubel, Werner (Hrsg.): Behinderte Menschen im Alter, Freiburg/Br., Lambertus, 1992.
Rappaport , J.: Ein Plädoyer für die Widersprüchlichkeit. Ein sozialpolitisches Konzept des ‚empowerment' anstelle präventiver Ansätze, in: Verhaltenstherapie und psychosoziale Praxis 1985, S.

108-120.

Rath, Waltraud: Blindenpädagogik, in: Geschichte der Sonderpädagogik, hrsg. v. Svetluse Solarová, Stuttgart, Kohlhammer, 1983, S. 49-83.

Rath, Waltraud: Geschichte der Erziehung Blinder, in: Handbuch der Sonderpädagogik, Bd. 2, Pädagogik der Blinden und Sehbehinderten, hrsg. v. Waltraud Rath und DieterHudelmayer, Berlin, Marhold Verlag, 1985, S. 21-35.

Rauh, Hellgard: Entwicklungsverläufe bei Kleinkindern mit Down-Syndrom, In: Geistige Behinderung, 3, 1992, S. 206-221.

Rauh, Hellgard: Kleinkinder mit Down-Syndrom: Entwicklungsverläufe und Entwicklungsprobleme. In: Frühförderung und Frühbehandlung, hrsg. v. Christoph Leyendecker und Tordis Horstmann, Heidelberg, Edition Schindele, 1997, S.212- 236.

Rauh, Hellgard: Thesen zur Früherfassung und Frühförderung, in: Institut für Entwicklungsplanung und Strukturforschung Hannover. Konzepte der Früherkennung und Frühförderung behinderter oder von Behinderung bedrohter Kinder. Organisation, Personal, Finanzierung unter Aspekten einer regionalen Versorgung, (Ergebnisse eines Expertenkolloquiums am 5. Juni 1984 in Hannover), Hannover, 1985, S.35-38.

Reich, Kersten: Systemisch-konstruktivistische Pädagogik. Einführung in Grundlagen einer interaktionistisch-konstruktivistischen Pädagogik, 2. Auflage, Luchterhand, Neuwied, 1997.

Reich, Kersten: Die Ordnung der Blicke, 2 Bände, Luchterhand, Neuwied, 1998.

Reich, Kersten: Systemisch-konstruktivistische Pädagogik, Weinheim, Beltz, 2002.

Reil, J. Chr.: Rhapsodien über die Anwendung der psychischen Kurmethode auf Geisteszerrüttungen. Halle, 1803.

Reiser, Helmut: Sonderpädagogik als Serviceleistung? Perspektiven der sonderpädagogischen Berufsrolle. Zur Professionalisierung der Hilfsschul- bzw. Sonderschullehrerinnen, in: Zeitschrift für Heilpädagogik, 2, 1998, S. 46ff.

Reiser, Helmut: Förderschwerpunkt Verhalten, in: Zeitschrift für Heilpädagogik, 4, 1999, S. 144-148.

Remmelink-Report (Commissie Onderzoek Medische Praktijk inzake Euthanasie, Medische beslissingen rond hat levenseinde, Onderzoek en Rapport, 's – Gravenhage. Sdu, 1991.

Remschmidt, Helmut: Psychiatrie der Adoleszenz, Stuttgart/New York, Thieme, 1992.

Remschmidt, Helmut: Adoleszent. Entwicklung und Entwicklungskrisen im Jugendalter. Stuttgart/New York, Thieme, 1992.

Remschmidt, Helmut/Schmidt, Martin H. (Hrsg.): Kinder- und Jugendpsychiatrie in Klinik und Praxis. Band I: Grundprobleme, Pathogenese, Diagnostik, Therapie. Band II: Entwicklungsstörungen, organisch bedingte Störungen, Psychosen, Begutachtung. Band III: Alterstypische, reaktive und neurotische Störungen, Stuttgart/New York, Thieme, 1985/1988.

Remschmidt, Helmut/Schmidt, Martin H.: Kinder- und Jugendpsychiatrie in Klinik und Praxis. Stuttgart/New York, Thieme, 1988.

Remschmidt, Helmut/Schmidt, Martin H. (Hrsg.): Multiaxiales Klassifikationsschema für psychische Störungen des Kindes- und Jugendalters nach ICD-10 der WHO, 3. Auflage, Bern, Hans Huber, 1994.

Remschmidt, Helmut/Walter, Reinhard: Psychische Auffälligkeiten bei Schulkindern, Hogrefe, Göttingen, 1990.

Rest, Franco: Sterbebeistand, Sterbebegleitung, Sterbegeleit. Handbuch für Pflegekräfte, Ärzte, Seelsorger, Hospizhelfer, stationäre und ambulante Begleiter, 4. Auflage, Stuttgart/Berlin/Köln, 1998.

Richter, Hans-Günter: Ästhetische Erziehung und moderne Kunst, Ratingen, Henn, 1975.

Richter, Hans-Günter (Hrsg.): Therapeutischer Kunstunterricht, Düsseldorf, Schwann, 1977.

Richter, Hans-Günter: Zur Didaktik eines pädagogisch-therapeutischen Kunstunterrichts, in: Kunst als Lernhilfe, hrsg. v. Hans-Günter Richter und Günter Waßerme, Frankfurt a. M., Diesterweg, 1982, S. 63-69.

Richter, Hans-Günter: Pädagogische Kunsttherapie, Düsseldorf, Schwann, 1984.

Richter, Hans-Günter: Die Kinderziehung: Entwicklung – Interpretation – Ästhetik, Düsseldorf, Schwann, 1987.

Richter, Hans-Günter: Pädagogische Kunsttherapie, 2. Auflage, Hamburg, 1999.

Richter-Reichenbach, Katrin-Sophie: Identität und ästhetisches Handeln, Weinheim, Deutscher Studien Verlag, 1992.

Ricoeur, Paul: Das Selbst als ein Anderer, München, Fink, 1996.

Ricoeur, Paul: Die lebendige Metapher, 3. Auflage, München, Fink, 2004.

Riedel, Klaus: Schulpädagogik, in: Pädagogische Grundbegriffe, Band 2, hrsg. von Dieter Lenzen, 1. Auflage, Reinbek, Rowohlt, 1989, S. 1342-1356.

Rieß, Olaf/Schöls, Ludger (Hrsg.): Neurogenetik. Molekulargenetische Diagnostik neurologischer und psychiatrischer Erkrankungen, 2. Auflage, Stuttgart, Kohlhammer, 2002.

Riley, Matilda/Riley, John, W. Jr.: Individuelles und gesellschaftliches Potential des Alterns, in: Zukunft des Alterns und gesellschaftliche Entwicklung, hrsg. von Paul B. Baltes und Jürgen Mittelstraß, Berlin/New York, de Gruyter, 1992, S. 58-64.

Ringel, Erwin: Fliehen hilft nicht. Vom richtigen Umgang mit Problemen, Freiburg i.B., Herder, 1993.

Ritter, Joachim: Historisches Wörterbuch der Philosophie, Bd. 2, Basel/Stuttgart, Schwabe, 1972.

Ritter, Joachim/Gründer, Karlfried: Historisches Wörterbuch der Philosophie, Bd. 4, Basel, Schwabe, 1976.

Ritter Joachim/Gründer Karlfried: Historisches Wörterbuch der Philosophie, Bd. 9, Basel, 1995.

Ritter-Gekeler, Mariele: Lebens- und Sterbekrisen. Untersuchungen zur Entwicklung der Bewältigungskonzepte in Psychologie und Sterbeforschung, Weinheim/München, Juventa, 1992.

Roche-Lexikon Medizin, hrsg. von der Hoffmann-LaRoche AG und Urban & Schwarzenberg, 2. Auflage, München, Urban & Schwarzenberg, 1987.

Rock, Kerstin: Sonderpädagogische Professionalität unter der Leitidee der Selbstbestimmung, Bad Heilbrunn, Klinkhardt, 2001.

Rödler, Peter: Geistig behindert. Menschen lebenslang auf Hilfe anderer angewiesen? Berlin/Neuwied, Luchterhand, 2000.

Rödler, Peter: „Die Theorie des Sprachraums als methodische Grundlage der Arbeit mit ‚schwerstbeeinträchtigten' Menschen, in: Es gibt keinen Rest! Hrsg. v. Peter Rödler/Ernst Berger/Wolfgang Jantzen, Neuwied/Berlin, Luchterhand, 2001.

Rödler, Peter: Zur ethischen Potenz einer zeichenorientierten Pädagogik, in: Zeichen und Gesten – Heilpädagogik als Kulturthema, hrsg. v. Heinrich Greving, Christian Mürner und Peter Rödler, Gießen, Psychosozial-Verlag, 2004, S. 13-28.

Rödler, Peter/Berger, Ernst/Jantzen, Wolfgang (Hrsg.): Es gibt keinen Rest! Basale Pädagogik für Menschen mit schwersten Beeinträchtigungen. Für Georg Feuser zum 60. Geburtstag. Beiträge zur Integration, Neuwied/Berlin, Luchterhand, 2001.

Roesler, Alexander: Medienphilosophie und Zeichentheorie, in: Medienphilosophie, hrsg. v. Stefan Münker, Alexander Roesler und Mike Sandbothe, Frankfurt a. M., Fischer, 2003.

Rogers, Carl R.: Die nicht-direktive Beratung, Counseling and Psychotherapie, München, Kindler, 1972.

Rogers, Carl R.: Eine Theorie der Psychotherapie, der Persönlichkeit und der Zwischenmenschlichen Beziehung. Ins Deutsche übertragen von Gerd Höhner und Rolf Brüsecke, 3. Auflage, Köln, Gesellschaft für wissenschaftliche Gesprächspsychotherapie, GwG, 1991.

Rohr, Barbara: Mädchen – Frau – Pädagogin, Köln, Pahl-Rugenstein, 1984.

Rohr, Barbara: Sexismus, in: Handbuch der kritischen und materialistischen Behindertenpädagogik und ihrer Nebenwissenschaften, hrsg. v. Erwin Reichmann, Solms-Oberbiel, Jarick-Oberbiel Verlag, 1984, S. 558-564.

Rohrmann, Eckhardt: Zwanzig Jahre Vorrang ambulanter Hilfen und die Beharrlichkeit muraler Dominanz. – In: Zeitschrift für Heilpädagogik 11, 2004, S. 497-502.

Rolus-Borgward, Sandra: Der Einfluss metakognitiver und motivationaler Faktoren auf die schulische Leistung von Kindern und Jugendlichen mit Lern- und Verhaltensstörungen, in: Lernbeeinträchtigung und Verhaltensstörung. Konvergenzen in Theorie und Praxis, hrsg. v. Ulrich Schröder, Manfred Wittrock, Sandra Rolus-Borgward, und Uwe Tänzer, Stuttgart, Kohlhammer, 2002, S. 96-107.

Rolus-Borgward, Sandra/Tänzer, Uwe (Hrsg.): Erziehungshilfe bei Verhaltensstörungen. Pädagogisch-therapeutische Erklärungs- und Handlungsansätze, Oldenburg, 1999.

Rorty, Richard: Menschenrechte, Rationalität und Gefühl, in: Die Idee der Menschenrechte, hrsg. v. S. Shute und Susan Hurley, Frankfurt a. M., Fischer, 1996, S. 144-170.

Rösner, Hans-Uwe: Jenseits normalisierender Anerkennung, Reflexionen zum Verhältnis von Macht und Behindertsein, Frankfurt a. M., Campus, 2002.

Rösnick, Marita: Heilpädagogische Übungsbehandlung/Heilpädagogisches Spiel, in: Spielort: Heilpädagogische Praxis. Ein Werkstattbuch, hrsg. v. Kornelia Krause, 1. Auflage, Dortmund, verlag modernes lernen, 1998, S. 41-49.

Rössel, F.: Das Helfen in der heilpädagogischen Arbeit. Halle, 1931.

Roth, Heinrich: Pädagogische Psychologie des Lehrens und Lernens, Hannover, Schroedel, 1976.

Roth, Heinrich: Pädagogische Psychologie des Lehrens und Lernens, 14. Auflage, Hannover, Schroedel, 1982.

Roth, Gerhard, Das konstruktive Gehirn, Neurobiologische Grundlagen von Wahrnehmung und Erkenntnis, in: Kognition und Gesellschaft, hrsg. v. Siegfried Schmidt, Frankfurt a. M., Suhrkamp, 1992, S. 277-336.

Roth, Gerhard, Erkenntnis und Realität, in: Der Diskurs des radikalen Konstruktivismus, hrsg. v. Siegfried Schmidt, Frankfurt a. M., Suhrkamp, 1994, S. 229-255.

Roth, Gerhard, Das Gehirn und seine Wirklichkeit, Kognitive Neurobiologie und ihre philosophischen Konsequenzen, , 3. Auflage, Frankfurt a. M., Suhrkamp, 1997.

Roth, Karl-Heinz/Aly, Götz: Das Gesetz über Sterbehilfe bei unheilbar Kranken, in: Erfassung zur Vernichtung. Erfassung zur Vernichtung. Von der Sozialhygiene zum Gesetz über Sterbehilfe, hrsg. v. Karl-Heinz Roth, Berlin, 1984.

Roth, Klaus: Freiheit und Institutionen in der politischen Philosophie Hegels, Rheinfelden/Freiburg/Berlin, 1989.

Rotthaus, Wilhelm: Die Auswirkungen systemischen Denkens auf das Menschenbild des Therapeuten und seine therapeutische Arbeit, in: Praxis der Kinderpsychologie und Kinderpsychiatrie, 38. Jg., 1989, S. 10-16.

Rotthaus, Wilhelm: Wozu Erziehen? Entwurf einer systemischen Erziehung, Heidelberg, Auer, 1998.

Ruhnau-Wüllenweber, Marion/Wüllenweber, Ernst: Krisenintervention und Case Management. In: Handbuch krisenintervention Bd. 2. Praxis und Konzepze zur Krisenintervention, hrsg. v. Ernst Wüllenweber und Georg Theunissen, Stuttgart, Kohlhammer, 2004, S. 29-44.

Saal, Fredi: Behinderung = Selbstgelebte Normalität, Überlegungen eines Betroffenen, in: Miteinander, Heft 1, 1992.

Saal, Fredi: Ist der Behinderte wirklich bedauernswert? Versuch einer Antwort auf ein weitverbreitetes Mißverständnis, in: Therapie, Hilfe – Ersatz – Macht, hrsg. v. Niels Pörksen, Rehburg/Loccum, Psychiatrie-Verlag, 1980, S.125-140.

Sachs-Hombach, Klaus: Das Bild als kommunikatives Medium, Köln, Von Halem, 2003.

Sächsisches Landesamt für Familie und Soziales, Landesjugendamt: Zusammenfassung der Ergebnisse aus den Untersuchungen des Sächsischen Landesjugendamtes zum Einsatz und zur Inanspruchnahme von Fachberatung in Kindertageseinrichtungen, 2001, S. 13/14, online abrufbar unter http://www.kita-bildungsserver.de/includes/do_download.php?id=28 [16.06.2005].

Sack, Rudi, Ich bin unheilbar, in: Vom Betreuer zum Begleiter, Eine Neuorientierung unter dem Paradigma der Selbstbestimmung, hrsg. v. Ulrich Hähner, Ulrich Niehoff, Rudi Sack, Rudi und Helmut Walther, Marburg, Lebenshilfe Verlag, 1997, S. 15-25.

Sacks, Oliver: Der Mann, der seine Frau mit einem Hut verwechselte, Reinbek, Rowohlt, 1987.

Sacks, Oliver: Eine Anthropologin auf dem Mars, Reinbek, Rowohlt, 1995.

Saleebey, Dennis: The Strengths Perspective in Social Work Practise, 2. Auflage, New York, Allyn & Bacon, 1997.

Salisch, Maria von/Ittel, Angela: Geschlechtsunterschiede bei externalisierendem Problemverhalten von Kindern. In: Lügen, Lästern, Leiden lassen. Aggressives Verhalten von Kindern und Jugendlichen, hrsg. v. Angela Ittel und Maria von Salisch, Stuttgart, Kohlhammer, 2005, S. 67-91.

Sander, Klaus: Personenzentrierte Beratung. Ein Arbeitsbuch für Ausbildung und Praxis; Weinheim/Basel, Beltz, 1999.

Sarimski, Klaus: Entwicklungspsychologie genetischer Syndrome, Göttingen, Hogrefe, 1997.

Savater, Fernando: Tu, was du willst. Ethik für die Erwachsenen von morgen, Frankfurt a. M., Campus, 1993.

Savater, Fernando: Darum Erziehung, Frankfurt a. M., Campus, 1998.

Schäfer, Gerd E.: Bildungsprozesse im Kindesalter. Selbstbildung, Erfahrung und Lernen in der frühen Kindheit, Weinheim/München, Juventa, 1995.

Schandry. Rainer: Biologische Psychologie, Weinheim/Basel/Berlin, Beltz, 2003.

Schanze, Helmut (Hrsg.): Handbuch der Mediengeschichte, Stuttgart, 2001.

Scheibner, Ulrich: Zeichen. Sprache. Verständigung und Sprachlosigkeit. Kommunikation im besonderen Sprachraum der Werkstatt für behinderte Menschen, in: Zeichen und Gesten – Heilpädagogik als Kulturthema, hrsg. v. Heinrich Greving, Christian Mürner und Peter Rödler, Gießen, Psychosozial-Verlag, 2004, S. 82-97.

Scheithauer, Herbert (Hrsg.): Entwicklungswissenschaften. Berlin, Springer, 2004.

Scherer, Petra: Entdeckendes Lernen im Mathematikunterricht der Schule für Lernbehinderte, 1. Auflage, Heidelberg, Edition Schindele, 1995.

Scherpner, Martin: Richtlinien für die heilpädagogische Arbeit im Heim und Richtlinien für die Fachschulausbildung, Prüfung und staatliche Anerkennung von Heilpädagogen im Bereich der Jugendhilfe. Sonderdruck der Arbeitsgemeinschaft für Erziehungshilfe (AFET) e.V. – Bundesvereinigung- Hannover, 1975.

Scheuch, Erwin K.: Soziologie der Freizeit, in: Handbuch der empirischen Sozialforschung, hrsg. v. Rene König, Band 11, Stuttgart, Enke, 1969, S. 735-833.

Scheuerl, Hans: Showfreaks & Monster, Köln, Sammlung Felix Adanos, 1974.

Scheuerl, Hans: Theorie des Spiels, Weinheim, Beltz, 1975.

Scheuerl, Hans: Das Spiel. Untersuchungen über sein Wesen, seine pädagogischen Möglichkeiten und Grenzen, Weinheim, Beltz, 1979.

Scheugl, Hans: Showfreaks und Monster, Köln, Sammlung Felix Adanos, 1994.

Schiepek, Günther: Systemtheorie der klinischen Psychologie, Braunschweig, Vieweg, 1991.

Schildberg, Henriette, Ressourcenorientierte und reflexive Beratung – Erfurter Moderationsmodell – Zur theoretischen Grundlegung und Reflexion systemisch-konstruktivistischer und postmoderner Beratungspraxis in (sonder-)pädagogischen Kontexten, Dissertation, Uni Erfurt, EW-Fakultät, 2005.

Schildmann, Ulrike: Lebensbedingungen behinderter Frauen, Gießen, Focus, 1983.

Schildmann, Ulrike: Integrationspädagogik und Normalisierungsprinzip – ein kritischer Vergleich, in: Zeitschrift für Heilpädagogik, H. 3, 48. Jg., 1997, S. 90-96.

Schildmann, Ulrike: 100 Jahre allgemeine Behindertenstatistik. Darstellung und Diskussion unter besonderer Berücksichtigung der Geschlechterdimension, in: Zeitschrift für Heilpädagogik, Jg. 51, Heft 9, 2000, S. 354-360.

Schildmann, Ulrike (Hrsg.): Normalität, Behinderung und Geschlecht. Ansätze und Perspektiven der Forschung, Opladen, Leske + Budrich, 2001.

Schildmann, Ulrike: Leistung als Basis-Normalfeld der (post-)modernen Gesellschaft – kritisch reflektiert aus behindertenpädagogischer und feministischer Sicht, in: Sonder- und Heilpädagogik in der modernen Leistungsgesellschaft. Krise oder Chance?, hrsg. v. Konrad Bundschuh, Bad Heilbrunn/Obb., Klinkhardt, 2002, S. 125-131.

Schildmann, Ulrike: Verhältnisse zwischen Geschlecht und Behinderung im Werk Annedore Prengels, in: Demokratische Perspektiven in der Pädagogik, hrsg. v. Heinzel, Friederike/ Geiling, Ute, Wiesbaden, VS Verlag für Sozialwissenschaften, 2004, S. 73-81.

Schildmann, Ulrike: Normalismusforschung über Behinderung und Geschlecht. Eine empirische Untersuchung der Werke von Barbara Rohr und Annedore Prengel, Opladen, Leske + Budrich, 2004.

Schildmann, Ulrike/Bretländer Bettina (Hrsg.): Frauenforschung in der Behindertenpädagogik. Systematik – Vergleich – Geschichte – Bibliographie. Ein Arbeitsbuch, Münster, LIT Verlag, 2000.

Schiller, Friedrich: Über die Ästhetische Erziehung in einer Reihe von Briefen (1795), in: Schillers sämtliche Werke in 10 Bänden, Bd. 19, Leipzig, Knaur, o. J.

Schiller, Heinrich: Gruppenpädagogik (Social Group Work) als Methode der Sozialarbeit, Wiesbaden-Dotzheim, Haus Schwalbach, 3, 1966, S. 93-98.

Schilling, Jürgen: Anthropologie. Menschenbilder in der Sozialen Arbeit, Neuwied, Luchterhand, 2000.

Schindele, Rudolf: Didaktik des Unterrichts bei Sehgeschädigten. In: Handbuch der Sonderpädagogik, Bd. 2, Pädagogik der Blinden und Sehbehinderten, hrsg. v. Waltraud Rath und Dieter Hudelmayer, Berlin, Marhold Verlag, 1985, S. 91-123.

Schindler, Hans/Wetzels, Peter: Arbeitslosigkeit als Familienkrise, in: Wege zum Menschen, 41, 4, 1989, S. 243-253.

Schlack, Hans G.: Interventionen bei Entwicklungsstörungen. Bewertende Übersicht, in: Monatszeitschrift für Kinderheilkunde, 142, 1994, S. 180-184.

Schlack, Hans G.: Neue Konzepte in der Frühbehandlung und Frühförderung, in: Frühförderung und Frühbehandlung, hrsg v. Christoph Leyendecker und Tordis Horstmann, Heidelberg, 1997, S. 15-22.

Schlack, Hans G.: Paradigmenwechsel in der Frühförderung, In: Frühförderung Interdisziplinär, 8, 1989, S. 13-18.

Schlee, Jörg: Zur Problematik der Terminologie in der Pädagogik bei Verhaltensstörungen, in: Handbuch der Sonderpädagogik, hrsg. v. Herbert Goetze und Heinz Neukäter, 1989, S. 36-49.

Schleiffer, Roland: Bindungstheoretische Aspekte dissozialen Verhaltens, in: Erziehungshilfe bei Verhaltensstörungen. Pädagogisch-Therapeutische Erklärungs- und Handlungsansätze, hrsg. v. Sandra Rolus-Borgward und Uwe Tänzer, Oldenburg, 1999, S. 343-355.

Schlippe, Arist von: Familientherapie im Ueberblick – Basiskonzepte, Formen, Anwendungsmöglichkeiten, Paderborn, Junfermann, 1985.

Schlippe, Arist von/Schweitzer, Jochen, Lehrbuch der systemischen Therapie und Beratung, 7. Auflage, Göttingen, Vandenhoek&Ruprecht, 2000.

Schmeichel, Manfred: Geschichtliche Determinanten und heutige Ansätze, in: Handbuch der Sonderpädagogik, Bd. 8, Pädagogik der Körperbehinderten, hrsg. v. Ursula Haupt und Gerd Jansen, Edition Marhold, Berlin, 1983, S. 4-41.

Schmid, Johannes: Handbuch Verbändewesen, Opladen, 2001.

Schmidt, Martin: Körperbehinderungen bei Kindern aus medizinischer Sicht, in: Handbuch der Sonderpädagogik, Bd. 8, Pädagogik der Körperbehinderten, hrsg. v. Ursula Haupt und Gerd Jansen, Edition Marhold, Berlin, 1983.

Schmidt, Siegfried, Vorwort zur deutschen Ausgabe, in: Radikaler Konstruktivismus, Ideen, Ergebnisse, Probleme, hrsg. v. Ernst von Glasersfeld, Frankfurt a. M., Suhrkamp, 1997, S. 11-15.

Schmidt-Atzert, Lothar: Lehrbuch der Emotionspsychologie. Stuttgart/Berlin/Köln, Kohlhammer, 1996.

Schmidtchen, Stefan: Klientenzentrierte Spieltherapie, Weinheim, Beltz, 1974.

Schmidtchen, Stefan: Allgemeine Psychotherapie für Kinder, Jugendliche und Familien. Ein Lehrbuch, 1. Auflage, Stuttgart, Kohlhammer, 2001.

Schmitt, Carl: Politische Theologie, 4. Auflage, Berlin, Duncker & Humblot, 1985.

Schmitz, Hermann: Leib und Gefühl. Materialien zu einer philosophischen Therapeutik. Paderborn, Junfermann Verlag, 1992.

Schmitz-Scherzer, Reinhard: Freizeit. Frankfurt a. M., Akadem. Verl.-Ges., 1974.

Schmuhl, Hans-Walter, Rassenhygiene, Nationalsozialismus, Euthanasie. Von der Verhütung zur Vernichtung „lebensunwerten Lebens", Göttingen, Vandenhoeck & Ruprecht, 1987.

Schnabel, Ulrich: Kentmasse der Kultur, in: Die Zeit, 10.02.2005, S. 43.

Schnädelbach, Herbert: Erkenntnistheorie zur Einführung, Hamburg, Junius, 2002.

Schneider, Käthe: Alter und Bildung. Eine gerontagogische Studie auf allgemeindidaktischer Grundlage. Bad Heilbrunn/Obb., Klinkhardt, 1993.

Schneider, Regine Krisen als Chancen. Zur Bewältigung scheinbar auswegloser Situationen. Frankfurt a. M., Fischer, 1998.

Schneider, Wolfgang: Verhaltensstörungen gibt es nicht, in: alice – Magazin der Alice-Salomon-Fachhochschule Berlin, Heft 10, 2005, S. 36-42.

Schnurr, Stefan: Partizipation, in: Handbuch der Sozialarbeit/Sozialpädagogik, hrsg. v. Hans-Uwe Otto und Hans Thiersch, Neuwied/Kriftel, Beltz, 2001, S. 1330-1345.

Schnyder, Ulrich/Sauvant, Jean-Daniel (Hrsg): Krisenintervention in der Psychiatrie, 2. Auflage, Bern, Hans Huber, 1996.

Schöler, Jutta: Integrative Schule – integrativer Unterricht. Ratgeber für Eltern und Lehrer. 2. Auflage, Reinbek, Rowohlt, 1999.

Schön, Elke: Frauen mit Behinderung auf dem Arbeitsmarkt, in: Unbeschreiblich weiblich. Frauen unterwegs zu einem selbstbestimmten Leben mit Behinderung, hrsg. v Gerlinde Barwig und Christiane Busch, München, AG SPAK, 1993, S. 41-46.

Schönwiese, Volker: Behinderung und Pädagogik. Eine Einführung aus Sicht behinderter Menschen, Studienbrief der Fernuni Hagen, Hagen, 1997.

Schönwiese, Volker: Die Selbstbestimmt-Leben-Bewegung. Grundsätze und Hinweise zu ihrer Bedeutung für die Unterstützung von Menschen mit schwersten Beeinträchtigungen, in: Es gibt keinen Rest! Basale Pädagogik für Menschen mit schwersten Beeinträchtigungen, hrsg. von Peter Rödler, Ernst Berger und Wolfgang Jantzen, Neuwied, Luchterhand, 2001, S. 128-141.

Schore, Allan: Affect regulation and the origin of the self. The neurobiology of emotional development, Hillsdale, LEA, 1994.

Schore, Allan: The effects of early relational trauma on right brain development, affect regulation, and mental health, in: Infant Mental Health Journal, 22. Jg., 2001, S. 201-269.

Schore, Allan: The effects of secure attachment relationship on right brain development, affect regulation, and mental health, in: Infant Mental Health Journal, 22. Jg., 2001, S. 7-66.

Schottenloher, Gertraud: Kunst- und Gestaltungstherapie, 2.Auflage, München, Kösel, 1989.

Schramek, Renate: Alt und schwerhörig? Hörgeschädigtengeragogik – eine rehabilitativ orientierte Bildungsarbeit, Oberhausen, Athena Verlag, 2002.

Schröder, Siegfried: Historische Skizzen zur Betreuung schwerst- und mehrfachgeschädigter geistigbehinderter Menschen, in: Beiträge zur Pädagogik der Schwerstbehinderten, 1. Auflage, hrsg. von Nikolaus Hartmann, Heidelberg, Schindele, 1983, S. 17-61.

Schröder, Ulrich: Die Sonderschule als Lernort für Kinder und Jugendliche mit besonderem Förderbedarf, in: Grundfragen der Sonderpädagogik, hrsg. von Annette Leonhardt und Franz B. Wember, 1. Auflage, Weinheim, Beltz, 2003, S. 743-769.

Schröder, Ulrich/Wittrock, Manfred/ Rolus-Borgward, Sandra/Tänzer, Uwe: Lernbeeinträchtigung und Verhaltensstörung. Konvergenzen in Theorie und Praxis, Stuttgart, Kohlhammer, 2002.

Schroer, Barbara: Das Spiel als Symbol der kindlichen Entwicklung. Ein heilpädagogisches Handlungskonzept zur Entwicklungsbegleitung und -förderung im Spiel, unveröffentlichte Diplomarbeit, vorgelegt am 14. Juni 2005, KFH NW, Abteilung Münster.

Schuchardt, Erika: Biographische Erfahrung und wissenschaftliche Theorie. Soziale Integration Behinderter, Bd. 1, Bad Heilbrunn, Klinkhardt, 1990.

Schuchardt, Erika: Lernen als Krisenverarbeitung am Beispiel behinderter Menschen und ihrer Begleitpartner, in: Identitätslernen in der Diskussion, hrsg. v. Horst Siebert, Frankfurt a. M., Deutscher Volkshochschul-Verband e.V., 1985, S. 80-83

Schuchardt, Erika: Weiterbildung als Krisenverarbeitung. Soziale Integration Behinderter, 2. Bd., Bad Heilbrunn, Klinkhardt, 1990.

Schulte, Ernst: Organisation der beruflichen Aus- und Fortbildung, in: Chancen für Hörgeschädigte, hrsg. v. Heribert Jussen und Hartwig Claussen, München/Basel, Reinhardt, 1991, S. 172-176.

Schulz, Kristina/Burkhardt, Susanne: Rehistorisierende Qualitätsentwicklung. Eine individuelle kompetenzorientierte Hilfebedarfsplanung ist auch mit Menschen, die als schwer geistig behindert bezeichnet werden, möglich, in: Qualitätssicherung und Deinstitutionalisierung, hrsg. von Wolfgang Jantzen, Berlin, Edition Marhold, 1999, S. 253-261.

Schulz von Thun, Friedemann: Miteinander reden, Bd. 1, Störungen und Klärungen, Reinbek bei Hamburg, Rowohlt, 1981.

Schulz von Thun, Friedemann/Ruppel, Johannes/Stratmann, Roswitha: Miteinander reden. Kommunikationspsychologie für Führungskräfte, 2. Auflage, Reinbek bei Hamburg, Rowohlt, 2001.

Schumann, Wolfgang: Therapie und Erziehung. Zum Verständnis beider Begriffe und zu ihrem Verhältnis zueinander unter schulischen Aspekten, Bad Heilbrunn/OBB, Klinkhardt, 1993.

Schütz, Alfred: Der sinnhafte Aufbau der sozialen Welt. Eine Einleitung in die Verstehende Soziologie, Frankfurt a. M., Suhrkamp, 1974.

Schütz, Alfred/Luckmann, Thomas: Strukturen der Lebenswelt, Frankfurt a. M., Suhrkamp, 2003.

Schütze, Fritz: Sozialarbeit als „bescheidene" Profession, in: Erziehen als Profession. Zur Logik professionellen Handelns in pädagogischen Feldern, hrsg. v. Bernd Dewe, Wilfried Ferchhoff und Frank-Olaf Radke, Opladen, Leske + Budrich, 1992, S. 132-170.

Schwabe, Mathias: „Tun Sie etwas – sofort!" Systemisch-konstruktivistische Perspektiven auf Krisen und Krisenintervention in der sozialen Arbeit, in: Handbuch der Krisenintervention, hrsg. v. Ernst Wüllenweber und Georg Theunissen, Stuttgart, Kohlhammer, 2001, S. 116- 140.

Schwarte, Norbert/Oberste- Ufer, Ralf: LEWO II. Lebensqualität in Wohnstätten für erwachsene Menschen mit geistiger Behinderung, 2. Auflage, Marburg, Lebenshilfe Verlag, 2001.

Schwarting, Jutta: Musik und Musikinstrumente zur Förderung des entwicklungsgestörten und des behinderten Kindes, 1. Auflage, Ravensburg, Otto Maier, 1979.

Schwarzer, Ralf/Jerusalem, Matthias (Hrsg.): Gesellschaftlicher Umbruch als kritischer Lebensereignis. Psyosoziale Krisenbewältigung von Übersiedlern und Ostdeutschen. Weinheim/ München, Juventa, 1994.

Schweitzer, Albert: Aus meinem Leben und Denken, Leipzig, Meiner, 1931.

Schweitzer, Albert: Kultur und Ethik, in: Gesammelte Werke, hrsg. v. Rudolf Grabs, Bd. 2, München, Beck, 1990, S. 377-390.

Schweppe, Cornelia (Hrsg.): Soziale Altenarbeit. Pädagogische Arbeitsansätze und die Gestaltung von Lebensentwürfen im Alter. Weinheim/München, Juventa, 1996.

Schweppenhäuser, Gerhard/Klampen, Dietrich/Johannes, Rolf: Krise und Kritik. Zur Aktualität der Marxschen Theorie, Lüneburg, zu Klampen, 1989.

Schwingel, Markus: Pierre Bourdieu zur Einführung, Hamburg, Junius, 1995.

Sebeok, Thomas A.: Symptome, systematisch und historisch, in: Zeitschrift für Semiotik, Bd. 6, Heft 1-2, 1984, S. 37-52.

Sebeok, Thomas A.: Theorie und Geschichte der Semiotik, Reinbek bei Hamburg, Rowohlt, 1979.

Seewald, Jürgen: Entwicklung in der Psychomotorik, in: Praxis der Psychomotorik, 18. Jg., Heft 4, 1993, S.188-193.

Seewald, Jürgen: Gesundheit – ein Thema für die Motologie? In: motorik, 26. Jg., Heft 3, 2003, S. 134-142.

Seidler, Dietlind: Integration heißt: Ausschluß vermeiden. Umwandlung einer Sonderkindertagesstätte in eine Integrationseinrichtung, Münster, LIT, 1992.

Seifert, Monika: Zur Situation der Geschwister von geistig behinderten Menschen, in: Geistige Behinderung, 2, 1990, S. 100-109.

Seifert, Monika: Hilfe nach Maß für Menschen mit hohem Assistenzbedarf. Vorläufige Ergebnisse einer Studie zur Lebensqualität von schwer mehrfachbehinderten Erwachsenen in Institutionen, in: Hilfe nach Maß?! Hilfebedarf – Individuelle Hilfeplanung – Assistenz – Persönliches Budget, hrsg. von der DHG, Mainz/Düren, Eigenverlag, 2001.

Seifert Monika: Unser Kind ist behindert – zur Situation einer Familie nach der Geburt eines behinderten Kindes, in: Regards croisés sur la naissance et la petite enfance. Geburt und frühe Kindheit. Interdisziplinäre Aspekte. Beiträge der Vortragsreihe „Geboren im Jahr 2001", hrsg. v. Véronique Dasen, Freiburg/Schweiz, Universitätsverlag, 2002, S. 88-106.

Senat der Freien und Hansestadt Hamburg: Verordnung zur Durchführung eines Modellversuchs zur Pauschalierung von Eingliederungshilfeleistungen und zur Erprobung persönlicher Budgets für behinderte Menschen, in: Hamburgerisches Gesetz- und Verordnungsblatt, Nr. 56, Teil I, Dezember 2002, S. 362-364.

Sershantow, Wassili Filipowitsch: Organismus, Persönlichkeit, Krankheit. Ein Beitrag zu den philosophischen und biologischen Grundlagen der Medizin, Jena, G. Fischer, 1980.

Sevening, Heinz: Materialien zur Kommunikationsförderung von Menschen mit schwersten Formen cerebraler Bewegungsstörungen, Düsseldorf, Verlag Selbstbestimmtes Leben, 1994.

Shakespeare, Tom (Hrsg.): The Disability Reader. Social Science Perspectives, London, Cassell, 1998.

Shorter, Edward: Geschichte der Psychiatrie, Berlin, Alexander Fest, 1999.

Siebert, Horst: Pädagogischer Konstruktivismus, Eine Bilanz der Konstruktivismusdiskussion für die Bildungspraxis, Neuwied, Luchterhand, 1999.

Siebert, Horst: Der Konstruktivismusstreit, Eklektizismus, Realitätsleugnung und Beliebigkeit, in: System Schule. Systemische Pädagogik in der Schulpraxis, 7. Jg., Heft 3, 2003, S. 68-72.

Sievers, Mechthild: Frühkindlicher Autismus, Köln, Böhlau, 1982.

Siminski, Peter: Patterns of Disability and Norms of Participation through the Life Course: Empirical Support for a Social Model of Disability, in: Disability & Society, Heft 6, 18. Jg., 2003, S. 707-718.

Simon, Barbara: The Empowerment Tradition in American Social Work. A History, New York, 1994.

Simon, Fritz: Die Kunst, nicht zu lernen, Heidelberg, Carl Auer, 1997.

Simon, Walter: GABALs großer Methodenkoffer. Grundlagen der Kommunikation, Offenbach, GABAL, 2004.

Singer, Peter: Praktische Ethik, Stuttgart, Reclam, 1984.

Singer, Peter: Praktische Ethik, Stuttgart, Reclam, 1994.

Singer, Wolf: Gehirn und Kognition. Spektrum der Wissenschaft, Heidelberg, 1990.

Six, Bernd: Einstellungen, in: Das Lexikon der Psychologie auf CD-ROM, Heidelberg/Berlin, Spektrum Akademischer Verlag, 2000.

Skiba, Alexander: Fördern im Alter. Integrative Geragogik auf heilpädagogischer Grundlage, Bad Heilbrunn, Klinkhardt, 1996.

Slack, Jonathan M.: From Egg to Embryo. Regional Specifation in Early Development. Cambridge, Cambridge UP, 1991.

Slavich, Antonio: Mythos und Realität des harten Kerns, in: Sozialpsychiatrische Informationen, Heft 1, 13. Jg., 1983, S. 34-38.

Sledziewski, Elisabeth: Fortschritt, in: Europäische Enzyklopädie zu Philosophie und Wissenschaften, Bd. 2, hrsg. v. Hans Jörg Sandkühler, Hamburg, Meiner, 1990, S. 95-104.

Sloterdijk, Peter: Regeln für den Menschenpark, Ein Antwortschreiben zu Heideggers Brief über den Humanismus, Frankfurt a. M., Suhrkamp, 1999.

Sluzalek-Drabent, Ralf: Berufliches Helfen und freiwilliges soziales Bürgerengagement. Hamburg, Dr. Kovac Verlag, 2005.

Sodoge, Armin: Belastung und Professionalisierung von Sonderschullehrern. Fallstudie an einer Schule für Sprachbehinderte, Osnabrück, 2001.

Sohns, Armin: Frühförderung entwicklungsauffälliger Kinder in Deutschland, Weinheim/Basel, Beltz, 2000.

Sohns, Armin: Rahmenbedingungen und Qualitätsstandards der Frühförder- und Beratungsstellen in Mecklenburg-Vorpommern – eine Bestandsaufnahme, Neubrandenburg, 2001.

Solarovà, Svetluse (Hrsg.): Geschichte der Sonderpädagogik, Stuttgart, Kohlhammer, 1983

Sonneck, Gernot (Hrsg.): Krisenintervention und Suizidverhütung. Ein Leitfaden für den Umgang mit Menschen in Krisen, Wien, Facultas, 1985.

Spaemann, Robert: Personen. Versuche über den Unterschied zwischen „etwas" und „jemand". Stuttgart, Klett, 1986.

Spaemann, Robert: Personen, Versuche über den Unterschied zwischen „etwas" und „jemand", Stuttgart, Klett-Cotta, 1996

Specht-Tomann, Monika/Tropper, Doris: Zeit des Abschieds. Sterbe- und Trauerbegleitung; Düsseldorf, 2000.

Speck, Otto: „Früherkennung und Frühförderung behinderter Kinder", in: Deutscher Bildungsrat, Behindertenstatistik; Früherkennung; Frühförderung, hrsg. v. Jacob Muth, Stuttgart, 1973, S. 11-150.

Speck, Otto: Frühförderung entwicklungsgefährdeter Kinder, München, Reinhardt, 1977.

Speck, Otto: Verhaltensstörungen, Psychopathologie und Erziehung. Berlin, Marhold,1979.

Speck, Otto: Zur Komplementarität ganzheitlicher und einzelheitlicher Sichtweisen in der Heilpädagogik – Eine aktuelle Thematik, in: Sonderpädagogik, 17, 1987, S. 145-157.

Speck, Otto: Frühförderung entwicklungsauffälliger Kinder unter ökologisch-integrativem Aspekt, in: Frühförderung in Europa, hrsg. v. Franz Peterander und Otto Speck, München, 1996, S. 15-23.

Speck, Otto: Menschen mit geistiger Behinderung und ihre Erziehung, 6. Auflage, München/Basel, Reinhardt, 1990.

Speck, Otto: System Heilpädagogik, Eine ökologisch reflexive Grundlegung, 3. Auflage, München, Reinhardt, 1996.

Speck, Otto: Wohnen als Wert für ein menschenwürdiges Dasein, in: Wohlbefinden und Wohnen von Menschen mit schwerer geistiger Behinderung, hrsg. v. Ute Fischer, Reutlingen, Diakonie-Verlag, 1998, S.19-42.

Speck, Otto: System Heilpädagogik. Eine ökologisch-reflexive Grundlegung, 4. Auflage, München, Reinhardt, 1998.

Speck, Otto: Menschen mit geistiger Behinderung und ihre Erziehung. Ein heilpädagogisches Lehrbuch, 9. Auflage, München, Reinhardt, 1999.

Speck, Otto: System Heilpädagogik. Eine ökologisch-reflexive Grundlegung, 5. Auflage, München, Reinhardt, 2003.

Spiegel, Hiltrud von: Methodisches Handeln in der Sozialen Arbeit. Grundlagen und Arbeitshilfen für die Praxis, München, Reinhardt UTB, 2004.

Spiess, Walter: Gruppen- und Teamsupervision in der Heilpädagogik, Bern/Stuttgart, Haupt, 1991.

Spiess, Walter: Lern- und Verhaltensstörungen bei ein- und demselben Kind: Koinzidenz oder Komorbidität? In: Lernbeeinträchtigung und Verhaltensstörung. Konvergenzen in Theorie und Praxis.

Hrsg. v. Ulrich Schröder, Manfred Wittrock, Sandra Rolus-Borgward und Uwe Tänzer, Stuttgart, Kohlhammer, 2002, S. 39-52.

Spitz, Rene A.: Eine genetische Feldtheorie der Ichbildung, Frankfurt a. M., Fischer, 1972.

Spitzer, Manfred: Geist im Netz. Modelle für Lernen, Denken und Handeln, Heidelberg/ Berlin, Spektrum Akademischer Verlag, 2000.

Spitzer, Manfred: Lernen. Gehirnforschung und die Schule des Lebens, 1. Auflage, Heidelberg/ Berlin, Spektrum Akademischer Verlag, 2002.

Spitzer, Manfred: Nervensachen. Perspektiven zu Geist, Gehirn und Gesellschaft, Stuttgart, Schattauer Verlag, 2003.

Spranger, Eduard: Psychologie des Jugendalters, Leipzig, Quelle&Meyer, 1924.

Spranger, Eduard: Der Eigengeist der Volksschule, Heidelberg, Quelle&Meyer, 1955.

Spranger, Eduard: Gedanken zur Daseinsgestaltung, ausgewählt von H. W. Bähr, München, 1962.

Sroufé, Alan: Psychopathology as an Outcome of Development, in: Development and Psychopathology, 9. Jg., 1997, S. 251-268.

Stabe-Hillmer, Eva R.: Rhythmik mit Geistigebehinderten, Diss. Universität Dortmund, 1991.

Stadter, Ernst Andreas: Wenn Du wüsstest, was ich fühle, in: Einführung indie Beziehungstherapie, Freiburg, Herder, 1992.

Stahlmann, Martin: Der Schlüssel zum Erfolg. Metakompetenzen in der Heilpädagogik, in: Von der Frühförderung bis zur Geragogik. Heilpädagogische Handlungsfelder zwischen Tradition und Innovation, hrsg. v. BHP, Tagungsband, Kiel, 2005.

Statistisches Bundesamt: Bericht über „Bevölkerung Deutschlands bis 2050. Ergebnisse der 10. koordinierten Bevölkerungsberechnung" von Olga Pötzsch und Bettina Sommer, Wiesbaden, Pressestelle Statistisches Bundesamt, 2003.

Statistisches Bundesamt: Bevölkerungsstatistik 3.16, Juli 1996.

Stavemann, Harlich, H.: Sokratische Gesprächsführung, in: Verhaltenstherapiemanual, 5. Auflage, hrsg. v. Michael Linden und Martin Hautzinger, Heidelberg, Springer, 2005, S. 200-208.

Stegemann, Wolfgang: Tätigkeitstheorie und Bildungsbegriff. Köln, Pahl-Rugenstein, 1983.

Stein, Anne-Dore: Integration und Inclusive Education – Aspekte der Entwicklung eines neuen Begriffsverständnisses in der internationalen Diskussion, in: Soziale Verantwortung in Europa. Analysen und professionelles Handeln in verschiedenen Hilfesystemen, hrsg. v. Winfried Seelisch, Darmstadt, Bogen, 2004, S. 117-135.

Steiner, Rudolf: Theosophie, Dornach, Rudolf Steiner, 1973.

Steiner, Rudolf: Heilpädagogischer Kurs. Zwölf Vorträge aus dem Jahr 1924, Dornach, Rudolf Steiner, 1995.

Steinhausen, Hans-Christoph: Psychische Störungen bei Kindern und Jugendlichen, 5. Auflage, München/ Jena, Urban und Fischer, 2002.

Steinvorth, Ulrich: Klassische und moderne Ethik. Grundlinien einer materialen Moraltheorie, Reinbek bei Hamburg, Rowohlt, 1990.

Stiker, Henri-Jacques: A History of Disability, Ann Arbor, The University of Michigan Press, 1999.

Stock, Gregory: Redesigning Humans. Our Inevitable Genetic Future of man, Boston, 2002.

Stöcker, Kerstin/Suess, Gerhard/Wensauer, Miriam/Zimmermann, Peter: Die Bindungstheorie. Modell, entwicklungspsychologische Forschung und Ergebnisse, in: Handbuch der Kleinkindforschung, 3. Auflage, hrsg. v. Heidi Keller, Bern, Hans Huber, 2003, S. 223-251

Stötzner, Heinrich Ernst: Schulen für schwachbefähigte Kinder. Erster Entwurf und Begründung derselben, 1. Auflage, Leipzig, Winter'sche Verlagsbuchhandlung, 1864.

Straus, Erwin: Vom Sinn der Sinne, Berlin, Springer, 1956.

Strobel, H.: Aktive Imagination als Krisenintervention, in: Kurzpsychotherapie und Krisenintervention in Sozialarbeit, Seelsorge und Therapie, hrsg. v. Peter-Michael Pflüger, Fellbach, Bonz, 1978, S. 39-56.

Stryker, Sheldon: Die Theorie des Symbolischen Interaktionismus: Eine Darstellung und einige Vorschläge für die vergleichende Familienforschung, in: Kölner Zeitschrift für Soziologie, Sonderheft 14, 1970.

Student, Johann-Christoph (Hrsg.), Das Hospizbuch, Freiburg, Lanbertus, 1989.

Stürzer, Monika: Trotz besserer Leistungen der Mädchen noch keine Geschlechtergleichheit in der Schule, in: DJI Bulletin, 65, 2003, S. 3.

Swain, John / French, Sally: Towards an Affirmation Model of Disability, in: Disability & Society, Nr. 4, 15. Jg., 2000, S. 569-582.

Taylor, Christopher C.W.: Sokrates, übersetzt v. Katja Vogt, Freiburg i. Br., Panorama Verlag, 2004.

Tent, Lothar: Grundlagen und Funktion einer Allgemeinen Theorie der Behindertenpädagogik, in: Heilpädagogische Forschung, 12, 1985, S. 131-150.

Tepperwein, Kurt: Krise als Chance. Wie man Krisen löst und zukünftig vermeidet, 4. Auflage, Landsberg am Lech, mvg, 1998.

Tervooren, Anja: Der ´verletzliche` Körper als Grundlage einer pädagogischen Anthropologie, in: Lesarten des Geschlechts. Zur De-Konstruktionsdebatte in der erziehungswissenschaftlichen Geschlechterforschung, hrsg. v. Doris Lemmermöhle, Opladen, Leske + Budrich Verlag, 2000, S. 245-255.

Textor, Martin R. (Hrsg.): Integrative Erziehung in Kindertageseinrichtungen unter Einbeziehung der Problematik der ambulanten Förderung, Jugendministerkonferenz, 2002, online abrufbar unter http://www.kindergartenpaedagogik.de/827.html [17.06.2005].

Textor, Martin R./Blank, Brigitte: Elternmitarbeit: Auf dem Wege zur Bildungs- und Erziehungspartnerschaft, hrsg. v, Bayrischen Staatsministerium für Arbeit und Sozialordnung, Familie und Frauen, München, 2004.

Theunissen, Georg: Ästhetische Erziehung bei Verhaltensauffälligen, Frankfurt a. M., Lang Verlag, 1980.

Theunissen, Georg: Wege aus der Hospitalisierung: Ästhetische Erziehung mit schwerstbehinderten Erwachsenen, Bonn, Psychiatrie-Verlag, 1989.

Theunissen, Georg: Empowerment und Professionalisierung – unter besonderer Berücksichtigung der Arbeit mit Menschen, die als geistig behindert gelten, in: Heilpädagogik online, 4, 2003, S. 45-81.

Theunissen, Georg: Heilpädagogik im Umbruch: Über Bildung, Erziehung und Therapie bei geistiger Behinderung, Freiburg i. Br., Lambertus, 1991.

Theunissen, Georg: Pädagogik bei geistiger Behinderung und Verhaltensauffälligkeiten, Ein Kompendium für die Praxis, 1. Auflage, Bad Heilbrunn, Klinkhardt, 1995.

Theunissen, Georg: Pädagogik bei geistiger Behinderung und Verhaltensauffälligkeiten, Ein Kompendium für die Praxis, Bad Heilbrunn, Klinkhardt, 1997.

Theunissen, Georg (Hrsg.): Enthospitalisierung ein Etikettenschwindel? Bad Heilbrunn, Klinkhardt, Bad Heilbrunn, 1998.

Theunissen, Georg: Empowerment und „verstehende Einzelhilfe", in: Multiprofessionelle Zusammenarbeit in der Geistigbehindertenhilfe, hrsg. v. Detlef Petry und Christian Bradl, Bonn, Psychiatrie-Verlag, 1999, S. 132-159.

Theunissen, Georg: Pädagogik bei geistiger Behinderung und Verhaltensauffälligkeit. Ein Kompendium für die Praxis. Bad Heilbrunn, Klinkhardt, 2000.

Theunissen, Georg: Einführung zum Begriff der Assistenz unter besonderer Berücksichtigung von Menschen, die als geistig behindert bezeichnet werden, in: Von der Betreuung zur Assistenz? Professionelles Handeln unter der Leitlinie der Selbstbestimmung. Tagungsbericht des Vereins für Behindertenhilfe Hamburg, hrsg. vom Verein für Behindertenhilfe e.V., Hamburg, Eigenverlag, 2000, S. 59-64.

Theunissen, Georg: Wege aus der Hospitalisierung. Empowerment mit schwerstbehinderten Menschen, 2. Auflage, Bonn, 2000.

Theunissen, Georg: Altenbildung und Behinderung. Impulse für die Arbeit mit Menschen, die als lern- und geistig behindert gelten, Bad Heilbrunn, Klinkhardt, 2002.

Theunissen, Georg: Krisen und Verhaltensauffälligkeiten bei geistiger Behinderung und Autismus. Forschung – Praxis – Reflexion. Stuttgart, Kohlhammer, 2003.

Theunissen, Georg: Kunst und geistige Behinderung. Bildnerische Entwicklung, Ästhetische Erziehung, Kunstunterricht, Kulturarbeit, Bad Heilbrunn, Klinkhardt, 2004.

Theunissen, Georg: Pädagogik bei geistiger Behinderung und Verhaltensauffälligkeiten, 4. Auflage, Bad Heilbrunn, Klinkhardt, 2005.

Theunissen, Georg: Empowerment – als Konzept für die Behindertenarbeit kritisch reflektiert, hekt. Manuskript, Halle, 2005.

Theunissen, Georg/Hoffmann, Claudia: Assistenz. Ein Schlüsselbegriff nicht nur für Menschen mit einer Körperbehinderung, in: Zur Orientierung, Heft 3, 1999, S. 8-11.

Theunissen, Georg/Plaute, Wolfgang: Handbuch Empowerment und Heilpädagogik. Freiburg/Br., Lambertus, 2002

Theunissen, Georg/Schirbort, Kerstin (Hrsg.): Inklusion geistig behinderter Erwachsener zwischen Anspruch und Wirklichkeit. Zeitgemäße Wohnformen – Soziale Netze – Bürgerschaftliches Engagement – Unterstützungsangebote, Stuttgart, Kohlhammer, 2006.

Thiele, Gisela: Soziale Arbeit mit alten Menschen. Handlungsorientiertes Grundwissen für Studium und Praxis, Köln/Wien, Fortis, 2001.

Thiesmeier, Monika: Anforderungen an die Leitung von Jugendhilfeeinrichtungen in der Bearbeitung von Krisen, in: Krisen und Gewalt, hrsg. v. Bernd Jansen, Münster, Votum, 1993.

Thimm, Walter: Das Normalisierungsprinzip. Eine Einführung, 5. Auflage, Marburg, Lebenshilfe, 1984.

Thimm, Walter: Familienentlastende Dienste. Ein Beitrag zur Neuorientierung der Behindertenhilfe, in: Geistige Behinderung, 2, 1991, S. 130-145.

Thimm, Walter: Leben in Nachbarschaften, Freiburg, Herder Spektrum, 1994.

Thimm, Walter (Hrsg.): Das Normalisierungsprinzip. Ein Lesebuch zur Geschichte und Gegenwart eines Reformkonzeptes, Marburg, Lebenshilfe, 2005.

Thimm, Walter: Behinderung und Gesellschaft. Texte zur Entwicklung einer Soziologie der Behinderten, Heidelberg, Universitätsverlag Winter, 2005.

Thimm, Walter/Akkermann, A./Hupasch-Labohm, M./Krauledat, S./Meyners, Ch./Wachtel, Grit: Quantitativer und qualitativer Ausbau Familienentlastender Dienste (FED), Baden-Baden, Nomos, 1997.

Thimm, Walter/Ferber, Christian, von/Schiller, Burkhard/Wedekind, Rainer: Ein Leben so normal wie möglich führen. Zum Normalisierungskonzept in der Bundesrepublik Deutschland und in Dänemark, Marburg, Lebenshilfe, 1985.

Thimm Walter/Wachtel, Grit: Familien mit behinderten Kindern. Wege der Unterstützung und Impulse zur Weiterentwicklung regionaler Hilfssysteme, Weinheim/München, Juventa, 2002.

Tiefel, Sandra Bratung und Reflexion. Eine qualitative Studie zu professionellem Beratungshandeln in der Moderne, Wiesbaden, VS, 2004.

Tietze, Wolfgang: Pädagogische Qualität in Tageseinrichtungen für Kinder,• 2. Auflage, Weinheim, Beltz, 2005.

Tietze-Fritz, Paula: Handbuch der heilpädagogischen Diagnostik. Konzepte zum Erkennen senso- und psychomotorischer Auffälligkeiten in der interdisziplinären Frühförderung, 3. Auflage, Dortmund, Modernes Lernen, 1996,

Tietze-Fritz, Paula: Wahrnehmungs- und Bewegungsentfaltung, Heilpädagogische Förderung des Kindes in seinen ersten 24 Monaten, 3. Auflage, Heidelberg, Edition Schindele, 1995.

Tokarew, Sergej A.: Die Religion in der Geschichte der Völker, Köln, Pahl-Rugenstein, 1968.

Tokarski, Walter/Schmitz-Scherzer, Reinhard: Freizeit, Stuttgart, Kohlhammer, 1985.

Toulmin, Stephan: Voraussicht und Verstehen. Ein Versuch über die Ziele der Wissenschaft, Frankfurt a. M., Suhrkamp, 1981.

Trevarthen, Colwyn/Aitken, Kenneth J.: Brain Development, Infant Communication, and Empathy Disorders: Intrinsic Factors in Child Mental Health, in: Development and Psychopathology, 6. Jg., 1994, S. 597-633.

Trevarthen, Colwyn /Aitken, Kenneth J.: Self/other organization in human psychological development, in: Development and Psychopathology, 9. Jg., 1997, S. 653-677.

Trevarthen, Colwyn /Aitken, Kenneth J.: Infant intersubjectivity: Research, theory, and clinical applications, in: Journal of Child Psychology and Psychiatry, Heft 1, 42. Jg., 2001, S. 3-48.

Trommsdorff, Gisela: Behinderte in der Sicht verschiedener Kulturen, in: Vergleichende Sonderpädagogik, Handbuch der Sonderpädagogik, Band 11, hrsg. v. K.-J. Klauer und W. Mitter, W., Berlin, Marhold, 1987, S. 23-47.

Trüb, Hans: Heilung aus der Begegnung, Stuttgart, Klett, 1971.

Tsvetkova, Ljubov S.: Aphasietherapie bei örtliche Hirnschädigungen, Tübingen, Narr, 1982.

Turnbull, Ann P./Turnbull, H. Rutherford: Families, Professionals, and Exceptionality: A special partnership, 3. Auflage, Upper Saddle River, Merrill, 1997.

Turnbull, H. Rutherford: Fifteen questions: Ethical inquiries in mental retardation, in: Stark, J.A. u. a. (Hrsg.): Mental Retardation and Mental Health. Classification, Diagnosis, Treatment, Services. New York, Springer Verlag, 1988. S. 368-377.

Uchtomskij, Alexej A.: Die Dominante als Arbeitsprinzip der Nervenzentren, in: Mitteilungen der Luria-Gesellschaft, Heft 1,2, 11. Jg., 2004, S. 25-38.

Uexküll, Thure v.: Symptome als Zeichen für Zustände in lebenden Systemen, in Zeitschrift für Semiotik, Band 6, Heft 1-2, 1984, S. 53-58.

Ulich, Dieter/Haußer, Karl/Mayring, Philipp/ Strehmel, Petra/Kandler, Maya/Degenhardt, Bianca: Psychologie der Krisenbewältigung. Eine Längsschnittuntersuchung mit arbeitslosen Lehrern. Weinheim, Beltz, 1985.

Ulich, Dieter: Krisen und Entwicklung, München, Weinheim, PVU, 1987.

Universität Stettin (Institut für Pädagogik) und **Europäische Akademie für Heilpädagogik im Berufsverband der Heilpädagogen e.V. (Hrsg.);** Heilpädagogische Diagnostik; Stettin, 2002.

Urban, Wolfgang: Selbstbestimmung als Lebensqualität und der Beitrag ambulanter Hilfen, in: Erfahrungsaustausch ambulanter Dienste: Ambulante Hilfen zum selbständigen Leben für Menschen mit (geistiger) Behinderung. Dokumentation der Tagesveranstaltung vom 31.03.2000 in Marburg, hrsg. von FIB e.V., Marburg, Eigenverlag, 2000, S. 5-13.

VDH (Verband Deutscher Hilfsschulen): Denkschrift zum Ausbau des heilpädagogischen Schulwesens in: Zeitschrift für Heilpädagogik, Heft 1, 1955, S. 1-55.

Veelken, Ludger: Geragogik. Das sozialgerontologische Konzept, in: Handbuch Altenbildung. Theorien und Konzepte für Gegenwart und Zukunft, hrsg. von Susanne Becker, Ludger Veelken und Klaus-Peter Wallraven, Opladen, Leske+Budrich, 2000, S. 87-94.

Veelken, Ludger: Reifen und Altern. Geragogik kann man lernen. Oberhausen, Athena Verlag, 2003.

Vernooij, Monika: Prävention von Verhaltensstörungen. Verhindern psychischer Fehlentwicklungen? In: Verhaltensstörungen verhindern. Prävention als pädagogische Aufgabe. Bericht über die Fachtagung in Oldenburg vom 15.-17.03.1990, hrsg. v. Herbert Goetze und Heinz Neukäter, Universität Oldenburg, Zentrum für Pädagogische Berufspraxis, Oldenburg, 1991, S. 118-127.

Vernooij, Monika: Individualpsychologischer Ansatz, in: Verhaltensstörungen als Herausforderung. Pädagogisch-therapeutische Erklärungs- und Handlungsansätze, hrsg. v. Manfred Wittrock, Oldenburg, 1998, S. 39-61.

Volkov, Shulamit: Zeichendiskurs und Gebärdensprache, in: Kultur der Zeichen, hrsg. v. Werner Stegmaier, Frankfurt a. M., Suhrkamp, 2000.

Volli, Ugo: Semiotik, Tübingen, Francke, 2002.

Vollmoeller, Wolfgang: Was heißt psychisch krank? Der Krankheitsbegriff in Psychiatrie, Psychotherapie und Forensik, 2. Auflage, Stuttgart, Kohlhammer, 2001.

Voss, Anne/Hallstein, Monika (Hrsg.): Menschen mit Behinderungen. Berichte, Erfahrungen, Ideen zur Präventionsarbeit, Ruhnmark, Donna Vita, 1993.

Voß, Reinhard, (Hrsg.), Die Schule neu erfinden, Neuwied, Luchterhand, 1996.

Voß, Reinhard, (Hrsg.), Schul-Visionen, Heidelberg, Carl Auer, 1998.

Vygotskij, Lev S.: Ausgewählte Schriften, Bd. 1, Köln, Pahl-Rugenstein, 1985.

Vygotskij, Lev S.: Ausgewählte Schriften, Bd. 2, Köln, Pahl-Rugenstein, 1987.

Vygotskij, Lev S.: Konkrete Psychologie des Menschen, in: Sinn als gesellschaftliches Problem. Materialien über die 5. Arbeitstagung zur Tätigkeitstheorie A. N. Leontjews vom 20.-22.1.1989 in Bremen, hrsg. v. Manfred Holodynski, Bielefeld, Universität, 1989, S. 292-307.

Vygotskij, Lev S.: The diagnostics of development and the pedological clinic for difficult children, in: The Fundamentals of Defectology. Collected Works, Bd. 2, hrsg. v. L. S. Vygotskij, New York, Plenum-Press, 1993, S. 241-291.

Vygotskij, Lev S.: Die Lehre von den Emotionen. Eine psychologiehistorische Untersuchung. Münster, LIT-Verlag, 1996.

Vygotskij, Lev S.: Das Problem des geistigen Zurückbleibens, in: Jeder Mensch kann lernen – Perspektiven einer kulturhistorischen (Behinderten-)Pädagogik, hrsg. v. Wolfgang Jantzen, Neuwied/ Berlin, Luchterhand, 2001, S. 135-163.

Vygotskij, Lev S.: Zur Frage kompensatorischer Prozesse in der Entwicklung des geistig retardierten Kindes, in: Jeder Mensch kann lernen – Perspektiven einer kulturhistorischen (Behinderten-)Pädagogik, hrsg. v. Wolfgang Jantzen, Neuwied/Berlin, Luchterhand, 2001, S. 109-134.

Vygotskij, Lev S.: Denken und Sprechen, Weinheim, Beltz, 2002.

Wacker, Elisabeth/Wansing, Gudrun/Schäfers, Markus: Personenbezogene Unterstützung und Lebensqualität. Teilhabe mit einem Persönlichen Budget, DUV, Wiesbaden, 2005.

Wacker, Elisabeth/Wetzler, Reiner/Metzler, Heidrun/Hornung, Claudia: Leben im Heim. Angebotsstrukturen und Chancen selbständiger Lebensführung in Wohneinrichtungen der Behindertenhilfe. Schriftenreihe des Bundesministeriums für Gesundheit Band 102, Baden-Baden, Nomos-Verlagsgesellschaft, 1998.

Wagner-Stolp, Wilfried: Case Management, in: Fachdienst der Lebenshilfe, 4, 1996. S. 19-21.

Wahl, Hans-Werner/Schulze Hans-Eugen (Hrsg.): On the Special Needs of Blind and Low Vision Seniors, Amsterdam/Berlin/Oxford/Tokyo/Washington DC, 2001.

Waldenfels, Bernhard: Das leibliche Selbst. Vorlesungen zur Phänomenologie des Leibes, Frankfurt a. M., Suhrkamp, 2000.

Waldenfels, Bernhard: Phänomenologie der Aufmerksamkeit, Frankfurt a. M., Suhrkamp, 2004.

Waldschmidt, Anne (Hrsg.): Kulturwissenschaftliche Perspektiven der Disability Studies, Kassel, Bifos, 2003.

Waldschmidt, Anne: „Behinderung" revisited – das Forschungsprogramm der Disability Studies aus soziologischer Sicht, in: Vierteljahrsschrift für Heilpädagogik und ihre Nachbargebiete, Heft 4, 73. Jg., 2004, S. 365-376.

Waldschmidt, Anne: Disability Studies. Individuelles, soziales und/oder kulturelles Modell von Behinderung? In: Psychologie & Gesellschaftskritik, Heft 1, 29. Jg., 2005, S. 9-31.

Waller, Heiko: Sozialmedizin. Grundlagen und Praxis, 4. Auflage, Stuttgart, Kohlhammer, 1997.

Walter, Jürgen: Einer flog über das Kuckucksnest, in: Zeitschrift für Heilpädagogik, Heft 11, 2002, S. 442-450.

Walter, Jürgen/Suhr, Kristina/Werner, Birgit: Experimentell beobachtbare Effekte zweier Formen von Mathematikunterricht in der Förderschule, in: Zeitschrift für Heilpädagogik, 52, 4, S. 143-151.

Walthes, Renate u. a.: Gehen, Gehen, Schritt für Schritt ... Zur Situation von Familien mit blinden, mehrfachbehinderten oder sehbehinderten Kindern, Frankfurt a. M., New York, Waxmann, 1994.

Walthes, Renate: Behinderung aus konstruktivistischer Sicht. Dargestellt am Beispiel der Tübinger Untersuchung von Situation von Familien mit Sehschädigung, in: Behinderung. Von der Vielfalt eines Begriffes und dem Umgang damit, hrsg. v. Johannes Neumann, 2. Auflage, Tübingen, Attempto, 1997, S. 89-104.

Walthes, Renate: Einführung in die Blinden- und Sehbehindertenpädagogik, 1. Auflage, Weinheim/Basel, Reinhardt, 2003.

Wanecek, Ottokar: Geschichte der Blindenpädagogik. Berlin, Marhold, 1969.

Wannagat, Gudrun u.a.: SGB – Kommentar/Loseblattwerk; Köln, 1977ff.

Wansing, Gudrun: Kontrolle über das eigene Leben. Förderliche und hinderliche Bedingungen für die Umsetzung Persönlicher Budgets im Kontext europäischer Modelle und Erfahrungen, in: Kerbe – Forum für Sozialpsychiatrie, Heft 2, 2004, S. 31-33.

Wansing, Gudrun: Teilhabe an der Gesellschaft. Menschen mit Behinderung zwischen Inklusion und Exklusion, Wiesbaden, VS, 2005.

Warnke, Andreas / Lehmkuhl, Gerd: Kinder- und Jugendpsychiatrie und Psychotherapie in der Bundesrepublik Deutschland. Die Versorgung von psychisch kranken Kindern, Jugendlichen und ihren Familien, 3. Auflage, Stuttgart/New York, Schattauer-Verlag, 2003.

Warnke, Andreas/Trott, Götz-Erik/Remschmidt, Helmut (Hrsg.): Forensische Kinder- und Jugendpsychiatrie. Ein Handbuch für Klinik und Praxis, Bern, Hans Huber, 1997.

Warzecha, Birgit (Hrsg.): Geschlechterdifferenz in der Sonderpädagogik. Forschung – Praxis – Perspektiven, Hamburg, LIT, 1997.

Warzecha, Birgit: Qualitätsentwicklung: Kooperation zwischen Verhaltensgestörtenpädagogik und der Kinder- und Jugendhilfe. In: Zeitschrift für Heilpädagogik, Heft 2, 1999, S. 46-52.

Wasel, Wolfgang/Dettling-Klein, Gabriele: Was zur Hölle ist Beratung? In: Beratung aktuell, Heft 3, 2003, S. 179-190.

Waters, Everett/Sroufe, Alan L.: Social Competence as a Developmental Construct. Developmental Review, 3, 1995, S. 79-97; zitiert nach: Entwicklungspsychologie. Ein Lehrbuch, 4. Auflage, hrsg. v. Rolf Oerter, Rolf und Leo Montada, Weinheim, Beltz/PVU, 1998, S. 127.

Watson, James D.: Die Ethik des Genoms. Warum wir Gott nicht mehr die Zukunft des Menschen überlassen dürfen, in: Frankfurter Allgemeine Zeitung, 26.9.2000, S. 55.

Watzlawick, Paul: Münchhausens Zopf. München, Piper, , 2005.

Watzlawick, Paul/Beavin, Janet H./Jackson, Don D.: Menschliche Kommunikation. Formen, Störungen, Paradoxien, 6. Auflage, Stuttgart/Bern/Wien, Hans Huber, 1982.

Watzlawick, Paul/Beavin, Janet H./Jackson, Don: Menschliche Kommunikation. Formen, Störungen, Paradoxien, 9. Auflage, Bern, Hans Huber, 1996.

Watzlawick, Paul/Nardome, Giorgio: Kurzzeittherapie und Wirklichkeit; übers. von Michael von Killisch- Horn, München, Piper, 1999.

Weber, Samuel M: Rückkehr zu Freud: Jacques Lacans Entstellung der Psychoanalyse, Frankfurt a. M./Berlin/Wien, Ullstein, 1978.

Wegler, Helmut: Das „neue Phänomen" der Depression im Kindesalter. Erkennung, Prävention und pädagogische Hilfen, in: Focus Heilpädagogik. Projekt Zukunft, hrsg. v. Günter Opp und Franz Peterander, München, Reinhardt, 1996, S. 325-337.

Weick, Ann: A Strengths Perspective for Social Work Practise, in: Social Work, 7, 1989, S. 350-354.

Weidner, G./Müller, H./Hürten, M./Schmucker, K.: Schule – Werkstatt – Freizeit. Ganztagskonzept einer Sonderschule für Erziehungshilfe und Kranke, in: Erziehungshilfe bei Verhaltensstörungen, hrsg. v. Sandra Rolus-Borgward und Uwe Tänzer, Oldenburg, 1999, S. 199-210.

Weil, Simone: Schwerkraft und Gnade, München, Piper, 1989.

Weinberger, Sabine: Kindern spielend helfen, Weinheim, Beltz, 2001.

Weinmann, Ute: Normalität und Behindertenpädagogik. Historisch und normalismustheoretisch konstruiert am Beispiel repräsentativer Werke von Daniel Georgens, Heinrich Marianus Deinhardt, Heinrich Hanselmann, Linus Bopp und Karl Heinrichs, Opladen, Leske + Budrich, 2003.

Weisman, A. D.: A Model for Psychosocial Phasing in Cancer, in: Gen. Hosp. Psychiatry, 1, 1979, S. 187-195.

Weiss, Hans: Hans Würtz, in: Lebensbilder bedeutender Heilpädagoginnen und Heilpädagogen im 20. Jahrhundert, hrsg. v. Maximilian Buchka, Rüdiger Grimm und Ferdinand Klein, München, Reinhardt, 2000, S. 385-41.

Weiß, Hans/Neuhäuser, Gerhard/Sohns, Armin: Soziale Arbeit in der Frühförderung und Sozialpädiatrie, München/Basel, Reinhardt, 2004.

Weisser, Jan/Renggli, Cornelia (Hrsg.): Disability Studies. Ein Lesebuch, Zürich/Luzern, Edition SZH, 2004.

Wellmitz, Barbara: Körperbehinderung aus medizinischer Sicht, in: Körperbehinderung, hrsg. v. Barbara Wellmitz und Barbara von Pawel, Berlin, Ullstein Mosby, 1993, S. 31-110.

Wellmitz, Barbara: Zur Theoriebildung der Körperbehindertenpädagogik in der DDR, in: Theorien der Körperbehindertenpädagogik. Festschrift für Ursula Haupt, hrsg. v. Harry Bergeest, Bad Heilbrunn/Obb., 1999, S. 101-118.

Wellmitz, Barbara/Pawel, Barbara von: Körperbehinderung, Berlin, Ullstein Mosby, 1993, S. 31-59.

Welsch, Wolfgang: Topoi der Postmoderne, in: Das Ende der großen Entwürfe, hrsg. v. Hans-Rudi Fischer, Arnold Retzer und Jochen Schweitzer, Frankfurt a. M., Suhrkamp, 1992, S. 35-55.

Welsch, Wolfgang: Ästhetisches Denken, Stuttgart, Reclam, 1990.

Wember, Franz B.: Die quasi-experimentelle Einzelfallstudie als Methode der empirischen sonderpädagogischen Forschung, in: Vierteljahresschrift für Heilpädagogik und ihre Nachbargebiete, 58, 1989, S. 176-189.

Wember, Franz B.: Forschungsprobleme im Bereich der Förderung schwerstbehinderter Menschen, in: Pädagogik bei schwerster Behinderung, 1. Auflage, hrsg. v. Andreas Fröhlich, Berlin, Edition Marhold, 1991, S. 89-110.

Wember, Franz B.: Über Möglichkeiten und Grenzen des Einfühlenden Verstehens als Methode der sonderpädagogischen Forschung I. Versuch einer Explikation, in: Vierteljahresschrift für Heilpädagogik und ihre Nachbargebiete, 61, 1992, S. 353-375.

Wember, Franz B.: Über Möglichkeiten und Grenzen des Einfühlenden Verstehens als Methode der sonderpädagogischen Forschung II: Versuch einer Evaluation. Vierteljahresschrift für Heilpädagogik und ihre Nachbargebiete, 61, 1992, S. 451-475.

Wember, Franz B.: Möglichkeiten und Grenzen der empirischen Evaluation sonderpädagogischer Interventionen in quasi-experimentellen Einzelfallstudien, in: Heilpädagogische Forschung, 20, 1994, S. 99-117.

Wember, Franz B.: Der Heilpädagoge als Homo Faber? Kleine Provokationen über Mängel des Redens und den Segen des Tuns, oder: Interventionsforschung als zentrale Aufgabe einer wertgeleiteten wissenschaftlichen Heilpädagogik, in: Heilpädagogik und ihre Nachbargebiete im wissenschaftstheoretischen Diskurs, 1. Auflage, hrsg. von Christine Amrein und Gérard Bless, Stuttgart, Haupt Verlag, 1997, S. 122-148.

Wember, Franz B.: Besser lesen mit System. Ein Rahmenkonzept zur individuellen Förderung bei Lernschwierigkeiten, 1. Auflage, Berlin, Luchterhand, 1999.

Wember, Franz B.: Bildung und Erziehung bei Behinderungen – Grundfragen einer wissenschaftlichen Disziplin im Wandel, in: Grundfragen der Sonderpädagogik, ein Handbuch, 1. Auflage, hrsg. v. Anette Leonhardt/Franz Wember, Weinheim, Beltz, 2003, S. 12-57.

Wendt, Wolf R. (Hrsg.): Unterstützung fallweise. Case Management in der Sozialarbeit, 2. Auflage, Freiburg i. B., Lambertus-Verlag, 1995.

Wendt, Wolf R. Entwicklung des Case Management im amerikanischen Gesundheitssystem. In: Betreuungsdienste für chronisch Kranke, hrsg. v. Schräder, W.F. Schriftenreihe des Instituts für Gesundheits- und Sozialforschung GmbH, Berlin, 1995, 54-70.

Wendt, Wolf R.: Case Management im Sozial- und Gesundheitswesen. Eine Einführung. Freiburg i. B., Lambertus, 1997.

Wermke, Jutta: Medienpädagogik, in: Handbuch der Mediengeschichte, hrsg. v. Helmut Schanze, Stuttgart, Kröner, 2001, S. 140-164.

Werner, Emmy: Gefährdete Kinder in der Moderne: Protektive Faktoren, in: Vierteljahresschrift für Heilpädagogik und ihre Nachbargebiete, 2, 1997, S. 192-203.

Werner, Nicole/ Hill, L.G.: Motivationale Untermauerung relationaler und körperlicher Aggression im Jugendalter. In: Lügen, Lästern, Leiden lassen. Aggressives Verhalten von Kindern und Jugendlichen, hrsg. v. Angela Ittel und Maria Salisch, Stuttgart, Kohlhammer, 2005, S. 45-63.

Werning, Rolf/Balgo, Rolf/Palmowski, Winfried/ Sassenroth, Martin: Sonderpädagogik, Lernen, Verhalten, Sprache, Bewegung und Wahrnehmung, München/Wien, Oldenbourg, 2002.

Werning, Rolf: Integration zwischen Überforderung und Innovation – eine systemisch-konstruktivistische Perspektive in: Lernen und Lernprobleme im systemischen Diskurs, hrsg. v. Rolf Balgo und Rolf Werning, 1. Auflage, Dortmund, Borgmann, 2003, S. 115-130.

Wess, Ludger: Die Träume der Genetik. Gentechnische Utopien vom sozialen Fortschritt, Frankfurt a. M., Suhrkamp, 1998.

Weygand, Z.: Der Blindenfreund, Düren/Hannover, 1881ff.

Widlöcher, Daniel: Was eine Kinderzeichnung verrät, München, Kindler, 1974.

Wieland, Heinz: Altern in seiner Bedeutung für geistig behinderte Menschen, in: Alt und geistig behindert. Ein europäisches Symposium, Marburg, Bundesvereinigung Lebenshilfe Verlag, 1993, S. 19-28.

Wiesing, Lambert: Artifizielle Präsenz, Frankfurt a. M., Suhrkamp, 2005.

Wilken, Etta: Syndromspezifische Förderbedürfnisse, in: Neue Perspektiven für Menschen mit Down-Syndrom, hrsg. v. Etta Wilken, Hannover, 1997, S. 14-27.

Wilken, Etta: Förderung des Spracherwerbs durch Gebärden unterstützte Kommunikation (GuK) bei Kindern mit Down-Syndrom. o.J. Auszug aus dem Internet, http://www.down-sydrom-netzwerk.de/bibliothek/wilken1.html, 25. April 2002.

Wilken, Etta: Kinder mit Down-Syndrom und ihre Familien. Aktuelle Ergebnisse zur Prävalenz, zu syndromspezifischen Problemen und zur Familiensituation. Geistige Behinderung, 2, 2002, S. 137-148.

Wilken, Etta: Menschen mit Down-Syndrom in Familie, Schule und Gesellschaft. Lebenshilfe-Verlag, Marburg, 2004.

Wilken, Udo: Körperbehindertenpädagogik, in: Geschichte der Sonderpädagogik, hrsg. v. Svetluse Solarova, Stuttgart, Kohlhammer, 1983.

Willenbring, Monika: Systemdiagnostische Begleitung von Lern- und Lehrprozessen und schulischen Problemsituationen in: Lernprobleme im systemischen Diskurs, 1. Auflage, hrsg. von Rolf Balgo und Rolf Werning, Dortmund, Borgmann, 2003, S. 153-171.

Willensky, Harold L. Jeder Beruf eine Profession. In: Berufssoziologie, hrsg. v. Luckmann, Thomas/Sprondel, Walter M., Köln, Kiepenheuer und Witsch Verlag, 1972, S. 198-218.

Williams, Paul / Shoultz, Bonnie: We Can Speak for Ourselves. Self-Advocacy by Mentally Handicapped People, Bloomington, Indiana University Press, 1984.

Wimmer, Rudolf, Organisationsberatung, Neue Wege und Konzepte, Wiesbaden, Gabler, 1992.

Windheuser, Jochen/Amman, Wiebke/Warnke, Wiebke: Zwischenbericht der wissenschaftlichen Begleitung des Modellvorhabens zur Einführung persönlicher Budgets für Menschen mit Behinderung in Niedersachsen, 2005, online abrufbar unter http://www.kath-fh-nord.de/zwischenbericht.pdf [30.06.2005].

Winkler, Michael: Sozialpädagogik im Ausgang der Freiheit. Versuch einer Annäherung an üblicherweise nicht gestellte Fragen, in: Alter und Soziale Arbeit. Theoretische Zusammenhänge, Aufgaben- und Arbeitsfelder, hrsg. v. Cornelia Schweppe, Hohengehren, Schneider, 2005, S. 6-31.

Winnicott, Donald W: Die therapeutische Arbeit mit Kindern, München, Kindler, 1973.

Winnicott, Donald W.: Vom Spiel zur Kreativität, 4. Auflage, Stuttgart, Klett-Cotta, 1987.

Wisch, Fritz-Helmut: Lautsprache und Gebärdensprache. Die Wende zur Zweisprachigkeit in Erziehung und Bildung Gehörloser, Hamburg, Signum-Verlag, 1990.

Wittgenstein, Ludwig: Tractatus Logico-Philosophicus, Tagebücher 1914-1916, Philosophische Untersuchungen, Werkausgabe, Band 1, Frankfurt a. M., Suhrkamp, 1984.

Wittrock, Manfred (Hrsg.): Verhaltensstörungen als Herausforderung: Pädagogisch-therapeutische Erklärungs- und Handlungsansätze. Oldenburg, 1998.

Wittrock, Manfred: Professionalisierung sonderpädagogischen Handelns im Arbeitsfeld des schulischen Sonderpädagogen. Oldenburg, 1994.

Wohlfahrt, Norbert/Dahme, Heinz-Jürgen: Sozialraumbudgets in der Kinder- und Jugendhilfe. Eine verwaltungswissenschaftliche Bewertung, Stiftung Sozialpädagogisches Institut, Berlin, 2002.

Wolfensberger, Wolf: The Principle of Normalization in Human Services, Toronto, 1972.

Wolfensberger, Wolf: Social Role Valorization. A proposed new term for the principle of Normalization, in: Mental Retardation, Heft 21, 1985, S. 234-239.

Wolfensberger, Wolf: Die Bewertung der sozialen Rollen. Eine kurze Einführung zur Bewertung der Sozialen Rollen als Grundbegriff beim Aufbau von Sozialdiensten, Genf, 1991.

Wolf, Hans: Behinderungen, in: Enzyklopädie der Sonderpädagogik, der Heilpädagogik und ihrer Nachbargebiete, hrsg. von Gregor Dupuis und Winfried Kerkhoff, Berlin, Edition Marhold, 1992, S. 71.

Wolfensberger, Wolf/Glenn, L.: Program Anbalysis of Service Systems (PASS). A Method for Quantitative Evaluation of Human Services, 3. Auflage, Toronto, 1973.

Wolfensberger, Wolf/Thomas, S.: PASSING (Program Analysis of Service Systems' Implementation of Normalization Goals), 2. Auflage, Toronto, 1983.

Wolff, Johannes D.: Ausbildungsrichtlinien für eine heilpädagogische Zusatzausbildung, AFET-Mitglieder-Rundbrief Nr. 6/7 1962, S. 35/36, Hannover.

Wolfgart, Hans: Grundaspekte einer Didaktik der Schule für Körperbehinderte, in: Einführung in die Sonderschuldidaktik, hrsg. v. K.-J. Kluge, Darmstadt, 1976, S. 237-256.

World Health Organisation (WHO): International Classification of Impairments, Disabilities and Handicaps. A Manual of Classification Relating to the Consequences of Disease. Genf, World Health Organization, 1980.

World Health Organisation (WHO): International Classification of Functioning, Disability and Health: ICF. Genf, World Health Organization, 2001.

World Health Organisation (WHO): ICF. Internationale Klassifikation der Funktionsfähigkeit und Behinderung, Genf, 2002.

Wüllenweber, Ernst: Krisen und Behinderung. Entwicklung einer praxisbezogenen Theorie und eines Handlungskonzeptes für Krisen bei Menschen mit geistiger Behinderung, 1. Auflage, Bonn, Psychiatrie Verlag, 2000.

Wüllenweber, Ernst: Behindertenpädagogische Krisenintervention, in: Handbuch Krisenintervention, Bd. 1, Hilfen für Menschen mit geistiger Behinderung. Theorie, Praxis, Vernetzung, hrsg. v.

Ernst Wüllenweber und Georg Theunissen, Stuttgart, Kohlhammer, 2001, S. 141-160.

Wüllenweber, Ernst: Krisen und Behinderung. Entwicklung einer praxisbezogenen Theorie und eines Handlungskonzeptes für Krisen bei Menschen mit geistiger Behinderung, 2. Auflage, Bonn, Psychiatrie Verlag, 2003.

Wüllenweber, Ernst: Krisen und Verhaltensauffälligkeiten. Einleitende Anmerkungen zu den zentralen Begriffen. In: Krisen und Verhaltensauffälligkeiten bei geistiger Behinderung und Autismus. Forschung – Praxis – Reflexion, hrsg. v. Georg Theunissen, Stuttgart, Kohlhammer, 2003, S. 1-16.

Wüllenweber, Ernst: Skizzen zu Fragen der Professionalisierung. In: Handbuch Pädagogik bei Menschen mit geistiger Behinderung, hrsg. v. Ernst Wüllenweber, Georg Theunissen und H. Mühl, Stuttgart, 2005.

Wüllenweber, Ernst/Theunissen, Georg: Handbuch Krisenintervention, Bd. 1, Hilfen für Menschen mit geistiger Behinderung. Theorie, Praxis, Vernetzung. Stuttgart, Kohlhammer, 2001.

Wüllenweber, Ernst/Theunissen, Georg: Handbuch Krisenintervention, Bd. 2, Praxis und Konzepte zur Krisenintervention bei Menschen mit geistiger Behinderung. Stuttgart, Kohlhammer, 2004.

Würtz, Hans: Zerbrecht die Krücken, Leipzig, Volksverlag 1932.

Wustmann, Corina: Was Kinder stärkt – Ergebnisse der Resilienzforschung und ihre Bedeutung für die pädagogische Praxis, in: Elementarpädagogik nach PISA. Wie aus Kindertagesstätten Bildungseinrichtungen werden können, hrsg. v. W. E. Fthenakis, Freiburg, Herder, 2003, S. 106-135.

Wustmann, Corina: Resilienz: Widerstandsfähigkeit von Kindern in Tageseinrichtungen fördern, Weinheim/ Basel, Beltz, 2004.

Wygotski, Lew S.: Denken und Sprechen, Frankfurt a. M., Fischer, 1979.

Yoniss, James: Soziale Konstruktion und psychische Entwicklung, Frankfurt a. M., Suhrkamp, 1994.

Zeier, Hans. (Hrsg): Lernen und Verhalten, Bd. 1, Lerntheorien, in: Kindlers Psychologie des 20. Jahrhunderts, Weinheim/ Basel, Beltz, 1984.

Zemp, Aiha/ Pircher, Erika: Weil das alles so weh tut mit Gewalt, Sexuelle Ausbeutung von Mädchen und Frauen mit Behinderung, Wien, Bundeskanzleramt, 1996.

Zieger, Andreas: Selbstorganisation und Subjektentwicklung ontologische und ethische Aspekte neuropädagogischer Förderung schwerstbehinderter Menschen, in: Behindertenpädagogik, Heft 2, 1992, S. 118.

Zieger, Andeas: Das Komaproblem als wissenschaftliche, geistige und praktische Herausforderung einer integrierten Human- und Neurowissenschaft im 21. Jahrhundert. in: Erkennen und Handeln. Momente einer kulturhistorischen (Behinderten-)Pädagogik und Therapie hrsg. Georg Feuser und Ernst Berger, Berlin, Pro Business Verlag, 2002, S. 379-418.

Zieger, Andreas: Medizinisches Wissen und Deutung in der „Beziehungsmedizin". Konsequenzen für Transplantationsmedizin und Gesellschaft, in: Transplantationsmedizin. Kulturelles Wissen und gesellschaftliche Praxis. Darmstädter Interdisziplinäre Beiträge, hrsg. v. Alexandra Manzei und Werner Schneider, Münster, Agenda Verlag, 2006, S. 157-181.

Ziemen, Kerstin: Das bisher ungeklärte Phänomen der Kompetenz – Die Kompetenz von Eltern geistig behinderter Kinder, Butzbach-Griedel, Afra, 2002.

Zimmer, Renate: Handbuch der Psychomotorik. Theorie und Praxis der psychomotorischen Förderung von Kindern, Freiburg i. Br., 1999.

Zimmermann, Ralf Bruno: Theorien und Methoden psychiatrischer Krisenintervention, in: Handbuch der Krisenintervention, hrsg. v. Ernst Wüllenweber und Georg Theunissen, Stuttgart, Kohlhammer, 2001, S. 95- 139.

Zimpel, André F.: Der Wille zur Norm. Zur Rolle der Eigenzeit in der geistigen Entwicklung, in: Behinderte in Familie, Schule und Gesellschaft, Heft 2, 21. Jg., Graz, 1998, S. 29-50.

Zimpel, André F.: Zeichen und Zeit, in: Zeit und Eigenzeit als Dimensionen der Sonderpädagogik, hrsg. v. Hofmann, Christiane, Luzern, Ed. SZH/SPC Verlag, 2001, S. 167-177.

Zöller, Dietmar: Wenn ich mit euch reden könnte... Ein autistischer Junge beschreibt sein Leben, Bern/ München, Scherz, 1989.

Zulliger, Hans: Heilende Kräfte im kindlichen Spiel, Stuttgart, Klett, 1952.

Zulliger, Hans: Heilende Kräfte im kindlichen Spiel, Frankfurt a.M., Fischer, 1987.

Autorenverzeichnis

Beck, Prof. Dr. Iris, Universität Hamburg, Sedanstraße 19, 20146 Hamburg

Biene-Deißler, Elke, Katholische Fachhochschule NW, Abt. Münster, Piusallee 89, 48147 Münster

Buchka, Prof. Dr. Maximilian; Katholische Fachhochschule NW, Abt. Köln, Wörtstraße 10, 50668 Köln

Bürli, Dr. Alois, Bifangstraße 14, CH-6210 Sursee, Schweiz

Dederich, Prof. Dr. Markus, Universität Dortmund, Emil-Figge-Straße 50, 44227 Dortmund

Flosdorf, Dr. Peter, Boßletstraße 1, 97074 Würzburg

Fröhlich, Prof. Dr. Andreas, Universität Koblenz-Landau, Xylanderstraße 1, 76829 Landau

Göbel, Susanne/**Göthling**, Stefan/**Nolte**, Henrik, Netzwerk People First Deutschland e. V., Kölnische Straße 99, 34119 Kassel

Greving, Prof. Dr. Heinrich, Katholische Fachhochschule NW, Abt. Münster, Piusallee 89, 48147 Münster

Grimm, Dr. Rüdiger; Konferenz für Heilpädagogik und Sozialtherapie, Ruchti-Weg 9, CH-4143 Dornach, Schweiz

Gröschke, Prof. Dr. Dieter, Katholische Fachhochschule NW, Abt. Münster, Piusallee 89, 48147 Münster

Gulijk, Wolfgang van, Berufsverband der Heilpädagogen (BHP) e. V., Michaelkirchstraße 17/18, 10179 Berlin

Hedderich, Prof. Dr. Ingeborg, Hochschule Magdeburg-Stendal, Breitscheidstraße 2, 39114 Magdeburg

Heer, Werner, Waterfohr 19, 48653 Coesfeld

Huisken, Johannes, Werninghoker Straße 37, 48493 Wettringen

Hülshoff, Prof. Dr. Thomas, Katholische Fachhochschule NW, Abt. Münster, Piusallee 89, 48147 Münster

Jantzen, Prof. Dr. Wolfgang; Universität Bremen, FB 12, Studiengang Behindertenpädagogik, Enrique-Schmidt-Straße, 28334 Bremen

Jeltsch-Schudel, PD Dr. Barbara; Heilpädagogisches Institut der Universität Freiburg, Petrus-Kanisius-Gasse 221, CH-1700 Freiburg, Schweiz

Kobi, PD Dr. Emil E., Unter-Geissenstein 8, CH-6005 Luzern, Schweiz

Köhn, Wolfgang, Katholische Fachhochschule NW, Abt. Münster, Piusallee 89, 48147 Münster

Krug, Prof. Dr. Franz-Karl, Pädagogische Hochschule Heidelberg, Zeppelinstraße 1, 69121 Heidelberg

Lotz, Prof. Dr. Dieter; Evangelische Stiftungsfachhochschule Nürnberg, Bärenschanzstr. 4, 90429 Nürnberg

Mall, Winfried, Neustraße 22, 79312 Emmendingen

Markowetz, Prof. Dr. Reinhard, Katholische Fachhochschule Freiburg, Karlstraße 63, 79104 Freiburg

Menzen, Prof. Dr. Karl-Heinz, Katholische Fachhochschule Freiburg, Karlstraße 63, 79104 Freiburg

Möllers, Josef, Kolpingstraße 17, 48703 Stadtlohn

Mürner, Dr. Christian; Brunsberg 26, 22529 Hamburg

Neuhäuser, Prof. Dr. em. Gerhard, Dresdener Straße 24, 35440 Linden

Ondracek, Prof. Dr. Petr, Evangelische Fachhochschule RWL Bochum, Immanuel-Kant-Straße 18–20, 44803 Bochum

Palmowski, Prof. Dr. Winfried, Universität Erfurt, Nordhäuser Straße 63, 99089 Erfurt

Rittmann, Werner, Am Hilgenbusch 2, 33098 Paderborn

Rödler, Prof. Dr. Peter, Universität Koblenz-Landau, Abt. Koblenz, Universitätsstraße 1, 56070 Koblenz

Schildmann, Prof. Dr. Ulrike, Universität Dortmund, Emil-Figge-Straße 50, 44227 Dortmund

Schlottbohm, Birgit-Maria, Josef Suwelack Weg 14, 48167 Münster

Schroer, Barbara, Breiter Weg 20, 48653 Coesfeld

Sohns, Prof. Dr. Armin, Fachhochschule Nordhausen, Weinberghof 4, 99734 Nordhausen

Stahlmann, Dr. Martin; Eichenallee 23b, 24784 Westerrönfeld

Störmer, Prof. Dr. Nobert, Hochschule Zittau-Görlitz, Furthstraße 2, 02826 Görlitz

Theunissen, Prof. Dr. Georg, Martin-Luther-Universität Halle-Wittenberg, Selkestraße 9, 06099 Halle/Saale

Thimm, Prof. Dr. em. Walter, Carl-von-Ossietzky-Universität Oldenburg, 26111 Oldenburg

Trenk-Hinterberger, Prof. Dr. Peter, Alter Kirchhainerweg 18, 35039 Marburg

Ulrich, Barbara; Fachschule für Heilpädagogik, Mozartstraße 16, 95030 Hof

Waldschmidt, Prof. Dr. Anne, Universität Köln, Frangenheimstraße 4, 50931 Köln

Wansing, Gudrun, Universität Dortmund, Emil-Figge-Straße 50, 44227 Dortmund

Weber, Erik, Agrippina-Ufer 10, 50678 Köln

Wember, Prof. Dr. Franz, Universität Dortmund, Emil-Figge-Straße 50, 44227 Dortmund

Werner, Prof. Dr. Birgit, Pädagogische Hochschule Heidelberg, Institut für Sonderpädagogik, Keplerstr. 87, 69120 Heidelberg

Wisch, Prof. Dr. Fritz-Helmut, Hochschule Magdeburg-Stendal, Breitscheidstraße 2, 39114 Magdeburg

Wüllenweber, Dr. Ernst, Galluner Straße 11, 12307 Berlin

Wunder, Dr. Michael; Evangelische Stiftung Alsterdorf, Dorothea-Kasten-Straße 3, 22297 Hamburg